工业和信息化部“十四五”规划教材

信号与系统
（第2版）

孙爱晶　吉利萍　党　薇　编著

電子工業出版社
Publishing House of Electronics Industry
北京·BEIJING

内 容 简 介

本书全面系统地论述了信号与系统的基本理论和分析方法，主要内容包括信号与系统的基本概念，LTI 连续、离散系统的时域分析，连续时间信号与系统的频域和复频域分析，离散时间信号与系统的 z 域分析，系统函数，系统的状态变量分析，信号与系统的 MATLAB 实现。本书采用连续与离散并行、先时域分析后变换域分析的结构体系，教材内容取材突出基本理论、基本概念和基本方法，注重工程应用和实例分析，引入 MATLAB 软件进行信号与系统分析的仿真实现。

在第 1 版的基础上，第 2 版对教材内容做了适当的调整和增减，同时，通过插入视频二维码的形式，增加了全书 99 个知识点的视频讲解，旨在以数字化形式丰富教材内容，提升读者的学习成效。

本书可作为高等学校电子信息工程、通信工程、测控技术与仪器、光信息科学与技术、计算机科学与技术、电气工程及自动化等专业的本科生教材及考研指导书，也可供相关专业科技工作人员参考。

图书在版编目（CIP）数据

信号与系统 / 孙爱晶，吉利萍，党薇编著. —2 版. —北京：电子工业出版社，2023.4
ISBN 978-7-121-45316-8

Ⅰ. ①信… Ⅱ. ①孙… ②吉… ③党… Ⅲ. ①信号系统－高等学校－教材 Ⅳ. ①TN911.6

中国国家版本馆 CIP 数据核字（2023）第 054695 号

责任编辑：赵玉山
印　　刷：河北虎彩印刷有限公司
装　　订：河北虎彩印刷有限公司
出版发行：电子工业出版社
　　　　　北京市海淀区万寿路 173 信箱　邮编 100036
开　　本：787×1 092　1/16　印张：22.75　字数：640 千字
版　　次：2015 年 9 月第 1 版
　　　　　2023 年 4 月第 2 版
印　　次：2025 年 7 月第 6 次印刷
定　　价：69.00 元

凡所购买电子工业出版社图书有缺损问题，请向购买书店调换。若书店售缺，请与本社发行部联系，联系及邮购电话：（010）88254888，88258888。

质量投诉请发邮件至 zlts@phei.com.cn，盗版侵权举报请发邮件至 dbqq@phei.com.cn。

本书咨询联系方式：（010）88254556，zhaoys@phei.com.cn。

前　言

本教材第 1 版于 2015 年出版，至今 7 年有余，虽然“信号与系统”课程作为国内外经典的专业基础类课程，课程体系整体的结构已达成共识，但这期间信息类相关学科和高等工程教育教学领域都取得了飞速的发展，发生了很大的变化，对“信号与系统”课程的教学理念、教学目标、教学方法都有了新的要求。本次修订以此为背景，结合第 1 版教材使用过程中师生反馈的意见和建议，以及近些年课程团队取得的建设成果，特别是本课程已经在中国 MOOC 平台连续开课 7 学期，累计近 2 万学生选课，积累了丰富的经验。在此基础上对第 1 版教材主要做了以下 3 方面的修订。

（1）章节的调整。全书的整体结构仍然采用连续与离散并行、先时域分析后变换域分析的结构体系，为了进一步突出每个章节知识结构的完整性和独立性，对章节进行了调整和增补，由 7 章增加到了 9 章，第 8 章调整为系统的状态变量分析，将原来第 7 章的相关内容移至第 8 章，并在此基础上增加了系统的可控制性和可观测性相关内容。增补第 9 章信号与系统的 MATLAB 实现，其由原来分布在各章的 MATLAB 程序仿真实现部分整合形成，有助于读者加强实践和工程案例分析的能力。

（2）教材内容的增减。对部分章节的内容进行了增减，第 4 章删减了离散时间序列傅里叶分析的相关内容，将全章内容统一为连续时间信号与系统的频域分析，第 5 章增加了双边拉普拉斯变换的相关内容。为了加强系统概念理论分析的完整性，第 7 章增加了罗斯-霍尔维茨准则和朱里准则对系统稳定性判断的相关内容，将全章内容统一为系统函数。此外，对全书各章的例题和习题进行了重新安排和增减，加大了例题的数量，加强了对例题的分析。

（3）数字化教材的探索。针对“信号与系统”课程的重点和难点，制作了 99 个微视频，在知识点对应的部分插入微视频二维码，扫描后即可在线学习，实现了纸质教材与线上资源的结合。

本教材由孙爱晶编写第 1、3、8 章，吉利萍编写第 2、4、9 章，并对全书的习题进行了修订，党薇编写第 5、6、7 章。孙爱晶负责全书统稿。与作者多年共同从事本课程教学的各位老师对本书的出版给予了很大的支持，在此深表感谢，特别对参与微视频录制的付银娟、毕萍、曹红梅三位老师表示由衷的谢意。同时，对所有参考文献的作者表示崇高的敬意和真诚的感谢！

限于作者水平，书中错误与不足在所难免，恳请读者批评指正。

作者联系方式为：sunaijing@xupt.edu.cn。

作者
2022 年 12 月于西安

目　　录

第1章　信号与系统

从古至今，信号与系统的概念一直体现在我们生活和社会的方方面面。我国古代利用烽火传送边疆战报，古希腊人以火炬的位置表示字母符号，现在人们相互问询、发布新闻，使用手机、电视、互联网等工具和设备，目的都是将想传递的消息借助相应形式的信号通过一定的工具和设备传送出去。信号是消息的表现形式，工具和设备都可以看成是系统。

围绕信号与系统的许多方面有很多问题可以研究，信号理论涉及信号分析、信号传输、信号处理和信号综合，系统理论包括系统分析和系统综合。信号分析主要讨论信号的表示、信号的性质等；系统分析主要研究对于给定的系统，在输入信号作用下产生的输出信号。信号分析与系统分析之间关系紧密又各有侧重，前者侧重信号的解析表示、性质、特征等，后者侧重系统的特性、功能等。信号分析和系统分析是信号传输、信号处理、信号综合及系统综合的共同理论基础。本书主要介绍信号分析和系统分析的基本概念和基本分析方法，为读者进一步学习网络理论、通信理论、信号处理和信号检测理论等奠定基础。

本章主要介绍信号的基本描述方法、分类及其基本运算，系统的基本概念和描述方法，线性时不变系统的概念，冲激信号和阶跃信号的物理意义及其性质。

1.1　信号与系统基本概念

虽然在不同领域中出现的信号与系统其物理性质各不相同，但都具备基本的共同属性，信号与系统分析就是从引入信号与系统的数学描述及表示入手，利用这些数学表示阐述隐含在信号与系统分析之中的基本概念，以便对信号与系统有一个深入而直观的理解。

1.1.1　信号的基本概念

人类社会的发展中，人们始终在寻求各种信息的传输方式。古代利用击鼓鸣金、信鸽、旗语、驿站等方式传送消息。19世纪初，人们开始利用电信号传送消息，1837年莫尔斯发明了用点、划、空组合的莫尔斯电码，1876年贝尔发明了电话，直接将声信号转变为电信号沿导线传输，1901年马可尼成功实现了横渡大西洋的无线电通信。如今，以卫星通信技术为基础构成的“全球定位系统”（GPS），可以利用无线电信号的传输，测定地球表面和周围空间任意目标的位置。未来，人们利用手持通信机，可以实现任何人在任何时候和任何地方都能够与世界上其他人进行通信。

可见，信号是信息的载体，通过信号来传递信息。为了有效地传播和利用信息，常常需要将信息转换成便于传输和处理的信号。例如，人的声道系统所产生的语音信号就是一种声压的起伏变化，电子线路系统中随时间变化的电压或电流信号，光学成像系统（如照相机）中分布于空间各点的灰度信号。抽去各类具体物理系统中运动和变化的各种量（如声压、电压、电流、光强等）的物理含义，在数学上，信号总是可以表示为一个或多个变量的函数。例如，一个语音信号可以表示为声压随时间变化的函数，随时间变化的电压或电流信号可以表示为独立变量t的函数$f(t)$，光学成像系统（如照相机）中，系统由透镜组成，灰度信号可以表示为二维空间坐标x,y的函数，如果图像是运动的，则可表示为空间坐标x,y和时间t的函数$f(x,y,t)$。信号是一个独立变量的函数时，称为一维信号，如果信号是n个独立变量的函数，就称为n维信号。本书的讨论范围仅限于一维变量的函数，在以后的讨论中一般总是用时间来表示自变量。而且主要讨论电信号，即随时间变化的电压或电流。

描述信号可以写出它的数学表达式，并且表达式是时间的函数，也可以绘出函数的图形，称为信号的波形。为了便于讨论，在本书中常常把信号与函数两个名词通用。除了表达式和波形两种直观的基本描述方法外，随着问题的深入，需要用频谱分析、各种正交变换以及其他方式来描绘和研究信号。

1.1.2　系统的基本概念

“系统”是由若干相互作用和相互依赖的事物按照一定规律组成的具有特定功能的整体。人们在自然科学及工程、经济、社会等领域中，广泛地引用“系统”的概念、理论和方法，并结合各学科自身的规律，建立相应的数学模型，研究各自的问题，因此，不同领域的系统具有不同的属性和规律。

通信系统的作用是完成信号的传输与交换，将发送方的信号传送给接收方，同时，通信系统也可以看作由许多简单系统组成，例如，通信系统中的滤波器可以看成一个简单的系统，而由同步卫星和地面接收站等构成的通信系统则是一个庞大的复合系统。

由发电、输电、变电、配电和用电等环节组成的电能生产与消费系统，它的功能是将自然界的一次能源通过发电动力装置转化成电能，再经输电、变电和配电将电能供应到各用户。为实现这一功能，电力系统在各个环节和不同层次还具有相应的信息与控制系统，对电能的生产过程进行测量、调节、控制、保护、通信和调度，以保证用户获得安全、经济、优质的电能。

机械系统通常由动力系统、传动系统、执行系统、支承系统和操纵控制系统组成。动力系统指动力机（或原动机）及其配套装置，是给机械系统提供动力、实现能量转换的部分。传动系统是将动力机动力和运动传递给执行系统的中间装置。执行系统或工作机是利用机械能来改变作业对象性质、状态、形状或位置，或对作业对象进行检测、度量等以进行生产或达到其他预订要求的装置。支承系统包括基础件支承构件，用于安装和支承动力系统、传动系统、执行系统和操纵控制系统等，是机械系统中不可缺少的部分。操纵控制系统是为了使动力系统、传动系统、执行系统彼此协调运行，并准确可靠地完成整机功能的装置。

通信系统、电力系统、机械系统等可称为物理系统，除此之外，政治结构、经济组织、生产管理等则属于非物理系统。而自然系统的例子小至原子核，大如太阳系，可以是有生命的，也可以是无生命的。计算机网、交通运输网、水利灌溉网以及交响乐队等是人工系统，以此为背景，出现了一门边缘技术学科，就是系统工程学。

本书的讨论着重围绕系统分析，不涉及系统工程学方面的问题，主要以通信系统和控制系统的基本问题为背景，研究信号经系统传输或处理的一般规律，着重基本概念和基本分析方法。可见，信号的概念与系统的概念是紧密相连的，信号在系统中按照一定规律运动、变化，系统在输入信号的驱动下对它进行“加工”“处理”，并发送输出信号。通常，我们将系统的输入信号称为激励，将系统的输出信号称为响应，如图 1.1 所示。

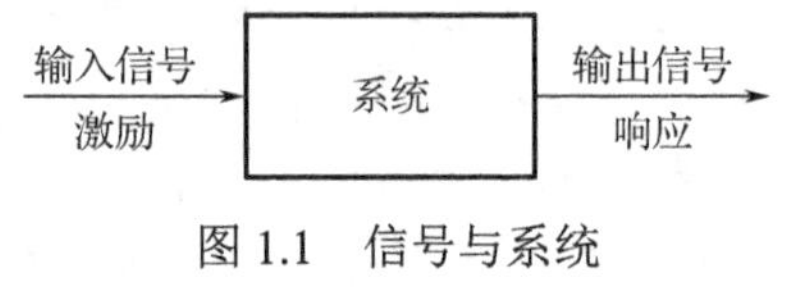

图 1.1　信号与系统

1.2　信号的分类

可以从多种角度来观察、分析研究信号的特征，提出对信号进行分类的方法。常用的有确知信号与随机信号分类；连续时间信号与离散时间信号分类；周期信号与非周期信号分类；能量信号与功率信号分类；因果信号与反因果信号分类等。

1.2.1 确知信号与随机信号

1-1 信号的分类 1

若信号被表示为某一确定的时间函数，对于指定的某一时刻，可确定某一相应的函数值，这种信号称为确知信号。例如，我们熟知的正弦信号。但是，实际传输的信号往往具有不可预知的不确定性，这种信号称为随机信号。如果通信系统中传输的信号都是确定的时间函数，接收者就不可能由它得知任何新消息，这样就失去了通信的意义。此外，在信号传输过程中不可避免地要受到各种噪声和干扰的影响，这些噪声和干扰都具有随机性。对于随机信号，不能给出确切的时间函数，只可能知道它的统计特性，如在某时刻取某一数值的概率。

确知信号与随机信号有着密切的联系，在一定条件下，随机信号也会表现出某种确定性。例如，乐音表现为某种周期性变化的波形，电码可描述为具有某种规律的脉冲波形等。虽然在实际中经常遇到的信号一般都是随机信号，但作为理论上的抽象，应该首先研究确定性信号，因为它是一种理想化的模型，在此基础上才能根据随机信号的统计特性规律进一步研究随机信号的特性。本书只讨论确知信号。

1.2.2 连续时间信号与离散时间信号

根据信号定义域取值的连续性与离散性可将信号分为连续时间信号和离散时间信号。

1. 连续时间信号

在连续时间范围内有定义的信号称为连续时间信号，简称连续信号。连续信号可用函数式或波形表示。这里“连续”是指函数在定义域上的取值是连续的，至于信号的值域取值可以是连续的也可以不是。例如，连续时间信号 $f_1(t)$ 的函数表达式为

$$f_1(t)=\sin(\pi t)\ ,\ -\infty<t<\infty \tag{1.2-1}$$

它在定义域 $(-\infty,+\infty)$ 和值域 $[-1,1]$ 上的取值都是连续的，其波形如图 1.2（a）所示。连续时间信号 $f_2(t)$ 的函数表达式为

$$f_2(t)=\begin{cases}0, & t<0\\ 1, & 0<t<1\\ -1, & 1<t<2\\ 0, & t>2\end{cases} \tag{1.2-2}$$

它在定义域 $(-\infty,+\infty)$ 上的取值都是连续的，但在值域上只取−1、0、1 三个离散值。其波形如图 1.2（b）所示。信号 $f_2(t)$ 在 $t=0$ 、$t=1$ 和 $t=2$ 处有间断点，为了使函数定义更加完整，规定若函数 $f(t)$ 在 $t=t_0$ 处有间断点，则函数在该点的值等于其左极限 $f(t_{0_-})$ 与右极限 $f(t_{0_+})$ 之和的 $\dfrac{1}{2}$，即

$$f(t_0)=\frac{1}{2}[f(t_{0_-})+f(t_{0_+})] \tag{1.2-3}$$

式中 $f(t_{0_-})\overset{\text{def}}{\triangleq}\lim\limits_{\varepsilon\to0}f(t_0-\varepsilon)$，$f(t_{0_+})\overset{\text{def}}{\triangleq}\lim\limits_{\varepsilon\to0}f(t_0+\varepsilon)$。这样信号在定义域 $(-\infty,+\infty)$ 均有确定的函数值。

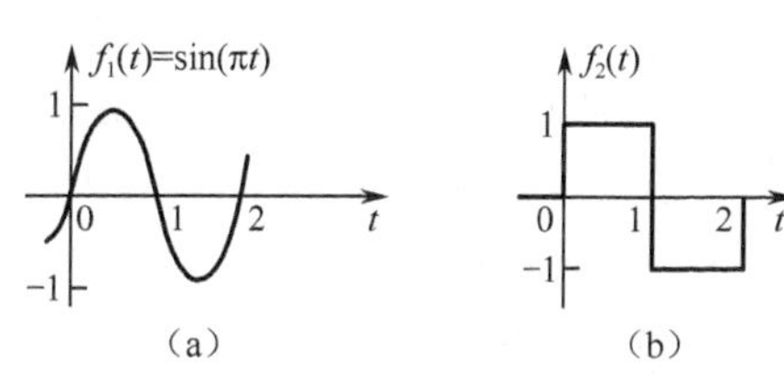

（a）　（b）

图 1.2 连续时间信号

2. 离散时间信号

离散时间信号在时间取值上离散的，只在某些不连续的瞬时给出函数值，在其他时间没有定义，简称离散信号。设离散信号取值的时刻为 $t_k\,(k=0,\pm1,\pm2,\cdots)$，则时刻 t_k 与时刻 t_{k+1} 之间的间隔

$T_k = t_{k+1} - t_k$ 可以是常数，也可以随 k 变化。本书只讨论 T_k 为常数的情况。若令相继时刻 t_{k+1} 与 t_k 之间的间隔为常数 T，则离散信号只在均匀离散时刻 $t = \cdots, -2T, -T, 0, T, 2T, \cdots$ 时有定义，它可以表示为 $f(kT)$，因为 T 为常数，为了方便起见，将 $f(kT)$ 简记为 $f(k)$。这样的等间隔离散信号也常称为序列，k 称为序号。

序列 $f(k)$ 的数学表达式可以写成闭合形式，如式（1.2-4）表示 $f_1(k)$ 为单边指数序列。也可以逐个列出序列 $f(k)$ 的值，通常把对应某序号 m 的序列值称为第 m 个样点的“样值”，如式（1.2-5）列出了序列 $f_2(k)$ 的每个样值。为了简化表达方式，序列 $f_2(k)$ 也可以表示如式（1.2-6），式子中数字 2 下面的箭头↑表示与 $k=0$ 相对应，左右两边依次是 k 取负整数和 k 取正整数相对应的 $f_2(k)$ 的值。$f_3(k)$ 为正弦序列。同样，离散信号也可以用波形表示，如图 1.3 所示为 $f_1(k)$、$f_2(k)$ 和 $f_3(k)$ 的波形。

$$f_1(k) = \begin{cases} \mathrm{e}^{-ak}, & k \geqslant 0, a > 0 \\ 0, & k < 0 \end{cases} \tag{1.2-4}$$

$$f_2(k) = \begin{cases} 1, & k = -1 \\ 2, & k = 0 \\ -1.5, & k = 1 \\ 2, & k = 2 \\ 0, & k = 3 \\ 1, & k = 4 \\ 0, & \text{其他} \end{cases} \tag{1.2-5}$$

$$f_2(k) = \{\cdots, 0, 1, \underset{\substack{\uparrow \\ k=0}}{2}, -1.5, 2, 0, 1, 0, \cdots\} \tag{1.2-6}$$

$$f_3(k) = A\sin\left(\frac{\pi}{4}k\right) \tag{1.2-7}$$

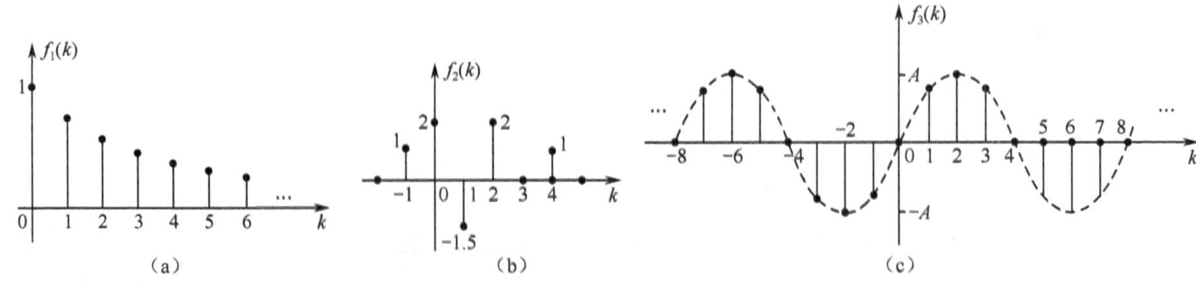

图 1.3　离散时间信号

下面介绍几个典型的连续信号和离散信号：

（1）单位阶跃函数和单位阶跃序列

单位阶跃函数 $\varepsilon(t)$ 的波形如图 1.4（a）所示，函数在 $t=0$ 处有间断点，参照式（1.2-3）的规定可将单位阶跃函数 $\varepsilon(t)$ 定义为

$$\varepsilon(t) \overset{\text{def}}{\triangleq} \begin{cases} 0, & t < 0 \\ 1, & t > 0 \end{cases} \tag{1.2-8}$$

单位阶跃函数 $\varepsilon(t)$ 的物理背景是在 $t=0$ 时刻对某一电路接入单位电源（可以是直流电压源或直流电流源），并且无限持续下去，如图 1.4（b）所示接入 1V 直流电压源的情况，在接入端口处电压为单位阶跃信号 $\varepsilon(t)$。

$\varepsilon(t)$ 是可积函数，它的积分称为斜升函数，用 $r(t)$ 表示，即

$$r(t)=\int_{-\infty}^{t}\varepsilon(x)\mathrm{d}x=t\varepsilon(t) \tag{1.2-9}$$

与单位阶跃函数 $\varepsilon(t)$ 相对应的离散时间信号

$$\varepsilon(k)\overset{\text{def}}{\triangleq}\begin{cases}0, & k<0\\ 1, & k\geqslant 0\end{cases} \tag{1.2-10}$$

称为单位阶跃序列，波形如图 1.4（c）所示，其值域只有 0、1 两个数值。

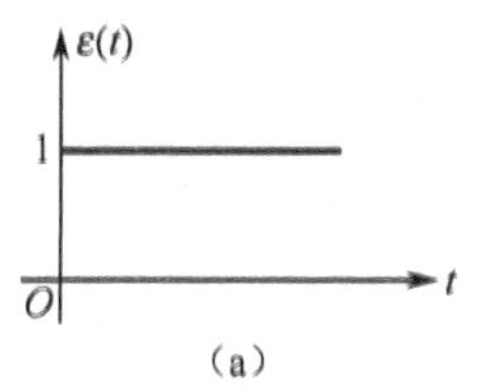

(a)

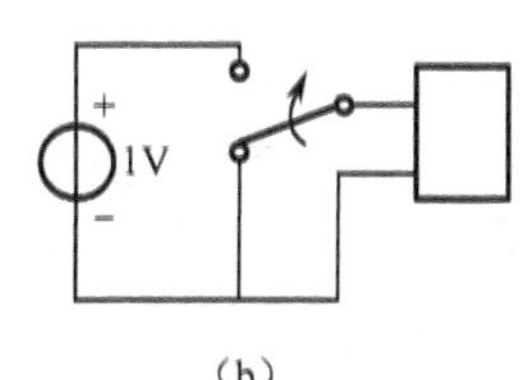

(b)

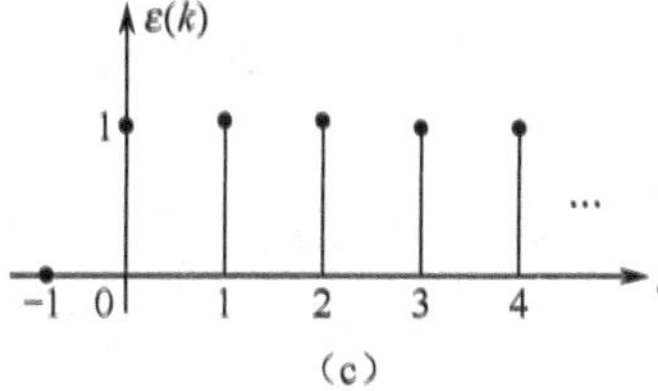

(c)

图 1.4　单位阶跃函数和单位阶跃序列

（2）单位序列

单位序列 $\delta(k)$ 的定义为

$$\delta(k)\overset{\text{def}}{\triangleq}\begin{cases}1, & k=0\\ 0, & k\neq 0\end{cases} \tag{1.2-11}$$

它只在 $k=0$ 处取值为 1，而在其余各点均为零，波形如图 1.5 所示。也称为单位样值（或取样）序列或单位脉冲序列。

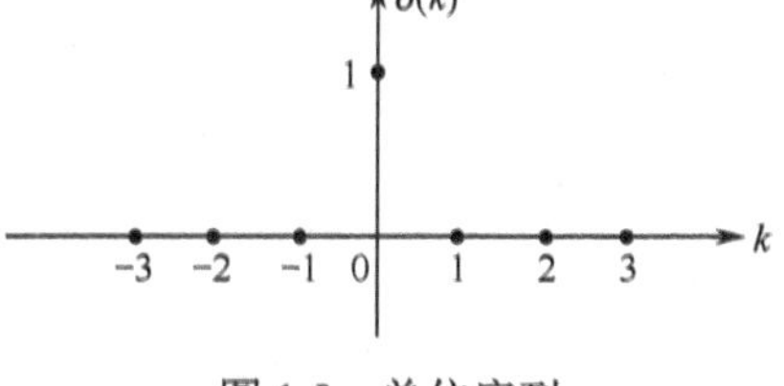

图 1.5　单位序列

（3）复指数信号和复指数序列

如果指数信号的指数因子为一复数，则称为复指数信号，其表达式为

$$f(t)=K\mathrm{e}^{st} \tag{1.2-12}$$

其中 $s=\sigma+\mathrm{j}\omega$，$\sigma$ 为复数 s 的实部，ω 是其虚部。借助欧拉公式将式（1.2-12）展开，可得

$$K\mathrm{e}^{st}=K\mathrm{e}^{(\sigma+\mathrm{j}\omega)t}=K\mathrm{e}^{\sigma t}\cos(\omega t)+\mathrm{j}K\mathrm{e}^{\sigma t}\sin(\omega t) \tag{1.2-13}$$

此结果表明，一个复指数信号可分解为实、虚两部分。其中，实部包括余弦信号，虚部包括正弦信号。指数因子实部 σ 表征了正弦与余弦函数振幅随时间变化的情况。若 $\sigma>0$，正弦、余弦信号是增幅振荡，若 $\sigma<0$，正弦、余弦信号是衰减振荡。指数因子的虚部 ω 则表示正弦与余弦信号的角频率。两个特殊情况是：当 $\sigma=0$，即 s 为纯虚数时，正弦、余弦信号是等幅振荡；而当 $\omega=0$，即 s 为实数时，复指数信号成为一般的指数信号；最后，若 $\sigma=0$，$\omega=0$，即 $s=0$，则复指数信号的实部和虚部都与时间无关，成为直流信号。

虽然实际中不可能产生复指数信号，但是它概括了多种情况，可以利用复指数信号来描述各种基本信号，如直流信号、指数信号、正弦或余弦信号以及增长或衰减的正弦与余弦信号。由于正弦与余弦信号二者相位相差 $\dfrac{\pi}{2}$，后续讨论将统称为正弦信号。利用复指数信号可使许多运算和分析得以简化。在信号分析理论中，复指数信号是非常重要的基本信号之一。

离散时间的复指数序列可表示为

$$f(k)=\mathrm{e}^{(\alpha+\mathrm{j}\beta)k}=\mathrm{e}^{\alpha k}\mathrm{e}^{\mathrm{j}\beta k} \tag{1.2-14}$$

令 $a=\mathrm{e}^{\alpha}$，上式可展开为

$$f(k)=a^k\cos(\beta k)+\mathrm{j}a^k\sin(\beta k) \tag{1.2-15}$$

可见，复指数序列的实部和虚部均为幅值随 k 变化的正（余）弦序列。式（1.2-15）中 a 反映了信号振幅随 k 变化的状况，而 β 是振荡角频率。若 $a>1$（即 $\alpha>0$），它们是幅度增长的正（余）弦序列；若 $a=1$（即 $\alpha=0$），则是等幅的正（余）弦序列；若 $a<1$（即 $\alpha<0$），则是幅度衰减的

正（余）弦序列。

1-2 信号的分类 2

1.2.3 周期信号与非周期信号

一个连续信号 $f(t)$，若对所有 t 均满足

$$f(t) = f(t + mT)\ ,\quad m = 0,\ \pm1,\ \pm2,\cdots \tag{1.2-16}$$

则称 $f(t)$ 为连续周期信号，满足上式的最小的 T 值称为 $f(t)$ 的周期。如图 1.6（a）所示。

一个离散序列 $f(k)$，若对所有 k 均满足

$$f(k) = f(k + mN)\ ,\quad m = 0,\ \pm1,\ \pm2,\cdots \tag{1.2-17}$$

则称 $f(k)$ 为周期序列，满足上式的最小的整数 N 值称为 $f(k)$ 的周期。如图 1.6（b）所示。不具有周期性的信号称为非周期信号。

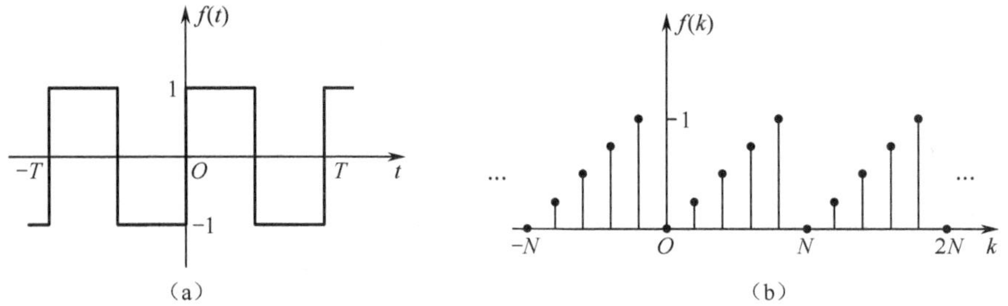

图 1.6 周期信号

【例 1-1】 试判断下列信号是否是周期信号，若是周期信号，确定其周期。

（1） $f_1(t) = \sin(2t) + \cos(3t)$；（2） $f_2(t) = \cos(2t) + \sin(\pi t)$

【解】 若两个周期信号 $x(t)$、$y(t)$ 的周期分别为 T_1 和 T_2，当周期之比 T_1/T_2 为有理数时，其和信号 $x(t) + y(t)$ 仍然是周期信号，周期为 T_1 和 T_2 的最小公倍数。

（1）$\sin(2t)$ 是周期信号，其角频率和周期分别为 $\omega_1 = 2\text{rad/s}$，$T_1 = 2\pi/\omega_1 = \pi\text{s}$。$\cos(3t)$ 是周期信号，其角频率和周期分别为 $\omega_2 = 3\text{rad/s}$，$T_2 = 2\pi/\omega_2 = (2\pi/3)\text{s}$。由于 $T_1/T_2 = 3/2$ 为有理数，故 $f_1(t)$ 为周期信号，其周期为 T_1 和 T_2 的最小公倍数 2πs。

（2）$\cos(2t)$ 和 $\sin(\pi t)$ 的周期分别为 $T_1 = \pi\text{s}$，$T_2 = 2\text{s}$，由于 $T_1/T_2 = \pi/2$ 为无理数，故 $f_2(t)$ 为非周期信号。

【例 1-2】 试判断正弦序列 $f(k) = \sin(\beta k)$ 是否为周期序列，若是周期序列，确定其周期。

【解】

$$\begin{aligned} f(k) &= \sin(\beta k) = \sin(\beta k + 2m\pi) \\ &= \sin\left[\beta\left(k + m\frac{2\pi}{\beta}\right)\right] \\ &= \sin[\beta(k + mN)],\ m = 0, \pm1, \pm2, \cdots \end{aligned}$$

当 $2\pi/\beta$ 为整数时，正弦序列具有周期 $N = 2\pi/\beta$；当 $2\pi/\beta$ 为有理数时，正弦序列仍具有周期性，但其周期为 $N = M(2\pi/\beta)$，M 取使 N 为整数的最小整数；当 $2\pi/\beta$ 为无理数时，正弦序列为非周期序列。本例题中 β 称为正弦序列的数字角频率，单位为 rad。

【例 1-3】 试判断下列序列是否是周期序列，若是周期序列，确定其周期。

（1） $f_1(k) = \sin(3\pi k/4) + \cos(0.5\pi k)$；　（2） $f_2(k) = \sin(2k)$

【解】（1）$\sin(3\pi k/4)$ 和 $\cos(0.5\pi k)$ 的数字角频率分别为 $\beta_1 = 3\pi/4$ rad，$\beta_2 = 0.5\pi$ rad。由于 $2\pi/\beta_1 = 8/3$，$2\pi/\beta_2 = 4$ 均为有理数，故它们的周期分别为 $N_1 = 8$，$N_2 = 4$，因此，$f_1(k)$ 为周期序列，其周期为 N_1 和 N_2 的最小公倍数 8。

（2） $\sin(2k)$ 的数字角频率为 $\beta_1 = 2$ rad，由于 $2\pi/\beta_1 = \pi$ 为无理数，故 $f_2(k)$ 为非周期序列。

通过上述例题，可以得出值得注意的两点：

（1）连续时间的正弦函数一定是周期信号，其周期 $T = \dfrac{2\pi}{\omega}$。而对离散的正弦（或余弦）序列，只有当 $\dfrac{2\pi}{\beta}$ 为有理数时才是周期序列，其周期 $N = M\dfrac{2\pi}{\beta}$， M 取使 N 为整数的最小整数。

（2）两个连续周期信号之和不一定是周期信号。只有当这两个连续信号的周期 T_1 与 T_2 之比为有理数时，其和信号才是周期信号，周期 T 等于 T_1 与 T_2 的最小公倍数。两个离散周期序列之和一定是周期序列，其周期 N 等于两个序列周期的最小公倍数。

1.2.4　能量信号与功率信号

1-3 信号的分类 3

为了研究信号的能量和功率，假设信号（电压或电流）通过单位电阻，消耗的能量和功率可以计算出来，在此基础上推广得到信号 $f(t)$ 的能量为

$$E = \int_{-\infty}^{\infty} |f(t)|^2 \mathrm{d}t \tag{1.2-18}$$

$f(t)$ 的功率为

$$P = \lim_{T\to\infty} \frac{1}{T} \int_{-\frac{T}{2}}^{\frac{T}{2}} |f(t)|^2 \mathrm{d}t \tag{1.2-19}$$

相应地，离散时间信号 $f(k)$ 的能量定义为

$$E = \sum_{k=-\infty}^{\infty} |f(k)|^2 \tag{1.2-20}$$

功率定义为

$$P = \lim_{N\to\infty} \frac{1}{N} \sum_{k=-N/2}^{N/2} |f(k)|^2 \tag{1.2-21}$$

如果信号的能量 E 满足：$0 < E < \infty$（此时信号功率 $P = 0$），则称该信号为能量有限信号，简称能量信号。任何时间有界信号都属于能量信号。如果信号的功率 P 满足：$0 < P < \infty$（此时信号能量 $E = \infty$），则称该信号为功率有限信号，简称功率信号。直流信号、阶跃信号、有界的周期信号均属于功率信号。一个信号不可能既是能量信号也是功率信号，但有些信号既不属于能量信号也不属于功率信号，如 $f(t) = \mathrm{e}^t$。

除此之外，信号还可分为因果信号与反因果信号。常将 $t < 0$ 时接入系统的信号 $f(t)$，即在 $t < 0$ 时 $f(t) = 0$ 的信号称为因果信号或有始信号。单位阶跃信号就是一个典型的因果信号。而将 $t \geqslant 0$ 时 $f(t) = 0$ 的信号称为反因果信号。

【例 1-4】 判断下列信号是否为能量信号或功率信号。

（1） $f_1(t) = \mathrm{e}^{-2|t|}$；（2） $f_2(t) = \mathrm{e}^t$

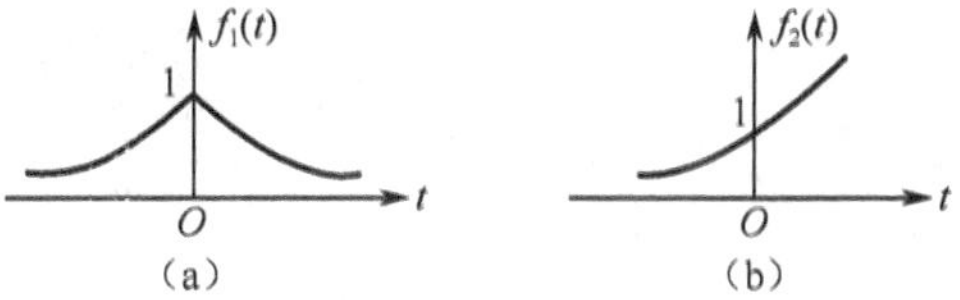

图 1.7　例 1-4 图

【解】

（1）信号 $f_1(t)$ 如图 1.7（a）所示。

$$E = \int_{-\infty}^{\infty} (\mathrm{e}^{-2|t|})^2 \mathrm{d}t = \int_{-\infty}^{0} (\mathrm{e}^{2t})^2 \mathrm{d}t + \int_{0}^{\infty} (\mathrm{e}^{-2t})^2 \mathrm{d}t = \frac{1}{4} + \frac{1}{4} = \frac{1}{2}$$

$$P = \lim_{T\to\infty} \frac{1}{T} \int_{-\frac{T}{2}}^{\frac{T}{2}} (\mathrm{e}^{-2|t|})^2 \mathrm{d}t = \lim_{T\to\infty} \frac{1}{T} \left[\int_{-\frac{T}{2}}^{0} \mathrm{e}^{4t} \mathrm{d}t + \int_{0}^{\frac{T}{2}} \mathrm{e}^{-4t} \mathrm{d}t \right] = \lim_{T\to\infty} \frac{1 - \mathrm{e}^{-2T}}{2T} = 0$$

由于 $E < \infty$， $P = 0$，则 $f_1(t)$ 为能量信号。

（2）信号 $f_2(t)$ 如图 1.7（b）所示。

$$E=\int_{-\infty}^{\infty}(\mathrm{e}^t)^2dt=\frac{1}{2}\mathrm{e}^{2t}\Big|_{-\infty}^{\infty}=\infty$$

$$P=\lim_{T\to\infty}\frac{1}{T}\int_{-\frac{T}{2}}^{\frac{T}{2}}(\mathrm{e}^t)^2\mathrm{d}t=\lim_{T\to\infty}\frac{1}{2T}\mathrm{e}^{2t}\Big|_{-\frac{T}{2}}^{\frac{T}{2}}=\lim_{T\to\infty}\frac{\mathrm{e}^T-\mathrm{e}^{-T}}{2T}=\frac{\infty}{2}=\infty$$

由于 $E=\infty$， $P=\infty$，则 $f_2(t)$ 既非能量信号，也非功率信号。

1.3 信号的基本运算

在信号的传输与处理过程中往往需要对信号进行运算，包括对信号的时域变换（自变量变换）及信号的时域运算。信号的时域变换是指信号在时间域里进行移位、反转、尺度变换以及三者的结合变换。连续信号的常用时域运算有加、减、乘、微分、积分等；离散信号的常用时域运算有加、减、乘、差分、求和等。

1-4 信号的基本运算 1

1.3.1 信号的加、减、乘

信号 $f_1(\cdot)$ *与 $f_2(\cdot)$ 相加或相减（瞬时和或差）是指同一瞬时两信号之值对应相加或相减所得到的“和信号”或“差信号”，即相加运算为

$$f(\cdot)=f_1(\cdot)+f_2(\cdot) \tag{1.3-1}$$

相减运算为

$$f(\cdot)=f_1(\cdot)-f_2(\cdot) \tag{1.3-2}$$

信号 $f_1(\cdot)$ 与 $f_2(\cdot)$ 之积是指同一瞬时两信号之值对应相乘所得到的“积信号”，即相乘运算为

$$f(\cdot)=f_1(\cdot)f_2(\cdot) \tag{1.3-3}$$

【例 1-5】 已知信号 $f_1(t)=\sin(\Omega t)$，$f_2(t)=\sin(4\Omega t)$，求 $f_1(t)$ 与 $f_2(t)$ 之和 $f_3(t)$，$f_1(t)$ 与 $f_2(t)$ 之积 $f_4(t)$。

【解】

$$f_3(t)=f_1(t)+f_2(t)=\sin(\Omega t)+\sin(4\Omega t)$$

$$f_4(t)=f_1(t)f_2(t)=\sin(\Omega t)\sin(4\Omega t)$$

波形如图 1.8（a）和（b）所示。

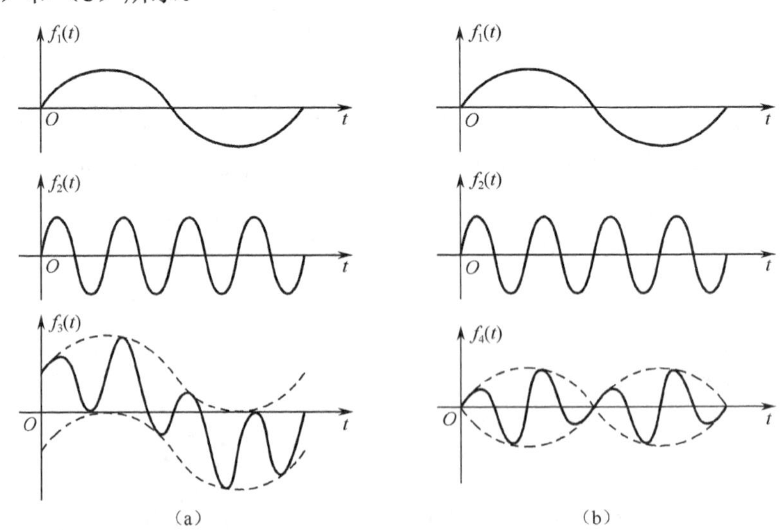

图 1.8 例 1-5 图

* $f(\cdot)$ 表示对 $f(t)$ 和 $f(k)$ 均适用。

【例 1-6】 已知信号

$$f_1(k)=\begin{cases}2, & k=-1\\ 3, & k=0\\ 6, & k=1\\ 0, & \text{其他}\end{cases},\quad f_2(k)=\begin{cases}3, & k=0\\ 2, & k=1\\ 4, & k=2\\ 0, & \text{其他}\end{cases}$$

求 $f_1(k)$ 与 $f_2(k)$ 之差 $f(k)$

【解】

$$f(k)=f_1(k)-f_2(k)=\begin{cases}2, & k=-1\\ 0, & k=0\\ 4, & k=1\\ -4, & k=2\\ 0, & \text{其他}\end{cases}$$

1-5 信号的基本运算 2

1.3.2 信号的平移

平移也称移位。对于连续信号 $f(t)$，若有常数 $t_0>0$，延时信号 $f(t-t_0)$ 是将原信号沿着 t 轴正方向平移 t_0 时间，而 $f(t+t_0)$ 是将原信号沿着 t 轴负方向平移 t_0 时间，如图 1.9（a）所示的是以单位阶跃信号为例的连续信号的平移。对于离散信号 $f(k)$，若有常数 $k_0>0$，延时信号 $f(k-k_0)$ 是将原信号沿着 k 轴正方向平移 k_0 单位，而 $f(k+k_0)$ 是将原信号沿着 k 轴负方向平移 k_0 单位，如图 1.9（b）所示的是以单位阶跃序列为例的离散信号的平移。

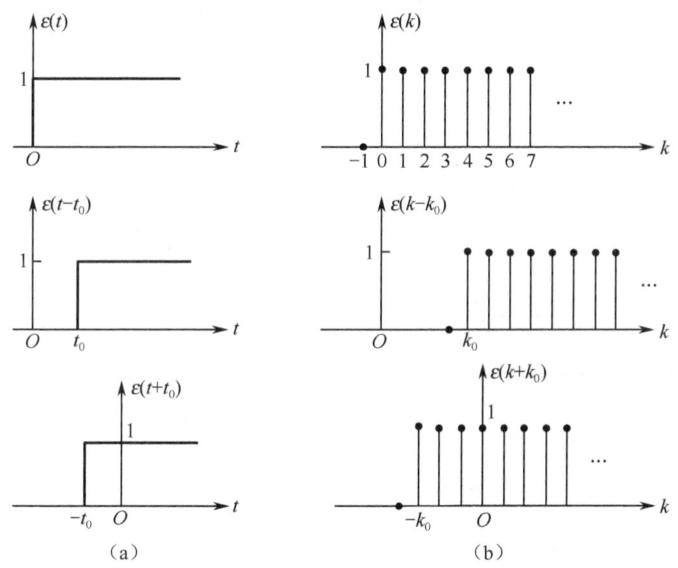

图 1.9 信号的平移

【例 1-7】 信号 $f(t)$ 和 $f(k)$ 分别如图 1.10（a）和（b）所示，写出其用单位阶跃函数或单位阶跃序列表示的表达式。

【解】（1） $f(t)$ 可以看作三个信号 $2\varepsilon(t+1)$、$-\varepsilon(t-1)$ 和 $-\varepsilon(t-2)$ 的叠加，因此，

$$f(t)=2\varepsilon(t+1)-\varepsilon(t-1)-\varepsilon(t-2)$$

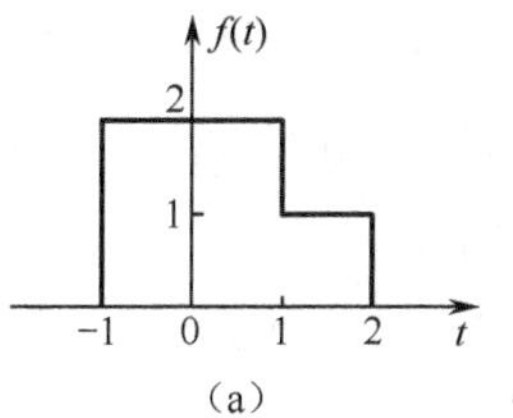

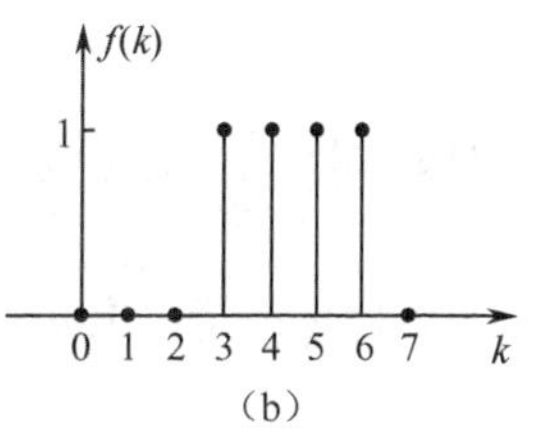

（a） （b）

图 1.10 例 1-7 图

（2） $f(k)$ 是有限长度的序列，易写出

$$f(k)=\varepsilon(k-3)-\varepsilon(k-7)$$

1.3.3 信号的反转

将信号 $f(\cdot)$ 中的自变量 t（或 k）换为 $-t$（或 $-k$），其几何含义是将信号 $f(\cdot)$ 以纵坐标为轴反转（或称反折），如图 1.11 所示。

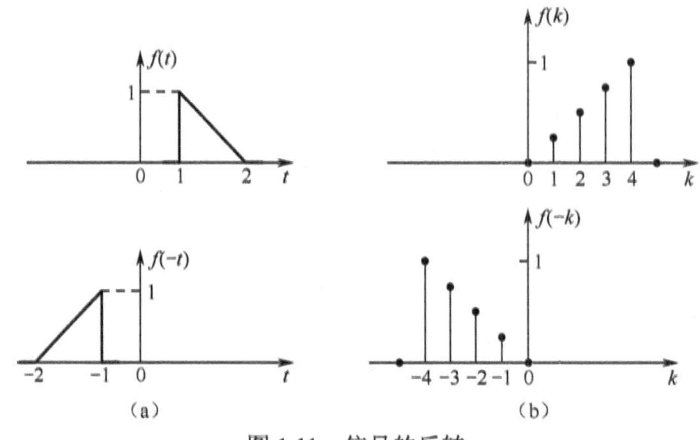

图 1.11 信号的反转

如果将平移和反转相结合，就可以得到如图 1.12 所示的信号。值得注意的是，为了画出这类信号的波形，最好先平移然后再反转，如果反转后再平移，由于这时的自变量为 $-t$（或 $-k$），平移的方向与前述相反。

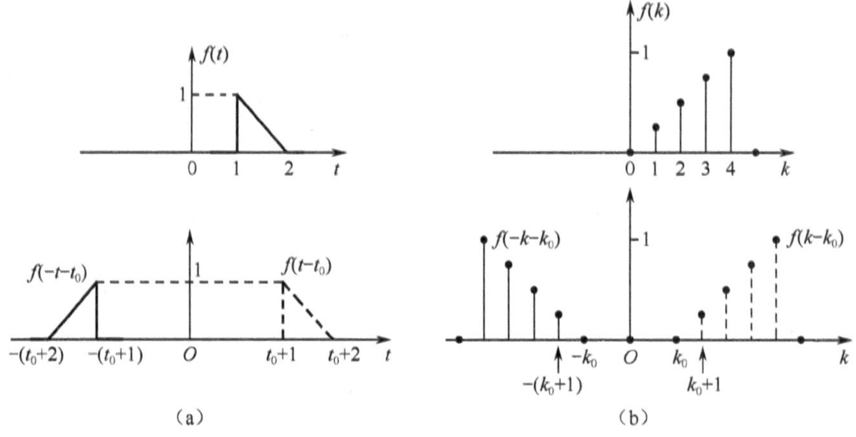

图 1.12 信号的平移并反转

1.3.4 信号的尺度变换

设信号的波形如图 1.13（a）所示。如需将信号尺度变换，即对信号横坐标的尺寸展宽或压缩，可用变量 at（a 为非零整数）代替原信号 $f(t)$ 的自变量，得到信号 $f(at)$。若 $a>1$，则信号 $f(at)$ 将原信号 $f(t)$ 以原点（$t=0$）为基准，沿横轴压缩到原来的 $\dfrac{1}{a}$，若 $0<a<1$，则 $f(at)$ 表示将 $f(t)$ 沿横轴展宽至 $\dfrac{1}{a}$ 倍。图 1.13（b）和（c）分别画出了 $f(2t)$ 和 $f\left(\dfrac{1}{2}t\right)$ 的波形。若 $a<0$，则 $f(at)$ 表示将 $f(t)$ 的波形反转并压缩或展宽至 $\dfrac{1}{|a|}$，图 1.13（d）画出了信号 $f(-2t)$ 的波形。

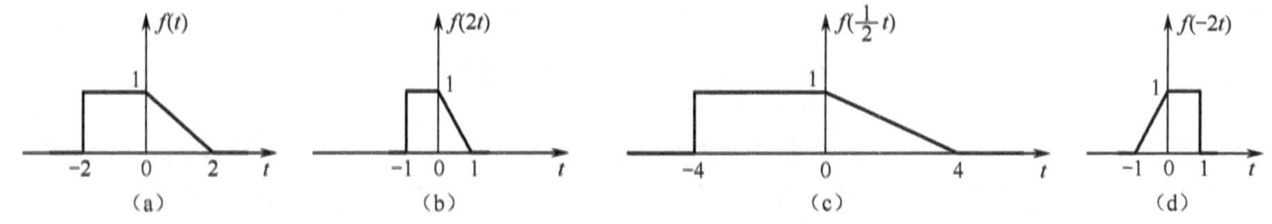

图 1.13 连续信号的尺度变换

信号尺度变换的物理意义可以这样理解，若 $f(t)$ 是已录制在磁带上的声音信号，则 $f(-t)$ 可看作将磁带倒转播放产生的信号，而 $f(2t)$ 是磁带以二倍速度加快播放的信号，$f\left(\dfrac{1}{2}t\right)$ 则表示磁带放音速度降至一半的信号。

离散信号通常不进行展缩运算，因为 $f(ak)$ 仅在 ak 为整数时才有意义，而当 $a>1$ 或 $a<1$，且 $a\neq\dfrac{1}{m}$（m 为整数）时，它常常丢失原信号 $f(k)$ 的部分信息。如图 1.14（a）的序列 $f(k)$，当 $a=2$ 和 $a=\dfrac{2}{3}$ 时，其序列如图 1.14（b）和（c）所示。由图可见，它们丢失了原信号的部分信息，因而不能看作是 $f(k)$ 的展宽或压缩。

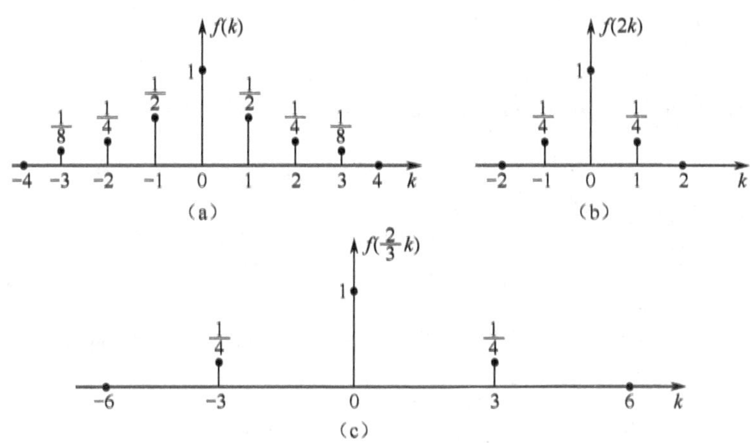

图 1.14 离散信号的尺度变换

信号 $f(at+b)$（式中 $a\neq 0$）的波形可以通过对信号 $f(t)$ 的平移、反转（若 $a<0$）和尺度变换获得。

1-6 信号的基本运算 3

【例 1-8】 信号 $f(t)$ 的波形如图 1.15（a）所示。画出信号 $f(-2t+2)$ 的波形。

【解】 根据信号 $f(t)$ 的波形画出信号 $f(-2t+2)$ 的波形，首先将信号 $f(t)$ 左移得到 $f(t+2)$，如图 1.15（b）所示；然后反转，得到信号 $f(-t+2)$，如图 1.15（c）所示；再进行尺度变换，得到 $f(-2t+2)$，如图 1.15（d）所示。

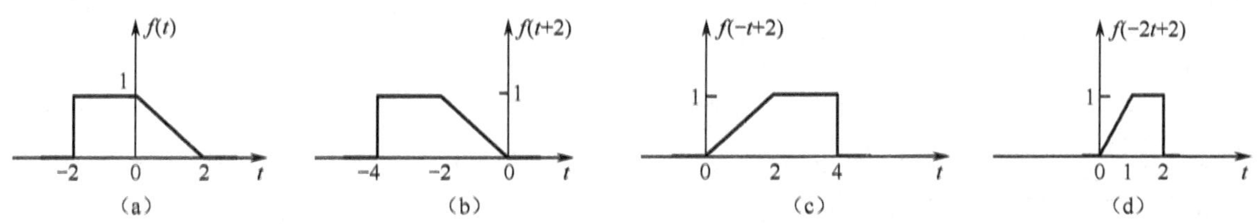

图 1.15 例 1-8 图

1.4 冲激函数及其性质

普通函数描述的是自变量与函数值之间的数值对应关系(如电压、电流随时间的变化关系等)，如果要考察某些物理量在空间或时间坐标上集中于一点的物理现象（如宽度趋于零的电脉冲等），普通函数的概念无法从微观上反映这些物理现象，而冲激函数和 1.2 节中定义的单位阶跃函数就是描述这类现象的数学模型，称为奇异函数。在信号与系统理论等许多学科中引入奇异函数后，不仅使一些分析方法更加完美、灵活，而且简捷。

1.4.1 冲激函数的定义

1-7 冲激函数 1

在介绍冲激函数定义之前，首先利用函数极限的方式引出 1.2 节式（1.2-8）定义的单位阶跃函数 $\varepsilon(t)$。函数 $\gamma_n(t)$ 如图 1.16（a）所示，其数学表达式为

$$\gamma_n(t)=\begin{cases}0, & t<-\dfrac{1}{n}\\ \dfrac{1}{2}+\dfrac{n}{2}t, & -\dfrac{1}{n}<t<\dfrac{1}{n}\\ 1, & t>\dfrac{1}{n}\end{cases}\quad (n=2,3,\cdots) \tag{1.4-1}$$

当 n 增大时，$\gamma_n(t)$ 在区间 $\left(-\dfrac{1}{n},\dfrac{1}{n}\right)$ 的斜率增大，在 $t=0$ 处的值仍为 $\dfrac{1}{2}$，如图 1.16（a）中虚线所示。当 $n\to\infty$ 时，函数 $\gamma_n(t)$ 在 $t=0$ 处由 0 立即跃变为 1，其斜率为无限大，如图 1.16（b）所示，此时的函数就定义为单位阶跃函数 $\varepsilon(t)$，即

$$\varepsilon(t)\overset{\text{def}}{\triangleq}\lim_{n\to\infty}\gamma_n(t)=\begin{cases}0, & t<0\\ 1, & t>0\end{cases} \tag{1.4-2}$$

函数 $\gamma_n(t)$ 在区间 $(-\infty,\infty)$ 上都可微，令其导函数为 $p_n(t)$，波形如图 1.16（c）所示，其数学表达式为

$$p_n(t)=\begin{cases}0, & t<-\dfrac{1}{n}\\ \dfrac{n}{2}, & -\dfrac{1}{n}<t<\dfrac{1}{n}\\ 0, & t>\dfrac{1}{n}\end{cases}\quad (n=2,3,\cdots) \tag{1.4-3}$$

该脉冲波形下的面积为 1，不妨称其为函数 $p_n(t)$ 的强度。

当 n 增大时，$p_n(t)$ 在区间 $\left(-\dfrac{1}{n},\dfrac{1}{n}\right)$ 的幅度增大而宽度减小，其强度仍为 1。如图 1.16（c）中虚线所示。当 $n\to\infty$ 时，函数 $p_n(t)$ 在 $t=0$ 处幅度趋于无限大，但其强度仍为 1，如图 1.16（d）所示，这个函数就定义为单位冲激函数，用 $\delta(t)$ 表示，即

$$\delta(t)\overset{\text{def}}{\triangleq}\lim_{n\to\infty}p_n(t) \tag{1.4-4}$$

冲激函数用箭头表示，并用括号中的数字表示其强度，如图 1.16（d）所示。根据以上分析可得出，单位阶跃函数与冲激函数的关系为

$$\delta(t)=\frac{\mathrm{d}\varepsilon(t)}{\mathrm{d}t} \tag{1.4-5}$$

$$\varepsilon(t)=\int_{-\infty}^{t}\delta(x)\mathrm{d}x \tag{1.4-6}$$

实际上，有许多函数的极限都可以用来定义冲激函数，例如

高斯（钟形）函数 $$\delta(t)\overset{\text{def}}{\triangleq}\lim_{b\to\infty}b\mathrm{e}^{-\pi(bt)^2} \tag{1.4-7}$$

取样函数 $$\delta(t)\overset{\text{def}}{\triangleq}\lim_{b\to\infty}\frac{\sin(bt)}{\pi t} \tag{1.4-8}$$

双边指数函数 $$\delta(t)\overset{\text{def}}{\triangleq}\lim_{b\to\infty}\frac{1}{2b}\mathrm{e}^{-\frac{|t|}{b}} \tag{1.4-9}$$

以上以函数极限的方式定义了冲激函数，但它不符合普通函数的定义，因此，科学家一直在寻求这类奇异函数的严格定义。1945-1950 年，施瓦兹（L. Schwartz）发表的论文和专著，建立了分配函数的理论，为研究奇异函数奠定了基础。

狄拉克（Dirac）给出了冲激函数的另一种定义

$$\left.\begin{aligned}&\delta(t)=0,\ \ t\neq 0\\&\int_{-\infty}^{\infty}\delta(t)\mathrm{d}t=1\end{aligned}\right\} \tag{1.4-10}$$

式（1.4-10）中 $\int_{-\infty}^{\infty}\delta(t)\mathrm{d}t=1$ 的含义是该函数波形下的面积等于 1。狄拉克的定义描述了冲激函数的基本属性，在信号与系统分析理论中得到广泛的使用。

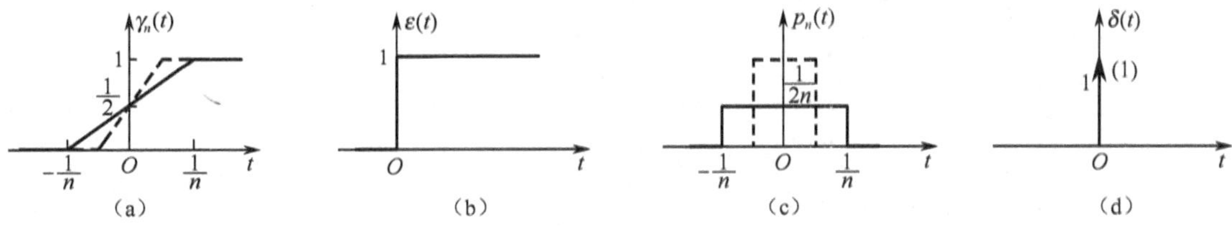

图 1.16　阶跃函数和冲激函数

1.4.2　冲激函数的导数

$\delta(t)$ 的一阶导数 $\delta'(t)$ 称为冲激偶，图 1.17（a）所示为三角形脉冲 $f_\Delta(t)$ 。当 $\tau\to 0$ 时，$f_\Delta(t)$ 成为单位冲激响应，如图 1.17（b）所示。$f_\Delta(t)$ 的一阶导数 $f'_\Delta(t)$ 如图 1.17（c）所示，当 $\tau\to 0$ 时，$f'_\Delta(t)$ 成为正、负不同极性的两个冲激，其强度均为无限大，如图 1.17（d）所示。可见，$\delta(t)$ 的一阶导数 $\delta'(t)$ 的面积为零，即

$$\int_{-\infty}^{\infty}\delta'(t)\mathrm{d}t=0 \tag{1.4-11}$$

为了方便起见，在图中表示冲激偶 $\delta'(t)$ 时，常省去负冲激，并标明 $\delta'(t)$，以免与 $\delta(t)$ 相混淆。

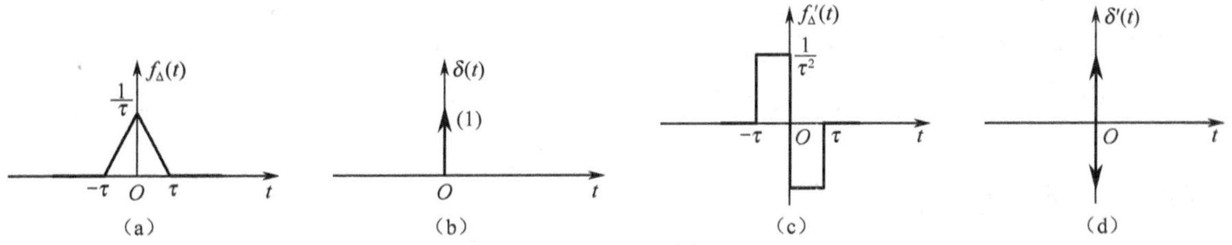

图 1.17　冲激函数的导数

1.4.3 冲激函数的性质

1-8 冲激函数 2

1. 冲激函数的平移和倍数

冲激函数 $\delta(t)$ 表示在 $t=0$ 处的冲激，在 $t=t_1$ 处出现的冲激可表示为 $\delta(t-t_1)$，如图 1.18（a）所示。若 a 是常数，则 $a\delta(t)$ 表示出现在 $t=0$ 处的，强度为 a 的冲激函数，如图 1.18（b）所示。如果 a 为负值，则表示强度为 $|a|$ 的负冲激，如图 1.18（c）所示。冲激函数的导数也具有上述同样的特性。

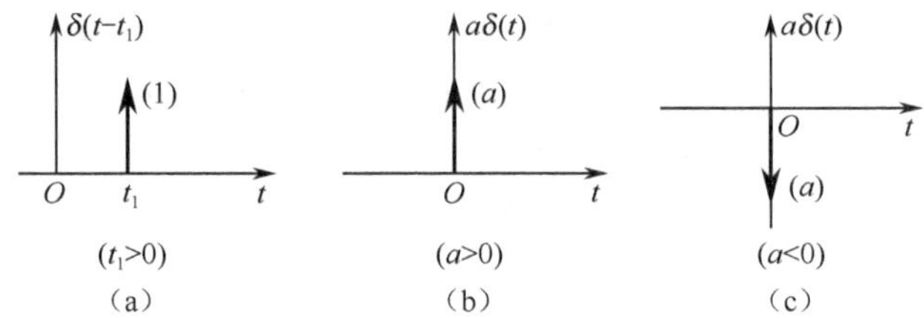

图 1.18 冲激函数的平移和倍数

按照冲激函数的定义及其平移和倍数特性，连续函数的第一类间断点处将存在导数（普通函数则不然）。以信号与系统理论分析中常出现的矩形脉冲（也称为门函数）为例，如图 1.19（a）所示，通常矩形脉冲用 $g_\tau(t)$ 表示，其宽度为 τ，幅度为 1，即

$$g_\tau(t)=\begin{cases}1, & |t|<\dfrac{\tau}{2}\\ 0, & |t|>\dfrac{\tau}{2}\end{cases} \tag{1.4-12}$$

利用移位阶跃函数，门函数可表示为

$$g_\tau(t)=\varepsilon\left(t+\frac{\tau}{2}\right)-\varepsilon\left(t-\frac{\tau}{2}\right) \tag{1.4-13}$$

利用冲激函数与阶跃函数之间的关系式（1.4-5），可知门函数 $g_\tau(t)$ 的导数为

$$g'_\tau(t)=\delta\left(t+\frac{\tau}{2}\right)-\delta\left(t-\frac{\tau}{2}\right) \tag{1.4-14}$$

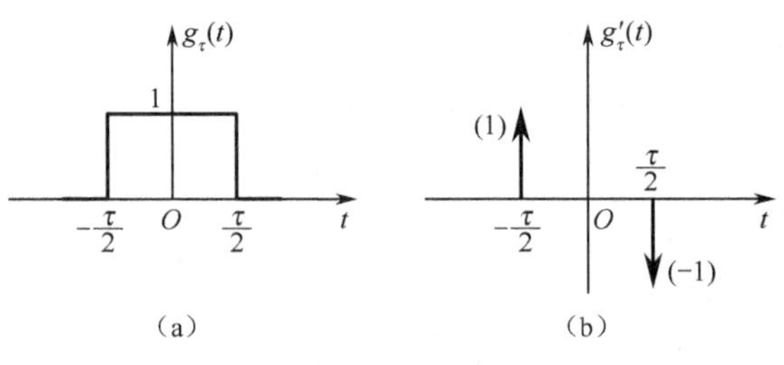

图 1.19 门函数及其导数

$g'_\tau(t)$ 的波形如图 1.19（b）所示。可见，当连续函数有第一类间断点时，其一阶导数将在间断点处出现冲激，间断点处向上突跳时出现正冲激，间断点处向下突跳时出现负冲激，冲激的强度等于突跳的幅度。

2. 冲激函数的取样性

当冲激函数与普通函数相乘时就会体现出冲激函数的取样性质。由冲激函数的定义可知

$$f(t)\delta(t)=f(0)\delta(t) \tag{1.4-15}$$

结合式（1.4-10），有

$$\int_{-\infty}^{\infty}f(t)\delta(t)\mathrm{d}t=\int_{-\infty}^{\infty}f(0)\delta(t)\mathrm{d}t=f(0) \tag{1.4-16}$$

式（1.4-15）和式（1.4-16）称为冲激函数的取样性质，即冲激函数从 $f(t)$ 中选出函数值 $f(0)$。

结合冲激函数的平移特性，有

$$f(t)\delta(t-t_1)=f(t_1)\delta(t-t_1) \tag{1.4-17}$$

$$\int_{-\infty}^{\infty} f(t)\delta(t-t_1)\mathrm{d}t = \int_{-\infty}^{\infty} f(t_1)\delta(t-t_1)\mathrm{d}t = f(t_1) \tag{1.4-18}$$

冲激函数的一阶导数冲激偶 $\delta'(t)$ 同样具有取样特性，根据冲激偶的广义函数定义，可知

$$f(t)\delta'(t) = f(0)\delta'(t) - f'(0)\delta(t) \tag{1.4-19}$$

结合式（1.4-10）和式（1.4-11），有

$$\begin{aligned}\int_{-\infty}^{\infty} f(t)\delta'(t)\mathrm{d}t &= \int_{-\infty}^{\infty}[f(0)\delta'(t) - f'(0)\delta(t)]\mathrm{d}t \\ &= f(0)\int_{-\infty}^{\infty}\delta'(t)\mathrm{d}t - f'(0)\int_{-\infty}^{\infty}\delta(t)\mathrm{d}t \\ &= -f'(0)\end{aligned} \tag{1.4-20}$$

推广至冲激函数的高阶导数，有

$$\int_{-\infty}^{\infty} f(t)\delta^{(n)}(t)\,\mathrm{d}t = (-1)^n f^{(n)}(0) \tag{1.4-21}$$

结合平移特性，有

$$f(t)\delta'(t-t_1) = f(t_1)\delta'(t-t_1) - f'(t_1)\delta(t-t_1) \tag{1.4-22}$$

$$\int_{-\infty}^{\infty} f(t)\delta'(t-t_1)\mathrm{d}t = -f'(t_1) \tag{1.4-23}$$

$$\int_{-\infty}^{\infty} f(t)\delta^{(n)}(t-t_1)\,\mathrm{d}t = (-1)^n f^{(n)}(t_1) \tag{1.4-24}$$

需要注意的是广义函数之间的乘积，如 $\varepsilon(t)\delta(t)$、$\delta(t)\delta(t)$、$\delta(t)\delta'(t)$ 等没有意义。

【例 1-9】 计算下列各题。

1-9 冲激函数例题 1

（1）$\sin\left(t+\dfrac{\pi}{4}\right)\delta(t)$；（2）$\mathrm{e}^{-\alpha t}\delta(t-1)$；（3）$t\delta'(t)$；（4）$\sin\left(t-\dfrac{\pi}{4}\right)\delta'\left(t+\dfrac{\pi}{4}\right)$；

（5）$\int_{-1}^{t}(\tau-1)^2\delta(\tau)\,\mathrm{d}\tau$；（6）$\int_{-\infty}^{\infty}\mathrm{e}^{-\alpha t}\delta'(t-1)\mathrm{d}t$。

【解】（1）$\sin\left(t+\dfrac{\pi}{4}\right)\delta(t) = \sin\left(\dfrac{\pi}{4}\right)\delta(t) = \dfrac{\sqrt{2}}{2}\delta(t)$

（2）$\mathrm{e}^{-\alpha t}\delta(t-1) = \mathrm{e}^{-\alpha}\delta(t-1)$

（3）$t\delta'(t) = -\delta(t)$

（4）$\sin\left(t-\dfrac{\pi}{4}\right)\delta'\left(t+\dfrac{\pi}{4}\right) = \sin\left(-\dfrac{\pi}{2}\right)\delta'\left(t+\dfrac{\pi}{4}\right) - \cos\left(-\dfrac{\pi}{2}\right)\delta\left(t+\dfrac{\pi}{4}\right) = -\delta'\left(t+\dfrac{\pi}{4}\right)$

（5）$\int_{-1}^{t}(\tau-1)^2\delta(\tau)\,\mathrm{d}\tau = \int_{-1}^{t}\delta(\tau)\,\mathrm{d}\tau = \varepsilon(t)$

（6）$\int_{-\infty}^{\infty}\mathrm{e}^{-\alpha t}\delta'(t-1)\mathrm{d}t = \alpha\mathrm{e}^{-\alpha}$

【例 1-10】 信号 $f(t)$ 如图 1.20（a）所示。写出其用阶跃函数表示的表达式并求其导数，画出波形。

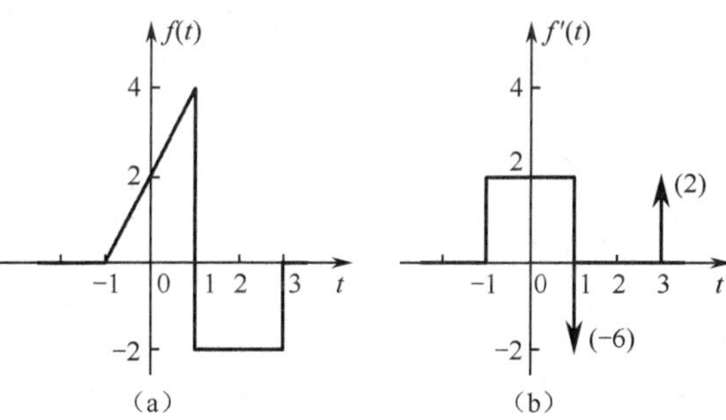

图 1.20　例 1-10 图

【解】 利用阶跃函数 $f(t)$ 可表示为

$f(t) = (2t+2)[\varepsilon(t+1) - \varepsilon(t-1)] - 2[\varepsilon(t-1) - \varepsilon(t-3)]$

则 $f(t)$ 的导数为

$$\begin{aligned}f'(t) &= 2[\varepsilon(t+1) - \varepsilon(t-1)] + (2t+2)[\delta(t+1) - \delta(t-1)] - 2[\delta(t-1) - \delta(t-3)] \\ &= 2[\varepsilon(t+1) - \varepsilon(t-1)] - 6\delta(t-1) + 2\delta(t-3)\end{aligned}$$

$f'(t)$ 的波形如图 1.20（b）所示。

3．冲激函数的尺度变换

设有常数 $a(a\neq 0)$，针对广义函数 $\delta(at)$ 的研究[1]，可知

$$\delta(at)=\frac{1}{|a|}\delta(t) \tag{1.4-25}$$

类似地，对于冲激函数的一阶导数，有

$$\delta'(at)=\frac{1}{|a|}\cdot\frac{1}{a}\delta'(t) \tag{1.4-26}$$

类推可得 $\delta(at)$ 的 n 阶导数，有

$$\delta^{(n)}(at)=\frac{1}{|a|}\cdot\frac{1}{a^n}\delta^{(n)}(t) \tag{1.4-27}$$

结合冲激函数的平移特性，有

$$\delta(at-b)=\frac{1}{|a|}\delta\left(t-\frac{b}{a}\right) \tag{1.4-28}$$

$$\delta'(at-b)=\frac{1}{|a|}\cdot\frac{1}{a}\delta'\left(t-\frac{b}{a}\right) \tag{1.4-29}$$

$$\delta^{(n)}(at-b)=\frac{1}{|a|}\cdot\frac{1}{a^n}\delta^{(n)}\left(t-\frac{b}{a}\right) \tag{1.4-30}$$

4．冲激函数的奇偶性

式（1.4-25）中，若取 $a=-1$，得

$$\delta(-t)=\delta(t) \tag{1.4-31}$$

即冲激函数为偶函数 $\delta(t)$。式（1.4-26）中，若取 $a=-1$，得

$$\delta'(-t)=-\delta'(t) \tag{1.4-32}$$

即冲激偶函数 $\delta'(t)$ 为奇函数。一般情况下，有

$$\delta^{(n)}(-t)=(-1)^n\delta^{(n)}(t) \tag{1.4-33}$$

即 n 为偶数时，可看作是 t 的偶函数， n 为奇数时，可看作是 t 的奇函数。

表 1.1 中列出了冲激函数 $\delta(t)$ 及其一阶导数冲激偶函数 $\delta'(t)$ 的主要性质。

表 1.1　冲激函数与冲激偶函数的主要性质

性质名称	$\delta(t)$	$\delta'(t)$
函数的强度特性	$\int_{-\infty}^{\infty}\delta(t)\mathrm{d}t=1$	$\int_{-\infty}^{\infty}\delta'(t)\mathrm{d}t=0$
取样性	$f(t)\delta(t)=f(0)\delta(t)$ $\int_{-\infty}^{\infty}f(t)\delta(t)\mathrm{d}t=\int_{-\infty}^{\infty}f(0)\delta(t)\mathrm{d}t=f(0)$	$f(t)\delta'(t)=f(0)\delta'(t)-f'(0)\delta(t)$ $\int_{-\infty}^{\infty}f(t)\delta'(t)\mathrm{d}t=-f'(0)$
尺度变换	$\delta(at-b)=\frac{1}{\lvert a\rvert}\delta\left(t-\frac{b}{a}\right)$	$\delta'(at-b)=\frac{1}{\lvert a\rvert}\cdot\frac{1}{a}\delta'\left(t-\frac{b}{a}\right)$
奇偶性	$\delta(-t)=\delta(t)$	$\delta'(-t)=-\delta'(t)$
微积分特性	$\delta(t)=\varepsilon'(t)=\frac{\mathrm{d}\varepsilon(t)}{\mathrm{d}t}$， $\varepsilon(t)=\int_{-\infty}^{t}\delta(x)\mathrm{d}x$， $\delta(t)=\int_{-\infty}^{t}\delta'(x)\mathrm{d}x$	

【例 1-11】 已知 $f(t)$ 如图 1.21 所示，画出 $g(t)=f'(t)$ 和 $g(2t)$。

【解】 利用函数微分及 $\delta(t)$ 的定义，可得出 $g(t)$ 函数的波形如图 1.22（a）所示。利用 $\delta(t)$ 的尺度变换性质

1-10 冲激函数例题 2

$$\delta(at+b)=\frac{1}{|a|}\delta\left(t+\frac{b}{a}\right)$$

得

$$4\delta(t+2)\xrightarrow[\text{压缩}]{t\to 2t}4\delta(2t+2)=4\times\frac{1}{2}\delta(t+1)=2\delta(t+1)$$

可得出 $g(2t)$ 波形如图 1.22（b）所示。

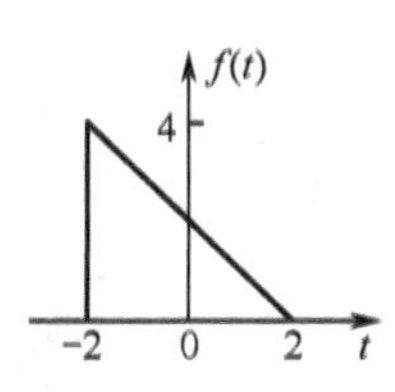

图 1.21　例 1-11 图

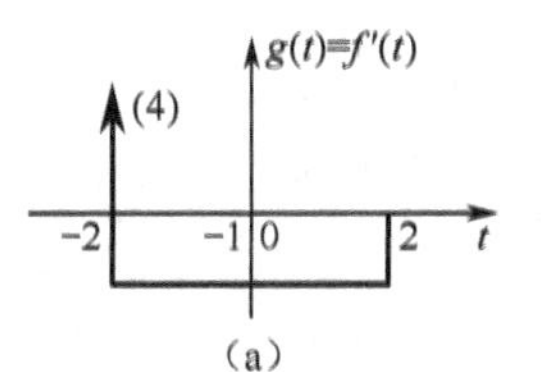

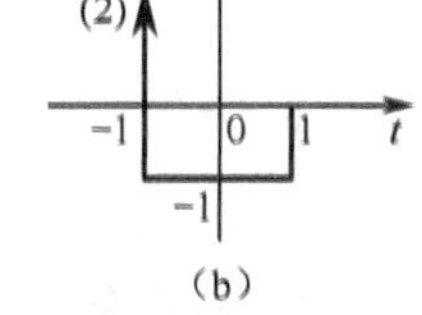

图 1.22　例 1-11 求解结果

【例 1-12】 已知 $f(2-2t)$ 波形如图 1.23 所示，画出 $f(t)$ 和 $\int_{-\infty}^{t}f(\tau)\mathrm{d}\tau$ 波形。

【解】（1）画出 $f(t)$ 的波形，首先，平移、反转、尺度变换均是针对 t 进行，其次，冲激函数尺度变换时，其强度会发生变化，具体分析如下：

$$f(2-2t)\xrightarrow[\text{反转}]{t\to -t}f(2+2t)\xrightarrow[\text{扩展}]{t\to 0.5t}f(2+t)\xrightarrow[\text{右移2}]{t\to t-2}f(t)$$

图 1.23　例 1-12 图

特别需要注意的是 $\delta(t)$ 的尺度变换过程：

$$-\delta(t+2)\xrightarrow[\text{放大}]{t\to 0.5t}-\delta(0.5t+2)=-2\delta(t+4)$$

波形变换过程分析如图 1.24（a）所示。

（2）画出 $\int_{-\infty}^{t}f(\tau)\mathrm{d}\tau$ 的波形，积分要对 t 进行分段讨论。

当 $t<-2$ 时，$\int_{-\infty}^{t}f(\tau)\mathrm{d}\tau=0$；

当 $-2\leqslant t<0$ 时，$\int_{-\infty}^{t}f(\tau)\mathrm{d}\tau=\int_{-\infty}^{t}-2\delta(t+2)\mathrm{d}\tau=-2$；

当 $0\leqslant t<2$ 时，$\int_{-\infty}^{t}f(\tau)\mathrm{d}\tau=\int_{-\infty}^{0}f(\tau)\mathrm{d}\tau+\int_{0}^{t}f(\tau)\mathrm{d}\tau=-2+\int_{0}^{t}1\mathrm{d}\tau=t-2$；

当 $t\geqslant 2$ 时，$\int_{-\infty}^{t}f(\tau)\mathrm{d}\tau=\int_{-\infty}^{0}f(\tau)\mathrm{d}\tau+\int_{0}^{2}1\mathrm{d}\tau+\int_{2}^{t}0\mathrm{d}\tau=-2+2=0$。

将对 t 进行分段积分的结果画出波形，如图 1.24（b）所示。

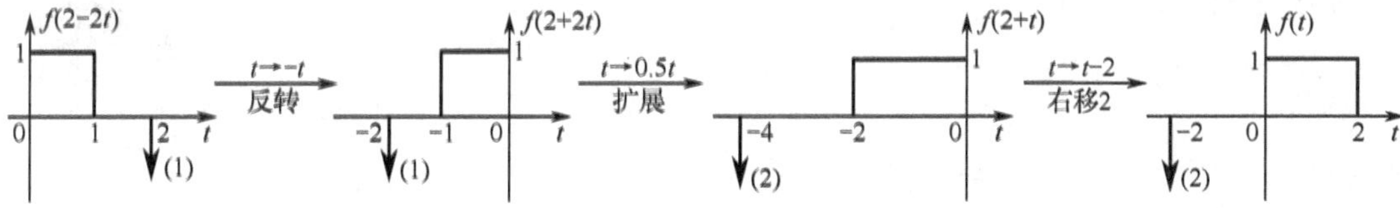

（a）波形变换求解过程

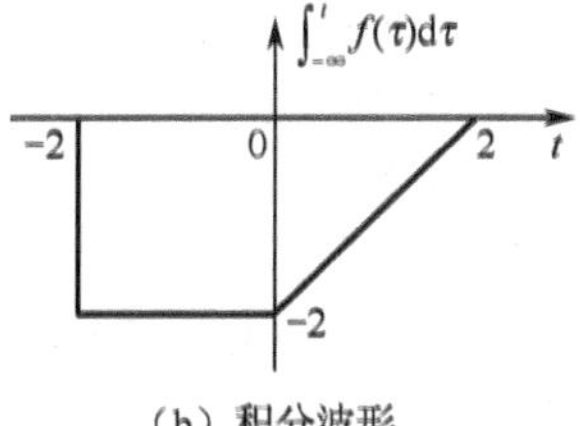

（b）积分波形

图 1.24　例 1-12 求解过程

1.5 系统的分类及性质

由 1.1 节中关于系统的基本概念的讨论可以看出，不同领域的系统其物理特点各不相同，本节将介绍并讨论各种不同系统的分类及性质，为后续深入研究并用数学工具描述系统奠定基础。

1.5.1 系统的分类

可以从多种角度来观察、分析研究系统的特征，提出对系统进行分类的方法。下面讨论几种常用的分类法。

1. 连续系统与离散系统

信号根据定义域取值的连续性与离散性可分为连续时间信号和离散时间信号，系统也可分为连续系统和离散系统。当系统的激励是连续时间信号时，若其响应也是连续时间信号，则称其为连续系统；当系统的激励是离散时间信号时，若其响应也是离散时间信号，则称其为离散系统。本书将对连续和离散系统分别展开讨论。

2. 即时系统与动态系统

如果系统在任意时刻的响应仅取决于该时刻的激励，而与它过去的状况无关，这种系统称为即时系统（或无记忆系统）。全部由无记忆元件（如电阻）组成的系统是即时系统。如果系统在任意时刻的响应不仅取决于该时刻的激励，且与它过去的状况有关，这种系统称为动态系统（或记忆系统）。含有记忆元件（如电容、电感、寄存器等）的系统是动态系统。本书主要讨论动态系统。

3. 单输入单输出系统与多输入多输出系统

如果系统的输入、输出信号都只有一个，称为单输入单输出系统；如果系统的输入、输出信号都有多个，称为多输入多输出系统。

下面通过对系统的线性、时变性、因果性、稳定性等性质的讨论，进一步将系统分为线性系统与非线性系统、时变系统与时不变系统、因果系统与非因果系统、稳定系统与非稳定系统。本书主要讨论线性时不变（Linear Time Invariant，LTI）系统。

1.5.2 系统的性质

1-11 系统的分类及性质 1

1. 线性

系统的线性是指系统具有叠加性和齐次性，所谓叠加性是指当几个激励信号同时作用于系统时，总的输出响应等于每个激励独自作用所产生的响应之和；而齐次性是指当输入信号乘以某常数时，响应也是倍乘相同的常数。根据系统是否满足线性可将系统分为线性系统与非线性系统。

若将系统的激励 $f(\cdot)$ 与响应 $y(\cdot)$ 之间的关系间记为

$$y(\cdot)=T[f(\cdot)] \tag{1.5-1}$$

则系统的叠加性可表示为

$$T[f_1(\cdot)+f_2(\cdot)]=T[f_1(\cdot)]+T[f_2(\cdot)] \tag{1.5-2}$$

系统的齐次性可表示为

$$T[\alpha f(\cdot)]=\alpha T[f(\cdot)] \tag{1.5-3}$$

系统的线性可表示为

$$T[\alpha_1 f_1(\cdot)+\alpha_2 f_2(\cdot)]=\alpha_1 T[f_1(\cdot)]+\alpha_2 T[f_2(\cdot)] \tag{1.5-4}$$

动态系统的响应不仅取决于激励，而且与系统的初始态有关。通常情况下，设系统的初始时刻为 0，系统在初始时刻的状态用 $x(0)$ 表示，如果有多个初始状态 $x_1(0),x_2(0),\cdots,x_n(0)$，简记为 $\{x(0)\}$。将初始状态看作另一种激励，这样，系统的响应将取决于两种不同的激励，输入信号 $\{f(\cdot)\}$ 和初始状态 $\{x(0)\}$，系统的完全响应可写为

$$y(\cdot)=T[\{x(0)\},\{f(\cdot)\}] \tag{1.5-5}$$

若令输入信号为零，仅有初始状态 $\{x(0)\}$ 引起的响应为零输入响应（zero input response），用 $y_{zi}(\cdot)$ 表示，即

$$y_{zi}(\cdot)=T[\{x(0)\},\{0\}] \tag{1.5-6}$$

令初始状态为零，仅有输入信号 $\{f(\cdot)\}$ 引起的响应为零状态响应（zero state response），用 $y_{zs}(\cdot)$ 表示，即

$$y_{zs}(\cdot)=T[\{0\},\{f(\cdot)\}] \tag{1.5-7}$$

一个系统，如果它满足如下三个条件，则称之为线性系统，否则称为非线性系统。

条件 1 系统的完全响应是输入信号 $\{f(\cdot)\}$ 和初始状态 $\{x(0)\}$ 单独作用引起的响应之和，即

$$y(\cdot)=y_{zi}(\cdot)+y_{zs}(\cdot) \tag{1.5-8}$$

系统的这一性质称为分解特性。

条件 2 零输入线性，即零输入响应 $y_{zi}(\cdot)$ 与初始状态 $\{x(0)\}$ 之间满足线性特性。

条件 3 零状态线性，即零状态响应 $y_{zs}(\cdot)$ 与激励 $\{f(\cdot)\}$ 之间满足线性特性。

综上所述，一个既具有分解特性，又满足零输入线性和零状态线性的系统称为线性系统，否则称为非线性系统。

【例 1-13】 判断下列系统是否为线性系统：

（1） $y(t)=3x(0)+2f(t)+x(0)f(t)+1$；

（2） $y(t)=2x(0)+|f(t)|$；（3） $y(t)=x^2(0)+2f(t)$

【解】（1） $y_{zs}(t)=2f(t)+1$　　　$y_{zi}(t)=3x(0)+1$

显然 $y(t)\neq y_{zi}(t)+y_{zs}(t)$，不满足分解特性，

（2） $y_{zs}(t)=|f(t)|$， $y_{zi}(t)=2x(0)$，即 $y(t)=y_{zi}(t)+y_{zs}(t)$，满足分解特性。

$T[\{0\},\{af(t)\}]=|af(t)|\neq aT[\{0\},\{f(t)\}]=a|f(t)|$，不满足零状态线性，所以该系统是非线性系统。

（3） $y_{zs}(t)=2f(t)$， $y_{zi}(t)=x^2(0)$，即 $y(t)=y_{zi}(t)+y_{zs}(t)$，满足分解特性。

$T[\{ax(0)\},\{0\}]=a^2x^2(0)\neq aT[\{x(0)\},\{0\}]=ax^2(0)$，不满足零输入线性，所以该系统是非线性系统。

【例 1-14】 判断下列系统是否为线性系统：

$$y(t)=\mathrm{e}^{-t}x(0)+\int_0^t\sin(x)f(x)\,\mathrm{d}x$$

【解】

$$y_{zi}(t)=\mathrm{e}^{-t}x(0),\qquad y_{zs}(t)=\int_0^t\sin(x)f(x)\,\mathrm{d}x$$

即 $y(t)=y_{zi}(t)+y_{zs}(t)$，满足分解特性。

$$\begin{aligned}T[\{af_1(x)+\mathrm{b}f_2(x)\},\{0\}]&=\int_0^t\sin(x)[af_1(x)+bf_2(x)]\,\mathrm{d}x\\&=a\int_0^t\sin(x)f_1(x)\,\mathrm{d}x+b\int_0^t\sin(x)f_2(x)\,\mathrm{d}x\\&=aT[\{f_1(x)\},\{0\}]+bT[\{f_2(x)\},\{0\}]\end{aligned}$$

满足零状态线性。

$$\begin{aligned}T[\{0\},\{ax_1(0)+bx_2(0)\}]&=\mathrm{e}^{-t}[ax_1(0)+bx_2(0)]\\&=a\mathrm{e}^{-t}x_1(0)+b\mathrm{e}^{-t}x_2(0)\\&=aT[\{0\},\{x_1(0)\}]+bT[\{0\},\{x_2(0)\}]\end{aligned}$$

满足零输入线性。所以该系统为线性系统。

1-12 系统的分类及性质 2

2. 时不变性

如果系统的参数都是常数，则称该系统为时不变系统（或非时变系统），否则称为时变系统。线性系统可以是时不变系统，也可以是时变系统。由于时不变系统的参数不随时间变化，故系统的零状态响应与激励信号输入的时间无关，也就是说，如果激励 $f(\cdot)$ 作用于系统所产生的零状态响应为 $y_{zs}(\cdot)$，那么，如果激励延时一定时间接入时，它所引起的零状态响应也延时相同的时间，即连续系统有

$$y_{zs}(t-t_d)=T[\{0\},f(t-t_d)] \tag{1.5-9}$$

离散系统有

$$y_{zs}(k-k_d)=T[\{0\},f(k-k_d)] \tag{1.5-10}$$

图 1.25 所示的是一个线性连续系统的时不变性。对于离散系统也类似。具有时不变性的线性系统称为线性时不变（Linear Time Invariant，LTI）系统。

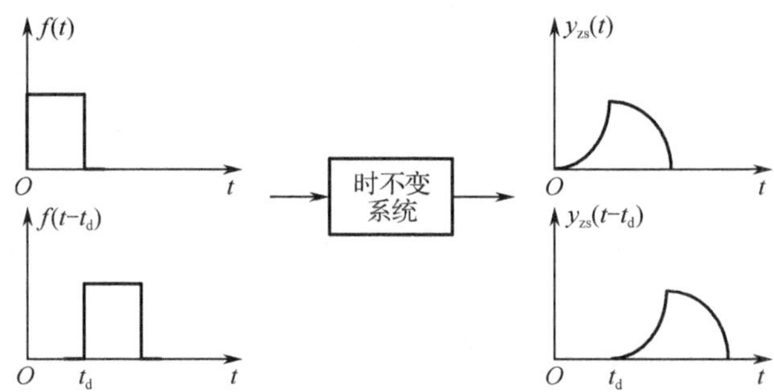

图 1.25 线性连续系统的时不变性

利用 LTI 连续系统的线性和时不变性，可以证明其具有微分特性。已知

$$T[\{0\},f(t)]=y_{zs}(t)$$

有

$$T\left[\{0\},\frac{f(t)-f(t-\Delta t)}{\Delta t}\right]=\frac{y_{zs}(t)-y_{zs}(t-\Delta t)}{\Delta t}$$

对上式取 $\Delta t\to 0$ 的极限，可得到 LTI 连续系统的微分特性

$$T\left[\{0\},\frac{\mathrm{d}f(t)}{\mathrm{d}t}\right]=\frac{\mathrm{d}y_{zs}(t)}{\mathrm{d}t} \tag{1.5-11}$$

LTI 连续系统的微分特性描述的是如果 LTI 连续系统在激励 $f(t)$ 作用下，其零状态响应为 $y_{zs}(t)$，那么，当激励为 $f(t)$ 的导数 $\frac{\mathrm{d}f(t)}{\mathrm{d}t}$ 时，该系统的零状态响应为 $\frac{\mathrm{d}y_{zs}(t)}{\mathrm{d}t}$，如图 1.26（a）所示。

$f(t)$ / $\frac{\mathrm{d}f(t)}{\mathrm{d}t}$ → LTI系统 → $y_{zs}(t)$ / $\frac{\mathrm{d}y_{zs}(t)}{\mathrm{d}t}$

（a）

$f(t)$ / $\int_{-\infty}^{t}f(x)\mathrm{d}x$ → LTI系统 → $y_{zs}(t)$ / $\int_{-\infty}^{t}y_{zs}(x)\mathrm{d}x$

（b）

图 1.26 LTI 连续系统的微分及积分特性

相应地，LTI 连续系统也具有积分特性，如图 1.26（b）所示。若

$$T[\{0\},f(t)]=y_{zs}(t)$$

且有 $f(-\infty)=0$，$y_{zs}(-\infty)=0$，则

$$T[\{0\},\int_{-\infty}^{t} f(x)\mathrm{d}x] = \int_{-\infty}^{t} y_{zs}(x)\mathrm{d}x \tag{1.5-12}$$

【例 1-15】 判断下列系统是否为时不变系统：

（1）$y_{zs}(k) = f(k)f(k-1)$；（2）$y_{zs}(t) = tf(t)$；（3）$y_{zs}(t) = f(-t)$；（4）$y_{zs}(t) = f(3t)$

【解】（1）$T[\{0\}, f(k-k_d)] = f(k-k_d)f(k-k_d-1)$

$$y_{zs}(k-k_d) = f(k-k_d)f(k-k_d-1)$$

显然有 $y_{zs}(k-k_d) = T[\{0\}, f(k-k_d)]$，即该系统为时不变系统。

（2）$T[\{0\}, f(t-t_d)] = tf(t-t_d)$

$$y_{zs}(t-t_d) = (t-t_d)f(t-t_d)$$

显然有 $y_{zs}(t-t_d) \neq T[\{0\}, f(t-t_d)]$，即该系统为时变系统。

（3）$T[\{0\}, f(t-t_d)] = f(-t-t_d)$

$$y_{zs}(t-t_d) = f[-(t-t_d)]$$

显然有 $y_{zs}(t-t_d) \neq T[\{0\}, f(t-t_d)]$，即该系统为时变系统。

（4）$T[\{0\}, f(t-t_d)] = f(3t-t_d)$

$$y_{zs}(t-t_d) = f[3(t-t_d)]$$

显然有 $y_{zs}(t-t_d) \neq T[\{0\}, f(t-t_d)]$，即该系统为时变系统。

1-13 系统的分类及性质 3

3. 因果性

人们常将激励与零状态响应的关系看作因果关系，即把激励看作响应的原因，而零状态响应是激励引起的结果。也就是说，系统的零状态响应不会出现在激励之前，这样的系统称为因果系统。更确切地可以描述为，对任意时刻 t_0 或 k_0（一般取 $t_0 = 0$ 或 $k_0 = 0$）和任意输入 $f(\cdot)$，如果

$$f(\cdot) = 0, \quad t < t_0 \text{ 或 } k < k_0$$

若其零状态响应

$$y_{zs}(\cdot) = T[\{0\}, f(\cdot)] = 0 \qquad t < t_0 \text{ 或 } k < k_0 \tag{1.5-13}$$

则称该系统为因果系统，否则称其为非因果系统。譬如，零状态响应为 $y_{zs}(t) = 3f(t-1)$、$y_{zs}(k) = \sum_{i=-\infty}^{k} f(i)$ 是因果系统，而零状态响应为 $y_{zs}(k) = 3f(k+1)$、$y_{zs}(t) = f(2t)$ 是非因果系统。

在因果系统中，原因决定结果，结果不会出现在原因作用之前。因此，系统在任一时刻的响应只与该时刻以及该时刻以前的激励有关，而与该时刻以后的激励无关。所谓激励可以是当前输入，也可以是历史输入或等效的初始状态。由于因果系统没有预测未来输入的能力，因而也常称为不可预测系统。需要指出，如果自变量不是时间而是空间位置等（如光学成像系统、图像处理系统等），因果性就失去了意义。

【例 1-16】 某 LTI 因果连续系统，初始状态为 $x(0)$，已知，当 $x(0) = 1$，输入因果信号 $f_1(t)$ 时，系统的全响应为 $y_1(t) = \mathrm{e}^{-t} + \cos(\pi t)$，$t > 0$，当 $x(0) = 2$，输入因果信号 $f_2(t) = 3f_1(t)$ 时，系统的全响应为 $y_2(t) = -2\mathrm{e}^{-t} + 3\cos(\pi t)$，$t > 0$。求输入 $f_3(t) = \dfrac{\mathrm{d}f_1(t)}{\mathrm{d}t} + 2f_1(t-1)$ 时，系统的零状态响应 $y_{3zs}(t)$

【解】 设当 $x(0) = 1$，输入因果信号 $f_1(t)$ 时，系统的零输入响应和零状态响应分别为 $y_{1zi}(t)$ 和 $y_{1zs}(t)$。当 $x(0) = 2$，输入因果信号 $f_2(t) = 3f_1(t)$ 时，系统的零输入响应和零状态响应分别为 $y_{2zi}(t)$ 和 $y_{2zs}(t)$。

由题中条件，有

$$y_1(t) = y_{1zi}(t) + y_{1zs}(t) = \mathrm{e}^{-t} + \cos(\pi t), \quad t > 0 \qquad (1)$$

$$y_2(t)=y_{2zi}(t)+y_{2zs}(t)=-2e^{-t}+3\cos(\pi t)\ ,\ t>0 \qquad (2)$$

根据线性系统的齐次性，

$$y_{2zi}(t)=2y_{1zi}(t) \qquad y_{2zs}(t)=3y_{1zs}(t)$$

代入式（2）得

$$y_2(t)=2y_{1zi}(t)+3y_{1zs}(t)=-2e^{-t}+3\cos(\pi t)\ ,\ t>0 \qquad (3)$$

由式（1）和（3）可得

$$y_{1zs}(t)=-4e^{-t}+\cos(\pi t)\ ,\ t>0$$

由于 $y_{1zs}(t)$ 是因果系统对因果输入信号 $f_1(t)$ 的零状态响应，故当 $t<0$ ， $y_{1zs}(t)=0$ ，因此 $y_{1zs}(t)$ 可改写为

$$y_{1zs}(t)=[-4e^{-t}+\cos(\pi t)]\varepsilon(t)$$

根据线性系统的微分特性，有

$$\frac{dy_{1zs}(t)}{dt}=-3\delta(t)+[4e^{-t}-\pi\sin(\pi t)]\varepsilon(t)$$

根据线性系统的时不变特性，有

$$y_{1zs}(t-1)=\{-4e^{-(t-1)}+\cos[\pi(t-1)]\}\varepsilon(t-1)$$

则有

$$\begin{aligned}y_{3zs}(t)&=\frac{dy_{1zs}(t)}{dt}+2y_{1zs}(t-1)\\&=-3\delta(t)+[4e^{-t}-\pi\sin(\pi t)]\varepsilon(t)+2\{-4e^{-(t-1)}+\cos[\pi(t-1)]\}\varepsilon(t-1)\end{aligned}$$

4．稳定性

系统的稳定性是指对有界的激励信号，系统的零状态响应也是有界的。即若系统的激励 $|f(\cdot)|<\infty$ 时，其零状态响应有

$$|y_{zs}(\cdot)|<\infty \qquad (1.5\text{-}14)$$

则该系统是稳定的，否则为不稳定系统。譬如，某离散系统的零状态响应为 $y_{zs}(k)=f(k)+f(k-1)$，显然，无论激励是何种形式的序列，只要 $f(k)$ 是有界的，那么，$y_{zs}(k)$ 也必然是有界的，因此该系统是稳定的。又譬如，某连续系统的零状态响应为 $y_{zs}(t)=\int_{-\infty}^{t}f(x)dx$ ，若 $f(t)=\varepsilon(t)$ ，显然该激励是有界的，$y_{zs}(t)=\int_{-\infty}^{t}f(x)dx=t\varepsilon(t)$ ，$y_{zs}(t)$ 会随着时间 t 无限增长，故该系统是不稳定的。

1.6　系统的描述

系统分析理论中描述系统的方法有很多种，本节主要介绍通过数学模型和框图来描述连续或离散系统，其他描述系统的方法将在后续章节中陆续介绍。

1.6.1　连续系统的描述

1．连续系统的数学模型

系统理论分析的基础，首先是要建立描述系统基本共性的数学模型，然后用数学工具分析和求解，并对所得结果赋予实际意义。描述连续系统输入、输出关系的数学模型是微分方程，而且，描述 LTI 连续系统的数学模型是线性常系数微分方程。这类形式的数学模型可以用来描述范围广泛的系统和现象。

图 1.27 所示为 RLC 串联电路。如将电压源 $u_S(t)$ 看作是激励，选电容两端电压 $u_C(t)$ 为响应，则由基尔霍夫电压定律（KVL）有

$$u_L(t)+u_R(t)+u_C(t)=u_S(t) \qquad i(t)=Cu_C'(t)$$

$$u_R(t)=R\cdot i(t)=RCu_C'(t) \qquad u_L(t)=L\cdot i'(t)=LCu_C''(t)$$

整理可得

$$LCu_C''(t)+RCu_C'(t)+u_C(t)=u_S(t)$$

上式是一个线性常系数微分方程。抽去具体的物理意义，方程可写为

$$a_2\frac{\mathrm{d}^2 y(t)}{\mathrm{d}t^2}+a_1\frac{\mathrm{d}\,y(t)}{\mathrm{d}t}+a_0 y(t)=f(t) \tag{1.6-1}$$

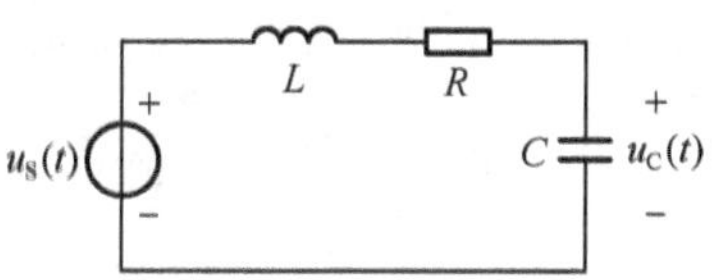

图 1.27　RLC 串联电路系统

对于较复杂的连续系统，其数学模型可能是高阶微分方程，规定此微分方程的阶次就是系统的阶次，图 1.27 所示就是一个二阶系统。另一方面，对于不同的物理系统，经过近似和抽象，有可能得到形式上完全相同的数学模型。对于理想元件组成的电路系统，在不同结构下，其数学模型也有可能一致，此外，还能够找到对应的机械系统，其数学模型与方程（1.6-1）也完全相同。这表明，同一数学模型可以描述物理外貌截然不同的系统。

2. 连续系统的框图表示

上述微分方程从数学角度来说代表了某些运算关系，如相乘、微分、相加运算等。将这些基本运算用一些理想部件符号表示出来并相互连接表征上述方程的运算关系，这样画出的图称为模拟框图，简称框图。连续系统框图的常用基本单元有加法器、积分器、延时器、数乘器，它们的表示符号如图 1.28 所示。

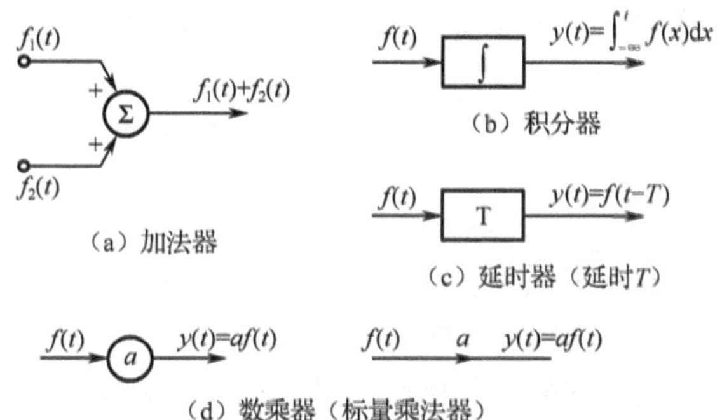

图 1.28　连续系统框图的基本单元

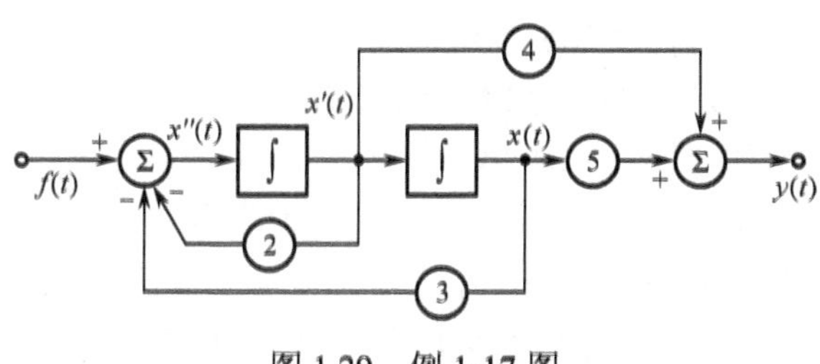

图 1.29　例 1-17 图

【例 1-17】 某连续系统如图 1.29 所示。写出该系统的微分方程。

【解】 图 1.29 所示的系统中有两个积分器，为二阶系统。为了写出该系统的微分方程，不妨先设右边积分器的输出为中间变量 $x(t)$，那么，各积分器的输入分别为 $x'(t)$ 和 $x''(t)$，如图 1.29 中所示。

分别写出两个加法器的输出，得到两个等式

$$y(t)=4x'(t)+3x(t) \tag{1.6-2}$$

$$x''(t)=f(t)-2x'(t)-3x(t)$$

即

$$x''(t)+2x'(t)+3x(t)=f(t) \tag{1.6-3}$$

消去中间变量 $x(t)$ 及其各阶导数

$$3y(t)=4\times 3x'(t)+3\times 3x(t)$$
$$2y'(t)=4\times 2x''(t)+3\times 2x'(t)$$
$$y''(t)=4x'''(t)+3x''(t)$$

将以上三式相加，得

$$y''(t)+2y'(t)+3y(t)=4[x''(t)+2x'(t)+3x(t)]'+3[x''(t)+2x'(t)+3x(t)]$$

将式（1.6-3）代入上式，得

$$y''(t)+2y'(t)+3y(t)=4f'(t)+3f(t) \tag{1.6-4}$$

式（1.6-4）即为图 1.29 所示系统的微分方程。

1.6.2 离散系统的描述

1. 离散系统的数学模型

描述离散系统输入、输出关系的数学模型是差分方程，而且，描述 LTI 离散系统的数学模型是线性常系数差分方程。所谓差分方程是指由未知输出序列项 $y(k)$ 及其移位项 $y(k-1),y(k-2),\cdots$ 与输入序列项 $f(k)$ 及其 $f(k-1),f(k-2),\cdots$ 构成的方程。未知序列项变量最高序号与最低序号的差数，称为差分方程的阶数。移位项的序列号递减，称为后向差分方程。移位项的序列号也可以递增，即由未知输出序列项 $y(k)$ 及其移位项 $y(k+1),y(k+2),\cdots$ 与输入序列项 $f(k)$ 及其 $f(k+1),f(k+2),\cdots$ 构成的方程称为前向差分方程。

【例 1-18】 某人每月初在银行存入一定数量的款，月息为 β 元/月，求第 k 个月初存折上的款数。

【解】 设第 k 个月初的款数为 $y(k)$，这个月初的存款为 $f(k)$，上个月初的款数为 $y(k-1)$，利息为 $\beta y(k-1)$，则

$$y(k)=y(k-1)+\beta y(k-1)+f(k)$$

即

$$y(k)-(\beta+1)y(k-1)=f(k) \tag{1.6-5}$$

若设开始存款月为 $k=0$，则有 $y(0)=f(0)$。

由上例可见，描述离散系统的数学模型是差分方程。除此之外，如在生物科学的群体增长系统、区域的人口统计系统、电路系统等许多涉及离散时间变量的系统都能用相同的数学方法来分析。

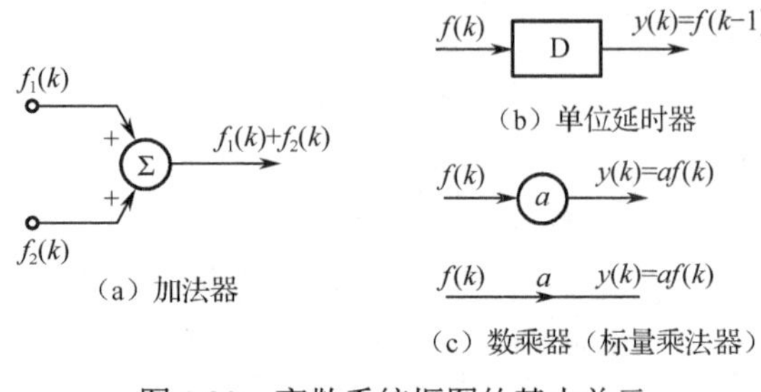

图 1.30 离散系统框图的基本单元

2. 离散系统的框图表示

差分方程从数学角度来说代表了某些运算关系，如相乘、单位延时、加法运算等。将这些基本运算用一些理想部件符号表示出来并相互连接表征上述差分方程的运算关系，这样就可以得到离散系统的框图。离散系统框图的常用基本单元有加法器、单位延时器、数乘器，它们的表示符号如图 1.30 所示。

【例 1-19】 某离散系统如图 1.31 所示。写出该系统的差分方程。

【解】 图 1.31 所示的系统中有两个单位延时器，因而该系统为二阶系统。为了写出该系统的差分方程，不妨先设左边单位延时器的输入为中间变量 $x(k)$，那么，各单位延时器的输出分别为 $x(k-1)$ 和 $x(k-2)$，如图 1.31 中所示。

分别写出两个加法器的输出，得到两个等式

$$y(k)=4x(k-1)+5x(k-2) \qquad (1.6\text{-}6)$$

$$x(k)=f(k)-2x(k-1)-3x(k-2)$$

即

$$x(k)+2x(k-1)+3x(k-2)=f(k) \qquad (1.6\text{-}7)$$

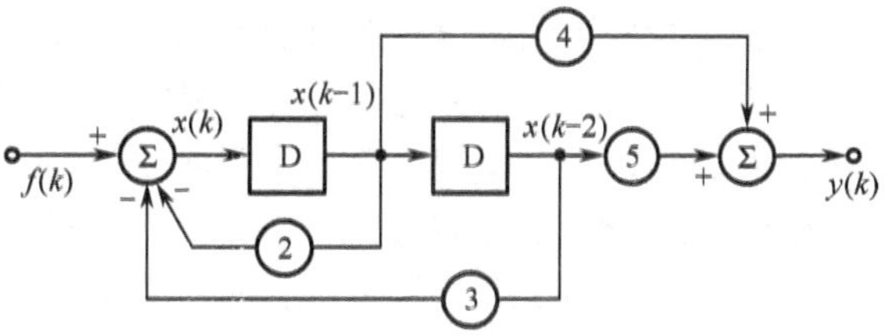

图 1.31　例 1-19 图

消去中间变量 $x(k)$ 及 $x(k-1)$ 和 $x(k-2)$

$$y(k)=4x(k-1)+5x(k-2)$$

$$2y(k-1)=4\times 2x(k-2)+5\times 2x(k-3)$$

$$3y(k-2)=4\times 3x(k-3)+5\times 3x(k-4)$$

将上三个式子相加

$$y(k)+2y(k-1)+3y(k-2)=4[x(k-1)+2x(k-2)+3x(k-3)]+5[x(k-2)+2x(k-3)+3x(k-4)]$$

代入式（1.6-7）得

$$y(k)+2y(k-1)+3y(k-2)=4f(k-1)+5f(k-2) \qquad (1.6\text{-}8)$$

式（1.6-8）即为描述图 1.31 所示系统的差分方程。

由以上例题可见，若已知描述系统的框图，列写其微分方程或差分方程的一般步骤是：

（1）选中间变量 $x(\cdot)$。对于连续系统，设其最右边积分器的输出为 $x(t)$；对于离散系统则设其最左边的单位延时器的输入为 $x(k)$。

（2）写出各加法器输出信号的方程。

（3）消去中间变量 $x(\cdot)$。

如果已知系统的微分或差分方程，也可以画出其相应的系统框图，这将在第 8 章中介绍。

1.7　LTI 系统分析概述

在系统分析中，LTI 系统的分析具有重要的意义，而且 LTI 系统的分析方法已经形成了完整和严密的体系。这不仅是因为在实际应用中经常会遇到 LTI 系统，而且，还有一些非线性系统或时变系统在限定范围与指定条件下，遵从线性时不变特性的规律；另一方面它也是研究非线性系统或时变系统的基础。

系统分析就是建立表征系统的数学方程式并求出其答案。这里概述 LTI 系统分析的一些主要内容，以便给读者提供一个概貌，便于学习后续的章节。描述系统的方法有输入–输出法和状态变量法。

系统的输入–输出法是对给定的系统建立其激励与响应之间的直接关系。描述 LTI 系统输入–输出关系的是常系数线性微分方程（对于连续系统）或常系数线性差分方程（对于离散系统）。输入–输出法可以直接给出某一激励作用于系统所引起的响应，它对于研究常遇到的单输入–输出系统是很有用的。由于输入–输出法只把输入变量与输出变量联系起来，从系统的外部研究问题，不关注系统的内部特性，因而这种方法也被称为外部法。

在建立了描述 LTI 系统的微分（或差分）方程后，还需要求出这些方程的解，求解这些方程的方法有时域分析法和变换域分析法。时域分析法是直接分析时间变量（t 或 k）函数（或序列），研究时间响应特性。本书除了微分（或差分）方程的经典解法外，还引入了冲激响应和单位序列响应的概念，并重点讨论了卷积法求解 LTI 系统的时域响应。在信号与系统研究的发展过程中，曾经一度认为时域方法运算繁琐，不够方便，随着计算机和各种算法工具的出现，时域分析方法又重新受到重视。

变换域分析法是将信号和系统模型的时间变量函数（或序列）变换为相应变换域的某个变量的函数，并研究它们的特性。本书中分析连续系统的变换域方法有傅里叶变换和拉普拉斯变换，分析离散系统的方法有 z 变换。变换域方法将时域中的微分（或差分）方程变换为代数方程，这给分析问题带来了许多方便。

LTI 系统的研究，以叠加性、齐次性和时不变特性作为分析一切问题的基础，按照这一观点去考察问题，时域分析法与变换域分析法并没有本质上的区别。这两种方法都是把激励信号分解为某种基本单元，在这些单元信号分别作用的条件下求得系统的响应，然后叠加。例如，在时域卷积方法中这种单元是冲激函数，在傅里叶变换中是正弦函数或指数函数，在拉普拉斯变换中则是复指数信号。因此，变换域方法不仅可以看作是求解数学模型的有力工具，而且能够赋予明确的物理意义，基于这种物理解释，时域分析法与变换域分析法得到了统一。

状态变量法是用两组方程描述系统，一组方程称为状态方程，描述了系统内部状态变量（例如电路系统中电容的端电压和电感的电流等）与激励之间的关系；另一组方程称为输出方程，描述了系统的响应与状态变量以及激励之间的关系。状态变量法不仅能给出系统的响应，它还揭示了系统内部的数学结构。因而这种方法也称为内部法。用状态变量法研究 LTI 系统，特别是研究多输入多输出系统更能显示它的优越性。这种方法适用于计算机求解，它不仅适用于研究 LTI 系统，也便于推广应用于时变系统和非线性系统。

系统函数在分析 LTI 系统占有非常重要的地位。它不仅是连接响应与激励之间的纽带和桥梁，而且可以用来研究系统的稳定性。通过信号流图可以把描述系统的方程、框图和系统函数联系在一起，并把系统的时域响应与变换域响应联系起来，使读者能从更高的视角理解 LTI 系统分析中的各种问题以及它们之间的联系。

近年来，在信号传输与处理研究领域，人们利用人工神经网络、模糊集理论、遗传算法、混沌理论以及它们的相互结合解决 LTI 系统模型难以描述的许多实际问题，取得了令人满意的结果，这些方法显示了强大的生命力，它们的构成原理和处理问题的方法与本书的基本内容有着本质的区别。随着本课程与后续课程的深入学习，读者将逐步认识到本书方法的局限性。科学发展日新月异，信号与系统领域的新理论层出不穷，对于这一学科领域的学习也将是永无止境的。

习　题　一

1.1　画出下列各信号的波形[式中 $r(t)=t\varepsilon(t)$ 为斜升函数]。

（1）$f(t)=\sin(t)\varepsilon(t)$　　（2）$f(t)=\varepsilon(\sin\pi t)$

（3）$f(t)=r(\cos t)$　　（4）$f(k)=(2k+1)\varepsilon(k)$

（5）$f(k)=[1+(-1)^{k+1}]\varepsilon(k)$　　（6）$f(t)=r(\sin t)$

1.2　画出下列各信号的波形［式中 $r(t)=t\varepsilon(t)$ 为斜升函数］。

（1）$f(t)=3\varepsilon(t+1)-5\varepsilon(t-1)+2\varepsilon(t-2)$

（2）$f(t)=r(t-1)\varepsilon(2-t)$

（3）$f(t)=\sin(\pi t)[\varepsilon(t-1)-\varepsilon(t-3)]$

（4）$f(k)=(k+2)[\varepsilon(k)-\varepsilon(k-5)]$

（5）$f(k)=2^k[\varepsilon(4-k)-\varepsilon(1-k)]$

1.3　信号 $f(t)=\dfrac{\mathrm{d}}{\mathrm{d}t}[\varepsilon(\cos\pi t)]$，画出其波形。

1.4　写出题 1.4 图所示各波形的表达式。

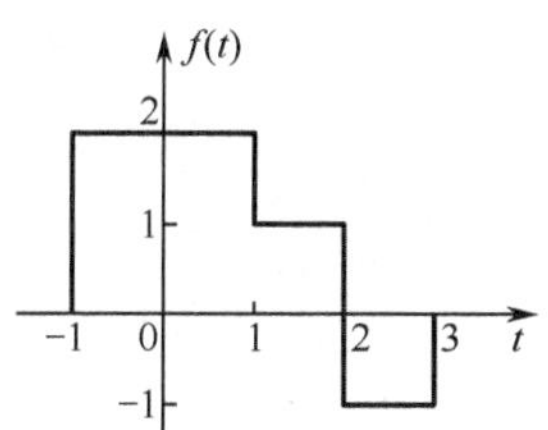

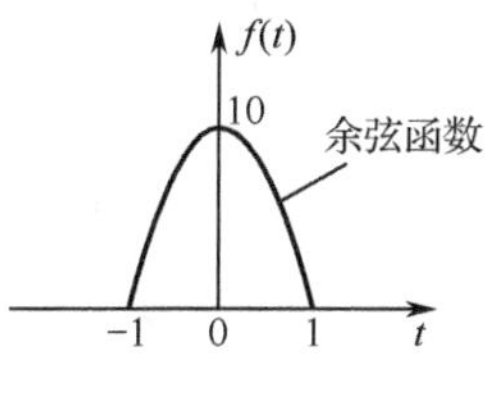

题 1.4 图

1.5　写出题 1.5 图所示各序列的闭合形式的表示式。

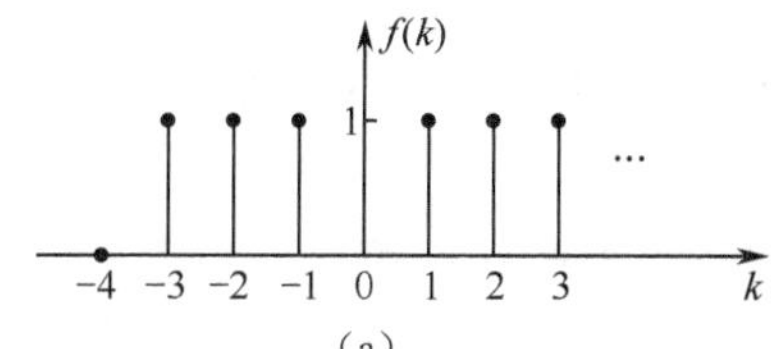

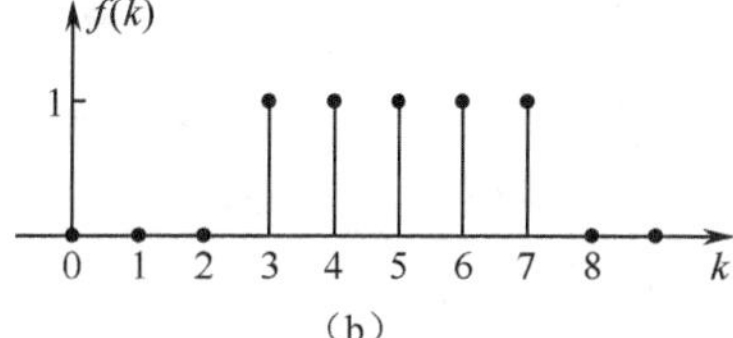

题 1.5 图

1.6　判别下列各序列是否为周期性的。如果是，请确定其周期。

（1）$f(k)=\cos\left(\dfrac{2\pi}{5}k\right)$

（2）$f(k)=\sin\left(\dfrac{3\pi}{4}k+\dfrac{\pi}{4}\right)+\cos\left(\dfrac{2\pi}{3}k+\dfrac{\pi}{6}\right)$

（3）$f(k)=3\cos k+2\sin\left(\dfrac{\pi}{2}k\right)$

（4）$f(k)=\mathrm{e}^{\mathrm{j}\frac{\pi}{3}k}$

（5）$f(k)=\cos\left(\dfrac{\pi}{2}k\right)+\mathrm{e}^{\mathrm{j}\frac{4\pi}{5}k}$

1.7　已知信号的波形如题 1.7 图所示，画出下列各函数的波形。

（1）$f(2-t)\varepsilon(2-t)$　　　　（2）$f(1-2t)$

（3）$\dfrac{\mathrm{d}f(t)}{\mathrm{d}t}$　　　　（4）$f(0.5t-2)$

1.8　已知序列的图形如题 1.8 图所示，画出下列各序列的图形。

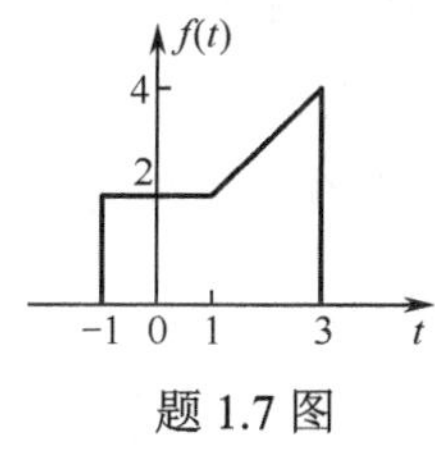

题 1.7 图

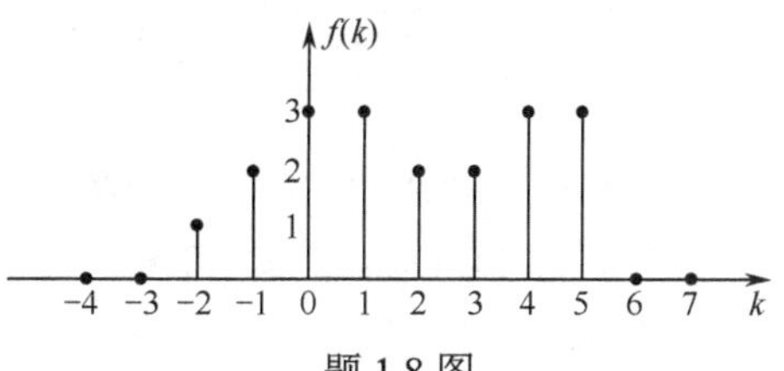

题 1.8 图

（1）$f(k-2)[\varepsilon(k)-\varepsilon(k-4)]$

（2）$f(-k+2)\varepsilon(-k+1)$

1.9　信号 $f(2-2t)$ 的波形如题 1.9 图所示，试画出 $f(t)$ 和 $\int_{-\infty}^{t}f(\tau)\mathrm{d}\tau$ 的波形。

1.10　已知信号的波形如题 1.10 图所示，分别画出 $f(t)$ 和 $\dfrac{\mathrm{d}f(t)}{\mathrm{d}t}$ 的波形。

1.11　$f(t)$ 的波形如题 1.11 图所示，写出 $f(t)$、$f'(t)$ 的表达式，并画出 $f'(t)$ 的波形。

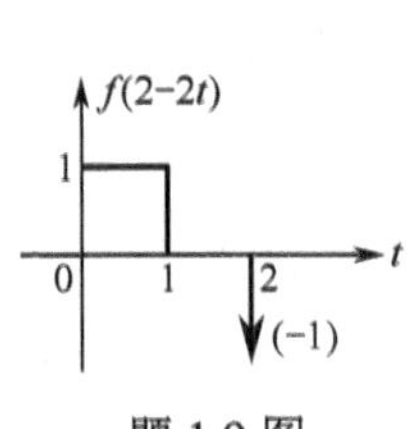

题 1.9 图

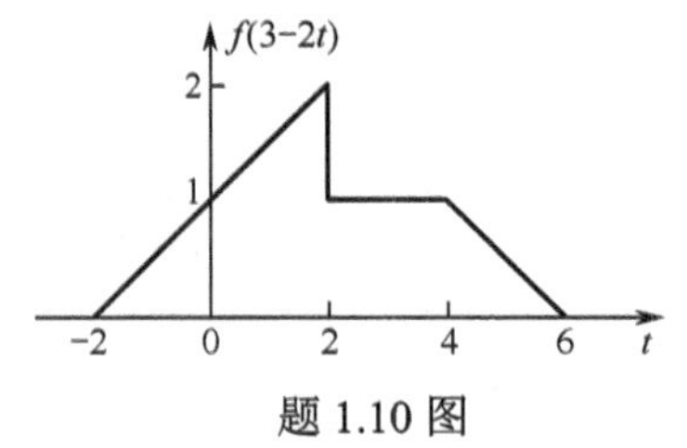

题 1.10 图

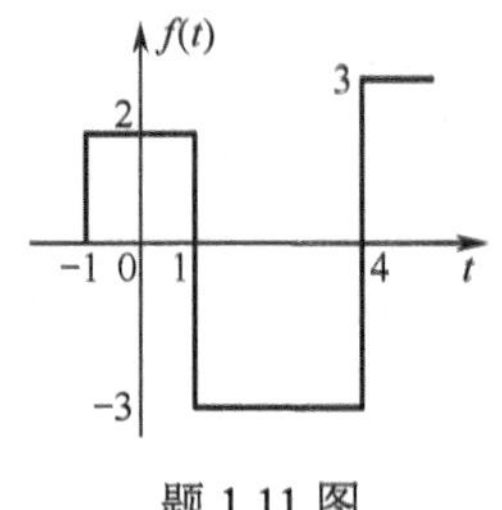

题 1.11 图

1.12　计算下列各题。

（1）$\int_{0-}^{\infty}\sin(\pi t)\left[\delta(t)+\delta\left(t+\dfrac{1}{2}\right)\right]\mathrm{d}t$　　（2）$\int_{-\infty}^{\infty}\mathrm{e}^{-2t}\left[\delta'(t)+2\delta(t)\right]\mathrm{d}t$

（3）$\int_{-\infty}^{\infty}\left[t^2+\sin\left(\dfrac{\pi t}{4}\right)\right]\delta(t+3)\mathrm{d}t$　　（4）$\int_{-\infty}^{t}(2-x)\,\delta'(x)\mathrm{d}x$

（5）$\int_{-3}^{6}(6-t^2)[\delta(t)+2\delta(2t+4)]\mathrm{d}t$　　（6）$\int_{0}^{t}(\tau^2+2)\delta(2-\tau)\mathrm{d}\tau$

（7）$\int_{-5}^{5}(t-3)\delta(4-2t)\mathrm{d}t$　　（8）$\int_{0-}^{t}\delta\left(\dfrac{t}{3}\right)(t-2)\mathrm{d}t$

（9）$(1-t)\dfrac{\mathrm{d}}{\mathrm{d}t}[\mathrm{e}^{-t}\delta(t)]$　　（10）$\int_{-\infty}^{\infty}(t^2-2t-1)\delta'(t-1)\mathrm{d}t$

1.13　设系统的初始状态为$x(0)$，激励为$f(\cdot)$，各系统的全响应$y(\cdot)$与激励和初始状态的关系如下，试分析各系统是否是线性的。

（1）$y(t)=\mathrm{e}^{-2t}x(0)+\int_0^t\cos\pi x f(x)\mathrm{d}x$

（2）$y(k)=(0.5)^{k+1}x(0)+f(k-1)f(k-2)$

1.14　下列微分或差分方程所描述的系统，是线性的还是非线性的？是时变的还是不变的？

（1）$y''(t)+3y'(t)+2y(t)=f'(t)-2f(t)$

（2）$2y(k)+(k-1)y(k-1)=f(k-1)$

1.15　设激励为$f(\cdot)$，下列是各系统的零状态响应$y_{zs}(\cdot)$。判断各系统是否是线性的、时不变的、因果的、稳定的？

（1）$y_{zs}(t)=|f(t)+1|$　　（2）$y_{zs}(t)=f(2-t)$

（3）$y_{zs}(k)=f(k-1)f(k)$　　（4）$y_{zs}(k)=f(1-k)+\delta(k)$

1.16　某连续系统的输入、输出关系为$y(t)=\int_{-\infty}^{2t-1}f(\tau)\mathrm{d}\tau$，分析该系统是否是线性系统？是否是时不变系统？

1.17　某 LTI 连续系统，当激励$f(t)=\varepsilon(t)$时，其零状态响应$y_{zs}(t)=\mathrm{e}^{-2t}\varepsilon(t)$。求

（1）当输入为冲激函数$\delta(t)$时，系统的零状态响应。

（2）当输入为斜升函数$t\varepsilon(t)$时，系统的零状态响应。

1.18　已知某 LTI 系统在相同初始条件下，当激励为$e_1(t)$时，系统的完全响应为$y_1(t)=(2\mathrm{e}^{-t}-\mathrm{e}^{-3t})\varepsilon(t)$，当激励为$0.5e_1(t)$时，该系统的完全响应为$y_2(t)=(\mathrm{e}^{-t}-2\mathrm{e}^{-3t})\varepsilon(t)$。试用时域分析方法求初始条件变为原来的两倍而激励为$2e_1(t-1)$时该系统的完全响应$y_3(t)$。

1.19　某一阶 LTI 离散系统，其初始状态为$x(0)$。已知当激励为$f(k)$时，其全响应为$y_1(k)=2\varepsilon(k)$；若初始状态不变，当激励为$-f(k)$时，其全响应为$y_2(k)=[2(0.5)^k-1]\varepsilon(k)$；若初始状态为$2x(0)$，当激励为$3f(k)$时，求其全响应。

1.20　某二阶 LTI 连续系统的初始状态为$x_1(0)$和$x_2(0)$，已知

当 $x_1(0)=1$， $x_2(0)=0$ 时，其零输入响应为 $y_{zi1}(t)=(e^{-t}+e^{-2t})\varepsilon(t)$；

当 $x_1(0)=0$， $x_2(0)=1$ 时，其零输入响应为 $y_{zi2}(t)=(e^{-t}-e^{-2t})\varepsilon(t)$；

当 $x_1(0)=1$， $x_2(0)=-1$ 时，而输入为 $f(t)$ 时，其全响应为 $y(t)=(2+e^{-t})\varepsilon(t)$，

求当 $x_1(0)=3$， $x_2(0)=2$ 时，输入为 $2f(t)$ 时，系统的全响应。

1.21　已知 $f_1(t)$ 作用于 LTI 系统的零状态响应 $y_1(t)$ 如题 1.21 图所示，求 $f_2(t)$ 作用于该系统的零状态响应 $y_2(t)$ 的波形。

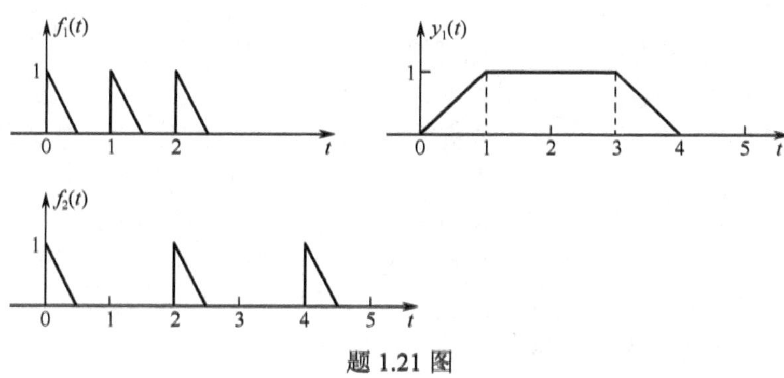

题 1.21 图

第 2 章　LTI 连续系统的时域分析

本章主要研究线性时不变（LTI）连续系统的时域分析方法，即在给定的外界激励情况下，通过数学手段去求解系统的响应。一种方法是采用输入—输出法，在给定外界激励情况下通过求解系统的微分方程求得系统的响应，这是本章将要重点讨论的方法；另一种方法是采用状态变量法求得系统对于给定激励的响应，将在本书第 8 章进行讨论。由于在系统分析过程中涉及的函数变量均为时间 t ，故称为时域分析法。这种分析方法比较直观，物理概念清楚，是后续学习各种变换域分析法的基础。

本章首先介绍利用经典法求解系统的微分方程，引出自由响应和强迫响应的概念，在此基础上讨论零输入响应和零状态响应的经典法求解。在引入系统的冲激响应概念后，利用冲激响应与激励的卷积积分求得系统的零状态响应。冲激响应和卷积积分概念的引入，使 LTI 系统的分析更加简捷、明晰，它们在系统分析理论中发挥着重要作用。

2.1　LTI 连续系统的响应

描述 LTI 连续系统的数学模型是常系数线性微分方程。通常可以采用求解微分方程的经典法求得方程的齐次解和特解，从而分析信号通过系统的响应，也可以把系统的响应分为零输入响应和零状态响应来分别求解。

2.1.1　LTI 连续系统微分方程的经典解

2-1 微分方程经典解

对于单输入单输出 n 阶 LTI 连续系统，设其激励为 $f(t)$ ，响应为 $y(t)$ ，则描述该系统的 n 阶常系数线性微分方程可写为

$$\begin{aligned}&y^{(n)}(t)+a_{n-1}y^{(n-1)}(t)+\cdots+a_1y^{(1)}(t)+a_0y(t)\\&=b_mf^{(m)}(t)+b_{m-1}f^{(m-1)}(t)+\cdots+b_1f^{(1)}(t)+b_0f(t)\end{aligned}\qquad(2.1\text{-}1)$$

简写为

$$\sum_{i=0}^{n}a_iy^{(i)}(t)=\sum_{j=0}^{m}b_jf^{(j)}(t)\qquad(2.1\text{-}2)$$

式中 $a_i(i=0,1,\cdots n)$ 和 $b_j(j=0,1,\cdots m)$ 均为常数，且 $a_n=1$ 。 $y^{(n)}(t)$ 为响应 $y(t)$ 的 n 阶导数， $f^{(m)}(t)$ 为激励 $f(t)$ 的 m 阶导数。解此微分方程就可以求得系统的响应 $y(t)$ 。

由数学微分方程理论可知，微分方程的全解由齐次解 $y_{\mathrm{h}}(t)$ 和特解 $y_{\mathrm{p}}(t)$ 组成，即

$$y(t)=y_{\mathrm{h}}(t)+y_{\mathrm{p}}(t)\qquad(2.1\text{-}3)$$

1. 齐次解

齐次解是齐次方程的解。当激励项 $f(t)$ 及其各阶导数都为 0 时，微分方程变成齐次方程，即

$$y^{(n)}(t)+a_{n-1}y^{(n-1)}(t)+\cdots+a_1y^{(1)}(t)+a_0y(t)=0$$

其特征方程为

$$\lambda^n+a_{n-1}\lambda^{n-1}+\cdots+a_1\lambda+a_0=0$$

解此特征方程，得到特征根 $\lambda_1,\lambda_2,\cdots,\lambda_n$ 。

根据特征根的不同情况，齐次解的表达形式不同，如表 2-1 所示。

表 2-1　不同特征根所对应的齐次解

特征根 λ	齐次解 $y_h(t)$
单实根	$Ce^{\lambda t}$
二实根 $\lambda_1 \neq \lambda_2$	$C_1e^{\lambda_1 t}+C_2e^{\lambda_2 t}$
r 重实根	$(C_{r-1}t^{r-1}+C_{r-2}t^{r-2}+\cdots+C_1t+C_0)e^{\lambda t}$
一对共轭复根 $\lambda_{1,2}=\alpha\pm j\beta$	$e^{\alpha t}[C\cos(\beta t)+D\sin(\beta t)]$ 或 $A\cos(\beta t-\theta)$，其中 $Ae^{j\theta}=C+jD$
r 重共轭复根	$e^{\alpha t}[A_{r-1}t^{r-1}\cos(\beta t+\theta_{r-1})+A_{r-2}t^{r-2}\cos(\beta t+\theta_{r-2})+\cdots+A_0\cos(\beta t+\theta_0)]$
注：其中 C_i、D_i、A_i 和 θ_i 为待定系数，由系统初始条件确定。	

可见，齐次解的函数形式仅与系统的特征根有关，仅依赖于系统本身的特性，而与激励 $f(t)$ 的函数形式无关，因此将齐次解称为系统的自由响应或固有响应。系统的特征根 λ_i 也称为系统的“固有频率”或“自然频率”，它决定了系统自由响应的形式。但应注意，齐次解的系数 C_i 的确定是与激励有关的，需要代入系统初始条件来确定。

2．特解

特解的函数形式是由激励的函数形式确定的，它是由于外加激励强加于系统引起的响应，故将特解称为系统的强迫响应。

表 2-2 列出了几种激励及其所对应的特解。根据激励的函数形式选定特解的函数形式后，将它代入原微分方程，求出各待定系数 P_i，就得出方程的特解。

表 2-2　不同激励所对应的特解

激励 $f(t)$	特解 $y_p(t)$	
E（常数）	P	
t^m	$P_mt^m+P_{m-1}t^{m-1}+\cdots+P_1t+P_0$	所有的特征根均不等于 0
	$t^r[P_mt^m+P_{m-1}t^{m-1}+\cdots+P_1t+P_0]$	有 r 重等于 0 的特征根
$e^{\alpha t}$	$Pe^{\alpha t}$	α 不等于特征根
	$(P_1t+P_0)e^{\alpha t}$	α 等于特征单根
	$(P_rt^r+P_{r-1}t^{r-1}+\cdots+P_1t+P_0)e^{\alpha t}$	α 等于 r 重特征根
$\cos(\beta t)$ 或 $\sin(\beta t)$	$P\cos(\beta t)+Q\sin(\beta t)$ 或 $A\cos(\beta t-\theta)$，其中 $Ae^{j\theta}=P+jQ$	所有的特征根均不等于 $\pm j\beta$

3．全解

微分方程的全解即系统的全响应，包括系统自身特性决定的自由响应和外加激励决定的强迫响应。

$$全解\ y(t)=齐次解\ y_h(t)+特解\ y_p(t)$$

代入系统的初始条件，确定全解中的待定系数，得到全解。

【例 2-1】 描述某 LTI 连续因果系统的微分方程为 $y'(t)+ay(t)=bf'(t)+f(t)$，已知当输入 $f(t)=e^{-t}\varepsilon(t)$ 时，系统的全响应为 $y(t)=(2e^{-2t}-e^{-t})\varepsilon(t)$，则该系统的强迫响应为________

A．$-e^{-2t}\varepsilon(t)$　　B．$-e^{-t}\varepsilon(t)$　　C．$2e^{-2t}\varepsilon(t)$　　D．$(3e^{-2t}-e^{-t})\varepsilon(t)$

【解】 答案为 B。

系统的全响应 $y(t)$ 是由自由响应和强迫响应组成的，$y(t)=2e^{-2t}\varepsilon(t)+(-e^{-t})\varepsilon(t)$，强迫响应的

函数形式是由激励的函数形式确定的。故依据激励 $f(t)=\mathrm{e}^{-t}\varepsilon(t)$ 的形式，可确定强迫响应为 $-\mathrm{e}^{-t}\varepsilon(t)$，自由响应为 $2\mathrm{e}^{-2t}\varepsilon(t)$。

【例 2-2】 描述某 LTI 系统的微分方程为

$$y''(t)+5y'(t)+6y(t)=f(t) \tag{2.1-4}$$

求（1）当 $f(t)=2\mathrm{e}^{-t}$，$t\geqslant 0$；$y(0)=2$，$y'(0)=-1$ 时的全解；

（2）当 $f(t)=\mathrm{e}^{-2t}$，$t\geqslant 0$；$y(0)=1$，$y'(0)=0$ 时的全解；

（3）当 $f(t)=10\cos t$，$t\geqslant 0$；$y(0)=2$，$y'(0)=0$ 时系统的全响应。

【解】（1）求当 $f(t)=2\mathrm{e}^{-t}$，$t\geqslant 0$；$y(0)=2$，$y'(0)=-1$ 时的全解。

① 首先求微分方程的齐次解 $y_{\mathrm{h}}(t)$

齐次解是式（2.1-4）的齐次微分方程 $y_{\mathrm{h}}''(t)+5y_{\mathrm{h}}'(t)+6y_{\mathrm{h}}(t)=0$ 的解，其特征方程为

$$\lambda^2+5\lambda+6=0$$

其特征根为 $\lambda_1=-2$，$\lambda_2=-3$。

由表 2-1 可知，微分方程的齐次解为

$$y_{\mathrm{h}}(t)=C_1\mathrm{e}^{\lambda_1 t}+C_2\mathrm{e}^{\lambda_2 t}=C_1\mathrm{e}^{-2t}+C_2\mathrm{e}^{-3t}$$

上式中的常系数 C_1 和 C_2 将在求得全解后，由初始条件确定。

② 再求微分方程的特解 $y_{\mathrm{p}}(t)$

由表 2-2 可知，当激励 $f(t)=2\mathrm{e}^{-t}$ 时，微分方程的特解可设为

$$y_{\mathrm{p}}(t)=P\mathrm{e}^{-t}$$

将 $y_{\mathrm{p}}''(t)$、$y_{\mathrm{p}}'(t)$、$y_{\mathrm{p}}(t)$ 和 $f(t)$ 代入 $y''(t)+5y'(t)+6y(t)=f(t)$ 中，得

$$P\mathrm{e}^{-t}-5P\mathrm{e}^{-t}+6P\mathrm{e}^{-t}=2\mathrm{e}^{-t}$$

解得 $P=1$，于是特解为

$$y_{\mathrm{p}}(t)=\mathrm{e}^{-t}$$

③ 求微分方程的全解 $y(t)$=齐次解 $y_{\mathrm{h}}(t)$+特解 $y_{\mathrm{p}}(t)$

$$y(t)=y_{\mathrm{h}}(t)+y_{\mathrm{p}}(t)=C_1\mathrm{e}^{-2t}+C_2\mathrm{e}^{-3t}+\mathrm{e}^{-t}$$

其中待定系数 C_1 和 C_2 由初始条件确定：

$$y(0)=C_1+C_2+1=2$$

$$y'(0)=-2C_1-3C_2-1=-1$$

求得 $C_1=3$，$C_2=-2$，最后得微分方程的全解为

$$y(t)=\overbrace{\underbrace{3\mathrm{e}^{-2t}-2\mathrm{e}^{-3t}}_{\text{自由响应}}}^{\text{齐次解}}+\overbrace{\underbrace{\mathrm{e}^{-t}}_{\text{强迫响应}}}^{\text{特解}}，\quad t\geqslant 0$$

（2）求当 $f(t)=\mathrm{e}^{-2t}$，$t\geqslant 0$；$y(0)=1$，$y'(0)=0$ 时的全解。

同一微分方程，故特征根相同，齐次解形式相同：$y_{\mathrm{h}}(t)=C_1\mathrm{e}^{-2t}+C_2\mathrm{e}^{-3t}$

当激励 $f(t)=\mathrm{e}^{-2t}$ 时，由于其指数等于一特征单根，由表 2-2 知其特解为

$$y_{\mathrm{p}}(t)=(P_1t+P_0)\mathrm{e}^{-2t}$$

将 $y_{\mathrm{p}}''(t)$、$y_{\mathrm{p}}'(t)$、$y_{\mathrm{p}}(t)$ 和 $f(t)$ 代入 $y''(t)+5y'(t)+6y(t)=f(t)$ 中，得

$$P_1\mathrm{e}^{-2t}=\mathrm{e}^{-2t}$$

所以 $P_1=1$，但 P_0 不能求得。

故全解为 $$y(t)=y_{\mathrm{h}}(t)+y_{\mathrm{p}}(t)=C_1\mathrm{e}^{-2t}+C_2\mathrm{e}^{-3t}+(t+P_0)\mathrm{e}^{-2t}$$

将初始条件代入，得

$$y(0)=C_1+C_2+P_0=1$$
$$y'(0)=-2C_1-3C_2-2P_0+1=0$$

解得 $C_1+P_0=2$， $C_2=-1$，最后得微分方程的全解为

$$y(t)=2\mathrm{e}^{-2t}-\mathrm{e}^{-3t}+t\mathrm{e}^{-2t}，\quad t\geqslant 0$$

由以上分析过程可见：

由于 $C_1+P_0=2$，不能具体区分 C_1 和 P_0，因而也不能区分自由响应和强迫响应。

（3）求当 $f(t)=10\cos t$， $t\geqslant 0$； $y(0)=2$， $y'(0)=0$ 时的全解。

同一微分方程，故特征根相同，齐次解形式相同，即

$$y_{\mathrm{h}}(t)=C_1\mathrm{e}^{-2t}+C_2\mathrm{e}^{-3t}$$

当激励 $f(t)=10\cos t$ 时，由表 2-2 知其特解为

$$y_{\mathrm{p}}(t)=P\cos t+Q\sin t$$

其一、二阶导数分别为

$$y_{\mathrm{p}}'(t)=-P\sin t+Q\cos t$$
$$y_{\mathrm{p}}''(t)=-P\cos t-Q\sin t$$

将 $y_{\mathrm{p}}''(t)$、 $y_{\mathrm{p}}'(t)$、 $y_{\mathrm{p}}(t)$ 和 $f(t)$ 代入 $y''(t)+5y'(t)+6y(t)=f(t)$ 中，得

$$(-P+5Q+6P)\cos t+(-Q-5P+6Q)\sin t=10\cos t$$

解得 $P=Q=1$，得微分方程的特解为

$$y_{\mathrm{p}}(t)=\cos t+\sin t=\sqrt{2}\cos\left(t-\frac{\pi}{4}\right)$$

得微分方程的全解为

$$y(t)=y_{\mathrm{h}}(t)+y_{\mathrm{p}}(t)=C_1\mathrm{e}^{-2t}+C_2\mathrm{e}^{-3t}+\sqrt{2}\cos\left(t-\frac{\pi}{4}\right)$$

将初始条件代入，得

$$y(0)=C_1+C_2+1=2$$
$$y'(0)=-2C_1-3C_2+1=0$$

解得 $C_1=2$， $C_2=-1$，得系统的全响应为

$$y(t)=\underbrace{\overbrace{2\mathrm{e}^{-2t}-\mathrm{e}^{-3t}}^{\text{自由响应}}}_{\text{瞬态响应}}+\underbrace{\overbrace{\sqrt{2}\cos\left(t-\frac{\pi}{4}\right)}^{\text{强迫响应}}}_{\text{稳态响应}}，\quad t\geqslant 0$$

由以上分析过程可见：

（a）上式中的前两项，随着 t 的增大而逐渐消失，称为瞬态响应（瞬态响应是指激励接入以后，全响应中暂时出现的分量，随着时间的增长将消失）；后一项随着 t 的增大，呈现等幅振荡，称为稳态响应（稳态响应通常是指稳定有界的强迫响应）。

（b）通常，当输入信号是阶跃函数或有始的周期函数（例如，有始正弦函数、方波等）时，稳定系统的全响应也可分解为瞬态（暂态）响应和稳态响应。如果系统微分方程的特征根的实部均为负（这样的系统是稳定的，其齐次解均按指数衰减），那么全响应中除去瞬态响应就是稳态响应，它通常也是由阶跃函数或周期函数组成的。对于特征根有正实部的不稳定系统或激励不是阶跃或有始周期信号的系统，通常不这样区分。

LTI 连续系统微分方程全响应求解步骤可归纳如下：

（1）由微分方程写出特征方程，求出特征根，根据表 2-1 写出齐次解形式；

（2）根据激励形式和表 2-2 写出特解形式；

（3）将特解代入微分方程，求出特解系数；

（4）全解=齐次解+特解，将初始条件代入全解中，确定系数，得到全解。

在采用经典法分析系统响应时，存在着许多局限。若描述系统的微分方程中激励信号较复杂，则难以设定相应的特解形式；若激励信号发生变化，则系统响应需全部重新求解；若初始条件发生变化，则系统响应也要全部重新求解。

2.1.2 LTI 连续系统的初始值

2-2 系统初始值

在用经典法求解微分方程时，一般激励 $f(t)$ 是在 $t=0$（或 $t=t_0$）时刻接入系统的，那么方程的全解也适用于 $t>0$（或 $t>t_0$）。因此，确定解的待定系数时所需的初始条件应是 $t=0_+$（或 $t=t_{0+}$）时刻的值，即 $y^{(j)}(0_+)$ 或 $y^{(j)}(t_{0+})$ ($j=0,1,2,\cdots,n-1$)，简称 0_+ 值。

在 $t=0_-$ 时，激励 $f(t)$ 尚未接入，因而响应及其各阶导数在该时刻的值 $y^{(j)}(0_-)$ 或 $y^{(j)}(t_{0-})$ 反映了系统的历史情况而与激励无关，它们为求得 $t>0$（或 $t>t_0$）时的响应 $y(t)$ 提供了以往历史的全部信息，称这些 $t=0_-$（或 $t=t_{0-}$）时刻的值为初始状态，简称 0_- 值。

通常，对于具体的系统，初始状态 0_- 值一般容易求得。如果激励 $f(t)$ 中含有冲激函数及其导数，那么当 $t=0$ 时刻，激励接入系统，此时系统的响应及其导数从 $y^{(j)}(0_-)$ 值到 $y^{(j)}(0_+)$ 值可能发生跃变。因此，在求解 LTI 系统的微分方程时，就需要从已知的初始状态 $y^{(j)}(0_-)$ 设法求得 $y^{(j)}(0_+)$，可采用冲激函数系数平衡法进行求解。

冲激函数系数平衡法的核心思想是微分方程两端关于 $\delta(t)$ 及其各阶导数 $\delta^{(n)}(t)$ 的系数应分别相等。下面以二阶系统为例说明从 0_- 值到 0_+ 值的求解方法。

【例 2-3】 描述某系统的微分方程为 $y''(t)+5y'(t)+6y(t)=2f(t)$，已知 $y(0_-)=1$，$y'(0_-)=-1$，$f(t)=\varepsilon(t)$，求 $y(0_+)$ 和 $y'(0_+)$。

【解】 将输入 $f(t)=\varepsilon(t)$ 代入微分方程得

$$y''(t)+5y'(t)+6y(t)=2\varepsilon(t) \tag{2.1-5}$$

利用冲激函数系数平衡法进行分析。

式（2.1-5）对所有 t 都成立，故等式两端关于 $\delta(t)$ 及其各阶导数的系数应分别相等，可知：

由于 $y''(t)$ 中不包含 $\delta(t)$，则 $y'(t)$ 中不包含 $\varepsilon(t)$，即 $y'(t)$ 在 $t=0$ 处连续，故 $y'(0_+)=y'(0_-)=-1$；

由于 $y'(t)$ 中不包含 $\delta(t)$，则 $y(t)$ 中不包含 $\varepsilon(t)$，即 $y(t)$ 在 $t=0$ 处连续，$y(0_+)=y(0_-)=1$。

所以 $y(0_+)=1$，$y'(0_+)=-1$。

【例 2-4】 描述某 LTI 连续系统的微分方程为 $y''(t)+3y'(t)+2y(t)=2f'(t)+6f(t)$，已知 $y(0_-)=2$，$y'(0_-)=0$，$f(t)=\varepsilon(t)$，求 $y(0_+)$ 和 $y'(0_+)$。

【解】 将输入 $f(t)=\varepsilon(t)$ 代入微分方程得：

$$y''(t)+3y'(t)+2y(t)=2\delta(t)+6\varepsilon(t) \tag{2.1-6}$$

利用冲激函数系数平衡法进行分析。

式（2.1-6）对所有 t 都成立，故等式两端关于 $\delta(t)$ 及其各阶导数的系数应分别相等，可知：

由于 $y''(t)$ 中应包含 $\delta(t)$，则 $y'(t)$ 中应包含 $\varepsilon(t)$，故 $y'(0_+)\neq y'(0_-)$；

由于 $y'(t)$ 中不包含 $\delta(t)$，则 $y(t)$ 中不包含 $\varepsilon(t)$，即 $y(t)$ 在 $t=0$ 处连续，故 $y(0_+)=y(0_-)=2$。

对式（2.1-6）等式两端在无穷小区间 $[0_-,0_+]$ 上进行积分，得

$$\int_{0_-}^{0_+} y''(t)\mathrm{d}t+3\int_{0_-}^{0_+} y'(t)\mathrm{d}t+2\int_{0_-}^{0_+} y(t)\mathrm{d}t=2\int_{0_-}^{0_+} \delta(t)\mathrm{d}t+6\int_{0_-}^{0_+} \varepsilon(t)\mathrm{d}t \tag{2.1-7}$$

由于积分是在无穷小区间$[0_-,0_+]$上进行的，且$y(t)$在$t=0$连续，故

$$\int_{0_-}^{0_+} y(t)\mathrm{d}t=0\text{，}\quad \int_{0_-}^{0_+} \varepsilon(t)\mathrm{d}t=0$$

于是式（2.1-7）可化为

$$[y'(0_+)-y'(0_-)]+3[y(0_+)-y(0_-)]+0=2+0$$

$$y'(0_+)=y'(0_-)+2=2$$

所以$y(0_+)=2$，$y'(0_+)=2$。

【例2-5】某LTI系统的微分方程为$y''(t)+5y'(t)+6y(t)=f''(t)+2f'(t)+3f(t)$，已知$y(0_-)=0$，$y'(0_-)=0$，$f(t)=\delta(t)$，求$y(0_+)$和$y'(0_+)$。

【解】 将输入$f(t)=\delta(t)$代入微分方程得：

$$y''(t)+5y'(t)+6y(t)=\delta''(t)+2\delta'(t)+3\delta(t) \tag{2.1-8}$$

利用冲激函数系数平衡法进行分析。

式（2.1-8）对所有t都成立，故等式两端关于$\delta(t)$及其各阶导数的系数应分别相等，可知$y''(t)$中含有$\delta''(t)$，$y'(t)$中含有$\delta'(t)$，$y(t)$中含有$\delta(t)$。

设$p_i(t)(i=1,2,3)$为不包含$\delta(t)$的某函数，则可令

$$\begin{cases} y(t)=a\delta(t)+p_1(t) \\ y'(t)=a\delta'(t)+b\delta(t)+p_2(t) \\ y''(t)=a\delta''(t)+b\delta'(t)+c\delta(t)+p_3(t) \end{cases} \tag{2.1-9}$$

将式（2.1-9）代入式（2.1-8）得

$$[a\delta''(t)+b\delta'(t)+c\delta(t)+p_3(t)]+5[a\delta'(t)+b\delta(t)+p_2(t)]+6[a\delta(t)+p_1(t)]=\delta''(t)+2\delta'(t)+3\delta(t)$$

将上式整理可得

$$a\delta''(t)+(b+5a)\delta'(t)+(c+5b+6a)\delta(t)+p_3(t)+5p_2(t)+6p_1(t)=\delta''(t)+2\delta'(t)+3\delta(t)$$

由于等号两端关于冲激函数及其各阶导数相平衡，故

$$\begin{cases} a=1 \\ b+5a=2 \\ c+5b+6a=3 \end{cases}$$

求得

$$\begin{cases} a=1 \\ b=-3 \\ c=12 \end{cases}$$

将$a=1$，$b=-3$，$c=12$代入式（2.1-9）得

$$y(t)=\delta(t)+p_1(t) \tag{2.1-10a}$$

$$y'(t)=\delta'(t)-3\delta(t)+p_2(t) \tag{2.1-10b}$$

$$y''(t)=\delta''(t)-3\delta'(t)+12\delta(t)+p_3(t) \tag{2.1-10c}$$

对方程（2.1-10b）两端在无穷小区间$[0_-,0_+]$上进行积分

$$\int_{0_-}^{0_+} y'(t)\mathrm{d}t=\int_{0_-}^{0_+} \delta'(t)\mathrm{d}t-3\int_{0_-}^{0_+} \delta(t)\mathrm{d}t+\int_{0_-}^{0_+} p_2(t)\mathrm{d}t$$

可得

$$y(0_+)-y(0_-)=-3\text{，}\quad y(0_+)=-3$$

对方程（2.1-10c）两端在无穷小区间$[0_-,0_+]$上进行积分

$$\int_{0_-}^{0_+} y''(t)\mathrm{d}t=\int_{0_-}^{0_+} \delta''(t)\mathrm{d}t-3\int_{0_-}^{0_+} \delta'(t)\mathrm{d}t+12\int_{0_-}^{0_+} \delta(t)\mathrm{d}t+\int_{0_-}^{0_+} p_3(t)\mathrm{d}t$$

可得

$$y'(0_+)-y'(0_-)=12\text{，}\quad y'(0_+)=12$$

所以$y(0_+)=-3$，$y'(0_+)=12$。

总结：如何从已知的 $y^{(j)}(0_-)$ 求得 $y^{(j)}(0_+)$？

（1）利用系数平衡法进行分析：当微分方程等式右端含有冲激函数（及其各阶导数）时，响应 $y(t)$ 及其各阶导数中，有些在 $t=0$ 处不会发生跃变，有些会发生跃变，因此 0_- 值与 0_+ 值不相等。当微分方程等式右端不含有冲激函数（及其各阶导数）时，响应 $y(t)$ 及其各阶导数在 $t=0$ 处则不会发生跃变，因此 0_- 值与 0_+ 值相等。

（2）通过将微分方程两端在区间 $[0_-,0_+]$ 上进行积分，并比较方程两端的系数，由已知的 0_- 值求解 0_+ 值。

2.1.3 零输入响应和零状态响应

2-3 零输入零状态响应

在 LTI 系统时域分析方法中，可以将系统的初始状态也作为一种内部激励来看待，这样，根据 LTI 系统的线性特性，可将系统的响应看作初始状态与输入激励分别单独作用于系统而产生的响应叠加。其中，由初始状态单独作用于系统而产生的响应称为零输入响应（zero input response），记作 $y_{zi}(t)$；而由输入激励单独作用于系统而产生的响应称为零状态响应（zero state response），记作 $y_{zs}(t)$。因此，系统的完全响应 $y(t)$ 可分解为

$$y(t)=y_{zi}(t)+y_{zs}(t)$$

对 $t=0$ 时接入激励的系统来说，有

$$y^{(j)}(0_-)=y_{zi}^{(j)}(0_-)+y_{zs}^{(j)}(0_-),\quad j=0,1,2,\cdots,n-1$$

$$y^{(j)}(0_+)=y_{zi}^{(j)}(0_+)+y_{zs}^{(j)}(0_+),\quad j=0,1,2,\cdots,n-1$$

对于零状态响应，在 $t=0_-$ 时刻激励尚未接入，故应有

$$y_{zs}^{(j)}(0_-)=0,\quad j=0,1,2,\cdots,n-1$$

对于零输入响应，由于输入的激励为零，故应有

$$y_{zi}^{(j)}(0_+)=y_{zi}^{(j)}(0_-)=y^{(j)}(0_-),\quad j=0,1,2,\cdots,n-1$$

下面主要介绍利用经典法求系统的零输入响应和零状态响应。

【例 2-6】 描述某 LTI 系统的微分方程为

$$y''(t)+3y'(t)+2y(t)=2f'(t)+6f(t)$$

已知 $y(0_-)=2$，$y'(0_-)=1$，$f(t)=\varepsilon(t)$。求系统的零输入响应、零状态响应和全响应。

【解】（1）零输入响应 $y_{zi}(t)$

零输入响应 $y_{zi}(t)$ 满足齐次微分方程

$$y_{zi}''(t)+3y_{zi}'(t)+2y_{zi}(t)=0$$

该齐次方程的特征根 $\lambda_1=-1$，$\lambda_2=-2$，故零输入响应为

$$y_{zi}(t)=(C_{zi1}\mathrm{e}^{-t}+C_{zi2}\mathrm{e}^{-2t})\varepsilon(t) \tag{2.1-11}$$

零输入响应 $y_{zi}(t)$ 的 0_+ 初始值为

$$\begin{cases} y_{zi}(0_+)=y_{zi}(0_-)=y(0_-)=2 \\ y_{zi}'(0_+)=y_{zi}'(0_-)=y'(0_-)=1 \end{cases}$$

将 0_+ 初始值代入式（2.1-11）及其导数，可得

$$\begin{cases} y_{zi}(0_+)=C_{zi1}+C_{zi2}=2 \\ y_{zi}'(0_+)=-C_{zi1}-2C_{zi2}=1 \end{cases}$$

由上式解得 $C_{zi1}=5$，$C_{zi2}=-3$。将它们代入式（2.1-11），得系统的零输入响应为

$$y_{zi}(t)=(5\mathrm{e}^{-t}-3\mathrm{e}^{-2t})\varepsilon(t)$$

（2）零状态响应 $y_{zs}(t)$

零状态响应 $y_{zs}(t)$ 是初始状态为 0，且 $f(t)=\varepsilon(t)$ 的解，即 $y_{zs}(t)$ 满足微分方程

$$y''_{zs}(t)+3y'_{zs}(t)+2y_{zs}(t)=2\delta(t)+6\varepsilon(t) \tag{2.1-12}$$

其初始状态 $y_{zs}(0_-)=y'_{zs}(0_-)=0$。

先求其 0_+ 值 $y_{zs}(0_+)$ 及 $y'_{zs}(0_+)$，利用上节所述冲激函数的系数平衡法进行分析：由于式（2.1-12）等号右端含有 $\delta(t)$，故 $y''_{zs}(t)$ 中含有 $\delta(t)$，从而 $y'_{zs}(t)$ 中含有 $\varepsilon(t)$，$y'_{zs}(0_+)\neq y'_{zs}(0_-)$，而 $y_{zs}(t)$ 在 $t=0$ 时连续，即 $y_{zs}(0_+)=y_{zs}(0_-)=0$。

对方程（2.1-12）两端在无穷小区间 $[0_-,0_+]$ 上进行积分可得

$$[y'_{zs}(0_+)-y'_{zs}(0_-)]+3[y_{zs}(0_+)-y_{zs}(0_-)]+2\int_{0_-}^{0_+}y_{zs}(t)\mathrm{d}t=2+6\int_{0_-}^{0_+}\varepsilon(t)\mathrm{d}t$$

求得

$$y'_{zs}(0_+)=2+y'_{zs}(0_-)=2$$

对于 $t>0$，方程（2.1-12）可写为

$$y''_{zs}(t)+3y'_{zs}(t)+2y_{zs}(t)=6$$

求得其齐次解为 $C_{zs1}\mathrm{e}^{-t}+C_{zs2}\mathrm{e}^{-2t}$，其特解为常数 3。于是有

$$y_{zs}(t)=(C_{zs1}\mathrm{e}^{-t}+C_{zs2}\mathrm{e}^{-2t}+3)\varepsilon(t) \tag{2.1-13}$$

将初始值 $y_{zs}(0_+)=0$，$y'_{zs}(0_+)=2$ 代入式（2.1-13）及其导数，得

$$\begin{cases}y_{zs}(0_+)=C_{zs1}+C_{zs2}+3=0\\ y'_{zs}(0_+)=-C_{zs1}-2C_{zs2}=2\end{cases}$$

求得 $C_{zs1}=-4$，$C_{zs2}=1$，将它们代入式（2.1-13），得系统的零状态响应为

$$y_{zs}(t)=(-4\mathrm{e}^{-t}+\mathrm{e}^{-2t}+3)\varepsilon(t)$$

（3）全响应 $y(t)$

$$\begin{aligned}y(t)&=y_{zi}(t)+y_{zs}(t)\\&=\underbrace{\overbrace{5\mathrm{e}^{-t}-3\mathrm{e}^{-2t}}^{\text{零输入响应}}\overbrace{-4\mathrm{e}^{-t}+\mathrm{e}^{-2t}}^{\text{零状态响应}}}_{\text{自由响应}}\quad\underbrace{+3}_{\text{强迫响应}}\quad,t>0\\&=\underbrace{[\mathrm{e}^{-t}-2\mathrm{e}^{-2t}]\varepsilon(t)}_{\text{自由响应}}+\underbrace{3\varepsilon(t)}_{\text{强迫响应}}\end{aligned}$$

分析各种响应之间的关系：

（1）全响应可以分解为零输入响应 $y_{zi}(t)$ 和零状态响应 $y_{zs}(t)$，也可分解为自由响应 $y_{h}(t)$（齐次解）和强迫响应 $y_{p}(t)$（特解），它们之间的关系为

$$y(t)=\underbrace{\sum_{j=1}^{n}C_{zij}\mathrm{e}^{\lambda_j t}}_{\text{零输入响应}}+\underbrace{\sum_{j=1}^{n}C_{zsj}\mathrm{e}^{\lambda_j t}+y_{p}(t)}_{\text{零状态响应}}=\underbrace{\sum_{j=1}^{n}C_{j}\mathrm{e}^{\lambda_j t}}_{\text{自由响应}}+\underbrace{y_{p}(t)}_{\text{强迫响应}}$$

（2）自由响应包含零输入响应的全部和零状态响应的一部分。若 $\mathrm{Re}[\lambda_j]<0$，则自由响应中的指数项 $\mathrm{e}^{\lambda_j t}$ 随着时间 t 的增长呈衰减状态，为瞬态响应。

（3）零输入响应 $y_{zi}(t)$ 是一种齐次解，零输入响应中只可能包含瞬态响应成分，不含稳态响应成分。

（4）若强迫响应 $y_{p}(t)$ 是稳定有界的函数，则称为稳态响应。因此零状态响应 $y_{zs}(t)$ 中可能包含瞬态响应，也可能包含稳态响应。

2.2　LTI 系统的单位冲激响应和阶跃响应

2.2.1　单位冲激响应

2-4 冲激和阶跃响应 1

对于一个 LTI 系统，当其初始状态为零时，输入为单位冲激函数 $\delta(t)$ 所引起的响应称为单位冲激响应，简称为冲激响应，用 $h(t)$ 表示，如图 2.1 所示。也就是说，冲激响应是激励为单位冲激函数 $\delta(t)$ 时，系统的零状态响应，即

$$h(t)=T[\{0\},\delta(t)]$$

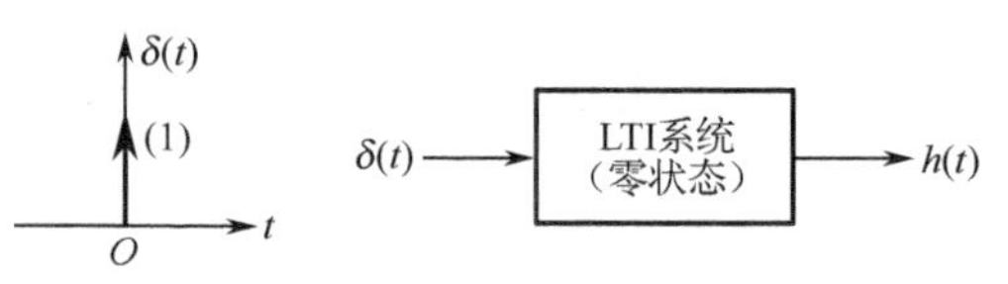

图 2.1　系统的单位冲激响应

冲激响应 $h(t)$ 仅取决于系统的内部结构及其元件参数。也就是说，不同结构和元件参数的系统，将具有不同的冲激响应。因此，系统的冲激响应 $h(t)$ 可以表征系统本身的特性，它在求解系统的零状态响应 $y_{zs}(t)$ 中起着十分重要的作用。因此，对冲激响应 $h(t)$ 的分析是系统分析中重要的内容。

根据冲激函数的特性，激励 $\delta(t)$ 仅在 $t=0$ 的瞬间激励系统，给系统输入若干能量，且储存在系统中。而在 $t=0_+$ 以后激励就变为 0，只有冲激引入的那些储能作用于系统，因而冲激响应 $h(t)$ 由这些储能唯一确定。因此，系统的冲激响应 $h(t)$ 与该系统的零输入响应（即相应的齐次解）具有相同的函数形式。

下面来研究 LTI 系统冲激响应的求解方法。

对于一个 LTI 连续系统，可以用微分方程来描述：

$$\sum_{i=0}^{n}a_i y^{(i)}(t)=\sum_{j=0}^{m}b_j f^{(j)}(t)$$

该系统冲激响应的求解方法可以归纳为如下几个步骤：

（1）令 $f(t)=\delta(t)$，则 $y_{zs}(t)=h(t)$，则方程右端为 $\delta(t)$ 及其各阶导数的线性组合；

（2）采用冲激函数的系数平衡法确定初始值 $h^{(j)}(0_+), j=0,1,2,\cdots,n-1$；

（3）令 $t>0$，微分方程右端等于零，方程为齐次方程，冲激响应 $h(t)$ 具有和方程齐次解相同的函数形式；

（4）将初始值代入 $h(t)$，确定其待定系数，再考虑 $t=0$ 时的情况，最终求得冲激响应 $h(t)$。

【例 2-7】 描述某二阶 LTI 系统的微分方程为

$$y''(t)+5y'(t)+6y(t)=f(t) \tag{2.2-1}$$

求其冲激响应 $h(t)$。

【解】 根据冲激响应的定义，当 $f(t)=\delta(t)$ 时，系统的零状态响应 $y_{zs}(t)=h(t)$，由式（2.2-1）可知 $h(t)$ 满足

$$h''(t)+5h'(t)+6h(t)=\delta(t) \tag{2.2-2}$$

其初始状态 $h'(0_-)=h(0_-)=0$。

先求其 0_+ 值 $h(0_+)$ 及 $h'(0_+)$，利用 2.1.2 节所述冲激函数系数平衡法进行分析。

由于式(2.2-2)等号右端含有 $\delta(t)$，故 $h''(t)$ 中含有 $\delta(t)$，从而 $h'(t)$ 中含有 $\varepsilon(t)$，$h'(0_+)\neq h'(0_-)$，而 $h(t)$ 在 $t=0$ 时连续，即 $h(0_+)=h(0_-)=0$。

对方程（2.2-2）两端在无穷小区间 $[0_-,0_+]$ 上进行积分可得

$$[h'(0_+)-h'(0_-)]+5[h(0_+)-h(0_-)]+6\int_{0_-}^{0_+}h(t)\mathrm{d}t=1$$

求得 $$h'(0_+)=1+h'(0_-)=1$$

对于 $t>0$，方程（2.2-2）可写为

$$h''(t)+5h'(t)+6h(t)=0$$

该方程为齐次方程，其特征根为 $\lambda_1=-2$，$\lambda_2=-3$。系统的冲激响应与齐次解形式相同，故系统的冲激响应为

$$h(t)=(C_1\mathrm{e}^{-2t}+C_2\mathrm{e}^{-3t})\varepsilon(t)$$

将初始值 $h(0_+)=0$，$h'(0_+)=1$ 代入上式及其导数，求得 $C_1=1$，$C_2=-1$。

由于 $h(t)$ 中不含有 $\delta(t)$，故该系统的冲激响应为

$$h(t)=(\mathrm{e}^{-2t}-\mathrm{e}^{-3t})\varepsilon(t)$$

【例 2-8】 描述某二阶 LTI 系统的微分方程为

$$y''(t)+5y'(t)+6y(t)=f''(t)+2f'(t)+3f(t) \tag{2.2-3}$$

求其冲激响应 $h(t)$。

2-5 冲激和阶跃响应 2

【解法一】

【解】 根据冲激响应的定义，当 $f(t)=\delta(t)$ 时，系统的零状态响应 $y_{zs}(t)=h(t)$，由式（2.2-3）可知 $h(t)$ 满足

$$h''(t)+5h'(t)+6h(t)=\delta''(t)+2\delta'(t)+3\delta(t) \tag{2.2-4}$$

其初始状态 $h'(0_-)=h(0_-)=0$。

先求其 0_+ 值 $h(0_+)$ 及 $h'(0_+)$，利用冲激函数系数平衡法进行分析。

由于式（2.2-4）等号右端含有 $\delta''(t)$，故 $h(t)$ 中应包含有 $\delta(t)$，设 $p_i(t)(i=1,2,3)$ 为不含 $\delta(t)$ 的某函数，则可令

$$\begin{cases}h(t)=a\delta(t)+p_1(t)\\h'(t)=a\delta'(t)+b\delta(t)+p_2(t)\\h''(t)=a\delta''(t)+b\delta'(t)+c\delta(t)+p_3(t)\end{cases} \tag{2.2-5}$$

将式（2.2-5）代入式（2.2-4）中，整理得

$$a\delta''(t)+(b+5a)\delta'(t)+(c+5b+6a)\delta(t)+p_3(t)+5p_2(t)+6p_1(t)=\delta''(t)+2\delta'(t)+3\delta(t)$$

由于等号两端冲激函数及其各阶导数相平衡，故

$$\begin{cases}a=1\\b+5a=2\\c+5b+6a=3\end{cases}$$

求得 $$\begin{cases}a=1\\b=-3\\c=12\end{cases}$$

将 $a=1$，$b=-3$，$c=12$ 代入式（2.2-5）中

$$h(t)=\delta(t)+p_1(t) \tag{2.2-6a}$$

$$h'(t)=\delta'(t)-3\delta(t)+p_2(t) \tag{2.2-6b}$$

$$h''(t)=\delta''(t)-3\delta'(t)+12\delta(t)+p_3(t) \tag{2.2-6c}$$

对方程（2.2-6b）两端在无穷小区间 $[0_-,0_+]$ 上进行积分

$$\int_{0_-}^{0_+}h'(t)\mathrm{d}t=\int_{0_-}^{0_+}\delta'(t)\mathrm{d}t-3\int_{0_-}^{0_+}\delta(t)\mathrm{d}t+\int_{0_-}^{0_+}p_2(t)\mathrm{d}t$$

可得 $$h(0_+)-h(0_-)=-3$$

对方程（2.2-6c）两端在无穷小区间 $[0_-,0_+]$ 上进行积分

$$\int_{0_-}^{0_+} h''(t)\mathrm{d}t = \int_{0_-}^{0_+} \delta''(t)\mathrm{d}t - 3\int_{0_-}^{0_+} \delta'(t)\mathrm{d}t + 12\int_{0_-}^{0_+} \delta(t)\mathrm{d}t + \int_{0_-}^{0_+} p_3(t)\mathrm{d}t$$

可得 $$h'(0_+) - h'(0_-) = 12$$

故求得 $$h(0_+) = -3\,, \qquad h'(0_+) = 12$$

对于 $t > 0$，方程（2.2-4）可写为

$$h''(t) + 5h'(t) + 6h(t) = 0$$

微分方程的特征根为 $\lambda_1 = -2$，$\lambda_2 = -3$。设系统的冲激响应为

$$h(t) = (C_1\mathrm{e}^{-2t} + C_2\mathrm{e}^{-3t})\varepsilon(t)$$

代入 0_+ 初始值 $h(0_+) = -3$，$h'(0_+) = 12$，求得待定系数为

$$C_1 = 3, C_2 = -6$$

$$h(t) = (3\mathrm{e}^{-2t} - 6\mathrm{e}^{-3t})\varepsilon(t) \tag{2.2-7}$$

根据式（2.2-7）及式（2.2-6a），$h(t)$ 中包含 $\delta(t)$，得所求系统的冲激响应 $h(t)$ 为

$$h(t) = \delta(t) + (3\mathrm{e}^{-2t} - 6\mathrm{e}^{-3t})\varepsilon(t)$$

【解法二】

【解】 设新变量 $y_1(t)$，它满足方程

$$y_1''(t) + 5y_1'(t) + 6y_1(t) = f(t) \tag{2.2-8}$$

设其冲激响应为 $h_1(t)$，利用 LTI 系统的线性性质和微分特性，则式（2.2-3）所述系统的冲激响应为

$$h(t) = h_1''(t) + 2h_1'(t) + 3h_1(t) \tag{2.2-9}$$

由于式（2.2-8）与例题 2.7 中式（2.2-1）形式相同，故其冲激响应也相同，即

$$h_1(t) = (\mathrm{e}^{-2t} - \mathrm{e}^{-3t})\varepsilon(t)$$

它的一阶、二阶导数分别为

$$h_1'(t) = (\mathrm{e}^{-2t} - \mathrm{e}^{-3t})\delta(t) + (-2\mathrm{e}^{-2t} + 3\mathrm{e}^{-3t})\varepsilon(t) = (-2\mathrm{e}^{-2t} + 3\mathrm{e}^{-3t})\varepsilon(t)$$

$$h_1''(t) = (-2\mathrm{e}^{-2t} + 3\mathrm{e}^{-3t})\delta(t) + (4\mathrm{e}^{-2t} - 9\mathrm{e}^{-3t})\varepsilon(t) = \delta(t) + (4\mathrm{e}^{-2t} - 9\mathrm{e}^{-3t})\varepsilon(t)$$

将它们代入到式（2.2-9），求得系统的冲激响应为

$$h(t) = \delta(t) + (3\mathrm{e}^{-2t} - 6\mathrm{e}^{-3t})\varepsilon(t)$$

【例 2-9】 某 LTI 系统的输入输出关系为 $y(t) = \int_t^{\infty} \mathrm{e}^{-2(t-\tau)} f(\tau - 1)\mathrm{d}\tau$，求该系统的冲激响应 $h(t)$。

【解】 根据冲激响应的定义，当 $f(t) = \delta(t)$ 时，系统的零状态响应 $y_{zs}(t) = h(t)$，即

$$\begin{aligned} h(t) &= \int_t^{\infty} \mathrm{e}^{-2(t-\tau)}\delta(\tau - 1)\mathrm{d}\tau \\ &= \mathrm{e}^{-2(t-1)}\int_t^{\infty} \delta(\tau - 1)\mathrm{d}\tau && \text{（函数和冲激相乘要取样）} \\ &= \mathrm{e}^{-2(t-1)} \cdot \begin{cases} 1, & t < 1 \\ 0, & t > 1 \end{cases} && \text{（讨论积分变限 } t\text{）} \\ &= \mathrm{e}^{-2(t-1)}\varepsilon(1 - t) && \text{（用阶跃函数表示分段函数）} \end{aligned}$$

【例 2-10】 某 LTI 系统的输入输出关系为 $y(t) = \int_{-\infty}^{t} \mathrm{e}^{-(t-\tau)} f(\tau - 2)\mathrm{d}\tau$，求该系统的冲激响应 $h(t)$。

【解】 根据冲激响应的定义，当 $f(t) = \delta(t)$ 时，系统的零状态响应 $y_{zs}(t) = h(t)$，即

$$\begin{aligned} h(t) &= \int_{-\infty}^{t} \mathrm{e}^{-(t-\tau)}\delta(\tau - 2)\mathrm{d}\tau \\ &= \mathrm{e}^{-(t-2)}\int_{-\infty}^{t} \delta(\tau - 2)\mathrm{d}\tau && \text{（函数和冲激相乘要取样）} \end{aligned}$$

$$= \mathrm{e}^{-(t-2)} \cdot \begin{cases} 0, & t<2 \\ 1, & t>2 \end{cases} \qquad \text{（讨论积分变限 } t \text{）}$$

$$= \mathrm{e}^{-(t-2)} \varepsilon(t-2) \qquad \text{（用阶跃函数表示分段函数）}$$

2.2.2 单位阶跃响应

2-6 冲激和阶跃响应 3

对于一个 LTI 系统，当其初始状态为零时，输入为单位阶跃函数 $\varepsilon(t)$ 所引起的响应称为单位阶跃响应，简称为阶跃响应，用 $g(t)$ 表示，如图 2.2 所示。也就是说，阶跃响应是激励为单位阶跃函数 $\varepsilon(t)$ 时，系统的零状态响应，即

$$g(t) = T[\{0\}, \varepsilon(t)]$$

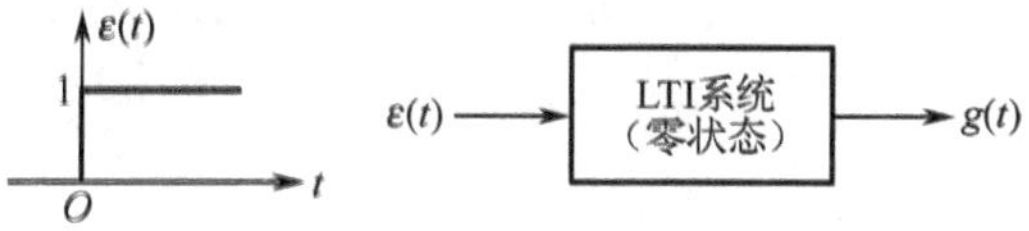

图 2.2　系统的单位阶跃响应

由于单位阶跃函数 $\varepsilon(t)$ 与单位冲激函数 $\delta(t)$ 的关系为

$$\delta(t) = \frac{\mathrm{d}\varepsilon(t)}{\mathrm{d}t} \qquad \varepsilon(t) = \int_{-\infty}^{t} \delta(\tau)\mathrm{d}\tau$$

根据 LTI 系统的微分（积分）特性，同一系统的阶跃响应 $g(t)$ 与冲激响应 $h(t)$ 的关系为

$$h(t) = \frac{\mathrm{d}g(t)}{\mathrm{d}t} \qquad g(t) = \int_{-\infty}^{t} h(\tau)\mathrm{d}\tau$$

由于直接求单位阶跃响应 $g(t)$ 还要涉及求特解，故一般可先求得该系统的单位冲激响应 $h(t)$，之后再按照微积分的关系求得阶跃响应 $g(t)$。

【例 2-11】 描述某二阶 LTI 系统的微分方程为

$$y''(t) + 5y'(t) + 6y(t) = f(t)$$

求其阶跃响应 $g(t)$。

【解】 在例 2-7 中已经求得该系统的冲激响应为

$$h(t) = (\mathrm{e}^{-2t} - \mathrm{e}^{-3t})\varepsilon(t)$$

根据阶跃响应 $g(t)$ 与冲激响应 $h(t)$ 之间的关系，求得系统的阶跃响应为

$$\begin{aligned} g(t) &= \int_{-\infty}^{t} h(\tau)\mathrm{d}\tau \\ &= \int_{0}^{t} (\mathrm{e}^{-2\tau} - \mathrm{e}^{-3\tau})\mathrm{d}\tau \\ &= \left(-\frac{1}{2}\mathrm{e}^{-2t} + \frac{1}{3}\mathrm{e}^{-3t} + \frac{1}{6}\right)\varepsilon(t) \end{aligned}$$

【例 2-12】 求解下列各题。

（1）求积分器的单位冲激响应和阶跃响应。

（2）求微分器的单位冲激响应和阶跃响应。

（3）求对连续信号延迟 t_0 的延迟器的单位冲激响应。

【解】 利用冲激响应和阶跃响应的定义进行求解。

（1）冲激信号作用于积分器，即 $\int_{-\infty}^{t} \delta(\tau)\mathrm{d}\tau = \varepsilon(t)$。

阶跃信号作用于积分器，即 $\int_{-\infty}^{t} \varepsilon(\tau)\mathrm{d}\tau = t\varepsilon(t)$。

故积分器的单位冲激响应为 $\varepsilon(t)$，积分器的阶跃响应为 $t\varepsilon(t)$。

（2）冲激信号作用于微分器，即 $\frac{\mathrm{d}\delta(t)}{\mathrm{d}t} = \delta'(t)$。

阶跃信号作用于微分器，即 $\frac{\mathrm{d}\varepsilon(t)}{\mathrm{d}t} = \delta(t)$。

故微分器的单位冲激响应为$\delta'(t)$，微分器的阶跃响应为$\delta(t)$。

（3）冲激信号作用于延迟器，即$\delta(t-t_0)$。

故对连续信号延迟t_0的延迟器的单位冲激响应为$\delta(t-t_0)$。

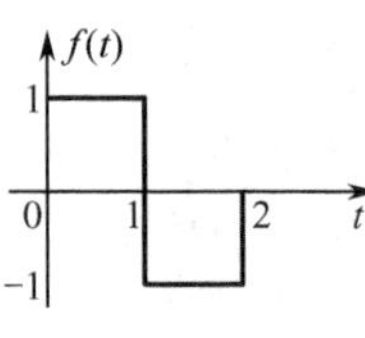

图 2.3　激励信号

【例 2-13】 已知某 LTI 连续系统的单位阶跃响应为$g(t)$，求图 2.3 所示的激励信号$f(t)$作用于该系统的零状态响应。

【解】 根据阶跃响应的定义，当$f(t)=\varepsilon(t)$时，系统的零状态响应$y_{zs}(t)=g(t)$，图示激励信号$f(t)$可以利用阶跃函数$\varepsilon(t)$表示为

$$f(t)=\varepsilon(t)-2\varepsilon(t-1)+\varepsilon(t-2)$$

根据 LTI 系统的线性和时不变特性，可求得此时系统的零状态响应为

$$y_{zs}(t)=g(t)-2g(t-1)+g(t-2)$$

2.3　卷积积分

本节所要讨论的卷积积分就是将激励信号分解为众多的冲激函数之和（这里是积分），利用激励信号$f(t)$与冲激响应$h(t)$的卷积积分，方便地求解 LTI 系统对任意激励信号$f(t)$的零状态响应。卷积方法在信号与系统分析理论中占有重要地位。

2.3.1　卷积积分的概念

2-7 信号时域分解

1．信号的时域分解

图 2.4 所示是一个强度为 1（即面积为 1）的矩形窄脉冲信号$p(t)$，脉冲的宽度是$\Delta\tau$，高度是$1/\Delta\tau$。当脉冲宽度$\Delta\tau\to 0$时，脉冲的高度将趋于无穷大，矩形窄脉冲信号此时将变成一个单位冲激信号$\delta(t)$。

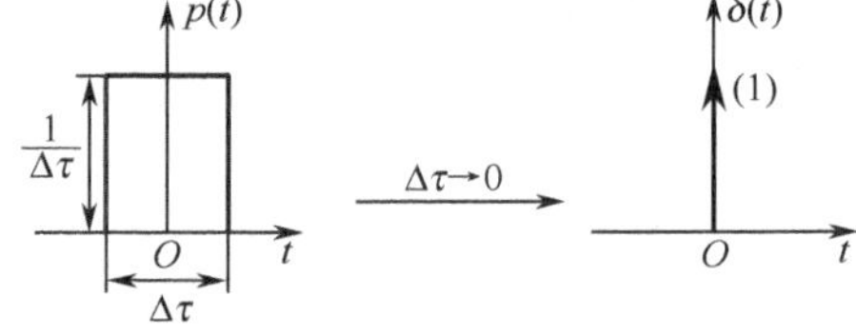

图 2.4　矩形窄脉冲信号与冲激信号

对于任意信号$f(t)$，可以将它分解为许多宽度为$\Delta\tau$的窄脉冲，如图 2.5 所示。其中第k个脉冲出现在$t=k\Delta\tau$时刻，脉冲的高度为$f(k\Delta\tau)$，其强度（也就是脉冲下的面积）为$f(k\Delta\tau)\cdot\Delta\tau$。

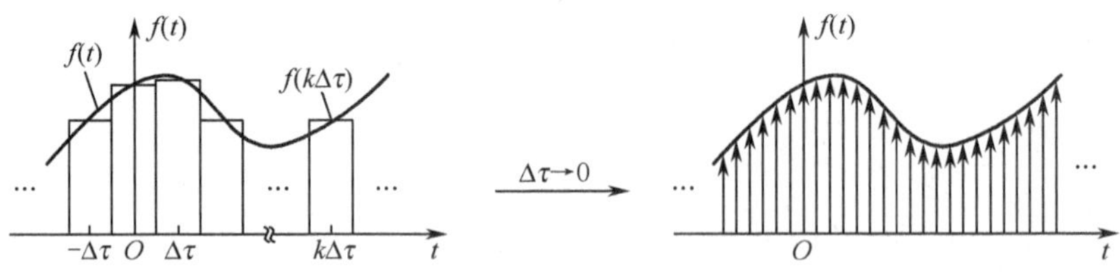

图 2.5　信号的时域分解

这样，可以将信号$f(t)$近似地看作由一系列强度不同、接入时刻不同的窄脉冲组成。所有这些窄脉冲的和近似地等于$f(t)$，即

$$f(t)\approx\sum_{k=-\infty}^{\infty}f(k\Delta\tau)\cdot\Delta\tau\cdot p(t-k\Delta\tau)$$

其中k为整数。

当脉冲宽度$\Delta\tau\to 0$时，所有的窄脉冲将变成单位冲激信号$\delta(t)$。把上式中的$\Delta\tau$写作$\mathrm{d}\tau$，$k\Delta\tau$写作τ，τ是时间变量，$p(t-k\Delta\tau)$变为$\delta(t-\tau)$，求和符号改为积分符号，则$f(t)$可写为

$$f(t)=\int_{-\infty}^{\infty}f(\tau)\delta(t-\tau)\mathrm{d}\tau \tag{2.3-1}$$

上式表明，任意信号 $f(t)$ 均可表示为一系列强度不同、接入时刻不同的冲激信号的和。

2-8 卷积积分

2. 任意信号作用于 LTI 系统的零状态响应

对于一个 LTI 系统，设输入的激励信号为 $f(t)$，系统的零状态响应为 $y_{zs}(t)$。根据冲激响应 $h(t)$ 的定义和 LTI 系统的线性、时不变性质，可以求得系统的零状态响应，具体分析过程如图 2.6 所示。

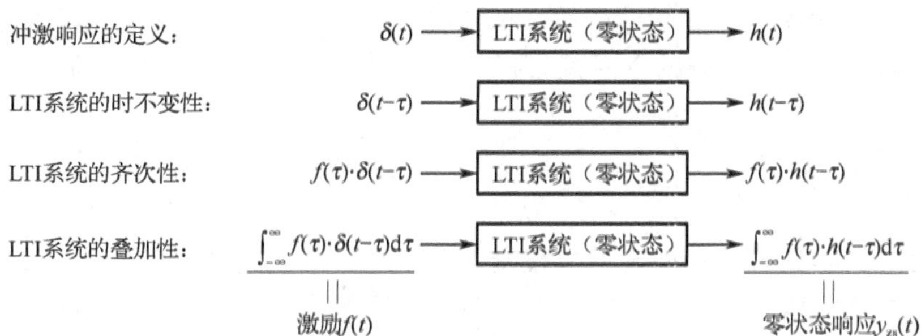

图 2.6　任意信号作用于 LTI 系统的零状态响应

由此可见，任意信号 $f(t)$ 作用于 LTI 系统的零状态响应 $y_{zs}(t)$ 为

$$y_{zs}(t)=\int_{-\infty}^{\infty} f(\tau)h(t-\tau)\mathrm{d}\tau \qquad (2.3\text{-}2)$$

把这种形式的积分称为信号 $f(t)$ 与 $h(t)$ 的卷积积分，简记为 $y_{zs}(t)=f(t)*h(t)$。

式（2.3-2）表明，LTI 系统对于任意激励 $f(t)$ 的零状态响应是激励 $f(t)$ 与该系统冲激响应 $h(t)$ 的卷积积分。

3. 卷积积分的定义

已知定义在区间 $(-\infty,\infty)$ 上的两个函数 $f_1(t)$ 和 $f_2(t)$，则定义积分

$$f(t)=\int_{-\infty}^{\infty} f_1(\tau)f_2(t-\tau)\mathrm{d}\tau \qquad (2.3\text{-}3)$$

为 $f_1(t)$ 与 $f_2(t)$ 的卷积积分，简称卷积，记为 $f(t)=f_1(t)*f_2(t)$。

注意，其中 t 为参变量，τ 为积分变量，卷积结果仍为 t 的函数。

【例 2-14】 已知函数 $f_1(t)=3\mathrm{e}^{-2t}\varepsilon(t)$，$f_2(t)=2\varepsilon(t)$，$f_3(t)=2\varepsilon(t-2)$，计算卷积（1）$f_1(t)*f_2(t)$，（2）$f_1(t)*f_3(t)$。

【解】（1）代入卷积积分的定义式（2.3-3）得

$$f_1(t)*f_2(t)=\int_{-\infty}^{\infty} 3\mathrm{e}^{-2\tau}\varepsilon(\tau)\cdot 2\varepsilon(t-\tau)\mathrm{d}\tau$$

上式被积函数中含有两个阶跃信号的乘积，可以利用阶跃信号确定积分的上下限，当 $\tau>0$ 时，$\varepsilon(\tau)=1$；当 $t-\tau>0$，即 $\tau<t$ 时，$\varepsilon(t-\tau)=1$，故只有当 $0<\tau<t$ 时，两个阶跃信号乘积才不为 0。

因为 $t\in(-\infty,+\infty)$，所以需要对 t 分区间讨论。

$$f_1(t)*f_2(t)=\int_0^t 3\mathrm{e}^{-2\tau}\cdot 2\mathrm{d}\tau=\begin{cases}0, & t<0\\ 3(1-\mathrm{e}^{-2t}), & t>0\end{cases}=3(1-\mathrm{e}^{-2t})\varepsilon(t)$$

（2）代入卷积积分的定义式（2.3-3）得

$$f_1(t)*f_3(t)=\int_{-\infty}^{\infty} 3\mathrm{e}^{-2\tau}\varepsilon(\tau)\cdot 2\varepsilon(t-\tau-2)\mathrm{d}\tau$$

同理分析被积函数，当 $\tau>0$ 时，$\varepsilon(\tau)=1$；当 $t-\tau-2>0$，即 $\tau<t-2$ 时，$\varepsilon(t-\tau-2)=1$，故只有当 $0<\tau<t-2$ 时，两个阶跃信号的乘积才不为 0。

$$f_1(t)*f_3(t)=\int_0^{t-2}3\mathrm{e}^{-2\tau}\cdot 2\mathrm{d}\tau=\begin{cases}0, & t<2\\ 3[1-\mathrm{e}^{-2(t-2)}], & t>2\end{cases}=3[1-\mathrm{e}^{-2(t-2)}]\varepsilon(t-2)$$

诀窍：

（1）对于有限持续时间信号的卷积，在卷积积分的运算中需要利用阶跃信号确定积分的上下限。确定积分上下限的一个简单方法是，令被积函数中的阶跃信号的变量整体大于 0，此时阶跃信号取值为 1，就可轻松确定积分限。如 $\varepsilon(t-\tau-2)$，当 $t-\tau-2>0$，即 $\tau<t-2$ 时，$\varepsilon(t-\tau-2)=1$。

（2）卷积积分计算完成后还需要明确时间变量 t 的取值范围。一个简单的技巧是在卷积结果后面写上 $\varepsilon(x)$，其中 x 等于积分的上限减去积分的下限。如上例中，t 的取值范围为 $\varepsilon(t-2-0)=\varepsilon(t-2)$。

2.3.2 卷积积分的图解法

2-9 卷积图解法

计算两个信号的卷积可以利用定义式直接计算，也可以利用图解的方法计算。利用图形可以把抽象的概念形象化，更直观地表明卷积的含义，有助于对卷积概念的理解。

$$f_1(t)*f_2(t)=\int_{-\infty}^{\infty}f_1(\tau)f_2(t-\tau)\mathrm{d}\tau$$

图解法求函数 $f_1(t)$ 与 $f_2(t)$ 的卷积运算可分为以下几步：

（1）换元：将函数 $f_1(t)$ 与 $f_2(t)$ 的自变量 t 换为 τ，得 $f_1(\tau)$ 与 $f_2(\tau)$；

（2）反转平移：将函数 $f_2(\tau)$ 进行反转运算得 $f_2(-\tau)$，然后将 $f_2(-\tau)$ 沿 τ 轴正向向右平移时间 t，得 $f_2[-(\tau-t)]=f_2(t-\tau)$；

（3）乘积：将函数 $f_1(\tau)$ 与反转平移后得到的 $f_2(t-\tau)$ 相乘得 $f_1(\tau)f_2(t-\tau)$；

（4）积分：τ 从 $-\infty$ 到 ∞ 对乘积项 $f_1(\tau)f_2(t-\tau)$ 进行积分并求得积分值，即

$$f_1(t)*f_2(t)=\int_{-\infty}^{\infty}f_1(\tau)f_2(t-\tau)\mathrm{d}\tau$$

【例 2-15】 已知某 LTI 系统的激励 $f(t)$ 和冲激响应 $h(t)$ 如图 2.7 所示，求该系统的零状态响应 $y_{zs}(t)$。

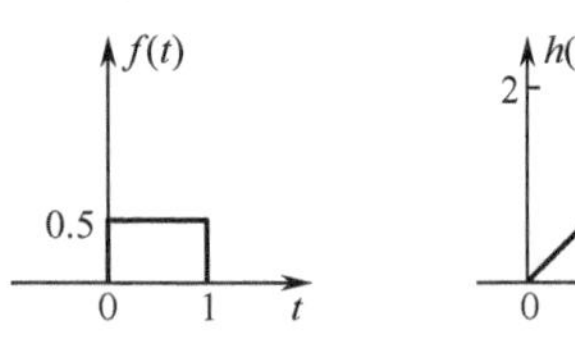

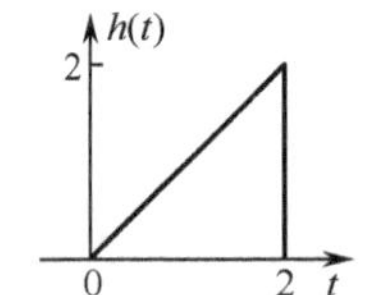

图 2.7 例 2-15 图

【解】 利用卷积积分求取 LTI 系统的零状态响应 $y_{zs}(t)$

$$y_{zs}(t)=f(t)*h(t)=\int_{-\infty}^{\infty}h(\tau)f(t-\tau)\mathrm{d}\tau$$

采用卷积的图解法，按如下几个步骤求卷积。

（1）换元。$f(t)$ 换元为 $f(\tau)$，$h(t)$ 换元为 $h(\tau)$，如图 2.8（a）和（b）所示。

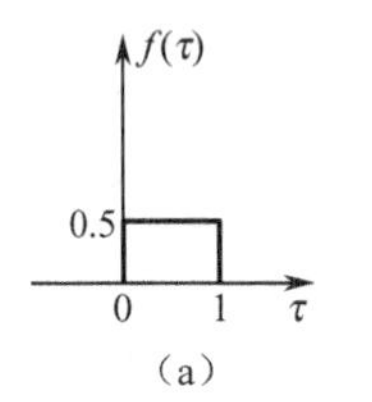

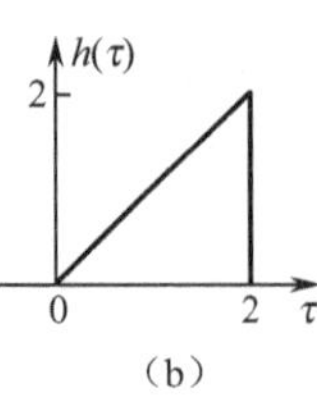

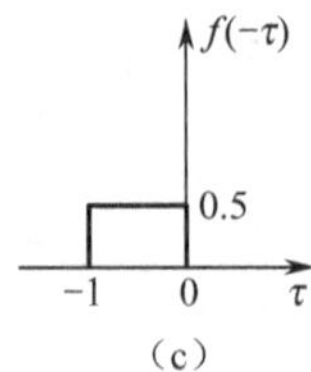

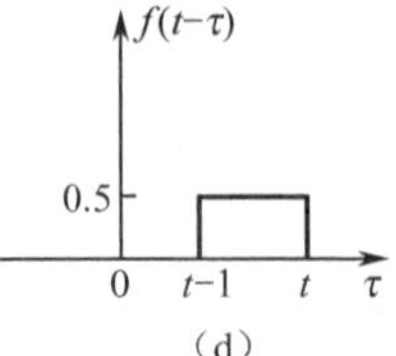

图 2.8 换元、反转及平移后波形

（2）反转平移。将 $f(\tau)$ 反转为 $f(-\tau)$，如图 2.8（c）所示。将 $f(-\tau)$ 沿 τ 轴正向平移 t 得到 $f(t-\tau)$，如图 2.8（d）所示，$f(t-\tau)$ 图形的前沿坐标为 t，后沿坐标为 $t-1$。由于 $t\in(-\infty,+\infty)$，对于 $f(t-\tau)$ 来说，有以下几种情况，如图 2.9（a）虚线所示。

（3）乘积。参看图 2.9（a），对应时刻进行乘积运算得到 $h(\tau)f(t-\tau)$，如图 2.9（b）所示。

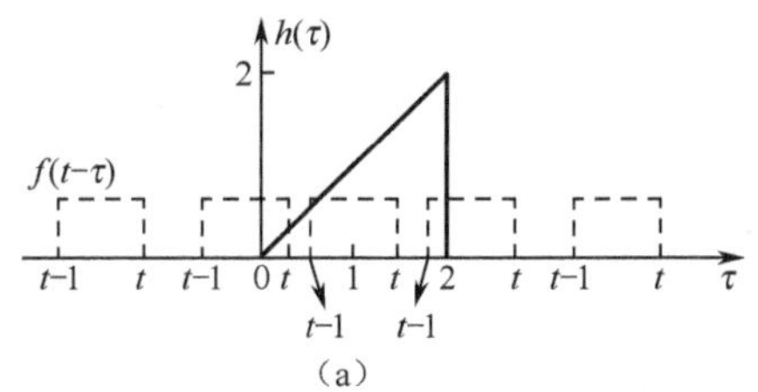

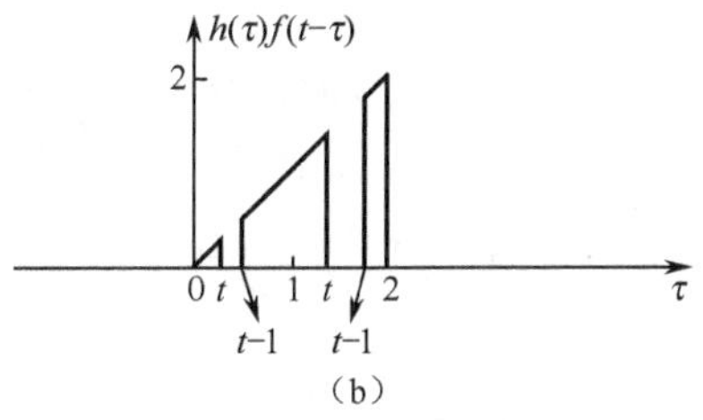

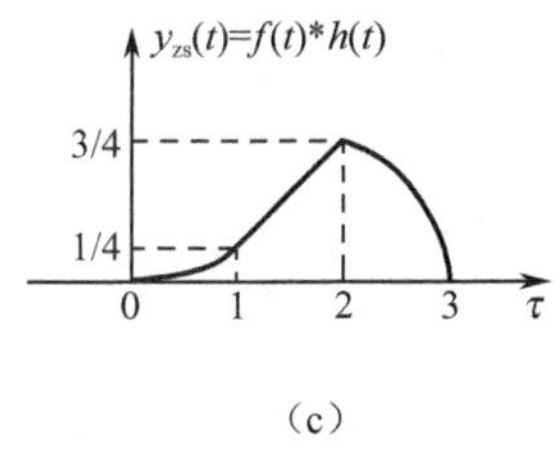

图 2.9 相乘、积分及卷积计算结果波形

（4）积分。参看图 2.9（a）和（b），具体分段积分过程如下：

① 当$t<0$时，$h(\tau)f(t-\tau)=0$，故$y_{zs}(t)=0$；

② 当$0\leqslant t\leqslant 1$时，$y_{zs}(t)=\int_0^t \tau\cdot\frac{1}{2}\,\mathrm{d}\tau=\frac{1}{4}t^2$；

③ 当$1\leqslant t\leqslant 2$时，$y_{zs}(t)=\int_{t-1}^t \tau\cdot\frac{1}{2}\,\mathrm{d}\tau=\frac{1}{2}t-\frac{1}{4}$；

④ 当$2\leqslant t\leqslant 3$时，$y_{zs}(t)=\int_{t-1}^2 \tau\cdot\frac{1}{2}\,\mathrm{d}\tau=-\frac{1}{4}t^2+\frac{1}{2}t+\frac{3}{4}$。

⑤ 当$t\geqslant 3$时，$h(\tau)f(t-\tau)=0$，故$y_{zs}(t)=0$。

把上述各段的结果归纳在一起得到$y_{zs}(t)$，如图 2.9（c）所示，

$$y_{zs}(t)=\begin{cases}0, & t<0\\ \frac{1}{4}t^2, & 0\leqslant t\leqslant 1\\ \frac{1}{2}t-\frac{1}{4}, & 1\leqslant t\leqslant 2\\ -\frac{1}{4}t^2+\frac{1}{2}t+\frac{3}{4}, & 2\leqslant t\leqslant 3\\ 0, & t\geqslant 3\end{cases}$$

【例 2-16】 函数$f_1(t)$、$f_2(t)$的波形如图 2.10（a）和（b）所示，求$f(t)=f_1(t)*f_2(t)$。

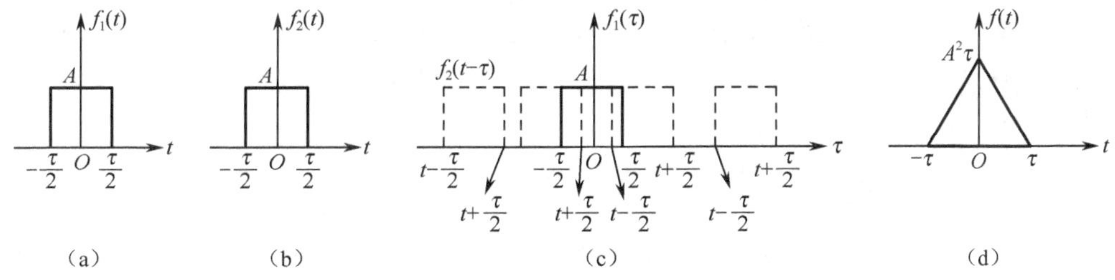

图 2.10 例 2-16 图及卷积运算分析图形

【解】 根据卷积积分 $f(t)=\int_{-\infty}^{\infty} f_1(\tau)f_2(t-\tau)\mathrm{d}\tau$

采用卷积的图解法，按如下几个步骤求卷积。

（1）换元。将$f_1(t)$换元为$f_1(\tau)$，将$f_2(t)$换元为$f_2(\tau)$。

（2）反转平移。将$f_2(\tau)$反转为$f_2(-\tau)$，将$f_2(-\tau)$沿τ轴正向平移t得到$f_2(t-\tau)$，对于$f_2(t-\tau)$来说，有以下几种情况，如图 2.10（c）虚线所示。

（3）乘积。参看图 2.10（c），对应时刻进行乘积运算得到$f_1(\tau)f_2(t-\tau)$。

（4）积分。相乘后分段进行积分运算得到$f(t)$，如图 2.10（d）所示。

① 当$t+\frac{\tau}{2}<-\frac{\tau}{2}$时，即$t<-\tau$时，$f_1(\tau)f_2(t-\tau)=0$，故$f(t)=0$；

② 当$-\frac{\tau}{2} \leqslant t+\frac{\tau}{2} \leqslant \frac{\tau}{2}$时，即$-\tau \leqslant t \leqslant 0$时，$f(t)=\int_{-\frac{\tau}{2}}^{t+\frac{\tau}{2}} A \cdot A \mathrm{d}x = A^2(t+\tau)$；

③ 当$-\frac{\tau}{2} \leqslant t-\frac{\tau}{2} \leqslant \frac{\tau}{2}$时，即$0 \leqslant t \leqslant \tau$时，$f(t)=\int_{t-\frac{\tau}{2}}^{\frac{\tau}{2}} A \cdot A \mathrm{d}x = A^2(-t+\tau)$；

④ 当$\frac{\tau}{2} \leqslant t-\frac{\tau}{2}$时，即$t \geqslant \tau$时，$f_1(\tau)f_2(t-\tau)=0$，故$f(t)=0$。

把上述各段的结果归纳在一起，得

$$f(t)=\begin{cases} 0, & t<-\tau \\ A^2(t+\tau), & -\tau \leqslant t \leqslant 0 \\ A^2(-t+\tau), & 0 \leqslant t \leqslant \tau \\ 0, & t \geqslant \tau \end{cases}$$

可见，时限信号的卷积依然是时限信号。如果$f_1(t)$的持续时间范围为$[t_1,t_2]$，$f_2(t)$的持续时间范围为$[t_3,t_4]$，那么$f_1(t) * f_2(t)$的持续时间范围为$[t_1+t_3,t_2+t_4]$，卷积结果的坐标遵循“左左相加为左坐标，右右相加为右坐标”的规律。

据此规律可知，相同宽度的两个矩形脉冲的卷积是一个三角形脉冲，底宽为矩形脉冲宽度的2倍；而两个不同宽度的矩形脉冲的卷积结果将是一个梯形。

利用图解法求卷积一般比较繁琐，但若只求某一时刻的卷积值时还是比较方便的，确定积分的上、下限仍是关键。

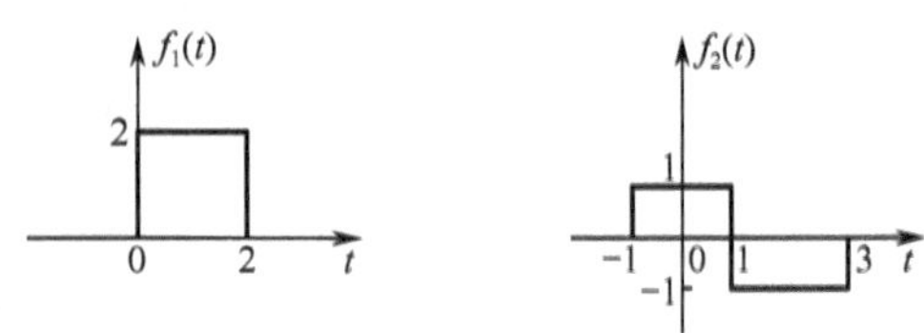

图 2.11　例 2-17 图

【例 2-17】 函数$f_1(t)$、$f_2(t)$的波形如图 2.11 所示，设$f(t)=f_1(t) * f_2(t)$，求$f(2)$的值。

【解】 根据卷积积分　$f(t)=\int_{-\infty}^{\infty} f_2(\tau)f_1(t-\tau)\mathrm{d}\tau$

$$f(2)=\int_{-\infty}^{\infty} f_2(\tau)f_1(2-\tau)\mathrm{d}\tau$$

采用卷积的图解法，按如下几个步骤求卷积。

（1）换元。将$f_1(t)$换元为$f_1(\tau)$，$f_2(t)$换元为$f_2(\tau)$，如图 2.12（a）和（b）所示。

（2）反转平移。将$f_1(\tau)$反转为$f_1(-\tau)$，如图 2.12（c）所示，$f_1(-\tau)$向右平移 2 得到$f_1(2-\tau)$，如图 2.12（d）所示。

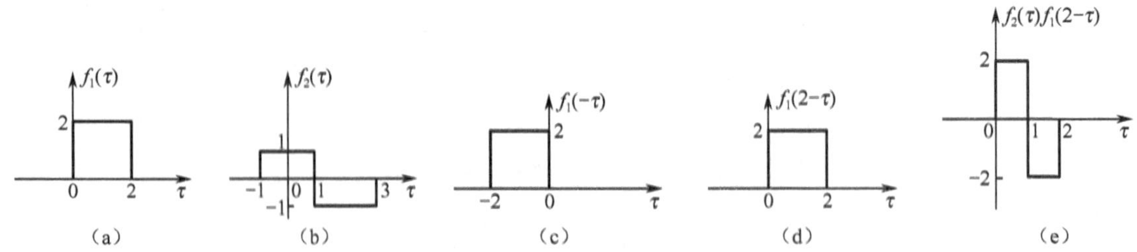

图 2.12　卷积运算分析图形

（3）乘积。计算$f_2(\tau)f_1(2-\tau)$，如图 2.12（e）所示。

（4）积分。$f(2)=\int_0^1 2\mathrm{d}\tau+\int_1^2 -2\mathrm{d}\tau=0$，曲线围成的净面积为 0。故$f(2)=0$。

2.4　卷积积分的性质

卷积积分是一种数学运算，在计算卷积积分时，除了采用前面讲述的定义法和图解法外，还经常运用卷积的许多重要性质来简化卷积积分的运算。本节将研究卷积的运算规则和性质，下面的讨论均假设卷积积分是收敛的（或存在的），这时二重积分的次序可以交换，导数与积分的次序也可以交换。

2.4.1 卷积的代数运算

2-10 卷积性质 1

卷积的代数运算满足乘法运算的三个基本定律，即交换律、分配律和结合律。

（1）交换律

$$f_1(t)*f_2(t)=f_2(t)*f_1(t) \tag{2.4-1}$$

证明：

$$f_1(t)*f_2(t)=\int_{-\infty}^{\infty}f_1(\tau)f_2(t-\tau)\mathrm{d}\tau$$

令 $t-\tau=\eta$，则 $\tau=t-\eta$，$\mathrm{d}\tau=-\mathrm{d}\eta$，上式可写为

$$\begin{aligned}f_1(t)*f_2(t)&=\int_{\infty}^{-\infty}f_1(t-\eta)f_2(\eta)\mathrm{d}(-\eta)\\&=\int_{-\infty}^{\infty}f_2(\eta)f_1(t-\eta)\mathrm{d}\eta=f_2(t)*f_1(t)\end{aligned}$$

交换律的几何意义是对任意时刻 t，乘积函数 $f_1(\tau)f_2(t-\tau)$ 曲线下的面积与 $f_2(\tau)f_1(t-\tau)$ 曲线下的面积相等。

（2）分配律

$$f_1(t)*[f_2(t)+f_3(t)]=f_1(t)*f_2(t)+f_1(t)*f_3(t) \tag{2.4-2}$$

证明：

$$\begin{aligned}f_1(t)*[f_2(t)+f_3(t)]&=\int_{-\infty}^{\infty}f_1(\tau)[f_2(t-\tau)+f_3(t-\tau)]\mathrm{d}\tau\\&=\int_{-\infty}^{\infty}f_1(\tau)f_2(t-\tau)\mathrm{d}\tau+\int_{-\infty}^{\infty}f_1(\tau)f_3(t-\tau)\mathrm{d}\tau\\&=f_1(t)*f_2(t)+f_1(t)*f_3(t)\end{aligned}$$

将分配律用图 2.13 所示的系统框图来描述。图 2.13（a）表示的是系统的并联，子系统 $h_1(t)$ 和 $h_2(t)$ 属于并联关系。根据卷积的分配律，同样的输入得到了同样的输出，因此从系统的端口（输入—输出）来看，图 2.13（a）、（b）两个系统的功能是一样的。

可见，并联系统的单位冲激响应等于各子系统单位冲激响应的和。

（a）

（b）

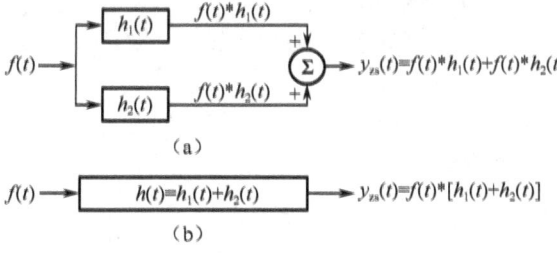

图 2.13 卷积的分配律——系统的并联

（3）结合律

$$[f_1(t)*f_2(t)]*f_3(t)=f_1(t)*[f_2(t)*f_3(t)] \tag{2.4-3}$$

证明：

$$[f_1(t)*f_2(t)]*f_3(t)=\int_{-\infty}^{\infty}\left[\int_{-\infty}^{\infty}f_1(\tau)f_2(\eta-\tau)\mathrm{d}\tau\right]f_3(t-\eta)\mathrm{d}\eta$$

交换上式中积分的次序，将中括号内的 $\eta-\tau$ 换为 x，得

$$
\begin{aligned}
[f_1(t)*f_2(t)]*f_3(t) &= \int_{-\infty}^{\infty} f_1(\tau)\left[\int_{-\infty}^{\infty} f_2(\eta-\tau)f_3(t-\eta)\mathrm{d}\eta\right]\mathrm{d}\tau \\
&= \int_{-\infty}^{\infty} f_1(\tau)\left[\int_{-\infty}^{\infty} f_2(x)f_3(t-\tau-x)\mathrm{d}x\right]\mathrm{d}\tau \\
&= \int_{-\infty}^{\infty} f_1(\tau)f_{23}(t-\tau)\mathrm{d}\tau \\
&= f_1(t)*[f_2(t)*f_3(t)]
\end{aligned}
$$

式中 $f_{23}(t-\tau)=\int_{-\infty}^{\infty} f_2(x)f_3(t-\tau-x)\mathrm{d}x$，亦即 $f_{23}(t)=\int_{-\infty}^{\infty} f_2(x)f_3(t-x)\mathrm{d}x=f_2(t)*f_3(t)$

将结合律用图 2.14 所示的系统框图来描述。图 2.14（a）和（b）表示的是系统的级联，子系统 $h_1(t)$ 和 $h_2(t)$ 属于级联关系。根据卷积的结合律，同样的输入得到了同样的输出，因此从系统的端口来看，图 2.14（a）、（b）、（c）三个系统的功能是一样的。

可见，相互级联的子系统的先后顺序不影响整个系统的单位冲激响应，级联系统的单位冲激响应等于各子系统单位冲激响应的卷积。

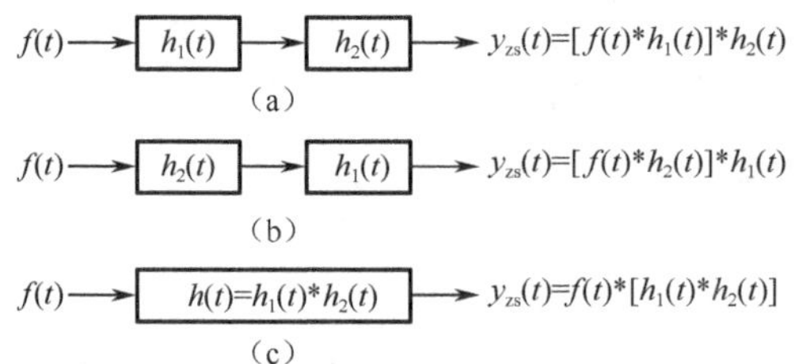

图 2.14　卷积的结合律——系统的级联

【例 2-18】 某 LTI 系统的框图如图 2.15 所示。图中子系统 $h_1(t)$ 是一 LTI 系统，当激励 $f_1(t)=\varepsilon(t)$ 时，该子系统的零状态响应为 $y_1(t)$。若给定系统激励为 $f_2(t)$，求图示系统的零状态响应 $y_2(t)$。

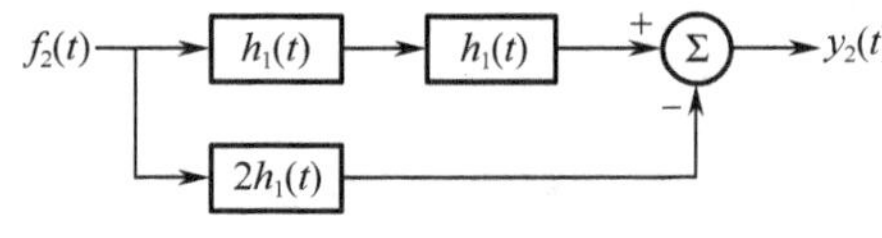

图 2.15　例 2-18 图

【解】 利用阶跃响应和冲激响应的关系，求出子系统的单位冲激响应 $h_1(t)$：

$$h_1(t)=y_1'(t)$$

利用各子系统的串并联关系，可求出图 2.15 所示系统的冲激响应 $h(t)$：

$$h(t)=h_1(t)*h_1(t)-2h_1(t)=y_1'(t)*y_1'(t)-2y_1'(t)$$

利用卷积积分求出图示系统的零状态响应 $y_2(t)$：

$$y_2(t)=f_2(t)*h(t)=f_2(t)*[y_1'(t)*y_1'(t)-2y_1'(t)]$$

2-11 卷积性质 2

2.4.2　奇异函数的卷积特性

（1）普通函数和冲激函数的卷积

$$f(t)*\delta(t-t_0)=f(t-t_0) \tag{2.4-4}$$

证明：

$$
\begin{aligned}
f(t)*\delta(t-t_0) &= \int_{-\infty}^{\infty} f(\tau)\delta(t-\tau-t_0)\mathrm{d}\tau \\
&= \int_{-\infty}^{\infty} f(\tau)\delta[\tau-(t-t_0)]\mathrm{d}\tau \\
&= f(t-t_0)\int_{-\infty}^{\infty} \delta[\tau-(t-t_0)]\mathrm{d}\tau \\
&= f(t-t_0)
\end{aligned}
$$

式（2.4-4）表明，任意信号 $f(t)$ 与延时冲激信号 $\delta(t-t_0)$ 卷积，其结果等于信号 $f(t)$ 本身的延时 $f(t-t_0)$。

若令 $t_0=0$ 时，则有

$$f(t)*\delta(t)=f(t)$$

（2）普通函数和冲激偶函数的卷积

$$f(t)*\delta'(t-t_0)=f'(t-t_0) \tag{2.4-5}$$

证明：

$$\begin{aligned}f(t)*\delta'(t-t_0)&=\int_{-\infty}^{\infty}f(\tau)\delta'(t-\tau-t_0)\mathrm{d}\tau\\&=-\int_{-\infty}^{\infty}f(\tau)\delta'[\tau-(t-t_0)]\mathrm{d}\tau\\&=-\int_{-\infty}^{\infty}\{f(t-t_0)\delta'[\tau-(t-t_0)]-f'(t-t_0)\delta[\tau-(t-t_0)]\}\mathrm{d}\tau\\&=-[-f'(t-t_0)]\\&=f'(t-t_0)\end{aligned}$$

式（2.4-5）表明任意信号 $f(t)$ 与冲激偶信号 $\delta'(t-t_0)$ 卷积，其结果为信号 $f(t-t_0)$ 的一阶导数。该性质还可以进一步延伸，有

$$f(t)*\delta^{(n)}(t)=f^{(n)}(t)$$

$$f(t)*\delta^{(n)}(t-t_0)=f^{(n)}(t-t_0)$$

（3）普通函数和阶跃函数的卷积

$$f(t)*\varepsilon(t)=\int_{-\infty}^{t}f(\tau)\mathrm{d}\tau \tag{2.4-6}$$

证明：

$$f(t)*\varepsilon(t)=\int_{-\infty}^{\infty}f(\tau)\varepsilon(t-\tau)\mathrm{d}\tau=\int_{-\infty}^{t}f(\tau)\mathrm{d}\tau$$

式（2.4-6）表明任意信号 $f(t)$ 与阶跃信号 $\varepsilon(t)$ 卷积，其结果为信号 $f(t)$ 本身对时间的积分。若 $f(t)=\varepsilon(t)$，则有

$$\varepsilon(t)*\varepsilon(t)=t\varepsilon(t)$$

【例 2-19】 计算下列卷积积分。

（1）$\mathrm{e}^{-3t}\varepsilon(t)*[\delta(t)-\delta(t-4)]$　　（2）$\mathrm{e}^{-3t}\varepsilon(t)*\delta'(t)$

（3）$\varepsilon(t)*\sin(2t)\varepsilon(t)$　　（4）$t\varepsilon(t)*\varepsilon(t)$

（5）$t^2*\delta\left(-\frac{t}{2}-1\right)$　　（6）$(t+1)^2*\delta(t-1)$

【解】（1）$\mathrm{e}^{-3t}\varepsilon(t)*[\delta(t)-\delta(t-4)]=\mathrm{e}^{-3t}\varepsilon(t)-\mathrm{e}^{-3(t-4)}\varepsilon(t-4)$

（2）$\mathrm{e}^{-3t}\varepsilon(t)*\delta'(t)=[\mathrm{e}^{-3t}\varepsilon(t)]'=-3\mathrm{e}^{-3t}\varepsilon(t)+\delta(t)$

（3）$\varepsilon(t)*\sin(2t)\varepsilon(t)=\int_{-\infty}^{t}\sin(2\tau)\varepsilon(\tau)\mathrm{d}\tau=\frac{1}{2}(1-\cos 2t)\varepsilon(t)$

（4）$t\varepsilon(t)*\varepsilon(t)=\int_{-\infty}^{t}\tau\varepsilon(\tau)\mathrm{d}\tau=\left[\int_{0}^{t}\tau\mathrm{d}\tau\right]\varepsilon(t)=\frac{1}{2}t^2\varepsilon(t)$

（5）$t^2*\delta\left(-\frac{t}{2}-1\right)=t^2*2\delta(t+2)=2(t+2)^2$

（6）$(t+1)^2*\delta(t-1)=(t+1-1)^2=t^2$

2-12 卷积性质 3

2.4.3 卷积的微积分特性

卷积的代数运算规律与普通乘法相似，但其微分与积分运算却与普通函数乘积的微分、积分运算不同。

（1）卷积的微分特性

两个函数相卷积后的导数等于两函数之一的导数与另一函数的卷积，即

$$\frac{\mathrm{d}^n}{\mathrm{d}t^n}[f_1(t)*f_2(t)]=\frac{\mathrm{d}^n f_1(t)}{\mathrm{d}t^n}*f_2(t)=f_1(t)*\frac{\mathrm{d}^n f_2(t)}{\mathrm{d}t^n} \tag{2.4-7}$$

证明：

$$\begin{aligned}\frac{\mathrm{d}^n}{\mathrm{d}t^n}[f_1(t)*f_2(t)]&=\delta^{(n)}(t)*[f_1(t)*f_2(t)]\\&=[\delta^{(n)}(t)*f_1(t)]*f_2(t)=f_1^{(n)}(t)*f_2(t)\\&=f_1(t)*[\delta^{(n)}(t)*f_2(t)]=f_1(t)*f_2^{(n)}(t)\end{aligned}$$

（2）卷积的积分特性

两个函数相卷积后的积分等于两函数之一的积分与另一函数相卷积，即

$$\int_{-\infty}^{t}[f_1(\tau)*f_2(\tau)]\mathrm{d}\tau=\left[\int_{-\infty}^{t}f_1(\tau)\mathrm{d}\tau\right]*f_2(\tau)=f_1(\tau)*\left[\int_{-\infty}^{t}f_2(\tau)\mathrm{d}\tau\right] \tag{2.4-8}$$

证明：

$$\begin{aligned}\int_{-\infty}^{t}[f_1(\tau)*f_2(\tau)]\mathrm{d}\tau&=\varepsilon(t)*[f_1(t)*f_2(t)]\\&=[\varepsilon(t)*f_1(t)]*f_2(t)=\left[\int_{-\infty}^{t}f_1(\tau)\mathrm{d}\tau\right]*f_2(t)\\&=f_1(t)*[\varepsilon(t)*f_2(t)]=f_1(t)*\left[\int_{-\infty}^{t}f_2(\tau)\mathrm{d}\tau\right]\end{aligned}$$

（3）卷积的微积分特性

在函数 $f_1(-\infty)=0$ 和 $f_2(-\infty)=0$ 的前提下，有

$$f_1(t)*f_2(t)=f_1'(t)*\int_{-\infty}^{t}f_2(\tau)\mathrm{d}\tau=\int_{-\infty}^{t}f_1(\tau)\mathrm{d}\tau*f_2'(t) \tag{2.4-9}$$

【例 2-20】 已知 $f_1(t)=1$，$f_2(t)=\mathrm{e}^{-t}\varepsilon(t)$，求 $f_1(t)*f_2(t)$。

【解】 在计算卷积积分时，通常选择将简单函数进行反转平移，代入定义式得

$$\begin{aligned}f_1(t)*f_2(t)&=\int_{-\infty}^{\infty}f_2(\tau)f_1(t-\tau)\mathrm{d}\tau\\&=\int_{-\infty}^{\infty}\mathrm{e}^{-\tau}\varepsilon(\tau)\mathrm{d}\tau=\int_{0}^{\infty}\mathrm{e}^{-\tau}\mathrm{d}\tau=-\mathrm{e}^{-\tau}\Big|_0^{\infty}=1\end{aligned}$$

注意，此时套用式（2.4-9）显然是错误的，因为不满足前提条件 $f_1(-\infty)=0$。

2.4.4 卷积的时移特性

2-13 卷积性质 4

若
$$f(t)=f_1(t)*f_2(t)$$

则
$$\begin{aligned}f_1(t-t_1)*f_2(t-t_2)&=f_1(t-t_1-t_2)*f_2(t)\\&=f_1(t)*f_2(t-t_1-t_2)\\&=f(t-t_1-t_2)\end{aligned} \tag{2.4-10}$$

【例 2-21】 已知 $f_1(t)=\varepsilon(t)-\varepsilon(t-2)$，$f_2(t)=\mathrm{e}^{-t}\varepsilon(t)$，求 $f_1(t)*f_2(t)$。

【解】 此题可利用卷积的微积分特性求解，也可由卷积积分定义式和时移特性求解。

解法一：由于 $f_1(-\infty)=0$，$f_2(-\infty)=0$，采用卷积的微积分特性得

$$\begin{aligned}f_1(t)*f_2(t)&=f_1'(t)*\int_{-\infty}^{t}f_2(\tau)\mathrm{d}\tau\\&=[\delta(t)-\delta(t-2)]*\int_{-\infty}^{t}\mathrm{e}^{-\tau}\varepsilon(\tau)\mathrm{d}\tau\\&=[\delta(t)-\delta(t-2)]*(1-\mathrm{e}^{-t})\varepsilon(t)\end{aligned}$$

$$=(1-e^{-t})\varepsilon(t)-[1-e^{-(t-2)}]\varepsilon(t-2)$$

解法二：利用卷积积分的定义式和卷积的时移特性求解。

$$f_1(t)*f_2(t)=[\varepsilon(t)-\varepsilon(t-2)]*e^{-t}\varepsilon(t)$$
$$=\varepsilon(t)*e^{-t}\varepsilon(t)-\varepsilon(t-2)*e^{-t}\varepsilon(t)$$
$$\varepsilon(t)*e^{-t}\varepsilon(t)=\int_{-\infty}^{t}e^{-\tau}\varepsilon(\tau)d\tau=(1-e^{-t})\varepsilon(t)$$

利用卷积的时移特性，有

$$\varepsilon(t-2)*e^{-t}\varepsilon(t)=[1-e^{-(t-2)}]\varepsilon(t-2)$$
$$f_1(t)*f_2(t)=(1-e^{-t})\varepsilon(t)-[1-e^{-(t-2)}]\varepsilon(t-2)$$

【例 2-22】 已知 $f_1(t)$、$f_2(t)$ 波形如图 2.16 所示，求 $f_1(t)*f_2(t)$。

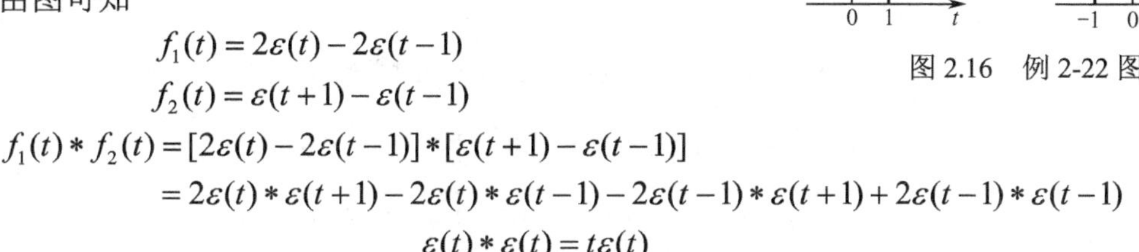

图 2.16 例 2-22 图

【解】 由图可知

$$f_1(t)=2\varepsilon(t)-2\varepsilon(t-1)$$
$$f_2(t)=\varepsilon(t+1)-\varepsilon(t-1)$$
$$f_1(t)*f_2(t)=[2\varepsilon(t)-2\varepsilon(t-1)]*[\varepsilon(t+1)-\varepsilon(t-1)]$$
$$=2\varepsilon(t)*\varepsilon(t+1)-2\varepsilon(t)*\varepsilon(t-1)-2\varepsilon(t-1)*\varepsilon(t+1)+2\varepsilon(t-1)*\varepsilon(t-1)$$

由于 $$\varepsilon(t)*\varepsilon(t)=t\varepsilon(t)$$

利用卷积的时移特性，得

$$f_1(t)*f_2(t)=2(t+1)\varepsilon(t+1)-2(t-1)\varepsilon(t-1)-2t\varepsilon(t)+2(t-2)\varepsilon(t-2)$$

【例 2-23】 若某 LTI 连续系统的单位阶跃响应为 $g(t)=2e^{-2t}\varepsilon(t)$，设系统的激励为 $f(t)=\varepsilon(t-1)$，求该系统的零状态响应 $y_{zs}(t)$。

【解】 此题可利用以下两种方法求解。

解法一：利用阶跃响应的定义和 LTI 系统的时不变性，得

$$\varepsilon(t)\to g(t)=2e^{-2t}\varepsilon(t)$$
$$f(t)=\varepsilon(t-1)\to y_{zs}(t)=g(t-1)=2e^{-2(t-1)}\varepsilon(t-1)$$

解法二：利用冲激响应的定义和卷积积分求零状态响应，得

$$h(t)=g'(t)=-4e^{-2t}\varepsilon(t)+2\delta(t)$$
$$y_{zs}(t)=f(t)*h(t)=\varepsilon(t-1)*[-4e^{-2t}\varepsilon(t)+2\delta(t)]=2e^{-2(t-1)}\varepsilon(t-1)$$

【例 2-24】 如图 2.17 所示 LTI 连续系统，已知 $h_1(t)=\delta(t-1)$，$h_2(t)=\varepsilon(t)-\varepsilon(t-2)$，$f(t)=\varepsilon(t)-\varepsilon(t-1)$，求图示系统的响应 $y(t)$。

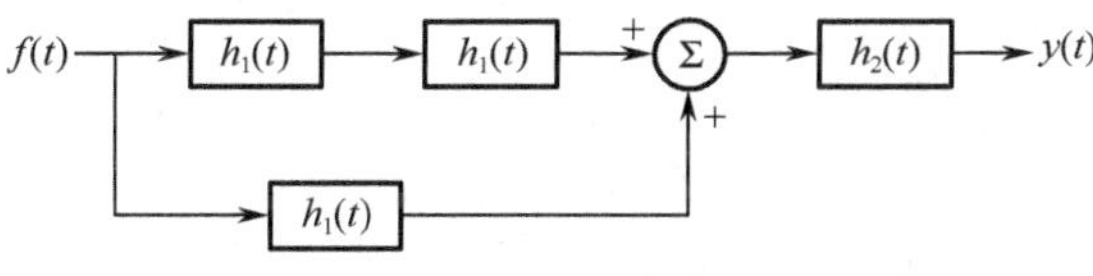

图 2.17 例 2-24 图

【解】 根据系统框图求得图示系统的冲激响应 $h(t)$ 为

$$h(t)=[h_1(t)*h_1(t)+h_1(t)]*h_2(t)$$
$$=[\delta(t-1)*\delta(t-1)+\delta(t-1)]*[\varepsilon(t)-\varepsilon(t-2)]$$
$$=[\delta(t-2)+\delta(t-1)]*[\varepsilon(t)-\varepsilon(t-2)]$$
$$=\varepsilon(t-2)-\varepsilon(t-4)+\varepsilon(t-1)-\varepsilon(t-3)$$

利用卷积积分求得图示系统的响应 $y(t)$ 为

$$\begin{aligned}y(t)&=f(t)*h(t)\\&=[\varepsilon(t)-\varepsilon(t-1)]*[\varepsilon(t-2)-\varepsilon(t-4)+\varepsilon(t-1)-\varepsilon(t-3)]\\&=(t-2)\varepsilon(t-2)-(t-4)\varepsilon(t-4)+(t-1)\varepsilon(t-1)-(t-3)\varepsilon(t-3)\\&\quad-(t-3)\varepsilon(t-3)+(t-5)\varepsilon(t-5)-(t-2)\varepsilon(t-2)+(t-4)\varepsilon(t-4)\\&=(t-1)\varepsilon(t-1)-2(t-3)\varepsilon(t-3)+(t-5)\varepsilon(t-5)\end{aligned}$$

2.5 相关函数的定义与性质

相关函数是衡量信号波形之间关联或相似程度的一个函数，它表示两个信号之间或同一个信号相隔时间 t 的相互关系。相关函数是鉴别信号的有力工具，被广泛应用于雷达回波的识别，通信同步信号的识别等领域。相关函数也称为相关积分，它与卷积的运算方法类似。

1．相关函数的定义

实函数 $f_1(t)$ 和 $f_2(t)$，若为能量有限信号，它们之间的互相关函数定义为

$$R_{12}(\tau)=\int_{-\infty}^{\infty}f_1(t)f_2(t-\tau)\mathrm{d}t=\int_{-\infty}^{\infty}f_1(t+\tau)f_2(t)\mathrm{d}t \tag{2.5-1}$$

$$R_{21}(\tau)=\int_{-\infty}^{\infty}f_2(t)f_1(t-\tau)\mathrm{d}t=\int_{-\infty}^{\infty}f_1(t)f_2(t+\tau)\mathrm{d}t \tag{2.5-2}$$

可见，互相关函数是两信号之间时间差 τ 的函数。

如果 $f_1(t)$ 和 $f_2(t)$ 是同一信号，即 $f_1(t)=f_2(t)=f(t)$，这时无须区分 R_{12} 与 R_{21}，用 $R(\tau)$ 表示，称为自相关函数，即

$$R(\tau)=\int_{-\infty}^{\infty}f(t)f(t-\tau)\mathrm{d}t=\int_{-\infty}^{\infty}f(t+\tau)f(t)\mathrm{d}t \tag{2.5-3}$$

实函数 $f_1(t)$ 和 $f_2(t)$，若为功率有限信号，它们之间的互相关函数定义为

$$R_{12}(\tau)=\lim_{T\to\infty}\left[\frac{1}{T}\int_{-\frac{T}{2}}^{\frac{T}{2}}f_1(t)f_2(t-\tau)\mathrm{d}t\right] \tag{2.5-4}$$

$$R_{21}(\tau)=\lim_{T\to\infty}\left[\frac{1}{T}\int_{-\frac{T}{2}}^{\frac{T}{2}}f_2(t)f_1(t-\tau)\mathrm{d}t\right] \tag{2.5-5}$$

功率有限实信号的自相关函数定义为

$$R(\tau)=\lim_{T\to\infty}\left[\frac{1}{T}\int_{-\frac{T}{2}}^{\frac{T}{2}}f(t)f(t-\tau)\mathrm{d}t\right] \tag{2.5-6}$$

2．相关函数的性质

（1）自相关函数具有偶对称性：

$$R(\tau)=R(-\tau)$$

（2）互相关函数和两个信号相乘的前后次序有关：

$$\begin{cases}R_{12}(\tau)=R_{21}(-\tau)\\R_{21}(\tau)=R_{12}(-\tau)\end{cases}$$

3．相关函数的求解方法

函数 $f_1(t)$ 和 $f_2(t)$ 卷积的表达式为

$$f_1(t)*f_2(t)=\int_{-\infty}^{\infty}f_1(\tau)f_2(t-\tau)\mathrm{d}\tau \tag{2.5-7}$$

为了便于与互相关函数相比较，将式（2.5-1）中的变量 t 与 τ 互换，可将实函数 $f_1(t)$ 和 $f_2(t)$ 的

互相关函数改写为

$$R_{12}(t)=\int_{-\infty}^{\infty}f_1(\tau)f_2(\tau-t)\mathrm{d}\tau \qquad (2.5\text{-}8)$$

比较式（2.5-7）和（2.5-8）可见，卷积积分和相关函数的运算方法有许多相似之处。两种运算的不同之处在于，卷积运算需要将 $f_2(\tau)$ 进行反转得到 $f_2(-\tau)$，再平移 t 得到 $f_2(t-\tau)$，而相关函数的运算则不需要反转，直接对 $f_2(\tau)$ 平移 t 得到 $f_2(\tau-t)$，其他的相乘和积分运算方法相同。

【例 2-25】 信号 $f_1(t)$ 和 $f_2(t)$ 如图 2.18 所示，求互相关函数 $R_{12}(\tau)$ 和 $R_{21}(\tau)$ 。

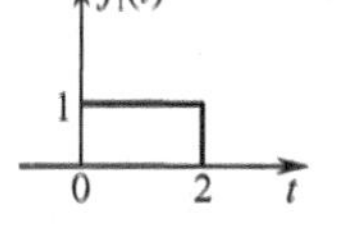

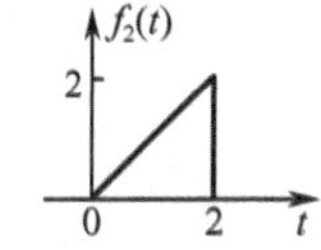

图 2.18　例 2-25 图

【解】（1）求 $R_{12}(\tau)$

依据互相关函数的定义式（2.5-1）有

$$R_{12}(\tau)=\int_{-\infty}^{\infty}f_1(t)f_2(t-\tau)\mathrm{d}t$$

分析 $f_1(t)$ 和 $f_2(t-\tau)$ 的相乘过程，如图 2.19（a）所示，可知：

当 $\tau<-2$ 时， $f_1(t)f_2(t-\tau)=0$ ，故 $R_{12}(\tau)=0$；

当 $-2\leqslant\tau\leqslant0$ 时， $R_{12}(\tau)=\int_0^{\tau+2}1\cdot(t-\tau)\mathrm{d}t=2-\dfrac{1}{2}\tau^2$ ；

当 $0\leqslant\tau\leqslant2$ 时， $R_{12}(\tau)=\int_\tau^{2}1\cdot(t-\tau)\mathrm{d}t=\dfrac{1}{2}\tau^2-2\tau+2$ ；

当 $\tau>2$ 时， $f_1(t)f_2(t-\tau)=0$ ，故 $R_{12}(\tau)=0$ 。

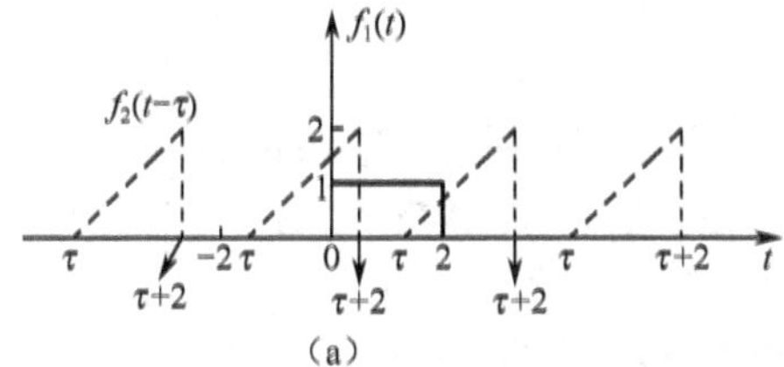

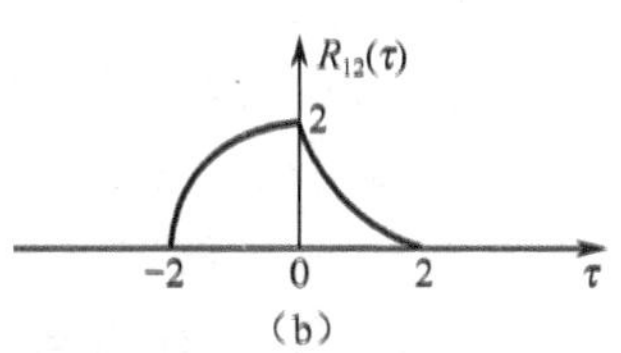

图 2.19　$R_{12}(\tau)$ 的求解过程及波形

$R_{12}(\tau)$ 的波形如图 2.19（b）所示。

（2）求 $R_{21}(\tau)$

依据互相关函数的定义式（2.5-2）有

$$R_{21}(\tau)=\int_{-\infty}^{\infty}f_2(t)f_1(t-\tau)\mathrm{d}t$$

分析 $f_2(t)$ 和 $f_1(t-\tau)$ 的相乘过程，如图 2.20（a）所示，可知：

当 $\tau<-2$ 时， $f_2(t)f_1(t-\tau)=0$ ，故 $R_{21}(\tau)=0$；

当 $-2\leqslant\tau\leqslant0$ 时， $R_{21}(\tau)=\int_0^{\tau+2}t\mathrm{d}t=\dfrac{1}{2}\tau^2+2\tau+2$ ；

当 $0\leqslant\tau\leqslant2$ 时， $R_{21}(\tau)=\int_\tau^{2}t\mathrm{d}t=2-\dfrac{1}{2}\tau^2$ ；

当 $\tau>2$ 时， $f_2(t)f_1(t-\tau)=0$ ，故 $R_{21}(\tau)=0$ 。

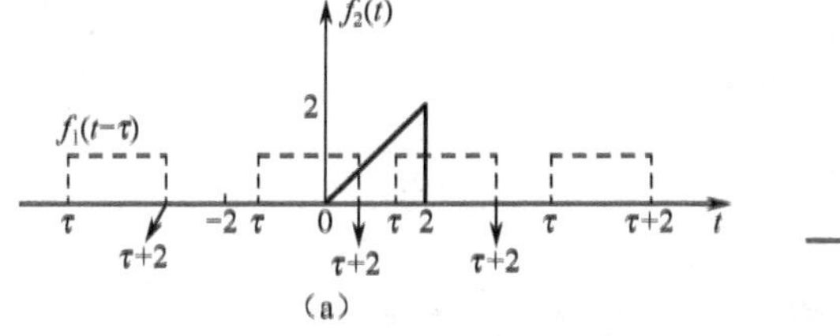

图 2.20　$R_{21}(\tau)$ 的求解过程及波形

$R_{21}(\tau)$ 的波形如图 2.20（b）所示。

对比图 2.19 和图 2.20 中互相关函数 $R_{12}(\tau)$ 和 $R_{21}(\tau)$ 的波形可见，互相关函数 $R_{12}(\tau)$ 与 $R_{21}(\tau)$ 满足关系 $R_{12}(\tau)=R_{21}(-\tau)$。

【例 2-26】 求图 2.21（a）所示信号 $f(t)$ 的自相关函数 $R(\tau)$。

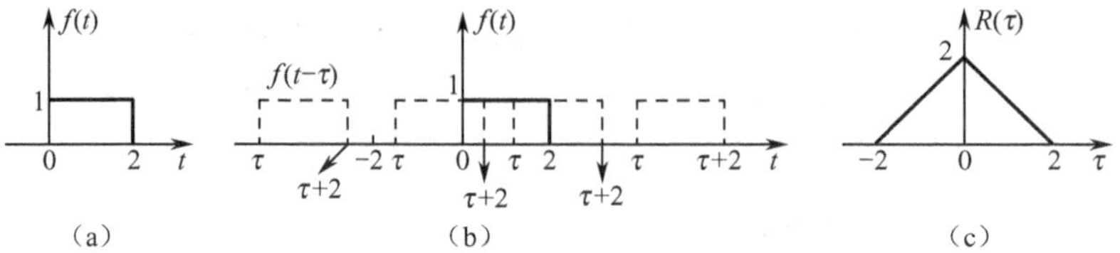

图 2.21 $R(\tau)$ 的求解过程及波形

【解】 依据互相关函数的定义式（2.5-3）有

$$R(\tau)=\int_{-\infty}^{\infty} f(t)f(t-\tau)\mathrm{d}t$$

分析 $f(t)$ 和 $f(t-\tau)$ 的相乘过程，如图 2.21（b）所示，可知：

当 $\tau<-2$ 时，$f(t)f(t-\tau)=0$，故 $R(\tau)=0$；

当 $-2\leqslant\tau\leqslant 0$ 时，$R(\tau)=\int_{0}^{\tau+2} 1\mathrm{d}t=\tau+2$；

当 $0\leqslant\tau\leqslant 2$ 时，$R(\tau)=\int_{\tau}^{2} 1\mathrm{d}t=2-\tau$；

当 $\tau>2$ 时，$f(t)f(t-\tau)=0$，故 $R(\tau)=0$。

$R(\tau)$ 的波形如图 2.21（c）所示。可见，实函数 $f(t)$ 的自相关函数 $R(\tau)$ 是关于时移 τ 的偶函数，当 $\tau=0$ 时，$R(\tau)$ 有最大值，也就是说，信号 $f(t)$ 与其自身的相似程度最好。

2.6 利用卷积分析通信系统多径失真的消除方法

在介绍了卷积的基本定义、性质、计算和图解分析方法之后，本节给出一个借助卷积研究实际应用问题的例子，即通信信号传输过程中多径失真的消除方法。在无线通信系统中，当接收机从正常途径接收到发射信号时，可能还有其他寄生的传输途径，例如从发射机经某些建筑物反射到达接收端，产生所谓“回波”（回声）现象（见图 2.22）；又如，当我们需要完成室内录音时，除了直接进入麦克风的正常信号之外，经墙壁反射的信号也可能被采集录入，这也是一种“回声”现象。

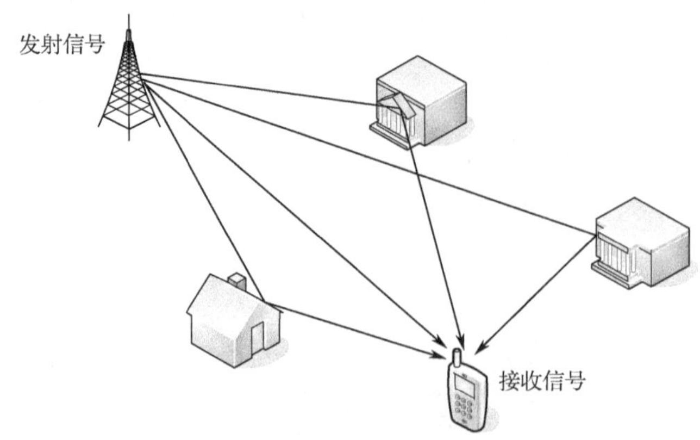

图 2.22 无线通信环境中信号的多径传输

为这种多径传输现象建立数学模型的简单方法就是定义一个接收信号 $r(t)$，它包括正常传输

信号 $e(t)$ 与回波分量 $ae(t-T)$ 二者之和，即

$$r(t)=e(t)+ae(t-T) \tag{2.6-1}$$

此处，T 表示回波路径引入的传输延时，而系数 $a<1$，表示回波路径对信号强度产生衰减。若 $e(t)$ 是一个声音信号，当 T 为100ms 量级时，人耳能够感觉到一个可区分的回声。如果传输环境有更多的附加路径，那么这一数学模型可表示为

$$r(t)=\sum_{m=0}^{N}a_m e(t-T_m) \tag{2.6-2}$$

下标 m 表示每条路径的序号，共有 $N+1$ 条。而 T_m 和 a_m 分别表示各条路径的延迟时间和衰减系数。实际上，我们把这种情况称为“混响”。而当 T 较短且 a 也很小时，人耳感觉的声音效果类似于“空洞”回声。

根据以上分析容易写出回波系统的冲激响应表达式为

$$h(t)=\delta(t)+a\delta(t-T) \tag{2.6-3}$$

或对多个回声有

$$h(t)=\sum_{m=0}^{N}a_m\delta(t-T_m) \tag{2.6-4}$$

一般在信号 $e(t)$ 激励情况下产生的响应 $r(t)$ 可借助卷积关系表示为

$$r(t)=e(t)*h(t) \tag{2.6-5}$$

为了从含有干扰信号的回波系统中取出正常信号，需要设计一个“逆系统”进行补偿，如图 2.23 所示。

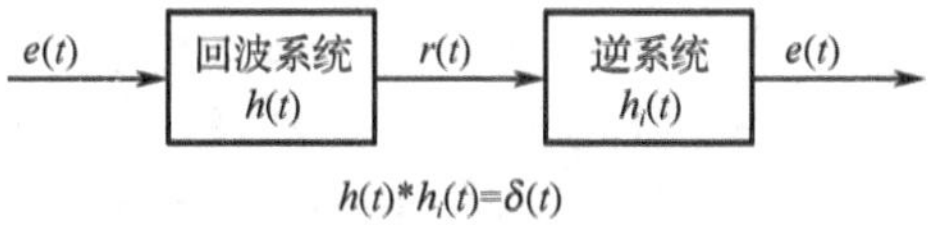

图 2.23　逆系统

最终恢复信号应为 $e(t)$，逆系统的冲激响应以 $h_i(t)$ 表示，则

$$e(t)=r(t)*h_i(t)=[e(t)*h(t)]*h_i(t)=e(t)*[h(t)*h_i(t)] \tag{2.6-6}$$

显然，必须满足

$$h(t)*h_i(t)=\delta(t) \tag{2.6-7}$$

即可保证两系统级联后的输出为原激励信号 $e(t)$

$$e(t)=e(t)*\delta(t)$$

还可写出

$$\delta(t)=h(t)*h_i(t)=[\delta(t)+a\delta(t-T)]*h_i(t) \tag{2.6-8}$$

对于式（2.6-8）的求解问题，在此用直观的屡试方法寻求答案，下面从概念分析逐步给出。

先假定逆系统冲激响应的可能结果为 $h_{i1}(t)$，然后经逐步修正找到最终的 $h_i(t)$，有

$$h_{i1}(t)=\delta(t)-a\delta(t-T) \tag{2.6-9}$$

上式右端的 $\delta(t)$ 可以保证经卷积计算后保留 $\delta(t)$ 项，而 $-a\delta(t-T)$ 的引入是为了抵消 $a\delta(t-T)$ 这个回波。将 $h_{i1}(t)$ 与 $h(t)$ 卷积后得到

$$\begin{aligned}h(t)*h_{i1}(t)&=[\delta(t)+a\delta(t-T)]*[\delta(t)-a\delta(t-T)]\\&=\delta(t)-a^2\delta(t-2T)\end{aligned} \tag{2.6-10}$$

很遗憾，这种假设虽然可以消除 $a\delta(t-T)$ 项，但是又多出了一个 $-a^2\delta(t-2T)$。由于 $a<1$，这个回波较 $a\delta(t-T)$ 的强度有所衰减，而且延迟到 $2T$ 出现。虽然，这里没有能够完全消除回声，然而已经使干扰的影响明显削弱。按此思路修改逆系统的冲激响应，有望进一步减少回声。为此，再假设待求 $h_i(t)$ 为 $h_{i2}(t)$，即

$$h_{i2}(t)=\delta(t)-a\delta(t-T)+a^2\delta(t-2T) \tag{2.6-11}$$

增补的一项刚好可以抵消式（2.6-10）中的多余项 $-a^2\delta(t-2T)$。可以求得

$$h(t) * h_{i2}(t) = \delta(t) + a^3\delta(t-3T) \tag{2.6-12}$$

与前类似，当满足 $a<1$ 时，多余的回波将更小，而且出现的时刻延迟到 $3T$ 。依此类推，可以得到 $h_i(t)$ 的最终结果为

$$h_i(t) = \sum_{k=0}^{\infty}(-a)^k\delta(t-kT) \tag{2.6-13}$$

可见，当逆系统的 $h_i(t)$ 选择上式时，可使回波强度趋近于零（当 $a<1$），且出现的时间推迟到 ∞ 。实际上构成 $h_i(t)$ 的延迟补偿并不需要无穷多项，可以根据具体环境要求，将 k 值取若干有限项即可满足消除回声之要求。

习　题　二

2.1　已知描述某线性时不变连续系统的微分方程为 $y''(t)+5y'(t)+6y(t)=f(t)$ ，初始状态 $y(0_-)=2$ ， $y'(0_-)=-2$ ，试求其零输入响应。

2.2　已知描述系统的微分方程和初始状态如下，试求其 0_+ 值 $y(0_+)$ 和 $y'(0_+)$ 。

（1） $y''(t)+3y'(t)+2y(t)=2f(t)$ ， $y(0_-)=1$ ， $y'(0_-)=-1$ ， $f(t)=\varepsilon(t)$

（2） $y''(t)+4y'(t)+3y(t)=f''(t)+f(t)$ ， $y(0_-)=3$ ， $y'(0_-)=-4$ ， $f(t)=\delta(t)$

（3） $y''(t)+4y'(t)+5y(t)=f'(t)$ ， $y(0_-)=1$ ， $y'(0_-)=2$ ， $f(t)=\mathrm{e}^{-2t}\varepsilon(t)$

2.3　描述系统的微分方程为 $y''(t)+4y'(t)+3y(t)=2f(t)$ ，求其冲激响应和阶跃响应。

2.4　描述系统的微分方程为 $y'(t)+2y(t)=f'(t)-f(t)$ ，求其冲激响应和阶跃响应。

2.5　求下列函数的卷积积分 $f_1(t)*f_2(t)$ 。

（1） $f_1(t)=\mathrm{e}^{-t}\varepsilon(t)$, $f_2(t)=\varepsilon(t)$

（2） $f_1(t)=\mathrm{e}^{-2t}\varepsilon(t)$, $f_2(t)=\mathrm{e}^{-3t}\varepsilon(t)$

（3） $f_1(t)=\varepsilon(t+1)$, $f_2(t)=\varepsilon(t-4)$

（4） $f_1(t)=t\varepsilon(t)$, $f_2(t)=\varepsilon(t)-\varepsilon(t-4)$

（5） $f_1(t)=\mathrm{e}^{-2t}\varepsilon(t+2)$, $f_2(t)=\varepsilon(t-3)$

（6） $f_1(t)=\mathrm{e}^{-3t}\varepsilon(t)$, $f_2(t)=\delta(t+3)$

（7） $f_1(t)=\mathrm{e}^{-3t}\varepsilon(t)$, $f_2(t)=\delta'(2-t)$

2.6　信号 $f_1(t)$ 和 $f_2(t)$ 的波形如题 2.6 图所示，设 $f(t)=f_1(t)*\ f_2(t)$ ，求 $f(5)$ 。

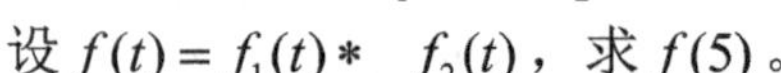

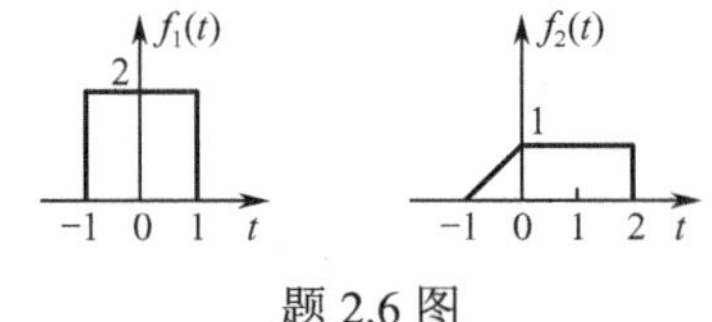

题 2.6 图

2.7　已知各函数波形如题 2.7 图所示，图 2.7（b）、（c）和（d）中均为单位冲激函数，求下列卷积（计算结果用 $f_1(t)$ 表示），并画出波形图。

（1） $f_1(t)*f_2(t)$

（2） $f_1(t)*f_2(t)*f_2(t)$

（3） $f_1(t)*[2f_4(t)-f_3(t-3)]$

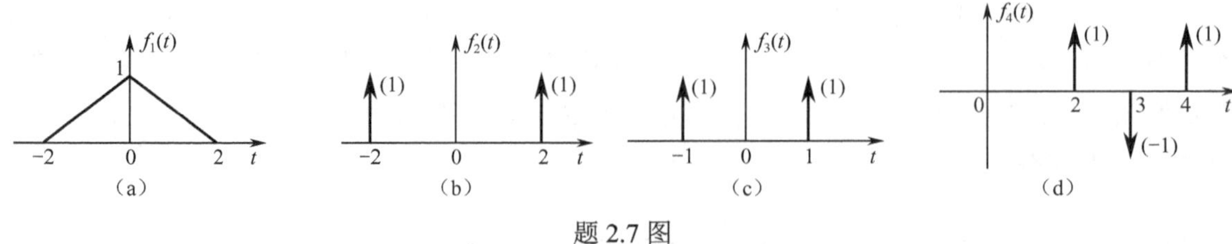

题 2.7 图

2.8　已知 $f_1(t)=t\varepsilon(t)$，$f_2(t)=\varepsilon(t)-\varepsilon(t-2)$，求 $y(t)=f_1(t)*f_2(t-1)*\delta'(t-2)$。

2.9　设 $f_1(t)*f_2(t)=y(t)$，求 $f_1(2t)*f_2(2t)$（计算结果用 $y(t)$ 表示）。

2.10　若线性时不变连续系统的输入为 $f(t)$，如题 2.10 图所示，已知该系统的冲激响应为 $h(t)=2\varepsilon(t)-\varepsilon(t-2)$，求该系统的零状态响应。

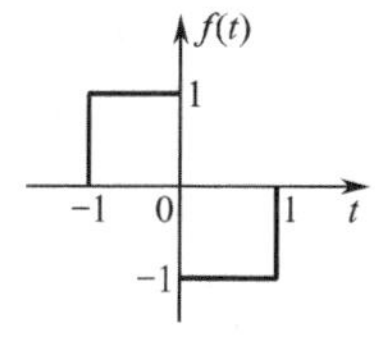

题 2.10 图

2.11　已知某系统的数学模型为 $y''(t)+3y'(t)+2y(t)=f'(t)+2f(t)$，求该系统的冲激响应 $h(t)$；若系统输入信号为 $f(t)=\mathrm{e}^{-3t}\varepsilon(t)$，求系统的零状态响应。

2.12　某 LTI 系统，其输出 $y(t)$ 与输入 $f(t)$ 的关系为 $y(t)=\int_t^{\infty}\mathrm{e}^{-2(t-x)}f(x-1)\mathrm{d}x$，试求该系统的冲激响应 $h(t)$。

2.13　某 LTI 系统，其输出 $y(t)$ 与输入 $f(t)$ 的关系为 $y(t)=\int_{-\infty}^{t-1}\mathrm{e}^{-2(t-x)}f(x-3)\mathrm{d}x$，试求该系统的冲激响应 $h(t)$。

2.14　某 LTI 系统的输入信号 $f(t)$ 和其零状态响应 $y_{zs}(t)$ 的波形如题 2.14 图所示，求该系统的冲激响应 $h(t)$。

2.15　如题 2.15 图所示的系统，它由几个子系统组合而成，已知各子系统的冲激响应分别为 $h_1(t)=\delta(t-1)$，$h_2(t)=\varepsilon(t)-\varepsilon(t-2)$，求复合系统的冲激响应。

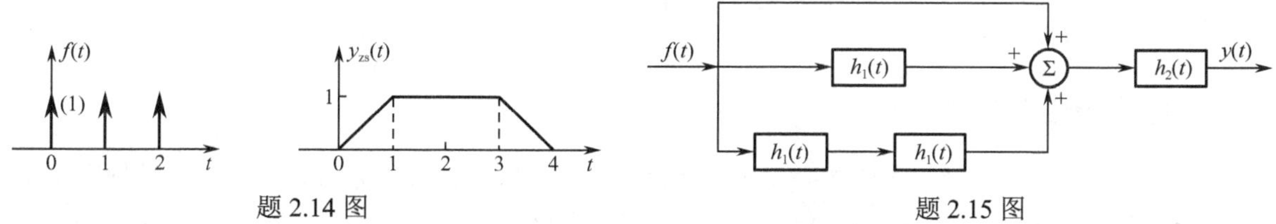

题 2.14 图　　题 2.15 图

2.16　如题 2.16 图所示的系统，它由几个子系统组合而成，各子系统的冲激响应分别为

$$h_1(t)=\varepsilon(t)\quad（积分器）$$

$$h_2(t)=\delta(t-1)\quad（单位延时器）$$

$$h_3(t)=-\delta(t)\quad（倒相器）$$

求复合系统的冲激响应。

2.17　已知某 LTI 系统的输入 $f(t)=\varepsilon(t-1)$ 时，零状态响应为 $y_{zs}(t)=\mathrm{e}^{-(t-1)}\varepsilon(t-1)$，求：

（1）该系统的单位冲激响应 $h(t)$；

（2）当激励 $f(t)=t\mathrm{e}^{-t}\varepsilon(t)$ 时，求该系统的零状态响应；

（3）当激励 $f(t)=(t-3)\mathrm{e}^{-(t-3)}\varepsilon(t-3)$，求该系统的零状态响应。

2.18　已知某 LTI 连续系统的阶跃响应 $g(t)=\mathrm{e}^{-t}\varepsilon(t)$，求输入信号 $f(t)=3\mathrm{e}^{-2t}\varepsilon(t)$ 时系统的零状态响应。

2.19　已知某 LTI 系统 $y'(t)+2y(t)=f(t)$ 的全响应 $y(t)=(2\mathrm{e}^{-t}+3\mathrm{e}^{-2t})\varepsilon(t)$，求该系统的零输入响应和零状态响应。

2.20　函数 $f_1(t)$ 和 $f_2(t)$ 的波形如题 2.20 图所示，求互相关函数 $R_{12}(\tau)$ 和 $R_{21}(\tau)$。

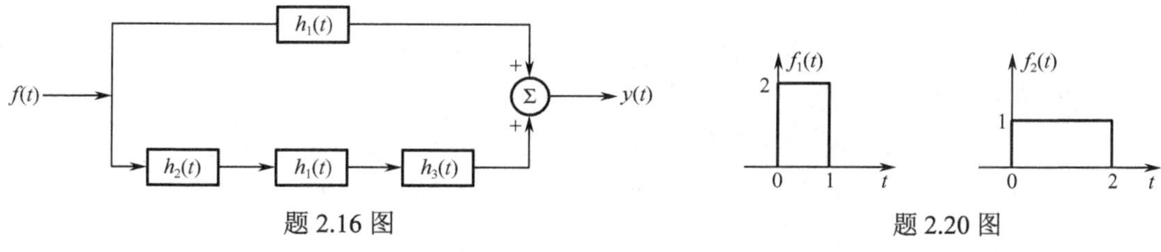

题 2.16 图　　题 2.20 图

第 3 章　LTI 离散系统的时域分析

离散系统的时域描述主要是用差分方程，LTI 离散系统是常系数线性差分方程。本章主要讨论常系数线性差分方程的时域经典求解得到 LTI 离散系统的全响应、卷积和计算方法及利用单位序列信号和单位序列响应求解 LTI 离散系统的零状态响应。值得注意，常系数线性差分方程与常系数线性微分方程的求解方法在很大程度上相互对应；在 LTI 连续系统分析中，卷积积分具有重要意义，在 LTI 离散系统分析中卷积和也具有同等重要的地位；在 LTI 连续系统中，以冲激函数为基本信号，将任意信号分解，从而得到系统的零状态响应等于激励与系统冲激响应的卷积积分，在 LTI 离散系统中，以单位序列为基本信号来分析较复杂的信号，LTI 离散系统的零状态响应等于激励与系统的单位序列响应的卷积和。因此，读者在本章的学习中既要利用 LTI 连续系统与 LTI 离散系统分析的这些相似性又要特别关注它们之间存在着的重要区别。

3.1　LTI 离散系统的响应

3.1.1　差分与差分方程

在第 1 章中介绍 LTI 离散系统的数学模型描述方法时，我们已经定义了差分方程，知道如有序列 $f(k)$，则称…，$f(k+1)$，$f(k+2)$，… $f(k-1)$，$f(k-2)$，… 为序列 $f(k)$ 的移位序列。这里，仿照连续信号的微分运算，定义离散信号的差分运算。

3-1 离散系统响应 1

1．差分运算

可知微分运算为

$$\frac{\mathrm{d}f(t)}{\mathrm{d}t}=\lim_{\Delta t\to 0}\frac{\Delta f(t)}{\Delta t}=\lim_{\Delta t\to 0}\frac{f(t+\Delta t)-f(t)}{\Delta t}=\lim_{\Delta t\to 0}\frac{f(t)-f(t-\Delta t)}{\Delta t}$$

则离散信号的变化率有两种表示形式，分别为

$$\frac{\Delta f(k)}{\Delta k}=\frac{f(k+1)-f(k)}{(k+1)-k}\text{ 或 }\frac{\nabla f(k)}{\nabla k}=\frac{f(k)-f(k-1)}{k-(k-1)}$$

因此，有如下定义。

（1）一阶前向差分

$$\Delta f(k)=f(k+1)-f(k) \tag{3.1-1}$$

（2）一阶后向差分

$$\nabla f(k)=f(k)-f(k-1) \tag{3.1-2}$$

式中，Δ和∇称为差分算子，无原则区别。本书主要用后向差分，简称为差分。

（3）差分的线性性质

$$\nabla[af_1(k)+bf_2(k)]=a\nabla f_1(k)+b\nabla f_2(k) \tag{3.1-3}$$

（4）二阶差分定义为

$$\begin{aligned}\nabla^2 f(k)&=\nabla[\nabla f(k)]=\nabla[f(k)-f(k-1)]=\nabla f(k)-\nabla f(k-1)\\&=f(k)-f(k-1)-[f(k-1)-f(k-2)]\\&=f(k)-2f(k-1)+f(k-2)\end{aligned} \tag{3.1-4}$$

（5）n阶差分定义为

$$\nabla^n f(k)=f(k)+b_1 f(k-1)+\cdots+b_m f(k-m)+\cdots+b_n f(k-n)$$
$$b_m=(-1)^m\frac{n!}{(n-m)!m!}\quad m=1,2,\cdots,n \tag{3.1-5}$$

2．差分方程

包含未知序列 $y(k)$ 及其各阶差分的方程式称为差分方程。$y(k)$ 及其各阶差分的系数为常数时就称为常系数差分方程，描述 LTI 离散系统的是常系数线性差分方程。若单输入单输出的 LTI 离散时间系统的激励为 $f(k)$，全响应为 $y(k)$，将描述系统激励与响应之间关系的数学模型 n 阶常系数线性差分方程展开为移位序列，得一般形式

$$y(k)+a_{n-1}y(k-1)+\cdots+a_0 y(k-n)=b_m f(k)+\cdots b_0 f(k-m) \tag{3.1-6}$$

或

$$\sum_{i=0}^{n}a_i y(k-i)=\sum_{j=0}^{m}b_j f(k-j) \tag{3.1-7}$$

3．差分方程的数值解

与微分方程不同，差分方程本质上是递推的代数方程，若已知初始条件和激励，利用迭代法可求得其数值解。

【例 3-1】 若描述某系统的差分方程为

$$y(k)+3y(k-1)+2y(k-2)=f(k)$$

已知初始条件 $y(0)=0$，$y(1)=2$，激励 $f(k)=2^k\varepsilon(k)$，求 $y(k)$。

【解】 将差分方程中除 $y(k)$ 以外的各项都移到等号右端，有

$$y(k)=-3y(k-1)-2y(k-2)+f(k)$$

k 依次取 2,3,4⋯，并代入初始条件，得

$$y(2)=-3y(1)-2y(0)+f(2)=-2$$
$$y(3)=-3y(2)-2y(1)+f(3)=10$$
$$\cdots\cdots\cdots\cdots$$

可以通过迭代的方法计算出每个 $y(k)$ 的值，虽然一般不易得到解析形式的（闭合）解，但便于用计算机求解。

3.1.2　差分方程的经典解

3-2 离散系统响应 2

与微分方程经典解类似，差分方程的解由齐次解和特解两部分组成。齐次解用 $y_{\mathrm{h}}(k)$ 表示，特解用 $y_{\mathrm{p}}(k)$ 表示，即

$$y(k)=y_{\mathrm{h}}(k)+y_{\mathrm{p}}(k) \tag{3.1-8}$$

得出方程的特解后，再根据初始条件求出齐次解中的待定系数，得到完全解。

1．齐次解 $y_{\mathrm{h}}(k)$

当式（3.1-6）中的 $f(k)$ 及其各阶移位项均为零时，齐次方程

$$y(k)+a_{n-1}y(k-1)+\cdots+a_0 y(k-n)=0 \tag{3.1-9}$$

的解称为齐次解。齐次解的特征方程为

$$1+a_{n-1}\lambda^{-1}+\cdots+a_0\lambda^{-n}=0 \tag{3.1-10}$$

即

$$\lambda^n + a_{n-1}\lambda^{n-1} + \cdots + a_0 = 0 \tag{3.1-11}$$

方程（3.1-11）的根 $\lambda_i(i=1,2,\cdots,n)$ 称为差分方程的特征根。齐次解的形式取决于特征根的取值不同，当特征根 λ 为单根时，齐次解 $y_h(k)$ 形式为 $C\lambda^k$；当特征根 λ 为 r 重根时，齐次解 $y_h(k)$ 形式为 $(C_{r-1}k^{r-1} + C_{r-2}k^{r-2} + \cdots + C_1k + C_0)\lambda^k$。依据特征根的不同，差分方程齐次解的形式见表 3-1。

表 3-1　不同特征根对应的齐次解形式

特征根 λ	齐次解 $y_h(k)$（其中 C_j、D_j、A_j、θ_j 等为待定常数）
单实根	$C\lambda^k$
r 重实根	$(C_{r-1}k^{r-1} + C_{r-2}k^{r-2} + \cdots + C_1k + C_0)\lambda^k$
一对共轭复根 $\lambda_{1,2} = a + \mathrm{j}b = \rho\mathrm{e}^{\pm j\beta}$	$\rho^k[C\cos(\beta k) + D\sin(\beta k)]$ 或 $A\rho^k\cos(\beta k - \theta)$ 其中 $A\mathrm{e}^{\mathrm{j}\theta} = C + \mathrm{j}D$
r 重共轭复根	$\rho^k[A_{r-1}k^{r-1}\cos(\beta k - \theta_{r-1}) + A_{r-2}k^{r-2}\cos(\beta k - \theta_{r-2}) + \cdots + A_0k^{r-2}\cos(\beta k - \theta_0)]$

2．特解 $y_p(k)$

差分方程特解的函数形式与激励的函数形式有关。

（1）当激励为 $f(k) = k^m (m \geqslant 0)$ 时，若所有特征根均不等于 1，则

$$y_p(k) = P_m k^m + \cdots + P_1 k + P_0 \tag{3.1-12}$$

若有 r 重等于 1 的特征根，则

$$y_p(k) = k^r[P_m k^m + \cdots + P_1 k + P_0]$$

（2）当激励 $f(k) = a^k$ 时，若 a 不等于特征根，则

$$y_p(k) = Pa^k \tag{3.1-13}$$

若 a 是特征单根，则

$$y_p(k) = (P_1 k + P_0)a^k \tag{3.1-14}$$

若 a 是 r 重特征根，则

$$y_p(k) = (P_r k^r + P_{r-1}k^{r-1} + \cdots + P_1 k + P_0)a^k \tag{3.1-15}$$

（3）当激励 $f(k) = \cos(\beta k)$ 或 $f(k) = \sin(\beta k)$ 且所有特征根均不等于 $\mathrm{e}^{\pm \mathrm{j}\beta}$，则

$$y_p(k) = P\cos(\beta k) + Q\sin(\beta k) \tag{3.1-16}$$

选定特解后代入原差分方程，求出待定系数就得出方程的特解。表 3-2 列出了上述的几种典型的激励 $f(k)$ 所对应的特解 $y_p(k)$。

表 3-2　不同函数的激励对应的特解形式

激励 $f(k)$	特解 $y_p(k)$
$k^m(m \geqslant 0)$	所有特征根均不等于 1 时：$y_p(k) = P_m k^m + \cdots + P_1 k + P_0$ 当有 r 重等于 1 的特征根时：$y_p(k) = k^r[P_m k^m + \cdots + P_1 k + P_0]$
a^k	当 a 不等于特征根时：$y_p(k) = Pa^k$ 当 a 是特征根时：$y_p(k) = (P_1 k + P_0)a^k$ 当 a 是 r 重特征根时：$y_p(k) = (P_r k^r + P_{r-1}k^{r-1} + \cdots + P_1 k + P_0)a^k$
$\cos(\beta k)$ 或 $\sin(\beta k)$	所有特征根均不等于 $\mathrm{e}^{\pm \mathrm{j}\beta}$ 时：$y_p(k) = P\cos(\beta k) + Q\sin(\beta k)$

3．全解 $y(k)$

依据上述求解齐次解和特解的方法分别得到 $y_h(k)$ 和 $y_p(k)$，则全解为

$$y(k)=y_h(k)+y_p(k)$$

【例 3-2】 描述一个线性时不变离散时间系统的差分方程为

$$y(k)-2y(k-1)+y(k-2)=f(k)$$

且初始状态为 $y(0)=y(1)=2$ ， $f(k)=2^k\varepsilon(k)$ ，求方程的全解。

【解】 特征方程为

$$\lambda^2-2\lambda+1=0$$

特征根为 $\lambda_{1,2}=1$ 。由表 3-1 可得出齐次解的形式为

$$y_h(k)=C_1k+C_0$$

根据激励函数的形式及齐次方程的特征根确定特解的形式。当激励为 $f(k)=2^k\varepsilon(k)$ 时，由表 3-2 可知特解为 $y_p(k)=p(2)^k$ ，将特解代入原差分方程，得

$$p(2)^k-2p(2)^{k-1}+p(2)^{k-2}=2^k$$

通过平衡方程两边系数，求出特解的系数 $p=4$ ，得出特解 $y_p(k)=4(2)^k$ 。从而系统的全解为

$$y(k)=y_h(k)+y_p(k)=C_1k+C_0+4(2)^k$$

将系统的初始状态代入方程的全解，即

$$y(0)=C_0+4=2$$

$$y(1)=C_1+C_0+4(2)^1=2$$

从而求出齐次解的系数为 $C_0=-2$， $C_1=-4$ 。则系统的响应就是方程的全解，即

$$y(k)=y_h(k)+y_p(k)=-4k-2+4(2)^k,k\geqslant 0$$

【例 3-3】 若描述某系统的差分方程为

$$y(k)+4y(k-1)+4y(k-2)=f(k) \tag{3.1-17}$$

已知初始条件 $y(0)=0,\ y(1)=-1$ ，激励 $f(k)=2^k$ ， $k\geqslant 0$ 。求方程的全解。

【解】 首先求齐次解。上述差分方程的特征方程为

$$\lambda^2+4\lambda+4=0$$

可解得特征根 $\lambda_1=\lambda_2=-2$ ，为二重根，由表 3-1 可知，其齐次解

$$y_h(k)=C_1k(-2)^k+C_2(-2)^k$$

其次求特解。由表 3-2，根据 $f(k)$ 的形式可知特解

$$y_h(k)=P\cdot 2^k,\ k\geqslant 0$$

将 $y_p(k)$ 、 $y_p(k-1)$ 和 $y_p(k-2)$ 代入式（3.1-17），得

$$P\cdot 2^k+4P\cdot 2^{k-1}+4P\cdot 2^{k-2}=f(k)=2^k$$

上式中消去 2^k ，可解得 $P=\dfrac{1}{4}$，于是得特解

$$y_h(k)=\frac{1}{4}\cdot 2^k,\ k\geqslant 0$$

微分方程的全解

$$y(k)=y_p(k)+y_h(k)=C_1k(-2)^k+C_2(-2)^k+\frac{1}{4}\cdot 2^k,\ \ k\geqslant 0$$

将已知的初始条件代入上式，有

$$y(0)=C_2+\frac{1}{4}=0$$

$$y(1)=-2C_1-2C_2+\frac{1}{4}\cdot 2=-1$$

由上式可求得 $C_1=1$，$C_2=-\dfrac{1}{4}$。最后得方程的全解为

$$y(k)=k(-2)^k-\frac{1}{4}(-2)^k+\frac{1}{4}\cdot 2^k, k\geqslant 0$$

差分方程的齐次解也称为系统的自有响应，特解也称为强迫响应。本例中由于 $|\lambda|>1$，故其自有响应随 k 的增大而增大。

【例 3-4】 若描述某离散系统的差分方程为

$$6y(k)-5y(k-1)+y(k-2)=f(k) \tag{3.1-18}$$

已知初始条件 $y(0)=0$、$y(1)=1$；激励为有始的周期序列 $f(k)=10\cos(0.5\pi k), k\geqslant 0$，求其全解。

【解】 首先求齐次解。差分方程的特征方程为

$$6\lambda^2+5\lambda+1=0$$

可解得特征根 $\lambda_1=\dfrac{1}{2}$，$\lambda_2=\dfrac{1}{3}$，方程的齐次解

$$y_{\mathrm{p}}(k)=C_1\left(\frac{1}{2}\right)^k+C_2\left(\frac{1}{3}\right)^k$$

其次求特解。由表 3-2 可知，特解

$$y_{\mathrm{p}}(k)=P\cos(0.5\pi k)+Q\sin(0.5\pi k)$$

其移位序列

$$\begin{aligned}y_{\mathrm{p}}(k-1)&=P\cos[0.5\pi(k-1)]+Q\sin[0.5\pi(k-1)]\\&=P\cos(0.5\pi k)-Q\sin(0.5\pi k)\\y_{\mathrm{p}}(k-2)&=P\cos[0.5\pi(k-2)]+Q\sin[0.5\pi(k-2)]\\&=-P\cos(0.5\pi k)-Q\sin(0.5\pi k)\end{aligned}$$

将 $y_{\mathrm{p}}(k)$、$y_{\mathrm{p}}(k-1)$ 和 $y_{\mathrm{p}}(k-2)$ 代入式（3.1-18）并稍加整理，得

$$\begin{aligned}&(6P+5Q-P)\cos(0.5\pi k)+(6P-5Q-P)\sin(0.5\pi k)\\&=f(k)=10\cos(0.5\pi k)\end{aligned}$$

由于上式对任何 $k\geqslant 0$ 均成立，因而等号两端的正、余弦序列的系数相等，于是有

$$\begin{aligned}6P+5Q-P=10\\6P-5Q-P=0\end{aligned}$$

由上式可解得 $P=Q=1$，于是特解

$$y_{\mathrm{p}}(k)=\cos(0.5\pi k)+\sin(0.5\pi k)=\sqrt{2}\cos\left(0.5\pi k-\frac{\pi}{4}\right),\ k\geqslant 0$$

方程的全解

$$y(k)=y_{\mathrm{h}}(k)+y_{\mathrm{p}}(k)=C_1\left(\frac{1}{2}\right)^k+C_2\left(\frac{1}{3}\right)^k+\cos(0.5\pi k)+\sin(0.5\pi k),\ k\geqslant 0$$

将已知的初始条件代入上式，有

$$y(0)=C_1+C_2+1=0$$

$$y(1)=0.5C_1+\frac{1}{3}C_2+1=1$$

由上式可解得 $C_1=2$、$C_2=-3$，最后得全解

$$
\begin{aligned}
y(k) &= 2\left(\frac{1}{2}\right)^k - 3\left(\frac{1}{3}\right)^k + \cos(0.5\pi k) + \sin(0.5\pi k) \\
&= \underbrace{2\left(\frac{1}{2}\right)^k - 3\left(\frac{1}{3}\right)^k}_{\substack{\text{自由响应} \\ \text{（瞬态响应）}}} + \underbrace{\sqrt{2}\cos\left(0.5\pi k - \frac{\pi}{4}\right)}_{\substack{\text{强迫响应} \\ \text{（稳态响应）}}}, k \geqslant 0
\end{aligned}
$$

由上式可见，由于本例中特征根$|\lambda_{1,2}|<1$，因而其自由响应是衰减的，一般而言，如果差分方程所有的特征根均满足$|\lambda_j|<1(j=1,2,\cdots,n)$，那么其自由响应将随着$k$的增大而逐渐衰减趋近于零。这样的系统称为稳定系统（见第 6 章），这时的自由响应也称为瞬态响应。稳定系统在阶跃序列或有始周期序列作用下，其强迫响应也称为稳态响应。

3.1.3 零输入响应和零状态响应

3-3 离散系统响应 3

由第 1 章的介绍可知，系统的激励为零，仅由系统的初始状态引起的响应，称为零输入响应，用$y_{zi}(k)$表示。在零输入的条件下，式（3.1-6）等号右端为零，化为齐次方程，即

$$\sum_{j=0}^{n} a_{n-j} y_{zi}(k-j) = 0 \tag{3.1-19}$$

一般设定激励是在$k=0$时接入系统的，在$k<0$是，激励尚未接入，故式（3.1-19）的几个初始状态满足

$$\left.\begin{aligned} y_{zi}(-1) &= y(-1) \\ y_{zi}(-2) &= y(-2) \\ &\vdots \\ y_{zi}(-n) &= y(-n) \end{aligned}\right\} \tag{3.1-20}$$

式（3.1-20）中的$y(-1)$，$y(-2)$，$\cdots$，$y(-n)$为系统的初始状态，由式（3.1-19）和式（3.1-20）可求得零输入响应$y_{zi}(k)$。

当系统的初始状态为零，仅由激励$f(k)$所产生的响应，称为零状态响应，用$y_{zs}(k)$表示。在零状态情况下，式（3.1-6）仍是非齐次方程，其初始状态为零，即零状态响应满足

$$\left.\begin{aligned} \sum_{j=0}^{n} a_{n-j} y_{zs}(k-j) &= \sum_{i=0}^{m} b_{m-i} f(k-i) \\ y_{zs}(-1) = y_{zs}(-2) &= \cdots = y_{zs}(-n) = 0 \end{aligned}\right\} \tag{3.1-21}$$

需要指出，零状态响应的初始状态$y_{zs}(-1), y_{zs}(-2), \cdots, y_{zs}(-n)$为零，但其初始值$y_{zs}(0), y_{zs}(1), \cdots, y_{zs}(n-1)$不一定等于零，需要用迭代法逐次导出。

【例 3-5】 若描述某离散系统的差分方程为

$$y(k) + 3y(k-1) + 2y(k-2) = f(k) \tag{3.1-22}$$

已知$f(k)=0,\ k<0$，初始条件$y(-1)=0,\ y(-2)=\dfrac{1}{2}$，求该系统的零输入响应和零状态响应。

【解】（1）零输入响应

根据定义，零输入响应满足

$$y_{zi}(k) + 3y_{zi}(k-1) + 2y_{zi}(k-2) = 0 \tag{3.1-23}$$

其初始状态为

$$y_{zi}(-1) = y(-1) = 0$$

$$y_{zi}(-2)=y(-2)=\frac{1}{2}$$

首先求出初始值 $y_{zi}(0)$、$y_{zi}(1)$，式（3.1-23）可写为

$$y_{zi}(k)=-3y_{zi}(k-1)-2y_{zi}(k-2)$$

令 $k=0$、1，并将 $y_{zi}(-1)$、$y_{zi}(-2)$ 代入，得

$$y_{zi}(0)=-3y_{zi}(-1)-2y_{zi}(-2)=-1$$
$$y_{zi}(1)=-3y_{zi}(0)-2y_{zi}(-1)=3$$

式（3.1-22）的特征方程为

$$\lambda^2+3\lambda+2=0$$

其特征根 $\lambda_1=-1$、$\lambda_2=-2$，其齐次解为

$$y_{zi}(k)=C_{zi1}(-1)^k+C_{zi2}(-2)^k \tag{3.1-24}$$

将初始值代入得

$$y_{zi}(0)=C_{zi1}+C_{zi2}=-1$$
$$y_{zi}(1)=-C_{zi1}-2C_{zi2}=3$$

可解得 $C_{zi1}=1$、$C_{zi2}=-2$，于是得系统的零输入响应为

$$y_{zi}(k)=(-1)^k-2(-2)^k,\ k\geqslant 0$$

（2）零状态响应

根据定义，零状态响应应满足

$$\left.\begin{aligned}y_{zs}(k)+3y_{zs}(k-1)+2y_{zs}(k-2)=f(k)\\ y_{zs}(-1)=y_{zs}(-2)=0\end{aligned}\right\} \tag{3.1-25}$$

首先求出初始值 $y_{zs},(0),y_{zs}(1)$，将式（3.1-25）改写为

$$y_{zs}(k)=-3y_{zs}(k-1)-2y_{zs}(k-2)+f(k) \tag{3.1-26}$$

令 $k=0$、1，并代入 $y_{zs}(-1)=y_{zs}(-2)=0$ 和 $f(0)$，$f(1)$，得

$$\left.\begin{aligned}y_{zs}(0)=-3y_{zs}(-1)-2y_{zs}(-2)+f(0)=1\\ y_{zs}(1)=-3y_{zs}(0)-2y_{zs}(-1)+f(1)=-1\end{aligned}\right\}$$

式（3.1-25）为非齐次差分方程，其特征根 $\lambda_1=-1$、$\lambda_2=-2$，不难求得其特解 $y_p(k)=\frac{1}{3}\cdot 2^k$，故零状态响应为

$$y_{zs}(k)=C_{zs1}(-1)^k+C_{zs2}(-2)^k+\frac{1}{3}(2)^k$$

将式（3.1-26）的初始值代入上式，有

$$y_{zs}(0)=C_{zs1}+C_{zs2}+\frac{1}{3}=1$$

$$y_{zs}(1)=-C_{zs1}-2C_{zs2}+\frac{2}{3}=-1$$

可解得 $C_{zs1}=-\frac{1}{3}$，$C_{zs2}=1$，于是得零状态响应为

$$y_{zs}(k)=-\frac{1}{3}(-1)^k+(-2)^k+\frac{1}{3}(2)^k, k\geqslant 0$$

以上所得结果与连续系统微分方程各响应分量的求解规律非常相似，读者可与 2.1 节的有关公式及求解过程比较。

3.2 LTI 系统的单位序列响应和阶跃响应

在连续信号和 LTI 连续系统的分析中我们已经体会到了冲激函数 $\delta(t)$ 和冲激响应 $h(t)$ 的重要性，类似于冲激函数 $\delta(t)$ 在连续时间系统中的作用，本节将在离散时间系统中，定义相应的单位序列 $\delta(k)$，并研究在 $\delta(k)$ 激励下 LTI 离散系统的冲激响应 $h(k)$。

3.2.1 单位序列

3-4 单位序列响应

1. 单位序列$\delta(k)$的定义

$$\delta(k) \triangleq \begin{cases} 1, & k=0 \\ 0, & k \neq 0 \end{cases} \tag{3.2-1}$$

它只在 $k=0$ 处取值为 1，而在其余各点均为零，波形如图 3.1（a）所示。单位序列也称为单位样值（或取样）序列或单位脉冲序列，它是离散系统中最简单、也是最重要的序列之一。

2. $\delta(k)$的平移特性

若将 $\delta(k)$ 平移 i 位，如图 3.1（b）和（c）所示。得到

$$\delta(k-i) \triangleq \begin{cases} 1, & k=i \\ 0, & k \neq i \end{cases} \tag{3.2-2}$$

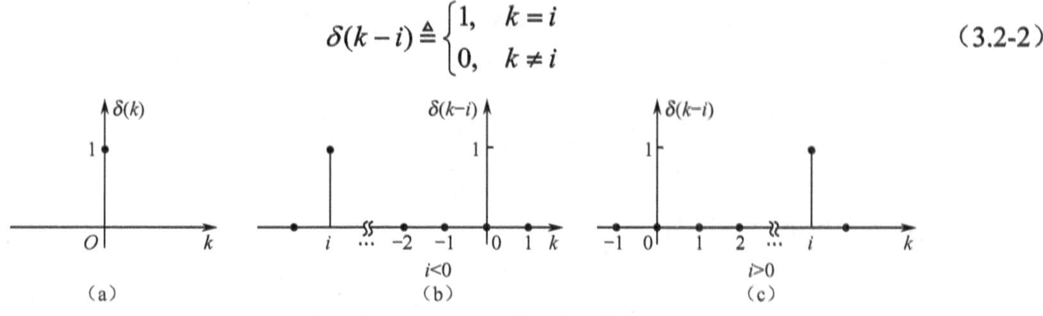

图 3.1 单位序列信号及其平移

3. $\delta(k)$的取样特性

由于 $\delta(k-i)$ 只在 $k=i$ 时其值为 1，而取其他 k 值时为零，故有 $\delta(k)$ 的取样性质为

$$f(k)\delta(k-i) = f(i)\delta(k-i) \tag{3.2-3}$$

4. 单位序列$\delta(k)$与单位阶跃序列$\varepsilon(k)$

第 1 章中式（1.2-10）定义的单位阶跃序列 $\varepsilon(k)$ 为

$$\varepsilon(k) \triangleq \begin{cases} 0, & k<0 \\ 1, & k \geqslant 0 \end{cases}$$

其波形如图 1.4（c）所示。不难看出，单位序列 $\delta(k)$ 与单位阶跃序列 $\varepsilon(k)$ 之间的关系为

$$\delta(k) = \nabla\varepsilon(k) = \varepsilon(k) - \varepsilon(k-1) \tag{3.2-4}$$

$$\varepsilon(k) = \sum_{i=-\infty}^{k} \delta(i) \tag{3.2-5}$$

式（3.2-5）中令 $i=k-j$，则当 $i=-\infty$ 时，$j=\infty$；当 $i=k$ 时，$j=0$，则上式可以写为

$$\varepsilon(k) = \sum_{i=-\infty}^{k} \delta(i) = \sum_{j=\infty}^{0} \delta(k-j) = \sum_{j=0}^{\infty} \delta(k-j)$$

即 $\varepsilon(k)$ 也可以表示为

$$\varepsilon(k)=\sum_{j=0}^{\infty}\delta(k-j) \tag{3.2-6}$$

需要注意的是，作为连续时间信号的 $\delta(t)$ 和 $\varepsilon(t)$ 是奇异函数，而 $\delta(k)$ 和 $\varepsilon(k)$ 都是普通函数，$\delta(t)$ 可理解为脉宽趋近于零，幅度趋于无限大的信号，$\delta(k)$ 在 $k=0$ 时幅度为有限值 1；$\varepsilon(t)$ 在 $t=0$ 处发生跃变，在此点函数值常不予以定义（或定义为 $\frac{1}{2}$），而单位阶跃序列 $\varepsilon(k)$ 在 $k=0$ 处函数值为 1。

3.2.2 单位序列响应

由单位序列 $\delta(k)$ 所引起的零状态响应称为单位序列响应或单位样值响应或单位取样响应，或简称单位响应，记为 $h(k)$，即 $h(k)=T[\{0\},\delta(k)]$。

求解离散系统的单位序列响应 $h(k)$ 可用差分方程法或 z 变换法（见第 6 章）。由于单位序列 $\delta(k)$ 仅在 $k=0$ 处函数值为 1，而在 $k>0$ 时为零，因而在 $k>0$ 时，系统的单位序列响应与该系统的零状态响应的函数形式相同。这样就将求单位序列响应的问题转化为求差分方程齐次解的问题，而 $k=0$ 处的值 $h(0)$ 可按照零状态的条件由差分方程确定。

【例 3-6】 系统的差分方程式为

$$y(k)-y(k-1)-2y(k-2)=f(k)$$

求系统的单位序列响应 $h(k)$。

【解】 根据 $h(k)$ 的定义有

$$h(k)-h(k-1)-2h(k-2)=\delta(k)$$

$$h(-1)=h(-2)=0$$

（1）递推求初始值 $h(0)$ 和 $h(1)$

$$h(k)=h(k-1)+2h(k-2)+\delta(k)$$

$$h(0)=h(-1)+2h(-2)+\delta(0)=1$$

$$h(1)=h(0)+2h(-1)+\delta(1)=1$$

（2）求 $h(k)$。对于 $k>0$，$h(k)$ 满足齐次方程

$$h(k)-h(k-1)-2h(k-2)=0$$

其特征方程为

$$(\lambda+1)(\lambda-2)=0$$

所以

$$h(k)=C_1(-1)^k+C_2(2)^k,\quad k>0$$

将初始值 $h(0)=1$，$h(1)=1$ 代入，有

$$h(0)=C_1+C_2=1$$

$$h(1)=-C_1+2C_2=1$$

解得 $C_1=\frac{1}{3}$，$C_2=\frac{2}{3}$。需要注意，这时已将 $h(0)=1$ 代入，因而方程的解也满足 $k=0$。于是，系统的单位序列响应为

$$h(k)=\frac{1}{3}(-1)^k+\frac{2}{3}(2)^k,\quad k\geqslant 0$$

由于 $h(k)=0,\ \ k<0$，因此 $h(k)$ 可写为

$$h(k)=\left[\frac{1}{3}(-1)^k+\frac{2}{3}(2)^k\right]\varepsilon(k) \tag{3.2-7}$$

【例 3-7】 系统的差分方程式为

$$y(k)-y(k-1)-2y(k-2)=f(k)-f(k-2)$$

求系统的单位序列响应 $h(k)$ 。

【解】 根据 $h(k)$ 的定义其满足

$$h(k)-h(k-1)-2h(k-2)=\delta(k)-\delta(k-2)$$

这里将利用 LTI 系统的线性和时不变性求解 $h(k)$ 。设只有 $\delta(k)$ 作用时，系统的单位序列响应为 $h_1(k)$ ，它满足

$$h_1(k)-h_1(k-1)-2h_1(k-2)=\delta(k)$$

根据 LTI 系统的线性和时不变性，结合例 3-6 的求解结果式（3.2-7），有

$$\begin{aligned}h(k)&=h_1(k)-h_1(k-2)\\&=\left[\frac{1}{3}(-1)^k+\frac{2}{3}(2)^k\right]\varepsilon(k)-\left[\frac{1}{3}(-1)^{k-2}+\frac{2}{3}(2)^{k-2}\right]\varepsilon(k-2)\end{aligned}$$

3.2.3 单位阶跃响应

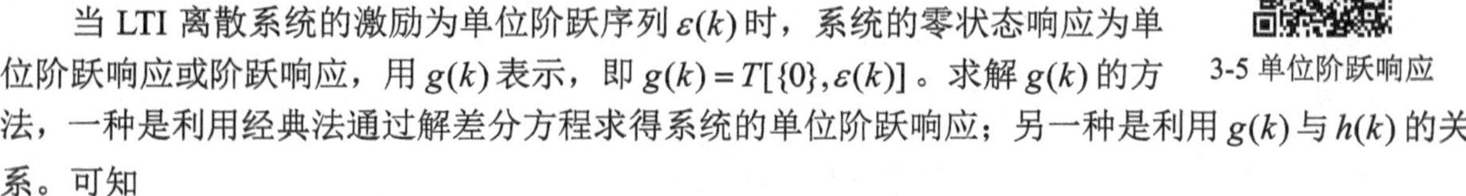

3-5 单位阶跃响应

当 LTI 离散系统的激励为单位阶跃序列 $\varepsilon(k)$ 时，系统的零状态响应为单位阶跃响应或阶跃响应，用 $g(k)$ 表示，即 $g(k)=T[\{0\},\varepsilon(k)]$ 。求解 $g(k)$ 的方法，一种是利用经典法通过解差分方程求得系统的单位阶跃响应；另一种是利用 $g(k)$ 与 $h(k)$ 的关系。可知

$$\varepsilon(k)=\sum_{i=-\infty}^{k}\delta(i)=\sum_{j=0}^{\infty}\delta(k-j)$$

若已知系统的单位序列响应 $h(k)$ ，根据 LTI 系统的线性和移位不变性，系统的阶跃响应为

$$g(k)=\sum_{i=-\infty}^{k}h(i)=\sum_{j=0}^{\infty}h(k-j) \tag{3.2-8}$$

类似地，由于

$$\delta(k)=\nabla\varepsilon(k)=\varepsilon(k)-\varepsilon(k-1)$$

若已知系统的阶跃响应为 $g(k)$ ，那么系统的单位序列响应为

$$h(k)=\nabla g(k)=g(k)-g(k-1) \tag{3.2-9}$$

【例 3-8】 已知某离散系统的单位阶跃响应为 $g(k)=(2k+1)\varepsilon(k)$ ，求该系统的单位序列响应。

【解】 由式（3.2-9）可知

$$\begin{aligned}h(k)&=\nabla g(k)=g(k)-g(k-1)\\&=(2k+1)\varepsilon(k)-[2(k-1)+1)]\varepsilon(k-1)\\&=(2k+1)\varepsilon(k)-(2k-1)\varepsilon(k-1)\end{aligned}$$

【例 3-9】 求如图 3.2 所示系统的阶跃响应。

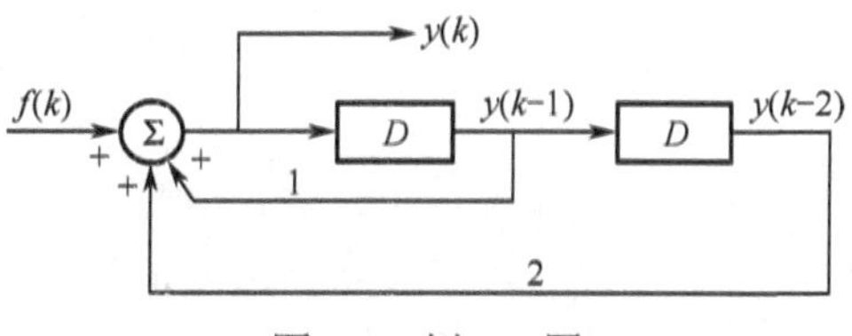

图 3.2 例 3-9 图

【解】（1）列写系统的差分方程。由加法器的输出可得

$$y(k)=y(k-1)+2y(k-2)+f(k)$$

或写为

$$y(k)-y(k-1)-2y(k-2)=f(k)$$

（2）利用经典法求解 $g(k)$

根据 $g(k)$ 的定义有

$$g(k)-g(k-1)-2g(k-2)=\varepsilon(k)$$
$$g(-1)=g(-2)=0$$

递推求初始值 $g(0)$ 和 $g(1)$

$$g(k)=g(k-1)+2g(k-2)+\varepsilon(k)$$
$$g(0)=g(-1)+2g(-2)+\varepsilon(0)=1$$
$$g(1)=g(0)+2g(-1)+\varepsilon(1)=2$$

满足齐次方程

$$g(k)-g(k-1)-2g(k-2)=0$$

其特征方程为
$$(\lambda+1)(\lambda-2)=0$$

特征根为
$$\lambda_1=-1,\quad \lambda_2=2$$

特解为
$$g_{\mathrm{p}}(k)=-\frac{1}{2}$$

所以
$$g(k)=C_1(-1)^k+C_2(2)^k-\frac{1}{2},\quad k\geqslant 0$$

将初始值 $g(0)=1$，$g(1)=2$ 代入，得 $C_1=\dfrac{1}{6}$，$C_2=\dfrac{4}{3}$，得该系统的阶跃响应为

$$g(k)=\left[\frac{1}{6}(-1)^k+\frac{4}{3}(2)^k-\frac{1}{2}\right]\varepsilon(k) \tag{3.2-10}$$

（3）利用单位序列响应求解 $g(k)$

例 3-6 已经求得该系统的单位序列响应（式（3.2-7））为

$$h(k)=\left[\frac{1}{3}(-1)^k+\frac{2}{3}(2)^k\right]\varepsilon(k)$$

由式（3.2-8）可求得系统的阶跃响应为

$$g(k)=\sum_{i=-\infty}^{k}h(i)=\left[\frac{1}{3}\sum_{i=0}^{k}(-1)^i+\frac{2}{3}\sum_{i=0}^{k}(2)^i\right]\varepsilon(k) \tag{3.2-11}$$

由几何级数求和公式得

$$\sum_{i=0}^{\infty}(-1)^i=\frac{1-(-1)^{k+1}}{1-(-1)}=\frac{1}{2}[1+(-1)^k]$$
$$\sum_{i=0}^{\infty}2^i=\frac{1-2^{k+1}}{1-2}=2^{k+1}-1$$

将求和结果代入式（3.2-11）得

$$g(k)=\left[\frac{1}{3}\times\frac{1}{2}(1+(-1)^k)+\frac{2}{3}(2\times 2^k-1)\right]\varepsilon(k)=\left[\frac{1}{6}(-1)^k+\frac{4}{3}(2)^k-\frac{1}{2}\right]\varepsilon(k)$$

与式（3.2-10）结果相同。

3.3 卷积和

在 LTI 连续系统中，可以利用卷积的办法求系统的零状态响应，这时，首先把激励信号分解为一系列冲激函数，然后令每一冲激函数单独作用于系统求其冲激响应，最后把这些响应叠加即可得到系统对此激励信号的零状态响应。这个叠加的过程表现为求卷积积分。在 LTI 离散系统中，可以采用大体相同的方法进行分析，由于离散信号本身就是一个不连续的序列，因此，激励信号分解为脉冲序列的工作容易完成，如果系统的单位序列响应为已知，那么，不难求得每个单位序列单独作用于系统的响应。把这些响应相加就得到系统对于该激励信号的零状态响应，这个相加过程表现为求卷积和。

3.3.1 卷积和的概念

3-6 卷积和 1

1．序列信号的时域分解

对于如图 3.3 所示的一个任意离散时间序列 $f(k)$，借助单位序列 $\delta(k)$ 及其移位信号总是可以表示为

$$\begin{aligned}f(k) &= \cdots + f(-2)\delta(k+2) + f(-1)\delta(k+1) + f(0)\delta(k) + \\ &\quad f(1)\delta(k-1) + \cdots + f(i)\delta(k-i) + \cdots \\ &= \sum_{i=-\infty}^{\infty} f(i)\delta(k-i)\end{aligned} \tag{3.3-1}$$

可见任意离散时间序列 $f(k)$ 可以分解为一系列的单位序列信号之和。

2．任意序列作用下的零状态响应

如果 LTI 离散系统的单位序列响应为 $h(k)$，那么，由 LTI 系统的齐次性和时不变性可知，系统对 $f(i)\delta(k-i)$ 的响应为 $f(i)h(k-i)$，如图 3.4 所示。根据 LTI 系统的零状态线性性质，式（3.3-1）的序列 $f(k)$ 作用于系统所引起的零状态响应 $y_{zs}(k)$ 应为

$$\begin{aligned}y_{zs}(k) &= \cdots + f(-2)h(k+2) + f(-1)h(k+1) + f(0)h(k) + \\ &\quad f(1)h(k-1) + \cdots + f(i)h(k-i) + \cdots \\ &= \sum_{i=-\infty}^{\infty} f(i)h(k-i)\end{aligned} \tag{3.3-2}$$

式（3.3-2）称为序列 $f(k)$ 和序列 $h(k)$ 的卷积和，简称为卷积，常用符号“$*$”表示，即

$$y_{zs}(k) = f(k) * h(k) \triangleq \sum_{i=-\infty}^{\infty} f(i)h(k-i) \tag{3.3-3}$$

式（3.3-3）表明，LTI 系统对于任意激励信号的零状态响应是激励信号与系统单位序列响应的卷积和。

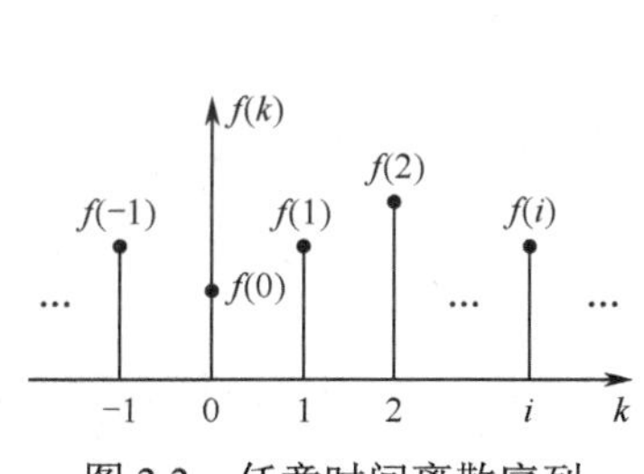

图 3.3　任意时间离散序列

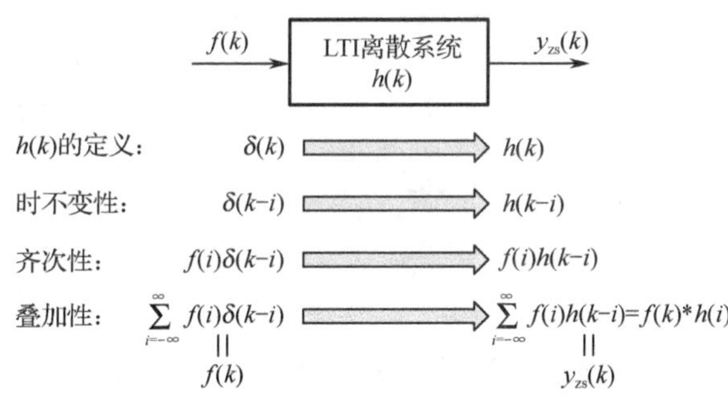

图 3.4　LTI 离散系统的零状态响应与卷积和

3．卷积和的定义

一般而言，若有两个序列 $f_1(k)$ 和 $f_2(k)$，其卷积和为

$$f(k) = f_1(k) * f_2(k) \triangleq \sum_{i=-\infty}^{\infty} f_1(i)f_2(k-i) \tag{3.3-4}$$

如果 $f_1(k)$ 为因果序列，由于 $k<0$ 时，$f_1(k)=0$，故式（3.3-4）中求和下限可改写为零，即

$$f_1(k) * f_2(k) = \sum_{i=0}^{\infty} f_1(i)f_2(k-i) \tag{3.3-5}$$

如果 $f_2(k)$ 为因果序列，而 $f_1(k)$ 不受限制，那么式（3.3-4）中，当 $k-i<0$，即 $i>k$ 时，$f_2(k-i)=0$，因而和式的上限可改写为 k，也就是

$$f_1(k)*f_2(k)=\sum_{i=-\infty}^{k} f_1(i)f_2(k-i) \tag{3.3-6}$$

如果 $f_1(k)$ 和 $f_2(k)$ 均为因果序列，则有

$$f_1(k)*f_2(k)=\sum_{i=0}^{k} f_1(i)f_2(k-i) \tag{3.3-7}$$

3.3.2 卷积和的求解

3-7 卷积和 2

1．图解法

图解法是求简单序列卷积和的有效方法。利用图解法求解序列 $f_1(k)$ 与 $f_2(k)$ 的卷积和的步骤如下：

（1）将序列 $f_1(k)$ 和 $f_2(k)$ 的自变量用 i 替换，然后将序列 $f_2(i)$ 以纵坐标为轴线反转，得到 $f_2(-i)$；

（2）序列 $f_2(-i)$ 沿 i 轴正方向平移 k 个单位，得到 $f_2(k-i)$；

（3）求乘积 $f_1(i)f_2(k-i)$；

（4）按照式（3.3-4）求各乘积之和。

【例 3-10】 已知 $f_1(k)$ 和 $f_2(k)$，计算 $f(k)=f_1(k)*f_2(k)$，其中

$$f_1(k)=\begin{cases} k+1, & k=0,1,2 \\ 0, & 其他 \end{cases}，\quad f_2(k)=\begin{cases} 1, & k=0,3 \\ 2, & k=1,2 \\ 0, & 其他 \end{cases}$$

【解】 将序列 $f_1(k)$ 和 $f_2(k)$ 的自变量用 i 替换得到 $f_1(i)$ 和 $f_2(i)$，如图 3.5（a）和（b）所示，将 $f_2(i)$ 反转得到 $f_2(-i)$，如图 3.5（c）所示。

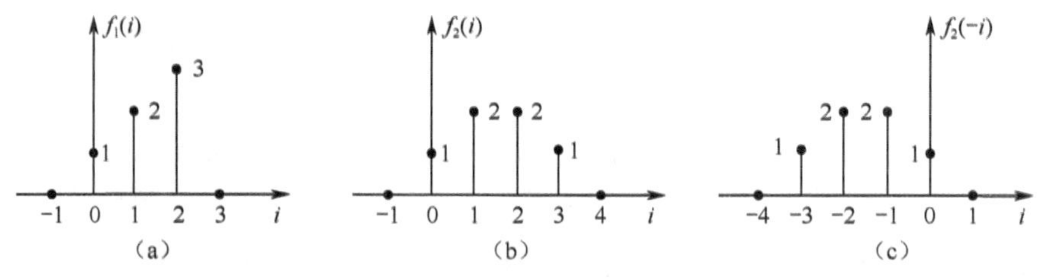

图 3.5　例 3-10 图

根据式（3.3-4），可逐次令 $k=\cdots,-1,0,1,\cdots$，计算乘积 $f_1(i)f_2(k-i)$ 的值，由于 $f_1(k)$ 和 $f_2(k)$ 都为因果信号，根据式（3.3-7）可知：

当 $k\leqslant -1$ 时，$f(k)=0$。其中当 $k=-1$ 时，$f(-1)=f_1(i)f_2(-1-i)=0$，如图 3.6（a）所示。

当 $k=0$ 时，$f(0)=\sum\limits_{i=0}^{0} f_1(i)f_2(0-i)=f_1(0)f_2(0)=1$，如图 3.6（b）所示。

当 $k=1$ 时，$f(1)=\sum\limits_{i=0}^{1} f_1(i)f_2(1-i)=f_1(0)f_2(1)+f_1(1)f_2(0)=4$，如图 3.6（c）所示。

当 $k=2,3,4,5,6$ 时，如图 3.6（d）～图 3.6（h）所示，依次可以计算相应的 $f(k)$ 值，得到

$$f(k)=\{0,\underset{\substack{\uparrow \\ k=0}}{1},4,9,11,8,3,0\}$$

$f(k)$ 波形如图 3.7 所示。

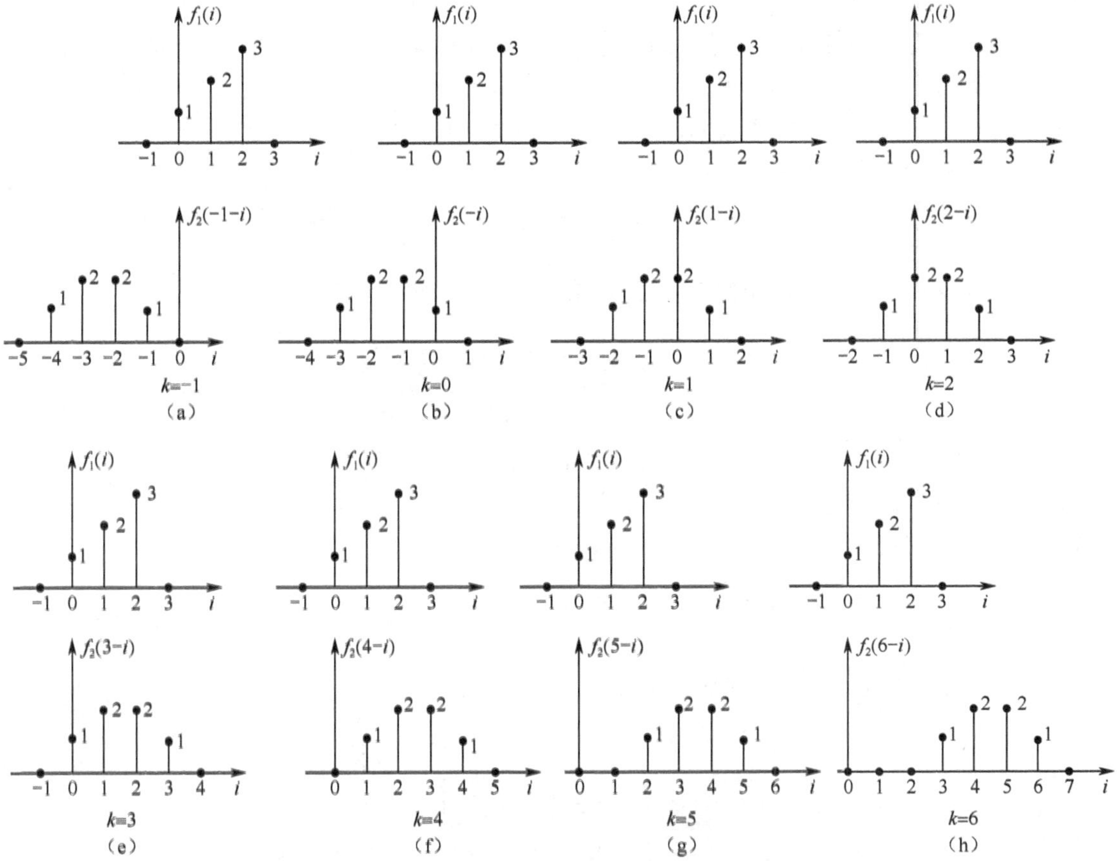

图 3.6　例 3-10 卷积和计算过程

【例 3-11】 $f_1(k)$ 和 $f_2(k)$ 如图 3.8 所示，已知 $f(k)=f_1(k)*f_2(k)$，求 $f(2)$ 的值。

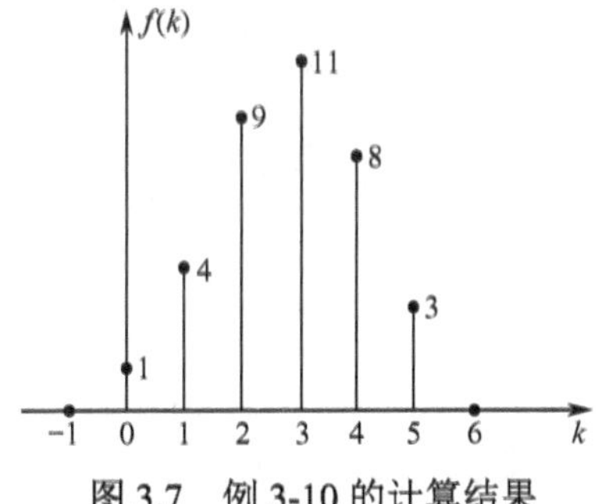

图 3.7　例 3-10 的计算结果

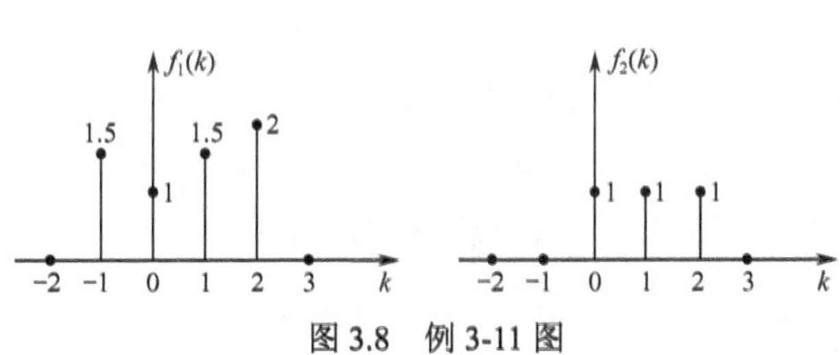

图 3.8　例 3-11 图

【解】将序列 $f_1(k)$ 和 $f_2(k)$ 的自变量用 i 替换得到 $f_1(i)$ 和 $f_2(i)$，将 $f_2(i)$ 反转右移得到 $f_2(2-i)$，如图 3.9 所示。则有

$$
\begin{aligned}
f(2) &= \sum_{i=-\infty}^{\infty} f_1(i) f_2(2-i) \\
&= f_1(0)f_2(2) + f_1(1)f_2(1) + f_1(2)f_2(0) \\
&= 4.5
\end{aligned}
$$

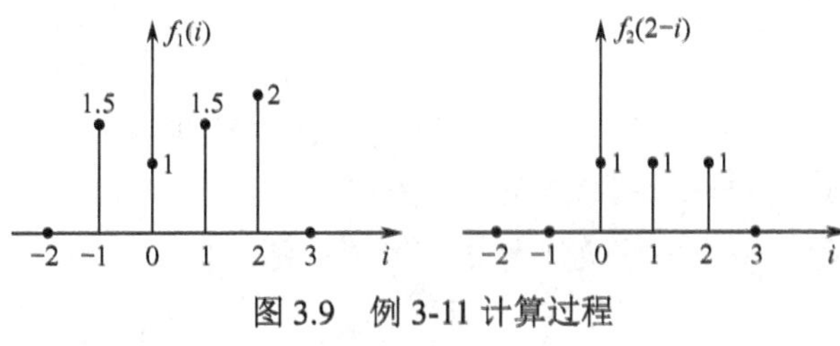

图 3.9　例 3-11 计算过程

2．解析法

图解法较为直观，但往往难以得到闭合形式的解，而解析法可以解决这个问题。通常利用数列求和公式，求得序列的卷积和。

【例 3-12】 设 $f_1(k)=\mathrm{e}^{-k}\varepsilon(k)$，$f_2(k)=\varepsilon(k)$，求 $f_1(k)*f_2(k)$。

【解】 由卷积和定义式（3.3-4）可得

$$f_1(k)*f_2(k)=\sum_{i=-\infty}^{\infty}\mathrm{e}^{-i}\varepsilon(i)\varepsilon(k-i)$$

考虑到 $f_1(k)$ 和 $f_2(k)$ 均为因果序列，根据式（3.3-7），可将上式表示为

$$\begin{aligned}f_1(k)*f_2(k)&=\sum_{i=0}^{\infty}\mathrm{e}^{-i}\varepsilon(k-i)=\sum_{i=0}^{k}\mathrm{e}^{-i}\\&=\frac{1-\mathrm{e}^{-k}\cdot\mathrm{e}^{-1}}{1-\mathrm{e}^{-1}}=\frac{1-\mathrm{e}^{-(k+1)}}{1-\mathrm{e}^{-1}}\end{aligned}$$

【例 3-13】 $f(k)=a^k\varepsilon(k)$，$h(k)=b^k\varepsilon(k)$，求 $y_{\mathrm{zs}}(k)$。

【解】 由卷积和定义式可得

$$\begin{aligned}y_{\mathrm{zs}}(k)&=f(k)*h(k)=\sum_{i=-\infty}^{\infty}f(i)h(k-i)\\&=\sum_{i=-\infty}^{\infty}a^i\varepsilon(i)b^{k-i}\varepsilon(k-i)\\&=\left[\sum_{i=0}^{k}a^ib^{k-i}\right]\varepsilon(k)=b^k\left[\sum_{i=0}^{k}\left(\frac{a}{b}\right)^i\right]\varepsilon(k)=\begin{cases}b^k\dfrac{1-\left(\dfrac{a}{b}\right)^{k+1}}{1-\dfrac{a}{b}}\varepsilon(k), & a\neq b\\ b^k(k+1)\varepsilon(k), & a=b\end{cases}\\&=\begin{cases}\dfrac{b^{k+1}-a^{k+1}}{b-a}\varepsilon(k), & a\neq b\\ b^k(k+1)\varepsilon(k), & a=b\end{cases}\end{aligned}$$

特别地，当 $a=b=1$ 时，有

$$\varepsilon(k)*\varepsilon(k)=(k+1)\varepsilon(k)$$

3．不进位乘法求卷积和

由卷积和定义可知

$$\begin{aligned}f(k)=f_1(k)*f_2(k)&\triangleq\sum_{i=-\infty}^{\infty}f_1(i)f_2(k-i)\\&=\cdots+f_1(-2)f_2(k+2)+f_1(-1)f_2(k+1)+f_1(0)f_2(k)+\\&\quad f_1(1)f_2(k-1)+\cdots+f_1(i)f_2(k-i)+\cdots\end{aligned}\tag{3.3-8}$$

由式（3.3-8）可以看出，$f_1(i)$ 的序号 i 与 $f_1(k-i)$ 的序号 $k-i$ 之和恰好等于 k，即 $f(k)$ 的每个样值等于所有两序列序号之和为 k 的那些样本乘积之和。譬如

$$\begin{aligned}f(2)=&\cdots+f_1(-2)f_2(4)+f_1(-1)f_2(3)+f_1(0)f_2(2)+\\&f_1(1)f_2(1)+\cdots+f_1(i)f_2(2-i)+\cdots\end{aligned}$$

不进位乘法求卷积和就是利用卷积和的上述特点，将两个求卷积和的序列以各自 k 的最高值按右

端对齐，排成乘法的形式，然后把逐个样值对应相乘但不要进位，最后把同一列上的乘积值按照对位求和即可得到卷积和的值。

【例 3-14】 若已知 $f_1(k)=\{0,f_1(1),f_1(2),f_1(3),0\}$，$f_2(k)=\{0,f_2(0),f_2(1),0\}$，利用不进位乘法表示求卷积和 $f(k)=f_1(k)*f_2(k)$ 的过程。

【解】

$$
\begin{array}{lcccc}
f_1(k): & & f_1(1) & f_1(2) & f_1(3) \\
f_2(k): & & & f_2(0) & f_2(1) \\
\times & & & & \\
\hline
 & & f_1(1)f_2(1) & & \\
+ & f_1(1)f_2(0) & f_1(2)f_2(0) & f_1(3)f_2(0) & \\
\hline
f(k): & f_1(1)f_2(0) & f_1(1)f_2(1)+f_1(2)f_2(0) & f_1(2)f_2(1)+f_1(3)f_2(0) & f_1(3)f_2(1)
\end{array}
$$

即可得

$$f(k)=\{0,f_1(1)f_2(0),f_1(1)f_2(1)+f_1(2)f_2(0),f_1(2)f_2(1)+f_1(3)f_2(0),f_1(3)f_2(1),0\}$$

【例 3-15】 若已知

$$f_1(k)=\{0,\underset{k=0}{\underset{\uparrow}{3}},4,0,6,0\},\quad f_2(k)=\{\underset{k=0}{\underset{\uparrow}{0}},2,1,5,0\}$$

利用不进位乘法表示求卷积和 $f(k)=f_1(k)*f_2(k)$。

【解】

$$
\begin{array}{lcccccc}
f_1(k): & & & 3 & 4 & 0 & 6 \\
f_2(k): & & & & 2 & 1 & 5 \\
\times & & & & & & \\
\hline
 & & & 15 & 20 & 0 & 30 \\
 & & 3 & 4 & 0 & 6 & \\
+ & 6 & 8 & 0 & 12 & & \\
\hline
f_2(k): & 6 & 11 & 19 & 32 & 6 & 30
\end{array}
$$

即

$$f(k)=\{\underset{k=0}{\underset{\uparrow}{0}},6,11,19,32,6,30,0\}$$

3-8 卷积和 3

3.3.3 卷积和的性质

性质 1 离散信号的卷积和运算服从交换律、结合律和分配律，即

$$f_1(k)*f_2(k)=f_2(k)*f_1(k) \tag{3.3-9}$$

$$f_1(k)*[f_2(k)*f_3(k)]=[f_1(k)*f_2(k)]*f_3(k) \tag{3.3-10}$$

$$f_1(k)*[f_2(k)+f_3(k)]=f_1(k)*f_2(k)+f_1(k)*f_3(k) \tag{3.3-11}$$

卷积和的代数运算规则在系统分析中的物理含义与连续系统类似，这里不再赘述，同样需要注意的是，两个子系统并联组成的复合系统，根据卷积和的分配律，其单位序列响应等于两个子系统的单位序列响应之和；两个子系统级联组成的复合系统，根据卷积和的结合律，其单位序列响应等于两个子系统的单位序列响应卷积和，如图 3.10 所示。

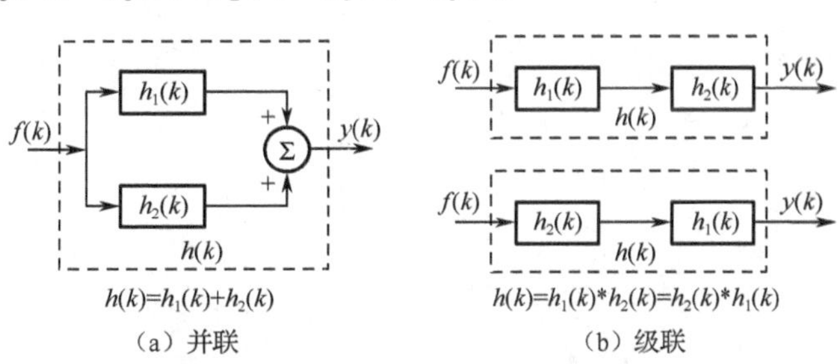

图 3.10 复合系统的单位序列响应

性质 2 任一序列 $f(k)$ 与单位脉冲序列 $\delta(k)$ 的卷积和等于序列 $f(k)$ 本身，即

$$f(k)*\delta(k)=\delta(k)*f(k)=f(k) \tag{3.3-12}$$

$$f(k)*\delta(k-k_1)=\delta(k-k_1)*f(k)=f(k-k_1) \tag{3.3-13}$$

性质 3 若 $f_1(k)*f_2(k)=f(k)$，则

$$f_1(k)*f_2(k-k_1)=f_1(k-k_1)*f_2(k)=f(k-k_1) \tag{3.3-14}$$

$$f_1(k-k_1)*f_2(k-k_2)=f_1(k-k_2)*f_2(k-k_1)=f(k-k_1-k_2) \tag{3.3-15}$$

以上各式中 k_1、k_2 均为常整数，各式的证明和图示与连续系统类似，这里不再赘述。

【例 3-16】 如图 3.11 所示的复合系统由三个子系统组成，其中 $h_1(k)=\varepsilon(k)$，$h_2(k)=\varepsilon(k-5)$，求复合系统的单位序列响应 $h(k)$。

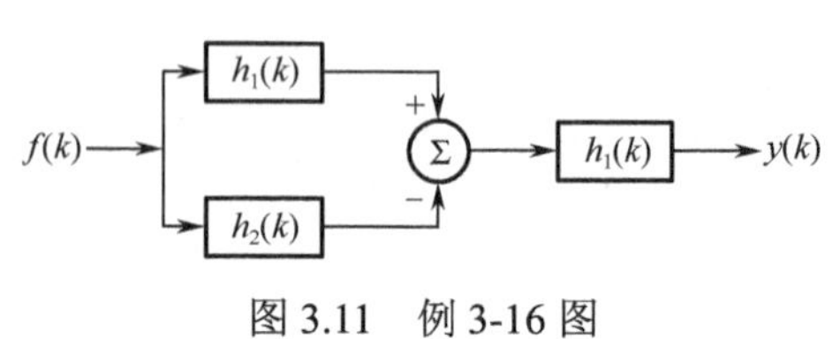

图 3.11 例 3-16 图

【解】

$$\begin{aligned}h(k)&=\left[h_1(k)-h_2(k)\right]*h_1(k)\\&=h_1(k)*h_1(k)-h_2(k)*h_1(k)\\&=\varepsilon(k)*\varepsilon(k)-\varepsilon(k-5)*\varepsilon(k)\\&=(k+1)\varepsilon(k)-(k+1-5)\varepsilon(k-5)\\&=(k+1)\varepsilon(k)-(k-4)\varepsilon(k-5)\end{aligned}$$

习 题 三

3.1 求以下差分方程所描述的 LTI 离散系统的零输入响应、零状态响应和全响应：

$$y(k)-y(k-1)-2y(k-2)=f(k), f(k)=(-1)^k\varepsilon(k), y(-1)=3, y(-2)=0$$

3.2 求以下差分方程所描述的离散系统的单位序列响应：

$$y(k)+3y(k-1)=f(k)-f(k-1)$$

3.3 求题 3.3 图所示系统的单位序列响应和阶跃响应。

3.4 已知各序列的波形如题 3.4 图所示，求下列卷积和。

（1）$f_1(k)*f_2(k)$

（2）$[f_2(k)-f_1(k)]*f_3(k)$

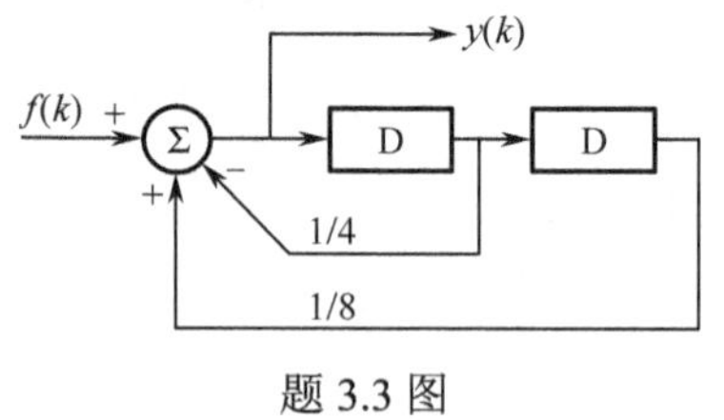

题 3.3 图

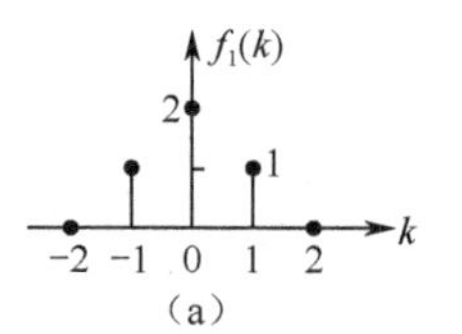

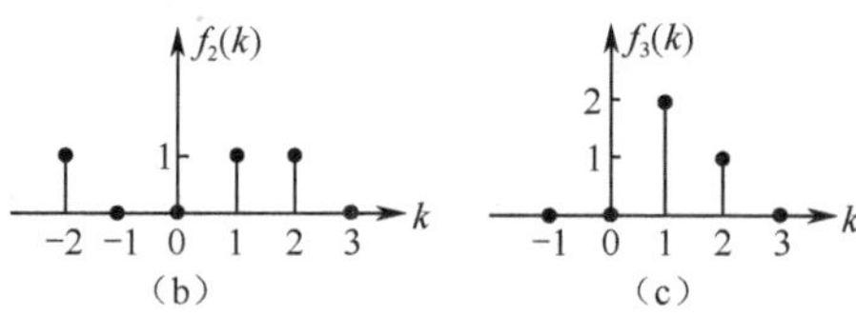

题 3.4 图

3.5 离散信号 $f_1(k)$ 和 $f_2(k)$ 如题 3.5 图所示，设 $y(k)=f_1(k)*f_2(k)$，求 $y(2)$ 的值。

3.6 计算下列各题。

（1）$\sum\limits_{i=-\infty}^{k}\delta(i)$

（2）$\sum\limits_{i=-\infty}^{k}\varepsilon(i)$

（3）$\sum\limits_{i=-\infty}^{k}2^i\delta(i-2)$

（4）$\sum\limits_{i=-\infty}^{k-2}\cos\left(\dfrac{i\pi}{4}+\dfrac{\pi}{4}\right)\delta(3-i)$

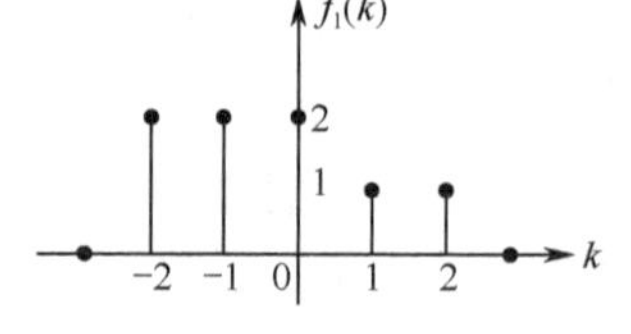

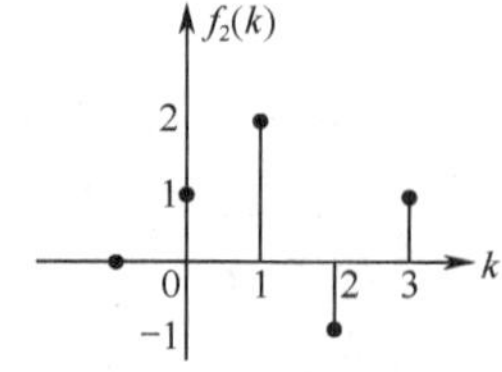

题 3.5 图

3.7 已知 LTI 系统的激励 $f(k)$ 和单位序列响应 $h(k)$ 如下，求系统的零状态响应 $y_{zs}(k)$。

（1） $f(k)=h(k)=\varepsilon(k-1)-\varepsilon(k-4)$

（2） $f(k)=(0.5)^k\varepsilon(k)$， $h(k)=\varepsilon(k)-\varepsilon(k-3)$

3.8　已知一个 LTI 因果离散系统，当输入 $\varepsilon(k)$ 时，系统的零状态响应为 $g(k)$。当输入为单边序列 $f(k)$ 时，系统的零状态响应为 $y_{zs}(k)=\sum_{i=0}^{k}g(i)$，试求输入 $f(k)$。

3.9　离散 LTI 系统的阶跃响应 $g(k)=\left(\frac{1}{2}\right)^k\varepsilon(k)$，求系统的单位序列响应 $h(k)$。

3.10　如题 3.10 图所示离散时间系统由两个子系统组成，若描述两个子系统的差分方程分别为

$$x(k)=0.4f(k)+0.6f(k-1)$$
$$y(k)=3x(k-1)+x(k-2)$$

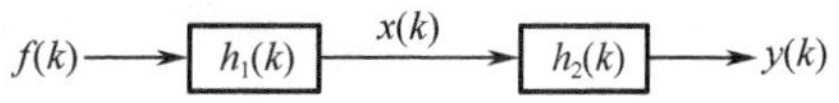

$f(k)$ → $h_1(k)$ → $x(k)$ → $h_2(k)$ → $y(k)$

题 3.10 图

（1）确定总系统的输入输出关系；

（2）求出两个子系统的单位序列响应；

（3）确定总系统的单位序列响应。

3.11　如题 3.11 图所示的复合系统由三个子系统组成，它们的单位序列响应分别为 $h_1(k)=\varepsilon(k-1)$，$h_2(k)=\varepsilon(k-4)$，求复合系统的单位序列响应。

3.12　题 3.12 图所示复合系统由三个子系统组成，其单位序列响应分别为 $h_1(k)=\delta(k)$，$h_2(k)=\delta(k-N)$，N 为常数，$h_3(k)=\varepsilon(k)$，求复合系统的单位序列响应。

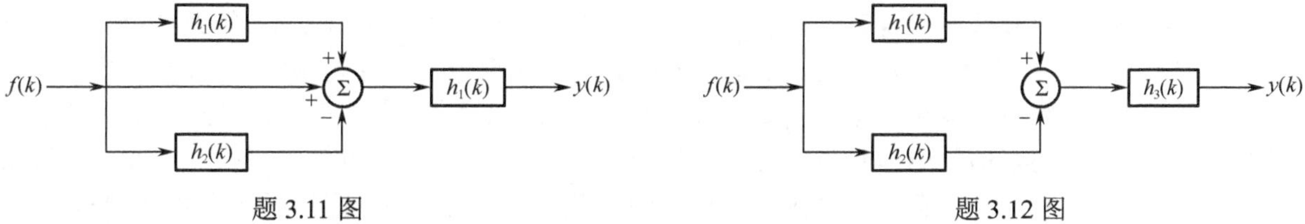

题 3.11 图　　　　题 3.12 图

3.13　如题 3.13 图所示复合系统，$h_1(k)=\varepsilon(k)$，$h_2(k)=\varepsilon(k+2)-\varepsilon(k)$，$h_3(k)=\delta(k-2)$，$h_4(k)=2^k\varepsilon(k)$。求系统的单位序列响应 $h(k)$。

3.14　如题 3.14 图所示系统，若激励 $f(k)=(0.5)^k\varepsilon(k)$，求系统的零状态响应。

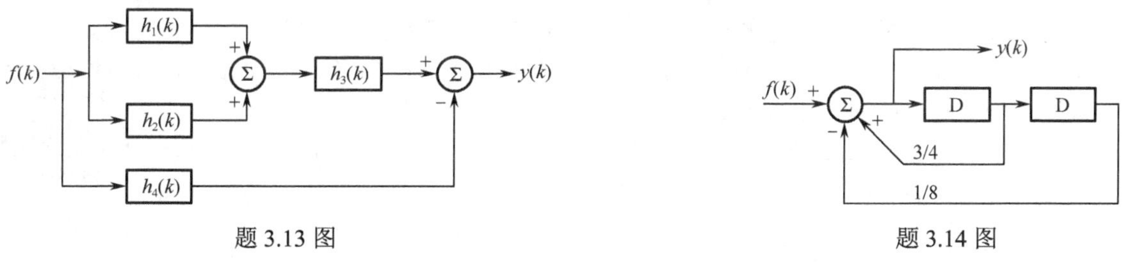

题 3.13 图　　　　题 3.14 图

3.15　已知某 LTI 离散系统，当输入为 $\delta(k-1)$ 时，系统的零状态响应为 $\left(\frac{1}{2}\right)^k\varepsilon(k-1)$，试计算输入为 $f(k)=2\delta(k)+\varepsilon(k)$ 时，系统的零状态响应 $y_{zs}(k)$。

3.16　如题 3.16 图所示系统由两个子系统级联而成，$h_1(k)=2\cos(k\pi)$，$h_2(k)=a^k\delta(k)$，激励 $f(k)=\delta(k)-a\delta(k-1)$，求该系统的零状态响应 $y_{zs}(k)$。

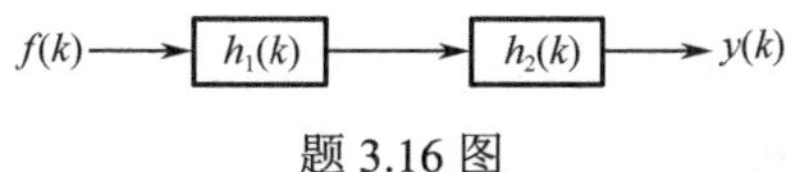

题 3.16 图

第 4 章　连续时间信号与系统的频域分析

在第 2 章 LTI 连续系统的时域分析中，以冲激函数 $\delta(t)$ 为基本信号，将任意连续信号 $f(t)$ 分解为一系列冲激信号的组合 $f(t)=\int_{-\infty}^{\infty} f(\tau)\delta(t-\tau)\mathrm{d}\tau$，将系统的零状态响应 $y_{zs}(t)$ 表示为激励信号 $f(t)$ 与系统冲激响应 $h(t)$ 的卷积 $y_{zs}(t)=f(t)*h(t)$。

在第 3 章 LTI 离散系统的时域分析中，以单位序列 $\delta(k)$ 为基本信号，将任意离散信号 $f(k)$ 分解为一系列单位序列信号的组合 $f(k)=\sum_{i=-\infty}^{\infty} f(i)\delta(k-i)$，将系统的零状态响应 $y_{zs}(k)$ 表示为激励信号 $f(k)$ 与系统单位序列响应 $h(k)$ 的卷积 $y_{zs}(k)=f(k)*h(k)$。

本章着重讨论连续时间信号和系统的频域分析，它是以正弦函数 $\sin(n\Omega t)$、$\cos(n\Omega t)$ 或虚指数函数 $\mathrm{e}^{\mathrm{j}n\Omega t}[\mathrm{e}^{\mathrm{j}n\Omega t}=\cos(n\Omega t)+\mathrm{j}\sin(n\Omega t)]$ 为基本信号，将任意连续时间信号表示为一系列不同频率的正弦函数或虚指数函数的线性组合，这就是著名的傅里叶分析。

傅里叶分析的研究与应用至今已经历了百余年。1822 年法国数学家傅里叶（J.Fourier，1768—1830）在研究热传导理论时发表了《热的分析理论》，提出并证明了将周期函数展开为正弦级数的原理，奠定了傅里叶级数的理论基础。其后，泊松（Poisson）、高斯（Gauss）等人把这一成果应用到电学中去。虽然，在电力工程中，伴随着电机制造、交流电的产生与传输等实际问题的需要，三角函数、指数函数以及傅里叶分析等数学工具早已得到广泛的应用，但是，在通信系统中普遍应用这些数学工具还经历了一段过程，因为当时要找到简便而实用的方法来产生、传输、分离和变换各种频率的正弦信号还有一定的困难。直到 19 世纪末，人们才制造出用于工程实际的电容器。进入 20 世纪以后，谐振电路、滤波器、正弦振荡器等一系列具体问题的解决为正弦函数与傅里叶分析的进一步应用开辟了广阔的前景。从此，人们逐渐认识到，在通信与控制系统的理论研究和实际应用中，采用频率域（频域）的分析方法较之经典的时间域（时域）方法有许多突出的优点。如今，傅里叶分析在信号处理、物理学、光学、声学、机械、数论、组合数学、概率、统计、密码学等几乎所有领域都有着广泛的应用，这是傅里叶对人类的最大贡献。

本章首先从信号分析的角度介绍了连续周期信号的傅里叶级数，连续非周期信号的傅里叶变换，引出了信号频谱的概念，分析了信号时域与频域之间的对应关系。然后从系统分析的角度引出了系统频率响应的概念，介绍了任意信号通过 LTI 连续系统的频域分析方法，阐述了傅里叶变换在通信系统中的应用以及信号的抽样定理。

4-1 引言

4.1　信号的正交分解

信号分解为正交函数的原理与矢量分解为正交矢量的概念类似。如图 4.1（a）所示，将平面上的矢量 $\boldsymbol{A}$ 在直角坐标系中分解为 x 方向矢量和 y 方向矢量，令 $\boldsymbol{v}_x$、$\boldsymbol{v}_y$ 为各相应方向的正交单位矢量，则矢量 $\boldsymbol{A}$ 可表示为

$$\boldsymbol{A}=C_1\boldsymbol{v}_x+C_2\boldsymbol{v}_y$$

将平面上相互正交的单位矢量组成一个二维正交矢量集 $\{\boldsymbol{v}_x,\boldsymbol{v}_y\}$，这样，在此平面上的任意矢量都可以用此二维正交矢量集的分量组合来表示。

同理，如图 4.1（b）所示，对于一个三维空间中的矢量，可以用一个三维正交矢量集 $\{\boldsymbol{v}_x,\boldsymbol{v}_y,\boldsymbol{v}_z\}$ 的分量组合来表示

$$\boldsymbol{A}=C_1\boldsymbol{v}_x+C_2\boldsymbol{v}_y+C_3\boldsymbol{v}_z$$

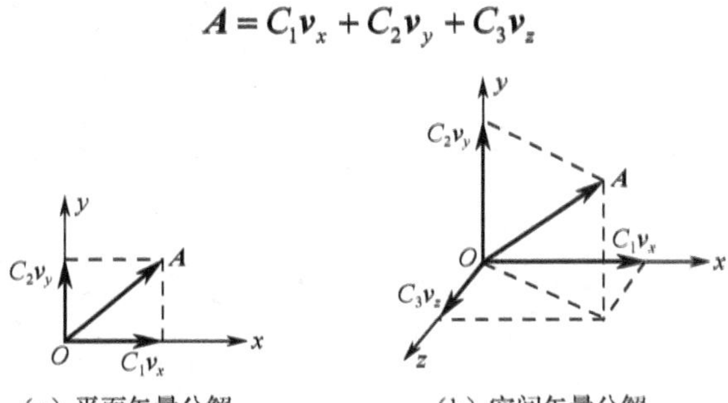

（a）平面矢量分解　　（b）空间矢量分解

图 4.1　矢量分解示意图

将空间矢量正交分解的概念推广到信号空间，在信号空间中找到若干个相互正交的信号作为基本信号集，可将此空间中的任一信号表示为基本信号集的线性组合。

4.1.1　信号正交与正交函数集

4-2 信号正交分解

（1）信号正交

定义在 (t_1,t_2) 区间的两个函数 $\varphi_1(t)$ 和 $\varphi_2(t)$，若满足

$$\int_{t_1}^{t_2}\varphi_1(t)\varphi_2^*(t)\mathrm{d}t=0 \tag{4.1-1}$$

式中“*”代表共轭，则称 $\varphi_1(t)$ 和 $\varphi_2(t)$ 在区间 (t_1,t_2) 内正交。

（2）正交函数集

若有 n 个函数 $\varphi_1(t),\varphi_2(t),\cdots,\varphi_n(t)$ 构成一个函数集，当这些函数在区间 (t_1,t_2) 内满足

$$\int_{t_1}^{t_2}\varphi_i(t)\varphi_j^*(t)\mathrm{d}t=\begin{cases}0, & i\neq j\\ K_i\neq 0, & i=j\end{cases} \tag{4.1-2}$$

式中 K_i 为常数，则称此函数集为在区间 (t_1,t_2) 的正交函数集。

在区间 (t_1,t_2) 内相互正交的 n 个函数构成正交信号空间。

（3）完备正交函数集

如果在正交函数集 $\{\varphi_1(t),\varphi_2(t),\cdots\varphi_n(t)\}$ 之外，不存在函数 $\phi(t)\left(0<\int_{t_1}^{t_2}\phi^2(t)\mathrm{d}t<\infty\right)$ 满足

$$\int_{t_1}^{t_2}\phi(t)\varphi_i^*(t)\mathrm{d}t=0\ \ (i=1,2,\cdots,n) \tag{4.1-3}$$

则称此函数集为完备正交函数集。

例如，三角函数集 $\{1,\cos(\Omega t),\cos(2\Omega t),\cdots\cos(m\Omega t),\cdots\sin(\Omega t),\sin(2\Omega t),\cdots,\ \sin(n\Omega t),\cdots\}$ 在区间 $(t_0,t_0+T)\left(T=\dfrac{2\pi}{\Omega}\right)$ 组成正交函数集，而且是完备的正交函数集。三角函数集正交性的证明如下：

$$\int_{t_0}^{t_0+T}1\cdot\cos(m\Omega t)\mathrm{d}t=0$$

$$\int_{t_0}^{t_0+T}1\cdot\sin(m\Omega t)\mathrm{d}t=0$$

$$\int_{t_0}^{t_0+T}\cos(m\Omega t)\cos(n\Omega t)\mathrm{d}t=\begin{cases}0, & m\neq n\\ \dfrac{T}{2}, & m=n\neq 0\end{cases}$$

$$\int_{t_0}^{t_0+T}\sin(m\Omega t)\sin(n\Omega t)\mathrm{d}t=\begin{cases}0, & m\neq n\\ \dfrac{T}{2}, & m=n\neq 0\end{cases}$$

$$\int_{t_0}^{t_0+T}\sin(m\Omega t)\cos(n\Omega t)\mathrm{d}t=0,\quad 对于所有的m和n$$

可见，三角函数集满足正交定义式（4.1-1），因此属于正交函数集。此正交函数集包括无穷多项，其完备性这里不讨论。

又如，虚指数函数集 $\{\mathrm{e}^{\mathrm{j}n\Omega t}\}(n=0,\pm1,\pm2,\cdots)$ 在区间 (t_0,t_0+T) $\left(T=\dfrac{2\pi}{\Omega}\right)$ 内是完备正交函数集。它在区间 (t_0,t_0+T) 内满足

$$\int_{t_0}^{t_0+T}\mathrm{e}^{\mathrm{j}m\Omega t}(\mathrm{e}^{\mathrm{j}n\Omega t})^*\mathrm{d}t=\int_{t_0}^{t_0+T}\mathrm{e}^{\mathrm{j}(m-n)\Omega t}\mathrm{d}t=\begin{cases}0, & m\neq n\\ T, & m=n\end{cases}$$

4.1.2 信号分解为正交函数

设有 n 个函数 $\varphi_1(t),\varphi_2(t),\cdots,\varphi_n(t)$ 在区间 (t_1,t_2) 构成一个正交函数空间。将任一函数 $f(t)$ 用这 n 个正交函数的线性组合来近似，可表示为

$$f(t)\approx C_1\varphi_1(t)+C_2\varphi_2(t)+\cdots+C_n\varphi_n(t)=\sum_{j=1}^{n}C_j\varphi_j(t) \tag{4.1-4}$$

那么如何选择各系数 C_i 使 $f(t)$ 与近似函数之间的误差在区间 (t_1,t_2) 内为最小呢？通常选择使误差的均方值最小，此时可以认为已经得到了最好的近似效果。

误差的均方值也称为均方误差，用符号 $\overline{\varepsilon^2}$ 表示

$$\overline{\varepsilon^2}=\frac{1}{t_2-t_1}\int_{t_1}^{t_2}\left[f(t)-\sum_{j=1}^{n}C_j\varphi_j(t)\right]^2\mathrm{d}t \tag{4.1-5}$$

在 $j=1,2,\cdots,i,\cdots,n$ 中，为求得使均方误差最小的第 i 个系数 C_i，必须使

$$\frac{\partial\overline{\varepsilon^2}}{\partial C_i}=0$$

即

$$\frac{\partial}{\partial C_i}\int_{t_1}^{t_2}\left[f(t)-\sum_{j=1}^{n}C_j\varphi_j(t)\right]^2\mathrm{d}t=0 \tag{4.1-6}$$

展开上式的被积函数

$$\frac{\partial}{\partial C_i}\int_{t_1}^{t_2}\left\{f^2(t)+\left[\sum_{j=1}^{n}C_j\varphi_j(t)\right]^2-2f(t)\sum_{j=1}^{n}C_j\varphi_j(t)\right\}\mathrm{d}t=0$$

注意到由序号不同的正交函数相乘的各项，其积分均为 0，且所有不包含 C_i 的各项对 C_i 的求导也均为 0。如此，式（4.1-6）中只有两项不为 0，表示为

$$\frac{\partial}{\partial C_i}\int_{t_1}^{t_2}[C_i^2\varphi_i^2(t)-2f(t)C_i\varphi_i(t)]\mathrm{d}t=0$$

对上式交换微分与积分次序，得

$$2C_i\int_{t_1}^{t_2}\varphi_i^2(t)\mathrm{d}t-2\int_{t_1}^{t_2}f(t)\varphi_i(t)\mathrm{d}t=0$$

可求得

$$C_i=\frac{\int_{t_1}^{t_2}f(t)\varphi_i(t)\mathrm{d}t}{\int_{t_1}^{t_2}\varphi_i^2(t)\mathrm{d}t}=\frac{1}{K_i}\int_{t_1}^{t_2}f(t)\varphi_i(t)\mathrm{d}t \tag{4.1-7}$$

式中

$$K_i=\int_{t_1}^{t_2}\varphi_i^2(t)\mathrm{d}t$$

这就是满足最小均方误差条件下，式（4.1-4）中各系数 C_i 的表达式。此时，$f(t)$ 能获得最佳近似。

当按式（4.1-7）选取系数 C_i 时，将 C_i 代入式（4.1-5），可以得到最佳近似条件下的均方误差为

$$\begin{aligned}\overline{\varepsilon^2}&=\frac{1}{t_2-t_1}\int_{t_1}^{t_2}\left[f(t)-\sum_{j=1}^{n}C_j\varphi_j(t)\right]^2\mathrm{d}t\\&=\frac{1}{t_2-t_1}\left[\int_{t_1}^{t_2}f^2(t)\mathrm{d}t+\sum_{j=1}^{n}C_j^2\int_{t_1}^{t_2}\varphi_j^2(t)\mathrm{d}t-2\sum_{j=1}^{n}C_j\int_{t_1}^{t_2}f(t)\varphi_j(t)\mathrm{d}t\right]\end{aligned}$$

考虑到 $\int_{t_1}^{t_2}\varphi_j^2(t)\mathrm{d}t=K_j$，$C_j=\frac{1}{K_j}\int_{t_1}^{t_2}f(t)\varphi_j(t)\mathrm{d}t$，上式可化简为

$$\overline{\varepsilon^2}=\frac{1}{t_2-t_1}\left[\int_{t_1}^{t_2}f^2(t)\mathrm{d}t+\sum_{j=1}^{n}C_j^2K_j-2\sum_{j=1}^{n}C_j^2K_j\right]$$

$$\overline{\varepsilon^2}=\frac{1}{t_2-t_1}\left[\int_{t_1}^{t_2}f^2(t)\mathrm{d}t-\sum_{j=1}^{n}C_j^2K_j\right] \tag{4.1-8}$$

利用式（4.1-8）可直接求得在给定项数 n 的条件下的最小均方误差。由该式可见，在用正交函数去近似（或逼近）$f(t)$ 时，所取的项数 n 越多，均方误差越小。当 $n\to\infty$ 时，均方误差 $\overline{\varepsilon^2}=0$，此时有

$$\int_{t_1}^{t_2}f^2(t)\mathrm{d}t=\sum_{j=1}^{\infty}C_j^2K_j=\sum_{j=1}^{\infty}C_j^2\int_{t_1}^{t_2}\varphi_j^2(t)\mathrm{d}t \tag{4.1-9}$$

式（4.1-9）称为帕斯瓦尔（Parseval）方程。若信号 $f(t)$ 是电压或电流，则该式左端就是在 (t_1,t_2) 区间上信号的能量，等式右端就是 (t_1,t_2) 区间上信号各正交分量的能量之和。

式（4.1-9）表明，在区间 (t_1,t_2) 内信号 $f(t)$ 所含能量恒等于 $f(t)$ 在完备正交函数集中各正交分量的能量总和。

当 $n\to\infty$ 时，均方误差为 $\overline{\varepsilon^2}=0$，式（4.1-4）可写为

$$f(t)=\sum_{j=1}^{\infty}C_j\varphi_j(t) \tag{4.1-10}$$

即函数 $f(t)$ 在区间 (t_1,t_2) 内可分解为无穷多项正交函数之和。

当正交函数集为复函数集时，系数 C_j 可由下式确定

$$C_j=\frac{\int_{t_1}^{t_2}f(t)\varphi_j^*(t)\mathrm{d}t}{\int_{t_1}^{t_2}\left|\varphi_j(t)\right|^2\mathrm{d}t} \tag{4.1-11}$$

4.2 连续时间周期信号的傅里叶级数

由 4.1 节可知，周期信号 $f(t)$ 在区间 (t_0,t_0+T) 内可以展开成在完备正交信号空间中的无穷级数。如果完备的正交函数集是三角函数集，则周期信号所展开的无穷级数就称为“三角型傅里叶

级数”；如果完备的正交函数集是虚指数函数集，则周期信号所展开的无穷级数就称为“指数型傅里叶级数”，统称为傅里叶级数。

需要指出，只有当周期信号满足狄里赫利条件（即函数在任意有限区间内连续或只有有限个第一类间断点，在一周期内，函数有有限个极大值或极小值）时，才能展开成傅里叶级数。通常遇到的周期信号都满足该条件，以后不再特别说明。

4.2.1 三角型傅里叶级数

4-3 三角型傅里叶级数

设有周期信号 $f(t)$，它的周期是 T，角频率 $\Omega = 2\pi f = \dfrac{2\pi}{T}$，依据 4.1 节信号正交分解的理论，它可以分解为三角函数集 $\{1, \cos(n\Omega t), \sin(n\Omega t), n = 1, 2, \cdots\}$ 中各函数的线性组合，有

$$f(t) = c_0 \cdot 1 + \sum_{n=1}^{\infty} a_n \cos(n\Omega t) + \sum_{n=1}^{\infty} b_n \sin(n\Omega t)$$

式中的系数 c_0，a_n 和 b_n 可利用式（4.1-11）求得。

为简便，将区间 $(t_0, t_0 + T)$ 取为 $\left(-\dfrac{T}{2}, \dfrac{T}{2}\right)$ 或 $(0, T)$，求得各系数为

$$a_n = \frac{\int_{-\frac{T}{2}}^{\frac{T}{2}} f(t)\cos(n\Omega t)\mathrm{d}t}{\int_{-\frac{T}{2}}^{\frac{T}{2}} \cos^2(n\Omega t)\mathrm{d}t} = \frac{2}{T}\int_{-\frac{T}{2}}^{\frac{T}{2}} f(t)\cos(n\Omega t)\mathrm{d}t \tag{4.2-1}$$

$$b_n = \frac{\int_{-\frac{T}{2}}^{\frac{T}{2}} f(t)\sin(n\Omega t)\mathrm{d}t}{\int_{-\frac{T}{2}}^{\frac{T}{2}} \sin^2(n\Omega t)\mathrm{d}t} = \frac{2}{T}\int_{-\frac{T}{2}}^{\frac{T}{2}} f(t)\sin(n\Omega t)\mathrm{d}t \tag{4.2-2}$$

$$c_0 = \frac{\int_{-\frac{T}{2}}^{\frac{T}{2}} f(t)\cdot 1\mathrm{d}t}{\int_{-\frac{T}{2}}^{\frac{T}{2}} 1^2\mathrm{d}t} = \frac{1}{T}\int_{-\frac{T}{2}}^{\frac{T}{2}} f(t)\mathrm{d}t$$

对比可发现

$$c_0 = \frac{a_0}{2}$$

故对于周期信号 $f(t)$，周期是 T，角频率 $\Omega = 2\pi f = \dfrac{2\pi}{T}$，$f(t)$ 可分解为

$$f(t) = \frac{a_0}{2}\cdot 1 + \sum_{n=1}^{\infty} a_n \cos(n\Omega t) + \sum_{n=1}^{\infty} b_n \sin(n\Omega t) \tag{4.2-3}$$

式中的系数 a_n，b_n 称为傅里叶系数。

由式（4.2-1）和式（4.2-2）可见，傅里叶系数 a_n 和 b_n 都是关于 $n(n\Omega)$ 的函数，其中 a_n 是 $n(n\Omega)$ 的偶函数，即 $a_{-n} = a_n$，而 b_n 是 $n(n\Omega)$ 的奇函数，即 $b_{-n} = -b_n$

将式（4.2-3）中同频率项合并，可写成如下形式：

$$f(t) = \frac{A_0}{2} + \sum_{n=1}^{\infty} A_n \cos(n\Omega t + \varphi_n) \tag{4.2-4}$$

各系数之间的关系为

$$
\left.\begin{aligned}
A_0 &= a_0 \\
A_n &= \sqrt{a_n^2 + b_n^2} \\
\varphi_n &= -\arctan\left(\frac{b_n}{a_n}\right)
\end{aligned}\right\} \tag{4.2-5}
$$

若将式（4.2-4）的形式化为式（4.2-3）的形式，各系数之间的关系为

$$
\left.\begin{aligned}
a_n &= A_n \cos\varphi_n \\
b_n &= -A_n \sin\varphi_n
\end{aligned}\right\} \tag{4.2-6}
$$

由式（4.2-5）可见，A_n 是 $n(n\Omega)$ 的偶函数，即 $A_{-n} = A_n$，而 φ_n 是 $n(n\Omega)$ 的奇函数，即 $\varphi_{-n} = -\varphi_n$。

式（4.2-4）表明，任何满足狄里赫利条件的周期函数可分解为直流和许多不同频率的余弦分量。其中 $\frac{A_0}{2}$ 是常数项，它是周期信号中所包含的直流分量；$A_1\cos(\Omega t+\varphi_1)$ 称为基波或一次谐波，它的角频率与原周期信号相同，$A_2\cos(2\Omega t+\varphi_2)$ 称为二次谐波，它的频率是基波频率的 2 倍，以此类推，还有三次、四次谐波。$A_n\cos(n\Omega t+\varphi_n)$ 称为 n 次谐波，A_n 是 n 次谐波的振幅，φ_n 是 n 次谐波的初相角。可见，周期信号可以分解为直流和各次谐波的分量。

【例 4-1】 将图 4.2 所示的方波信号 $f(t)$ 展开为傅里叶级数。

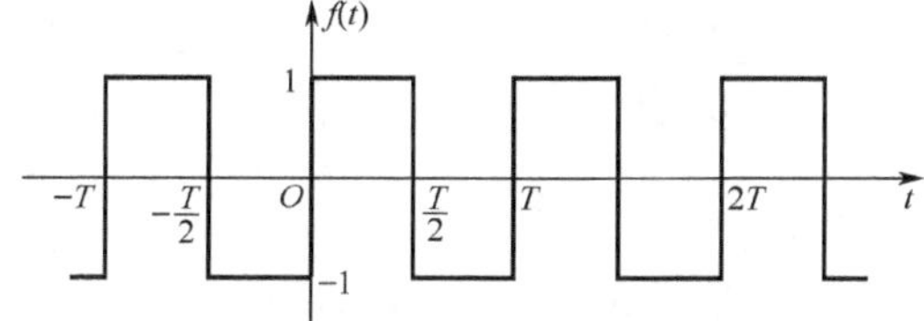

图 4.2　例 4-1 图

4-4 吉布斯现象

【解】 由式（4.2-1）和式（4.2-2）可求得傅里叶系数为

$$
\begin{aligned}
a_n &= \frac{2}{T}\int_{-\frac{T}{2}}^{\frac{T}{2}} f(t)\cos(n\Omega t)\mathrm{d}t \\
&= \frac{2}{T}\int_{-\frac{T}{2}}^{0}(-1)\cos(n\Omega t)\mathrm{d}t + \frac{2}{T}\int_{0}^{\frac{T}{2}}(1)\cos(n\Omega t)\mathrm{d}t \\
&= \frac{2}{T}\cdot\frac{1}{n\Omega}[-\sin(n\Omega t)]\Big|_{-\frac{T}{2}}^{0} + \frac{2}{T}\cdot\frac{1}{n\Omega}[\sin(n\Omega t)]\Big|_{0}^{\frac{T}{2}}
\end{aligned}
$$

考虑到 $\Omega = \frac{2\pi}{T}$，可得

$$
a_n = 0
$$

$$
\begin{aligned}
b_n &= \frac{2}{T}\int_{-\frac{T}{2}}^{\frac{T}{2}} f(t)\sin(n\Omega t)\mathrm{d}t \\
&= \frac{2}{T}\int_{-\frac{T}{2}}^{0}(-1)\sin(n\Omega t)\mathrm{d}t + \frac{2}{T}\int_{0}^{\frac{T}{2}}(1)\sin(n\Omega t)\mathrm{d}t \\
&= \frac{2}{T}\cdot\frac{1}{n\Omega}[\cos(n\Omega t)]\Big|_{-\frac{T}{2}}^{0} + \frac{2}{T}\cdot\frac{1}{n\Omega}[-\cos(n\Omega t)]\Big|_{0}^{\frac{T}{2}} \\
&= \frac{2}{n\pi}[1-\cos(n\pi)] \\
&= \begin{cases} 0, & n = 2,4,6,\cdots \\ \dfrac{4}{n\pi}, & n = 1,3,5,\cdots \end{cases}
\end{aligned}
$$

将 a_n、b_n 代入式（4.2-3），得图 4.2 所示方波信号的傅里叶级数展开式为

$$f(t)=\frac{4}{\pi}\left[\sin(\Omega t)+\frac{1}{3}\sin(3\Omega t)+\frac{1}{5}\sin(5\Omega t)+\cdots+\frac{1}{n}\sin(n\Omega t)\right],\quad n=1,3,5,\cdots$$

可知，该周期方波信号只包含 $1,3,5,\cdots$ 奇次谐波分量。

图 4.3 展示了利用 MATLAB 仿真实现周期方波信号的组成情况。

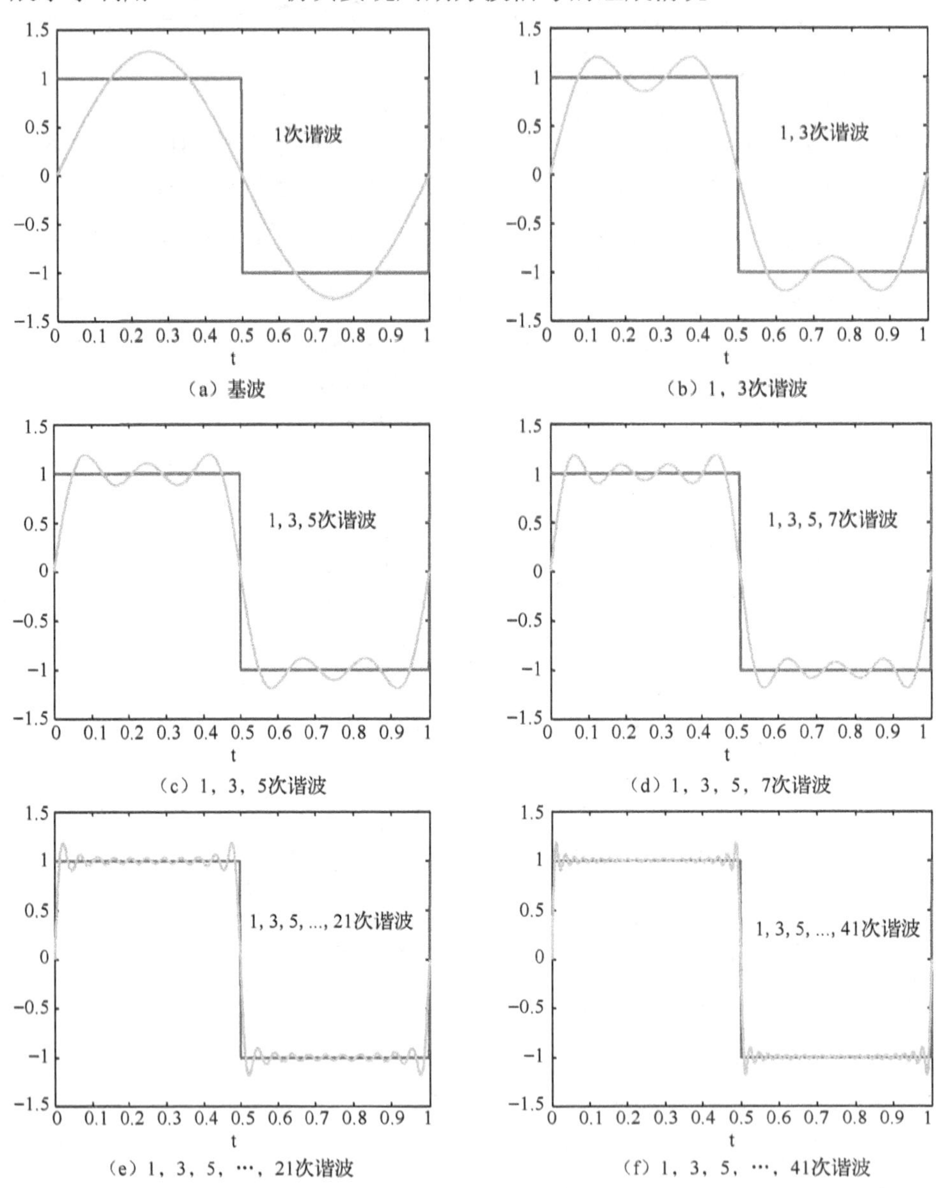

图 4.3　周期方波信号的组成

由图 4.3 可见，随着它包含的谐波分量增多，合成波形越接近于原方波信号，其均方误差越小。频率较低的谐波，其振幅较大，它们组成方波的主体，而频率较高的谐波，振幅较小，它们主要影响波形的细节，波形中包含的高次谐波越多，波形的边缘越陡峭。

由图 4.3 还可以看出，合成波形所包含的谐波分量越多，除间断点附近外，它越接近于原方波信号。在间断点附近，随着所含谐波次数的增高，合成波形的尖峰越靠近间断点，但尖峰幅度并未明显减小。即使合成波形所含谐波次数 $n\to\infty$ 时，在间断点附近仍有约 9% 的偏差，这种现象称为吉布斯（Gibbs）现象。

4.2.2　指数型傅里叶级数

4-5 指数型傅里叶级数

对周期为 T 的信号 $f(t)$，除了可展开成 4.2.1 节所述的三角型傅里叶级数之外，还可展开成指数型傅里叶级数，即将 $f(t)$ 表示为虚指数函数集 $\{e^{jn\Omega t}, n=0,\pm1,\pm2,\cdots\}$ 中各函数的线性组合，有

$$f(t)=\sum_{n=-\infty}^{\infty}F_n e^{jn\Omega t} \tag{4.2-7}$$

式中的系数 F_n 可利用式（4.1-11）求得

$$F_n=\frac{\int_{-\frac{T}{2}}^{\frac{T}{2}}f(t)(e^{jn\Omega t})^* dt}{\int_{-\frac{T}{2}}^{\frac{T}{2}}|e^{jn\Omega t}|^2 dt}=\frac{1}{T}\int_{-\frac{T}{2}}^{\frac{T}{2}}f(t)e^{-jn\Omega t}dt,\quad n=0,\pm1,\pm2,\cdots \tag{4.2-8}$$

F_n 为复数，称为傅里叶系数，$F_n=|F_n|e^{j\theta_n}$，其模为 $|F_n|$，相角为 θ_n。

式（4.2-7）表明，任何满足狄里赫利条件的周期函数 $f(t)$ 可分解为许多不同频率的虚指数信号 $(e^{jn\Omega t})$ 的和。

在指数型傅里叶级数中，当 n 取负数时，出现了负的 $n\Omega$，但这并不表示存在着负频率，它只是将第 n 次谐波的正弦分量利用欧拉公式写成两个指数项之和后出现的一种数学形式。

下面分析三角型傅里叶级数和指数型傅里叶级数各系数之间的关系。

$$\begin{aligned}F_n&=\frac{1}{T}\int_{-\frac{T}{2}}^{\frac{T}{2}}f(t)e^{-jn\Omega t}dt\\&=\frac{1}{T}\int_{-\frac{T}{2}}^{\frac{T}{2}}f(t)\cos(n\Omega t)dt-j\frac{1}{T}\int_{-\frac{T}{2}}^{\frac{T}{2}}f(t)\sin(n\Omega t)dt\end{aligned} \tag{4.2-9}$$

由式（4.2-1）、式（4.2-2）、式（4.2-6）和式（4.2-9）可知

$$\left.\begin{aligned}F_n&=\frac{1}{2}a_n-j\frac{1}{2}b_n\\|F_n|&=\frac{1}{2}\sqrt{a_n^2+b_n^2}=\frac{1}{2}A_n\\\theta_n&=-\arctan\left(\frac{b_n}{a_n}\right)\end{aligned}\right\} \tag{4.2-10}$$

可见，对于复傅里叶系数 $F_n=|F_n|e^{j\theta}$，其模值 $|F_n|$ 是关于 $n(n\Omega)$ 的偶函数，其相角 θ_n 是关于 $n(n\Omega)$ 的奇函数。

表 4-1 综合了三角型傅里叶级数和指数型傅里叶级数及其系数之间的关系。

表 4-1　周期函数展开为三角型和指数型傅里叶级数

形式	展　开　式	傅里叶系数	傅里叶系数之间的关系
三角型傅里叶级数	$f(t)=\frac{a_0}{2}+\sum_{n=1}^{\infty}a_n\cos(n\Omega t)+\sum_{n=1}^{\infty}b_n\sin(n\Omega t)$ $f(t)=\frac{A_0}{2}+\sum_{n=1}^{\infty}A_n\cos(n\Omega t+\varphi_n)$	$a_n=\frac{2}{T}\int_{-\frac{T}{2}}^{\frac{T}{2}}f(t)\cos(n\Omega t)dt$ $b_n=\frac{2}{T}\int_{-\frac{T}{2}}^{\frac{T}{2}}f(t)\sin(n\Omega t)dt$ $A_n=\sqrt{a_n^2+b_n^2}$ $\varphi_n=-\arctan\left(\frac{b_n}{a_n}\right)$	$a_n=A_n\cos\varphi_n=F_n+F_{-n}$ a_n 是 n 的偶函数 $b_n=-A_n\sin\varphi_n=j(F_n+F_{-n})$ b_n 是 n 的奇函数 $A_n=2\|F_n\|$

续表

形式	展　开　式	傅里叶系数	傅里叶系数之间的关系
指数型傅里叶级数	$f(t)=\sum_{n=-\infty}^{\infty}F_n\mathrm{e}^{\mathrm{j}n\Omega t}$ $F_n=\|F_n\|\mathrm{e}^{\mathrm{j}\theta_n}$	$F_n=\frac{1}{T}\int_{-\frac{T}{2}}^{\frac{T}{2}}f(t)\mathrm{e}^{-\mathrm{j}n\Omega t}\mathrm{d}t$ $n=0,\pm1,\pm2,\cdots$	$F_n=\frac{1}{2}A_n\mathrm{e}^{\mathrm{j}\theta_n}=\frac{1}{2}(a_n-\mathrm{j}b_n)$ $\|F_n\|=\frac{1}{2}A_n=\frac{1}{2}\sqrt{a_n^2+b_n^2}$ $\|F_n\|$ 是 n 的偶函数 $\theta_n=-\arctan\left(\frac{b_n}{a_n}\right)$ θ_n 是 n 的奇函数

【例 4-2】 周期锯齿波信号如图 4.4 所示，求该信号的指数型傅里叶级数。

【解】 由式（4.2-8）可求得傅里叶系数为

$$F_n=\frac{1}{T}\int_{-\frac{T}{2}}^{\frac{T}{2}}f(t)\mathrm{e}^{-\mathrm{j}n\Omega t}\mathrm{d}t=\frac{1}{T}\int_{-\frac{T}{2}}^{\frac{T}{2}}\frac{2}{T}t\mathrm{e}^{-\mathrm{j}n\Omega t}\mathrm{d}t$$

利用分部积分法对上式进行积分，得

$$F_n=\frac{2}{T^2}\left[\frac{t}{-\mathrm{j}n\Omega}\mathrm{e}^{-\mathrm{j}n\Omega t}\Bigg|_{-\frac{T}{2}}^{\frac{T}{2}}+\frac{1}{\mathrm{j}n\Omega}\int_{-\frac{T}{2}}^{\frac{T}{2}}\mathrm{e}^{-\mathrm{j}n\Omega t}\mathrm{d}t\right]=\frac{\mathrm{j}}{n\pi}\cos(n\pi)$$

故该信号的指数型傅里叶级数为

$$f(t)=\sum_{n=-\infty}^{\infty}F_n\mathrm{e}^{\mathrm{j}n\Omega t}=\sum_{n=-\infty}^{\infty}\frac{\mathrm{j}}{n\pi}\cos(n\pi)\mathrm{e}^{\mathrm{j}n\Omega t}$$

【例 4-3】 周期性冲激信号 $\delta_T(t)=\sum_{n=-\infty}^{\infty}\delta(t-nT)$ 如图 4.5 所示，求其指数型和三角型傅里叶级数展开式。

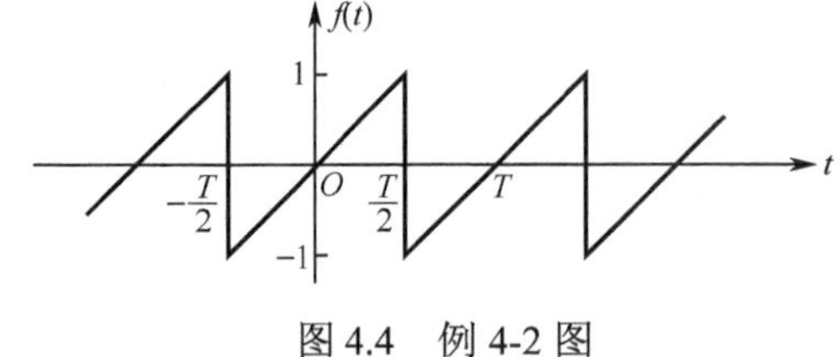

图 4.4　例 4-2 图

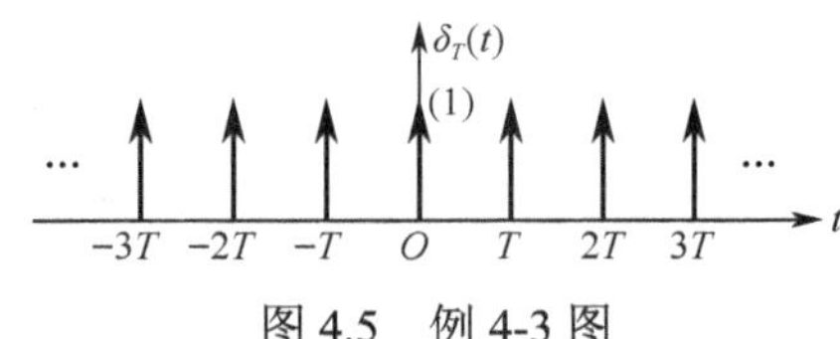

图 4.5　例 4-3 图

【解】 先求指数型傅里叶级数的系数，有

$$F_n=\frac{1}{T}\int_{-\frac{T}{2}}^{\frac{T}{2}}f(t)\mathrm{e}^{-\mathrm{j}n\Omega t}\mathrm{d}t=\frac{1}{T}\int_{-\frac{T}{2}}^{\frac{T}{2}}\delta(t)\mathrm{e}^{-\mathrm{j}n\Omega t}\mathrm{d}t=\frac{1}{T}$$

则指数型傅里叶级数展开式为

$$f(t)=\sum_{n=-\infty}^{\infty}F_n\mathrm{e}^{\mathrm{j}n\Omega t}=\frac{1}{T}\sum_{n=-\infty}^{\infty}\mathrm{e}^{\mathrm{j}n\Omega t},\Omega=\frac{2\pi}{T}$$

再求三角型傅里叶级数的系数，有

$$a_n=\frac{2}{T}\int_{-\frac{T}{2}}^{\frac{T}{2}}f(t)\cos(n\Omega t)\mathrm{d}t=\frac{2}{T}\int_{-\frac{T}{2}}^{\frac{T}{2}}\delta(t)\cos(n\Omega t)\mathrm{d}t=\frac{2}{T}$$

$$b_n=\frac{2}{T}\int_{-\frac{T}{2}}^{\frac{T}{2}}f(t)\sin(n\Omega t)\mathrm{d}t=\frac{2}{T}\int_{-\frac{T}{2}}^{\frac{T}{2}}\delta(t)\sin(n\Omega t)\mathrm{d}t=0$$

则三角型傅里叶级数展开式为

$$f(t)=\frac{1}{T}+\sum_{n=1}^{\infty}\frac{2}{T}\cos(n\Omega t),\Omega=\frac{2\pi}{T}$$

由此可见，周期性冲激信号含有直流分量和无穷多项余弦分量。

4-6 对称性与谐波特性

4.2.3 周期信号的对称性与谐波特性

周期信号的对称性分为两类，一类是整周期对称，另一类是半周期对称。整周期对称包括偶对称和奇对称，半周期对称包括奇谐对称和偶谐对称。

（1）偶对称信号

若周期信号 $f(t)$ 满足

$$f(-t)=f(t) \tag{4.2-11}$$

即 $f(t)$ 是偶对称信号，其信号波形关于纵坐标轴对称，如图 4.6 所示。

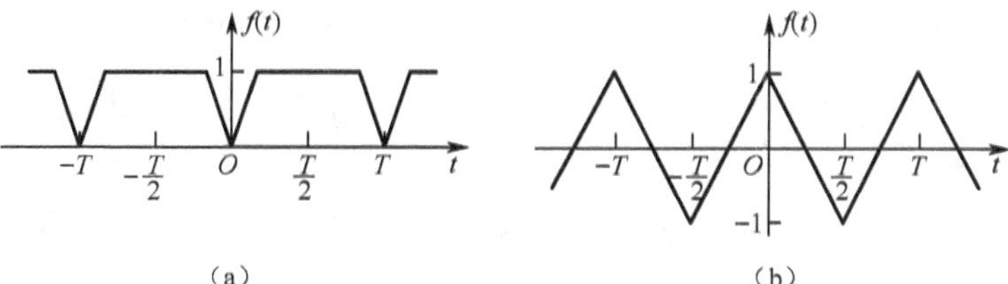

图 4.6　偶对称信号

偶对称信号 $f(t)$ 的傅里叶级数系数为

$$\begin{cases} a_n=\dfrac{2}{T}\displaystyle\int_{-\frac{T}{2}}^{\frac{T}{2}}f(t)\cos(n\Omega t)\mathrm{d}t=\dfrac{4}{T}\displaystyle\int_{0}^{\frac{T}{2}}f(t)\cos(n\Omega t)\mathrm{d}t\neq 0 \\ a_0=\dfrac{2}{T}\displaystyle\int_{-\frac{T}{2}}^{\frac{T}{2}}f(t)\mathrm{d}t\neq 0 \\ b_n=\dfrac{2}{T}\displaystyle\int_{-\frac{T}{2}}^{\frac{T}{2}}f(t)\sin(n\Omega t)\mathrm{d}t=0 \end{cases}$$

故偶对称信号的傅里叶级数展开式为

$$f(t)=\frac{a_0}{2}+\sum_{n=1}^{\infty}a_n\cos(n\Omega t)$$

可见，偶对称信号的傅里叶级数中只含有直流分量和余弦分量。

（2）奇对称信号

若周期信号 $f(t)$ 满足

$$f(-t)=-f(t) \tag{4.2-12}$$

即 $f(t)$ 是奇对称信号，其信号波形关于原点对称，如图 4.7 所示。

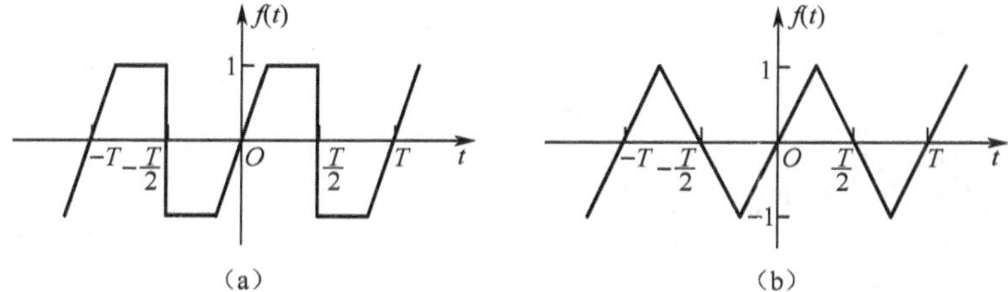

图 4.7　奇对称信号

奇对称信号 $f(t)$ 的傅里叶级数系数为

$$\begin{cases} a_n = \dfrac{2}{T}\int_{-\frac{T}{2}}^{\frac{T}{2}} f(t)\cos(n\Omega t)\mathrm{d}t = 0 \\ a_0 = \dfrac{2}{T}\int_{-\frac{T}{2}}^{\frac{T}{2}} f(t)\mathrm{d}t = 0 \\ b_n = \dfrac{2}{T}\int_{-\frac{T}{2}}^{\frac{T}{2}} f(t)\sin(n\Omega t)\mathrm{d}t = \dfrac{4}{T}\int_{0}^{\frac{T}{2}} f(t)\sin(n\Omega t)\mathrm{d}t \neq 0 \end{cases}$$

故奇对称信号的傅里叶级数展开式为

$$f(t) = \sum_{n=1}^{\infty} b_n \sin(n\Omega t)$$

可见，奇对称信号的傅里叶级数中只含有正弦分量。

（3）奇谐对称信号

若周期信号 $f(t)$ 满足

$$f(t) = -f\left(t \pm \frac{T}{2}\right) \tag{4.2-13}$$

即 $f(t)$ 是奇谐对称信号，其前半周期波形移动 $\dfrac{T}{2}$ 后，与后半周期波形关于横轴对称，如图 4.8 所示。

奇谐对称信号 $f(t)$ 的傅里叶级数系数为

$$\begin{aligned} a_n &= \frac{2}{T}\int_{-\frac{T}{2}}^{\frac{T}{2}} f(t)\cos(n\Omega t)\mathrm{d}t \\ &= \frac{2}{T}\int_{-\frac{T}{2}}^{0} f(t)\cos(n\Omega t)\mathrm{d}t + \frac{2}{T}\int_{0}^{\frac{T}{2}} -f\left(t-\frac{T}{2}\right)\cos(n\Omega t)\mathrm{d}t \\ &\overset{\text{令}t-\frac{T}{2}=\tau}{=} \frac{2}{T}\int_{-\frac{T}{2}}^{0} f(t)\cos(n\Omega t)\mathrm{d}t - \frac{2}{T}\int_{-\frac{T}{2}}^{0} f(\tau)\cos(n\Omega\tau + n\pi)\mathrm{d}\tau \\ &= \frac{2}{T}\int_{-\frac{T}{2}}^{0} f(t)\cos(n\Omega t)\mathrm{d}t - (-1)^n \frac{2}{T}\int_{-\frac{T}{2}}^{0} f(\tau)\cos(n\Omega\tau)\mathrm{d}\tau \end{aligned}$$

$$a_n = \begin{cases} \dfrac{4}{T}\int_{-\frac{T}{2}}^{0} f(t)\cos(n\Omega t)\mathrm{d}t, & n\text{为奇数} \\ 0, & n\text{为偶数} \end{cases}$$

同理，求得

$$b_n = \begin{cases} \dfrac{4}{T}\int_{-\frac{T}{2}}^{0} f(t)\sin(n\Omega t)\mathrm{d}t, & n\text{为奇数} \\ 0, & n\text{为偶数} \end{cases}$$

可见，奇谐对称信号的傅里叶级数中只含有奇次谐波分量。

（4）偶谐对称信号

若周期信号 $f(t)$ 满足

$$f(t) = f\left(t \pm \frac{T}{2}\right) \tag{4.2-14}$$

即 $f(t)$ 是偶谐对称信号，其前半周期波形移动 $\dfrac{T}{2}$ 后，与后半周期波形完全重合，如图 4.8（b）所示。

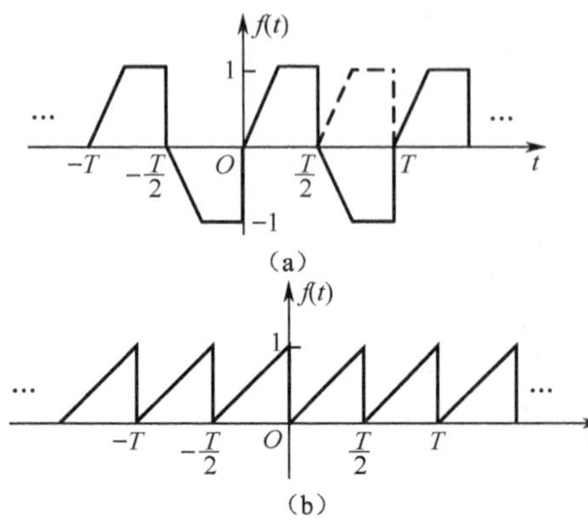

图 4.8　奇谐对称信号和偶谐对称信号

偶谐对称信号 $f(t)$ 的傅里叶级数系数为

$$a_n=\frac{2}{T}\int_{-\frac{T}{2}}^{\frac{T}{2}}f(t)\cos(n\Omega t)\mathrm{d}t$$

$$=\frac{2}{T}\int_{-\frac{T}{2}}^{0}f(t)\cos(n\Omega t)\mathrm{d}t+\frac{2}{T}\int_{0}^{\frac{T}{2}}f\left(t-\frac{T}{2}\right)\cos(n\Omega t)\mathrm{d}t$$

$$\overset{令t-\frac{T}{2}=\tau}{=}\frac{2}{T}\int_{-\frac{T}{2}}^{0}f(t)\cos(n\Omega t)\mathrm{d}t+\frac{2}{T}\int_{-\frac{T}{2}}^{0}f(\tau)\cos(n\Omega\tau+n\pi)\mathrm{d}\tau$$

$$=\frac{2}{T}\int_{-\frac{T}{2}}^{0}f(t)\cos(n\Omega t)\mathrm{d}t+(-1)^n\frac{2}{T}\int_{-\frac{T}{2}}^{0}f(\tau)\cos(n\Omega\tau)\mathrm{d}\tau$$

$$a_n=\begin{cases}\dfrac{4}{T}\displaystyle\int_{-\frac{T}{2}}^{0}f(t)\cos(n\Omega t)\mathrm{d}t, & n为偶数\\ 0, & n为奇数\end{cases}$$

同理，求得

$$b_n=\begin{cases}\dfrac{4}{T}\displaystyle\int_{-\frac{T}{2}}^{0}f(t)\sin(n\Omega t)\mathrm{d}t, & n为偶数\\ 0, & n为奇数\end{cases}$$

可见，偶谐对称信号的傅里叶级数中包含偶次谐波分量和直流分量。

【例 4-4】 利用奇偶性判断图 4.9 所示各周期信号的傅里叶级数中所包含的频率分量。

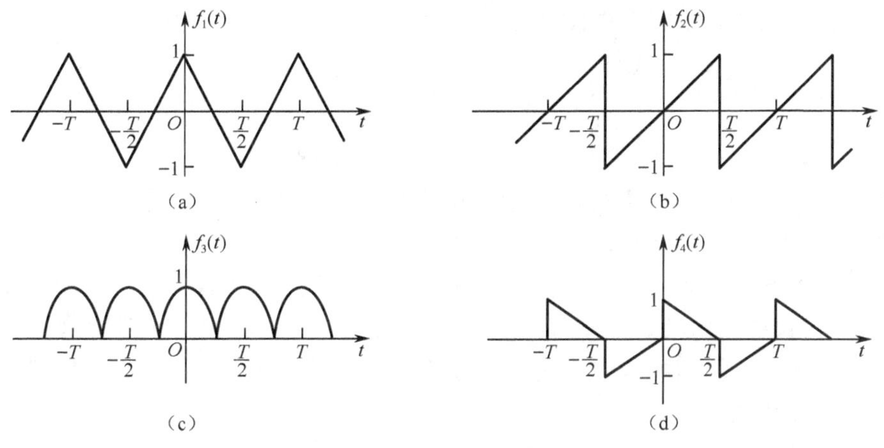

图 4.9　例 4-4 图

【解】 图 4.9（a）中 $f_1(t)$ 是偶函数，也是奇谐函数，其傅里叶级数中包含奇次余弦分量。

图 4.9（b）中 $f_2(t)$ 是奇函数，其傅里叶级数中包含正弦分量。

图 4.9（c）中 $f_3(t)$ 是偶函数，也是偶谐函数，其傅里叶级数中包含偶次余弦分量和直流分量。

图 4.9（d）中 $f_4(t)$ 为奇谐函数，其傅里叶级数中包含奇次的正弦、余弦分量。

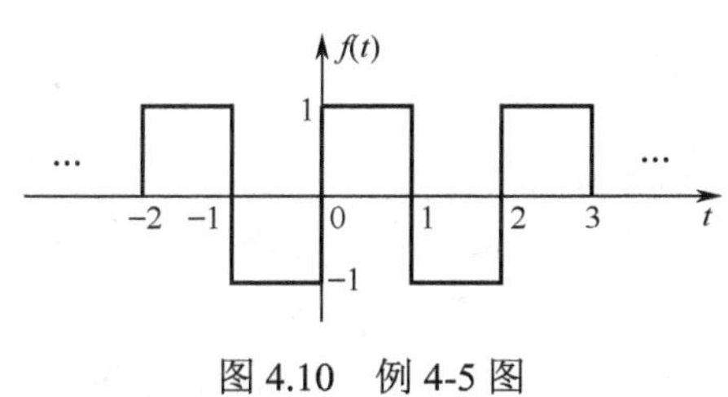

图 4.10　例 4-5 图

【例 4-5】 如图 4.10 所示周期信号 $f(t)$，该信号不可能含有的频率分量是________。

A．0.5Hz　　B．1Hz

C．1.5Hz　　D．2.5Hz

【解】 由图可知信号 $f(t)$ 为奇谐函数，故其傅里叶级数中包含奇次谐波分量。

信号周期 $T=2\mathrm{s}$，则基波频率 $f=0.5\mathrm{Hz}$。

选项 A 为基波频率，选项 B 为 2 次谐波频率，选项 C 为 3 次谐波频率，选项 D 为 5 次谐波频率。该信号不可能含有的频率分量是 B 选项。

4.3 连续时间周期信号的频谱

由 4.2 节可知，一个信号到底含有什么频率成分以及各频率成分的相对关系，取决于其傅里叶级数的系数。如果将傅里叶级数的系数与频率 ω 的关系描述出来，就可以从另外一个角度（即频率的角度）来表示信号。

以一个简单的正弦信号为例进行分析

$$f(t)=3\cos(\omega_1 t+60^\circ)$$

其时域波形如图 4.11（a）所示。由于正弦信号的三要素是频率、幅度和初相位，只要这三个要素确定，正弦信号就完全确定。这个周期信号只有一个频率，就是 ω_1，幅度为 3，初相位为 60°。

如果画一个坐标系，横坐标代表频率、纵坐标分别代表幅度和初相位，那么在这样的坐标系中，只需表示正弦信号的三要素就可以了。图 4.11（b）描述幅度-频率的关系，信号的频率只有 ω_1，相应的幅度为 3；图 4.11（c）描述相位-频率的关系，在频率 ω_1 处相应的相位为 60°。二者合起来就完整地描述了这个正弦信号，当然，这种描述是从频域的角度。

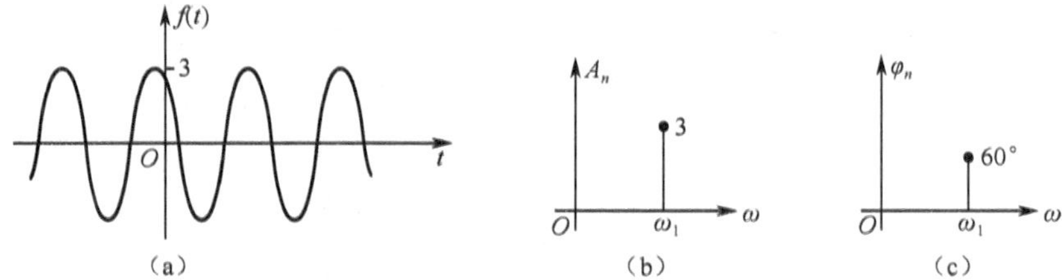

图 4.11　正弦信号的时域描述和频域描述

在信号的频域描述中，幅度谱线的长度代表了某频率分量的振幅，相位谱线的长度代表了某频率分量的初相位大小，它们共同构成信号的“谱”。

需要特别说明的是，图 4.11（a）的时域描述和图 4.11（b）、（c）的频域描述，都是对正弦信号 $3\cos(\omega_1 t+60^\circ)$ 的表示，只是一个在时域（自变量是 t），一个在频域（自变量是 ω），是同一信号的两种不同表现形式。所谓的“横看成岭侧成峰”，不同的角度，表现的形式不同，但不管观察的角度如何，都是那座山。

4-7 周期信号的频谱

4.3.1 周期信号的频谱

如前所述，周期信号 $f(t)$ 可以分解成一系列不同频率的正弦信号或虚指数信号的和，即

$$f(t)=\frac{A_0}{2}+\sum_{n=1}^{\infty}A_n\cos(n\Omega t+\varphi_n) \tag{4.3-1}$$

$$f(t)=\sum_{n=-\infty}^{\infty}F_n\mathrm{e}^{\mathrm{j}n\Omega t}\text{，}\quad F_n=|F_n|\mathrm{e}^{\mathrm{j}\theta_n} \tag{4.3-2}$$

只要确定了这些频率分量的幅度和相位，周期信号也就被唯一地表示出来了。

A_n 和 $|F_n|$ 反映了周期信号包含的各次谐波分量的幅度。以频率 ω 为横坐标，以各次谐波分量的幅度 A_n 和 $|F_n|$ 为纵坐标所画出的谱线图，称为幅度谱。

φ_n 和 θ_n 反映了周期信号包含的各次谐波分量的初相位。以频率 ω 为横坐标，以各次谐波分量

的初相位 φ_n 和 θ_n 为纵坐标所画出的谱线图，称为相位谱。

在三角型傅里叶级数中，如式（4.3-1）所示，由于 $n=0,1,2,3,\cdots$，故将幅度谱 $A_n \sim \omega$ 和相位谱 $\varphi_n \sim \omega$ 称为单边谱。在指数型傅里叶级数中，如式（4.3-2）所示，$n=0,\pm1,\pm2,\cdots$，故将幅度谱 $|F_n| \sim \omega$ 和相位谱 $\theta_n \sim \omega$ 称为双边谱。

【例 4-6】 周期实信号 $f(t)=1-\dfrac{1}{2}\cos\left(\dfrac{\pi}{4}t-\dfrac{2\pi}{3}\right)+\dfrac{1}{4}\sin\left(\dfrac{\pi}{3}t-\dfrac{\pi}{6}\right)$，试求该周期信号的周期 T，基波角频率 Ω，画出 $f(t)$ 的单边和双边频谱图。

【解】 首先将信号 $f(t)$ 表示为（4.3-1）所示的三角型傅里叶级数形式，即

$$f(t)=1+\frac{1}{2}\cos\left(\frac{\pi}{4}t-\frac{2\pi}{3}+\pi\right)+\frac{1}{4}\cos\left(\frac{\pi}{3}t-\frac{\pi}{6}-\frac{\pi}{2}\right)$$

整理后表示为

$$f(t)=1+\frac{1}{2}\cos\left(\frac{\pi}{4}t+\frac{\pi}{3}\right)+\frac{1}{4}\cos\left(\frac{\pi}{3}t-\frac{2\pi}{3}\right)$$

$f(t)$ 中有两个余弦分量，其中 $\dfrac{1}{2}\cos\left(\dfrac{\pi}{4}t+\dfrac{\pi}{3}\right)$ 的周期 $T_1=8\text{s}$，$\dfrac{1}{4}\cos\left(\dfrac{\pi}{3}t-\dfrac{2\pi}{3}\right)$ 的周期 $T_2=6\text{s}$，故可知

$f(t)$ 的周期 $T=24\text{s}$，基波角频率 $\Omega=\dfrac{2\pi}{T}=\dfrac{\pi}{12}\text{rad/s}$。

可见，信号 $f(t)$ 中包含直流分量1，包含 3 次谐波分量 $\dfrac{1}{2}\cos\left(\dfrac{\pi}{4}t+\dfrac{\pi}{3}\right)$，包含 4 次谐波分量 $\dfrac{1}{4}\cos\left(\dfrac{\pi}{3}t-\dfrac{2\pi}{3}\right)$，且有

$$\begin{cases}\dfrac{A_0}{2}=1\\ \varphi_0=0\end{cases}\quad \begin{cases}A_1=0\\ \varphi_1=0\end{cases}\quad \begin{cases}A_2=0\\ \varphi_2=0\end{cases}\quad \begin{cases}A_3=\dfrac{1}{2}\\ \varphi_3=\dfrac{\pi}{3}\end{cases}\quad \begin{cases}A_4=\dfrac{1}{4}\\ \varphi_4=-\dfrac{2\pi}{3}\end{cases}\quad 其余\begin{cases}A_n=0\\ \varphi_n=0\end{cases}$$

按上述数据即可画出其单边幅度谱和相位谱，如图 4.12（a）、（b）所示。

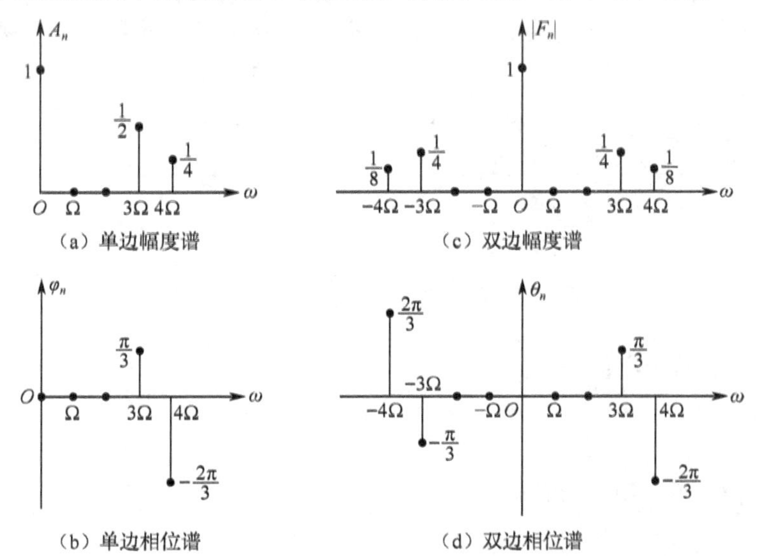

图 4.12　例 4-6 信号的单、双边频谱图

根据 $F_n=|F_n|\mathrm{e}^{\mathrm{j}\theta_n}=\dfrac{1}{2}A_n\mathrm{e}^{\mathrm{j}\theta_n}$ 可得到其双边频谱图，如图 4.12（c）、（d）所示。

从频谱图中，可以一目了然地看出信号 $f(t)$ 包含有哪些谐波分量以及每个分量所占的比重。这种表示方式既方便又直观，因而在信号的频域分析中常被采用。

在双边频谱图上出现了负频率，需要注意，这里的负频率只是一种数学形式，这是由欧拉公式决定的，因为 $-n\Omega$ 的指数分量与 $n\Omega$ 的指数分量组合起来才构成一个频率为 $n\Omega$ 的正弦分量。所以，从本质上来说，单边频谱图和双边频谱图是一样的。

由图 4.12 单、双边频谱图可以看出，实信号的双边谱具有对称性：双边幅度谱呈偶对称，$|F_n|=|F_{-n}|=\dfrac{1}{2}A_n$；双边相位谱呈奇对称，$\theta_{-n}=-\theta_n$。对直流分量，$F_0=\dfrac{A_0}{2}$，单、双边谱是相同的。

当 F_n 为实数时，可用 F_n 为正表示相位为 0，F_n 为负表示相位为 π，此时可把幅度谱和相位谱画在一张图上（参见图 4.13）。

【例 4-7】 周期信号 $f(t)$ 的双边频谱 F_n 如图 4.13 所示，求其三角型傅里叶级数表达式。

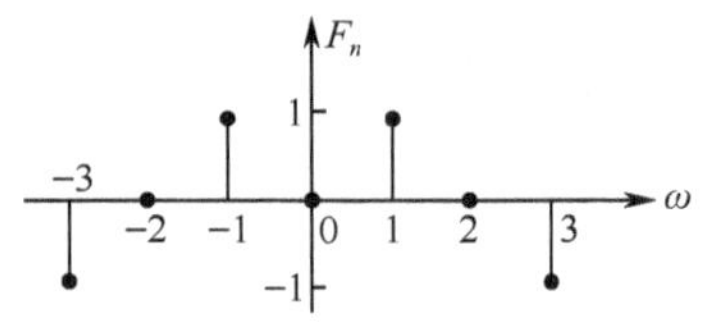

图 4.13　例 4-7 图

【解】 当 F_n 为实数时，通常将幅度谱和相位谱画在一幅图中。$F_n>0$，表示相位为 0；$F_n<0$，表示相位为 π。

由图可知，信号 $f(t)$ 的基波角频率 $\Omega=1\text{rad/s}$，且

$F_0=0$，可知 $|F_0|=0$，故 $\dfrac{A_0}{2}=0$，$\varphi_0=0$

$F_1=1$，可知 $|F_1|=1$，故 $A_1=2|F_1|=2$，$\varphi_1=0$

$F_2=0$，可知 $|F_2|=0$，故 $A_2=0$，$\varphi_2=0$

$F_3=-1$，可知 $|F_3|=1$，故 $A_3=2|F_3|=2$，$\varphi_3=\pi$

将上述数值代入 $f(t)$ 的三角型傅里叶级数表达式 $f(t)=\dfrac{A_0}{2}+\sum\limits_{n=1}^{\infty}A_n\cos(n\Omega t+\varphi_n)$，可得

$$f(t)=2\cos t+2\cos(3t+\pi)$$

4.3.2　周期信号频谱的特点

4-8 周期矩形脉冲频谱

周期矩形脉冲信号是一种典型的周期信号，下面以它为例来讨论周期信号频谱的特点。图 4.14 所示为一周期矩形脉冲信号 $f(t)$。其中，E 为脉冲幅度，τ 为脉冲宽度，T 为脉冲重复周期。

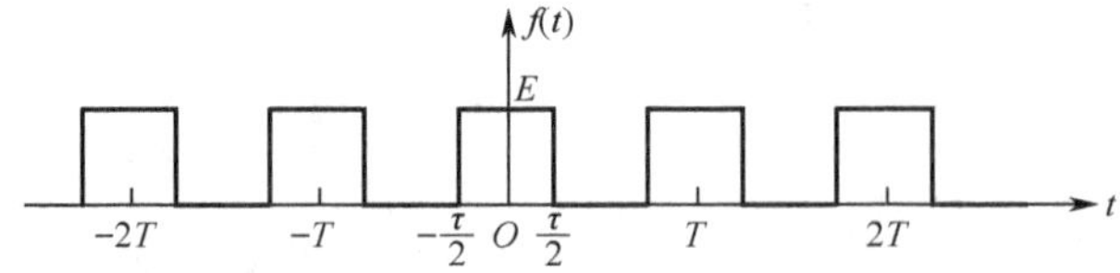

图 4.14　周期矩形脉冲信号

要分析该信号的频谱，求其傅里叶系数 F_n，根据式（4.2-8）有

$$F_n=\frac{1}{T}\int_{-\frac{T}{2}}^{\frac{T}{2}}f(t)\mathrm{e}^{-\mathrm{j}n\Omega t}\mathrm{d}t=\frac{1}{T}\int_{-\frac{\tau}{2}}^{\frac{\tau}{2}}E\mathrm{e}^{-\mathrm{j}n\Omega t}\mathrm{d}t=\frac{E}{T}\cdot\left.\frac{\mathrm{e}^{-\mathrm{j}n\Omega t}}{-\mathrm{j}n\Omega}\right|_{-\frac{\tau}{2}}^{\frac{\tau}{2}}$$

$$=\frac{2E}{T}\cdot\frac{\sin(n\Omega\tau/2)}{n\Omega}=\frac{E\tau}{T}\cdot\frac{\sin\left(\dfrac{n\Omega\tau}{2}\right)}{\dfrac{n\Omega\tau}{2}},n=0,\pm1,\pm2,\cdots \tag{4.3-3}$$

为了较方便地画出其频谱，特引用取样函数的概念。取样函数定义为

$$\mathrm{Sa}(x)=\frac{\sin x}{x} \tag{4.3-4}$$

取样函数为偶函数，且当 $x\to 0$ 时，$\mathrm{Sa}(x)=1$，当 $x=k\pi$ 时，$\mathrm{Sa}(k\pi)=0$。其波形如图 4.15 所示。

将周期矩形脉冲信号的频谱 F_n，即式（4.3-3）写成取样函数的形式为

$$F_n=\frac{E\tau}{T}\mathrm{Sa}\left(\frac{n\Omega\tau}{2}\right) \tag{4.3-5}$$

由于本例中的 F_n 为 $n\Omega$ 的实函数，故可用 F_n 的正负来表示相位为 0 或 π，这时常把幅度谱和相位谱画在一张图上。参照图 4.15 中 $\mathrm{Sa}(x)$ 的形状，可画出图 4.14 所示的周期矩形脉冲信号 $f(t)$（假设周期 $T=4\tau$）的频谱，如图 4.16 所示。各谱线的幅度按包络线 $\frac{E\tau}{T}\mathrm{Sa}\left(\frac{\omega\tau}{2}\right)$ 的规律变化。在 $\frac{\omega\tau}{2}=m\pi(m=\pm1,\pm2,\cdots)$ 时，即 $\omega=\frac{2m\pi}{\tau}$ 处，包络为 0，其相应的谱线（相应的频率分量）也为 0。

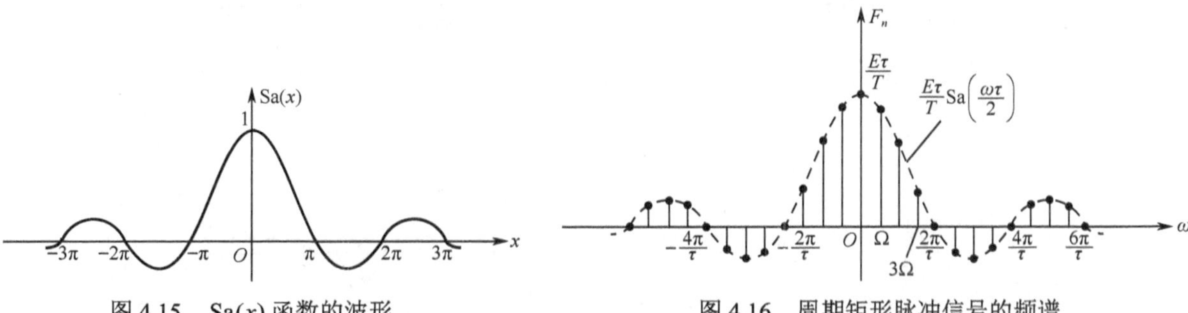

图 4.15　Sa(x) 函数的波形　　图 4.16　周期矩形脉冲信号的频谱

由图 4.16 可以看出，周期矩形脉冲信号的频谱具有以下几个特点：

（1）离散性，其频谱由不连续的谱线组成，每一条谱线代表一个正弦分量，故其频谱称为不连续谱或离散谱。

（2）谐波性，其频谱的每一条谱线只能出现在基波角频率 Ω 的整数倍处，即含有 $\omega=n\Omega$ 的各次谐波分量，不含有其他频率分量，相邻两条谱线的间隔是 Ω。

（3）收敛性，其频谱的各次谐波分量的振幅虽然随 $n\Omega$ 的变化有起伏变化，但总的趋势是随着 $n\Omega$ 的增大而逐渐减小。当 $n\Omega\to\infty$ 时，$|F_n|\to 0$。

上述关于周期信号频谱的离散性、谐波性和收敛性虽然是通过分析周期矩形脉冲信号而得到的，但它具有普遍意义，其他的周期信号也都具有这些特性。

周期矩形脉冲信号的频谱包含无穷多条谱线，也就是说，周期矩形脉冲信号可分解为无穷多个频率分量。在信号的传输过程中，要求一个传输系统将这无穷多个频率分量不失真地传输显然是不可能的。实际工作中，在允许一定失真的条件下，往往要求传输系统将信号中的主要频率分量传输过去就可以了。

周期矩形脉冲信号的能量主要集中在第一个零点（$\omega=\frac{2\pi}{\tau}$ 或 $f=\frac{1}{\tau}$）以内，因此，通常将 $0\leqslant\omega\leqslant\frac{2\pi}{\tau}$ 或 $0\leqslant f\leqslant\frac{1}{\tau}$ 这段频率范围称为矩形脉冲信号的频带宽度，记为

$$B_\omega=\frac{2\pi}{\tau}(\mathrm{rad/s}) \tag{4.3-6}$$

或

$$B_f=\frac{1}{\tau}(\mathrm{Hz}) \tag{4.3-7}$$

显然，信号的频带宽度 B_f 与信号持续时间 τ 成反比。也就是说，信号持续时间越短，该信号的频带越宽。这一结论在实际工作中应予以注意。

从上述分析可以看出，周期矩形脉冲信号的频谱结构与脉冲宽度 τ 及信号周期 T 有着必然的联系，具体分析如下。

（1）当周期 T 为定值时，其基波角频率 $\Omega=\dfrac{2\pi}{T}$ 为一确定值，而随着脉冲宽度 τ 的减小，其第一个包络零点频率增大，即信号第一零点带宽增大，而各次谐波分量的振幅同时减小。图 4.17 画出了当周期 T 保持不变，而 $\tau=T/5$ 与 $\tau=T/10$ 两种情况下的频谱。

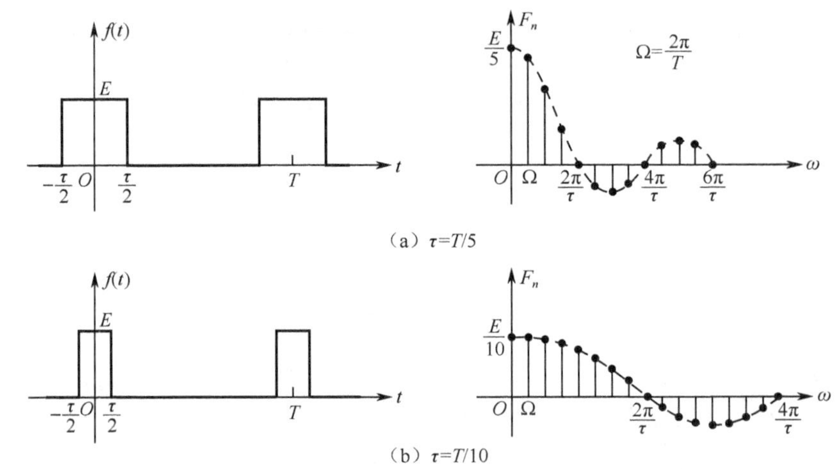

图 4.17 不同 τ 值时周期矩形信号的频谱

（2）当矩形脉冲宽度 τ 为定值时，其频谱包络的第一零点为一确定值。随着周期 T 的增大，基波角频率 $\Omega=\dfrac{2\pi}{T}$ 逐渐减小，即谱线间隔减小，谱线变密，而各次谐波分量的振幅也同时减小。图 4.18 画出了脉冲宽度 τ 不变，而周期分别为 $T=5\tau$ 和 $T=10\tau$ 两种情况下的频谱。

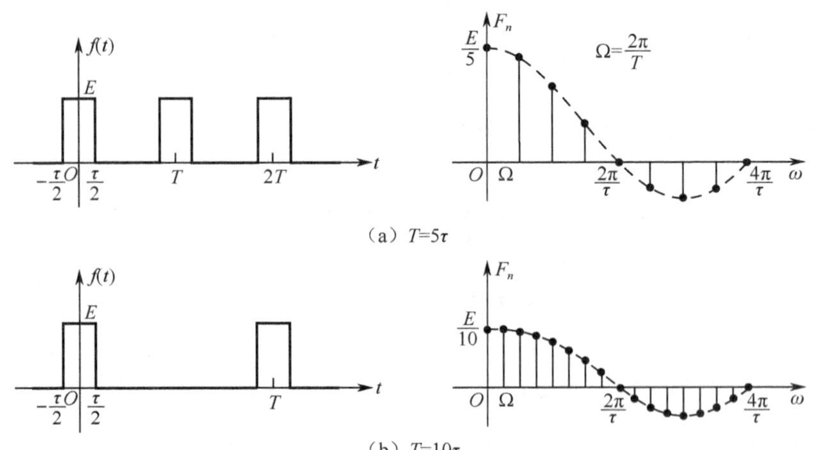

图 4.18 不同 T 值时周期矩形信号的频谱

由图 4.18 可知，当信号周期 $T\to\infty$（这时信号成为非周期信号），相邻谱线的间隔 Ω 将趋于无穷小，离散频谱就过渡为连续频谱，同时各谐波分量的振幅将趋于无穷小。

4.3.3 周期信号的功率

如第 1 章所述，周期信号是功率信号。定义周期信号在1Ω电阻上消耗的平均功率为归一化平均功率。若周期信号 $f(t)$ 是实函数，无论它是电压信号还是电流信号，其平均功率都为

$$P=\frac{1}{T}\int_{-\frac{T}{2}}^{\frac{T}{2}}f^2(t)\mathrm{d}t \tag{4.3-8}$$

将 $f(t)$ 的傅里叶级数展开式代入上式，有

$$P=\frac{1}{T}\int_{-\frac{T}{2}}^{\frac{T}{2}}\left[\frac{A_0}{2}+\sum_{n=1}^{\infty}A_n\cos(n\Omega t+\varphi_n)\right]^2\mathrm{d}t \tag{4.3-9}$$

考虑到

$$\int_{-\frac{T}{2}}^{\frac{T}{2}}\cos(n\Omega t+\varphi_n)\cos(m\Omega t+\varphi_m)\mathrm{d}t=\begin{cases}0, & m\neq n\\ \dfrac{T}{2}, & m=n\neq 0\end{cases}$$

将式（4.3-9）中被积函数展开，在展开式中具有 $\cos(n\Omega t+\varphi_n)$ 形式的余弦项，其在一个周期内的积分等于 0；具有 $A_m\cos(m\Omega t+\varphi_m)A_n\cos(n\Omega t+\varphi_n)$ 形式的项，当 $m\neq n$ 时，其积分值为 0，对于 $m=n$ 的项，其积分值为 $\frac{T}{2}A_n^2$，因此，式（4.3-9）的积分值为

$$P=\frac{1}{T}\int_{-\frac{T}{2}}^{\frac{T}{2}}f^2(t)\mathrm{d}t=\left(\frac{A_0}{2}\right)^2+\sum_{n=1}^{\infty}\frac{1}{2}A_n^2 \tag{4.3-10}$$

上式等号右端的第一项为直流分量的功率，第二项为各次谐波分量的功率之和。式（4.3-10）表明，周期信号的功率等于直流功率与各次谐波功率之和。

由于 $|F_n|=\frac{1}{2}A_n$，式（4.3-10）可改写为

$$P=\frac{1}{T}\int_{-\frac{T}{2}}^{\frac{T}{2}}f^2(t)\mathrm{d}t=|F_0|^2+2\sum_{n=1}^{\infty}|F_n|^2=\sum_{n=-\infty}^{\infty}|F_n|^2 \tag{4.3-11}$$

将式（4.3-10）和式（4.3-11）合并有

$$P=\frac{1}{T}\int_{-\frac{T}{2}}^{\frac{T}{2}}f^2(t)\mathrm{d}t=\left(\frac{A_0}{2}\right)^2+\sum_{n=1}^{\infty}\frac{1}{2}A_n^2=\sum_{n=-\infty}^{\infty}|F_n|^2 \tag{4.3-12}$$

式（4.3-12）称为帕斯瓦尔功率恒等式。它表明，对于周期信号，在时域中求得的信号功率与在频域中求得的信号功率相等。

【例 4-8】 试计算图 4.19（a）所示信号在频谱第一个零点以内各分量的功率所占总功率的百分比。

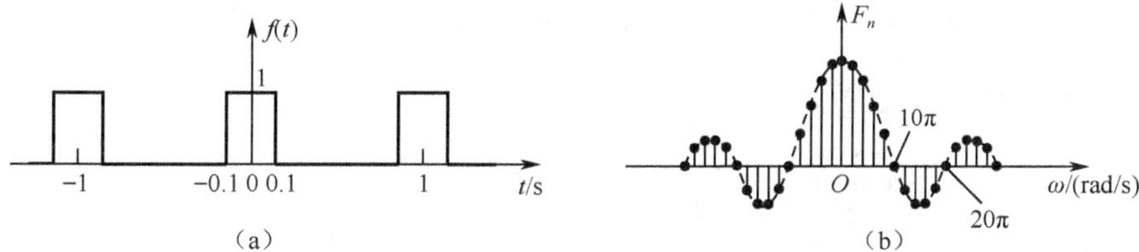

图 4.19 例 4-8 图

【解】 由图 4.19（a）可求得信号 $f(t)$ 的功率为

$$P=\frac{1}{T}\int_{-\frac{T}{2}}^{\frac{T}{2}}f^2(t)\mathrm{d}t=\int_{-0.1}^{0.1}1^2\mathrm{d}t=0.2$$

将 $f(t)$ 展开为指数型傅里叶级数，有

$$f(t)=\sum_{n=-\infty}^{\infty}F_n\mathrm{e}^{\mathrm{j}n\Omega t}$$

由式（4.3-5）知，其傅里叶系数 F_n 为

$$F_n=\frac{\tau}{T}\mathrm{Sa}\left(\frac{n\Omega\tau}{2}\right)=\frac{\tau}{T}\mathrm{Sa}\left(\frac{n\pi\tau}{T}\right)=0.2\mathrm{Sa}(0.2n\pi)$$

其频谱如图 4.19（b）所示。由图可见，频谱的第一个零点在 $n=5$。此时，第一零点角频率为 $\omega=5\Omega=10\pi\mathrm{rad/s}$。

根据式（4.3-12），在频谱第一个零点内的各分量的功率总和为

$$P_{10\pi}=|F_0|^2+2\sum_{n=1}^{5}|F_n|^2$$

将 $|F_n|$ 的值代入，得

$$\begin{aligned}P_{10\pi}&=(0.2)^2+2(0.2)^2[\mathrm{Sa}^2(0.2\pi)+\mathrm{Sa}^2(0.4\pi)+\mathrm{Sa}^2(0.6\pi)+\mathrm{Sa}^2(0.8\pi)+\mathrm{Sa}^2(\pi)]\\&=0.1806\end{aligned}$$

$$\frac{P_{10\pi}}{P}=\frac{0.1806}{0.2}=90.3\%$$

即频谱第一个零点以内各分量的功率占总功率的 90.3%。

4.4　连续时间非周期信号的频谱—傅里叶变换

当周期信号的周期 $T\to\infty$ 时，周期信号转变为非周期信号，此时在信号频谱中，相邻谱线的间隔 $\Omega\to 0$，这样离散频谱就转变成连续频谱，各条谱线的幅度 $|F_n|$ 将无限变小趋于 0，是信号在频域消失了吗？当然不是。根据 4.5 节将要描述的帕斯瓦尔能量定理，信号在频域中依然具有能量。为了描述非周期信号的频域特性，引入频谱密度的概念。

4-9 非周期信号的频谱

4.4.1　傅里叶变换与频谱

设有一周期信号 $f(t)$，将其展开成指数形式的傅里叶级数，即

$$f(t)=\sum_{n=-\infty}^{\infty}F_n\mathrm{e}^{\mathrm{j}n\Omega t}\tag{4.4-1}$$

其复振幅为

$$F_n=\frac{1}{T}\int_{-\frac{T}{2}}^{\frac{T}{2}}f(t)\mathrm{e}^{-\mathrm{j}n\Omega t}\mathrm{d}t\tag{4.4-2}$$

当周期 $T\to\infty$ 时，频谱幅度 $|F_n|\to 0$，给式(4.4-2)两端同时除以 f（即两端同乘以 T，$T=\frac{1}{f}$），表示单位频率上的频谱，即频谱密度

$$\lim_{T\to\infty}\frac{F_n}{f}=\lim_{T\to\infty}\frac{F_n}{1/T}=\lim_{T\to\infty}F_n\cdot T=\lim_{T\to\infty}\int_{-\frac{T}{2}}^{\frac{T}{2}}f(t)\mathrm{e}^{-\mathrm{j}n\Omega t}\mathrm{d}t\tag{4.4-3}$$

考虑到当周期 $T\to\infty$ 时，将离散频率 $n\Omega$ 用连续频率 ω 代替，式（4.4-3）可写为

$$F(\mathrm{j}\omega)=\int_{-\infty}^{\infty}f(t)\mathrm{e}^{-\mathrm{j}\omega t}\mathrm{d}t\tag{4.4-4}$$

称 $F(\mathrm{j}\omega)$ 为非周期信号 $f(t)$ 的频谱密度函数。

同样，对 $f(t)$ 的傅里叶级数展开式（4.4-1）也可以改写为如下形式

$$f(t)=\sum_{n=-\infty}^{\infty}F_n\mathrm{e}^{\mathrm{j}n\Omega t}=\sum_{n=-\infty}^{\infty}F_nT\cdot\mathrm{e}^{\mathrm{j}n\Omega t}\cdot\frac{1}{T} \tag{4.4-5}$$

考虑到当周期 $T\to\infty$ 时，F_nT 即为 $F(\mathrm{j}\omega)$，谱线间隔 $\Omega=\dfrac{2\pi}{T}$ 趋近于无穷小量，记为 $\mathrm{d}\omega$，$\dfrac{1}{T}=\dfrac{\Omega}{2\pi}\to\dfrac{\mathrm{d}\omega}{2\pi}$，$n\Omega\to\omega$，求和式应转化为从 $-\infty$ 到 $+\infty$ 的积分，式（4.4-5）可写为

$$f(t)=\frac{1}{2\pi}\int_{-\infty}^{\infty}F(\mathrm{j}\omega)\mathrm{e}^{\mathrm{j}\omega t}\mathrm{d}\omega \tag{4.4-6}$$

式（4.4-4）为非周期信号的频谱表达式，称为信号 $f(t)$ 的傅里叶变换 $F(\mathrm{j}\omega)$，$F(\mathrm{j}\omega)$ 称为 $f(t)$ 的频谱密度函数，简称为频谱函数。

式（4.4-6）称为 $F(\mathrm{j}\omega)$ 的傅里叶反变换，$f(t)$ 称为频谱函数 $F(\mathrm{j}\omega)$ 的原函数。此式表明，非周期信号 $f(t)$ 可以由无数个指数函数 $\mathrm{e}^{\mathrm{j}\omega t}$ 之和来表示，而每个指数函数分量的大小为 $F(\mathrm{j}\omega)$。

非周期信号的傅里叶变换可简记为

$$\begin{cases}F(\mathrm{j}\omega)=F[f(t)]\\ f(t)=F^{-1}[F(\mathrm{j}\omega)]\end{cases} \tag{4.4-7}$$

$f(t)$ 与 $F(\mathrm{j}\omega)$ 的对应关系也可简记为

$$f(t)\leftrightarrow F(\mathrm{j}\omega) \tag{4.4-8}$$

需要指出，在上面推导傅里叶变换时并未遵循数学上的严格步骤。一般来说，傅里叶变换存在的充分条件是 $f(t)$ 应满足绝对可积，即要求

$$\int_{-\infty}^{\infty}|f(t)|\mathrm{d}t<\infty \tag{4.4-9}$$

但这并不是必要条件。当引入广义函数的概念后，许多不满足绝对可积条件的函数也能进行傅里叶变换，这给信号与系统分析带来极大的方便。

频谱函数 $F(\mathrm{j}\omega)$ 一般是复函数，可记为

$$F(\mathrm{j}\omega)=|F(\mathrm{j}\omega)|\mathrm{e}^{\mathrm{j}\varphi(\omega)}=R(\omega)+\mathrm{j}X(\omega) \tag{4.4-10}$$

式中，$|F(\mathrm{j}\omega)|$ 为 $F(\mathrm{j}\omega)$ 的模，$\varphi(\omega)$ 为 $F(\mathrm{j}\omega)$ 的相位。$R(\omega)$ 和 $X(\omega)$ 分别是 $F(\mathrm{j}\omega)$ 的实部和虚部。

与周期信号的频谱相对应，习惯上将 $|F(\mathrm{j}\omega)|\sim\omega$ 的关系曲线称为幅度频谱密度，简称幅度谱，而将 $\varphi(\omega)\sim\omega$ 的关系曲线称为相位频谱密度，简称相位谱，它们都是 ω 的连续函数。

与周期信号类似，将式（4.4-6）改写成三角函数的形式，即

$$\begin{aligned}f(t)&=\frac{1}{2\pi}\int_{-\infty}^{\infty}F(\mathrm{j}\omega)\mathrm{e}^{\mathrm{j}\omega t}\mathrm{d}\omega\\&=\frac{1}{2\pi}\int_{-\infty}^{\infty}|F(\mathrm{j}\omega)|\mathrm{e}^{\mathrm{j}[\omega t+\varphi(\omega)]}\mathrm{d}\omega\\&=\frac{1}{2\pi}\int_{-\infty}^{\infty}|F(\mathrm{j}\omega)|\cos[\omega t+\varphi(\omega)]\mathrm{d}\omega+\mathrm{j}\frac{1}{2\pi}\int_{-\infty}^{\infty}|F(\mathrm{j}\omega)|\sin[\omega t+\varphi(\omega)]\mathrm{d}\omega\end{aligned}$$

由于上式第二个积分中的被积函数是 ω 的奇函数，故该积分值为 0，而第一个积分中的被积函数是 ω 的偶函数，故有

$$f(t)=\frac{1}{\pi}\int_{0}^{\infty}|F(\mathrm{j}\omega)|\cos[\omega t+\varphi(\omega)]\mathrm{d}\omega \tag{4.4-11}$$

上式表明，非周期信号也可以分解成许多不同频率的余弦分量，它包含了频率从 0 到 ∞ 的所有频率分量。$\dfrac{|F(\mathrm{j}\omega)|\mathrm{d}\omega}{\pi}$ 相当于各余弦分量的振幅，它是无穷小量，所以非周期信号的频谱不能再用幅度表示，而改用密度函数来表示。类似于物质的密度是单位体积的质量，密度函数 $|F(\mathrm{j}\omega)|$

可看作是单位频率的振幅，用来表示各余弦分量的相对大小。

【例 4-9】 设图 4.20 所示信号 $f(t)$ 的傅里叶变换为 $F(\mathrm{j}\omega)$，求 $F(0)$ 和 $\int_{-\infty}^{\infty} F(\mathrm{j}\omega)\mathrm{d}\omega$。

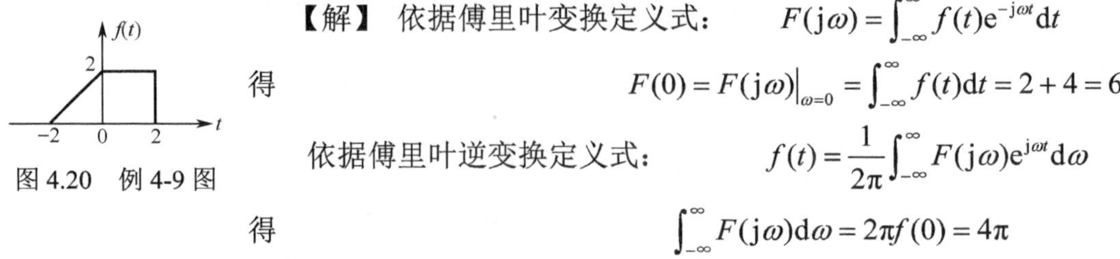

图 4.20　例 4-9 图

【解】 依据傅里叶变换定义式：　$F(\mathrm{j}\omega)=\int_{-\infty}^{\infty} f(t)\mathrm{e}^{-\mathrm{j}\omega t}\mathrm{d}t$

得

$$F(0)=F(\mathrm{j}\omega)\big|_{\omega=0}=\int_{-\infty}^{\infty} f(t)\mathrm{d}t=2+4=6$$

依据傅里叶逆变换定义式：　$f(t)=\dfrac{1}{2\pi}\int_{-\infty}^{\infty} F(\mathrm{j}\omega)\mathrm{e}^{\mathrm{j}\omega t}\mathrm{d}\omega$

得

$$\int_{-\infty}^{\infty} F(\mathrm{j}\omega)\mathrm{d}\omega=2\pi f(0)=4\pi$$

4.4.2　常用信号的傅里叶变换

本节对一些常用信号求解傅里叶变换，画出频谱密度图，分析它们的频域特性。

4-10 常用傅里叶变换

1．单边指数函数

$$f(t)=\mathrm{e}^{-\alpha t}\varepsilon(t)\qquad(\alpha>0)$$

其傅里叶变换为

$$F(\mathrm{j}\omega)=\int_{-\infty}^{\infty} f(t)\mathrm{e}^{-\mathrm{j}\omega t}\mathrm{d}t=\int_{0}^{\infty} \mathrm{e}^{-\alpha t}\mathrm{e}^{-\mathrm{j}\omega t}\mathrm{d}t=\left.\frac{\mathrm{e}^{-(\alpha+\mathrm{j}\omega)t}}{-(\alpha+\mathrm{j}\omega)}\right|_{0}^{\infty}=\frac{1}{\alpha+\mathrm{j}\omega}\tag{4.4-12}$$

其幅度频谱密度和相位频谱密度分别为

$$|F(\mathrm{j}\omega)|=\frac{1}{\sqrt{\alpha^2+\omega^2}}$$

$$\varphi(\omega)=-\arctan\left(\frac{\omega}{\alpha}\right)$$

单边指数函数时域波形及其幅度谱和相位谱分别如图 4.21（a）、（b）和（c）所示。

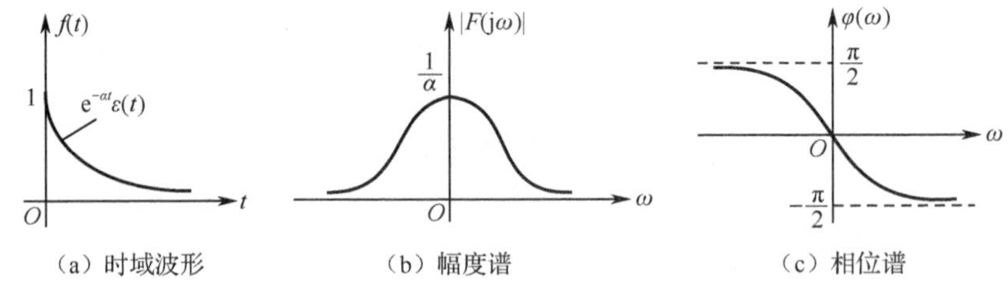

（a）时域波形　（b）幅度谱　（c）相位谱

图 4.21　单边指数函数及其频谱密度

2．双边指数函数

$$f(t)=\mathrm{e}^{-\alpha|t|}\qquad(\alpha>0)$$

其傅里叶变换为

$$\begin{aligned}F(\mathrm{j}\omega)&=\int_{-\infty}^{\infty} f(t)\mathrm{e}^{-\mathrm{j}\omega t}\mathrm{d}t=\int_{-\infty}^{\infty} \mathrm{e}^{-\alpha|t|}\mathrm{e}^{-\mathrm{j}\omega t}\mathrm{d}t\\&=\int_{-\infty}^{0} \mathrm{e}^{(\alpha-\mathrm{j}\omega)t}\mathrm{d}t+\int_{0}^{\infty} \mathrm{e}^{-(\alpha+\mathrm{j}\omega)t}\mathrm{d}t=\frac{2\alpha}{\alpha^2+\omega^2}\end{aligned}\tag{4.4-13}$$

其幅度谱和相位谱分别为

$$|F(\mathrm{j}\omega)|=\frac{2\alpha}{\alpha^2+\omega^2}$$

$$\varphi(\omega)=0$$

双边指数函数时域波形及其频谱密度分别如图 4.22（a）和（b）所示。

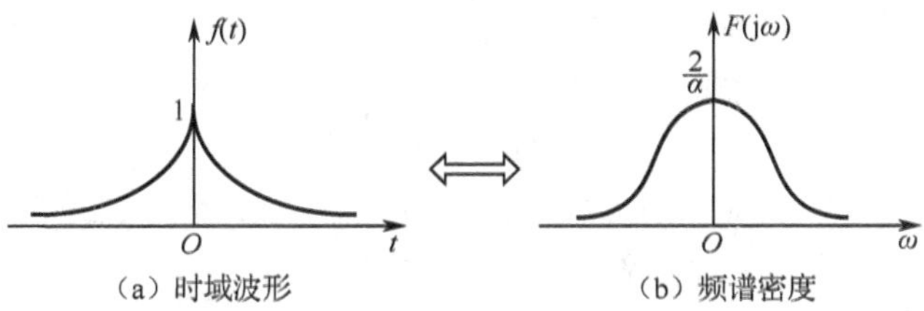

图 4.22　双边指数函数及其频谱密度

3．门函数（矩形脉冲）

$$f(t)=Ag_\tau(t)=\begin{cases}A, & |t|\leqslant\dfrac{\tau}{2}\\ 0, & |t|>\dfrac{\tau}{2}\end{cases}，\ \tau\text{为脉冲宽度}$$

其傅里叶变换为

$$F(\mathrm{j}\omega)=\int_{-\infty}^{\infty}f(t)\mathrm{e}^{-\mathrm{j}\omega t}\mathrm{d}t=\int_{-\frac{\tau}{2}}^{\frac{\tau}{2}}A\mathrm{e}^{-\mathrm{j}\omega t}\mathrm{d}t=A\tau\mathrm{Sa}\left(\frac{\omega\tau}{2}\right) \tag{4.4-14}$$

门函数时域波形及其频谱密度分别如图 4.23（a）和（b）所示。

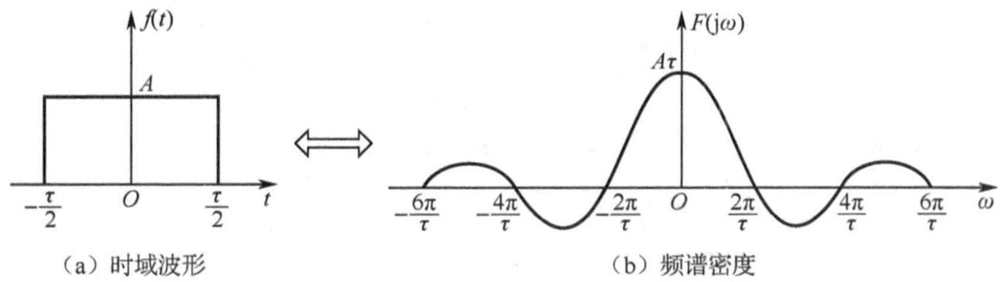

图 4.23　门函数时域波形及其频谱密度

由图 4.23 可见，虽然矩形脉冲信号在时域内集中于有限的范围内，然而它的频谱却以 $\mathrm{Sa}\left(\frac{\omega\tau}{2}\right)$ 的规律变化，分布在无限宽的频率范围上，但是其主要的信号能量处于 $f=0\sim\frac{1}{\tau}$ 范围。因而，通常认为这种信号占用频率范围（频带）B 近似为 $\frac{1}{\tau}$，即

$$B\approx\frac{1}{\tau}(\mathrm{Hz})$$

4．单位冲激函数

$$f(t)=\delta(t)$$

其傅里叶变换为

$$F(\mathrm{j}\omega)=\int_{-\infty}^{\infty}f(t)\mathrm{e}^{-\mathrm{j}\omega t}\mathrm{d}t=\int_{-\infty}^{\infty}\delta(t)\mathrm{e}^{-\mathrm{j}\omega t}\mathrm{d}t=1 \tag{4.4-15}$$

单位冲激函数时域波形及其频谱密度分别如图 4.24（a）和（b）所示，单位冲激函数的频谱是常

数 1，其频谱密度是均匀的，常称为“均匀谱”或“白色频谱”。

5. 单位直流信号

$$f(t)=1$$

在实际中有一些函数不满足绝对可积这一充分条件，但其傅里叶变换却存在，直接用傅里叶变换的定义式不好求解。此时，可构造一函数 $f_n(t)$ 来逼近函数 $f(t)$，即

$$f(t)=\lim_{n\to\infty} f_n(t)$$

函数 $f_n(t)$ 满足绝对可积条件，并且 $f_n(t)$ 的傅里叶变换 $F_n(\mathrm{j}\omega)$ 是极限收敛的。

定义函数 $f(t)$ 的傅里叶变换 $F(\mathrm{j}\omega)$ 为

$$F(\mathrm{j}\omega)=\lim_{n\to\infty} F_n(\mathrm{j}\omega)$$

这样定义的傅里叶变换也称为广义傅里叶变换。

构造一函数 $$f_\alpha(t)=\mathrm{e}^{-\alpha|t|},\alpha>0 \leftrightarrow F_\alpha(\mathrm{j}\omega)=\frac{2\alpha}{\alpha^2+\omega^2}$$

$$f(t)=1=\lim_{\alpha\to 0} f_\alpha(t)$$

$$F(\mathrm{j}\omega)=\lim_{\alpha\to 0} F_\alpha(\mathrm{j}\omega)=\lim_{\alpha\to 0}\frac{2\alpha}{\alpha^2+\omega^2}=\begin{cases}0, & \omega\neq 0\\ \infty, & \omega=0\end{cases}$$

由上式可见，它是一个发生在 $\omega=0$ 处的冲激函数 $\delta(\omega)$，该冲激函数的强度为

$$\int_{-\infty}^{\infty}\lim_{\alpha\to 0}\frac{2\alpha}{\alpha^2+\omega^2}\mathrm{d}\omega=\lim_{\alpha\to 0}\int_{-\infty}^{\infty}\frac{2}{1+\left(\dfrac{\omega}{\alpha}\right)^2}\mathrm{d}\left(\frac{\omega}{\alpha}\right)=\lim_{\alpha\to 0}2\arctan\left(\frac{\omega}{\alpha}\right)\Bigg|_{-\infty}^{\infty}=2\pi$$

则单位直流信号 $f(t)=1$ 的频谱函数为

$$F(\mathrm{j}\omega)=2\pi\delta(\omega) \tag{4.4-16}$$

单位直流信号时域波形及其频谱密度分别如图 4.25（a）和（b）所示。

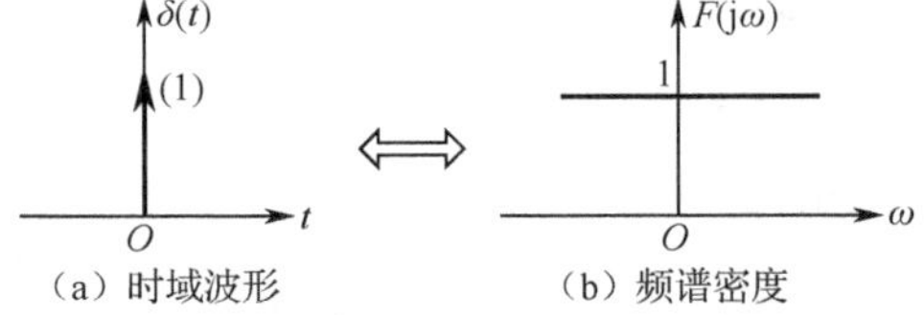

（a）时域波形　（b）频谱密度

图 4.24　单位冲激函数时域波形及其频谱密度

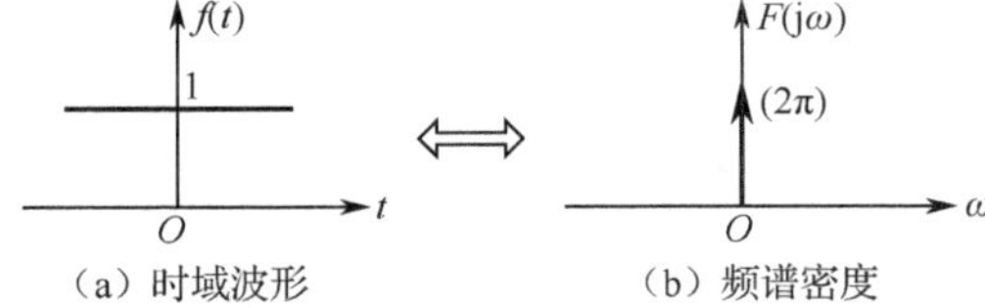

（a）时域波形　（b）频谱密度

图 4.25　单位直流信号时域波形及其频谱密度

6. 符号函数 sgn(*t*)

$$f(t)=\mathrm{sgn}(t)=\begin{cases}-1, & t<0\\ 0, & t=0\\ 1, & t>0\end{cases}$$

显然符号函数 $\mathrm{sgn}(t)$ 不满足绝对可积条件，构造一函数

$$f_\alpha(t)=\begin{cases}-\mathrm{e}^{\alpha t}, & t<0\\ \mathrm{e}^{-\alpha t}, & t>0\end{cases}\quad(\alpha>0)$$

$$f_\alpha(t)\leftrightarrow F_\alpha(\mathrm{j}\omega)=\frac{1}{\alpha+\mathrm{j}\omega}-\frac{1}{\alpha-\mathrm{j}\omega}=-\frac{\mathrm{j}2\omega}{\alpha^2+\omega^2}$$

$$\mathrm{sgn}(t)=\lim_{\alpha\to 0} f_\alpha(t)$$

$$F(\mathrm{j}\omega)=\lim_{\alpha\to 0}F_{\alpha}(\mathrm{j}\omega)=\lim_{\alpha\to 0}\left(-\frac{\mathrm{j}2\omega}{\alpha^{2}+\omega^{2}}\right)=\frac{2}{\mathrm{j}\omega}$$

则符号函数 sgn(t) 的频谱函数为

$$F(\mathrm{j}\omega)=\frac{2}{\mathrm{j}\omega} \tag{4.4-17}$$

符号函数 sgn(t) 的时域波形及其幅度谱和相位谱分别如图 4.26（a）、（b）和（c）所示。

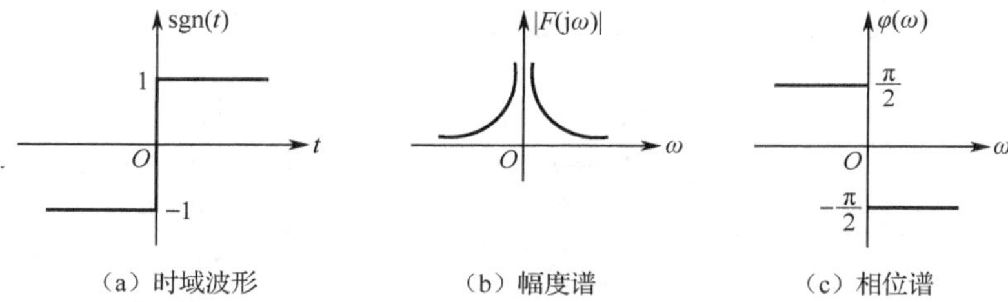

（a）时域波形　（b）幅度谱　（c）相位谱

图 4.26　符号函数的时域波形及其频谱密度

7．阶跃函数$\varepsilon(t)$

$$f(t)=\varepsilon(t)=\begin{cases}1, & t>0\\ 0, & t<0\end{cases}$$

阶跃函数 $\varepsilon(t)$ 显然不满足绝对可积条件，直接利用傅里叶变换的定义式无法求得所需结果。它可以看作幅度为 $\frac{1}{2}$ 的直流信号与幅度为 $\frac{1}{2}$ 的符号函数之和，即

$$\varepsilon(t)=\frac{1}{2}+\frac{1}{2}\mathrm{sgn}(t)$$

对上式两边同时进行傅里叶变换，可得阶跃函数的频谱函数为

$$F(\mathrm{j}\omega)=\pi\delta(\omega)+\frac{1}{\mathrm{j}\omega} \tag{4.4-18}$$

阶跃函数 $\varepsilon(t)$ 时域波形及其幅度谱和相位谱分别如图 4.27（a）、（b）和（c）所示。

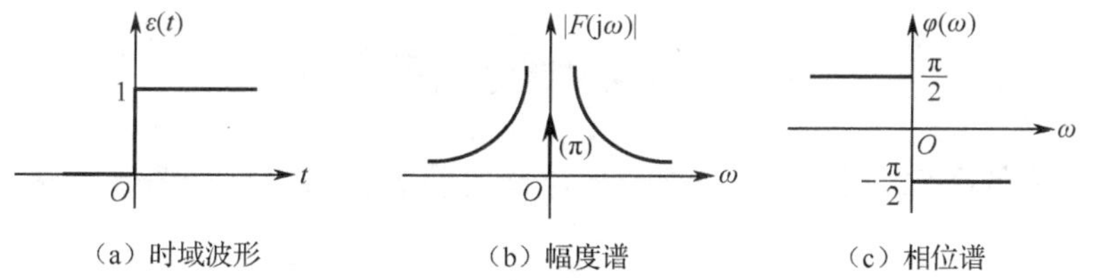

（a）时域波形　（b）幅度谱　（c）相位谱

图 4.27　阶跃函数时域波形及其频谱密度

表 4-2 列出了常用信号的傅里叶变换及其幅度谱和相位谱。

表 4-2　常用信号的傅里叶变换及其频谱图

序号	名称	时间函数 $f(t)$	时域波形	频谱密度 $F(\mathrm{j}\omega)$	幅度谱 $\lvert F(\mathrm{j}\omega)\rvert$	相位谱 $\varphi(\omega)$
1	单边指数函数	$\mathrm{e}^{-\alpha t}\varepsilon(t)\ (\alpha>0)$	$f(t)$; 1; $\mathrm{e}^{-\alpha t}\varepsilon(t)$; O; t	$\dfrac{1}{\alpha+\mathrm{j}\omega}$	$\lvert F(\mathrm{j}\omega)\rvert$; $\frac{1}{\alpha}$; O; ω	$\varphi(\omega)$; $\frac{\pi}{2}$; O; ω; $-\frac{\pi}{2}$

续表

序号	名称	时间函数 $f(t)$	时域波形	频谱密度 $F(\mathrm{j}\omega)$	幅度谱 $\lvert F(\mathrm{j}\omega)\rvert$	相位谱 $\varphi(\omega)$
2	双边指数函数	$\mathrm{e}^{-\alpha\lvert t\rvert}\quad(\alpha>0)$	$f(t)$; 1; O; t	$\dfrac{2\alpha}{\alpha^2+\omega^2}$	$\lvert F(\mathrm{j}\omega)\rvert$; $\frac{2}{\alpha}$; O; ω	$\varphi(\omega)=0$
3	门函数	$\begin{cases}A, & \lvert t\rvert\leqslant\dfrac{\tau}{2}\\ 0, & \lvert t\rvert>\dfrac{\tau}{2}\end{cases}$	$f(t)$; A; $-\frac{\tau}{2}$; O; $\frac{\tau}{2}$; t	$A\tau\mathrm{Sa}\left(\dfrac{\omega\tau}{2}\right)$	$\lvert F(\mathrm{j}\omega)\rvert$; $A\tau$; $-\frac{2\pi}{\tau}$; O; $\frac{2\pi}{\tau}$; $\frac{4\pi}{\tau}$; ω	$\varphi(\omega)$; π; $\frac{2\pi}{\tau}$; $\frac{4\pi}{\tau}$; O; $-\pi$; ω
4	单位冲激函数	$\delta(t)$	$\delta(t)$; (1); O; t	1	$\lvert F(\mathrm{j}\omega)\rvert$; 1; O; ω	$\varphi(\omega)=0$
5	单位直流函数	1	$f(t)$; 1; O; t	$2\pi\delta(\omega)$	$\lvert F(\mathrm{j}\omega)\rvert$; (2π); O; ω	$\varphi(\omega)=0$
6	符号函数	$\begin{cases}-1, & t<0\\ 0, & t=0\\ 1, & t>0\end{cases}$	$\mathrm{sgn}(t)$; 1; O; -1; t	$\dfrac{2}{\mathrm{j}\omega}$	$\lvert F(\mathrm{j}\omega)\rvert$; O; ω	$\varphi(\omega)$; $\frac{\pi}{2}$; O; $-\frac{\pi}{2}$; ω
7	阶跃函数	$\varepsilon(t)$	$\varepsilon(t)$; 1; O; t	$\pi\delta(\omega)+\dfrac{1}{\mathrm{j}\omega}$	$\lvert F(\mathrm{j}\omega)\rvert$; (π); O; ω	$\varphi(\omega)$; $\frac{\pi}{2}$; O; $-\frac{\pi}{2}$; ω

4.5　傅里叶变换的性质

根据傅里叶变换的概念，非周期信号 $f(t)$ 与频谱函数 $F(\mathrm{j}\omega)$ 是一对傅里叶变换对，二者之间有一一对应的关系，即

$$f(t)\leftrightarrow F(\mathrm{j}\omega)$$

$$\begin{cases}F(\mathrm{j}\omega)=\displaystyle\int_{-\infty}^{\infty}f(t)\mathrm{e}^{-\mathrm{j}\omega t}\mathrm{d}t\\ f(t)=\dfrac{1}{2\pi}\displaystyle\int_{-\infty}^{\infty}F(\mathrm{j}\omega)\mathrm{e}^{\mathrm{j}\omega t}\mathrm{d}\omega\end{cases}$$

由此可见，信号有两种描述方式：时域描述和频域描述，傅里叶变换建立了时域与频域之间的联系。为了更进一步了解时域和频域之间的内在联系，简化运算，便于应用傅里叶变换分析问题，本节讨论傅里叶变换的性质，分析信号在一个域中的变化对应到另一个域中会有怎样的表现。

1. 奇偶性

通常遇到的实际信号都是实信号，即它们都是时间的实函数。下面研究实函数 $f(t)$ 与其频谱 $F(\mathrm{j}\omega)$ 之间的虚实、奇偶关系。

$$F(\mathrm{j}\omega)=\int_{-\infty}^{\infty}f(t)\mathrm{e}^{-\mathrm{j}\omega t}\mathrm{d}t=\int_{-\infty}^{\infty}f(t)\cos(\omega t)\mathrm{d}t-\mathrm{j}\int_{-\infty}^{\infty}f(t)\sin(\omega t)\mathrm{d}t$$

$$F(\mathrm{j}\omega)=R(\omega)+\mathrm{j}X(\omega)=|F(\mathrm{j}\omega)|\mathrm{e}^{\mathrm{j}\varphi(\omega)} \tag{4.5-1}$$

式（4.5-1）中频谱函数的实部和虚部分别为

$$\begin{cases}R(\omega)=\int_{-\infty}^{\infty}f(t)\cos(\omega t)\mathrm{d}t\\X(\omega)=-\int_{-\infty}^{\infty}f(t)\sin(\omega t)\mathrm{d}t\end{cases} \tag{4.5-2}$$

式（4.5-1）中频谱函数的模和相角分别为

$$\begin{cases}|F(\mathrm{j}\omega)|=\sqrt{R^2(\omega)+X^2(\omega)}\\\varphi(\omega)=\arctan\left[\dfrac{X(\omega)}{R(\omega)}\right]\end{cases} \tag{4.5-3}$$

由于 $\cos(\omega t)$ 是 ω 的偶函数，$\sin(\omega t)$ 是 ω 的奇函数，由式（4.5-2）和（4.5-3）可知：

（1）若 $f(t)$ 是时间 t 的实函数，则频谱函数 $F(\mathrm{j}\omega)$ 的实部 $R(\omega)$ 是角频率 ω 的偶函数，虚部 $X(\omega)$ 是 ω 的奇函数，$|F(\mathrm{j}\omega)|$ 是 ω 的偶函数，而 $\varphi(\omega)$ 是 ω 的奇函数。

（2）若 $f(t)$ 是时间 t 的实、偶函数，则 $f(t)\sin(\omega t)$ 是 t 的奇函数，因此 $X(\omega)=0$；而 $f(t)\cos(\omega t)$ 是 t 的偶函数，于是有

$$F(\mathrm{j}\omega)=R(\omega)=\int_{-\infty}^{\infty}f(t)\cos(\omega t)\mathrm{d}t=2\int_{0}^{\infty}f(t)\cos(\omega t)\mathrm{d}t$$

这时，频谱函数 $F(\mathrm{j}\omega)$ 等于 $R(\omega)$，$F(\mathrm{j}\omega)$ 是 ω 的实、偶函数。

（3）若 $f(t)$ 是时间 t 的实、奇函数，则 $f(t)\cos(\omega t)$ 是 t 的奇函数，因此 $R(\omega)=0$；而 $f(t)\sin(\omega t)$ 是 t 的偶函数，于是有

$$F(\mathrm{j}\omega)=\mathrm{j}X(\omega)=-\mathrm{j}\int_{-\infty}^{\infty}f(t)\sin(\omega t)\mathrm{d}t=-2\mathrm{j}\int_{0}^{\infty}f(t)\sin(\omega t)\mathrm{d}t$$

这时，频谱函数 $F(\mathrm{j}\omega)$ 等于 $\mathrm{j}X(\omega)$，$F(\mathrm{j}\omega)$ 是 ω 的虚、奇函数。

此外，分析 $f(-t)$ 的傅里叶变换为

$$f(-t)\leftrightarrow\int_{-\infty}^{\infty}f(-t)\mathrm{e}^{-\mathrm{j}\omega t}\mathrm{d}t$$

令上式右端中的 $-t=\tau$，上式可表示为

$$f(-t)\leftrightarrow-\int_{\infty}^{-\infty}f(\tau)\mathrm{e}^{\mathrm{j}\omega\tau}\mathrm{d}\tau=\int_{-\infty}^{\infty}f(\tau)\mathrm{e}^{-\mathrm{j}(-\omega)\tau}\mathrm{d}\tau=F(-\mathrm{j}\omega)$$

考虑到 $R(\omega)$ 是 ω 的偶函数，$X(\omega)$ 是 ω 的奇函数，故

$$F(-\mathrm{j}\omega)=R(-\omega)+\mathrm{j}X(-\omega)=R(\omega)-\mathrm{j}X(\omega)=F^*(\mathrm{j}\omega)$$

式中 $F^*(\mathrm{j}\omega)$ 是 $F(\mathrm{j}\omega)$ 的共轭复函数。于是 $f(-t)$ 的傅里叶变换可表示为

$$f(-t)\leftrightarrow F(-\mathrm{j}\omega)=F^*(\mathrm{j}\omega) \tag{4.5-4}$$

【例 4-10】 已知如图 4.28 所示信号 $f(t)$ 的傅里叶变换为 $F(\mathrm{j}\omega)=R(\omega)+\mathrm{j}X(\omega)$，求图中所示信号 $y(t)$ 的傅里叶变换 $Y(\mathrm{j}\omega)$。

图 4.28　例 4-10 图

【解】 由图 4.28 可确定 $y(t)$ 与 $f(t)$ 的关系为

$$y(t)=f(-t)-f(t)$$

已知

$$f(t)\leftrightarrow F(\mathrm{j}\omega)=R(\omega)+\mathrm{j}X(\omega)$$

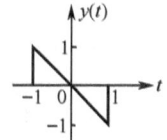

依据式（4.5-4）和 $R(\omega)$ 是 ω 的偶函数，虚部 $X(\omega)$ 是 ω 的奇函数，有

$$f(-t)\leftrightarrow F(-\mathrm{j}\omega)=R(-\omega)+\mathrm{j}X(-\omega)=R(\omega)-\mathrm{j}X(\omega)$$

依据 $y(t)$ 的表达式，求得其傅里叶变换 $Y(\mathrm{j}\omega)$ 为

$$
\begin{aligned}
Y(\mathrm{j}\omega) &= F(-\mathrm{j}\omega) - F(\mathrm{j}\omega) \\
&= [R(\omega) - \mathrm{j}X(\omega)] - [R(\omega) + \mathrm{j}X(\omega)] \\
&= -2\mathrm{j}X(\omega)
\end{aligned}
$$

4-11 线性和时移性

2. 线性

若 $f_1(t) \leftrightarrow F_1(\mathrm{j}\omega)$， $f_2(t) \leftrightarrow F_2(\mathrm{j}\omega)$，且设 a， b 为常数，则有

$$
af_1(t) + bf_2(t) \leftrightarrow aF_1(\mathrm{j}\omega) + bF_2(\mathrm{j}\omega) \tag{4.5-5}
$$

【证明】 根据傅里叶变换的定义式，有

$$
\begin{aligned}
af_1(t) + bf_2(t) &\leftrightarrow \int_{-\infty}^{\infty} [af_1(t) + bf_2(t)]\,\mathrm{e}^{-\mathrm{j}\omega t}\mathrm{d}t \\
&= a\int_{-\infty}^{\infty} f_1(t)\mathrm{e}^{-\mathrm{j}\omega t}\mathrm{d}t + b\int_{-\infty}^{\infty} f_2(t)\mathrm{e}^{-\mathrm{j}\omega t}\mathrm{d}t \\
&= aF_1(\mathrm{j}\omega) + bF_2(\mathrm{j}\omega)
\end{aligned}
$$

线性性质包含两个含义：

（1）齐次性。它表明，若信号 $f(t)$ 乘以常数 a，则其频谱函数也乘以常数 a。

（2）可加性。它表明几个信号之和的频谱函数等于各个信号的频谱函数之和。

该性质虽然简单，但很重要，它是频域分析的基础。在 4.4 节求阶跃函数 $\varepsilon(t)$ 的频谱时已经应用了该性质。

3. 时移特性

若 $f(t) \leftrightarrow F(\mathrm{j}\omega)$，且 t_0 为实常数，则有

$$
f(t - t_0) \leftrightarrow F(\mathrm{j}\omega)\mathrm{e}^{-\mathrm{j}\omega t_0} \tag{4.5-6}
$$

$$
f(t + t_0) \leftrightarrow F(\mathrm{j}\omega)\mathrm{e}^{\mathrm{j}\omega t_0} \tag{4.5-7}
$$

式（4.5-6）表明，在时域中信号右移 t_0，在频域中各频率分量的幅度不变，但其相位比原 $f(t)$ 各频率分量的相位滞后 ωt_0。

【证明】 根据傅里叶变换的定义式，有

$$
f(t - t_0) \leftrightarrow \int_{-\infty}^{\infty} f(t - t_0)\mathrm{e}^{-\mathrm{j}\omega t}\mathrm{d}t
$$

令 $t - t_0 = \tau$，则上式可写为

$$
\begin{aligned}
f(t - t_0) &\leftrightarrow \int_{-\infty}^{\infty} f(\tau)\mathrm{e}^{-\mathrm{j}\omega(t_0+\tau)}\mathrm{d}\tau \\
&= \mathrm{e}^{-\mathrm{j}\omega t_0}\int_{-\infty}^{\infty} f(\tau)\mathrm{e}^{-\mathrm{j}\omega\tau}\mathrm{d}\tau \\
&= F(\mathrm{j}\omega)\mathrm{e}^{-\mathrm{j}\omega t_0}
\end{aligned}
$$

【例 4-11】 求图 4.29（a）所示信号 $f(t)$ 的频谱函数 $F(\mathrm{j}\omega)$。

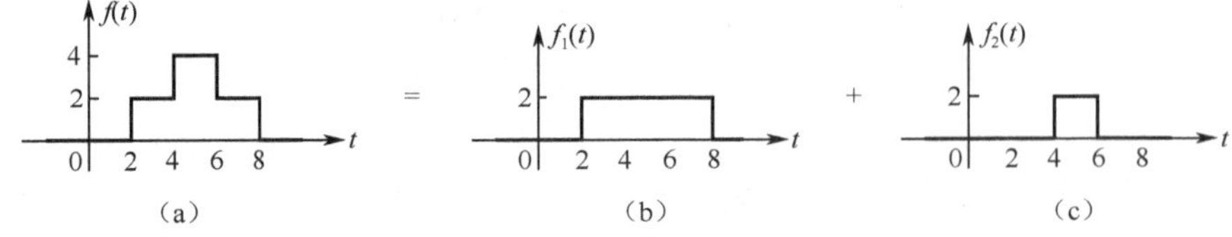

图 4.29 例 4-11 图

【解】 由图 4.29 可以看出，信号 $f(t)$ 可以看作是由 $f_1(t)$ 和 $f_2(t)$ 叠加而成的，即

$$
f(t) = f_1(t) + f_2(t)
$$

$$
f_1(t) = 2g_6(t - 5) \leftrightarrow 12\mathrm{Sa}(3\omega)\mathrm{e}^{-\mathrm{j}5\omega}
$$

$$f_2(t)=2g_2(t-5)\leftrightarrow 4\mathrm{Sa}(\omega)\mathrm{e}^{-\mathrm{j}5\omega}$$

$$f(t)\leftrightarrow F(\mathrm{j}\omega)=[12\mathrm{Sa}(3\omega)+4\mathrm{Sa}(\omega)]\mathrm{e}^{-\mathrm{j}5\omega}$$

【例 4-12】 求信号 $f(t)=\mathrm{e}^{-2t}\varepsilon(t+1)$ 的频谱函数 $F(\mathrm{j}\omega)$。

【解】 依据单边指数信号的傅里叶变换对，有

$$\mathrm{e}^{-2t}\varepsilon(t)\leftrightarrow\frac{1}{\mathrm{j}\omega+2}$$

利用时移特性，有

$$\mathrm{e}^{-2(t+1)}\varepsilon(t+1)\leftrightarrow\frac{1}{\mathrm{j}\omega+2}\cdot\mathrm{e}^{\mathrm{j}\omega}$$

上式两边同时乘以常数 e^2，有

$$\mathrm{e}^2\cdot\mathrm{e}^{-2(t+1)}\varepsilon(t+1)\leftrightarrow\frac{1}{\mathrm{j}\omega+2}\cdot\mathrm{e}^{\mathrm{j}\omega+2}$$

$f(t)$ 的频谱函数 $F(\mathrm{j}\omega)$ 为

$$F(\mathrm{j}\omega)=\frac{1}{\mathrm{j}\omega+2}\cdot\mathrm{e}^{\mathrm{j}\omega+2}$$

4-12 频移特性

4．频移特性

若 $f(t)\leftrightarrow F(\mathrm{j}\omega)$，且 ω_0 为实常数，则有

$$f(t)\mathrm{e}^{\mathrm{j}\omega_0 t}\leftrightarrow F[\mathrm{j}(\omega-\omega_0)] \tag{4.5-8}$$

$$f(t)\mathrm{e}^{-\mathrm{j}\omega_0 t}\leftrightarrow F[\mathrm{j}(\omega+\omega_0)] \tag{4.5-9}$$

此性质表明，在时域中将信号 $f(t)$ 乘以虚指数函数 $\mathrm{e}^{\mathrm{j}\omega_0 t}$，对应于在频域中将频谱函数 $F(\mathrm{j}\omega)$ 沿 ω 轴右移 ω_0，在时域中将信号 $f(t)$ 乘以虚指数函数 $\mathrm{e}^{-\mathrm{j}\omega_0 t}$，对应于在频域中将频谱函数 $F(\mathrm{j}\omega)$ 沿 ω 轴左移 ω_0。

【证明】 根据傅里叶变换的定义式，有

$$f(t)\mathrm{e}^{\mathrm{j}\omega_0 t}\leftrightarrow\int_{-\infty}^{\infty}f(t)\mathrm{e}^{\mathrm{j}\omega_0 t}\mathrm{e}^{-\mathrm{j}\omega t}\mathrm{d}t=\int_{-\infty}^{\infty}f(t)\mathrm{e}^{-\mathrm{j}(\omega-\omega_0)t}\mathrm{d}t=F[\mathrm{j}(\omega-\omega_0)]$$

频移性质在实际中有着广泛的应用。特别是在无线电领域中，诸如调制、混频、相干解调、频分复用等都需要进行频移。具体原理分析见 4.8.5 节调制与解调。

【例 4-13】 求 $f(t)=\mathrm{e}^{\mathrm{j}3t}$ 的频谱函数 $F(\mathrm{j}\omega)$。

【解】 依据单位直流信号的傅里叶变换对，有

$$1\leftrightarrow 2\pi\delta(\omega)$$

应用频移性质，有

$$1\cdot\mathrm{e}^{\mathrm{j}3t}\leftrightarrow 2\pi\delta(\omega-3)$$

故 $f(t)$ 的频谱函数 $F(\mathrm{j}\omega)$ 为

$$F(\mathrm{j}\omega)=2\pi\delta(\omega-3)$$

【例 4-14】 已知信号 $f(t)$ 的频谱函数为 $F(\mathrm{j}\omega)$，如图 4.30（a）所示，试求信号 $y(t)=f(t)\cos(\omega_0 t)$ 的频谱函数，并画出其频谱图。

【解】 依据欧拉公式将 $\cos(\omega_0 t)$ 表示为指数函数形式，有

$$y(t)=f(t)\cos(\omega_0 t)=\frac{1}{2}f(t)(\mathrm{e}^{\mathrm{j}\omega_0 t}+\mathrm{e}^{-\mathrm{j}\omega_0 t})=\frac{1}{2}f(t)\mathrm{e}^{\mathrm{j}\omega_0 t}+\frac{1}{2}f(t)\mathrm{e}^{-\mathrm{j}\omega_0 t}$$

应用频移性质，求出 $y(t)$ 的频谱函数 $Y(\mathrm{j}\omega)$

$$y(t) \leftrightarrow Y(\mathrm{j}\omega) = \frac{1}{2}F[\mathrm{j}(\omega - \omega_0)] + \frac{1}{2}F[\mathrm{j}(\omega + \omega_0)]$$

其频谱图如图 4.30（b）所示，可见其频谱波形与原信号频谱 $F(\mathrm{j}\omega)$ 的形状一样，幅度减半，沿频率轴分别向左和向右平移了 ω_0 。

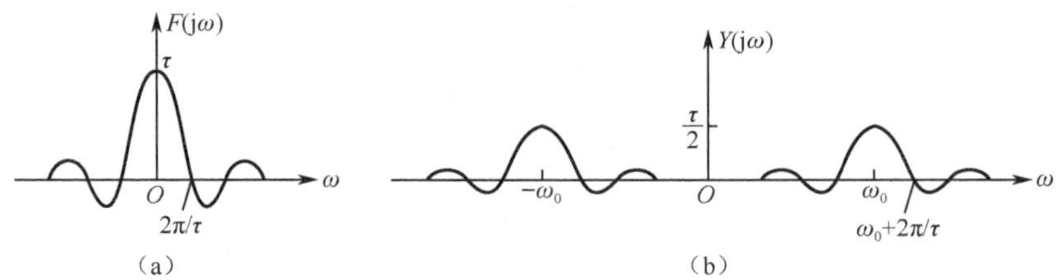

图 4.30　例 4-14 图

5. 尺度变换特性

4-13 尺度变换

若 $f(t) \leftrightarrow F(\mathrm{j}\omega)$ ， a 为实常数 $(a \neq 0)$ ，则

$$f(at) \leftrightarrow \frac{1}{|a|}F\left(\mathrm{j}\frac{\omega}{a}\right) \tag{4.5-10}$$

【证明】 将 $f(at)$ 代入傅里叶变换的定义式，有

$$f(at) \leftrightarrow \int_{-\infty}^{\infty} f(at)\mathrm{e}^{-\mathrm{j}\omega t}\mathrm{d}t$$

令 $x = at$ ，则 $t = \frac{x}{a}$， $\mathrm{d}t = \frac{1}{a}\mathrm{d}x$ ，则有

当 $a > 0$ 时， $f(at) \leftrightarrow \int_{-\infty}^{\infty} f(x)\mathrm{e}^{-\mathrm{j}\frac{\omega}{a}x} \cdot \frac{1}{a}\mathrm{d}x = \frac{1}{a}\int_{-\infty}^{\infty} f(x)\mathrm{e}^{-\mathrm{j}\frac{\omega}{a}x}\mathrm{d}x = \frac{1}{a}F\left(\mathrm{j}\frac{\omega}{a}\right)$

当 $a < 0$ 时， $f(at) \leftrightarrow \int_{\infty}^{-\infty} f(x)\mathrm{e}^{-\mathrm{j}\frac{\omega}{a}x} \cdot \frac{1}{a}\mathrm{d}x = -\frac{1}{a}\int_{-\infty}^{\infty} f(x)\mathrm{e}^{-\mathrm{j}\frac{\omega}{a}x}\mathrm{d}x = -\frac{1}{a}F\left(\mathrm{j}\frac{\omega}{a}\right)$

综合以上两种情况可知

$$f(at) \leftrightarrow \frac{1}{|a|}F\left(\mathrm{j}\frac{\omega}{a}\right)$$

当 $a = -1$ 时，有

$$f(-t) \leftrightarrow F(-\mathrm{j}\omega) \tag{4.5-11}$$

此性质表明，将信号 $f(t)$ 在时间轴上压缩到原来的 $\frac{1}{a}$ ，则其对应的频谱函数在角频率 ω 轴上将展宽 a 倍，同时其幅度减小到原来的 $\frac{1}{|a|}$ 。也就是说，在时域中信号占据时间的压缩对应于其频谱在频域中占有频带的展宽，反之，信号在时域中的扩展对应于其频谱在频域中的压缩。

由此可见，信号在时域的持续时间与信号占有的频带宽度成反比。在通信系统中，为了快速传输信号，经常对信号进行时域压缩，这将以扩展频带宽度为代价，故在实际应用中要权衡考虑。

【例 4-15】 已知 $f(t) \leftrightarrow F(\mathrm{j}\omega)$，求 $\mathrm{e}^{\mathrm{j}4t}f(3-2t)$ 的频谱函数。

【解】 此题目可以用不同的方法来求解。

解法一：先利用时移特性，有

$$f(t+3) \leftrightarrow F(\mathrm{j}\omega)\mathrm{e}^{\mathrm{j}3\omega}$$

再利用尺度变换特性，令 $a = -2$ ，有

$$f(3-2t)\leftrightarrow\frac{1}{|-2|}F\left(\mathrm{j}\frac{\omega}{-2}\right)\mathrm{e}^{\mathrm{j}3\left(\frac{\omega}{-2}\right)}=\frac{1}{2}F\left(-\mathrm{j}\frac{\omega}{2}\right)\mathrm{e}^{-\mathrm{j}\frac{3}{2}\omega}$$

最后利用频移特性，有

$$\mathrm{e}^{\mathrm{j}4t}f(3-2t)\leftrightarrow\frac{1}{2}F\left(-\mathrm{j}\frac{\omega-4}{2}\right)\mathrm{e}^{-\mathrm{j}\frac{3(\omega-4)}{2}}$$

解法二：先利用尺度变换特性，有

$$f(-2t)\leftrightarrow\frac{1}{|-2|}F\left(\mathrm{j}\frac{\omega}{-2}\right)=\frac{1}{2}F\left(-\mathrm{j}\frac{\omega}{2}\right)$$

再利用时移特性，有

$$f(3-2t)=f\left[-2\left(t-\frac{3}{2}\right)\right]\leftrightarrow\frac{1}{2}F\left(-\mathrm{j}\frac{\omega}{2}\right)\mathrm{e}^{-\mathrm{j}\frac{3}{2}\omega}$$

最后利用频移特性，有

$$\mathrm{e}^{\mathrm{j}4t}f(3-2t)\leftrightarrow\frac{1}{2}F\left(-\mathrm{j}\frac{\omega-4}{2}\right)\mathrm{e}^{-\mathrm{j}\frac{3(\omega-4)}{2}}$$

4-14 对称性

6．对称性

若 $f(t)\leftrightarrow F(\mathrm{j}\omega)$，则有

$$F(\mathrm{j}t)\leftrightarrow 2\pi f(-\omega) \tag{4.5-12}$$

上式表明，如果函数 $f(t)$ 的频谱函数为 $F(\mathrm{j}\omega)$，那么时间函数 $F(\mathrm{j}t)$ 的频谱函数是 $2\pi f(-\omega)$。这称为傅里叶变换的对称性。

【证明】 根据傅里叶反变换的定义式，即

$$f(t)=\frac{1}{2\pi}\int_{-\infty}^{\infty}F(\mathrm{j}\omega)\mathrm{e}^{\mathrm{j}\omega t}\mathrm{d}\omega$$

将上式中的自变量 t 换为 $-t$，得

$$f(-t)=\frac{1}{2\pi}\int_{-\infty}^{\infty}F(\mathrm{j}\omega)\mathrm{e}^{-\mathrm{j}\omega t}\mathrm{d}\omega$$

将上式中的 t 换为 ω，将原有的 ω 换为 t，得

$$f(-\omega)=\frac{1}{2\pi}\int_{-\infty}^{\infty}F(\mathrm{j}t)\mathrm{e}^{-\mathrm{j}\omega t}\mathrm{d}t$$

$$2\pi f(-\omega)=\int_{-\infty}^{\infty}F(\mathrm{j}t)\mathrm{e}^{-\mathrm{j}\omega t}\mathrm{d}t$$

上式表明，时间函数 $F(\mathrm{j}t)$ 的频谱函数为 $2\pi f(-\omega)$，即式（4.5-12）。

利用对称性质，可以很方便地求某些信号的频谱，特别是有些直接利用定义式无法求解的信号，往往利用对称性可以方便地求得。例如，直流信号 1，可以利用对称性求其频谱，即

$$\delta(t)\leftrightarrow 1$$

利用对称性，有

$$1\leftrightarrow 2\pi\delta(-\omega)$$

考虑冲激函数是个偶函数，则

$$1\leftrightarrow 2\pi\delta(\omega)$$

【例 4-16】 求取样函数 $\mathrm{Sa}(t)=\dfrac{\sin t}{t}$ 的频谱函数。

【解】 直接利用定义式不易求出 $\mathrm{Sa}(t)$ 的傅里叶变换，利用常用信号的傅里叶变换对和对称性质则比较方便。

门函数的傅里叶变换对为

$$g_\tau(t) \leftrightarrow \tau \mathrm{Sa}\left(\frac{\omega\tau}{2}\right)$$

利用对称性质，有

$$\tau \mathrm{Sa}\left(\frac{t\tau}{2}\right) \leftrightarrow 2\pi g_\tau(-\omega) = 2\pi g_\tau(\omega)$$

令$\tau=2$，有

$$2\mathrm{Sa}(t) \leftrightarrow 2\pi g_2(\omega)$$
$$\mathrm{Sa}(t) \leftrightarrow \pi g_2(\omega)$$

【例 4-17】 求函数t和$\frac{1}{t}$的频谱函数。

【解】 利用常用信号的傅里叶变换对和对称性质进行求解。

（1）利用冲激偶函数的傅里叶变换对，有

$$\delta'(t) \leftrightarrow \mathrm{j}\omega$$

利用对称性质，有

$$\mathrm{j}t \leftrightarrow 2\pi\delta'(-\omega) = -2\pi\delta'(\omega)$$

根据线性性质，在时域、频域分别乘以$-\mathrm{j}$，得

$$t \leftrightarrow \mathrm{j}2\pi\delta'(\omega)$$

（2）利用符号函数的傅里叶变换对，有

$$\mathrm{sgn}(t) \leftrightarrow \frac{2}{\mathrm{j}\omega}$$

利用对称性质，有

$$\frac{2}{\mathrm{j}t} \leftrightarrow 2\pi\,\mathrm{sgn}(-\omega) = -2\pi\,\mathrm{sgn}(\omega)$$

根据线性性质，时域、频域分别乘以$\frac{\mathrm{j}}{2}$，得

$$\frac{1}{t} \leftrightarrow -\mathrm{j}\pi\,\mathrm{sgn}(\omega)$$

【例 4-18】 求函数$f(t)=\frac{1}{1+t^2}$的频谱函数。

【解】 利用双边指数函数的傅里叶变换对，有

$$\mathrm{e}^{-\alpha|t|} \leftrightarrow \frac{2\alpha}{\alpha^2+\omega^2}$$

利用对称性质，有

$$\frac{2\alpha}{\alpha^2+t^2} \leftrightarrow 2\pi\mathrm{e}^{-\alpha|\omega|}$$

令$\alpha=1$，得

$$\frac{2}{1+t^2} \leftrightarrow 2\pi\mathrm{e}^{-|\omega|}$$
$$\frac{1}{1+t^2} \leftrightarrow \pi\mathrm{e}^{-|\omega|}$$

7. 卷积定理

4-15 卷积定理

卷积定理在信号和系统分析中占有非常重要的地位，它建立了时域分析和频域分析之间的联系，是系统频域分析的核心内容。卷积定理分为时域卷积定理和频域卷积定理。

（1）时域卷积定理

若 $f_1(t)\leftrightarrow F_1(\mathrm{j}\omega)$， $f_2(t)\leftrightarrow F_2(\mathrm{j}\omega)$，则

$$f_1(t)*f_2(t)\leftrightarrow F_1(\mathrm{j}\omega)\cdot F_2(\mathrm{j}\omega) \tag{4.5-13}$$

上式表明，时域中两个函数的卷积积分对应于频域中两个函数频谱的乘积，即“时域相卷，频域相乘”。

【证明】 依据卷积积分的定义

$$f_1(t)*f_2(t)=\int_{-\infty}^{\infty}f_1(\tau)f_2(t-\tau)\mathrm{d}\tau$$

将其代入傅里叶变换的定义式，得

$$\begin{aligned}f_1(t)*f_2(t)&\leftrightarrow\int_{-\infty}^{\infty}\left[\int_{-\infty}^{\infty}f_1(\tau)f_2(t-\tau)\mathrm{d}\tau\right]\mathrm{e}^{-\mathrm{j}\omega t}\mathrm{d}t\\&=\int_{-\infty}^{\infty}f_1(\tau)\left[\int_{-\infty}^{\infty}f_2(t-\tau)\mathrm{e}^{-\mathrm{j}\omega t}\mathrm{d}t\right]\mathrm{d}\tau\end{aligned}$$

由时移性质知

$$\int_{-\infty}^{\infty}f_2(t-\tau)\mathrm{e}^{-\mathrm{j}\omega t}\mathrm{d}t\leftrightarrow F_2(\mathrm{j}\omega)\mathrm{e}^{-\mathrm{j}\omega\tau}$$

从而有

$$f_1(t)*f_2(t)\leftrightarrow F_2(\mathrm{j}\omega)\int_{-\infty}^{\infty}f_1(\tau)\mathrm{e}^{-\mathrm{j}\omega\tau}\mathrm{d}\tau=F_1(\mathrm{j}\omega)\cdot F_2(\mathrm{j}\omega)$$

（2）频域卷积定理

若 $f_1(t)\leftrightarrow F_1(\mathrm{j}\omega)$， $f_2(t)\leftrightarrow F_2(\mathrm{j}\omega)$，则

$$f_1(t)\cdot f_2(t)\leftrightarrow\frac{1}{2\pi}F_1(\mathrm{j}\omega)*F_2(\mathrm{j}\omega) \tag{4.5-14}$$

应注意，式（4.5-14）中的卷积是对变量 ω 进行的，即

$$F_1(\mathrm{j}\omega)*F_2(\mathrm{j}\omega)=\int_{-\infty}^{\infty}F_1(\mathrm{j}\eta)F_2[\mathrm{j}(\omega-\eta)]\mathrm{d}\eta$$

式（4.5-14）表明，时域中两个函数的乘积对应于频域中两个函数频谱卷积积分的 $\frac{1}{2\pi}$ 倍，即“时域相乘，频域相卷”。

【证明】 根据傅里叶反变换的定义式和卷积积分定义式，有

$$\begin{aligned}\frac{1}{2\pi}F_1(\mathrm{j}\omega)*F_2(\mathrm{j}\omega)&\leftrightarrow\frac{1}{2\pi}\int_{-\infty}^{\infty}\left[\frac{1}{2\pi}F_1(\mathrm{j}\omega)*F_2(\mathrm{j}\omega)\right]\mathrm{e}^{\mathrm{j}\omega t}\mathrm{d}\omega\\&=\frac{1}{2\pi}\int_{-\infty}^{\infty}\left[\frac{1}{2\pi}\int_{-\infty}^{\infty}F_1(\mathrm{j}\eta)F_2[\mathrm{j}(\omega-\eta)]\,\mathrm{d}\eta\right]\mathrm{e}^{\mathrm{j}\omega t}\mathrm{d}\omega\\&=\frac{1}{2\pi}\int_{-\infty}^{\infty}F_1(\mathrm{j}\eta)\left[\frac{1}{2\pi}\int_{-\infty}^{\infty}F_2[\mathrm{j}(\omega-\eta)]\mathrm{e}^{\mathrm{j}\omega t}\mathrm{d}\omega\right]\mathrm{d}\eta\end{aligned}$$

应用频移性质，有

$$\frac{1}{2\pi}\int_{-\infty}^{\infty}F_2\left[\mathrm{j}(\omega-\eta)\right]\mathrm{e}^{\mathrm{j}\omega t}\mathrm{d}\omega=f_2(t)\mathrm{e}^{\mathrm{j}\eta t}$$

$$\frac{1}{2\pi}F_1(\mathrm{j}\omega)*F_2(\mathrm{j}\omega)\leftrightarrow\frac{1}{2\pi}\int_{-\infty}^{\infty}F_1(\mathrm{j}\eta)f_2(t)\mathrm{e}^{\mathrm{j}\eta t}\mathrm{d}\eta$$

$$=f_2(t)\cdot\frac{1}{2\pi}\int_{-\infty}^{\infty}F_1(\mathrm{j}\eta)\mathrm{e}^{\mathrm{j}\eta t}\mathrm{d}\eta$$

$$=f_1(t)\cdot f_2(t)$$

【例 4-19】 求如图 4.31 所示三角形脉冲信号 $f_\Delta(t)=\begin{cases}A\left(1-\dfrac{2}{\tau}|t|\right), & |t|\leqslant\dfrac{\tau}{2}\\ 0, & |t|>\dfrac{\tau}{2}\end{cases}$ 的频谱函数。

【解】 两个完全相同的门函数做卷积可得到三角形脉冲信号 $f_\Delta(t)$，门函数的宽度为 $\dfrac{\tau}{2}$，幅度为 $\sqrt{\dfrac{2A}{\tau}}$，如图 4.32（a）所示

$$f_\Delta(t)=f(t)*f(t)$$

$$f(t)=\sqrt{\frac{2A}{\tau}}g_{\frac{\tau}{2}}(t)\leftrightarrow F(\mathrm{j}\omega)=\sqrt{\frac{A\tau}{2}}\mathrm{Sa}\left(\frac{\omega\tau}{4}\right)$$

利用时域卷积定理求出三角形脉冲信号 $f_\Delta(t)$ 的频谱函数 $F_\Delta(\mathrm{j}\omega)$ 为

$$F_\Delta(\mathrm{j}\omega)=\sqrt{\frac{A\tau}{2}}\mathrm{Sa}\left(\frac{\omega\tau}{4}\right)\cdot\sqrt{\frac{A\tau}{2}}\mathrm{Sa}\left(\frac{\omega\tau}{4}\right)=\frac{A\tau}{2}\mathrm{Sa}^2\left(\frac{\omega\tau}{4}\right)$$

其频谱如图 4.32（b）所示。

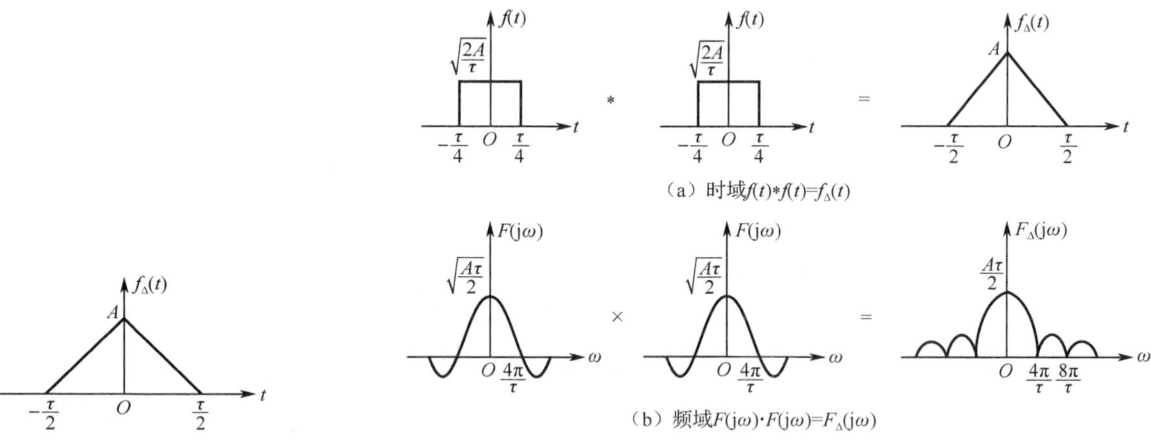

图 4.31　例 4-19 图

图 4.32　三角形脉冲信号及其频谱

【例 4-20】 求如图 4.33 所示余弦脉冲信号 $f(t)=\begin{cases}\cos\left(\dfrac{\pi t}{2}\right), & |t|\leqslant 1\\ 0, & |t|>1\end{cases}$ 的频谱函数。

图 4.33　例 4-20 图

【解】 将余弦脉冲信号表示为余弦信号与门函数的乘积，有

$$f(t)=\cos\left(\frac{\pi t}{2}\right)\cdot g_2(t)$$

$$\cos\left(\frac{\pi t}{2}\right)\leftrightarrow\pi\left[\delta\left(\omega+\frac{\pi}{2}\right)+\delta\left(\omega-\frac{\pi}{2}\right)\right]$$

$$g_2(t)\leftrightarrow 2\mathrm{Sa}(\omega)$$

利用频域卷积定理求出余弦脉冲信号的频谱函数为

$$\begin{aligned}F(\mathrm{j}\omega)&=\frac{1}{2\pi}\cdot\pi\left[\delta\left(\omega+\frac{\pi}{2}\right)+\delta\left(\omega-\frac{\pi}{2}\right)\right]*2\mathrm{Sa}(\omega)\\&=\mathrm{Sa}\left(\omega+\frac{\pi}{2}\right)+\mathrm{Sa}\left(\omega-\frac{\pi}{2}\right)\end{aligned}$$

4-16 时频域微积分

8. 时域微分和积分

这里研究信号 $f(t)$ 对时间 t 的微分和积分的傅里叶变换。$f(t)$ 的微分和积分可用下述符号表示为

$$f^{(n)}(t)=\frac{\mathrm{d}^n f(t)}{\mathrm{d}t^n}$$

$$f^{(-1)}(t)=\int_{-\infty}^{t} f(\tau)\mathrm{d}\tau$$

（1）时域微分特性

若 $f(t)\leftrightarrow F(\mathrm{j}\omega)$，则

$$f^{(n)}(t)\leftrightarrow(\mathrm{j}\omega)^n F(\mathrm{j}\omega) \tag{4.5-15}$$

【证明】 由第 2 章卷积积分的性质可知

$$f'(t)=f'(t)*\delta(t)=f(t)*\delta'(t)$$

利用时域卷积性质，考虑到 $\delta'(t)\leftrightarrow \mathrm{j}\omega$，有

$$f'(t)\leftrightarrow \mathrm{j}\omega\cdot F(\mathrm{j}\omega)$$

重复运用以上结果，得

$$f^{(n)}(t)\leftrightarrow(\mathrm{j}\omega)^n F(\mathrm{j}\omega)$$

此性质表明，时域中对信号 $f(t)$ 求导数，对应于频域中用 $\mathrm{j}\omega$ 乘频谱函数 $F(\mathrm{j}\omega)$。若应用此性质对微分方程两端求傅里叶变换，即可将微分方程变换成代数方程。从理论上讲，这就为微分方程的求解找到了一种新的方法。

（2）时域积分特性

若 $f(t)\leftrightarrow F(\mathrm{j}\omega)$，则

$$f^{(-1)}(t)=\int_{-\infty}^{t} f(x)\mathrm{d}x\leftrightarrow \pi F(0)\delta(\omega)+\frac{F(\mathrm{j}\omega)}{\mathrm{j}\omega} \tag{4.5-16}$$

式中

$$F(0)=F(\mathrm{j}\omega)\big|_{\omega=0}=\int_{-\infty}^{\infty} f(t)\mathrm{d}t$$

若 $F(0)=0$，则有

$$f^{(-1)}(t)=\int_{-\infty}^{t} f(x)\mathrm{d}x\leftrightarrow \frac{F(\mathrm{j}\omega)}{\mathrm{j}\omega} \tag{4.5-17}$$

【证明】 根据第 2 章卷积积分的性质，有

$$\int_{-\infty}^{t} f(x)\mathrm{d}x=f(t)*\varepsilon(t)$$

应用时域卷积性质，有

$$\int_{-\infty}^{t} f(x)\mathrm{d}x\leftrightarrow F(\mathrm{j}\omega)\cdot\left[\pi\delta(\omega)+\frac{1}{\mathrm{j}\omega}\right]=\pi F(0)\delta(\omega)+\frac{F(\mathrm{j}\omega)}{\mathrm{j}\omega}$$

如果信号 $f(t)$ 的导数 $f'(t)$ 的频谱容易求出，此时通常会利用时域积分特性很方便地求出 $f(t)$ 的频谱，但要注意考虑到此时 $f(-\infty)$ 的取值，参看例 4-22。

【例 4-21】 求函数 $f(t)=\dfrac{1}{t^2}$ 的频谱函数。

【解】 依据符号函数的傅里叶变换对，有

$$\mathrm{sgn}(t) \leftrightarrow \frac{2}{\mathrm{j}\omega}$$

应用对称性，有

$$\frac{2}{\mathrm{j}t} \leftrightarrow 2\pi\,\mathrm{sgn}(-\omega)$$

符号函数是奇函数，上式化简为

$$\frac{1}{t} \leftrightarrow -\mathrm{j}\pi\,\mathrm{sgn}(\omega)$$

应用时域微分性质，有

$$\frac{\mathrm{d}}{\mathrm{d}t}\left(\frac{1}{t}\right) = -\frac{1}{t^2} \leftrightarrow -\mathrm{j}\pi\,\mathrm{sgn}(\omega)\cdot \mathrm{j}\omega = \pi\omega\,\mathrm{sgn}(\omega)$$

$$\frac{1}{t^2} \leftrightarrow -\pi\omega\,\mathrm{sgn}(\omega) = -\pi|\omega|$$

【例 4-22】 求图 4.34（a）、（b）所示信号 $f_1(t)$ 和 $f_2(t)$ 的频谱函数。

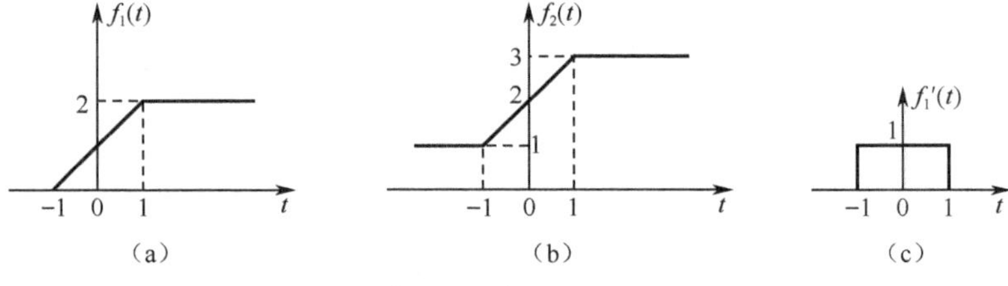

图 4.34　例 4-22 图

【解】（1）对 $f_1(t)$ 求导可得如图 4.34（c）所示的门函数 $g_2(t)$，门函数的频谱非常容易求得，再应用时域积分特性求出 $f_1(t)$ 的频谱。

$$f_1'(t) = g_2(t) \leftrightarrow 2\mathrm{Sa}(\omega)$$

$$\int_{-\infty}^{t} f_1'(\tau)\mathrm{d}\tau = f_1(\tau)\Big|_{-\infty}^{t} = f_1(t) - f_1(-\infty)$$

由图 4.34（a）可知，$f_1(-\infty)=0$，故

$$f_1(t) = \int_{-\infty}^{t} f_1'(\tau)\mathrm{d}\tau$$

应用时域积分特性，有

$$\int_{-\infty}^{t} f_1'(\tau)\mathrm{d}\tau \leftrightarrow \pi\cdot 2\mathrm{Sa}(0)\delta(\omega) + \frac{2\mathrm{Sa}(\omega)}{\mathrm{j}\omega}$$

考虑到 $\mathrm{Sa}(0)=1$，故信号 $f_1(t)$ 的频谱函数为

$$f_1(t) \leftrightarrow 2\pi\delta(\omega) + \frac{2\mathrm{Sa}(\omega)}{\mathrm{j}\omega}$$

（2）对 $f_2(t)$ 求导可得如图 4.34（c）所示的门函数 $g_2(t)$，有

$$f_2'(t) = g_2(t) \leftrightarrow 2\mathrm{Sa}(\omega)$$

$$\int_{-\infty}^{t} f_2'(\tau)\mathrm{d}\tau = f_2(\tau)\Big|_{-\infty}^{t} = f_2(t) - f_2(-\infty)$$

由图 4.34（b）可知，$f_2(-\infty)=1$，故

$$f_2(t) = 1 + \int_{-\infty}^{t} f_2'(\tau)\mathrm{d}\tau$$

应用时域积分特性，有

$$\int_{-\infty}^{t} f_2'(\tau)\mathrm{d}\tau \leftrightarrow \pi\cdot 2\mathrm{Sa}(0)\delta(\omega)+\frac{2\mathrm{Sa}(\omega)}{\mathrm{j}\omega}$$

考虑到$\mathrm{Sa}(0)=1$，故

$$\int_{-\infty}^{t} f_2'(\tau)\mathrm{d}\tau \leftrightarrow 2\pi\delta(\omega)+\frac{2\mathrm{Sa}(\omega)}{\mathrm{j}\omega}$$

由于 $f_2(t)=1+\int_{-\infty}^{t} f_2'(\tau)\mathrm{d}\tau$，且$1\leftrightarrow 2\pi\delta(\omega)$，故信号 $f_2(t)$ 的频谱函数为

$$f_2(t)\leftrightarrow 2\pi\delta(\omega)+\left[2\pi\delta(\omega)+\frac{2\mathrm{Sa}(\omega)}{\mathrm{j}\omega}\right]=4\pi\delta(\omega)+\frac{2\mathrm{Sa}(\omega)}{\mathrm{j}\omega}$$

当然，此时也可以借助解（1）问中已经获得的 $f_1(t)$ 的频谱函数直接求取 $f_2(t)$ 的频谱函数。由图 4.34（a）、（b）观察到 $f_2(t)=1+f_1(t)$，故 $f_2(t)$ 的频谱函数为

$$f_2(t)\leftrightarrow 2\pi\delta(\omega)+\left[2\pi\delta(\omega)+\frac{2\mathrm{Sa}(\omega)}{\mathrm{j}\omega}\right]=4\pi\delta(\omega)+\frac{2\mathrm{Sa}(\omega)}{\mathrm{j}\omega}$$

9．频域微分和积分

这里研究频谱函数 $F(\mathrm{j}\omega)$ 对频率 ω 的微分和积分的傅里叶反变换。$F(\mathrm{j}\omega)$ 的微分和积分可用下述符号表示：

$$F^{(n)}(\mathrm{j}\omega)=\frac{\mathrm{d}^n F(\mathrm{j}\omega)}{\mathrm{d}\omega^n}$$

$$F^{(-1)}(\mathrm{j}\omega)=\int_{-\infty}^{\omega} F(\mathrm{j}x)\mathrm{d}x$$

（1）频域微分特性

若 $f(t)\leftrightarrow F(\mathrm{j}\omega)$，则

$$(-\mathrm{j}t)^n f(t)\leftrightarrow F^{(n)}(\mathrm{j}\omega) \tag{4.5-18}$$

【证明】 利用卷积积分的性质，有

$$F'(\mathrm{j}\omega)=F'(\mathrm{j}\omega)*\delta(\omega)=F(\mathrm{j}\omega)*\delta'(\omega)$$

利用对称性求出 $\delta'(\omega)$ 的傅里叶反变换，有

$$\delta'(t)\leftrightarrow \mathrm{j}\omega$$

$$\mathrm{j}t\leftrightarrow 2\pi\delta'(-\omega)=-2\pi\delta'(\omega)$$

$$\delta'(\omega)\leftrightarrow \frac{-\mathrm{j}t}{2\pi}$$

利用卷积定理，有

$$F'(\mathrm{j}\omega)=F(\mathrm{j}\omega)*\delta'(\omega)\leftrightarrow 2\pi\cdot f(t)\cdot\frac{-\mathrm{j}t}{2\pi}=(-\mathrm{j}t)f(t)$$

重复应用以上结果，得

$$F^{(n)}(\mathrm{j}\omega)\leftrightarrow(-\mathrm{j}t)^n f(t)$$

（2）频域积分特性

若 $f(t)\leftrightarrow F(\mathrm{j}\omega)$，则

$$F^{(-1)}(\mathrm{j}\omega)=\int_{-\infty}^{\omega} F(\mathrm{j}x)\mathrm{d}x\leftrightarrow \pi f(0)\delta(t)+\frac{f(t)}{-\mathrm{j}t} \tag{4.5-19}$$

式中

$$f(0)=\frac{1}{2\pi}\int_{-\infty}^{\infty} F(\mathrm{j}\omega)\mathrm{d}\omega$$

如果 $f(0)=0$，则有

$$F^{(-1)}(\mathrm{j}\omega)=\int_{-\infty}^{\omega}F(\mathrm{j}x)\,\mathrm{d}x \leftrightarrow \frac{f(t)}{-\mathrm{j}t} \tag{4.5-20}$$

【证明】 根据卷积积分的性质，有

$$\int_{-\infty}^{\omega}F(\mathrm{j}x)\,\mathrm{d}x=F(\mathrm{j}\omega)*\varepsilon(\omega)$$

先求出 $\varepsilon(\omega)$ 的傅里叶反变换，有

$$\varepsilon(\omega)=\frac{1}{2}+\frac{1}{2}\mathrm{sgn}(\omega)$$

$$\frac{1}{2}\leftrightarrow\frac{1}{2}\delta(t)$$

$$\mathrm{sgn}(t)\leftrightarrow\frac{2}{\mathrm{j}\omega}$$

对上式利用对称性，有

$$\frac{2}{\mathrm{j}t}\leftrightarrow 2\pi\,\mathrm{sgn}(-\omega)=-2\pi\,\mathrm{sgn}(\omega)$$

$$\mathrm{sgn}(\omega)\leftrightarrow\frac{-1}{\mathrm{j}\pi t}$$

可得 $\varepsilon(\omega)$ 的傅里叶反变换为

$$\varepsilon(\omega)\leftrightarrow\frac{1}{2}\delta(t)+\frac{-1}{\mathrm{j}2\pi t}$$

利用卷积定理，有

$$\int_{-\infty}^{\omega}F(\mathrm{j}x)\,\mathrm{d}x\leftrightarrow 2\pi\cdot f(t)\cdot\left[\frac{1}{2}\delta(t)+\frac{-1}{\mathrm{j}2\pi t}\right]=\pi f(0)\delta(t)+\frac{f(t)}{-\mathrm{j}t}$$

如果 $F(\mathrm{j}\omega)$ 的导数 $F'(j\omega)$ 的傅里叶反变换比较容易求出，此时通常会利用频域积分特性很方便地求出 $F(\mathrm{j}\omega)$ 对应的原函数 $f(t)$，但要注意考虑到此时 $F(-\mathrm{j}\infty)$ 的取值，参看例 4-25。

【例 4-23】 求斜升函数 $t\varepsilon(t)$ 的频谱函数。

【解】 利用阶跃信号的傅里叶变换对，有

$$\varepsilon(t)\leftrightarrow\pi\delta(\omega)+\frac{1}{\mathrm{j}\omega}$$

利用频域微分特性，有

$$-\mathrm{j}t\varepsilon(t)\leftrightarrow\left[\pi\delta(\omega)+\frac{1}{\mathrm{j}\omega}\right]'=\pi\delta'(\omega)+\frac{\mathrm{j}}{\omega^2}$$

$$t\varepsilon(t)\leftrightarrow\mathrm{j}\pi\delta'(\omega)-\frac{1}{\omega^2}$$

【例 4-24】 求函数 $|t|$ 的频谱函数。

【解】 解法一：将 $|t|$ 表示为斜升函数 $t\varepsilon(t)$ 的形式，有

$$|t|=t\varepsilon(t)+(-t)\varepsilon(-t)$$

由例 4-23 所求结果，有

$$t\varepsilon(t)\leftrightarrow\mathrm{j}\pi\delta'(\omega)-\frac{1}{\omega^2}$$

应用尺度变换特性，令 $a=-1$，有

$$(-t)\varepsilon(-t) \leftrightarrow \mathrm{j}\pi\delta'(-\omega) - \frac{1}{(-\omega)^2} = -\mathrm{j}\pi\delta'(\omega) - \frac{1}{\omega^2}$$

应用线性特性，可求得$|t|$的频谱函数为

$$|t| \leftrightarrow -\frac{2}{\omega^2}$$

解法二：将$|t|$表示为符号函数$\mathrm{sgn}(t)$的形式，有

$$|t| = t\,\mathrm{sgn}(t)$$

利用符号函数的傅里叶变换对，有

$$\mathrm{sgn}(t) \leftrightarrow \frac{2}{\mathrm{j}\omega}$$

利用频域微分特性，有

$$-\mathrm{j}t \cdot \mathrm{sgn}(t) \leftrightarrow \left(\frac{2}{\mathrm{j}\omega}\right)' = \frac{-2\mathrm{j}}{(\mathrm{j}\omega)^2}$$

时域和频域两边同时乘j，得

$$t\,\mathrm{sgn}(t) \leftrightarrow -\frac{2}{\omega^2}$$

可求得$|t|$的频谱函数为

$$|t| \leftrightarrow -\frac{2}{\omega^2}$$

【例 4-25】 求图 4.35 所示信号$F(\mathrm{j}\omega)$对应的原函数$f(t)$。

【解】 对函数$F(\mathrm{j}\omega)$进行求导得$F'(\mathrm{j}\omega)$，再求导得$F''(\mathrm{j}\omega)$，分别如图 4.36（a）、（b）所示。$F''(\mathrm{j}\omega)$对应的原函数容易求得，再利用频域积分性质求得原函数$f(t)$。

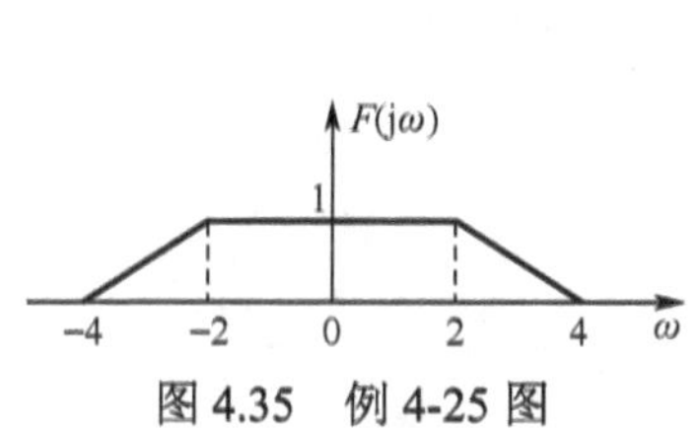

图 4.35 例 4-25 图

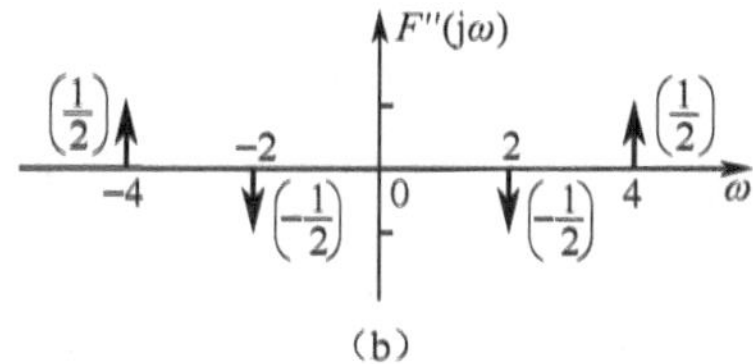

图 4.36 $F(\mathrm{j}\omega)$的导数

由图 4.36（b）可知

$$F''(\mathrm{j}\omega) = \frac{1}{2}[\delta(\omega+4)+\delta(\omega-4)] - \frac{1}{2}[\delta(\omega+2)+\delta(\omega-2)]$$

$$F''(\mathrm{j}\omega) \leftrightarrow \frac{1}{2\pi}[\cos(4t) - \cos(2t)] = f_2(t)$$

$$\int_{-\infty}^{\omega} F''(\mathrm{j}x)\mathrm{d}x = F'(\mathrm{j}x)\Big|_{-\infty}^{\omega} = F'(\mathrm{j}\omega) - F'(-\mathrm{j}\infty)$$

由图 4.36（a）可知，$F'(-\mathrm{j}\infty) = 0$，故

$$\int_{-\infty}^{\omega} F''(\mathrm{j}x)\mathrm{d}x = F'(\mathrm{j}\omega)$$

应用频域积分特性，有

$$F'(\mathrm{j}\omega) = \int_{-\infty}^{\omega} F''(\mathrm{j}x)\mathrm{d}x \leftrightarrow \pi f_2(0)\delta(t) + \frac{f_2(t)}{-\mathrm{j}t} = f_1(t)$$

将$f_2(t)$代入上式，考虑到$f_2(0) = 0$，上式可表示为

$$F'(\mathrm{j}\omega) \leftrightarrow \frac{\cos(4t)-\cos(2t)}{-\mathrm{j}2\pi t} = f_1(t)$$

再次应用频域积分性质，考虑到 $F(-\mathrm{j}\infty)=0$，有

$$F(\mathrm{j}\omega) = \int_{-\infty}^{\omega} F'(\mathrm{j}x)\mathrm{d}x \leftrightarrow \pi f_1(0)\delta(t) + \frac{f_1(t)}{-\mathrm{j}t} = f(t)$$

将 $f_1(t)$ 代入上式，考虑到 $f_1(0)=0$，上式可表示为

$$F(\mathrm{j}\omega) \leftrightarrow \frac{\cos(4t)-\cos(2t)}{-2\pi t^2} = f(t)$$

故原函数 $f(t)$ 为

$$f(t) = \frac{\cos(4t)-\cos(2t)}{-2\pi t^2}$$

4-17 能量等式

10．帕斯瓦尔（Parseval）定理

帕斯瓦尔（Parseval）定理也称为帕斯瓦尔能量等式，即信号在时域中的能量等于其在频域中的能量，说明信号在进行傅里叶变换前后，其能量是不变的。这也从另一个角度说明，信号的时域表示和频域表示所包含的信息是相同的，只是同一个信号在时域和频域的不同表现形式而已。

帕斯瓦尔（Parseval）定理表示如下：

若信号 $f(t)$ 能量有限，且 $f(t) \leftrightarrow F(\mathrm{j}\omega)$，则有

$$E = \int_{-\infty}^{\infty} f^2(t)\mathrm{d}t = \frac{1}{2\pi}\int_{-\infty}^{\infty} |F(\mathrm{j}\omega)|^2 \mathrm{d}\omega \tag{4.5-21}$$

【证明】

$$\begin{aligned}
E &= \int_{-\infty}^{\infty} f^2(t)\mathrm{d}t = \int_{-\infty}^{\infty} f(t) f^*(t)\mathrm{d}t \\
&= \int_{-\infty}^{\infty} f(t)\left[\frac{1}{2\pi}\int_{-\infty}^{\infty} F^*(\mathrm{j}\omega)\mathrm{e}^{-\mathrm{j}\omega t}\mathrm{d}\omega\right]\mathrm{d}t \\
&= \frac{1}{2\pi}\int_{-\infty}^{\infty} F^*(\mathrm{j}\omega)\left[\int_{-\infty}^{\infty} f(t)\mathrm{e}^{-\mathrm{j}\omega t}\mathrm{d}t\right]\mathrm{d}\omega \\
&= \frac{1}{2\pi}\int_{-\infty}^{\infty} F^*(\mathrm{j}\omega)F(\mathrm{j}\omega)\mathrm{d}\omega \\
&= \frac{1}{2\pi}\int_{-\infty}^{\infty} |F(\mathrm{j}\omega)|^2 \mathrm{d}\omega
\end{aligned}$$

【例 4-26】 计算 $f(t) = 2\mathrm{Sa}(2t)$ 的能量。

【解】 从时域求该信号的能量不易实现，可利用帕斯瓦尔能量等式，从频域求其能量。需要首先求出 $f(t)$ 的频谱函数 $F(\mathrm{j}\omega)$，有

$$f(t) = 2\mathrm{Sa}(2t) \leftrightarrow F(\mathrm{j}\omega) = \pi g_4(\omega)$$

利用帕斯瓦尔能量等式，有

$$E = \frac{1}{2\pi}\int_{-\infty}^{\infty} |F(\mathrm{j}\omega)|^2 \mathrm{d}\omega = \frac{1}{2\pi}\int_{-\infty}^{\infty} |\pi g_4(\omega)|^2 \mathrm{d}\omega = \frac{\pi^2}{2\pi}\int_{-2}^{2} 1\mathrm{d}\omega = 2\pi(\mathrm{J})$$

【例 4-27】 设图 4.37 所示信号 $f(t)$ 的傅里叶变换为 $F(\mathrm{j}\omega)$，试求

（1）$F(0)$；（2）$\int_{-\infty}^{\infty} F(\mathrm{j}\omega)\mathrm{e}^{-\mathrm{j}\omega}\mathrm{d}\omega$；（3）$\int_{-\infty}^{\infty} |F(\mathrm{j}\omega)|^2 \mathrm{d}\omega$；（4）$\int_{-\infty}^{\infty} F^2(\mathrm{j}\omega)\mathrm{d}\omega$

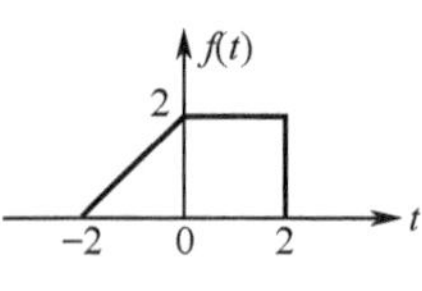

图 4.37 例 4-27 图

【解】 不直接求信号的傅里叶变换，而是巧妙利用傅里叶变换和逆变换的定义式、帕斯瓦尔能量等式和卷积的定义来进行求解。

（1）利用傅里叶变换的定义式，有

$$F(0)=F(\mathrm{j}\omega)\big|_{\omega=0}=\int_{-\infty}^{\infty}f(t)\mathrm{e}^{-\mathrm{j}\omega t}\mathrm{d}t\Big|_{\omega=0}=\int_{-\infty}^{\infty}f(t)\mathrm{d}t=6$$

（2）利用傅里叶逆变换的定义式，有

$$f(-1)=f(t)\big|_{t=-1}=\frac{1}{2\pi}\int_{-\infty}^{\infty}F(\mathrm{j}\omega)\mathrm{e}^{-\mathrm{j}\omega}\mathrm{d}\omega$$

$$\int_{-\infty}^{\infty}F(\mathrm{j}\omega)\mathrm{e}^{-\mathrm{j}\omega}\mathrm{d}\omega=2\pi f(-1)=2\pi$$

（3）利用帕斯瓦尔能量等式，有

$$\int_{-\infty}^{\infty}\left|F(\mathrm{j}\omega)\right|^2\mathrm{d}\omega=2\pi\int_{-\infty}^{\infty}f^2(t)\mathrm{d}t=2\pi\left[\int_{-2}^{0}(t+2)^2\mathrm{d}t+\int_{0}^{2}2^2\mathrm{d}t\right]=\frac{64\pi}{3}$$

（4）利用傅里叶逆变换和卷积积分的定义式，有

设 $y(t)=f(t)*f(t)$，则 $Y(\mathrm{j}\omega)=F^2(\mathrm{j}\omega)$，因此有

$$y(0)=\frac{1}{2\pi}\int_{-\infty}^{\infty}F^2(\mathrm{j}\omega)\mathrm{d}\omega\text{，}\quad\int_{-\infty}^{\infty}F^2(\mathrm{j}\omega)\mathrm{d}\omega=2\pi y(0)$$

$$y(0)=y(t)\big|_{t=0}=\int_{-\infty}^{\infty}f(\tau)f(0-\tau)\mathrm{d}\tau=8$$

$$\int_{-\infty}^{\infty}F^2(\mathrm{j}\omega)\mathrm{d}\omega=2\pi y(0)=16\pi$$

【例 4-28】 求信号 $f(t)=2\cos(997t)\dfrac{\sin(5t)}{\pi t}$ 的能量 E。

【解】 从时域求该信号的能量不易实现，可利用帕斯瓦尔能量等式，从频域求其能量。需要首先求出 $f(t)$ 的频谱函数 $F(\mathrm{j}\omega)$，有

$$2\cos(997t)\leftrightarrow 2\pi[\delta(\omega+997)+\delta(\omega-997)]$$

$$\frac{\sin(5t)}{\pi t}=\frac{5}{\pi}\mathrm{Sa}(5t)\leftrightarrow g_{10}(\omega)$$

$$F(\mathrm{j}\omega)=\frac{1}{2\pi}g_{10}(\omega)*2\pi[\delta(\omega+997)+\delta(\omega-997)]$$

$$=g_{10}(\omega+997)+g_{10}(\omega-997)$$

利用帕斯瓦尔能量等式，求得 $f(t)$ 的能量为

$$E=\frac{1}{2\pi}\int_{-\infty}^{\infty}\left|F(\mathrm{j}\omega)\right|^2\mathrm{d}\omega=\frac{1}{2\pi}\times10\times2=\frac{10}{\pi}(\mathrm{J})$$

11．相关定理

第 2 章中讨论了实信号 $f_1(t)$ 与 $f_2(t)$ 的相关函数的定义及其计算方法。这里将介绍相关定理，它描述了相关函数的傅里叶变换与信号 $f_1(t)$、$f_2(t)$ 的傅里叶变换之间的关系。

若

$$f_1(t)\leftrightarrow F_1(\mathrm{j}\omega)\text{，}\quad f_2(t)\leftrightarrow F_2(\mathrm{j}\omega)$$

则

$$R_{12}(\tau)\leftrightarrow F_1(\mathrm{j}\omega)F_2^*(\mathrm{j}\omega)\qquad（4.5\text{-}22）$$

$$R_{21}(\tau)\leftrightarrow F_2(\mathrm{j}\omega)F_1^*(\mathrm{j}\omega)\qquad（4.5\text{-}23）$$

【证明】 利用相关函数与卷积积分之间的关系和卷积定理，有

$$R_{12}(\tau)=f_1(\tau)*f_2(-\tau)$$

$$f_2(-\tau)\leftrightarrow F_2(-\mathrm{j}\omega)=F_2^*(\mathrm{j}\omega)$$

$$R_{12}(\tau)=f_1(\tau)*f_2(-\tau)\leftrightarrow F_1(\mathrm{j}\omega)F_2^*(\mathrm{j}\omega)$$

式（4.5-22）和式（4.5-23）表明，两个信号相关函数的傅里叶变换等于其中一个信号的傅里叶变换与另一信号傅里叶变换的共轭之乘积，这就是相关定理。

对于自相关函数，若 $f_1(t)=f_2(t)=f(t)$， $f(t)\leftrightarrow F(\mathrm{j}\omega)$，则

$$R(\tau)\leftrightarrow F(\mathrm{j}\omega)F^*(\mathrm{j}\omega)=|F(\mathrm{j}\omega)|^2 \tag{4.5-24}$$

即自相关函数的傅里叶变换等于原信号幅度谱的平方。

最后将傅里叶变换的性质归纳，如表 4-3 所示。

表 4-3　傅里叶变换的性质

<table>
<tr><th>时域频域
性质名称</th><th colspan="2">时域 $f(t)$</th><th>频域 $F(\mathrm{j}\omega)$</th></tr>
<tr><td>定义</td><td colspan="2">$f(t)=\frac{1}{2\pi}\int_{-\infty}^{\infty}F(\mathrm{j}\omega)\mathrm{e}^{\mathrm{j}\omega t}\mathrm{d}\omega$</td><td>$F(\mathrm{j}\omega)=\int_{-\infty}^{\infty}f(t)\mathrm{e}^{-\mathrm{j}\omega t}\mathrm{d}t$
$F(\mathrm{j}\omega)=|F(\mathrm{j}\omega)|\mathrm{e}^{\mathrm{j}\varphi(\omega)}=R(\omega)+\mathrm{j}X(\omega)$</td></tr>
<tr><td rowspan="4">奇偶性</td><td rowspan="3">实函数</td><td>非奇非偶函数</td><td>$F(-\mathrm{j}\omega)=F^*(\mathrm{j}\omega)$
$|F(\mathrm{j}\omega)|=|F(-\mathrm{j}\omega)|,\ \varphi(\omega)=-\varphi(-\omega)$
$R(\omega)=R(-\omega),\ X(\omega)=-X(-\omega)$</td></tr>
<tr><td>偶函数</td><td>$F(\mathrm{j}\omega)=R(\omega),\ X(\omega)=0$</td></tr>
<tr><td>奇函数</td><td>$F(\mathrm{j}\omega)=\mathrm{j}X(\omega),\ R(\omega)=0$</td></tr>
<tr><td colspan="2">虚函数
设 $f(t)=\mathrm{j}f_1(t)$
$f_1(t)$ 为非奇非偶实函数</td><td>$F(-\mathrm{j}\omega)=-F^*(\mathrm{j}\omega)$
$|F(\mathrm{j}\omega)|=|F(-\mathrm{j}\omega)|,\ \varphi(\omega)=-\varphi(-\omega)$
$R(\omega)=-R(-\omega),\ X(\omega)=X(-\omega)$</td></tr>
<tr><td>线性</td><td colspan="2">$af_1(t)+bf_2(t)$</td><td>$aF_1(\mathrm{j}\omega)+bF_2(\mathrm{j}\omega)$</td></tr>
<tr><td rowspan="2">时移特性</td><td colspan="2">$f(t-t_0)$</td><td>$F(\mathrm{j}\omega)\mathrm{e}^{-\mathrm{j}\omega t_0}$</td></tr>
<tr><td colspan="2">$f(t+t_0)$</td><td>$F(\mathrm{j}\omega)\mathrm{e}^{\mathrm{j}\omega t_0}$</td></tr>
<tr><td rowspan="2">频移特性</td><td colspan="2">$f(t)\mathrm{e}^{-\mathrm{j}\omega_0 t}$</td><td>$F[\mathrm{j}(\omega+\omega_0)]$</td></tr>
<tr><td colspan="2">$f(t)\mathrm{e}^{\mathrm{j}\omega_0 t}$</td><td>$F[\mathrm{j}(\omega-\omega_0)]$</td></tr>
<tr><td>尺度变换特性</td><td colspan="2">$f(at),a\neq 0$</td><td>$\frac{1}{|a|}F\left(\mathrm{j}\frac{\omega}{a}\right)$</td></tr>
<tr><td>反转</td><td colspan="2">$f(-t)$</td><td>$F(-\mathrm{j}\omega)$</td></tr>
<tr><td>对称性</td><td colspan="2">$F(\mathrm{j}t)$</td><td>$2\pi f(-\omega)$</td></tr>
<tr><td>时域卷积定理</td><td colspan="2">$f_1(t)*f_2(t)$</td><td>$F_1(\mathrm{j}\omega)\cdot F_2(\mathrm{j}\omega)$</td></tr>
<tr><td>频域卷积定理</td><td colspan="2">$f_1(t)\cdot f_2(t)$</td><td>$\frac{1}{2\pi}F_1(\mathrm{j}\omega)*F_2(\mathrm{j}\omega)$</td></tr>
<tr><td>时域微分性</td><td colspan="2">$f^{(n)}(t)$</td><td>$(\mathrm{j}\omega)^n F(\mathrm{j}\omega)$</td></tr>
<tr><td>时域积分性</td><td colspan="2">$\int_{-\infty}^{t}f(\tau)\mathrm{d}\tau$</td><td>$\pi F(0)\delta(\omega)+\frac{1}{\mathrm{j}\omega}F(\mathrm{j}\omega)$</td></tr>
<tr><td>频域微分性</td><td colspan="2">$(-\mathrm{j}t)^n f(t)$</td><td>$F^{(n)}(\mathrm{j}\omega)$</td></tr>
<tr><td>频域积分性</td><td colspan="2">$\pi f(0)\delta(t)+\frac{1}{(-\mathrm{j}t)}f(t)$</td><td>$\int_{-\infty}^{\omega}F(\mathrm{j}x)\mathrm{d}x$</td></tr>
<tr><td rowspan="3">相关定理</td><td colspan="2">$R_{12}(\tau)=\int_{-\infty}^{\infty}f_1(t)f_2(t-\tau)\mathrm{d}t$</td><td>$R_{12}(\tau)\leftrightarrow F_1(\mathrm{j}\omega)F_2^*(\mathrm{j}\omega)$</td></tr>
<tr><td colspan="2">$R_{21}(\tau)=\int_{-\infty}^{\infty}f_2(t)f_1(t-\tau)\mathrm{d}t$</td><td>$R_{21}(\tau)\leftrightarrow F_2(\mathrm{j}\omega)F_1^*(\mathrm{j}\omega)$</td></tr>
<tr><td colspan="2">$R(\tau)=\int_{-\infty}^{\infty}f(t)f(t-\tau)\mathrm{d}t$</td><td>$R(\tau)\leftrightarrow F(\mathrm{j}\omega)F^*(\mathrm{j}\omega)=|F(\mathrm{j}\omega)|^2$</td></tr>
</table>

4.6 能量谱和功率谱

前已讨论的帕斯瓦尔（Parseval）能量等式和功率等式表明，信号的能量或功率在时域和频域中是相等的，从而揭示了傅里叶描述中的能量或功率守恒关系。因此今后既可以从时域角度求信号的能量或功率，也可以从频域角度求信号的能量或功率。

对于确知信号，前面研究了信号的频谱（幅度谱和相位谱），它是在频域中描述信号特征的方式之一，它反映了信号所含频率分量的幅度和相位随频率的分布情况。而对于随机信号，由于无法用确定的时间函数来表示，也就无法求出其频谱。因此，经常用功率谱或能量谱来描述随机信号的频域特性。本节给出能量谱和功率谱的概念和初步认识。

4-18 能量谱和功率谱

4.6.1 能量谱

1. 信号能量的定义

信号 $f(t)$ 在 1Ω 电阻上的瞬时功率为 $|f(t)|^2$，在区间 $-T<t<T$ 的能量为

$$\int_{-T}^{T}|f(t)|^2\mathrm{d}t$$

信号能量定义为在时间 $(-\infty,\infty)$ 区间上信号的能量，用字母 E 表示，即

$$E=\lim_{T\to\infty}\int_{-T}^{T}|f(t)|^2\mathrm{d}t \tag{4.6-1}$$

如果信号 $f(t)$ 是实函数，则上式可写为

$$E=\lim_{T\to\infty}\int_{-T}^{T}f^2(t)\mathrm{d}t=\int_{-\infty}^{\infty}f^2(t)\mathrm{d}t \tag{4.6-2}$$

如果信号能量 E 有限，即 $0<E<\infty$，信号称为能量有限信号，简称能量信号。例如，门函数、三角脉冲函数、单边或双边指数衰减信号等。

由帕斯瓦尔能量等式可知，也可以从频域求信号的能量，即

$$E=\int_{-\infty}^{\infty}f^2(t)\mathrm{d}t=\frac{1}{2\pi}\int_{-\infty}^{\infty}|F(\mathrm{j}\omega)|^2\mathrm{d}\omega \tag{4.6-3}$$

2. 能量谱的定义

为了表征能量在频域中的分布状况，可以借助于密度的概念，定义一个能量密度函数，简称为能量频谱或能量谱。

能量谱 $e(\omega)$ 定义为单位频率的信号能量，在频带 $\mathrm{d}f$ 内信号的能量为 $e(\omega)\mathrm{d}f$，因而信号在整个频率区间 $(-\infty,\infty)$ 的总能量

$$E=\int_{-\infty}^{\infty}e(\omega)\mathrm{d}f=\frac{1}{2\pi}\int_{-\infty}^{\infty}e(\omega)\mathrm{d}\omega \tag{4.6-4}$$

根据能量守恒原理，对于同一信号 $f(t)$，式（4.6-3）与（4.6-4）应该相等，即

$$E=\int_{-\infty}^{\infty}f^2(t)\mathrm{d}t=\frac{1}{2\pi}\int_{-\infty}^{\infty}|F(\mathrm{j}\omega)|^2\mathrm{d}\omega=\frac{1}{2\pi}\int_{-\infty}^{\infty}e(\omega)\mathrm{d}\omega \tag{4.6-5}$$

由此得到能量谱 $e(\omega)$ 与频谱函数 $F(\mathrm{j}\omega)$ 的关系为

$$e(\omega)=|F(\mathrm{j}\omega)|^2 \tag{4.6-6}$$

由上式可见，信号的能量谱 $e(\omega)$ 是 ω 的偶函数，它只取决于频谱函数的模 $|F(\mathrm{j}\omega)|$，而与相位无关。能量谱 $e(\omega)$ 是单位频率的信号能量，它的单位是 $\mathrm{J\cdot s}$。

3．能量谱与自相关函数的关系

由式（4.5-24）可知，自相关函数 $R(\tau)$ 的傅里叶变换等于原信号幅度谱的平方，即

$$R(\tau) \leftrightarrow |F(\mathrm{j}\omega)|^2$$

而由式（4.6-6）可知，能量谱 $e(\omega)$ 等于信号幅度谱的平方，即

$$e(\omega) = |F(\mathrm{j}\omega)|^2$$

由此可得，信号的能量谱 $e(\omega)$ 与该信号的自相关函数 $R(\tau)$ 是一对傅里叶变换，即

$$R(\tau) \leftrightarrow e(\omega) \tag{4.6-7}$$

图 4.38 画出了宽度为 2 的门函数的时域波形 $g_2(t)$ 、频谱函数 $F(\mathrm{j}\omega)$ 、自相关函数 $R(\tau)$ 及能量谱 $e(\omega)$ 。

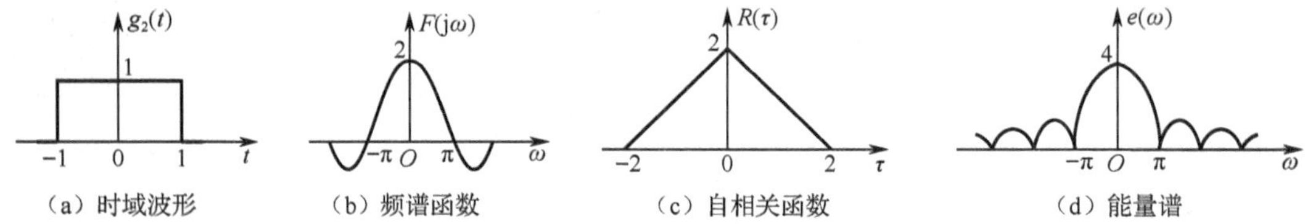

（a）时域波形　（b）频谱函数　（c）自相关函数　（d）能量谱

图 4.38　门函数的时域波形、频谱函数、自相关函数、能量谱

4.6.2　功率谱

1．信号功率的定义

信号功率定义为在时间区间 $(-\infty,+\infty)$ 信号 $f(t)$ 的平均功率，用 P 表示，即

$$P = \lim_{T\to\infty}\frac{1}{T}\int_{-\frac{T}{2}}^{\frac{T}{2}}|f(t)|^2\mathrm{d}t \tag{4.6-8}$$

如果 $f(t)$ 是实函数，则平均功率可写为

$$P = \lim_{T\to\infty}\frac{1}{T}\int_{-\frac{T}{2}}^{\frac{T}{2}}f^2(t)\mathrm{d}t \tag{4.6-9}$$

如果信号功率有限，即 $0<P<\infty$ ，则称信号为功率有限信号，简称为功率信号。如阶跃信号、周期信号等。

需要指出，由信号能量和功率的定义可知，若信号能量有限，则 $P=0$ ；若信号功率 P 有限，则 $E=\infty$ 。

功率有限信号的能量 E 趋于无穷大，即 $\int_{-\infty}^{\infty}f^2(t)\mathrm{d}t\to\infty$ 。为此从信号 $f(t)$ 中截取 $\left(-\dfrac{T}{2},\dfrac{T}{2}\right)$ 的一段，得到一个截取信号 $f_T(t)$ ，它可以表示为

$$f_T(t) = f(t)\left[\varepsilon\left(t+\frac{T}{2}\right)-\varepsilon\left(t-\frac{T}{2}\right)\right]$$

截取信号 $f_T(t)$ 的能量是有限的，设其频谱函数为 $F_T(\mathrm{j}\omega)$ 。由式（4.6-3）可知，$f_T(t)$ 的能量 E_T 可表示为

$$E_T = \int_{-\infty}^{\infty}f_T^2(t)\mathrm{d}t = \frac{1}{2\pi}\int_{-\infty}^{\infty}|F_T(\mathrm{j}\omega)|^2\mathrm{d}\omega \tag{4.6-10}$$

由于

$$\int_{-\infty}^{\infty}f_T^2(t)\mathrm{d}t = \int_{-\frac{T}{2}}^{\frac{T}{2}}f^2(t)\mathrm{d}t \tag{4.6-11}$$

由式（4.6-9）、（4.6-10）和（4.6-11）可得信号 $f(t)$ 的平均功率为

$$P=\lim_{T\to\infty}\frac{1}{T}\int_{-\frac{T}{2}}^{\frac{T}{2}}f^2(t)\mathrm{d}t=\frac{1}{2\pi}\int_{-\infty}^{\infty}\lim_{T\to\infty}\frac{\left|F_T(\mathrm{j}\omega)\right|^2}{T}\mathrm{d}\omega \tag{4.6-12}$$

2. 功率谱的定义

类似于能量密度函数，定义功率谱密度函数 $p(\omega)$ 为单位频率的信号功率，从而信号的平均功率 P 可表示为

$$P=\int_{-\infty}^{\infty}p(\omega)\mathrm{d}f=\frac{1}{2\pi}\int_{-\infty}^{\infty}p(\omega)\mathrm{d}\omega \tag{4.6-13}$$

比较式（4.6-12）和式（4.6-13），得

$$p(\omega)=\lim_{T\to\infty}\frac{\left|F_T(\mathrm{j}\omega)\right|^2}{T} \tag{4.6-14}$$

由上式可见，功率谱密度函数 $p(\omega)$ 是 ω 的偶函数，它只取决于频谱函数的模值，而与相位无关。功率谱反映了信号功率在频域中的分布情况，显然，$p(\omega)$ 曲线所覆盖的面积在数值上等于信号的总功率。$p(\omega)$ 的单位是 $\mathrm{W\cdot s}$ 。

3. 功率谱与自相关函数的关系

若信号 $f(t)$ 是功率有限信号，其自相关函数定义为

$$R(\tau)=\lim_{T\to\infty}\left[\frac{1}{T}\int_{-\frac{T}{2}}^{\frac{T}{2}}f(t)f(t-\tau)\mathrm{d}t\right] \tag{4.6-15}$$

对式（4.6-15）两边同时取傅里叶变换，有

$$\begin{aligned}F[R(\tau)]&=F\left[\lim_{T\to\infty}\frac{1}{T}\int_{-\frac{T}{2}}^{\frac{T}{2}}f(t)f(t-\tau)\mathrm{d}t\right]\\&=F\left[\lim_{T\to\infty}\frac{1}{T}\int_{-\infty}^{\infty}f_T(t)f_T(t-\tau)\mathrm{d}t\right]\\&=F\left\{\lim_{T\to\infty}\frac{1}{T}[f_T(\tau)*f_T(-\tau)]\right\}\\&=\lim_{T\to\infty}\frac{\left|F_T(\mathrm{j}\omega)\right|^2}{T}\end{aligned} \tag{4.6-16}$$

比较式（4.6-14）和式（4.6-16），得

$$R(\tau)\leftrightarrow p(\omega) \tag{4.6-17}$$

由此可知，功率有限信号的功率谱函数与自相关函数是一对傅里叶变换。式（4.6-17）称为维纳-欣钦（Wiener-Khintchine）关系。由于随机信号不能用频谱表示，但是利用自相关函数可以求得其功率谱，这样就可以用功率谱来描述随机信号的频域特性。

【例 4-29】 图 4.39 所示 RC 低通电路，已知输入端电压 $f(t)=U_m\cos(\omega_0 t)$，输出为电容两端电压 $y(t)$ 。求

（1）输入 $f(t)$ 的自相关函数 $R_f(\tau)$ 和功率谱 $p_f(\omega)$ 。

（2）输出 $y(t)$ 的功率谱 $p_y(\omega)$，自相关函数 $R_y(\tau)$ 和平均功率 P_y 。

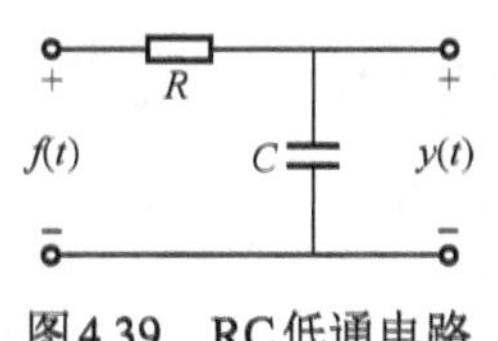

图 4.39　RC 低通电路

【解】（1）求 $R_f(\tau)$ 和 $p_f(\omega)$

激励 $f(t)$ 为功率有限信号，由式（4.6-15）可求得其自相关函数为

$$
\begin{aligned}
R_f(\tau) &= \lim_{T\to\infty}\left[\frac{1}{T}\int_{-\frac{T}{2}}^{\frac{T}{2}} f(t)f(t-\tau)\mathrm{d}t\right] \\
&= \lim_{T\to\infty}\frac{U_m^2}{T}\int_{-\frac{T}{2}}^{\frac{T}{2}}\cos(\omega_0 t)\cos[\omega_0(t-\tau)]\mathrm{d}t \\
&= \lim_{T\to\infty}\frac{U_m^2}{T}\int_{-\frac{T}{2}}^{\frac{T}{2}}\cos(\omega_0 t)[\cos(\omega_0 t)\cos(\omega_0\tau)+\sin(\omega_0 t)\sin(\omega_0\tau)]\mathrm{d}t \\
&= \lim_{T\to\infty}\frac{U_m^2}{T}\cos(\omega_0\tau)\int_{-\frac{T}{2}}^{\frac{T}{2}}\cos^2(\omega_0 t)\mathrm{d}t \\
&= \frac{U_m^2}{2}\cos(\omega_0\tau)
\end{aligned}
$$

由式（4.6-17）求得功率谱 $p_f(\omega)$ 为

$$p_f(\omega)=\frac{U_m^2\pi}{2}[\delta(\omega+\omega_0)+\delta(\omega-\omega_0)]$$

（2）求 $p_y(\omega)$、$R_y(\tau)$ 和 P_y

LTI 系统的零状态响应可以利用激励信号 $f(t)$ 和系统冲激响应 $h(t)$ 的卷积来实现，即

$$y(t)=f(t)*h(t)$$

令 $f(t)\leftrightarrow F(\mathrm{j}\omega)$，$h(t)\leftrightarrow H(\mathrm{j}\omega)$，$y(t)\leftrightarrow Y(\mathrm{j}\omega)$，由卷积定理得

$$Y(\mathrm{j}\omega)=F(\mathrm{j}\omega)\cdot H(\mathrm{j}\omega)$$

$$|Y(\mathrm{j}\omega)|^2=|F(\mathrm{j}\omega)|^2\cdot|H(\mathrm{j}\omega)|^2$$

由能量谱的定义可知

$$e_f(\omega)=|F(\mathrm{j}\omega)|^2$$

$$e_y(\omega)=|Y(\mathrm{j}\omega)|^2$$

故

$$e_y(\omega)=e_f(\omega)\cdot|H(\mathrm{j}\omega)|^2$$

用类似的方法可推得

$$p_y(\omega)=p_f(\omega)\cdot|H(\mathrm{j}\omega)|^2$$

由图 4.39 的电路图可求得

$$Y(\mathrm{j}\omega)=\frac{\frac{1}{\mathrm{j}\omega C}}{R+\frac{1}{\mathrm{j}\omega C}}\cdot F(\mathrm{j}\omega)$$

故该电路系统的频率响应为

$$H(\mathrm{j}\omega)=\frac{Y(\mathrm{j}\omega)}{F(\mathrm{j}\omega)}=\frac{1}{1+\mathrm{j}\omega CR}$$

$$|H(\mathrm{j}\omega)|=\frac{1}{\sqrt{1+(\omega CR)^2}}$$

由此求得

$$
\begin{aligned}
p_y(\omega) &= p_f(\omega)\cdot|H(\mathrm{j}\omega)|^2 \\
&= \frac{U_m^2\pi}{2}[\delta(\omega+\omega_0)+\delta(\omega-\omega_0)]\cdot\frac{1}{1+(\omega CR)^2}
\end{aligned}
$$

$$=\frac{U_m^2\pi}{2[1+(\omega_0 CR)^2]}[\delta(\omega+\omega_0)+\delta(\omega-\omega_0)]$$

由于 $\cos(\omega_0 t)\leftrightarrow\pi[\delta(\omega+\omega_0)+\delta(\omega-\omega_0)]$，故 $y(t)$ 的自相关函数 $R_y(\tau)$ 为

$$R_y(\tau)=\frac{U_m^2}{2[1+(\omega_0 CR)^2]}\cos(\omega_0\tau)$$

$y(t)$ 的平均功率 P_y 为

$$\begin{aligned}P_y&=\frac{1}{2\pi}\int_{-\infty}^{\infty}p(\omega)\mathrm{d}\omega\\&=\frac{U_m^2}{4[1+(\omega_0 CR)^2]}\int_{-\infty}^{\infty}[\delta(\omega+\omega_0)+\delta(\omega-\omega_0)]\mathrm{d}\omega\\&=\frac{U_m^2}{2[1+(\omega_0 CR)^2]}\end{aligned}$$

4.7 连续时间周期信号的傅里叶变换

在 4.2 节讨论了周期信号的傅里叶级数，在 4.4 节讨论了非周期信号的傅里叶变换。本节研究周期信号的傅里叶变换，以及傅里叶级数与傅里叶变换之间的关系，力求将周期信号与非周期信号的分析方法统一起来，使傅里叶变换这一工具得到更广泛的应用。

4.7.1 正、余弦信号的傅里叶变换

4-19 周期信号傅里叶变换

常数 1（即幅值为 1 的直流信号）的傅里叶变换为

$$1\leftrightarrow 2\pi\delta(\omega)$$

根据频移特性，有

$$1\cdot\mathrm{e}^{\mathrm{j}\omega_0 t}\leftrightarrow 2\pi\delta(\omega-\omega_0)$$

$$1\cdot\mathrm{e}^{-\mathrm{j}\omega_0 t}\leftrightarrow 2\pi\delta(\omega+\omega_0)$$

由以上表达式可得正、余弦函数的傅里叶变换为

$$\cos(\omega_0 t)=\frac{1}{2}(\mathrm{e}^{\mathrm{j}\omega_0 t}+\mathrm{e}^{-\mathrm{j}\omega_0 t})\leftrightarrow\pi[\delta(\omega+\omega_0)+\delta(\omega-\omega_0)] \tag{4.7-1}$$

$$\sin(\omega_0 t)=\frac{1}{2\mathrm{j}}(\mathrm{e}^{\mathrm{j}\omega_0 t}-\mathrm{e}^{-\mathrm{j}\omega_0 t})\leftrightarrow\mathrm{j}\pi[\delta(\omega+\omega_0)-\delta(\omega-\omega_0)] \tag{4.7-2}$$

正、余弦信号的波形及其频谱密度如图 4.40 所示。

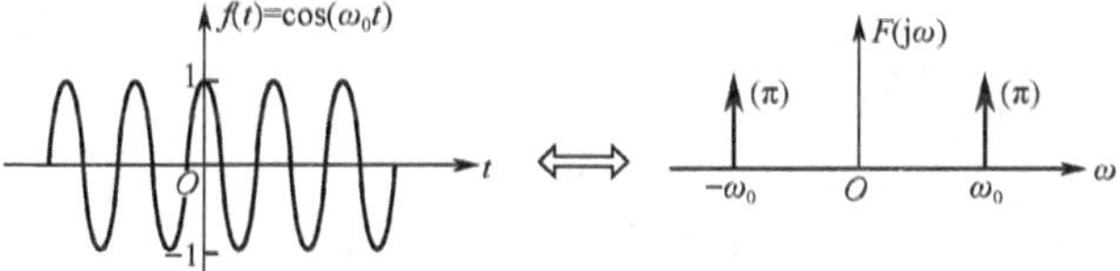

（a）余弦函数及其频谱密度

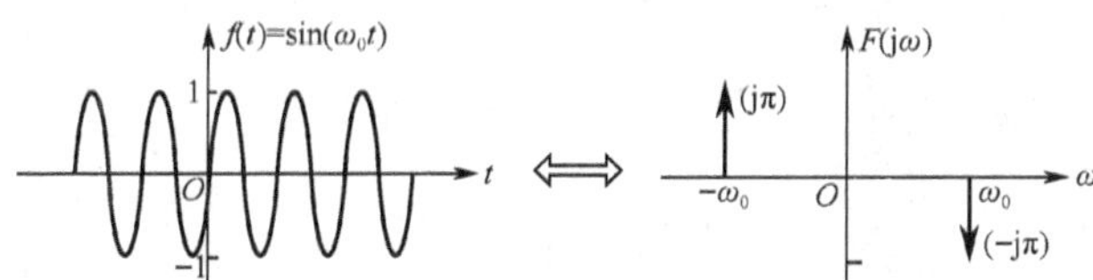

（b）正弦函数及其频谱密度

图 4.40　正、余弦函数及其频谱密度

4.7.2 一般周期信号的傅里叶变换

设 $f(t)$ 为周期信号，其周期为 T，依据周期信号的傅里叶级数分析，可将 $f(t)$ 展开成指数形式的傅里叶级数，即

$$f(t)=\sum_{n=-\infty}^{\infty}F_n\mathrm{e}^{\mathrm{j}n\Omega t} \tag{4.7-3}$$

式中 $\Omega=\dfrac{2\pi}{T}$ 为基波角频率，F_n 是傅里叶系数，其表达式为

$$F_n=\frac{1}{T}\int_{-\frac{T}{2}}^{\frac{T}{2}}f(t)\mathrm{e}^{-\mathrm{j}n\Omega t}\mathrm{d}t \tag{4.7-4}$$

常数 1（即幅值为 1 的直流信号）的傅里叶变换为

$$1\leftrightarrow 2\pi\delta(\omega)$$

根据频移特性，有

$$1\cdot\mathrm{e}^{\mathrm{j}n\Omega t}\leftrightarrow 2\pi\delta(\omega-n\Omega)$$

根据线性特性，有

$$\sum_{n=-\infty}^{\infty}F_n\mathrm{e}^{\mathrm{j}n\Omega t}\leftrightarrow 2\pi\sum_{n=-\infty}^{\infty}F_n\delta(\omega-n\Omega) \tag{4.7-5}$$

由式（4.7-3）及式（4.7-5）可得周期信号 $f(t)$ 的傅里叶变换为

$$f(t)=\sum_{n=-\infty}^{\infty}F_n\mathrm{e}^{\mathrm{j}n\Omega t}\leftrightarrow F(\mathrm{j}\omega)=2\pi\sum_{n=-\infty}^{\infty}F_n\delta(\omega-n\Omega) \tag{4.7-6}$$

式（4.7-6）表明，周期信号的傅里叶变换（频谱密度）由无穷多个冲激函数组成，这些冲激函数分别位于信号 $f(t)$ 的各谐波角频率 $n\Omega$ $(n=0,\pm1,\pm2,\cdots)$ 处，冲激的强度为傅里叶系数 F_n 的 2π 倍，即 $2\pi F_n$。

由此可见，在求周期信号的傅里叶变换时，可以先求出其傅里叶系数 F_n 和基波角频率 Ω，再将 F_n 和 Ω 代入式（4.7-6）即可。

在引入了冲激函数以后，对周期信号也能进行傅里叶变换，从而对周期信号和非周期信号可以用相同的观点和方法进行分析运算，给信号和系统分析带来很大方便。

【例 4-30】 已知信号 $f(t)=\sum\limits_{n=-\infty}^{\infty}\mathrm{e}^{\mathrm{j}nt},-\infty<t<\infty$，$n$ 为整数，求 $f(t)$ 的傅里叶变换。

【解】 由于周期信号可以展开成指数形式的傅里叶级数，有

$$f(t)=\sum_{n=-\infty}^{\infty}F_n\mathrm{e}^{\mathrm{j}n\Omega t}$$

由此可见，题中的信号 $f(t)$ 是个周期信号，且

$$F_n=1,\quad \Omega=1$$

将 F_n 和 Ω 代入式（4.7-6），可求得信号 $f(t)$ 的傅里叶变换为

$$F(\mathrm{j}\omega)=2\pi\sum_{n=-\infty}^{\infty}F_n\delta(\omega-n\Omega)=2\pi\sum_{n=-\infty}^{\infty}\delta(\omega-n)$$

【例 4-31】 如图 4.41（a）所示周期为 T 的单位冲激信号

$$\delta_T(t)=\sum_{m=-\infty}^{\infty}\delta(t-mT)$$

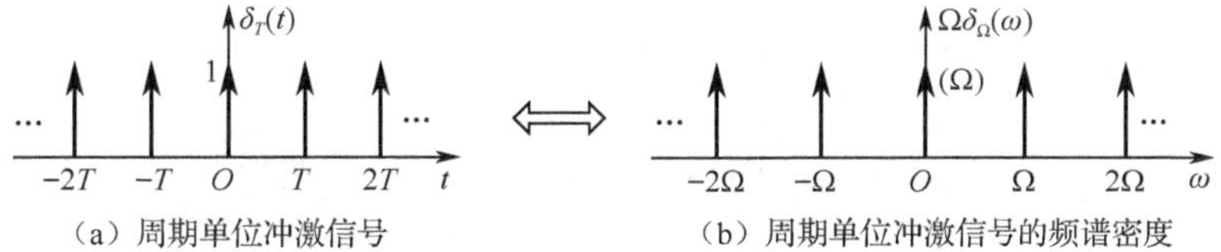

（a）周期单位冲激信号　　（b）周期单位冲激信号的频谱密度

图 4.41　周期单位冲激信号及其频谱密度

式中 m 为整数，试求 $\delta_T(t)$ 的傅里叶变换。

【解】 先由式（4.7-4）求出周期单位冲激信号的傅里叶系数 F_n，有

$$F_n=\frac{1}{T}\int_{-\frac{T}{2}}^{\frac{T}{2}}f(t)\mathrm{e}^{-\mathrm{j}n\Omega t}\mathrm{d}t=\frac{1}{T}\int_{-\frac{T}{2}}^{\frac{T}{2}}\delta_T(t)\mathrm{e}^{-\mathrm{j}n\Omega t}\mathrm{d}t$$

由图 4.41（a）可见，信号 $\delta_T(t)$ 在区间 $\left(-\frac{T}{2},\frac{T}{2}\right)$ 只有一个冲激信号 $\delta(t)$，并考虑到冲激信号的取样性质，上式可化简为

$$F_n=\frac{1}{T}\int_{-\frac{T}{2}}^{\frac{T}{2}}\delta(t)\mathrm{e}^{-\mathrm{j}n\Omega t}\mathrm{d}t=\frac{1}{T}\int_{-\frac{T}{2}}^{\frac{T}{2}}\delta(t)\mathrm{d}t=\frac{1}{T}$$

将 F_n 代入式（4.7-6），求得 $\delta_T(t)$ 的傅里叶变换为

$$\delta_T(t)\leftrightarrow\frac{2\pi}{T}\sum_{n=-\infty}^{\infty}\delta(\omega-n\Omega)=\Omega\sum_{n=-\infty}^{\infty}\delta(\omega-n\Omega)$$

令 $\delta_\Omega(\omega)$ 表示在频域中周期为 Ω 的冲激信号，即

$$\delta_\Omega(\omega)=\sum_{n=-\infty}^{\infty}\delta(\omega-n\Omega)$$

则有

$$\delta_T(t)\leftrightarrow\Omega\delta_\Omega(\omega)$$

上式表明，周期为 T 的单位冲激信号 $\delta_T(t)$ 的频谱密度是一个在频域中周期为 Ω，强度为 Ω 的冲激信号，如图 4.41（b）所示。

4.7.3　周期信号的傅里叶系数与傅里叶变换

周期信号的傅里叶变换除了按式（4.7-6）求解之外，还可以用如下的方式来求解。

如图 4.42（a）所示周期三角脉冲信号 $f(t)$，其周期为 T，从该信号中截取一个主周期（例如 $-\frac{T}{2}\sim\frac{T}{2}$），就得到单脉冲信号 $f_0(t)$，如图 4.42（b）所示。

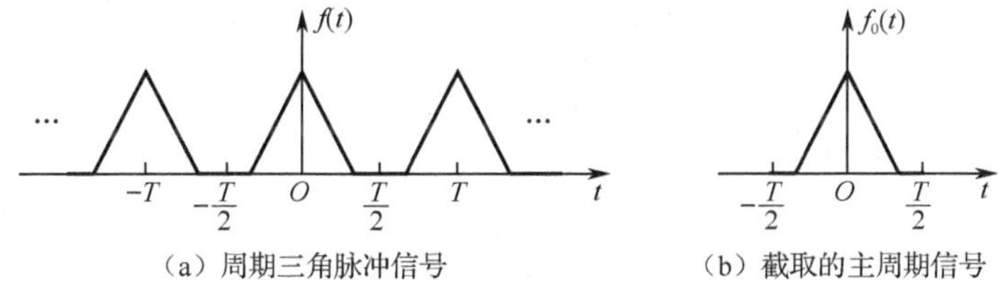

（a）周期三角脉冲信号　　（b）截取的主周期信号

图 4.42　周期三角脉冲信号及截取的主周期信号

由 2.4 节奇异函数的卷积特性可知，周期为 T 的三角脉冲信号 $f(t)$ 可看作单脉冲信号 $f_0(t)$ 与周期为 T 的冲激信号 $\delta_T(t)$ 的卷积，即

$$f(t)=f_0(t)*\delta_T(t) \tag{4.7-7}$$

式中 $\delta_T(t)=\sum_{n=-\infty}^{\infty}\delta(t-nT)$，其傅里叶变换为 $\Omega\sum_{n=-\infty}^{\infty}\delta(\omega-n\Omega)$ 。

设 $f_0(t)$ 的傅里叶变换为 $F_0(\mathrm{j}\omega)$，根据卷积定理求得 $f(t)$ 的傅里叶变换 $F(\mathrm{j}\omega)$ 为

$$F(\mathrm{j}\omega)=F_0(\mathrm{j}\omega)\cdot\Omega\sum_{n=-\infty}^{\infty}\delta(\omega-n\Omega)=\Omega\sum_{n=-\infty}^{\infty}F_0(\mathrm{j}n\Omega)\delta(\omega-n\Omega) \tag{4.7-8}$$

式(4.7-8)表明，利用截取的主周期信号 $f_0(t)$ 的傅里叶变换 $F_0(\mathrm{j}\omega)$，很容易求得周期信号 $f(t)$ 的傅里叶变换。

比较式（4.7-6）和式（4.7-8），有

$$f(t)\leftrightarrow F(\mathrm{j}\omega)=2\pi\sum_{n=-\infty}^{\infty}F_n\delta(\omega-n\Omega)$$

$$f(t)\leftrightarrow F(\mathrm{j}\omega)=2\pi\sum_{n=-\infty}^{\infty}\frac{1}{T}F_0(\mathrm{j}n\Omega)\delta(\omega-n\Omega)$$

以上两式都是周期信号 $f(t)$ 的傅里叶变换表达式，对比可知，周期信号 $f(t)$ 的傅里叶系数 F_n 与截取的主周期信号 $f_0(t)$ 的频谱 $F_0(\mathrm{j}\omega)$ 之间的关系为

$$F_n=\frac{1}{T}F_0(\mathrm{j}n\Omega)=\frac{1}{T}F_0(\mathrm{j}\omega)\Big|_{\omega=n\Omega} \tag{4.7-9}$$

上式表明，周期信号的傅里叶系数 F_n 等于 $F_0(\mathrm{j}\omega)$ 在频率为 $n\Omega$ 处的值乘以 $\frac{1}{T}$ 。

这表明，傅里叶变换中的许多性质、定理也可以用于傅里叶级数，也提供了另一种求周期信号傅里叶系数 F_n 的方法。

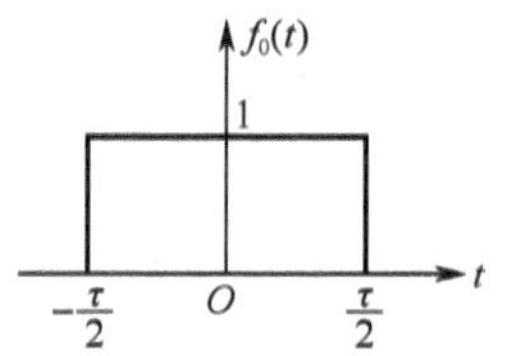

图 4.43　矩形脉冲信号

【例 4-32】 矩形脉冲信号 $f_0(t)$ 如图 4.43 所示。

（1）求 $f_0(t)$ 的傅里叶变换，画出其频谱密度图。

（2）将 $f_0(t)$ 以 $T=2\tau$ 为周期进行周期延拓得到周期矩形脉冲信号 $f(t)$，求 $f(t)$ 的指数型傅里叶级数，并画出周期信号 $f(t)$ 的频谱图。

（3）求周期信号 $f(t)$ 的傅里叶变换，画出其频谱密度图。

【解】（1）利用门函数的傅里叶变换对求出 $f_0(t)$ 的傅里叶变换，有

$$f_0(t)=g_\tau(t)\leftrightarrow F_0(\mathrm{j}\omega)=\tau\mathrm{Sa}\left(\frac{\omega\tau}{2}\right)$$

其频谱密度图为连续谱，如图 4.44（a）所示。

（2）利用式（4.7-9）求出周期信号 $f(t)$ 的傅里叶级数的系数 F_n，有

$$F_n=\frac{1}{T}F_0(\mathrm{j}\omega)\Big|_{\omega=n\Omega}=\frac{\tau}{T}\mathrm{Sa}\left(\frac{n\Omega\tau}{2}\right)$$

将 $T=2\tau$ 和 $\Omega=\frac{2\pi}{T}=\frac{\pi}{\tau}$ 代入上式，有

$$F_n=\frac{1}{2}\mathrm{Sa}\left(\frac{n\pi}{2}\right)$$

则周期信号 $f(t)$ 的指数型傅里叶级数为

$$f(t)=\sum_{n=-\infty}^{\infty}F_n\mathrm{e}^{\mathrm{j}n\Omega t}=\sum_{n=-\infty}^{\infty}\frac{1}{2}\mathrm{Sa}\left(\frac{n\pi}{2}\right)\mathrm{e}^{\mathrm{j}n\Omega t}$$

式中 $\Omega=\frac{2\pi}{T}=\frac{\pi}{\tau}$，周期信号 $f(t)$ 的频谱图如图 4.44（b）所示。

（3）将第（2）问求得的 F_n 代入式（4.7-6），求得周期信号 $f(t)$ 的傅里叶变换为

$$F(\mathrm{j}\omega)=2\pi\sum_{n=-\infty}^{\infty}F_n\delta(\omega-n\Omega)=\pi\sum_{n=-\infty}^{\infty}\mathrm{Sa}\left(\frac{n\pi}{2}\right)\delta(\omega-n\Omega)$$

式中$\Omega=\dfrac{2\pi}{T}=\dfrac{\pi}{\tau}$，周期信号 $f(t)$ 的频谱密度图如图 4.44（c）所示。

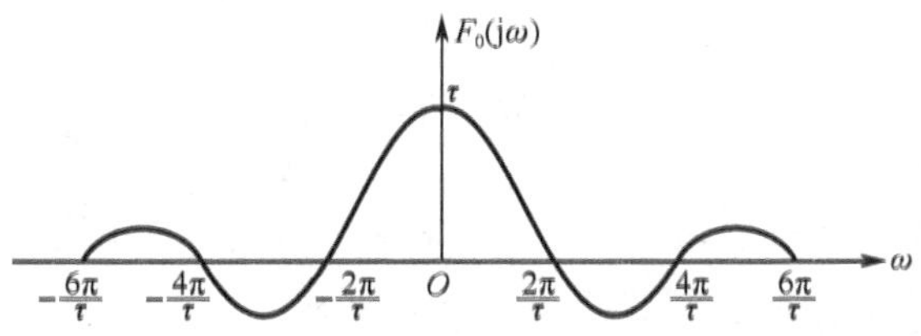

（a）矩形脉冲信号的频谱密度

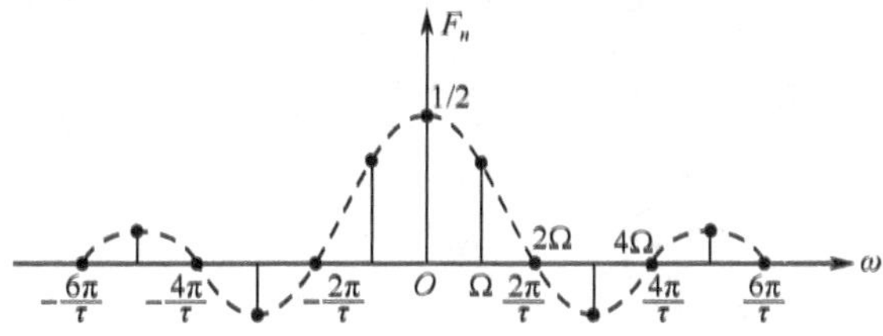

（b）周期矩形脉冲信号的频谱

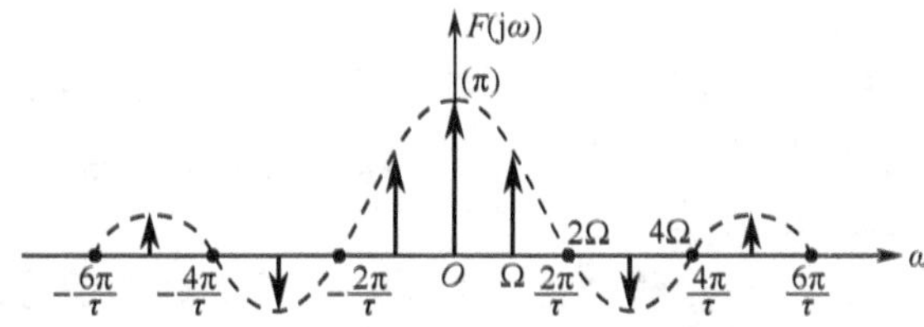

（c）周期矩形脉冲信号的频谱密度

图 4.44　矩形脉冲信号的频谱密度、周期信号的频谱和频谱密度

需要注意的是，周期信号的频谱指的是傅里叶级数的系数 F_n，而周期信号的频谱密度指的是傅里叶变换 $F(\mathrm{j}\omega)$。二者的相同点是“时域周期，频域离散”，不同的是，周期信号傅里叶级数的系数 F_n 是有限值，它代表虚指数分量的幅度和相位，反映的是频谱的概念；而周期信号的傅里叶变换 $F(\mathrm{j}\omega)$ 是冲激函数，不是有限值，反映的是频谱密度（单位频率上的频谱）的概念。

【例 4-33】 求图 4.45（a）所示周期信号 $f(t)$ 的傅里叶变换和指数型傅里叶级数。

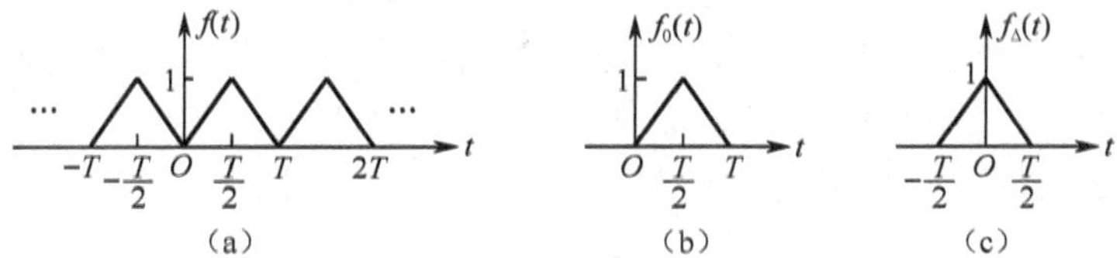

图 4.45　例 4-33 图

【解】 将周期信号 $f(t)$ 截取一个主周期（$0\sim T$）得到 $f_0(t)$，如图 4.45（b）所示。

由例 4-20 可知，图 4.45（c）所示三角形脉冲信号 $f_\Delta(t)$ 的傅里叶变换为

$$F_\Delta(\mathrm{j}\omega)=\frac{T}{2}\mathrm{Sa}^2\left(\frac{\omega T}{4}\right)$$

图 4.45（b）所示的截取信号 $f_0(t)$ 比 $f_\Delta(t)$ 在时间上延迟$\dfrac{T}{2}$，即

$$f_0(t)=f_\Delta\left(t-\frac{T}{2}\right)$$

根据时移特性，截取信号 $f_0(t)$ 的傅里叶变换为

$$F_0(\mathrm{j}\omega)=\frac{T}{2}\mathrm{Sa}^2\left(\frac{\omega T}{4}\right)\mathrm{e}^{-\mathrm{j}\omega\frac{T}{2}}$$

利用式（4.7-9）求出周期信号 $f(t)$ 的傅里叶级数的系数 F_n，有

$$F_n=\frac{1}{T}F_0(\mathrm{j}\omega)\Big|_{\omega=n\Omega}=\frac{1}{2}\mathrm{Sa}^2\left(\frac{n\Omega T}{4}\right)\mathrm{e}^{-\mathrm{j}\frac{n\Omega T}{2}}=\frac{1}{2}\mathrm{Sa}^2\left(\frac{n\pi}{2}\right)\mathrm{e}^{-\mathrm{j}n\pi}$$

将 F_n 代入式（4.7-6），求得周期信号 $f(t)$ 的傅里叶变换为

$$F(\mathrm{j}\omega)=2\pi\sum_{n=-\infty}^{\infty}F_n\delta(\omega-n\Omega)=\pi\sum_{n=-\infty}^{\infty}\mathrm{Sa}^2\left(\frac{n\pi}{2}\right)\mathrm{e}^{-\mathrm{j}n\pi}\delta(\omega-n\Omega)$$

将 F_n 代入式（4.7-3），求得周期信号 $f(t)$ 的指数型傅里叶级数为

$$f(t)=\sum_{n=-\infty}^{\infty}F_n\mathrm{e}^{\mathrm{j}n\Omega t}=\sum_{n=-\infty}^{\infty}\frac{1}{2}\mathrm{Sa}^2\left(\frac{n\pi}{2}\right)\mathrm{e}^{-\mathrm{j}n\pi}\mathrm{e}^{\mathrm{j}n\Omega t}$$

4.8 LTI 连续系统的频域分析

本书第 2 章介绍了 LTI 连续系统的时域分析法，它是以单位冲激函数 $\delta(t)$ 为基本信号，基于系统的线性和时不变性导出的一种分析方法。本节将以虚指数信号 $\mathrm{e}^{\mathrm{j}\omega t}$ 为基本信号，同样基于系统的线性叠加性质而导出另一种分析方法，即频域分析法。

从系统的时域分析知道，对于一个线性时不变系统，外加激励信号为 $f(t)$ 时，该系统的零状态响应 $y_{\mathrm{zs}}(t)$ 等于激励 $f(t)$ 与系统单位冲激响应 $h(t)$ 的卷积，即

$$y_{\mathrm{zs}}(t)=f(t)*h(t) \tag{4.8-1}$$

可见利用时域法求系统响应时，要遇到如何求卷积积分这样一个数学问题。联想到傅里叶变换的时域卷积定理，若对式（4.8-1）两端同时求傅里叶变换，显然有

$$Y_{\mathrm{zs}}(\mathrm{j}\omega)=F(\mathrm{j}\omega)\cdot H(\mathrm{j}\omega) \tag{4.8-2}$$

式中，$H(\mathrm{j}\omega)$ 为该系统单位冲激响应 $h(t)$ 的傅里叶变换。与式（4.8-1）对照，可得

$$y_{\mathrm{zs}}(t)=F^{-1}[Y_{\mathrm{zs}}(\mathrm{j}\omega)]=F^{-1}[F(\mathrm{j}\omega)\cdot H(\mathrm{j}\omega)] \tag{4.8-3}$$

应用式（4.8-3）求解系统零状态响应 $y_{\mathrm{zs}}(t)$ 的方法实质上就是所谓的频域分析法。频域分析法将时域中的卷积运算转换成频域中的相乘运算，这给系统响应的求解带来很大的方便。当式（4.8-3）中傅里叶变换的正变换及逆变换都比较容易求得时，用系统的频域分析法求解系统零状态响应是一种比较简便的方法。然而，因频域分析法只能求解系统的零状态响应，这使得它的应用有一定的局限性。

以上是关于求系统零状态响应的频域分析法的简单讨论。从理论上讲，是容易理解并被接受的，然而其物理意义并不明确。对照用时域分析法求解系统响应的分析过程，下面从信号的分解和线性叠加的思路，进一步讨论系统的频域分析法。

4.8.1 系统的频率响应

傅里叶分析是将信号分解为无穷多项不同频率的虚指数函数之和，即周期信号可以表示为

4-20 系统频域分析 1

$$f(t)=\sum_{n=-\infty}^{\infty}F_n e^{jn\Omega t} \tag{4.8-4}$$

非周期信号可以表示为

$$f(t)=\frac{1}{2\pi}\int_{-\infty}^{\infty}F(j\omega)e^{j\omega t}d\omega \tag{4.8-5}$$

由以上两式可见，信号 $f(t)$ 是由无穷多个基本信号 $e^{j\omega t}$ 叠加而成的。下面首先分析基本信号 $e^{j\omega t}$ 激励下系统的零状态响应 $y_{zs}(t)$。

1．基本信号 $e^{j\omega t}$ 激励下系统的零状态响应 $y_{zs}(t)$

设 LTI 系统的单位冲激响应为 $h(t)$，角频率为 ω 的虚指数信号 $e^{j\omega t}$ 激励下系统的零状态响应为

$$y_{zs}(t)=e^{j\omega t}*h(t)$$

根据卷积积分的定义，有

$$y_{zs}(t)=\int_{-\infty}^{\infty}h(\tau)e^{j\omega(t-\tau)}d\tau=\int_{-\infty}^{\infty}h(\tau)e^{-j\omega\tau}d\tau\cdot e^{j\omega t}$$

式中 $\int_{-\infty}^{\infty}h(\tau)e^{-j\omega\tau}d\tau$ 是 $h(t)$ 的傅里叶变换，记为 $H(j\omega)$（频率响应函数），上式可写为

$$y_{zs}(t)=H(j\omega)\cdot e^{j\omega t}=|H(j\omega)|e^{j[\omega t+\varphi(\omega)]} \tag{4.8-6}$$

式（4.8-6）表明，当激励是幅度为 1、角频率为 ω 的虚指数函数 $e^{j\omega t}$ 时，系统的响应依然是角频率为 ω 的虚指数信号，但其幅度和相位发生了改变，$H(j\omega)$ 反映了响应 $y_{zs}(t)$ 的幅度和相位。这是频域分析的基础。

2．任意信号 $f(t)$ 激励下系统的零状态响应 $y_{zs}(t)$

由于任意信号可以表示为无穷多个基本信号 $e^{j\omega t}$ 的线性组合，因此应用线性叠加性质来分析任意信号 $f(t)$ 激励下系统的零状态响应 $y_{zs}(t)$。

由式（4.8-6）可知 $e^{j\omega t}$ 激励下系统的零状态响应为

$$e^{j\omega t}\rightarrow y_{zs}(t)=H(j\omega)e^{j\omega t}$$

利用 LTI 系统的齐次性，有

$$\frac{1}{2\pi}F(j\omega)e^{j\omega t}\rightarrow y_{zs}(t)=\frac{1}{2\pi}F(j\omega)H(j\omega)e^{j\omega t}$$

利用 LTI 系统的可加性，有

$$\int_{-\infty}^{\infty}\frac{1}{2\pi}F(j\omega)e^{j\omega t}d\omega\rightarrow y_{zs}(t)=\int_{-\infty}^{\infty}\frac{1}{2\pi}F(j\omega)H(j\omega)e^{j\omega t}d\omega$$

依据傅里叶逆变换的定义式，可知任意信号 $f(t)$ 激励下系统的零状态响应 $y_{zs}(t)$ 为

$$f(t)\rightarrow y_{zs}(t)=F^{-1}[F(j\omega)H(j\omega)] \tag{4.8-7}$$

令零状态响应 $y_{zs}(t)$ 的傅里叶变换为 $Y_{zs}(j\omega)$，由上式可知

$$Y_{zs}(j\omega)=F(j\omega)H(j\omega) \tag{4.8-8}$$

对照式（4.8-1）和式（4.8-8）可见，二者正是傅里叶变换时域卷积定理的内容。

式（4.8-8）表明，对于 LTI 系统，输入信号 $f(t)$ 的频谱密度为 $F(j\omega)$，输出信号 $y_{zs}(t)$ 的频谱密度变为 $F(j\omega)H(j\omega)$，因此说系统改变了输入信号的频率成分，这种分析在实际中非常有用，是分析和设计系统的基础。任何一个信号都有自身特有的频率成分，通过系统时，由于系统 $H(j\omega)$ 的影响，输入信号中的有些频率成分可能被加强，有些频率成分可能被削弱甚至完全消失。也就是说，输入信号的频率成分被 $H(j\omega)$ 加权了。从这个意义上来说，系统是一个“滤波器”，对信号的频率成分进行“过滤”。

3．频率响应 $H(j\omega)$

单位冲激响应 $h(t)$ 反映了系统的时域特性，而频率响应 $H(j\omega)$ 反映了系统的频域特性。只要系统确定，$h(t)$ 和 $H(j\omega)$ 就被确定，与外加激励无关，二者的关系为

$$h(t) \leftrightarrow H(j\omega) \tag{4.8-9}$$

通常，频率响应 $H(j\omega)$ 可定义为系统零状态响应 $y_{zs}(t)$ 的傅里叶变换 $Y_{zs}(j\omega)$ 与激励的傅里叶变换 $F(j\omega)$ 之比，即

$$H(j\omega)=\frac{Y_{zs}(j\omega)}{F(j\omega)} \tag{4.8-10}$$

$H(j\omega)$ 是关于角频率 ω 的复函数，可写为

$$H(j\omega)=|H(j\omega)|e^{j\varphi(\omega)} \tag{4.8-11}$$

若令 $Y_{zs}(j\omega)=|Y_{zs}(j\omega)|e^{j\theta_y(\omega)}$，$F(j\omega)=|F(j\omega)|e^{j\theta_f(\omega)}$，则有

$$|H(j\omega)|=\frac{|Y_{zs}(j\omega)|}{|F(j\omega)|} \tag{4.8-12}$$

$$\varphi(\omega)=\theta_y(\omega)-\theta_f(\omega) \tag{4.8-13}$$

$|H(j\omega)|$ 是输出信号与输入信号的幅度之比，称为系统的幅度频率响应特性，简称幅频特性或幅频响应，表示系统对输入信号频率成分的幅度加权——滤波，它是 ω 的偶函数。

$\varphi(\omega)$ 是输出信号与输入信号的相位之差，称为系统的相位频率响应特性，简称相频特性或相频响应，表示系统对输入信号频率成分的相位加权，它是 ω 的奇函数。

下面简要介绍几种理想滤波器，其幅频特性 $|H(j\omega)|$ 如图 4.46 所示。

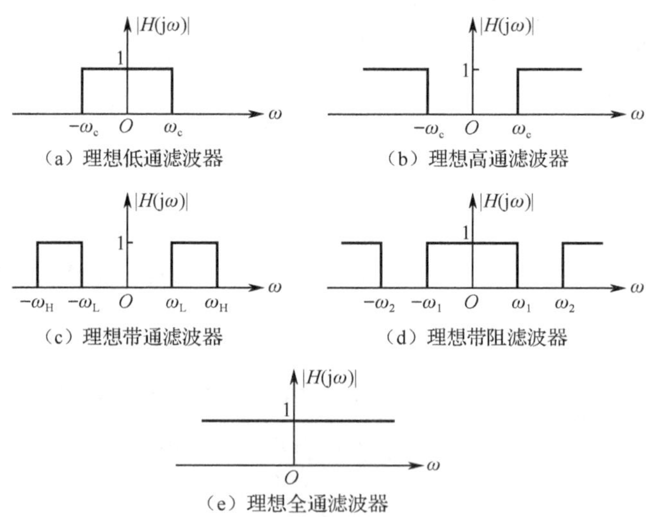

图 4.46　理想滤波器的幅频特性

图 4.46（a）所示的理想低通滤波器，对于 $\omega \leqslant \omega_c$ 的信号频率成分，系统将无衰减令其通过，同时完全阻止频率高于 ω_c 的频率成分，这就是“低通”的含义。即低通滤波器允许信号中的低频率成分通过，而高频成分被滤除。

图 4.46（b）所示的理想高通滤波器允许信号中的高频成分通过，低频成分被滤除。

图 4.46（c）所示的理想带通滤波器允许信号中一个频段内（$\omega_L \leqslant \omega \leqslant \omega_H$）的频率成分通过，其他频率成分被滤除，带通滤波器的带宽为 $\omega_B=\omega_H-\omega_L$。

图 4.46（d）所示的理想带阻滤波器正好与带通滤波器相反，让低频和高频成分通过，中间一

段频率成分被截止滤除。

图 4.46（e）所示的理想全通滤波器，让信号的所有频率成分（$0\leqslant\omega<\infty$）全部通过，它不改变输入信号的频率成分，其作用主要是改变相位。

上面讨论各种滤波器时，只考虑了幅频特性，也就是滤波特性，滤波器的相频特性会导致信号各个频率成分的相位发生改变。

4.8.2 频域分析法

这种利用频率响应函数 $H(\mathrm{j}\omega)$ 来分析系统响应的方法称为系统的频域分析法或傅里叶变换法。傅里叶变换法的分析思路示意图如图 4.47 所示。

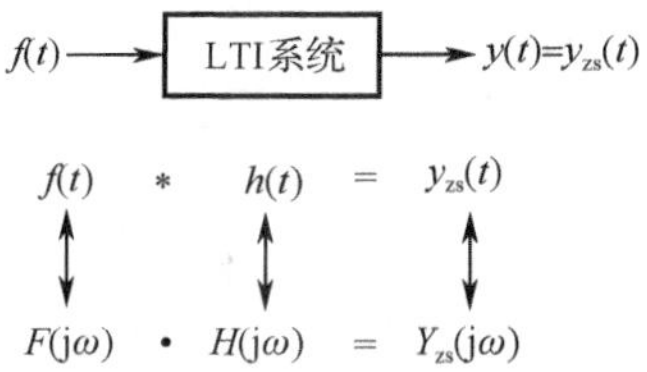

$f(t)$ → LTI系统 → $y(t)=y_{zs}(t)$

$f(t)\quad * \quad h(t) \quad = \quad y_{zs}(t)$

$\updownarrow \qquad\quad \updownarrow \qquad\quad \updownarrow$

$F(\mathrm{j}\omega)\quad \cdot \quad H(\mathrm{j}\omega) \quad = \quad Y_{zs}(\mathrm{j}\omega)$

图 4.47 傅里叶变换法分析思路示意图

由图 4.47 可知，频域分析法（傅里叶变换法）求解 LTI 系统零状态响应的思路如下：

（1）求出输入信号 $f(t)$ 的傅里叶变换 $F(\mathrm{j}\omega)$；

（2）求出系统的频率响应 $H(\mathrm{j}\omega)$；

（3）由 $Y_{zs}(\mathrm{j}\omega)=F(\mathrm{j}\omega)\cdot H(\mathrm{j}\omega)$ 求出零状态响应的傅里叶变换 $Y_{zs}(\mathrm{j}\omega)$；

（4）求出 $Y_{zs}(\mathrm{j}\omega)$ 的傅里叶反变换 $y_{zs}(t)$。

【例 4-34】 描述某 LTI 系统的微分方程为

$$y'(t)+2y(t)=f(t)$$

求激励为 $f(t)=\mathrm{e}^{-t}\varepsilon(t)$ 时系统的响应 $y(t)$。

【解】 激励作用于系统的响应 $y(t)$ 就是零状态响应。

依据上述总结的傅里叶变换法的分析思路求解如下：

（1）激励信号的傅里叶变换 $F(\mathrm{j}\omega)$ 为

$$f(t)=\mathrm{e}^{-t}\varepsilon(t)\leftrightarrow F(\mathrm{j}\omega)=\frac{1}{\mathrm{j}\omega+1}$$

（2）对微分方程两边同时取傅里叶变换，有

$$\mathrm{j}\omega Y(\mathrm{j}\omega)+2Y(\mathrm{j}\omega)=F(\mathrm{j}\omega)$$

求得系统的频率响应 $H(\mathrm{j}\omega)$ 为

$$H(\mathrm{j}\omega)=\frac{Y(\mathrm{j}\omega)}{F(\mathrm{j}\omega)}=\frac{1}{\mathrm{j}\omega+2}$$

（3）系统的零状态响应的傅里叶变换 $Y(\mathrm{j}\omega)$ 为

$$Y(\mathrm{j}\omega)=F(\mathrm{j}\omega)\cdot H(\mathrm{j}\omega)=\frac{1}{(\mathrm{j}\omega+1)(\mathrm{j}\omega+2)}=\frac{1}{\mathrm{j}\omega+1}-\frac{1}{\mathrm{j}\omega+2}$$

（4）对 $Y(\mathrm{j}\omega)$ 求傅里叶反变换，求得系统的响应 $y(t)$ 为

$$y(t)=(\mathrm{e}^{-t}-\mathrm{e}^{-2t})\varepsilon(t)$$

【例 4-35】 已知激励信号 $f(t)=(3\mathrm{e}^{-2t}-2)\varepsilon(t)$，试求图 4.48 所示电路中电容电压的零状态响应 $u_C(t)$。

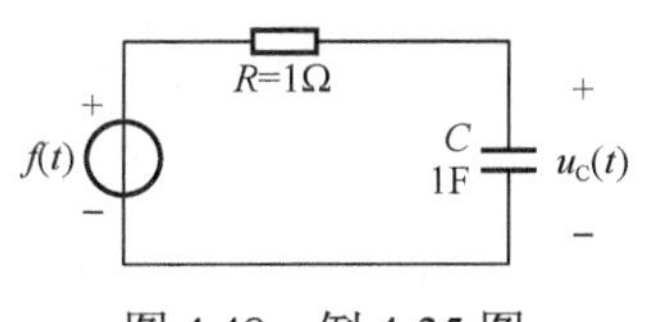

图 4.48 例 4-35 图

【解】 依据傅里叶变换法的分析思路求解如下：

（1）激励信号 $f(t)$ 的傅里叶变换 $F(\mathrm{j}\omega)$ 为

$$F(\mathrm{j}\omega)=\frac{3}{\mathrm{j}\omega+2}-2\left[\pi\delta(\omega)+\frac{1}{\mathrm{j}\omega}\right]$$

（2）由图示电路图求得系统的频率响应 $H(\mathrm{j}\omega)$ 为

$$H(\mathrm{j}\omega)=\frac{U_{\mathrm{C}}(\mathrm{j}\omega)}{F(\mathrm{j}\omega)}=\frac{\dfrac{1}{\mathrm{j}\omega C}}{R+\dfrac{1}{\mathrm{j}\omega C}}=\frac{1}{\mathrm{j}\omega CR+1}=\frac{1}{\mathrm{j}\omega+1}$$

（3）当激励 $f(t)=(3\mathrm{e}^{-2t}-2)\varepsilon(t)$ 时，求得 $U_{\mathrm{C}}(\mathrm{j}\omega)$ 为

$$U_{\mathrm{C}}(\mathrm{j}\omega)=F(\mathrm{j}\omega)\cdot H(\mathrm{j}\omega)=\frac{3}{(\mathrm{j}\omega+2)(\mathrm{j}\omega+1)}-\frac{2}{\mathrm{j}\omega+1}\left[\pi\delta(\omega)+\frac{1}{\mathrm{j}\omega}\right]$$

利用 $\delta(\omega)$ 的取样性质，将 $U_{\mathrm{C}}(\mathrm{j}\omega)$ 整理成如下形式：

$$\begin{aligned}U_{\mathrm{C}}(\mathrm{j}\omega)&=\frac{3}{(\mathrm{j}\omega+2)(\mathrm{j}\omega+1)}-2\pi\delta(\omega)-\frac{2}{\mathrm{j}\omega(\mathrm{j}\omega+1)}\\&=\frac{3}{\mathrm{j}\omega+1}-\frac{3}{\mathrm{j}\omega+2}-2\pi\delta(\omega)-\left(\frac{-2}{\mathrm{j}\omega+1}+\frac{2}{\mathrm{j}\omega}\right)\\&=\frac{5}{\mathrm{j}\omega+1}-\frac{3}{\mathrm{j}\omega+2}-2\left[\pi\delta(\omega)+\frac{1}{\mathrm{j}\omega}\right]\end{aligned}$$

（4）对 $U_{\mathrm{C}}(\mathrm{j}\omega)$ 求傅里叶反变换，求得零状态响应 $u_{\mathrm{C}}(t)$ 为

$$u_{\mathrm{C}}(t)=(5\mathrm{e}^{-t}-3\mathrm{e}^{-2t}-2)\varepsilon(t)$$

【例 4-36】 如图 4.49（a）所示系统，系统的频率响应如图 4.49（b）所示，其相频特性 $\varphi(\omega)=0$。若输入 $f(t)=\dfrac{\sin(4t)}{t}$，$s(t)=\cos(1000t)$，求输出信号 $y(t)$。

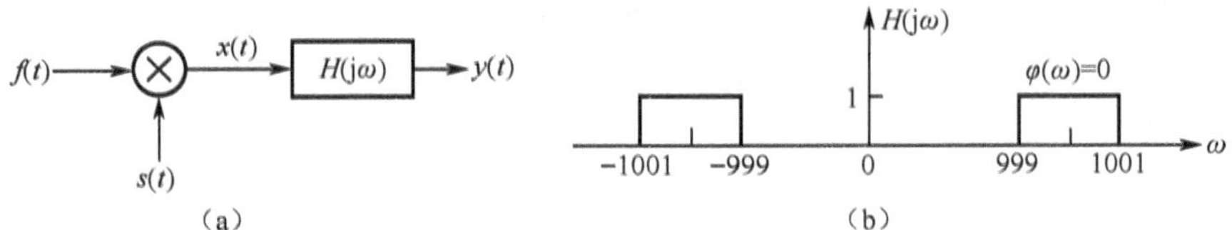

图 4.49　例 4-36 图

【解】 依据傅里叶变换法的分析思路求解如下。

（1）由图 4.49（a）可知，乘法器的输出信号为 $x(t)=f(t)\times s(t)$，它也是系统的输入。求出系统输入信号 $x(t)$ 的傅里叶变换 $X(\mathrm{j}\omega)$，有

$$f(t)=\frac{\sin(4t)}{t}\leftrightarrow F(\mathrm{j}\omega)=\pi g_8(\omega)$$

$$s(t)=\cos(1000t)\leftrightarrow S(\mathrm{j}\omega)=\pi[\delta(\omega+1000)+\delta(\omega-1000)]$$

$$\begin{aligned}X(\mathrm{j}\omega)&=\frac{1}{2\pi}F(\mathrm{j}\omega)*S(\mathrm{j}\omega)\\&=\frac{1}{2\pi}[\pi g_8(\omega)]*\pi[\delta(\omega+1000)+\delta(\omega-1000)]\\&=\frac{\pi}{2}[g_8(\omega+1000)+g_8(\omega-1000)]\end{aligned}$$

（2）系统频率响应 $H(\mathrm{j}\omega)$ 已知，可见该系统是带通滤波器。

（3）系统输出信号 $y(t)$ 的傅里叶变换 $Y(\mathrm{j}\omega)$ 为

$$Y(\mathrm{j}\omega)=X(\mathrm{j}\omega)H(\mathrm{j}\omega)=|X(\mathrm{j}\omega)|\cdot|H(\mathrm{j}\omega)|\mathrm{e}^{\mathrm{j}[\varphi_x(\omega)+\varphi_h(\omega)]}$$

参看图 4.50，可知

$$|Y(\mathrm{j}\omega)|=|X(\mathrm{j}\omega)|\cdot|H(\mathrm{j}\omega)|=\frac{\pi}{2}[g_2(\omega+1000)+g_2(\omega-1000)]$$

由于 $X(\mathrm{j}\omega)$ 为正实数，故其相角 $\varphi_x(\omega)=0$，已知带通滤波器相频特性 $\varphi_h(\omega)=0$，故

$$\varphi_y(\omega)=\varphi_x(\omega)+\varphi_h(\omega)=0$$

求得系统输出信号 $y(t)$ 的傅里叶变换 $Y(\mathrm{j}\omega)$ 为

$$Y(\mathrm{j}\omega)=\frac{\pi}{2}[g_2(\omega+1000)+g_2(\omega-1000)]$$

（4）对 $Y(\mathrm{j}\omega)$ 求傅里叶反变换，求出系统的响应 $y(t)$

$$Y(\mathrm{j}\omega)=\frac{\pi}{2}[g_2(\omega+1000)+g_2(\omega-1000)]$$
$$=\frac{1}{2\pi}[\pi g_2(\omega)]*\pi[\delta(\omega+1000)+\delta(\omega-1000)]$$

利用傅里叶变换常用对和对称性，求得

$$\pi g_2(\omega)\leftrightarrow \mathrm{Sa}(t)$$
$$\pi[\delta(\omega+1000)+\delta(\omega-1000)]\leftrightarrow\cos(1000t)$$

利用傅里叶变换的频域卷积定理，求得系统的响应 $y(t)$ 为

$$y(t)=\mathrm{Sa}(t)\cos(1000t)$$

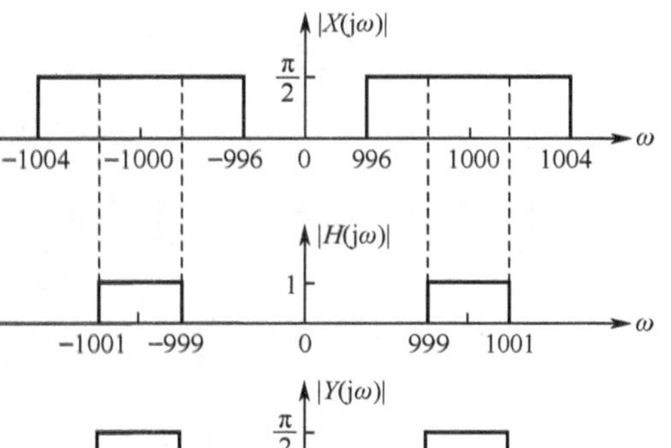

图 4.50　$Y(\mathrm{j}\omega)$ 的求解过程

【例 4-37】 已知某 LTI 系统的频率响应为 $H(\mathrm{j}\omega)=\begin{cases}0, & |\omega|>8\\ \pi\mathrm{e}^{-\mathrm{j}2\omega}, & |\omega|\leqslant 8\end{cases}$，该系统的输入为 $f(t)=\dfrac{\sin(2t)}{t}\cos(8t)$，求系统输出 $y(t)$。

【解】 依据傅里叶变换法的分析思路求解如下。

（1）求出系统输入信号 $f(t)$ 的傅里叶变换 $F(\mathrm{j}\omega)$

$$\frac{\sin(2t)}{t}\leftrightarrow\pi g_4(\omega)$$
$$\cos(8t)\leftrightarrow\pi[\delta(\omega+8)+\delta(\omega-8)]$$
$$F(\mathrm{j}\omega)=\frac{1}{2\pi}[\pi g_4(\omega)]*\pi[\delta(\omega+8)+\delta(\omega-8)]$$
$$=\frac{\pi}{2}[g_4(\omega+8)+g_4(\omega-8)]$$

（2）系统频率响应 $H(\mathrm{j}\omega)$ 已知，可见该系统是低通滤波器。

（3）系统输出信号 $y(t)$ 的傅里叶变换 $Y(\mathrm{j}\omega)$ 为

$$Y(\mathrm{j}\omega)=F(\mathrm{j}\omega)H(\mathrm{j}\omega)=|F(\mathrm{j}\omega)|\cdot|H(\mathrm{j}\omega)|\mathrm{e}^{\mathrm{j}[\varphi_f(\omega)+\varphi_h(\omega)]}$$

参看图 4.51，可知

$$|Y(\mathrm{j}\omega)|=|F(\mathrm{j}\omega)|\cdot|H(\mathrm{j}\omega)|=\frac{\pi^2}{2}[g_2(\omega+7)+g_2(\omega-7)]$$

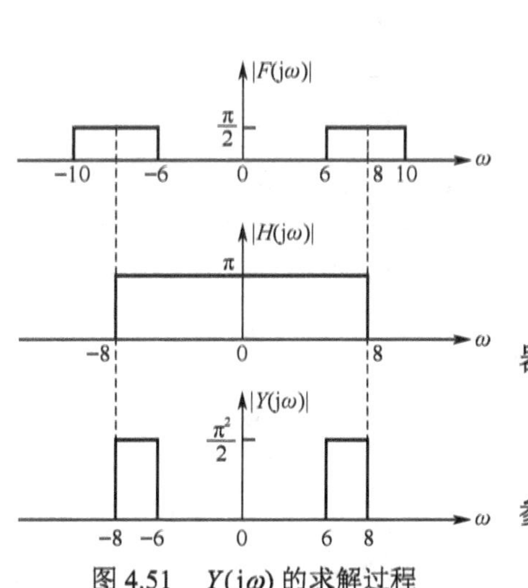

图 4.51　$Y(\mathrm{j}\omega)$ 的求解过程

由于 $F(\mathrm{j}\omega)$ 为正实数，故其相角 $\varphi_f(\omega)=0$，$H(\mathrm{j}\omega)$ 的相频特性 $\varphi_h(\omega)=-2\omega$，故

$$\varphi_y(\omega)=\varphi_f(\omega)+\varphi_h(\omega)=-2\omega$$

求得系统输出信号 $y(t)$ 的傅里叶变换 $Y(\mathrm{j}\omega)$ 为

$$Y(\mathrm{j}\omega)=\frac{\pi^2}{2}[g_2(\omega+7)+g_2(\omega-7)]\mathrm{e}^{-\mathrm{j}2\omega}$$

（4）对 $Y(\mathrm{j}\omega)$ 求傅里叶反变换，求出系统的响应 $y(t)$

$$\frac{\pi^2}{2}[g_2(\omega+7)+g_2(\omega-7)]=\frac{1}{2\pi}[\pi^2 g_2(\omega)]*\pi[\delta(\omega+7)+\delta(\omega-7)]$$

利用傅里叶变换常用对和对称性，求得

$$\pi^2 g_2(\omega)\leftrightarrow \pi\mathrm{Sa}(t)$$

$$\pi[\delta(\omega+7)+\delta(\omega-7)]\leftrightarrow\cos(7t)$$

利用傅里叶变换的频域卷积定理，求得

$$\frac{\pi^2}{2}[g_2(\omega+7)+g_2(\omega-7)]\leftrightarrow\pi\mathrm{Sa}(t)\cos(7t)$$

利用傅里叶变换的时移特性，求得系统的响应 $y(t)$ 为

$$y(t)=\pi\mathrm{Sa}(t-2)\cos[7(t-2)]$$

【例 4-38】 如图 4.52（a）所示系统，已知乘法器的输入 $f(t)=\dfrac{\sin(2t)}{t}\cos(2000\pi t)$，$s(t)$ 的波形如图 4.52（b）所示，系统函数 $H(\mathrm{j}\omega)=\begin{cases}\mathrm{e}^{-\mathrm{j}2\omega}, & |\omega|\leqslant 1\\ 0, & |\omega|>1\end{cases}$，求系统响应 $y(t)$。

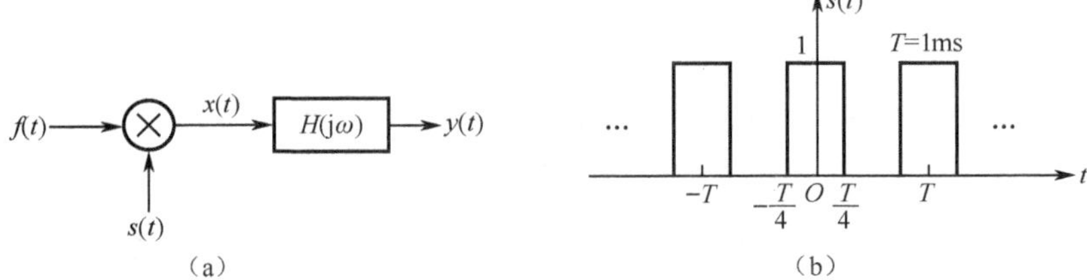

图 4.52　例 4-38 图

【解】（1）由图 4.52（a）可知，乘法器的输出信号为 $x(t)=f(t)\times s(t)$，它也是系统的输入。求出系统输入信号 $x(t)$ 的傅里叶变换 $X(\mathrm{j}\omega)$。

首先要求出 $f(t)$ 的傅里叶变换 $F(\mathrm{j}\omega)$，即

$$\frac{\sin(2t)}{t}=2\mathrm{Sa}(2t)\leftrightarrow\pi g_4(\omega)$$

$$\cos(2000\pi t)\leftrightarrow\pi[\delta(\omega+2000\pi)+\delta(\omega-2000\pi)]$$

$$F(\mathrm{j}\omega)=\frac{1}{2\pi}[\pi g_4(\omega)]*\pi[\delta(\omega+2000\pi)+\delta(\omega-2000\pi)]$$

$$=\frac{\pi}{2}[g_4(\omega+2000\pi)+g_4(\omega-2000\pi)]$$

再求 $s(t)$ 的傅里叶变换 $S(\mathrm{j}\omega)$。$s(t)$ 是周期信号，利用周期信号的傅里叶变换求解方法，由于 $T=1\mathrm{ms}$，则 $\Omega=\dfrac{2\pi}{T}=2000\pi(\mathrm{rad/s})$，因而有

$$S(\mathrm{j}\omega)=2\pi\sum_{n=-\infty}^{\infty}F_n\delta(\omega-n\Omega)=2\pi\sum_{n=-\infty}^{\infty}F_n\delta(\omega-n2000\pi)$$

式中，F_n 为复振幅，将 $s(t)$ 截取一个主周期得到 $s_0(t)$

$$s_0(t)=g_{\frac{T}{2}}(t)\leftrightarrow S_0(\mathrm{j}\omega)=\frac{T}{2}\mathrm{Sa}\left(\frac{\omega T}{4}\right)$$

$$F_n = \frac{1}{T}S_0(\mathrm{j}\omega)\Big|_{\omega=n\Omega} = \frac{1}{2}\mathrm{Sa}\left(\frac{n\pi}{2}\right)$$

$$S(\mathrm{j}\omega) = 2\pi\sum_{n=-\infty}^{\infty}F_n\delta(\omega-2000n\pi) = \sum_{n=-\infty}^{\infty}\pi\mathrm{Sa}\left(\frac{n\pi}{2}\right)\delta(\omega-2000n\pi)$$

下面求 $x(t)$ 的傅里叶变换 $X(\mathrm{j}\omega)$，由图 4.52（a）知

$$x(t) = f(t)\times s(t)$$

依据傅里叶变换的频域卷积定理，有

$$\begin{aligned}X(\mathrm{j}\omega) &= \frac{1}{2\pi}F(\mathrm{j}\omega) * S(\mathrm{j}\omega)\\ &= \frac{1}{2\pi}\cdot\frac{\pi}{2}[g_4(\omega+2000\pi)+g_4(\omega-2000\pi)] * \sum_{n=-\infty}^{\infty}\pi\mathrm{Sa}\left(\frac{n\pi}{2}\right)\delta(\omega-2000n\pi)\\ &= \frac{\pi}{4}\sum_{n=-\infty}^{\infty}\mathrm{Sa}\left(\frac{n\pi}{2}\right)[g_4(\omega-2000n\pi+2000\pi)+g_4(\omega-2000n\pi-2000\pi)]\\ &= \underbrace{\frac{\pi}{4}[g_4(\omega+2000\pi)+g_4(\omega-2000\pi)]}_{n=0}\\ &\quad+\underbrace{\frac{1}{2}[g_4(\omega)+g_4(\omega-4000\pi)]}_{n=1}+\underbrace{\frac{1}{2}[g_4(\omega+4000\pi)+g_4(\omega)]}_{n=-1}+\cdots\cdots\end{aligned}$$

分析上式可知，$X(\mathrm{j}\omega)$ 是由无穷多个矩形脉冲组成的，脉冲宽度为 4，幅度不等，各矩形脉冲的中心位置在 $2000n\pi$ $(n=0,\pm1,\pm2,\cdots)$ 处。

（2）系统的频率响应 $H(\mathrm{j}\omega)$ 为

$$H(\mathrm{j}\omega) = \begin{cases}\mathrm{e}^{-\mathrm{j}2\omega}, & |\omega|\leqslant 1\\ 0, & |\omega|>1\end{cases} = g_2(\omega)\mathrm{e}^{-\mathrm{j}2\omega}$$

可见该系统是低通滤波器。

（3）系统响应 $y(t)$ 的傅里叶变换 $Y(\mathrm{j}\omega)$ 为

$$Y(\mathrm{j}\omega) = X(\mathrm{j}\omega)\cdot H(\mathrm{j}\omega)$$

虽然 $X(\mathrm{j}\omega)$ 是由无穷多个矩形脉冲组成的，但由于 $H(\mathrm{j}\omega)$ 是低通滤波器，此时 $X(\mathrm{j}\omega)$ 中的高频分量会被滤除掉，我们只需要关心 $X(\mathrm{j}\omega)$ 中的低频分量，即 $g_4(\omega)$。因此 $Y(\mathrm{j}\omega)$ 可以表示为

$$Y(\mathrm{j}\omega) = X(\mathrm{j}\omega)\cdot H(\mathrm{j}\omega) = g_4(\omega)\cdot g_2(\omega)\mathrm{e}^{-\mathrm{j}2\omega} = g_2(\omega)\mathrm{e}^{-\mathrm{j}2\omega}$$

（4）对 $Y(\mathrm{j}\omega)$ 求傅里叶反变换

依据门函数的傅里叶变换对及对称性，有

$$g_2(\omega)\leftrightarrow\frac{1}{\pi}\mathrm{Sa}(t)$$

依据傅里叶变换的时移特性，求得系统响应 $y(t)$ 为

$$y(t) = \frac{1}{\pi}\mathrm{Sa}(t-2) = \frac{1}{\pi}\cdot\frac{\sin(t-2)}{t-2}$$

观察以上几个例题中，系统的输入信号均属于非周期信号，采用图 4.47 所示的傅里叶变换法求解系统的输出是比较方便的。通过上述分析，我们也深刻理解了信号通过 LTI 系统时，系统对输入信号的作用表现在两个方面：

第一，对输入信号各频率成分的幅度进行加权，即

$$|Y(\mathrm{j}\omega)| = |F(\mathrm{j}\omega)|\cdot|H(\mathrm{j}\omega)| \tag{4.8-14}$$

第二，对输入信号各频率成分的相位进行加权，即

$$\varphi_y(\omega)=\varphi_f(\omega)+\varphi_h(\omega) \tag{4.8-15}$$

当系统的输入信号 $f(t)$ 是周期信号时，信号的幅度和相位是很容易获知的，那就可以针对信号各频率成分的幅度和相位，分析其发生的具体变化。因此就有以下两种方法来求系统的输出 $y(t)$。

方法一：傅里叶变换法

4-21 系统频域分析 2

采用图 4.47 所示的傅里叶变换法，先求出周期信号 $f(t)$ 的傅里叶变换 $F(\mathrm{j}\omega)$，再将 $F(\mathrm{j}\omega)$ 和 $H(\mathrm{j}\omega)$ 进行相乘求得输出信号的傅里叶变换 $Y(\mathrm{j}\omega)$，最后对 $Y(\mathrm{j}\omega)$ 进行傅里叶反变换求出输出 $y(t)$。

方法二：傅里叶级数法

当周期为 T 的周期信号 $f(t)$ 作用于 LTI 系统时，其输出仍是周期为 T 的周期信号。傅里叶级数法的分析思路示意图如图 4.53 所示，重点分析信号通过系统时，激励信号中各频率成分的幅度和相位发生的变化，也就是激励信号傅里叶级数的系数所发生的变化。

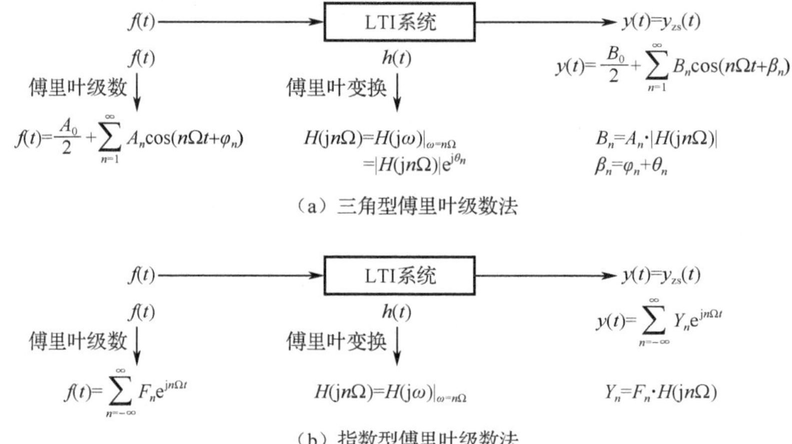

（a）三角型傅里叶级数法

（b）指数型傅里叶级数法

图 4.53　傅里叶级数法分析思路示意图

由图 4.53 可知，傅里叶级数法求解 LTI 系统零状态响应的思路如下：

（1）将周期信号 $f(t)$ 表示为三角型或指数型傅里叶级数，明确其包含的频率成分和傅里叶级数的系数；

（2）求出对应频率处系统的频率响应 $H(\mathrm{j}n\Omega)=H(\mathrm{j}\omega)\big|_{\omega=n\Omega}$；

（3）确定零状态响应 $y_{\mathrm{zs}}(t)$ 的傅里叶级数的系数，写出 $y_{\mathrm{zs}}(t)$ 的表达式。

通常将周期信号作用于 LTI 因果稳定系统的响应，认为是系统的稳态响应。

【例 4-39】 某 LTI 系统的幅频特性 $|H(\mathrm{j}\omega)|$ 和相频特性 $\varphi(\omega)$ 如图 4.54 所示。若系统的激励 $f(t)=2+4\cos(5t)+4\cos(10t)$，求系统的响应 $y(t)$。

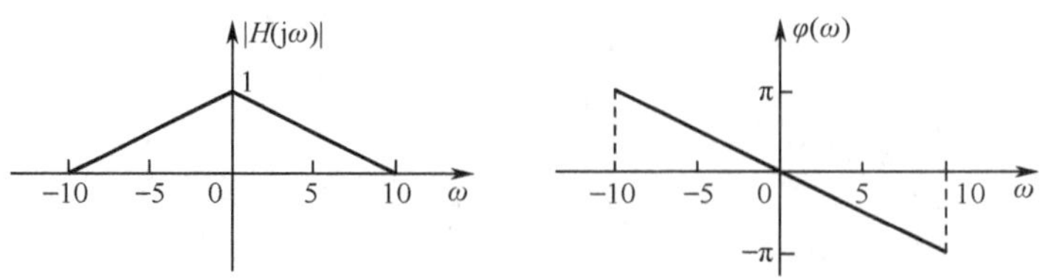

图 4.54　例 4-39 图

【解】 解法一：傅里叶变换法

（1）求出周期信号 $f(t)$ 的傅里叶变换 $F(\mathrm{j}\omega)$

$$F(\mathrm{j}\omega)=4\pi\delta(\omega)+4\pi[\delta(\omega+5)+\delta(\omega-5)]+4\pi[\delta(\omega+10)+\delta(\omega-10)]$$

（2）系统频率响应 $H(\mathrm{j}\omega)$ 为

$$H(\mathrm{j}\omega)=|H(\mathrm{j}\omega)|\mathrm{e}^{\mathrm{j}\varphi(\omega)}$$

（3）系统响应 $y(t)$ 的傅里叶变换 $Y(\mathrm{j}\omega)$ 为

$$\begin{aligned}Y(\mathrm{j}\omega)&=F(\mathrm{j}\omega)H(\mathrm{j}\omega)\\&=\{4\pi\delta(\omega)+4\pi[\delta(\omega+5)+\delta(\omega-5)]+4\pi[\delta(\omega+10)+\delta(\omega-10)]\}\times|H(\mathrm{j}\omega)|\mathrm{e}^{\mathrm{j}\varphi(\omega)}\\&=4\pi\delta(\omega)\cdot|H(\mathrm{j}0)|\mathrm{e}^{\mathrm{j}\varphi(0)}+4\pi\delta(\omega+5)\cdot|H(-\mathrm{j}5)|\mathrm{e}^{\mathrm{j}\varphi(-5)}+4\pi\delta(\omega-5)\cdot|H(\mathrm{j}5)|\mathrm{e}^{\mathrm{j}\varphi(5)}\\&\quad+4\pi\delta(\omega+10)\cdot|H(-\mathrm{j}10)|\mathrm{e}^{\mathrm{j}\varphi(-10)}+4\pi\delta(\omega-10)\cdot|H(\mathrm{j}10)|\mathrm{e}^{\mathrm{j}\varphi(10)}\end{aligned}$$

由图 4.54 确定上式各频率处系统的幅频特性和相频特性，并代入上式，有

$$\begin{aligned}Y(\mathrm{j}\omega)&=4\pi\delta(\omega)\cdot1+4\pi\delta(\omega+5)\cdot\frac{1}{2}\mathrm{e}^{\mathrm{j}\frac{\pi}{2}}+4\pi\delta(\omega-5)\cdot\frac{1}{2}\mathrm{e}^{-\mathrm{j}\frac{\pi}{2}}\\&=4\pi\delta(\omega)+2\pi\mathrm{j}\delta(\omega+5)-2\pi\mathrm{j}\delta(\omega-5)\end{aligned}$$

（4）对 $Y(\mathrm{j}\omega)$ 求傅里叶反变换，求出系统响应 $y(t)$

利用直流信号和正弦信号的傅里叶变换对，有

$$y(t)=2+2\sin(5t)$$

解法二：傅里叶级数法

（1）将周期信号 $f(t)$ 表示为三角型傅里叶级数，确定其包含的频率成分

$$f(t)=2+4\cos(5t)+4\cos(10t)$$

可知 $f(t)$ 其包含的频率成分有 $\omega=0$（直流）、$\omega=5\mathrm{rad/s}$、$\omega=10\mathrm{rad/s}$。

（2）求出对应频率处系统的频率响应 $H(\mathrm{j}n\Omega)=H(\mathrm{j}\omega)|_{\omega=n\Omega}$

由图 4.54 确定 $\omega=0,5,10$ 处系统的幅频特性和相频特性，有

$$H(\mathrm{j}0)=1$$

$$|H(\mathrm{j}5)|=\frac{1}{2}，\quad\varphi(5)=-\frac{\pi}{2}$$

$$|H(\mathrm{j}10)|=0，\quad\varphi(10)=-\pi$$

（3）求出系统响应 $y(t)$

$$f(t)=2+4\cos(5t)+4\cos(10t)$$

$$\begin{aligned}y(t)&=H(\mathrm{j}0)\cdot2+|H(\mathrm{j}5)|\cdot4\cos[5t+\varphi(5)]+|H(\mathrm{j}10)|\cdot4\cos[10t+\varphi(10)]\\&=1\cdot2+\frac{1}{2}\cdot4\cos\left[5t+\left(-\frac{\pi}{2}\right)\right]\\&=2+2\sin(5t)\end{aligned}$$

可见，当 LTI 系统的激励是周期信号时，采用傅里叶级数法分析系统的响应更为方便。

【例 4-40】 某理想低通滤波器的频率响应如图 4.55 所示，系统输入信号为

$$f(t)=\frac{1}{2}\cos\left(\frac{\pi}{2}t\right)+\sin\left(\pi t+\frac{\pi}{6}\right)+2\cos(3\pi t)$$

求滤波器的稳态响应 $y(t)$。

【解】 输入信号 $f(t)$ 是周期信号，采用图 4.53（a）所示的三角型傅里叶级数法分析。

（1）将周期信号 $f(t)$ 表示为三角型傅里叶级数，确定其包含的频率成分

$$f(t)=\frac{1}{2}\cos\left(\frac{\pi}{2}t\right)+\cos\left(\pi t-\frac{\pi}{3}\right)+2\cos(3\pi t)$$

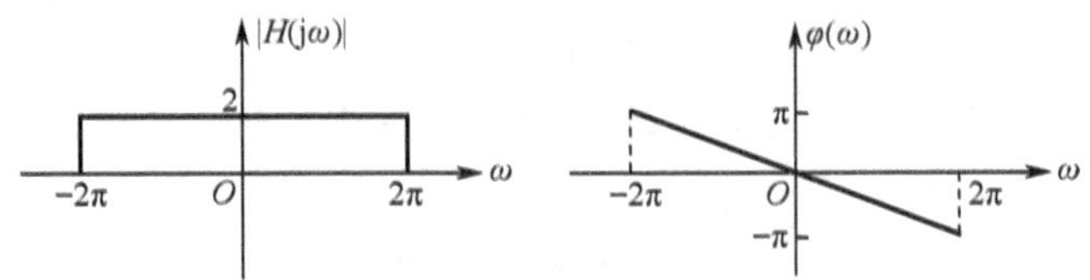

图 4.55 例 4-40 图

可知 $f(t)$ 包含的频率成分有 $\omega=\dfrac{\pi}{2}\text{rad/s}$、$\omega=\pi\text{rad/s}$、$\omega=3\pi\text{rad/s}$。注意 $f(t)$ 中的 sin 形式也可以保持不变，本质是一样的。

（2）求出对应频率处系统的频率响应 $H(\mathrm{j}n\Omega)=H(\mathrm{j}\omega)|_{\omega=n\Omega}$

由图 4.55 确定 $\omega=\dfrac{\pi}{2},\pi,3\pi$ 处系统的幅频特性和相频特性，有

$$\left|H\left(\mathrm{j}\frac{\pi}{2}\right)\right|=2，\quad \varphi\left(\frac{\pi}{2}\right)=-\frac{\pi}{4}$$

$$|H(\mathrm{j}\pi)|=2，\quad \varphi(\pi)=-\frac{\pi}{2}$$

$$|H(\mathrm{j}3\pi)|=0，\quad \varphi(3\pi)=0$$

（3）求滤波器的响应 $y(t)$

$$f(t)=\frac{1}{2}\cos\left(\frac{\pi}{2}t\right)+\cos\left(\pi t-\frac{\pi}{3}\right)+2\cos(3\pi t)$$

$$\begin{aligned}y(t)=&\left|H\left(\mathrm{j}\frac{\pi}{2}\right)\right|\cdot\frac{1}{2}\cos\left[\frac{\pi}{2}t+\varphi\left(\frac{\pi}{2}\right)\right]+|H(\mathrm{j}\pi)|\cdot\cos\left[\pi t-\frac{\pi}{3}+\varphi(\pi)\right]\\&+|H(\mathrm{j}3\pi)|\cdot 2\cos[3\pi t+\varphi(3\pi)]\end{aligned}$$

$$\begin{aligned}y(t)&=2\cdot\frac{1}{2}\cos\left(\frac{\pi}{2}t-\frac{\pi}{4}\right)+2\cos\left(\pi t-\frac{\pi}{3}-\frac{\pi}{2}\right)+0\cdot 2\cos(3\pi t+0)\\&=\cos\left(\frac{\pi}{2}t-\frac{\pi}{4}\right)+2\cos\left(\pi t-\frac{5\pi}{6}\right)\end{aligned}$$

【例 4-41】 某 LTI 系统的频率响应 $H(\mathrm{j}\omega)=\begin{cases}1-\dfrac{|\omega|}{3}, & |\omega|<3\text{rad/s}\\ 0, & 其他\end{cases}$，若输入信号 $f(t)=\sum\limits_{n=-\infty}^{\infty}3\mathrm{e}^{\mathrm{j}\frac{\pi}{2}n}\cdot\mathrm{e}^{\mathrm{j}n\Omega t}$，其中 $\Omega=1\text{rad/s}$，求系统的输出 $y(t)$。

【解】 输入信号 $f(t)$ 是周期信号，采用图 4.53（b）所示的指数型傅里叶级数法分析。

（1）将 $f(t)$ 表示为指数型傅里叶级数，确定傅里叶级数的系数 F_n

$$f(t)=\sum_{n=-\infty}^{\infty}F_n\mathrm{e}^{\mathrm{j}n\Omega t}=\sum_{n=-\infty}^{\infty}3\mathrm{e}^{\mathrm{j}\frac{\pi}{2}n}\cdot\mathrm{e}^{\mathrm{j}n\Omega t}$$

$$F_n=3\mathrm{e}^{\mathrm{j}\frac{\pi}{2}n}$$

可见 $f(t)$ 中包含的频率分量有无穷多项 $(n\Omega)$。

（2）求出对应频率处系统的频率响应 $H(\mathrm{j}n\Omega)=H(\mathrm{j}\omega)|_{\omega=n\Omega}$

为方便分析，画出频率响应 $H(\mathrm{j}\omega)$ 的图形，如图 4.56 所示。

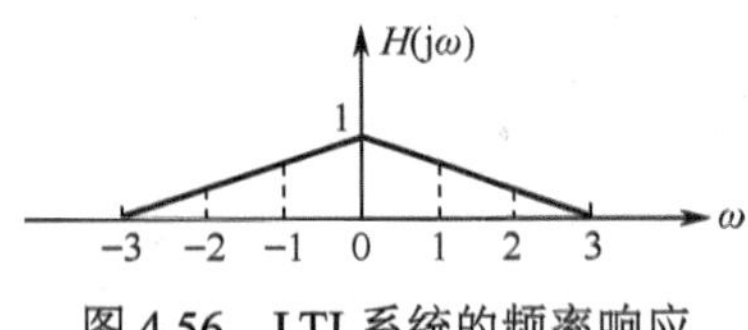

图 4.56 LTI 系统的频率响应

由图 4.56 可知，系统为低通滤波器，必然会滤除输入信号 $f(t)$

中的高频分量。

已知 $\Omega = 1\text{rad/s}$，确定低通滤波器通带范围内的频率响应 $H(\mathrm{j}n\Omega)$

$$H(\mathrm{j}0) = H(\mathrm{j}\omega)\big|_{\omega=0} = 1$$

$$H(\mathrm{j}1) = H(\mathrm{j}\omega)\big|_{\omega=1} = \frac{2}{3} \qquad H(-\mathrm{j}1) = H(\mathrm{j}\omega)\big|_{\omega=-1} = \frac{2}{3}$$

$$H(\mathrm{j}2) = H(\mathrm{j}\omega)\big|_{\omega=2} = \frac{1}{3} \qquad H(-\mathrm{j}2) = H(\mathrm{j}\omega)\big|_{\omega=-2} = \frac{1}{3}$$

$$H(\mathrm{j}3) = H(\mathrm{j}\omega)\big|_{\omega=3} = 0 \qquad H(-\mathrm{j}3) = H(\mathrm{j}\omega)\big|_{\omega=-3} = 0$$

（3）求输出响应的傅里叶级数系数 Y_n。

$$F_n = 3\mathrm{e}^{\mathrm{j}\frac{\pi}{2}n} \qquad Y_n = F_n \cdot H(\mathrm{j}n\Omega)$$

$$F_0 = 3 \qquad Y_0 = F_0 \cdot H(\mathrm{j}0) = 3$$

$$F_1 = 3\mathrm{e}^{\mathrm{j}\frac{\pi}{2}} \qquad Y_1 = F_1 \cdot H(\mathrm{j}1) = 3 \cdot \frac{2}{3}\mathrm{e}^{\mathrm{j}\frac{\pi}{2}} = 2\mathrm{e}^{\mathrm{j}\frac{\pi}{2}}$$

$$F_{-1} = 3\mathrm{e}^{-\mathrm{j}\frac{\pi}{2}} \qquad Y_{-1} = F_{-1} \cdot H(-\mathrm{j}) = 3 \cdot \frac{2}{3}\mathrm{e}^{-\mathrm{j}\frac{\pi}{2}} = 2\mathrm{e}^{-\mathrm{j}\frac{\pi}{2}}$$

$$F_2 = 3\mathrm{e}^{\mathrm{j}\pi} \qquad Y_2 = F_2 \cdot H(\mathrm{j}2) = 3 \cdot \frac{1}{3}\mathrm{e}^{\mathrm{j}\pi} = \mathrm{e}^{\mathrm{j}\pi}$$

$$F_{-2} = 3\mathrm{e}^{-\mathrm{j}\pi} \qquad Y_{-2} = F_{-2} \cdot H(-\mathrm{j}2) = 3 \cdot \frac{1}{3}\mathrm{e}^{-\mathrm{j}\pi} = \mathrm{e}^{-\mathrm{j}\pi}$$

$$Y_3 = F_3 \cdot H(\mathrm{j}3) = 0, \quad Y_{-3} = 0$$

根据系数 Y_n 写出输出响应 $y(t)$ 的表达式，即

$$\begin{aligned}
y(t) &= \sum_{n=-\infty}^{\infty} Y_n \mathrm{e}^{\mathrm{j}n\Omega t} = \sum_{n=-2}^{2} Y_n \mathrm{e}^{\mathrm{j}n\Omega t} \\
&= Y_{-2}\mathrm{e}^{-\mathrm{j}2\Omega t} + Y_{-1}\mathrm{e}^{-\mathrm{j}\Omega t} + Y_0\mathrm{e}^{\mathrm{j}0} + Y_1\mathrm{e}^{\mathrm{j}\Omega t} + Y_2\mathrm{e}^{\mathrm{j}2\Omega t} \\
&= \mathrm{e}^{-\mathrm{j}\pi}\mathrm{e}^{-\mathrm{j}2t} + 2\mathrm{e}^{-\mathrm{j}\frac{\pi}{2}}\mathrm{e}^{-\mathrm{j}t} + 3 + 2\mathrm{e}^{\mathrm{j}\frac{\pi}{2}}\mathrm{e}^{\mathrm{j}t} + \mathrm{e}^{\mathrm{j}\pi}\mathrm{e}^{\mathrm{j}2t} \\
&= 3 - 4\sin t - 2\cos 2t
\end{aligned}$$

4.8.3 无失真传输条件

4-22 系统频域分析 3

从以上分析可知，在一般情况下，系统的响应与激励波形不相同。也就是说，信号在传输过程中产生了失真。

1. 失真的概念

如果信号通过系统传输时，其输出波形发生畸变，失去了原信号波形的样子，就称为失真。反之，若信号通过系统只引起时间延迟和幅度增减，而形状不变，则称为不失真，如图 4.57 所示。

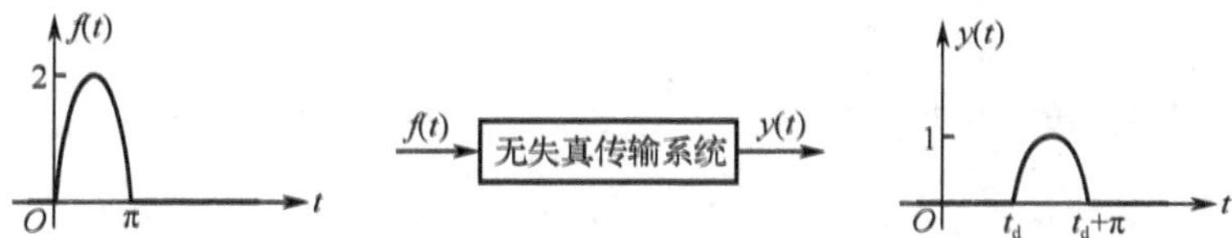

图 4.57　系统的无失真传输

通常把失真分为两大类：一类为线性失真，其特点是在响应 $y(t)$ 中不会产生新的频率成分；另一类为非线性失真，其特点是在响应 $y(t)$ 中产生了激励 $f(t)$ 中所没有的频率成分。如图 4.58 所

示，其输入信号 $f(t)$ 为单一正弦波，$f(t)$ 中只含有 f_0 的频率分量。经过非线性元件二极管后得到的半波整流信号，在波形上产生了失真，而在频谱上产生了由无穷多个 f_0 的谐波分量构成的新频率，这就是非线性失真。

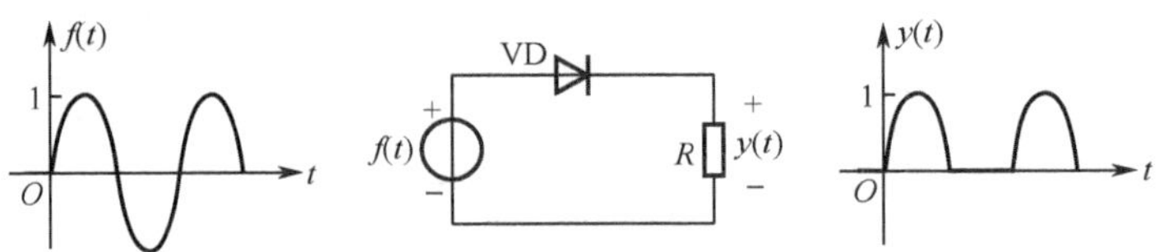

图 4.58　非线性失真

在实际应用中，有时需要有意识地利用系统进行波形变换，这样必然产生失真，但这种失真是我们需要的。然而，在另外一种情况下，希望信号无失真地传输。下面讨论无失真传输的条件。

2. 无失真传输的条件

由图 4.57 可知，若要信号 $f(t)$ 无失真地传输，在时域上 $y(t)$ 与 $f(t)$ 之间应满足

$$y(t)=Kf(t-t_{\rm d}) \tag{4.8-16}$$

式中，幅度增量 K 及延迟时间 $t_{\rm d}$ 均为常数。这样，输出 $y(t)$ 在幅度上是 $f(t)$ 的 K 倍（当 $0<K<1$ 时，幅度实际上是压缩了），在时间上滞后了 $t_{\rm d}$ 秒，而波形的样子没有畸变。式（4.8-16）为系统无失真传输的时域条件。

对式（4.8-16）两端同时进行傅里叶变换，有

$$Y(\mathrm{j}\omega)=KF(\mathrm{j}\omega)\mathrm{e}^{-\mathrm{j}\omega t_{\rm d}}$$

由于

$$Y(\mathrm{j}\omega)=F(\mathrm{j}\omega)\cdot H(\mathrm{j}\omega)$$

因而得到系统无失真传输的频域条件为

$$H(\mathrm{j}\omega)=K\mathrm{e}^{-\mathrm{j}\omega t_{\rm d}} \tag{4.8-17}$$

可得系统无失真传输的幅频、相频条件为

$$\begin{cases}|H(\mathrm{j}\omega)|=K\\ \varphi(\omega)=-\omega t_{\rm d}\end{cases} \tag{4.8-18}$$

式（4.8-18）表明，要使信号通过线性系统实现无失真传输，应使系统频率响应的幅度特性为一常数，而相位特性为过原点的直线，如图 4.59 所示。

【例 4-42】 某系统的幅频特性 $|H(\mathrm{j}\omega)|$ 和相频特性 $\varphi(\omega)$ 如图 4.60（a）、（b）所示，则下列信号通过该系统时，不产生失真的是（　　）

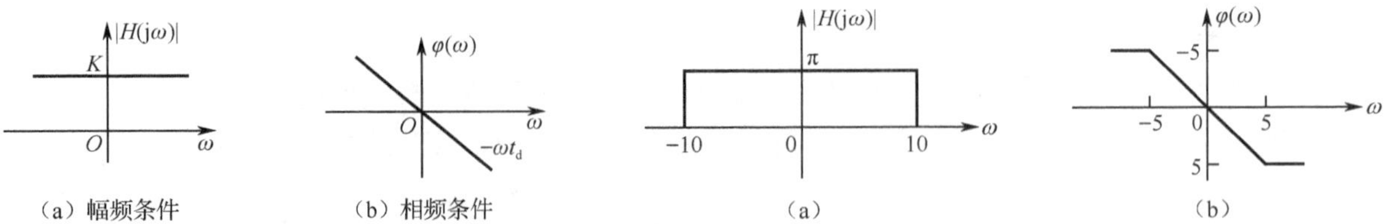

（a）幅频条件　（b）相频条件

图 4.59　系统无失真传输的幅频、相频条件

（a）　（b）

图 4.60　系统的幅频特性（a）、相频特性（b）

A．$f(t)=\cos t+\cos(8t)$　　B．$f(t)=\sin(2t)+\sin(4t)$

C．$f(t)=\sin(2t)\sin(4t)$　　D．$f(t)=\cos^2(4t)$

【解】（A）信号 $f(t)$ 的最高角频率为 $8\mathrm{rad/s}$，能满足幅频不失真条件，但不满足相频不失真条件。

（B）信号 $f(t)$ 的最高角频率为 $4\mathrm{rad/s}$，同时满足幅频、相频不失真条件。

（C）信号 $f(t)$ 的最高角频率为6rad/s，能满足幅频不失真条件，但不满足相频不失真条件。
（D）信号 $f(t)$ 的最高角频率为8rad/s，能满足幅频不失真条件，但不满足相频不失真条件。
故所选答案应为B。

【例 4-43】 已知一因果稳定LTI系统的频率响应为 $H(\mathrm{j}\omega)=\dfrac{1+\mathrm{j}\omega}{1-\mathrm{j}\omega}$。求系统的幅频特性 $|H(\mathrm{j}\omega)|$ 和相频特性 $\varphi(\omega)$，并判断系统是否为无失真传输系统。

【解】 系统的幅频特性和相频特性分别为

$$|H(\mathrm{j}\omega)|=1$$

$$\varphi(\omega)=2\arctan(\omega)$$

由于系统的幅频特性 $|H(\mathrm{j}\omega)|$ 为常数，这类系统也称为全通系统。由于系统的相频特性 $\varphi(\omega)$ 不是 ω 的线性函数，故系统不是无失真系统。

4.8.4 理想低通滤波器的响应

所谓理想滤波器，是指不允许通过的频率成分，一点也不让它通过，百分之百地被抑制掉，而允许通过的频率成分，让其顺利通过，百分之百地让其通过。具有图4.61所示幅频、相频特性的滤波器就称为理想低通滤波器。

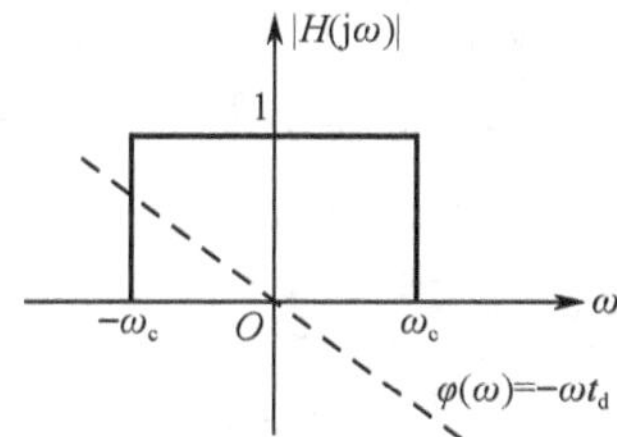

图 4.61 理想低通滤波器特性

该滤波器对低于 ω_{c} 的频率成分不失真地全部通过，而对高于 ω_{c} 的频率成分完全抑制掉。通常称 ω_{c} 为截止角频率。能使信号通过的频率范围称为通带，阻止信号通过的频率范围称为阻带。可见理想低通滤波器的通带为 $0\sim\omega_{\mathrm{c}}$。

由图4.61可知，理想低通滤波器的系统频率响应为

$$H(\mathrm{j}\omega)=\begin{cases}1\cdot\mathrm{e}^{-\mathrm{j}\omega t_{\mathrm{d}}}, & |\omega|<\omega_{\mathrm{c}}\\ 0, & |\omega|>\omega_{\mathrm{c}}\end{cases} \tag{4.8-19}$$

ω_{c} 为截止角频率，t_{d} 为延迟时间。

由于理想低通滤波器的通频带不是无穷大而是有限值，故也称为带限系统。显然，信号通过这种带限系统时，将会产生失真。失真的大小一方面取决于带限系统的通带宽度，另一方面也取决于输入信号的频带宽度。这就是信号与系统的带宽匹配概念。由此可见，理想低通滤波器通带的宽窄是相对于输入信号的频带宽度而言，当系统的通带宽度大于所要传输的信号带宽时，就可以认为系统的频带足够宽，因而信号通过系统时就可以近似认为是无失真传输。

1．冲激响应 $h(t)$

系统的冲激响应 $h(t)$ 就是当系统输入激励为单位冲激信号 $\delta(t)$ 时产生的零状态响应，而且系统频率响应 $H(\mathrm{j}\omega)$ 为冲激响应 $h(t)$ 的傅里叶变换，因此理想低通滤波器的冲激响应 $h(t)$ 为

$$h(t) = \frac{1}{2\pi}\int_{-\infty}^{\infty} H(\mathrm{j}\omega)\mathrm{e}^{\mathrm{j}\omega t}\mathrm{d}\omega$$
$$= \frac{1}{2\pi}\int_{-\omega_c}^{\omega_c} \mathrm{e}^{-\mathrm{j}\omega t_d}\mathrm{e}^{\mathrm{j}\omega t}\mathrm{d}\omega$$
$$= \frac{\omega_c}{\pi}\mathrm{Sa}[\omega_c(t-t_d)] \tag{4.8-20}$$

理想低通滤波器的冲激响应 $h(t)$ 的波形如图 4.62（a）所示。由图可见，冲激响应的波形是一个抽样函数，不同于输入冲激信号 $\delta(t)$ 的波形，产生了很大失真。这是因为理想低通滤波器是一个带限系统，而冲激响应 $\delta(t)$ 的频谱函数为常数 1，其频带宽度为无穷大。由图可见，截止角频率 ω_c 越小，冲激响应的主瓣宽度 $\left(t_d+\frac{\pi}{\omega_c}\right)-\left(t_d-\frac{\pi}{\omega_c}\right)=\frac{2\pi}{\omega_c}$ 越大，失真越大。当 $\omega_c \to \infty$ 时，理想低通滤波器变为无失真传输系统，抽样函数也变为冲激函数。此外，冲激响应 $h(t)$ 的主峰出现的时刻 $t=t_d$，比输入的冲激信号 $\delta(t)$ 的作用时刻 $t=0$ 延迟了一段时间 t_d，它正是理想低通滤波器相位特性的斜率。从图中也可以发现，冲激响应 $h(t)$ 在 $t<0$ 的区间也存在输出，这说明理想低通滤波器是一个非因果系统，因而它是一个物理上不可实现的系统。

2．阶跃响应 $g(t)$

若理想低通滤波器的输入是一个单位阶跃信号 $\varepsilon(t)$，系统的零状态响应称为阶跃响应，用 $g(t)$ 表示。由于单位阶跃信号是单位冲激信号的积分，根据线性时不变系统的特性，系统阶跃响应是系统冲激响应的积分，即

$$g(t) = \int_{-\infty}^{t} h(\tau)\mathrm{d}\tau$$
$$= \frac{\omega_c}{\pi}\int_{-\infty}^{t}\mathrm{Sa}[\omega_c(\tau-t_d)]\mathrm{d}\tau = \frac{1}{\pi}\int_{-\infty}^{\omega_c(t-t_d)}\mathrm{Sa}(x)\mathrm{d}x$$
$$= \frac{1}{\pi}\int_{-\infty}^{0}\mathrm{Sa}(x)\mathrm{d}x + \frac{1}{\pi}\int_{0}^{\omega_c(t-t_d)}\mathrm{Sa}(x)\mathrm{d}x$$

由定积分公式有

$$\frac{1}{\pi}\int_{-\infty}^{0}\mathrm{Sa}(x)\mathrm{d}x = \frac{1}{\pi}\int_{0}^{\infty}\mathrm{Sa}(x)\mathrm{d}x = \frac{1}{2}$$

因而，理想低通滤波器的阶跃响应 $g(t)$ 为

$$g(t) = \frac{1}{2} + \frac{1}{\pi}\int_{0}^{\omega_c(t-t_d)}\mathrm{Sa}(x)\mathrm{d}x \tag{4.8-21}$$

其波形如图 4.62（b）所示。

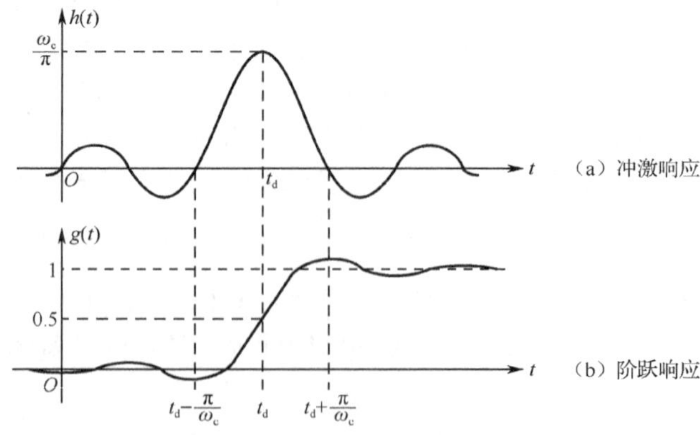

图 4.62　理想低通滤波器的响应

由图可见，阶跃响应$g(t)$比输入阶跃响应$\varepsilon(t)$延迟一段时间。当$t=t_{\rm d}$时，$g(t)=0.5$，这里$t_{\rm d}$仍是理想低通滤波器相位特性的斜率。此时阶跃响应的波形并不像阶跃信号波形那样垂直上升，这表明阶跃响应的建立需要一段时间；同时波形出现过冲与振荡，这都是由于理想低通滤波器是一个带限系统所引起的。在$t=t_{\rm d}$时刻，阶跃响应波形的斜率最大。通常将阶跃响应从最小值上升到最大值所需的时间称为阶跃响应的上升时间$t_{\rm r}$。从图中可见，上升时间$t_{\rm r}$与冲激响应的主瓣宽度一样，都是$2\pi/\omega_{\rm c}$。这表明阶跃响应的上升时间$t_{\rm r}$与理想低通滤波器的通带宽度$\omega_{\rm c}$成反比。$\omega_{\rm c}$越大，阶跃响应上升时间就越短，当$\omega_{\rm c}\to\infty$时，$t_{\rm r}\to 0$。由理想低通滤波器的阶跃响应波形还可以发现，阶跃信号通过滤波器后，在其间断点的前后出现了振荡，其振荡的最大峰值约为阶跃突变值的9%。而且如果增加滤波器的带宽，峰值的位置将趋于间断点，振荡起伏增多，衰减随之加快，但峰值并不减小，这种现象称为 Gibbs 现象。也就是说只要理想低通滤波器的带宽为有限，其阶跃响应就会出现振荡，且振荡的幅度不变。

通过对理想低通滤波器两种响应的分析，可以得到以下一些结论：

（1）输出响应的延迟时间取决于理想低通滤波器相位特性的斜率。

（2）输入信号在通过理想低通滤波器后，输出响应在输入信号不连续点处产生逐渐上升或下降的波形，上升或下降的时间与理想低通滤波器的通频带宽度成反比。

（3）理想低通滤波器的通带宽度与输入信号的带宽不匹配时，输出就会失真。系统的通带宽度大于信号的带宽，则失真较小，反之，则失真较大。

以上结论虽然是通过分析理想低通滤波器而得出的，但由于实际系统具有与理想低通滤波器相似的特性，因此实际系统的各种响应也基本上与理想低通滤波器的响应特性一致。如 RC 积分电路、RLC 串联电路等组成的实际可实现的低通滤波器，它们的冲激响应、阶跃响应等都与理想低通滤波器对应的响应相似，只不过实际系统都是因果系统，因而其响应不会超前于激励。

3．系统的物理可实现性——“佩利-维纳准则”

一般来说，一个系统是否为物理可实现的，可用下面的准则来判断。

在时域，要求系统的冲激响应$h(t)$满足因果条件，即

$$\text{当}\,t<0\,\text{时，}\quad h(t)=0 \tag{4.8-22}$$

在频域，$H(\mathrm{j}\omega)$物理可实现的必要条件，即“佩利-维纳准则”

$$\int_{-\infty}^{\infty}\frac{\left|\ln\left|H(\mathrm{j}\omega)\right|\right|}{1+\omega^2}\mathrm{d}\omega<\infty \tag{4.8-23}$$

由式（4.8-23）可知，$|H(\mathrm{j}\omega)|$可以在某些离散点上为零，但不能在某一有限频带内为零，这是因为在$|H(\mathrm{j}\omega)|=0$的频带内，$\ln|H(\mathrm{j}\omega)|=\infty$。由此可见，所有理想滤波器都是物理不可实现的。

4.8.5 调制与解调

在通信系统中，信号从发射端传输到接收端，为实现信号的传输，往往需要进行调制和解调。

无线电通信系统是通过空间辐射方式传送信号的，由电磁波理论可以知道，天线尺寸是被辐射信号波长的十分之一或更大些，信号才能有效地被辐射。对于语音信号来说，响应的天线尺寸要在几十千米以上，实际中不可能制造这样的天线。调制过程将信号频谱搬移到任何所需的较高频率范围，此时波长就较小了，这就容易利用天线将信号以电磁波形式辐射出去。

从另一方面讲，如果不进行调制而是把被传送的信号直接辐射出去，那么各电台所发出的信号频率就会相同，它们混在一起，收信者将无法选择所要接收的信号。调制作用的实质是把各种信号的频谱进行搬移，使它们互不重叠地占据不同的频率范围，接收机就可以分离出所需频率的

信号，不致互相干扰。

1．调制的原理

下面应用傅里叶变换的某些性质说明搬移信号频谱的原理，即调制的原理。调制原理方框图如图 4.63（a）所示。

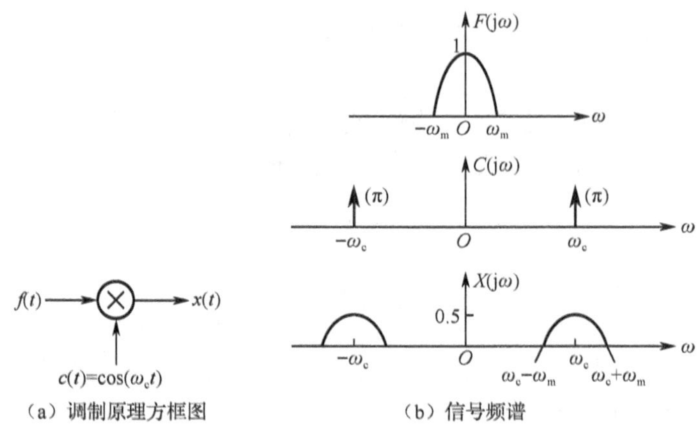

（a）调制原理方框图　　（b）信号频谱

图 4.63　调制原理方框图及其信号频谱

调制信号 $f(t)$ 也称为基带信号，设 $f(t)$ 的频谱为 $F(j\omega)$，占据 0～ω_m 的有限频带，如图 4.63（b）所示，设载波信号为 $c(t)=\cos(\omega_c t)$，它的傅里叶变换是

$$C(j\omega)=\pi[\delta(\omega+\omega_c)+\delta(\omega-\omega_c)]$$

将 $f(t)$ 与 $\cos(\omega_c t)$ 进行时域相乘即可得到已调信号 $x(t)$，根据卷积定理，求得已调信号 $x(t)$ 的频谱 $X(j\omega)$。

$$x(t)=f(t)\cdot\cos(\omega_c t)$$

$$\begin{aligned}X(j\omega)&=\frac{1}{2\pi}F(j\omega)*\pi[\delta(\omega+\omega_c)+\delta(\omega-\omega_c)]\\&=\frac{1}{2}\{F[j(\omega+\omega_c)]+F[j(\omega-\omega_c)]\}\end{aligned}$$

可见，经过调制后，基带信号的频谱 $F(j\omega)$ 被搬移到载频 ω_c 附近，其幅度减半，已调信号的频谱波形 $X(j\omega)$ 如图 4.63（b）所示。

2．解调的原理

在接收端需要由已调信号 $x(t)$ 恢复原基带信号 $f(t)$，这个过程称为解调。图 4.64（a）展示了同步解调的原理方框图，图中 $2c(t)=2\cos(\omega_c t)$ 是接收端的本地载波信号，它与发送端的载波同频同相。

已调信号 $x(t)$ 与载波 $2\cos(\omega_c t)$ 相乘得到 $y_0(t)$，分析 $y_0(t)$ 的频谱 $Y_0(j\omega)$，它是将 $X(j\omega)$ 向左、向右各平移 ω_c 的结果，如图 4.64（b）所示。

$$y_0(t)=x(t)\cdot 2\cos(\omega_c t)$$

$$\begin{aligned}Y_0(j\omega)&=\frac{1}{2\pi}X(j\omega)*2\pi[\delta(\omega+\omega_c)+\delta(\omega-\omega_c)]\\&=X[j(\omega+\omega_c)]+X[j(\omega-\omega_c)]\end{aligned}$$

再让 $y_0(t)$ 通过一个截止频率为 ω_m 的低通滤波器，滤除 $Y_0(j\omega)$ 中位于 $2\omega_c$ 附近的高频分量，得到 $Y(j\omega)$。将基带信号频谱 $F(j\omega)$ 与输出信号频谱 $Y(j\omega)$ 进行对比，显然，二者完全相同，即实

现了基带信号 $f(t)$ 的正确恢复，如图 4.64（b）所示。

这种解调器称为同步解调（相干解调），需要在接收端产生与发送端同频同相的本地载波，这将使接收机复杂化。

调制理论的详细研究将是通信原理课程的主题，而各种调制电路的分析要在高频电路（通信电路）课程中学习。

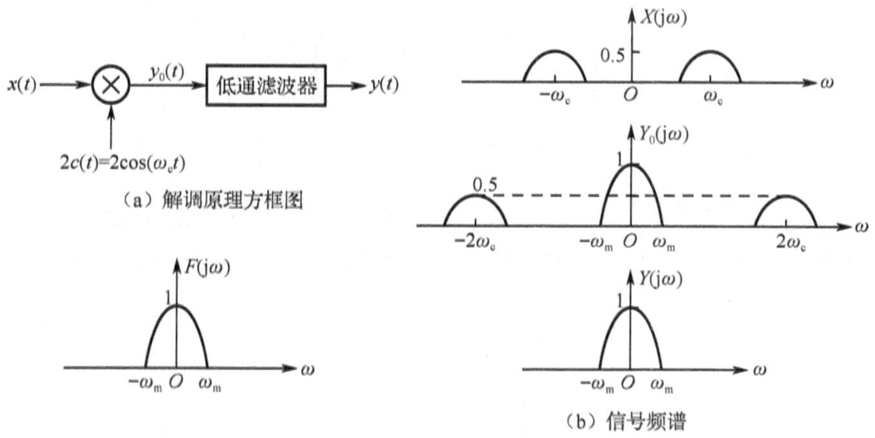

图 4.64　同步解调原理方框图及其信号频谱

4.9　抽样定理

抽样定理论述了在一定条件下，一个连续时间信号完全可以用该信号在等时间间隔上的瞬时值（或称样本值）表示。这些样本值包含了该连续时间信号的全部信息，利用这些样本值可以恢复原信号。可以说，抽样定理在连续时间信号与离散时间信号之间架起了一座桥梁，它为连续时间信号与离散时间信号的相互转换提供了理论依据。

现在的问题是，从时间连续信号 $f(t)$ 中经抽样得到的离散时刻的样值信号 $f_s(t)$ 是否包含了 $f(t)$ 的全部信息，即从离散时刻的样值信号 $f_s(t)$ 能否恢复原来的时间连续信号 $f(t)$？抽样定理正是说明这个重要问题的定理，它在通信理论中占有相当重要的地位。

4.9.1　信号的时域抽样定理

4-23 取样定理 1

信号 $f(t)$ 抽样的工作原理可用图 4.65 表述。抽样器相当于一个定时开关，它每隔 T_s 秒闭合一次，每次闭合时间为 τ 秒，从而得到样值信号 $f_s(t)$。

f(t)　O　t　f(t)　抽样器　fs(t)

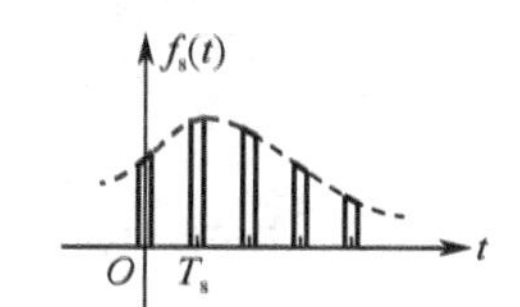

图 4.65　信号的抽样

由图 4.65 可知，样值信号 $f_s(t)$ 是一个脉冲序列，其脉冲幅度为此时刻 $f(t)$ 的值。这样每隔 T_s 秒抽样一次的方式称为均匀抽样，T_s 称为抽样周期，$f_s=\dfrac{1}{T_s}$ 称为抽样频率，$\omega_s=2\pi f_s$ 称为抽样角频率。

图 4.65 所示的抽样原理从理论上分析可表述为 $f(t)$ 与抽样脉冲序列 $P_{T_s}(t)$ 的乘积，

$$f_s(t)=f(t)\cdot P_{T_s}(t) \tag{4.9-1}$$

式中的抽样脉冲序列 $P_{T_s}(t)$ 如图 4.66 所示，它实际上就是周期矩形脉冲函数，可表示为

$$P_{T_s}(t)=\sum_{n=-\infty}^{\infty} g_\tau(t-nT_s) \tag{4.9-2}$$

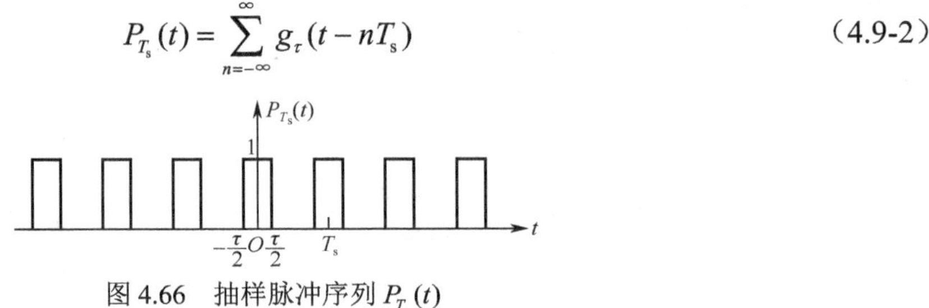

图 4.66　抽样脉冲序列 $P_{T_s}(t)$

如果抽样脉冲序列是周期冲激函数序列 $\delta_{T_s}(t)$，则抽样得到的样值函数也为一冲激函数序列，各个冲激函数的强度为该时刻 $f(t)$ 的瞬时值。这种抽样称为理想抽样，理想抽样的过程及有关波形如图 4.67 所示。

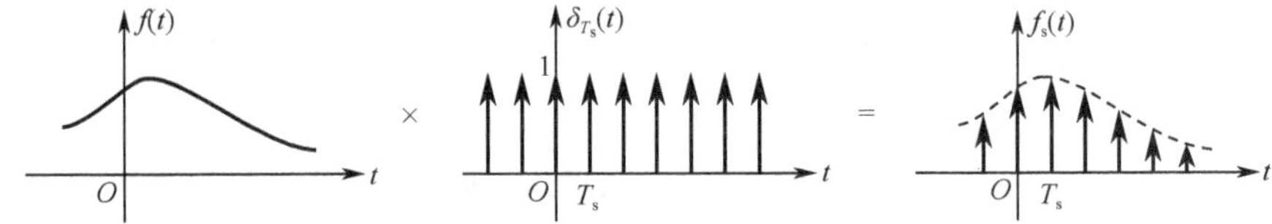

图 4.67　理想抽样的过程及有关波形

1．抽样定理

连续时间信号 $f(t)$ 的时域抽样定理可表述为：

一个最高频率为 f_m(Hz) 的带限信号 $f(t)$，则以间隔时间为 $T\leqslant\frac{1}{2f_m}$(s) 的周期性冲激脉冲对它抽样时，$f(t)$ 将被这些抽样值完全确定。

由抽样定理可知，要求被抽样的信号 $f(t)$ 为带限信号，即频带有限的信号，其最高频率为 f_m(Hz)，最高角频率为 $\omega_m=2\pi f_m$(rad/s)，即当 $|\omega|>\omega_m$ 时，$F(\mathrm{j}\omega)=0$。

下面对抽样定理进行证明。

设信号 $f(t)$ 为带限信号，其最高频率为 f_m(Hz)，最高角频率为 $\omega_m=2\pi f_m$(rad/s)。带限信号 $f(t)$ 的波形及频谱 $F(\mathrm{j}\omega)$ 如图 4.68（a）、（b）所示。

将周期冲激函数 $\delta_{T_s}(t)$ 作为抽样周期脉冲序列进行理想抽样，由式（4.9-1）的抽样原理可得到样值信号 $f_s(t)$ 为

$$f_s(t)=f(t)\cdot\delta_{T_s}(t)=f(t)\cdot\sum_{n=-\infty}^{\infty}\delta(t-nT_s)=\sum_{n=-\infty}^{\infty}f(nT_s)\delta(t-nT_s) \tag{4.9-3}$$

$f_s(t)$ 为每隔 T_s 秒均匀抽样而得到的样值函数，它是一个冲激函数序列，各冲激函数的冲激强度为该时刻 $f(t)$ 的样值。下面通过频谱分析来证明样值函数 $f_s(t)$ 包含了 $f(t)$ 的全部信息。

由 4.7 节例 4-31 可知周期冲激函数 $\delta_{T_s}(t)$ 的傅里叶变换为

$$\delta_{T_s}(t)\leftrightarrow\Omega_s\delta_{\Omega_s}(\omega)=\Omega_s\sum_{n=-\infty}^{\infty}\delta(\omega-n\Omega_s) \tag{4.9-4}$$

式中，$\Omega_s=\frac{2\pi}{T_s}$，$\Omega_s\delta_{\Omega_s}(\omega)$ 是个冲激函数序列。$\delta_{T_s}(t)$ 及其频谱如图 4.68（c）、（d）所示。

由于 $f_s(t)=f(t)\cdot\delta_{T_s}(t)$，根据傅里叶变换的频域卷积性质，有

$$
\begin{aligned}
F_s(j\omega) &= \frac{1}{2\pi}\left[F(j\omega) * \Omega_s \sum_{n=-\infty}^{\infty} \delta(\omega - n\Omega_s)\right] \\
&= \frac{\Omega_s}{2\pi} \sum_{n=-\infty}^{\infty} [F(j\omega) * \delta(\omega - n\Omega_s)] \qquad (4.9\text{-}5) \\
&= \frac{1}{T_s} \sum_{n=-\infty}^{\infty} F[j(\omega - n\Omega_s)]
\end{aligned}
$$

样值函数 $f_s(t)$ 及其频谱 $F_s(j\omega)$ 如图 4.68（e）、（f）所示。由图 4.68 可知，只要 $\Omega_s \geqslant 2\omega_m$，样值函数 $f_s(t)$ 的频谱 $F_s(j\omega)$ 就是 $\frac{1}{T_s}F(j\omega)$ 的等幅周期延拓，而且不会发生重叠。

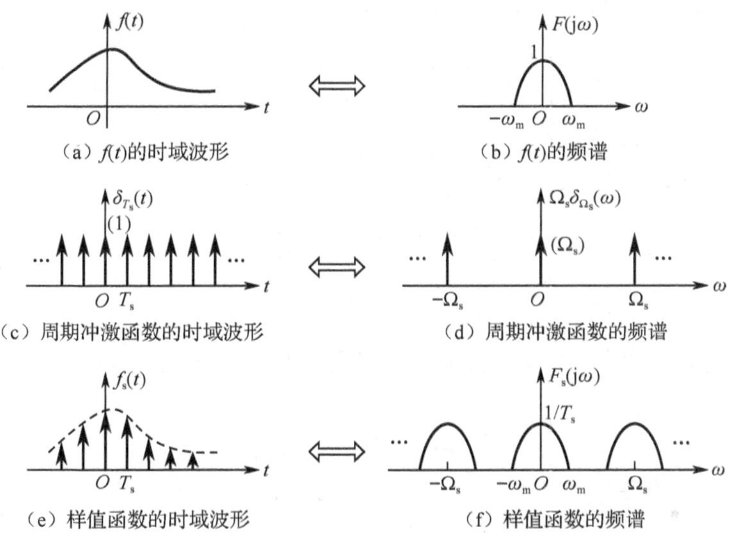

图 4.68　信号的抽样及其频谱

由于要求 $\Omega_s \geqslant 2\omega_m$，可得到对于抽样频率 f_s 和抽样间隔 T_s 的要求如下

$$f_s \geqslant 2f_m\,(\text{Hz}) \qquad (4.9\text{-}6)$$

$$T_s \leqslant \frac{1}{2f_m}\,(\text{s}) \qquad (4.9\text{-}7)$$

通常，把最大抽样间隔 $T_s = \frac{1}{2f_m}(\text{s})$ 称为奈奎斯特抽样间隔，把最低抽样频率 $f_s = 2f_m(\text{Hz})$ 称为奈奎斯特抽样频率。

以上分析表明，只要以小于奈奎斯特抽样间隔 $\frac{1}{2f_m}$ 秒的速率对信号 $f(t)$ 进行均匀抽样，那么得到的样值函数 $f_s(t)$ 的频谱 $F_s(j\omega)$ 就是 $\frac{1}{T_s}F(j\omega)$ 的周期性重复，说明样值函数 $f_s(t)$ 包含了 $f(t)$ 的全部信息。

2．$f(t)$的恢复

既然满足抽样定理而得到的样值函数 $f_s(t)$ 中包含有 $f(t)$ 的全部信息，那么必然由样值函数 $f_s(t)$ 也可以恢复出 $f(t)$。下面具体讨论 $f(t)$ 的恢复。

由图 4.68（f）所示样值函数的频谱 $F_s(j\omega)$ 的图形可知，让样值函数 $f_s(t)$ 通过一个截止角频率为 ω_m 的理想低通滤波器，就可以从 $F_s(j\omega)$ 中取出 $F(j\omega)$，从时域来说，这也就意味着恢复了连续

时间信号 $f(t)$，即

$$F(\mathrm{j}\omega)=F_s(\mathrm{j}\omega)\cdot H(\mathrm{j}\omega) \tag{4.9-8}$$

式中，$H(\mathrm{j}\omega)$ 为理想低通滤波器的频率特性，其传输函数为

$$H(\mathrm{j}\omega)=\begin{cases}T_s, & |\omega|\leqslant\omega_m\\ 0, & |\omega|>\omega_m\end{cases} \tag{4.9-9}$$

上述从样值函数 $f_s(t)$ 中恢复 $f(t)$ 的原理过程如图 4.69 所示。

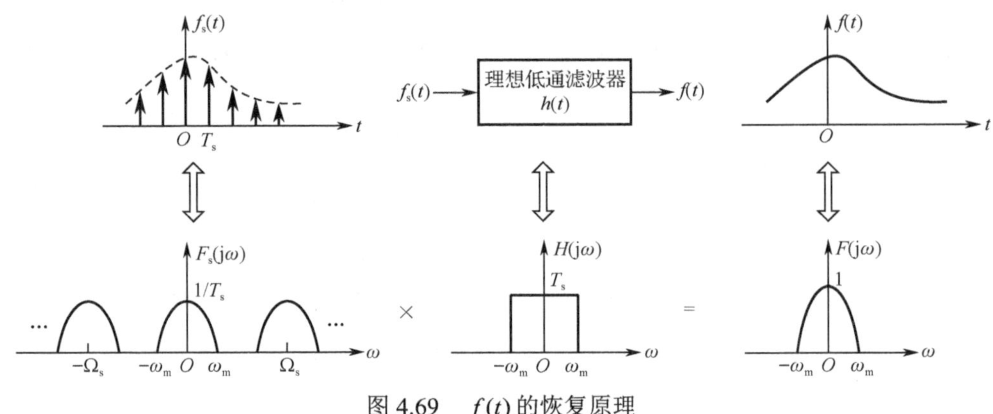

图 4.69　$f(t)$ 的恢复原理

以上是用频域分析方法讨论 $f(t)$ 的恢复，下面从时域对 $f(t)$ 的恢复再进一步讨论。

由于

$$F(\mathrm{j}\omega)=F_s(\mathrm{j}\omega)\cdot H(\mathrm{j}\omega)$$

根据傅里叶变换的时域卷积定理，有

$$f(t)=f_s(t)*h(t) \tag{4.9-10}$$

式中

$$f_s(t)=\sum_{n=-\infty}^{\infty}f(nT_s)\delta(t-nT_s)$$

由式（4.9-9）表示的理想低通滤波器的频率特性也可以表示为门函数的形式，即

$$H(\mathrm{j}\omega)=T_s g_{2\omega_m}(\omega) \tag{4.9-11}$$

$h(t)$ 为理想低通滤波器的单位冲激响应，应用傅里叶变换的对称性质，可求得

$$h(t)=\frac{T_s\omega_m}{\pi}\mathrm{Sa}(\omega_m t) \tag{4.9-12}$$

将上述 $f_s(t)$ 及 $h(t)$ 的表达式代入式（4.9-10）中，得

$$\begin{aligned}f(t)&=\left[\sum_{n=-\infty}^{\infty}f(nT_s)\delta(t-nT_s)\right]*\frac{T_s\omega_m}{\pi}\mathrm{Sa}(\omega_m t)\\&=\sum_{n=-\infty}^{\infty}\frac{T_s\omega_m}{\pi}f(nT_s)\cdot[\delta(t-nT_s)*\mathrm{Sa}(\omega_m t)]\\&=\sum_{n=-\infty}^{\infty}\frac{T_s\omega_m}{\pi}f(nT_s)\mathrm{Sa}[\omega_m(t-nT_s)]\end{aligned} \tag{4.9-13}$$

当抽样间隔 $T_s=\dfrac{1}{2f_m}$ 时，上式可写为

$$f(t)=\sum_{n=-\infty}^{\infty} f(nT_s)\mathrm{Sa}[\omega_m(t-nT_s)] \qquad (4.9\text{-}14)$$

上式表明，连续时间信号 $f(t)$ 可以由无数多个位于各抽样时刻的 Sa 函数组成，且各个 Sa 函数的幅值为该抽样时刻的抽样值 $f(nT_s)$。因此，只要知道各抽样点的样值 $f(nT_s)$，就可唯一地确定出 $f(t)$。这个过程如图 4.70 所示。

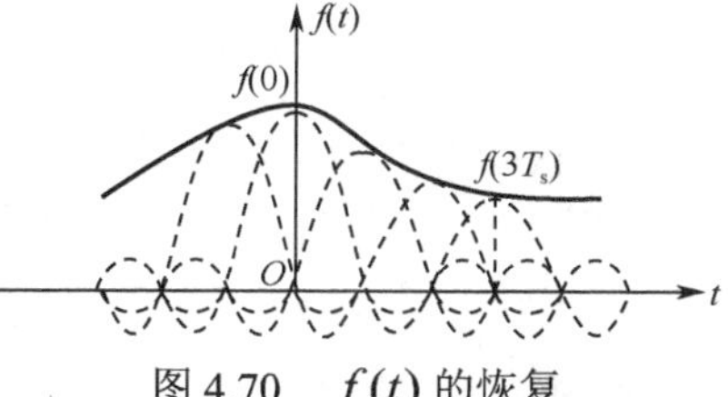

图 4.70　$f(t)$ 的恢复

【例 4-44】 已知有限频带信号 $f(t)$ 的最高频率为100Hz，若对下列信号进行时域抽样，求奈奎斯特抽样频率 f_s。

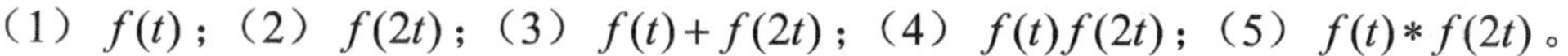

（1）$f(t)$；（2）$f(2t)$；（3）$f(t)+f(2t)$；（4）$f(t)f(2t)$；（5）$f(t)*f(2t)$。

4-24 抽样定理 2

【解】 要求奈奎斯特抽样频率 f_s，必须首先确定被抽样信号的最高频率 f_m，奈奎斯特抽样频率 $f_s=2f_m(\mathrm{Hz})$。

（1）信号 $f(t)$ 的最高频率 $f_m=100\mathrm{Hz}$，对 $f(t)$ 抽样的奈奎斯特抽样频率为

$$f_s=2f_m=200(\mathrm{Hz})$$

（2）分析 $f(2t)$ 的频谱 $f(2t)\leftrightarrow\frac{1}{2}F\left(\mathrm{j}\frac{\omega}{2}\right)$，$F\left(\mathrm{j}\frac{\omega}{2}\right)$是将 $F(\mathrm{j}\omega)$ 扩展 2 倍，可知 $f(2t)$ 的最高频率 $f_m=200\mathrm{Hz}$，对 $f(2t)$ 抽样的奈奎斯特抽样频率为

$$f_s=2f_m=400(\mathrm{Hz})$$

（3）分析 $f(t)+f(2t)$ 的频谱为 $F(\mathrm{j}\omega)+\frac{1}{2}F\left(\mathrm{j}\frac{\omega}{2}\right)$，可知 $f(t)+f(2t)$ 的最高频率 $f_m=200\mathrm{Hz}$，对 $f(t)+f(2t)$ 抽样的奈奎斯特抽样频率为

$$f_s=2f_m=400(\mathrm{Hz})$$

（4）分析 $f(t)f(2t)$ 的频谱为 $\frac{1}{2\pi}F(\mathrm{j}\omega)*\frac{1}{2}F\left(\mathrm{j}\frac{\omega}{2}\right)$，可知 $f(t)f(2t)$ 的最高频率 $f_m=300\mathrm{Hz}$，对 $f(t)f(2t)$ 抽样的奈奎斯特抽样频率为

$$f_s=2f_m=600(\mathrm{Hz})$$

（5）分析 $f(t)*f(2t)$ 的频谱为 $F(\mathrm{j}\omega)\cdot\frac{1}{2}F\left(\mathrm{j}\frac{\omega}{2}\right)$，可知 $f(t)*f(2t)$ 的最高频率 $f_m=100\mathrm{Hz}$，对 $f(t)*f(2t)$ 抽样的奈奎斯特抽样频率为

$$f_s=2f_m=200(\mathrm{Hz})$$

【例 4-45】 如图 4.71（a）所示的系统中，激励 $f(t)=\frac{\omega_m}{\pi}\mathrm{Sa}(\omega_m t)$，系统 $H_1(\mathrm{j}\omega)$ 的频谱特性如图 4.71（b）所示，$\delta_T(t)=\sum_{k=-\infty}^{\infty}\delta(t-kT)$。

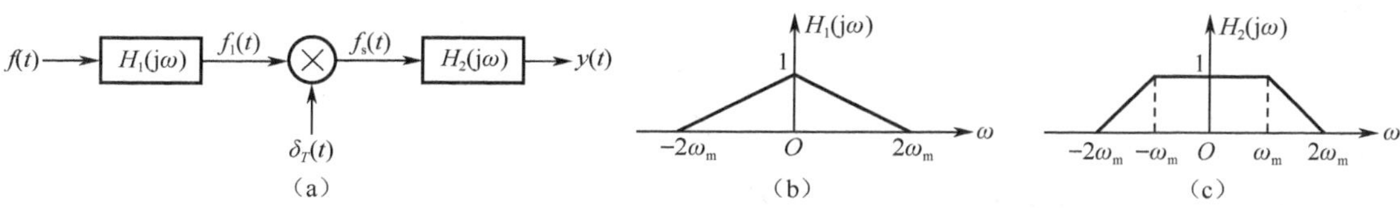

图 4.71　例 4-45 图

（1）画出 $f_1(t)$ 的频谱图 $F_1(\mathrm{j}\omega)$；

（2）分析并画出在奈奎斯特抽样频率时 $f_s(t)$ 的频谱图 $F_s(\mathrm{j}\omega)$；

（3）欲从 $f_s(t)$ 中无失真地恢复 $f_1(t)$，求最大抽样周期 T；

（4）在奈奎斯特抽样频率下，欲使响应信号 $y(t)=f_1(t)$，试问 $H_2(\mathrm{j}\omega)$ 应具有什么样的特性？

（5）若 $H_2(\mathrm{j}\omega)$ 如图 4.71（c）所示，问应如何调整抽样频率，才能保证无失真地恢复 $f_1(t)$？此时的最低抽样频率为多少？

【解】（1）由图 4.71（a）可知，

$$F_1(\mathrm{j}\omega)=F(\mathrm{j}\omega)\cdot H_1(\mathrm{j}\omega)$$

先分析 $f(t)$ 的频谱 $F(\mathrm{j}\omega)$，有

$$f(t)=\frac{\omega_{\mathrm{m}}}{\pi}\mathrm{Sa}(\omega_{\mathrm{m}}t)\leftrightarrow F(\mathrm{j}\omega)=g_{2\omega_{\mathrm{m}}}(\omega)$$

频谱 $F(\mathrm{j}\omega)$ 和 $F_1(\mathrm{j}\omega)$ 分别如图 4.72（a）、（b）所示。

（2）由图 4.71（a）可知，

$$f_{\mathrm{s}}(t)=f_1(t)\cdot\delta_T(t)=f_1(t)\cdot\sum_{k=-\infty}^{\infty}\delta(t-kT)$$

依据傅里叶变换的频域卷积定理，有

$$\begin{aligned}F_{\mathrm{s}}(\mathrm{j}\omega)&=\frac{1}{2\pi}F_1(\mathrm{j}\omega)*\frac{2\pi}{T}\sum_{k=-\infty}^{\infty}\delta(\omega-n\omega_{\mathrm{s}})\\&=\frac{1}{T}\sum_{k=-\infty}^{\infty}F_1[\mathrm{j}(\omega-n\omega_{\mathrm{s}})]\end{aligned},$$

其中 $\omega_{\mathrm{s}}=\dfrac{2\pi}{T}$。

在奈奎斯特抽样频率下，$\omega_{\mathrm{s}}=2\omega_{\mathrm{m}}$，$T=\dfrac{2\pi}{\omega_{\mathrm{s}}}=\dfrac{2\pi}{2\omega_{\mathrm{m}}}=\dfrac{\pi}{\omega_{\mathrm{m}}}$，此时 $f_{\mathrm{s}}(t)$ 的频谱为

$$F_{\mathrm{s}}(\mathrm{j}\omega)=\frac{\omega_{\mathrm{m}}}{\pi}\sum_{k=-\infty}^{\infty}F_1[\mathrm{j}(\omega-2n\omega_{\mathrm{m}})]$$

奈奎斯特抽样频率时 $f_{\mathrm{s}}(t)$ 的频谱图 $F_{\mathrm{s}}(\mathrm{j}\omega)$ 如图 4.72（c）所示。

（3）欲从 $f_{\mathrm{s}}(t)$ 中无失真地恢复 $f_1(t)$，最大抽样周期为

$$T=\frac{2\pi}{\omega_{\mathrm{s}}}=\frac{2\pi}{2\omega_{\mathrm{m}}}=\frac{\pi}{\omega_{\mathrm{m}}}(\mathrm{s})$$

（4）分析系统的响应为

$$Y(\mathrm{j}\omega)=F_{\mathrm{s}}(\mathrm{j}\omega)\cdot H_2(\mathrm{j}\omega)$$

在奈奎斯特抽样频率下，欲使响应信号 $y(t)=f_1(t)$，即

$$Y(\mathrm{j}\omega)=F_1(\mathrm{j}\omega)$$

可知，将 $F_{\mathrm{s}}(\mathrm{j}\omega)$ 通过一截止频率为 ω_{m}、增益为 $\dfrac{\pi}{\omega_{\mathrm{m}}}$ 的理想低通滤波器后，就可以得到 $F_1(\mathrm{j}\omega)$，故 $H_2(\mathrm{j}\omega)$ 应为一理想低通滤波器，具体特性表示如下：

$$H_2(\mathrm{j}\omega)=\begin{cases}\dfrac{\pi}{\omega_{\mathrm{m}}}, & |\omega|\leqslant\omega_{\mathrm{m}}\\0, & |\omega|>\omega_{\mathrm{m}}\end{cases}$$

（5）要保证 $f_{\mathrm{s}}(t)$ 通过图 4.71（c）所示的 $H_2(\mathrm{j}\omega)$ 后无失真地恢复 $f_1(t)$，即

$$Y(\mathrm{j}\omega)=F_{\mathrm{s}}(\mathrm{j}\omega)\cdot H_2(\mathrm{j}\omega)=F_1(\mathrm{j}\omega)$$

则必须调整奈奎斯特抽样频率，调整后 $f_{\mathrm{s}}(t)$ 的频谱 $F_{\mathrm{s}}(\mathrm{j}\omega)$ 应如图 4.72（d）中实线所示，图中的虚线是滤波器 $H_2(\mathrm{j}\omega)$ 的图形，此时能够正确恢复出 $f_1(t)$。

因此应该增大抽样频率，此时最低的抽样频率为$\frac{3\omega_m}{2\pi}$Hz。

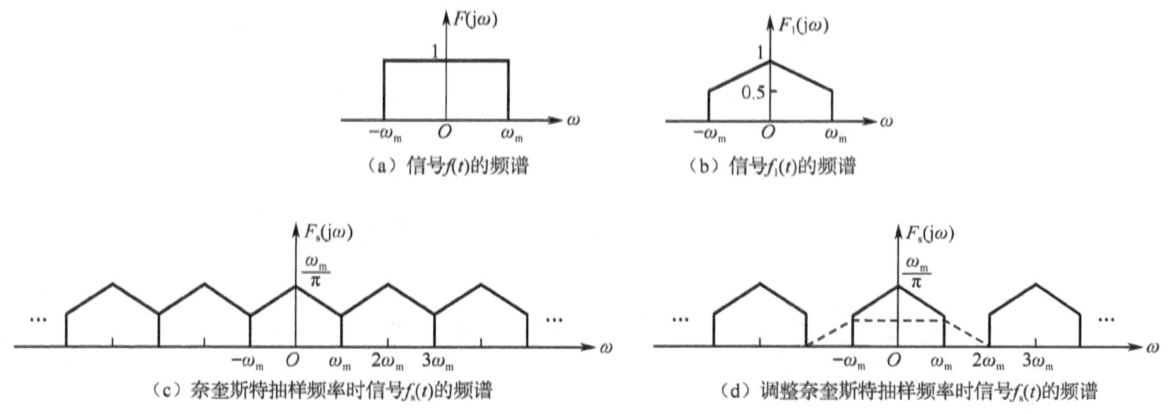

图 4.72 例 4-45 求解图

4.9.2 周期脉冲抽样

前面所讨论的理想抽样在理论上是成立的，但实际上是无法实现的，因为冲激函数序列$\delta_{T_s}(t)$无法得到。在实际工作中，可实现的抽样过程如图 4.65 所示。抽样器可用一定时开关实现，而抽样的结果如式（4.9-1）所示，即

$$f_s(t)=f(t)\cdot P_{T_s}(t)$$

式中，$P_{T_s}(t)$为周期矩形脉冲函数，$P_{T_s}(t)=\sum\limits_{n=-\infty}^{\infty}g_\tau(t-nT_s)$。

对这种周期脉冲抽样，上述抽样定理是否成立？下面对此进行讨论。

设$f(t)$为带限信号，其最高频率为f_m，即当$|f|>f_m$时，$F(\mathrm{j}\omega)=0$。对$f(t)$进行矩形脉冲抽样的样值函数为$f_s(t)=f(t)\cdot P_{T_s}(t)$。现在需要分析样值函数$f_s(t)$中是否包含有$f(t)$的全部信息。

周期矩形脉冲函数$P_{T_s}(t)$的频谱函数$P(\mathrm{j}\omega)$为

$$P_{T_s}(t)\leftrightarrow P(\mathrm{j}\omega)=\frac{2\pi\tau}{T_s}\sum_{n=-\infty}^{\infty}\mathrm{Sa}\left(\frac{n\Omega_s\tau}{2}\right)\delta(\omega-n\Omega_s) \tag{4.9-15}$$

式中，$\Omega_s=\frac{2\pi}{T_s}$。信号$f(t)$的波形及其频谱$F(\mathrm{j}\omega)$如图 4.73（a）、（b）所示，抽样矩形脉冲函数$P_{T_s}(t)$的波形及其频谱$P(\mathrm{j}\omega)$如图 4.73（c）、（d）所示。可见，周期矩形脉冲函数$P_{T_s}(t)$的频谱$P(\mathrm{j}\omega)$是周期为Ω_s的冲激函数序列，且冲激强度的大小服从 Sa 函数分布。

由于$f_s(t)=f(t)\cdot P_{T_s}(t)$，根据傅里叶变换的频域卷积定理，求得

$$\begin{aligned}F_s(\mathrm{j}\omega)&=\frac{1}{2\pi}\left[F(\mathrm{j}\omega)*\sum_{n=-\infty}^{\infty}\frac{2\pi\tau}{T_s}\mathrm{Sa}\left(\frac{n\Omega_s\tau}{2}\right)\delta(\omega-n\Omega_s)\right]\\&=\frac{\tau}{T_s}\sum_{n=-\infty}^{\infty}\mathrm{Sa}\left(\frac{n\Omega_s\tau}{2}\right)F[\mathrm{j}(\omega-n\Omega_s)]\end{aligned} \tag{4.9-16}$$

样值函数$f_s(t)$的波形及其频谱$F_s(\mathrm{j}\omega)$如图 4.73（e）、（f）所示。

由图 4.73 可知，只要$\Omega_s\geqslant 2\omega_m$，则$F_s(\mathrm{j}\omega)$中就包含有$F(\mathrm{j}\omega)$。也就是说，在矩形脉冲抽样中，只要抽样间隔$T_s\leqslant\frac{1}{2f_m}$s，则得到的样值函数$f_s(t)$就包含了$f(t)$的全部信息。通过一个理想低通

滤波器就可以从 $f_s(t)$ 中恢复原信号 $f(t)$ 。

由此可见，用实际周期矩形脉冲对 $f(t)$ 抽样，前述抽样定理同样成立。

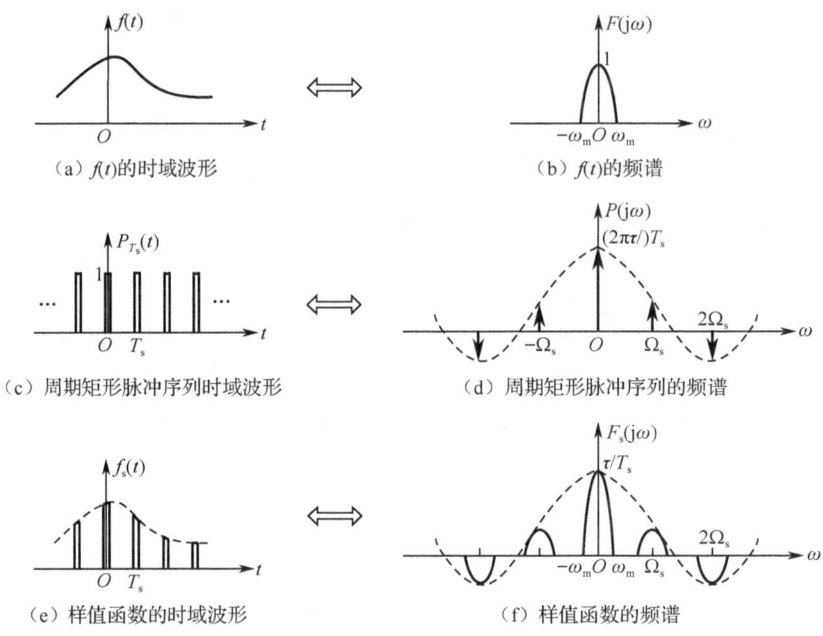

图 4.73　矩形脉冲抽样及其频谱

4.9.3　频域抽样

与时域抽样对应的还有频域抽样。所谓频域抽样，是对信号 $f(t)$ 的频谱函数 $F(\mathrm{j}\omega)$ 在频率 ω 轴上每隔 ω_s 取得一个样值，从而得到频域样值函数 $F_s(\mathrm{j}n\omega_s)$ 的过程。在频域抽样中也有一个频域抽样定理。根据时域与频域的对称性，可以由时域抽样定理直接推导出频域抽样定理。

频域抽样定理的内容是：一个在时间区间 $(-t_m,t_m)$ 以外为零的时间有限信号 $f(t)$ ，其频谱函数 $F(\mathrm{j}\omega)$ 可以由其在均匀频率间隔 f_s 上的样点值 $F_s(\mathrm{j}n\omega_s)$ 唯一地确定，只要其频率间隔 f_s 小于或等于 $\dfrac{1}{2t_m}$ 。

此定理的证明类似于时域抽样定理，这里不再推导。下面从物理概念上进行简单说明。在频域对 $F(\mathrm{j}\omega)$ 进行抽样，相当于用 $F(\mathrm{j}\omega)$ 乘冲激函数序列 $\delta_{\omega_s}(\omega)$，而 $\delta_{\omega_s}(\omega)$ 所对应的时间信号也为一个冲激函数序列 $\delta_{T_s}(t)\left(T_s=\dfrac{2\pi}{\omega_s}\right)$。根据傅里叶变换的卷积性质可知，频域样值函数 $F_s(\mathrm{j}n\omega_s)$ 对应的时间信号 $f_s(t)$ 为 $f(t)$ 在时域的周期性重复，其周期为 T_s 。只要抽样间隔 $f_s\leqslant\dfrac{1}{2t_m}$ ，则在时域中波形不会发生混叠，利用矩形脉冲作选通信号就可以无失真地恢复出原信号 $f(t)$ 。

频域抽样的原理如图 4.74 所示。

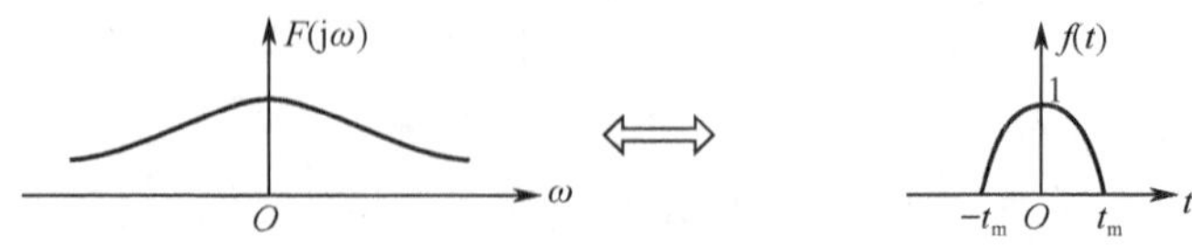

图 4.74　频域抽样

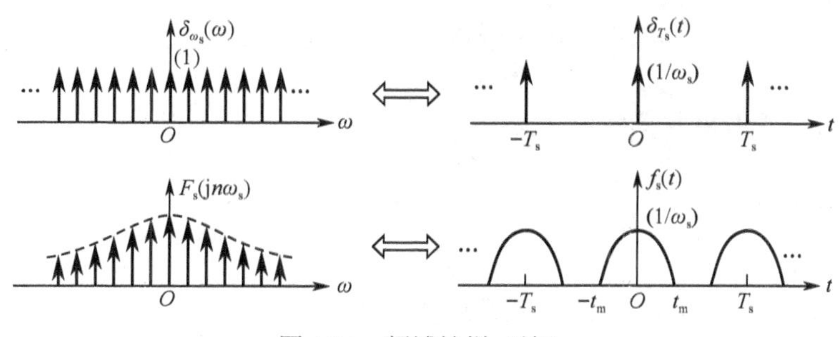

图 4.74　频域抽样（续）

习　题　四

4.1　判断下列信号是否为周期信号，若是，求其基波角频率 Ω 和周期 T 。

（1）$\cos(\pi t)+\sin(2t)$

（2）$\cos\left(\frac{\pi}{2}t\right)+\sin\left(\frac{\pi}{4}t\right)$

4.2　用直接计算傅里叶系数的方法，求题 4.2 图所示周期函数的傅里叶系数。

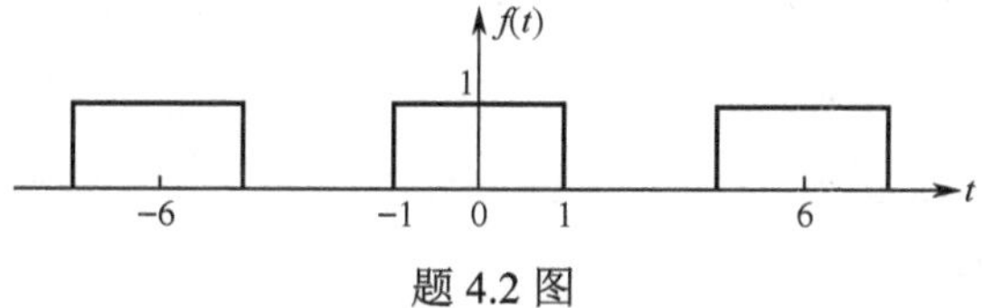

题 4.2 图

4.3　利用奇偶性判断题 4.3 图所示各周期信号的傅里叶级数中所含的频率分量。

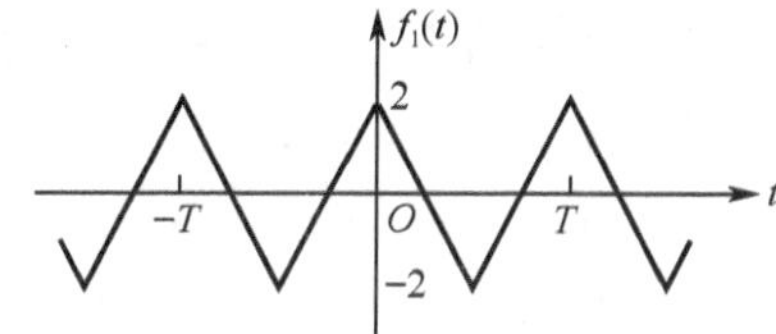

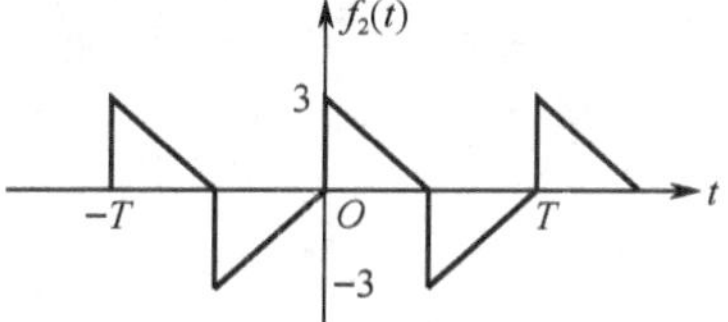

题 4.3 图

4.4　已知冲激序列 $\delta_T(t)=\sum_{n=-\infty}^{\infty}\delta(t-nT)$ ，求其三角型和指数型傅里叶级数。

4.5　已知信号 $f(t)=16\cos\left(20\pi t+\frac{\pi}{4}\right)+6\cos\left(30\pi t+\frac{\pi}{6}\right)+4\cos\left(40\pi t+\frac{\pi}{3}\right)$

（1）求该周期信号的周期 T 和基波角频率 Ω ，指出其谐波次数。

（2）画出双边幅度谱和相位谱图。

（3）计算信号的功率。

4.6　画出如下周期信号的单边振幅频谱图与相位频谱图。

$$f(t)=1+2\sin(\pi t)-\sin(3\pi t)+\sin(4\pi t)+\cos(3\pi t)-\frac{1}{2}\cos\left(5\pi t-\frac{\pi}{4}\right)$$

4.7　周期信号 $f(t)$ 的双边频谱 F_n 如题 4.7 图所示，求三角函数表达式，计算信号功率。

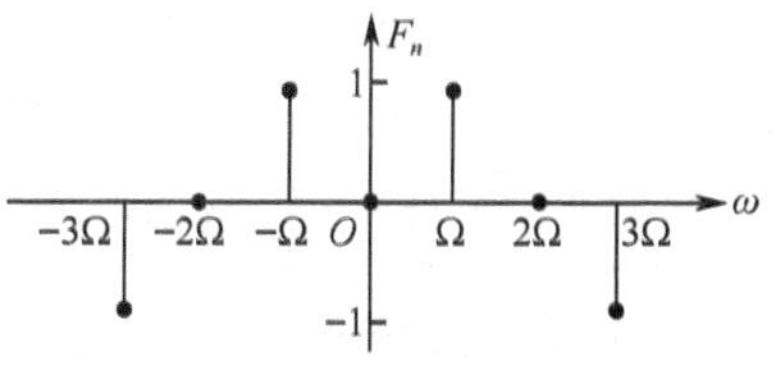

题 4.7 图

4.8　根据傅里叶变换的对称性求函数的傅里叶变换。

$$f(t)=\frac{\sin[2\pi(t-1)]}{3\pi(t-1)}, \quad -\infty<t<\infty$$

4.9　求下列信号的傅里叶变换。

（1）$f(t)=\mathrm{e}^{-\mathrm{j}t}\delta(t)$

（2）$f(t)=\mathrm{e}^{-5(t-1)}\delta'(t-1)$

（3）$f(t)=\mathrm{e}^{-4t}\varepsilon(t+1)$

4.10　若已知 $f(t)\leftrightarrow F(\mathrm{j}\omega)$，试求下列函数的频谱。

（1）$tf(3t)$

（2）$4t\dfrac{\mathrm{d}f(t)}{\mathrm{d}t}$

（3）$\int_{-\infty}^{3-\frac{1}{2}t} f(\tau)\mathrm{d}\tau$

（4）$\dfrac{\mathrm{d}f(t)}{\mathrm{d}t} * \dfrac{1}{4\pi t}$

4.11　求下列函数的傅里叶逆变换。

（1）$F(\mathrm{j}\omega)=2\cos(3\omega)+3\sin(2\omega)$

（2）$F(\mathrm{j}\omega)=[\varepsilon(\omega-1)-\varepsilon(\omega-2)]\mathrm{e}^{-\mathrm{j}\omega}$

（3）$F(\mathrm{j}\omega)=\dfrac{\cos\omega}{\mathrm{j}\omega+1}$

（4）$F(\mathrm{j}\omega)=g_4(\omega)\cdot\cos(\pi\omega)$

（5）$F(\mathrm{j}\omega)=2\varepsilon(1-\omega)$

4.12　试用下列方法求题 4.12 图所示信号的频谱函数。

（1）利用延时和线性性质（门函数的频谱可利用已知结果）。

（2）将 $f(t)$ 看作门函数 $g_2(t)$ 与冲激函数 $\delta(t+3)$ 、$\delta(t-2)$ 的卷积之和。

4.13　如题 4.13 图所示信号，设 $f_1(t)$ 的傅里叶变换为 $F_1(\mathrm{j}\omega)$，求信号 $f_2(t)$ 的傅里叶变换。

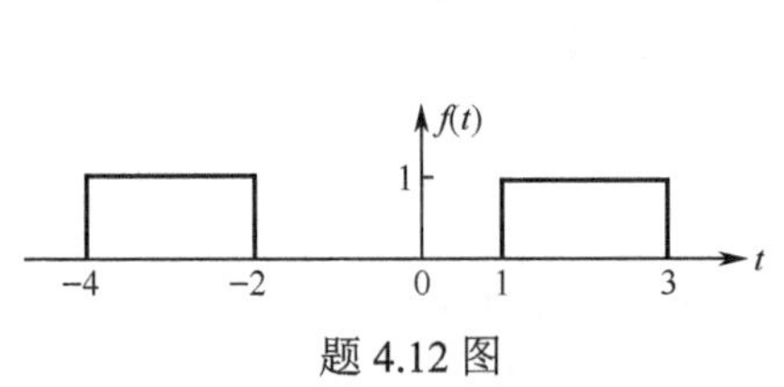

题 4.12 图

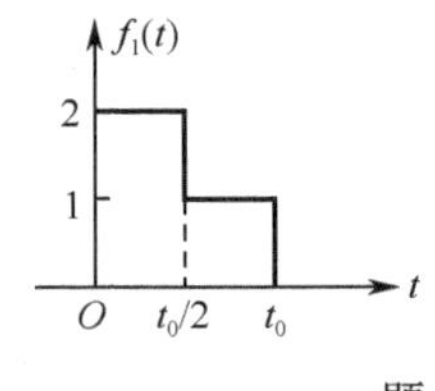

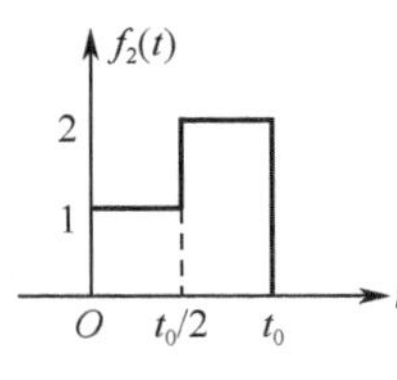

题 4.13 图

4.14　已知如题 4.14 图所示信号 $f(t)$ 的傅里叶变换为 $F(\mathrm{j}\omega)=R(\omega)+\mathrm{j}X(\omega)$，求 $y(t)$ 的傅里叶变换。

4.15　利用傅里叶变换性质，求如题 4.15 图所示函数的傅里叶逆变换。

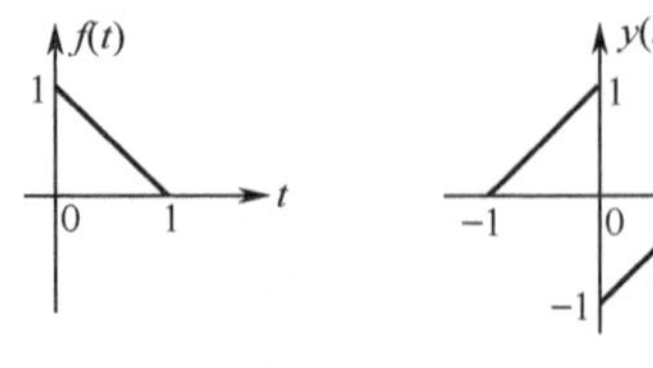

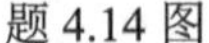
题 4.14 图

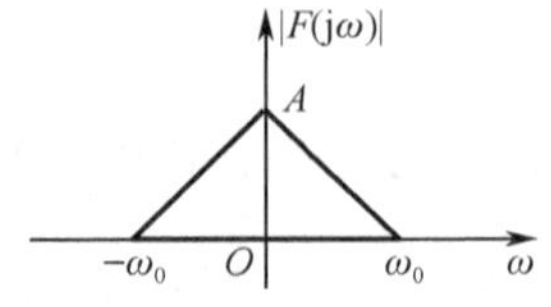

题 4.15 图

4.16　试用时域微积分性质，求如题 4.16 图所示信号的频谱。

4.17　求如题 4.17 图所示信号的频谱函数。

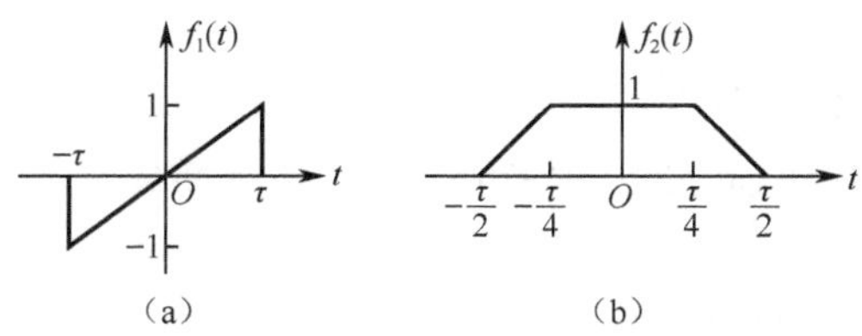

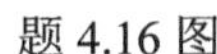

题 4.16 图

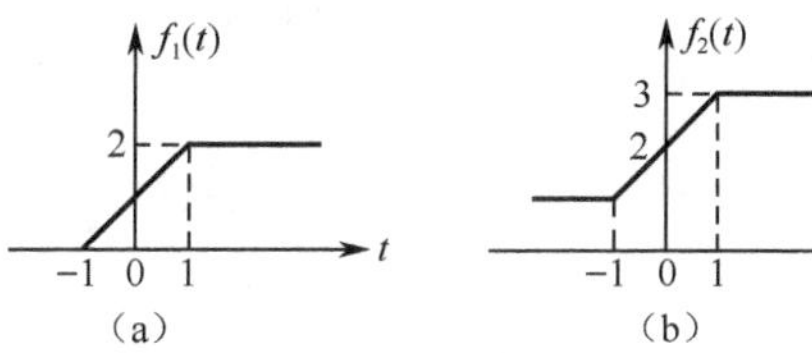

题 4.17 图

4.18 如题 4.18 图所示信号 $f(t)$ 的频谱函数为 $F(\mathrm{j}\omega)$，求下列各积分值。

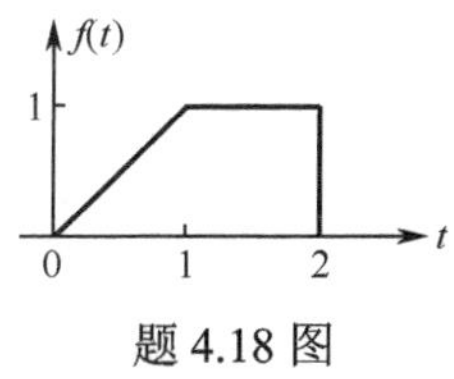

题 4.18 图

（1）$F(0)=F(\mathrm{j}\omega)\big|_{\omega=0}$

（2）$\int_{-\infty}^{\infty}F(\mathrm{j}\omega)\mathrm{d}\omega$

（3）$\int_{-\infty}^{\infty}\left|F(\mathrm{j}\omega)\right|^2\mathrm{d}\omega$

4.19 利用能量等式 $\int_{-\infty}^{\infty}f^2(t)\mathrm{d}t=\frac{1}{2\pi}\int_{-\infty}^{\infty}\left|F(\mathrm{j}\omega)\right|^2\mathrm{d}\omega$，计算 $\int_{-\infty}^{\infty}\left[\frac{\sin 2t}{t}\right]^2\mathrm{d}t$ 的值。

4.20 利用傅里叶变换的性质求积分 $\int_{-\infty}^{\infty}\frac{1}{(4+t^2)^2}\mathrm{d}t$ 的值。

4.21 一个周期为 T 的周期信号 $f(t)$，已知其指数形式傅里叶级数的系数为 F_n，求周期信号 $f_1(t)=f(t-t_0)+f(t+t_0)$ 的傅里叶系数。

4.22 稳定因果 LTI 系统的输入输出关系由方程 $y''(t)+6y'(t)+8y(t)=2f(t)$ 确定，

（1）求系统的冲激响应 $h(t)$；

（2）求系统的频率响应函数 $H(\mathrm{j}\omega)$；

（3）当输入 $f(t)=\mathrm{e}^{-t}\varepsilon(t)$ 时，计算输出 $y(t)$。

4.23 某 LTI 系统的频率响应为：$H(\mathrm{j}\omega)=\frac{4-\mathrm{j}\omega}{4+\mathrm{j}\omega}$，若系统输入 $f(t)=3\cos(4t)$，求该系统的输出 $y(t)$。

4.24 某系统的零状态响应 $y_{zs}(t)$ 和输入信号 $f(t)$ 的关系为 $y_{zs}(t)=\frac{1}{\pi}\int_{-\infty}^{\infty}\frac{f(\tau)}{t-\tau}\mathrm{d}\tau$，

（1）求该系统的冲激响应 $h(t)$ 和频率响应 $H(\mathrm{j}\omega)$；

（2）证明 $y_{zs}(t)$ 和输入信号 $f(t)$ 的能量相等。

4.25 如题 4.25 图（a）所示的系统，带通滤波器的频率响应如题 4.25 图（b）所示，其相频特性 $\varphi(\omega)=0$，若输入 $f(t)=\frac{\sin(4t)}{t}$，$s(t)=\cos(1000t)$，求输出信号 $y(t)$。

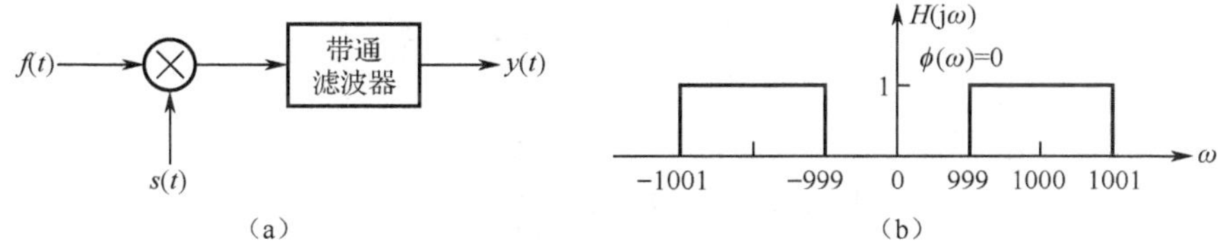

题 4.25 图

4.26 一个 LTI 系统的频率响应为

$$H(\mathrm{j}\omega)=\begin{cases}\mathrm{e}^{\mathrm{j}\pi/2}, & -4\mathrm{rad/s}<\omega<0\\ \mathrm{e}^{-\mathrm{j}\pi/2}, & 0<\omega<4\mathrm{rad/s}\\ 0, & \text{其他}\end{cases}$$

若系统的输入 $f(t)=\dfrac{\sin(3t)}{t}\cos(5t)$，求该系统的输出 $y(t)$。

4.27 如题 4.27 图所示系统，已知激励信号 $f(t)$ 的傅里叶变换为 $F(\mathrm{j}\omega)$，画出该系统 A 点和 B 点的频谱图。

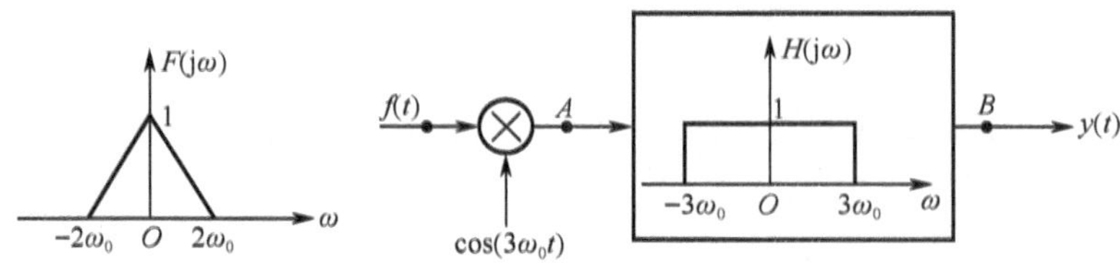

题 4.27 图

4.28 某线性时不变系统的输入为如题 4.28 图所示的周期信号 $f(t)$，该系统的冲激响应为

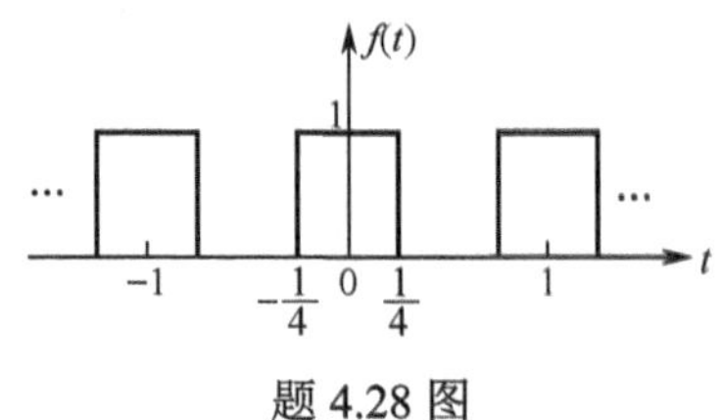

题 4.28 图

$$h(t)=\frac{\sin(4t)}{t}(1+2\cos 8t),\quad -\infty<t<\infty$$

（1） 求系统的频率响应 $H(\mathrm{j}\omega)$；

（2）求 $f(t)$ 的复傅里叶系数 F_n 和系统的输出 $y(t)$；

（3）若输入信号的单位为伏，求该输出信号 $y(t)$ 的平均功率 P。

4.29 如题 4.29 图示 LTI 系统，已知输入 $f(t)=\sum\limits_{n=-\infty}^{\infty}\mathrm{e}^{\mathrm{j}nt}$，$-\infty<t<\infty$，$n$ 为整数，$s(t)=\cos t$，系统的频率响应为

$$H(\mathrm{j}\omega)=\begin{cases}1, & |\omega|\leqslant 1.5\\ 0, & |\omega|>1.5\end{cases}$$

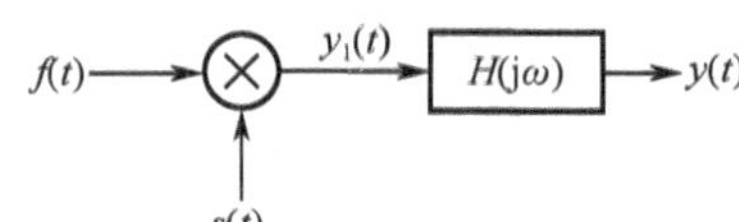

题 4.29 图

（1）求信号 $f(t)$ 的频谱 $F(\mathrm{j}\omega)$，并画出其频谱图；

（2）画出信号 $y_1(t)$ 的频谱 $Y_1(\mathrm{j}\omega)$；

（3）求输出信号的频谱 $Y(\mathrm{j}\omega)$，并画出其频谱图。

4.30 如题 4.30 所示系统，已知系统输入 $f(t)=\dfrac{\sin(2t)}{\pi t}$，子系统的频率响应为

$$H_1(\mathrm{j}\omega)=\mathrm{j}\,\mathrm{sgn}(\omega)$$

（1）试画出 $F(\mathrm{j}\omega)$、$Y_1(\mathrm{j}\omega)$、$Y_3(\mathrm{j}\omega)$ 及 $Y(\mathrm{j}\omega)$ 的图形；

（2）求输出 $y(t)$；

（3）求 $y(t)$ 的能量。

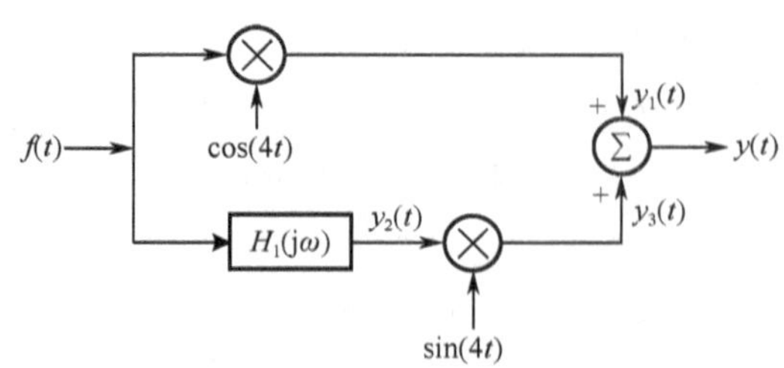

题 4.30 图

4.31 某通信系统的原理框图如题 4.31 图（a）所示。$f(t)$ 为被传送的基带信号，设其频谱 $F(\mathrm{j}\omega)$ 如题 4.31 图（b）所示。$s_1(t)=s_2(t)=\cos(\omega_0 t),\omega_0\gg\omega_{\mathrm{m}}$，$s_1(t)$ 为发送端的载波信号，$s_2(t)$ 为接收端的本地振荡信号。

（1）求解并画出 $y_1(t)$ 的频谱 $Y_1(\mathrm{j}\omega)$；

（2）求解并画出 $y_2(t)$ 的频谱 $Y_2(\mathrm{j}\omega)$；

（3）欲使输出信号 $y(t)=f(t)$（无失真恢复原信号），求理想低通滤波器的频响函数 $H(\mathrm{j}\omega)$，并画出其图形。

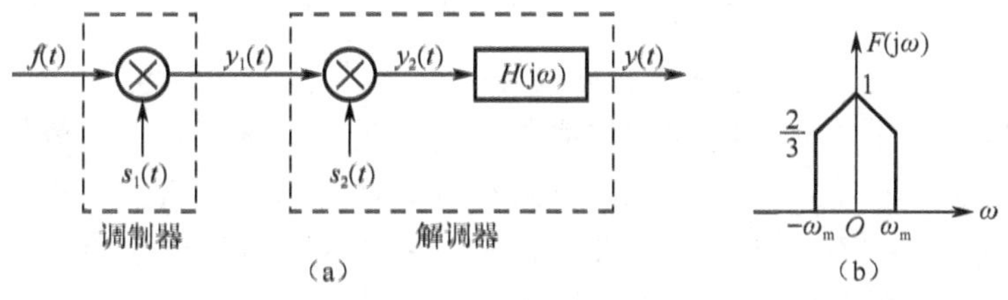

题 4.31 图

4.32　如题 4.32 图所示 LTI 连续复合系统，已知 $h_1(t)=\dfrac{\mathrm{d}}{\mathrm{d}t}\left[\dfrac{\sin(2t)}{2\pi t}\right]$，$H_2(\mathrm{j}\omega)=\mathrm{e}^{-\mathrm{j}\pi\omega}$，$h_3(t)=\varepsilon(t)$，$h_4(t)=\dfrac{\sin(6t)}{\pi t}$。

（1）求复合系统的 $H(\mathrm{j}\omega)$ 和 $h(t)$。

（2）若输入 $f(t)=\sin(4t)+\cos t$，求系统的零状态响应 $y_{zs}(t)$。

（3）求响应 $y_{zs}(t)$ 的功率。

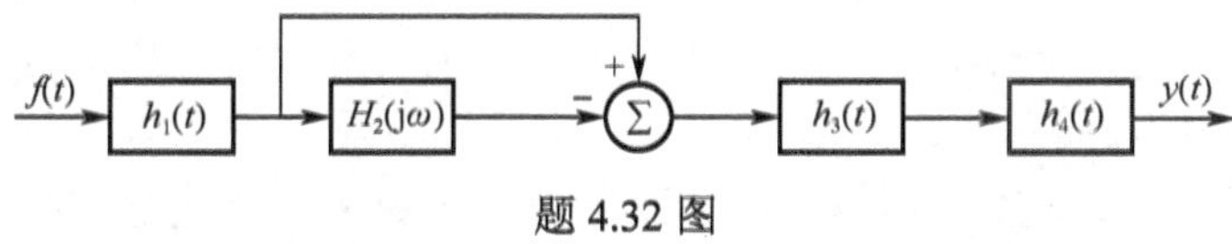

题 4.32 图

4.33　已知某系统的频率响应 $H(\mathrm{j}\omega)$ 的幅频特性和相频特性如题 4.33 图所示，

（1）试求系统的冲激响应 $h(t)$；

（2）当输入 $f(t)=1+0.6\cos(t)+0.4\cos(3t)+0.2\cos(5t)$，$-\infty<t<\infty$ 时，试求系统的输出 $y(t)$。

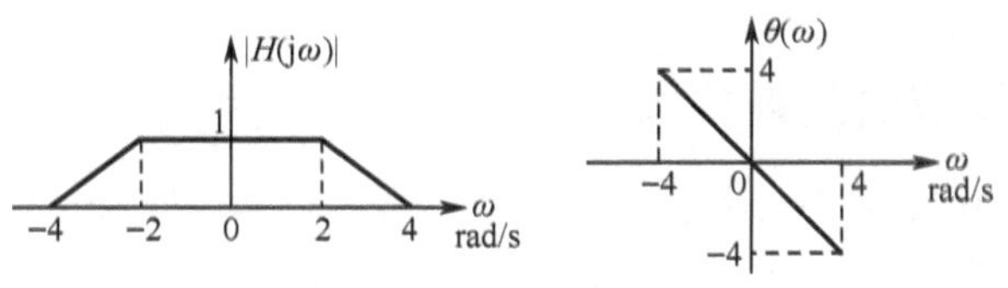

题 4.33 图

4.34　如题 4.34 图示电路，输出电压 $u_2(t)$ 对输入电流 $i_s(t)$ 的频率响应 $H(\mathrm{j}\omega)=\dfrac{U_2(\mathrm{j}\omega)}{I_s(\mathrm{j}\omega)}$，为了能无失真地传输，确定 R_1 和 R_2 的值。

4.35　已知带限信号 $f(t)$ 的最高频率为 200Hz，对下列信号求奈奎斯特采样速率。

（1）$f(4t)$　　（2）$f(3t)*f(2t)$

（3）$f^2(t)$　　（4）$f(t)+f^2(t)$

（5）$\mathrm{Sa}(100t)+\mathrm{Sa}(50t)$　　（6）$\mathrm{Sa}(100t)+\mathrm{Sa}^2(60t)$

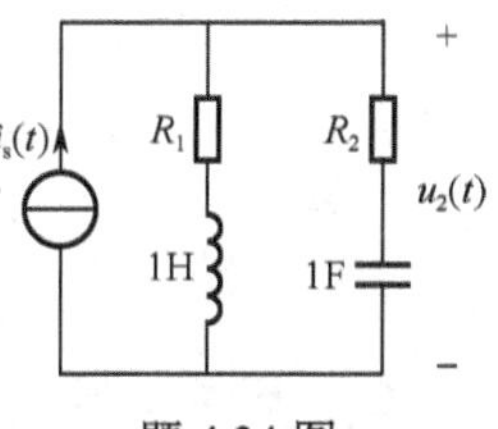

题 4.34 图

第 5 章　连续时间信号与系统的复频域分析

第 4 章研究了连续时间信号与系统的频域分析，频域分析以虚指数函数 $\mathrm{e}^{\mathrm{j}\omega t}$ 为基本信号，把任意信号分解为无穷多个不同频率的虚指数信号的线性组合，从而利用系统的线性和时不变性来分析 LTI 系统对一般激励的响应，使响应的求解得到简化。这种分析方法在信号分析和处理等领域占有重要地位，但是这种方法也有局限性。首先，虽然大多数实际信号都存在傅里叶变换，但也有些重要信号不存在傅里叶变换，如按指数规律增长的信号，其次，对于给定初始状态的线性系统难以用这种方法来分析系统的零输入响应，因此傅里叶变换分析方法的运用受到一定限制。这一章将通过把频域中的傅里叶变换扩展到复频域，通过拉普拉斯变换来解决这些问题。

本章引入复频率 $s=\sigma+\mathrm{j}\omega$（$\sigma$，$\omega$ 均为实数），以复指数信号 e^{st} 为基本信号，把任意信号分解为无穷多个不同复频率的复指数信号的线性组合，从而求出系统的零状态响应，而且如果考虑到系统的初始状态，则系统的零输入响应也可同时求得，从而得到系统的全响应。这里用于系统分析的独立变量是复频率 s，也称为 s 域分析。它和傅里叶变换分析法相比，具有信号变换范围更广，求解方便等特点，因而有着更为广泛的应用。

本章首先由傅里叶变换推导出拉普拉斯变换，将频域扩展为复频域，从而将拉普拉斯变换看成广义的傅里叶变换。然后讨论拉普拉斯变换的基本性质以及拉普拉斯逆变换的方法。在此基础上，着重讨论 LTI 系统的拉普拉斯变换分析法，得出系统函数这一重要概念。

拉普拉斯变换分为单边拉普拉斯变换和双边拉普拉斯变换。单边拉普拉斯变换运算简便，用途广泛，而且是研究双边拉普拉斯变换的基础，所以本章重点研究单边拉普拉斯变换。

5.1　拉普拉斯变换

5-1 拉氏变换定义

5.1.1　从傅里叶变换到拉普拉斯变换

在第 4 章，研究了连续信号 $f(t)$ 的傅里叶变换

$$F(\mathrm{j}\omega)=\int_{-\infty}^{\infty} f(t)\mathrm{e}^{-\mathrm{j}\omega t}\,\mathrm{d}t \tag{5.1-1}$$

并导出了 LTI 系统的傅里叶变换分析法，在那里要求信号必须满足绝对可积的条件。然而，在实际问题中，我们还会遇到一些信号，例如增长的指数信号 $f(t)=\mathrm{e}^{\alpha t}\varepsilon(t)(\alpha>0)$，由于不满足绝对可积条件而不存在傅里叶变换。为了克服这个困难，可用一实指数信号 $\mathrm{e}^{-\sigma t}$ 去乘 $f(t)$，只要适当选择 σ 的取值，就可使相乘以后的信号 $f(t)\mathrm{e}^{-\sigma t}$ 得以收敛，从而满足绝对可积条件。通常把这个指数信号 $\mathrm{e}^{-\sigma t}$ 称为衰减因子。

信号 $f(t)\mathrm{e}^{-\sigma t}$ 的傅里叶变换为

$$\int_{-\infty}^{\infty} f(t)\mathrm{e}^{-\sigma t}\,\mathrm{e}^{-\mathrm{j}\omega t}\,\mathrm{d}t=\int_{-\infty}^{\infty} f(t)\mathrm{e}^{-(\sigma+\mathrm{j}\omega)t}\,\mathrm{d}t=F_{\mathrm{b}}(\sigma+\mathrm{j}\omega) \tag{5.1-2}$$

式中，$F_{\mathrm{b}}(\sigma+\mathrm{j}\omega)$ 是 $\sigma+\mathrm{j}\omega$ 的函数。

$F_{\mathrm{b}}(\sigma+\mathrm{j}\omega)$ 的傅里叶逆变换为

$$f(t)\mathrm{e}^{-\sigma t}=\frac{1}{2\pi}\int_{-\infty}^{\infty} F_{\mathrm{b}}(\sigma+\mathrm{j}\omega)\mathrm{e}^{\mathrm{j}\omega t}\,\mathrm{d}\omega \tag{5.1-3}$$

式（5.1-3）两边同乘以$e^{\sigma t}$，得

$$f(t)=\frac{1}{2\pi}\int_{-\infty}^{\infty}F_b(\sigma+j\omega)e^{(\sigma+j\omega)t}\,d\omega \tag{5.1-4}$$

显然，式（5.1-2）和式（5.1-4）组成一对积分变换对。为使这对变换对更加简洁，令$s=\sigma+j\omega$，s称为复频率。于是有$d\omega=ds/j$，当$\omega=\pm\infty$时，$s=\sigma\pm j\infty$，式（5.1-2）可简化为

$$F_b(s)=\int_{-\infty}^{\infty}f(t)e^{-st}\,dt \tag{5.1-5}$$

式（5.1-5）称为信号$f(t)$的双边拉普拉斯变换，简称双边拉氏变换。其中下标b表示双边变换。式（5.1-4）可简化为

$$f(t)=\frac{1}{2\pi j}\int_{\sigma-j\infty}^{\sigma+j\infty}F_b(s)e^{st}\,ds \tag{5.1-6}$$

式（5.1-6）称为$F_b(s)$的拉普拉斯逆变换，简称拉氏逆变换。式（5.1-5）和式（5.1-6）组成一对拉氏变换对，常用符号$L[f(t)]$表示取拉氏变换，用符号$L^{-1}[F_b(s)]$表示取拉氏逆变换。两式中$F_b(s)$称为信号$f(t)$的象函数，$f(t)$称为$F_b(s)$的原函数。这一对拉氏变换对也可简记为

$$f(t)\leftrightarrow F_b(s) \tag{5.1-7}$$

上述过程就是由傅里叶变换导出拉氏变换的过程。从这个过程可以清楚地看到，$F_b(s)$既可以看成是信号$f(t)e^{-\sigma t}$的傅里叶变换，也可以看成是信号$f(t)$的双边拉氏变换，因此，也可以理解为$f(t)$的广义傅里叶变换。而且傅里叶变换$F(j\omega)$是双边拉氏变换在$s=j\omega$时的特例。

同时，由上面的分析可以知道，一般乘积信号$f(t)e^{-\sigma t}$相对$f(t)$来说更容易满足绝对可积条件，这样就意味着许多原来不存在傅里叶变换的信号，都可能存在拉氏变换。因此，拉氏变换的引入扩大了连续信号变换的范围。

5.1.2 收敛域

5-2 拉氏变换收敛域

从上面的分析可知，乘积信号$f(t)e^{-\sigma t}$更加容易满足绝对可积条件，然而，是否一定满足，这就要看$f(t)$的性质和σ值的关系了。对于双边拉氏变换而言，由于$f(t)$的拉氏变换就是$f(t)e^{-\sigma t}$的傅里叶变换，因此，若信号$f(t)e^{-\sigma t}$满足绝对可积条件，即满足式

$$\int_{-\infty}^{\infty}|f(t)|e^{-\sigma t}\,dt<\infty \tag{5.1-8}$$

时，则$f(t)$的双边拉氏变换一定存在。通常把使得信号$f(t)$的拉氏变换存在的σ的取值范围，称为$f(t)$的拉氏变换的收敛域（Region of Convergence），简记为ROC。下面，通过几个典型例子来研究拉氏变换的收敛域。

【例 5-1】 求因果信号$f(t)=e^{\alpha t}\varepsilon(t)$（$\alpha$为实数）的双边拉氏变换和收敛域。

【解】 $f(t)$的双边拉氏变换为

$$F_b(s)=\int_0^{\infty}e^{\alpha t}e^{-st}\,dt=\left.\frac{e^{-(s-\alpha)t}}{-(s-\alpha)}\right|_0^{\infty}=\frac{1}{s-\alpha}[1-\lim_{t\to\infty}e^{-(\sigma-\alpha)t}\cdot e^{-j\omega t}]$$

$$=\begin{cases}\dfrac{1}{s-\alpha}, & \mathrm{Re}[s]=\sigma>\alpha\\ \text{不定}, & \sigma=\alpha\\ \text{无界}, & \sigma<\alpha\end{cases} \tag{5.1-9}$$

可见，对于因果信号，仅当$\mathrm{Re}[s]=\sigma>\alpha$时，拉普拉斯变换存在，即因果信号象函数的收敛域为$\mathrm{Re}[s]>\alpha$的区域。在以$\sigma$轴为横轴，$j\omega$轴为纵轴的复平面（$s$平面）上，$\mathrm{Re}[s]>\alpha$是一个位

于直线$\sigma=\alpha$右边的区域，直线$\sigma=\alpha$称为收敛边界。如图 5.1（a）所示。

【例 5-2】 求反因果信号$f(t)=e^{\beta t}\varepsilon(-t)$（$\beta$为实数）的双边拉氏变换和收敛域。

【解】 $f(t)$的双边拉氏变换为

$$F_b(s)=\int_{-\infty}^{0}e^{\beta t}e^{-st}dt=\left.\frac{e^{-(s-\beta)t}}{-(s-\beta)}\right|_{-\infty}^{0}=\frac{1}{-(s-\beta)}[1-\lim_{t\to-\infty}e^{-(\sigma-\beta)t}\cdot e^{-j\omega t}]$$

$$=\begin{cases}无界, & \mathrm{Re}[s]=\sigma>\beta \\ 不定, & \sigma=\beta \\ \dfrac{1}{-(s-\beta)}, & \sigma<\beta\end{cases} \tag{5.1-10}$$

可见，对于反因果信号，仅当$\mathrm{Re}[s]=\sigma<\beta$时，拉普拉斯变换存在，即反因果信号象函数的收敛域为$\mathrm{Re}[s]<\beta$的区域。在s平面上，$\mathrm{Re}[s]<\beta$是一个位于直线$\sigma=\beta$左边的区域。如图 5.1（b）所示。

【例 5-3】 求双边信号

$$f(t)=f_1(t)+f_2(t)=e^{\alpha t}\varepsilon(t)+e^{\beta t}\varepsilon(-t)$$

的双边拉氏变换和收敛域。

【解】 该双边信号表示为一个因果信号$f_1(t)$和一个反因果信号$f_2(t)$之和，其中

$$f_1(t)=e^{\alpha t}\varepsilon(t)\leftrightarrow F_{1b}(s)=\frac{1}{s-\alpha},\quad \mathrm{Re}[s]=\sigma>\alpha$$

$$f_2(t)=e^{\beta t}\varepsilon(-t)\leftrightarrow F_{2b}(s)=-\frac{1}{s-\beta},\quad \mathrm{Re}[s]=\sigma<\beta$$

所以，$f(t)\leftrightarrow F(s)=F_{1b}(s)+F_{2b}(s)=\dfrac{1}{s-\alpha}-\dfrac{1}{s-\beta}$，$\alpha<\mathrm{Re}[s]=\sigma<\beta$

显然，当$\beta>\alpha$时，双边信号$f(t)$的象函数的收敛域存在，当$\beta\leqslant\alpha$时，$\mathrm{Re}[s]=\sigma>\alpha$和$\mathrm{Re}[s]=\sigma<\beta$没有共同的收敛域，因而$f(t)$的象函数不存在。因此双边信号$f(t)$只有在$\beta>\alpha$时，双边拉氏变换存在，并且收敛域为$\alpha<\mathrm{Re}[s]=\sigma<\beta$的带状区域，如图 5.1（c）所示。

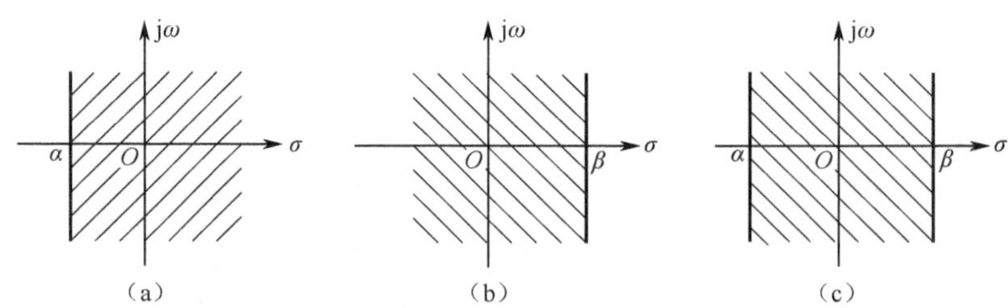

图 5.1　双边拉氏变换的收敛域

【例 5-4】 求下列信号的双边拉氏变换。

（1）$f_1(t)=e^{-3t}\varepsilon(t)+e^{-2t}\varepsilon(t)$　　（2）$f_2(t)=-e^{-3t}\varepsilon(-t)-e^{-2t}\varepsilon(-t)$

（3）$f_3(t)=e^{-3t}\varepsilon(t)-e^{-2t}\varepsilon(-t)$

【解】（1）由例（5-1）的结论可知，

$$e^{-3t}\varepsilon(t)\leftrightarrow\frac{1}{s+3},\quad \sigma>-3 \qquad e^{-2t}\varepsilon(t)\leftrightarrow\frac{1}{s+2},\quad \sigma>-2$$

所以

$$f_1(t)=e^{-3t}\varepsilon(t)+e^{-2t}\varepsilon(t)\leftrightarrow\frac{1}{s+3}+\frac{1}{s+2},\quad \sigma>-2$$

（2）由例（5-2）的结论可知，

$$-\mathrm{e}^{-3t}\,\varepsilon(-t)\leftrightarrow\frac{1}{s+3},\quad \sigma<-3\qquad -\mathrm{e}^{-2t}\,\varepsilon(-t)\leftrightarrow\frac{1}{s+2},\quad \sigma<-2$$

所以

$$f_2(t)=-\mathrm{e}^{-3t}\,\varepsilon(-t)-\mathrm{e}^{-2t}\,\varepsilon(-t)\leftrightarrow\frac{1}{s+3}+\frac{1}{s+2},\quad \sigma<-3$$

（3）由例（5-1）和（5-2）的结论可知，

$$\mathrm{e}^{-3t}\,\varepsilon(t)\leftrightarrow\frac{1}{s+3},\quad \sigma>-3\qquad -\mathrm{e}^{-2t}\,\varepsilon(-t)\leftrightarrow\frac{1}{s+2},\quad \sigma<-2$$

所以

$$f_3(t)=\mathrm{e}^{-3t}\,\varepsilon(t)-\mathrm{e}^{-2t}\,\varepsilon(-t)\leftrightarrow\frac{1}{s+3}+\frac{1}{s+2},\quad -3<\sigma<-2$$

从该例题的结果可以看出，时域中不同的三个信号对应到s域的象函数相同，但收敛域不同，因此在对信号进行双边拉氏变换时必须标注收敛域。

双边拉氏变换便于分析和处理双边信号，但其收敛条件较为复杂，一般情况下，对于原函数$f(t)$的双边拉氏变换，除给定象函数$F(s)$外，还必须指出相应的收敛域，即原函数只能由象函数和收敛域共同来确定，否则不能保证$f(t)$与$F(s)$之间的一一对应关系。

实际遇到的信号都有初始时刻t_0（$t<t_0$时，$f(t)=0$），若初始时刻$t_0=0$，这样，在$t<0$时，$f(t)=0$，则$f(t)$为因果信号，从而式（5.1-5）可写为

$$F(s)=\int_{0_-}^{\infty}f(t)\mathrm{e}^{-st}\,\mathrm{d}t \tag{5.1-11}$$

称为单边拉普拉斯变换，简称单边拉氏变换。单边拉氏变换收敛域简单，运算简便，用途广泛，LTI 连续系统的s域分析主要使用单边拉普拉斯变换。本章重点讨论单边拉普拉斯变换。

5.1.3 单边拉普拉斯变换

单边拉氏变换对可写为

$$F(s)=L[f(t)]=\int_{0_-}^{\infty}f(t)\mathrm{e}^{-st}\,\mathrm{d}t \tag{5.1-12}$$

$$f(t)=L^{-1}[F(s)]=\frac{1}{2\pi\,\mathrm{j}}\int_{\sigma-\mathrm{j}\infty}^{\sigma+\mathrm{j}\infty}F_{\mathrm{b}}(s)\mathrm{e}^{st}\,\mathrm{d}s,\quad t>0 \tag{5.1-13}$$

式（5.1-12）中，积分下限取0_-，是考虑到信号$f(t)$中可能包含冲激信号及其各阶导数，如果信号$f(t)$在$t=0$时刻没有冲激信号及其各阶导数，式（5.1-12）中的积分下限可以取为0。两式中$F(s)$也称为信号$f(t)$的象函数，$f(t)$也称为$F(s)$的原函数。这一对单边拉氏变换对也可简记为

$$f(t)\leftrightarrow F(s) \tag{5.1-14}$$

对于单边拉氏变换来说，由于其收敛条件比较简单，因此，在进行单边拉氏变换时，可以不标注其收敛域。

需要说明的是，在工程技术中实际遇到的有始信号，都是指数阶信号（满足$\lim\limits_{t\to\infty}|f(t)|\mathrm{e}^{-\sigma t}=0(\sigma>\sigma_0)$的信号称为指数阶信号），因此只要$\sigma$取得足够大，总是能满足的，也就是说实际中存在的有始信号，其单边拉普拉斯变换一定存在。当然，也有某些函数随时间的增长较指数函数快，如$\mathrm{e}^{t^2}\,\varepsilon(t)$等信号为非指数阶信号，单边拉普拉斯变换不存在。

5.1.4 常用信号的单边拉普拉斯变换

5-3 常用拉氏变换对

下面根据单边拉氏变换的定义来推导几个常用信号的单边拉氏变换。

（1）单位冲激函数$\delta(t)$和冲激偶$\delta'(t)$

$$L[\delta(t)]=\int_{0_-}^{\infty}\delta(t)\mathrm{e}^{-st}\,\mathrm{d}t=1\text{，}\quad \mathrm{Re}[s]>-\infty \tag{5.1-15}$$

$$L[\delta'(t)]=\int_{0_-}^{\infty}\delta'(t)\mathrm{e}^{-st}\,\mathrm{d}t=-(\mathrm{e}^{-st})'\big|_{t=0}=s\text{，}\quad \mathrm{Re}[s]>-\infty \tag{5.1-16}$$

（2）阶跃函数$\varepsilon(t)$

$$\begin{aligned}L[\varepsilon(t)]&=\int_{0_-}^{\infty}\varepsilon(t)\mathrm{e}^{-st}\,\mathrm{d}t=\int_{0}^{\infty}\mathrm{e}^{-st}\,\mathrm{d}t\\&=-\frac{\mathrm{e}^{-st}}{s}\bigg|_0^{\infty}=\frac{1}{s},\quad \mathrm{Re}[s]>0\end{aligned} \tag{5.1-17}$$

（3）复指数函数e^{s_0t}（s_0为复常数）

$$L[\mathrm{e}^{s_0t}]=\int_{0}^{\infty}\mathrm{e}^{s_0t}\,\mathrm{e}^{-st}\,\mathrm{d}t=-\frac{\mathrm{e}^{-(s-s_0)t}}{s-s_0}\bigg|_0^{\infty}=\frac{1}{s-s_0}\text{，}\quad \mathrm{Re}[s]=\sigma>\mathrm{Re}[s_0]=\sigma_0 \tag{5.1-18}$$

从收敛域可以得到，收敛边界为象函数极点的实部。

（4）矩形脉冲信号$f(t)=g_\tau\left(t-\dfrac{\tau}{2}\right)=\begin{cases}1, & 0<t<\tau\\0, & \text{其他}\end{cases}$

很显然，矩形脉冲信号是一个时间有限的信号，无论σ取什么值，均满足绝对可积条件，也就是说，其收敛域为$\mathrm{Re}[s]>-\infty$。因此

$$L[f(t)]=\int_{0_-}^{\infty}f(t)\mathrm{e}^{-st}\mathrm{d}t=\int_{0}^{\tau}\mathrm{e}^{-st}\,\mathrm{d}t=\frac{1-\mathrm{e}^{-s\tau}}{s}\text{，}\quad \mathrm{Re}[s]>-\infty \tag{5.1-19}$$

（5）信号$t^n\varepsilon(t)$

$$L[t^n\varepsilon(t)]=\int_{0}^{\infty}t^n\,\mathrm{e}^{-st}\,\mathrm{d}t$$

对上式进行分部积分，令$u=t^n$，$\mathrm{d}v=\mathrm{e}^{-st}\,\mathrm{d}t$，得

$$\int_{0}^{\infty}t^n\,\mathrm{e}^{-st}\,\mathrm{d}t=-\frac{t^n}{s}\mathrm{e}^{-st}\Big|_0^{\infty}+\frac{n}{s}\int_{0}^{\infty}t^{n-1}\,\mathrm{e}^{-st}\,\mathrm{d}t=\frac{n}{s}\int_{0}^{\infty}t^{n-1}\,\mathrm{e}^{-st}\,\mathrm{d}t$$

所以

$$L[t^n\varepsilon(t)]=\frac{n}{s}L[t^{n-1}\varepsilon(t)]$$

当$n=1$

$$L[t\varepsilon(t)]=\frac{1}{s}L[\varepsilon(t)]=\frac{1}{s^2}$$

当$n=2$

$$L[t^2\varepsilon(t)]=\frac{2}{s^3}$$

以此类推可得

$$L[t^n\varepsilon(t)]=\frac{n}{s}\cdot\frac{n-1}{s}\cdot\frac{n-2}{s}\cdots\frac{2}{s}\cdot\frac{1}{s}\cdot\frac{1}{s}=\frac{n!}{s^{n+1}} \tag{5.1-20}$$

（6）周期为T的周期信号$f_T(t)$

$$\begin{aligned}L[f_T(t)]&=\int_{0}^{\infty}f_T(t)\mathrm{e}^{-st}\,\mathrm{d}t=\int_{0}^{T}f_T(t)\mathrm{e}^{-st}\,\mathrm{d}t+\int_{T}^{2T}f_T(t)\mathrm{e}^{-st}\,\mathrm{d}t+\cdots\\&=\sum_{n=0}^{\infty}\int_{nT}^{(n+1)T}f_T(t)\mathrm{e}^{-st}\,\mathrm{d}t\end{aligned} \tag{5.1-21}$$

令上式中的$t=t'+nT$，于是有$\mathrm{d}t=\mathrm{d}t'$，当$t=nT$时，$t'=0$，当$t=(n+1)T$时，$t'=T$，则式（5.1-21）可以写成

$$L[f_T(t)]=\sum_{n=0}^{\infty}\mathrm{e}^{-snT}\int_0^T f_T(t')\mathrm{e}^{-st'}\,\mathrm{d}t'$$
$$=\sum_{n=0}^{\infty}\mathrm{e}^{-snT}\int_0^T f_T(t)\mathrm{e}^{-st}\,\mathrm{d}t \qquad （令 t'=t）$$

其中，$\sum_{n=0}^{\infty}\mathrm{e}^{-snT}$ 是公比为 e^{-sT} 的等比数列求和。要使周期信号的拉氏变换存在，要求 $\left|\mathrm{e}^{-sT}\right|<1$，即 $\mathrm{Re}[s]>0$，则有

$$L[f_T(t)]=\frac{1}{1-\mathrm{e}^{-sT}}\int_0^T f_T(t)\mathrm{e}^{-st}\,\mathrm{d}t\,,\quad \mathrm{Re}[s]>0 \tag{5.1-22}$$

式（5.1-22）中，积分 $\int_0^T f_T(t)\mathrm{e}^{-st}\,\mathrm{d}t$ 是周期信号的第一个脉冲信号的单边拉氏变换。

当 $f_T(t)=\delta_T(t)$ 时，

$$L[\delta_T(t)]=\frac{1}{1-\mathrm{e}^{-sT}} \tag{5.1-23}$$

表 5-1 列出了常用信号的单边拉氏变换对。

表 5-1　常用信号的单边拉氏变换对

编号	时域函数 $f(t)$（$t\geqslant 0$）	象函数 $F(s)$
1	$\delta(t)$	1
2	$\varepsilon(t)$	$\frac{1}{s}$
3	e^{-s_0t}（s_0 为复常数）	$\frac{1}{s+s_0}$
4	$g_\tau\left(t-\frac{\tau}{2}\right)$	$\frac{1-\mathrm{e}^{-s\tau}}{s}$
5	$t^n\varepsilon(t)$	$\frac{n!}{s^{n+1}}$
6	$\sum_{n=0}^{\infty}\delta(t-nT)$	$\frac{1}{1-\mathrm{e}^{-sT}}$
7	$\sum_{n=0}^{\infty}f_0(t-nT)$	$\frac{F_0(s)}{1-\mathrm{e}^{-sT}}$

5.1.5　单边拉普拉斯变换与傅里叶变换的关系

5-4 两种变换的关系

单边拉普拉斯变换与傅里叶变换的定义分别为

$$F(s)=\int_0^{\infty}f(t)\mathrm{e}^{-st}\,\mathrm{d}t\,,\quad \mathrm{Re}[s]>\sigma_0 \tag{5.1-24}$$

$$F(\mathrm{j}\omega)=\int_{-\infty}^{\infty}f(t)\mathrm{e}^{-\mathrm{j}\omega t}\,\mathrm{d}t \tag{5.1-25}$$

如果要从已知的单边拉氏变换求傅里叶变换，首先应判明信号为因果信号，即当 $t<0$ 时 $f(t)=0$，然后根据收敛边界分以下三种情况。

1. $\sigma_0>0$（收敛边界位于 s 平面虚轴的右边）

这种情况如图 5.2（a），$f(t)$ 的象函数 $F(s)$ 在虚轴上不收敛，因此信号 $f(t)$ 的傅里叶变换不存在。所以，不能盲目地由拉氏变换求其傅里叶变换。例如，信号 $f(t)=\mathrm{e}^{\alpha t}(\alpha>0)$，其收敛域为 $\mathrm{Re}[s]>\alpha$，傅里叶变换不存在。

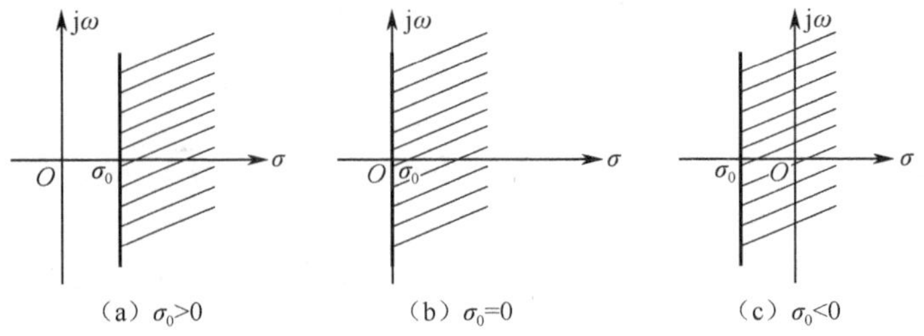

图 5.2　单边拉氏变换收敛域的三种情况

2．$\sigma_0=0$（收敛边界位于 s 平面虚轴上）

这种情况如图 5.2（b），信号具有拉氏变换，而其傅里叶变换也存在，但不能简单地将拉氏变换中的 s 代以 $\mathrm{j}\omega$ 来求傅里叶变换。令式（5.1-24）中的 $s=\sigma+\mathrm{j}\omega$，再对 $F(\sigma+\mathrm{j}\omega)$ 中的 σ 趋近于 0 求极限，就得到相应的傅里叶变换。所以，若收敛边界 $\sigma_0=0$，则因果信号 $f(t)$ 的傅里叶变换为

$$F(\mathrm{j}\omega)=\lim_{\sigma\to 0}F(\sigma+\mathrm{j}\omega) \tag{5.1-26}$$

例如，信号 $f(t)=\varepsilon(t)$，其拉氏变换为

$$F(s)=\frac{1}{s},\quad \mathrm{Re}[s]>0$$

其傅里叶变换为

$$\begin{aligned}F(\mathrm{j}\omega)&=\lim_{\sigma\to 0}F(\sigma+\mathrm{j}\omega)=\lim_{\sigma\to 0}\frac{1}{\sigma+\mathrm{j}\omega}\\&=\lim_{\sigma\to 0}\frac{\sigma}{\sigma^2+\omega^2}+\lim_{\sigma\to 0}\frac{-\mathrm{j}\omega}{\sigma^2+\omega^2}\\&=\pi\delta(\omega)+\frac{1}{\mathrm{j}\omega}\end{aligned}$$

3．$\sigma_0<0$（收敛边界位于 s 平面虚轴的左边）

这种情况如图 5.2（c），$f(t)$ 的象函数 $F(s)$ 在虚轴上收敛，因此信号 $f(t)$ 的傅里叶变换存在，并且令式（5.1-24）中的 $s=\mathrm{j}\omega$，就得到相应的傅里叶变换。所以，若收敛边界 $\sigma_0<0$，则因果信号 $f(t)$ 的傅里叶变换为

$$F(\mathrm{j}\omega)=F(s)\big|_{s=\mathrm{j}\omega} \tag{5.1-27}$$

例如信号 $f(t)=\mathrm{e}^{-\alpha t}\varepsilon(t)(\alpha>0)$，其拉氏变换为

$$F(s)=\frac{1}{s+\alpha},\quad \mathrm{Re}[s]>-\alpha$$

其傅里叶变换为

$$F(\mathrm{j}\omega)=F(s)\big|_{s=\mathrm{j}\omega}=\frac{1}{\mathrm{j}\omega+\alpha}$$

【例 5-5】 以下为 4 个因果信号的拉普拉斯变换，其中哪个信号不存在傅里叶变换？（　　）

A. $\frac{1}{s}$　　B. 1　　C. $\frac{1}{s+2}$　　D. $\frac{1}{s-2}$

【解】 根据上面的分析可知，当单边拉氏变换即象函数的收敛边界 $\sigma_0>0$ 或收敛域不包含虚轴时，其傅里叶变换不存在。A 选项象函数的收敛域为 $\sigma>0$，B 选项象函数收敛域为整个复平面 $\sigma>-\infty$，C 选项象函数的收敛域为 $\sigma>-2$，D 选项象函数的收敛域为 $\sigma>2$，故正确答案为 D。

【例 5-6】 根据收敛边界 σ_0 的值，下列哪种条件下，信号 $f(t)$ 的傅里叶变换存在，且

$F(\mathrm{j}\omega)=F(s)\big|_{s=\mathrm{j}\omega}$？（　　）

A．$\sigma_0=0$　　B．$\sigma_0>0$　　C．$\sigma_0<0$　　D．σ_0为任意值

【解】 根据上面的分析可知，当单边拉氏变换即象函数的收敛边界$\sigma_0<0$时，信号的傅里叶变换与象函数之间的关系为$F(\mathrm{j}\omega)=F(s)\big|_{s=\mathrm{j}\omega}$，故正确答案为C。

5.2　拉普拉斯变换的性质

本节研究拉普拉斯变换的性质，它是拉氏变换中一个很重要的部分，这些性质反映了信号的时域特性与s域特性的关系，同时利用这些性质可以增强对拉氏变换的概念的理解。掌握拉氏变换的性质不仅可以求解一些复杂信号的拉普拉斯变换，并且有助于求解拉普拉斯逆变换。

1．线性性质

5-5 拉氏变换性质 1

设　$f_1(t)\leftrightarrow F_1(s)$，$\mathrm{Re}[s]>\sigma_1$；$f_2(t)\leftrightarrow F_2(s)$，$\mathrm{Re}[s]>\sigma_2$

a，b为任意常数，则

$$af_1(t)+bf_2(t)\leftrightarrow aF_1(s)+bF_2(s) \tag{5.2-1}$$

收敛域至少是两个象函数收敛域的公共部分。此性质由拉氏变换的定义式极易证明。

线性性质表明，如果一个信号等于若干基本信号的线性组合，则该信号的拉氏变换等于这些基本信号的拉氏变换的线性组合。

【例 5-7】 求信号$f(t)=2\delta(t)+3\mathrm{e}^{-2t}$的单边拉氏变换。

【解】 由于

$$\delta(t)\leftrightarrow 1,\quad \mathrm{Re}[s]>-\infty$$

$$\mathrm{e}^{-2t}\leftrightarrow\frac{1}{s+2},\quad \mathrm{Re}[s]>-2$$

根据线性性质可得

$$f(t)=2\delta(t)+3\mathrm{e}^{-2t}\leftrightarrow 2+\frac{3}{s+2},\quad \mathrm{Re}[s]>-2$$

【例 5-8】 求单边余弦信号$\cos\omega_0 t\varepsilon(t)$和单边正弦信号的$\sin\omega_0 t\varepsilon(t)$的拉氏变换。

【解】 由于

$$\cos\omega_0 t=\frac{1}{2}(\mathrm{e}^{\mathrm{j}\omega_0 t}+\mathrm{e}^{-\mathrm{j}\omega_0 t})$$

$$\sin\omega_0 t=\frac{1}{2\mathrm{j}}(\mathrm{e}^{\mathrm{j}\omega_0 t}-\mathrm{e}^{-\mathrm{j}\omega_0 t})$$

根据线性性质可得，

$$\cos\omega_0 t\leftrightarrow\frac{1}{2}\left[\frac{1}{s-\mathrm{j}\omega_0}+\frac{1}{s+\mathrm{j}\omega_0}\right]=\frac{s}{s^2+\omega_0^2},\quad \mathrm{Re}[s]>0$$

$$\sin\omega_0 t\leftrightarrow\frac{1}{2\mathrm{j}}\left[\frac{1}{s-\mathrm{j}\omega_0}-\frac{1}{s+\mathrm{j}\omega_0}\right]=\frac{\omega_0}{s^2+\omega_0^2},\quad \mathrm{Re}[s]>0$$

2．尺度变换性质

若$f(t)\leftrightarrow F(s)$，$\mathrm{Re}[s]>\sigma_0$，且有正实常数a，则

$$f(at)\leftrightarrow\frac{1}{a}F\left(\frac{s}{a}\right),\quad \mathrm{Re}[s]>a\sigma_0 \tag{5.2-2}$$

尺度变换性质必须满足 $a>0$。如果 $a<0$，信号 $f(t)$ 变换到 $f(at)$ 还有反转关系，因而 $f(at)$ 反转到 $t<0$ 的部分单边拉普拉斯变换将为零，使信息丢失。

证明：
$$L[f(at)]=\int_0^{\infty} f(at)\mathrm{e}^{-st}\,\mathrm{d}t$$

令 $\tau=at$，则 $t=\dfrac{1}{a}\tau$，上式变成

$$L[f(at)]=\int_0^{\infty} f(\tau)\mathrm{e}^{-\left(\frac{s}{a}\right)\tau}\,\mathrm{d}\left(\frac{\tau}{a}\right)=\frac{1}{a}\int_0^{\infty} f(\tau)\mathrm{e}^{-\left(\frac{s}{a}\right)\tau}\,\mathrm{d}\tau=\frac{1}{a}F\left(\frac{s}{a}\right)$$

因为 $F(s)$ 的收敛域为 $\mathrm{Re}[s]>\sigma_0$，则 $F\left(\dfrac{s}{a}\right)$ 的收敛域为 $\mathrm{Re}\left[\dfrac{s}{a}\right]>\sigma_0$，即 $\mathrm{Re}[s]>a\sigma_0$。

尺度变换性质表明，信号在时域中的压缩和扩展对应于复频域的扩展和压缩。

【例 5-9】 已知因果信号 $f(t)$ 的拉氏变换为 $F(s)$，求信号 $4f\left(\dfrac{1}{2}t\right)$ 的拉氏变换。

【解】 根据尺度变换性质和线性性质，有

$$4f\left(\frac{1}{2}t\right)\leftrightarrow 4\times 2F(2s)=8F(2s)$$

3．时移特性

若 $f(t)\varepsilon(t)\leftrightarrow F(s)$，$\mathrm{Re}[s]>\sigma_0$，且有正实常数 t_0，有

$$f(t-t_0)\varepsilon(t-t_0)\leftrightarrow \mathrm{e}^{-st_0}F(s),\quad \mathrm{Re}[s]>\sigma_0 \tag{5.2-3}$$

证明：
$$L[f(t-t_0)\varepsilon(t-t_0)]=\int_{0_-}^{\infty} f(t-t_0)\varepsilon(t-t_0)\mathrm{e}^{-st}\,\mathrm{d}t=\int_{t_0}^{\infty} f(t-t_0)\mathrm{e}^{-st}\,\mathrm{d}t$$

令 $x=t-t_0$，则 $t=x+t_0$，上式可写为

$$L[f(t-t_0)\varepsilon(t-t_0)]=\int_{t_0}^{\infty} f(x)\mathrm{e}^{-sx}\mathrm{e}^{-st_0}\,\mathrm{d}x=\mathrm{e}^{-st_0}\int_{t_0}^{\infty} f(x)\mathrm{e}^{-sx}\,\mathrm{d}x=\mathrm{e}^{-st_0}F(s)$$

由上式可见，只要 $F(s)$ 存在，则 $\mathrm{e}^{-st_0}F(s)$ 也存在，故二者收敛域相同。

时移特性表明，若信号延迟 t_0，则其拉氏变换乘以 e^{-st_0}。需要强调的是，因果信号 $f(t)\varepsilon(t)$ 延时 t_0 后得到的信号 $f(t-t_0)\varepsilon(t-t_0)$ 可应用该性质，但 $f(t-t_0)\varepsilon(t)$ 和 $f(t)\varepsilon(t-t_0)$ 不能直接应用该性质。

若信号 $f(t)\varepsilon(t)$ 既延时又有尺度变换，则有：若

$$f(t)\varepsilon(t)\leftrightarrow F(s),\quad \mathrm{Re}[s]>\sigma_0$$

且有实常数 $a>0$，$b\geqslant 0$，则

$$f(at-b)\varepsilon(at-b)\leftrightarrow \frac{1}{a}\mathrm{e}^{-\frac{b}{a}s}F\left(\frac{s}{a}\right),\quad \mathrm{Re}[s]>a\sigma_0 \tag{5.2-4}$$

【例 5-10】 求信号 $f(t)=\mathrm{e}^{-(t-2)}\varepsilon(t-1)$ 的拉氏变换。

【解】 首先把 $\mathrm{e}^{-(t-2)}$ 变为 $(t-1)$ 的形式，然后利用时移特性计算。

$$f(t)=\mathrm{e}^{-(t-2)}\varepsilon(t-1)=\mathrm{e}\cdot\mathrm{e}^{-(t-1)}\varepsilon(t-1)$$

由于
$$\mathrm{e}^{-t}\varepsilon(t)\leftrightarrow\frac{1}{s+1}$$

再根据时移特性和线性性质，有

$$f(t)\leftrightarrow \mathrm{e}\cdot\mathrm{e}^{-s}\frac{1}{s+1}=\frac{\mathrm{e}^{1-s}}{s+1}$$

【例 5-11】 求图 5.3 所示信号的单边拉氏变换。

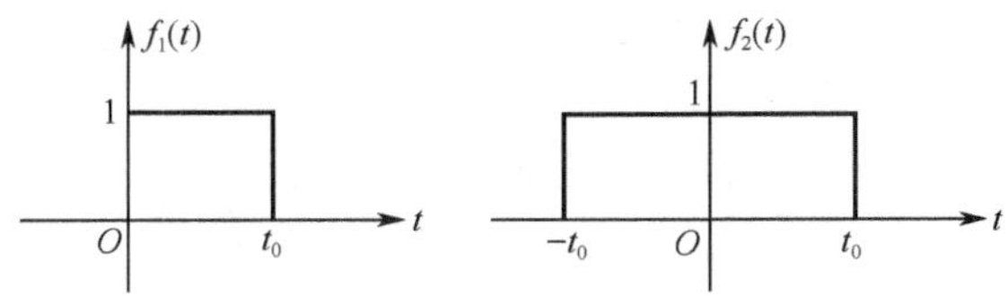

图 5.3　例 5-11 图

【解】 单边拉氏变换研究的是 $t \geqslant 0$ 时的情况，因此信号 $f_1(t)$ 和信号 $f_2(t)$ 的单边拉氏变换相同。由于

$$f_1(t) = \varepsilon(t) - \varepsilon(t - t_0)$$

根据线性性质和时移特性，有

$$F_1(s) = F_2(s) = \frac{1}{s} - \mathrm{e}^{-st_0}\frac{1}{s} = (1 - \mathrm{e}^{-st_0})\frac{1}{s}$$

【例 5-12】 求信号 $f(t) = (t+1)\varepsilon(t+1)$ 的拉氏变换。

【解】 $f(t)$ 是 $t \geqslant -1$ 的信号，而单边拉氏变换研究的是 $t \geqslant 0$ 时的情况，因此 $(t+1)\varepsilon(t+1)$ 的拉氏变换和 $(t+1)\varepsilon(t)$ 的拉氏变换相同。

由于

$$t\varepsilon(t) \leftrightarrow \frac{1}{s^2} \qquad \varepsilon(t) \leftrightarrow \frac{1}{s}$$

根据线性性质有

$$(t+1)\varepsilon(t+1) \leftrightarrow \frac{1}{s^2} + \frac{1}{s}$$

注意该例题不能应用时移性质。

5-6 拉氏变换性质 2

4．复频移（s 域平移）特性

若 $f(t) \leftrightarrow F(s)$， $\mathrm{Re}[s] > \sigma_0$，且有复常数 $s_a = \sigma_a + \mathrm{j}\omega_a$，则

$$f(t)\mathrm{e}^{s_a t} \leftrightarrow F(s - s_a), \quad \mathrm{Re}[s] > \sigma_a + \sigma_0 \tag{5.2-5}$$

证明：
$$L[f(t)\mathrm{e}^{s_a t}] = \int_0^\infty f(t)\mathrm{e}^{s_a t}\,\mathrm{e}^{-st}\,\mathrm{d}t = \int_0^\infty f(t)\mathrm{e}^{-(s-s_a)t}\,\mathrm{d}t = F(s - s_a)$$

由上式可见，若 $F(s)$ 的收敛域为 $\mathrm{Re}[s] > \sigma_0$，则 $F(s - s_a)$ 的收敛域为 $\mathrm{Re}[s - s_a] > \sigma_0$，即 $\mathrm{Re}[s] > \sigma_0 + \sigma_a$。

复频移特性表明，信号在时域乘以复指数因子 $\mathrm{e}^{s_a t}$，相应于象函数在复频域中平移 s_a。

【例 5-13】 求信号 $\mathrm{e}^{-at}\cos(\beta t)\varepsilon(t)$ 和 $\mathrm{e}^{-at}\sin(\beta t)\varepsilon(t)$ 的拉氏变换。

【解】 由于

$$\cos(\beta t)\varepsilon(t) \leftrightarrow \frac{s}{s^2 + \beta^2}$$

根据复频移特性，有

$$\mathrm{e}^{-at}\cos(\beta t)\varepsilon(t) \leftrightarrow \frac{s+a}{(s+a)^2 + \beta^2}, \quad \mathrm{Re}[s] > -a$$

同理，由于

$$\sin(\beta t)\varepsilon(t) \leftrightarrow \frac{\beta}{s^2 + \beta^2}$$

有

$$\mathrm{e}^{-at}\sin(\beta t)\varepsilon(t) \leftrightarrow \frac{\beta}{(s+a)^2 + \beta^2}, \quad \mathrm{Re}[s] > -a$$

【例 5-14】 已知因果信号 $f(t)$ 的象函数为 $F(s)$，求信号 $\mathrm{e}^{-3t}f(2t-1)$ 的象函数。

【解】 由于

$$f(t) \leftrightarrow F(s)$$

由时移特性有

$$f(t-1) \leftrightarrow F(s)\mathrm{e}^{-s}$$

由尺度变换性质有

$$f(2t-1) \leftrightarrow \frac{1}{2}F\left(\frac{s}{2}\right)\mathrm{e}^{-\frac{s}{2}}$$

再根据复频移特性可得

$$\mathrm{e}^{-3t}f(2t-1) \leftrightarrow \frac{1}{2}F\left(\frac{s+3}{2}\right)\mathrm{e}^{-\frac{s+3}{2}}$$

5-7 拉氏变换性质 3

5. 时域的微分特性

若 $f(t) \leftrightarrow F(s)$， $\mathrm{Re}[s] > \sigma_0$，则

$$f^{(n)}(t) \leftrightarrow s^n F(s) - s^{n-1}f(0_-) - s^{n-2}f^{(1)}(0_-) - \cdots - f^{(n-1)}(0_-) \tag{5.2-6}$$

收敛域至少为 $\mathrm{Re}[s] > \sigma_0$。

当 $n=1$ 时，

$$f^{(1)}(t) = \frac{\mathrm{d}f(t)}{\mathrm{d}t} \leftrightarrow sF(s) - f(0_-) \tag{5.2-7}$$

当 $n=2$ 时，

$$f^{(2)}(t) \leftrightarrow s^2F(s) - sf(0_-) - f'(0_-) \tag{5.2-8}$$

证明：根据定义有

$$L[f^{(1)}(t)] = \int_{0_-}^{\infty}\frac{\mathrm{d}f(t)}{\mathrm{d}t}\mathrm{e}^{-st}\,\mathrm{d}t$$

令 $u=\mathrm{e}^{-st}$， $v=f(t)$，则 $\mathrm{d}u=-s\mathrm{e}^{-st}\,\mathrm{d}t$， $\mathrm{d}v=\mathrm{d}f(t)$，对上式应用分部积分法，

$$L[f^{(1)}(t)] = \int_{0_-}^{\infty}\frac{\mathrm{d}f(t)}{\mathrm{d}t}\mathrm{e}^{-st}\,\mathrm{d}t = \int_{0_-}^{\infty}\mathrm{e}^{-st}\,\mathrm{d}f(t)$$

$$= \mathrm{e}^{-st}f(t)\Big|_{0_-}^{\infty} + s\int_{0_-}^{\infty}f(t)\mathrm{e}^{-st}\,\mathrm{d}t = \lim_{t\to\infty}\mathrm{e}^{-st}f(t) - f(0_-) + sF(s)$$

因为 $f(t)$ 是指数阶信号，当 $t\to\infty$ 时， $\mathrm{e}^{-st}f(t)\to 0$，故得

$$L[f^{(1)}(t)] = -f(0_-) + sF(s) = sF(s) - f(0_-)$$

引用上式的结果，有

$$L[f^{(2)}(t)] = s\left\{L\left[\frac{\mathrm{d}f(t)}{\mathrm{d}t}\right]\right\} - \frac{\mathrm{d}f(t)}{\mathrm{d}t}\Big|_{t=0_-} = s^2F(s) - sf(0_-) - f'(0_-)$$

不断重复上述过程，即可得 n 阶导数的拉普拉斯变换式（5.2-6），收敛域至少为 $\mathrm{Re}[s] > \sigma_0$。

若信号 $f(t)$ 为因果信号，即 $f(t)$ 及其各阶导数在 $t=0_-$ 时的值均为零，式（5.2-6）可简化为

$$f^{(n)}(t) \leftrightarrow s^n F(s) \tag{5.2-9}$$

式（5.2-9）表明，信号 $f(t)$ 为因果信号时，时域中微分一次相应于复频域中乘以复频率 s。

时域微分特性在系统分析中十分有用，它可将时域的微分运算转化为复频域的代数运算。

【例 5-15】 信号 $f(t)$ 的波形如图 5.4（a）所示，应用时域微分特性求其拉普拉斯变换。

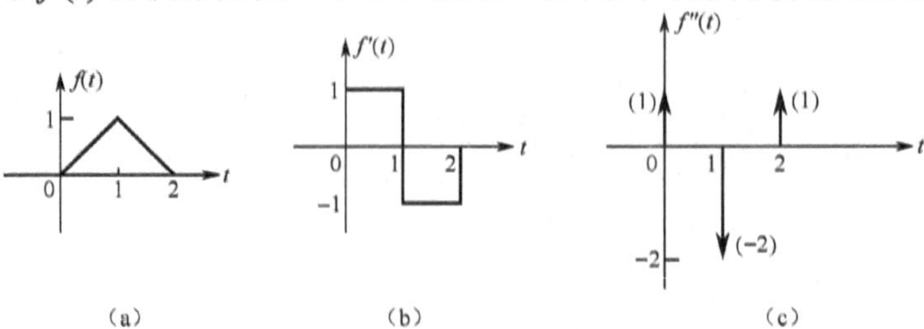

图 5.4 例 5-15 图

【解】 对信号 $f(t)$ 求一、二阶导数，得到 $f'(t)$ 和 $f''(t)$ 的波形如图 5.4（b）和 5.4（c）所示，由图 5.4（c）可得

$$f''(t)=\delta(t)-2\delta(t-1)+\delta(t-2)$$

因为信号 $f(t)$ 是因果信号，即 $f(0_-)=0$，$f'(0_-)=0$，设 $f(t)$ 的象函数为 $F(s)$，同时对上式两端取拉氏变换，并应用时域微分特性可得

$$s^2F(s)=1-2\mathrm{e}^{-s}+\mathrm{e}^{-2s}=(1-\mathrm{e}^{-s})^2$$

由此可得

$$F(s)=\frac{(1-\mathrm{e}^{-s})^2}{s^2}$$

6．时域的积分特性

若 $f(t)\leftrightarrow F(s)$，$\mathrm{Re}[s]>\sigma_0$，则

$$\int_{-\infty}^{t}f(x)\,\mathrm{d}x\leftrightarrow\frac{F(s)}{s}+\frac{f^{(-1)}(0_-)}{s} \tag{5.2-10}$$

收敛域至少是 $\mathrm{Re}[s]>\sigma_0$ 和 $\mathrm{Re}[s]>0$ 的公共部分。式中 $f^{(-1)}(0_-)=\int_{-\infty}^{0_-}f(x)\,\mathrm{d}x$。

证明：$$\int_{-\infty}^{t}f(x)\,\mathrm{d}x=\int_{-\infty}^{0_-}f(x)\,\mathrm{d}x+\int_{0_-}^{t}f(x)\,\mathrm{d}x=f^{(-1)}(0_-)+\int_{0_-}^{t}f(x)\,\mathrm{d}x$$

上式右端第一项 $f^{(-1)}(0_-)$ 为常数，所以

$$L[f^{(-1)}(0_-)]=\frac{f^{(-1)}(0_-)}{s}$$

第二项可应用分部积分求得

$$\begin{aligned}L\left[\int_{0_-}^{t}f(x)\,\mathrm{d}x\right]&=\int_{0_-}^{\infty}\left[\int_{0_-}^{t}f(x)\,\mathrm{d}x\right]\mathrm{e}^{-st}\,\mathrm{d}t\\&=\left[\frac{-\mathrm{e}^{-st}}{s}\int_{0_-}^{t}f(x)\,\mathrm{d}x\right]\Bigg|_{0_-}^{\infty}+\frac{1}{s}\int_{0_-}^{\infty}f(t)\mathrm{e}^{-st}\,\mathrm{d}t\end{aligned}$$

若信号 $f(t)$ 是指数阶的，则其积分也为指数阶，故上式中右边第一项为零，因此

$$L\left[\int_{0_-}^{t}f(x)\,\mathrm{d}x\right]=\frac{F(s)}{s}$$

所以 $$L\left[\int_{-\infty}^{t}f(x)\,\mathrm{d}x\right]=\frac{F(s)}{s}+\frac{f^{(-1)}(0_-)}{s}$$

反复利用上式，可得 $f(x)$ 从 $-\infty\sim t$ 的 n 重积分的拉氏变换为

$$L[f^{(-n)}(t)]=\frac{1}{s^n}F(s)+\frac{1}{s^n}f^{(-1)}(0_-)+\frac{1}{s^{n-1}}f^{(-2)}(0_-)+\cdots+\frac{1}{s}f^{(-n)}(0_-) \tag{5.2-11}$$

若积分下限为零，以 $\left[\int_{0_-}^{t}\right]^n$ 表示 n 重积分，则有

$$\left[\int_{0_-}^{t}\right]^n f(x)\,\mathrm{d}x\leftrightarrow\frac{F(s)}{s^n} \tag{5.2-12}$$

式（5.2-12）表明，当积分下限为零时，时域中积分一次，相应于复频域中乘以 $1/s$。

【例 5-16】 信号 $f(t)$ 的波形如图 5.5（a）所示，应用时域积分特性求其拉普拉斯变换。

【解】 对信号 $f(t)$ 求一阶导数，得到 $f'(t)$ 的波形如图 5.5（b）所示，由图 5.5（b）可得

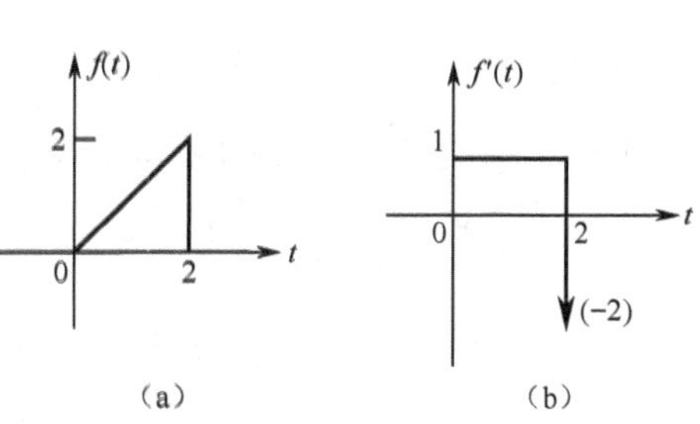

图 5.5　例 5-16 图

$$f'(t)=\varepsilon(t)-\varepsilon(t-2)-2\delta(t-2)$$

应用时移性质和线性性质可得

$$f'(t)\leftrightarrow F_1(s)=\frac{1}{s}(1-\mathrm{e}^{-2s})-2\mathrm{e}^{-2s}$$

又因为信号 $f(t)$ 是因果信号，即 $f(0_-)=0$ ，因此

$$f(t)=\int_{0_-}^{t}f'(x)\mathrm{d}x$$

再应用时域积分特性可得

$$F(s)=\frac{F_1(s)}{s}=\frac{1}{s^2}(1-\mathrm{e}^{-2s})-\frac{2}{s}\mathrm{e}^{-2s}$$

【例 5-17】 求图 5.6 所示周期信号 $f(t)$ 的单边拉普拉斯变换 $F(s)$ 。

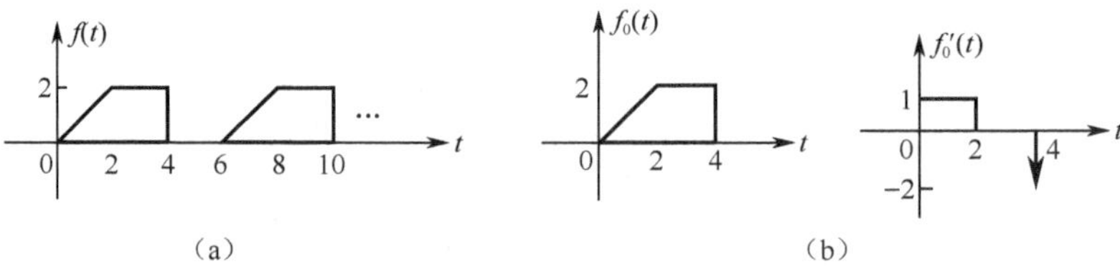

图 5.6　例 5-17 图

【解】 由式（5.1-22）可知，周期信号 $f_T(t)$ 的象函数

$$F(s)=\frac{1}{1-\mathrm{e}^{-sT}}\int_0^T f_T(t)\mathrm{e}^{-st}\,\mathrm{d}t=\frac{1}{1-\mathrm{e}^{-sT}}F_0(s)$$

其中，积分 $\int_0^T f_T(t)\mathrm{e}^{-st}\,\mathrm{d}t$ 是周期信号的第一个脉冲信号 $f_0(t)$ 的单边拉氏变换 $F_0(s)$ 。

根据周期信号 $f(t)$ 的波形可知，第一个脉冲信号 $f_0(t)$ 及其一阶导数如图 5.6（b）所示，所以

$$f_0'(t)=[\varepsilon(t)-\varepsilon(t-2)]-2\delta(t-4)$$

应用时移性质和线性性质可得

$$f_0'(t)\leftrightarrow F_1(s)=\frac{1}{s}(1-\mathrm{e}^{-2s})-2\mathrm{e}^{-4s}=\frac{1-\mathrm{e}^{-2s}-2s\,\mathrm{e}^{-4s}}{s}$$

又因为信号 $f_0(t)$ 是因果信号，即 $f_0(0_-)=0$ ，因此

$$f_0(t)=\int_{0_-}^{t}f_0'(x)\mathrm{d}x$$

再应用时域积分特性可得

$$f_0(t)\leftrightarrow F_0(s)=\frac{F_1(s)}{s}=\frac{1-\mathrm{e}^{-2s}-2s\,\mathrm{e}^{-4s}}{s^2}$$

又因为 $f(t)$ 是 $f_0(t)$ 的周期延拓信号，且 $T=6$ ，

所以

$$F(s)=\frac{F_0(s)}{1-\mathrm{e}^{-sT}}=\frac{1}{1-\mathrm{e}^{-6s}}\cdot\frac{1-\mathrm{e}^{-2s}-2s\,\mathrm{e}^{-4s}}{s^2}$$

7．卷积特性

类似于傅里叶变换中的卷积定理，在拉普拉斯变换中也有时域和复频域卷积定理，时域卷积定理在系统分析中更为重要。

（1）时域卷积特性

若 $f_1(t)\leftrightarrow F_1(s)$， $\mathrm{Re}[s]>\sigma_1$； $f_2(t)\leftrightarrow F_2(s)$， $\mathrm{Re}[s]>\sigma_2$， 则有

$$f_1(t)*f_2(t)\leftrightarrow F_1(s)F_2(s)\tag{5.2-13}$$

收敛域至少是 $\mathrm{Re}[s]>\sigma_1$ 和 $\mathrm{Re}[s]>\sigma_2$ 的公共部分。特性的证明与傅里叶变换中的卷积特性证

明相似，故从略。

时域卷积特性表明，时域中两个信号的卷积对应于复频域中两个象函数的乘积，即把时域中的卷积运算转换为复频域的相乘运算。该性质在系统的复频域分析和时域分析之间架起了一座桥梁。时域中零状态响应是激励与冲激响应的卷积，可以转到复频域应用拉普拉斯变换方法来求解零状态响应。

（2）复频域卷积特性

若 $f_1(t) \leftrightarrow F_1(s)$，$\mathrm{Re}[s] > \sigma_1$；$f_2(t) \leftrightarrow F_2(s)$，$\mathrm{Re}[s] > \sigma_2$，则有

$$f_1(t) f_2(t) \leftrightarrow \frac{1}{2\pi \mathrm{j}} F_1(s) * F_2(s) = \frac{1}{2\pi \mathrm{j}} \int_{\sigma-\mathrm{j}\infty}^{\sigma+\mathrm{j}\infty} F_1(\eta) F_2(s-\eta) \mathrm{d}\eta \tag{5.2-14}$$

收敛域至少是 $\mathrm{Re}[s] > \sigma_1$ 和 $\mathrm{Re}[s] > \sigma_2$ 的公共部分。由于式（5.2-14）右端的积分计算比较复杂，因此复频域卷积特性应用较少。

【例 5-18】 求图 5.7（a）所示三角脉冲的拉氏变换。

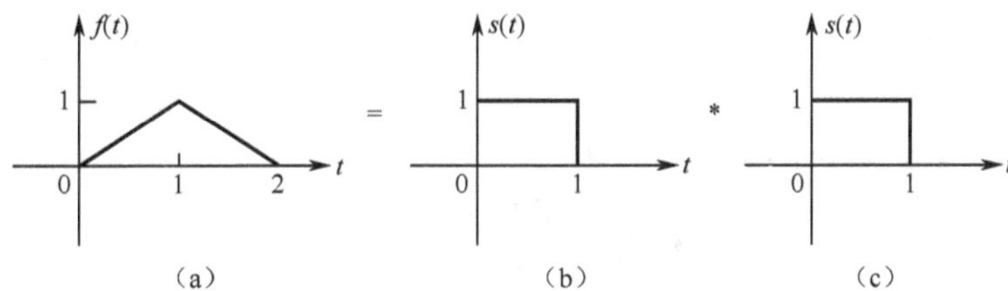

图 5.7　例 5-18 图

【解】 两个门宽相同的门函数卷积可得到三角脉冲，图 5.7（a）所示信号 $f(t)$ 可以表示成图 5.7（b）和 5.7（c）两个完全相同的门函数的卷积，即

$$f(t) = s(t) * s(t)$$

由于

$$s(t) = \varepsilon(t) - \varepsilon(t-1) \leftrightarrow \frac{1-\mathrm{e}^{-s}}{s}$$

应用时域卷积特性可得

$$f(t) \leftrightarrow \frac{1-\mathrm{e}^{-s}}{s} \cdot \frac{1-\mathrm{e}^{-s}}{s} = \frac{1-2\mathrm{e}^{-s}+\mathrm{e}^{-2s}}{s^2}$$

【例 5-19】 已知一因果信号 $f(t)$ 的象函数 $F(s) = \dfrac{1}{s(1-\mathrm{e}^{-2s})}$，求原信号 $f(t)$。

【解】 由于

$$F(s) = \frac{1}{s(1-\mathrm{e}^{-2s})} = \frac{1}{s} \cdot \frac{1}{1-\mathrm{e}^{-2s}}$$

又

$$\varepsilon(t) \leftrightarrow \frac{1}{s}，\quad \sum_{n=0}^{\infty} \delta(t-2n) \leftrightarrow \frac{1}{1-\mathrm{e}^{-2s}}$$

应用时域卷积特性可得

$$f(t) = \varepsilon(t) * \sum_{n=0}^{\infty} \delta(t-2n) = \sum_{n=0}^{\infty} \varepsilon(t-2n)$$

【例 5-20】 求信号 $f(t) = \int_0^t \tau h(t-\tau) \mathrm{d}\tau$ 的拉普拉斯变换 $F(s)$。

【解】 利用卷积积分的定义可知

$$f(t) = \int_0^t \tau h(t-\tau) \mathrm{d}\tau = \int_{-\infty}^{\infty} [\tau\varepsilon(\tau)] \cdot [h(t-\tau)\varepsilon(t-\tau)] \mathrm{d}\tau = t\varepsilon(t) * h(t)\varepsilon(t)$$

应用时域卷积特性可得

$$F(s)=\frac{1}{s^2}H(s)$$

其中 $H(s)$ 是 $h(t)\varepsilon(t)$ 的象函数。

【例 5-21】 已知某 LTI 连续系统的单位冲激响应 $h(t)=\mathrm{e}^{-t}\varepsilon(t)$，求输入激励为 $f(t)=\varepsilon(t)$ 时的零状态响应 $y_{zs}(t)$。

【解】 因为
$$y_{zs}(t)=f(t)*h(t)\leftrightarrow Y_{zs}(s)=F(s)H(s)$$

而
$$f(t)=\varepsilon(t)\leftrightarrow F(s)=\frac{1}{s},\quad h(t)=\mathrm{e}^{-t}\varepsilon(t)\leftrightarrow H(s)=\frac{1}{s+1}$$

所以
$$Y_{zs}(s)=F(s)H(s)=\frac{1}{s}\times\frac{1}{s+1}=\frac{1}{s}-\frac{1}{s+1}$$

拉普拉斯逆变换得
$$y_{zs}(t)=\varepsilon(t)-\mathrm{e}^{-t}\varepsilon(t)=(1-\mathrm{e}^{-t})\varepsilon(t)$$

5-8 拉氏变换性质 4

8. s 域的微分和积分

（1） s 域的微分特性

若 $f(t)\leftrightarrow F(s)$，$\mathrm{Re}[s]>\sigma_0$，则有

$$-tf(t)\leftrightarrow\frac{\mathrm{d}F(s)}{\mathrm{d}s},\quad \mathrm{Re}[s]>\sigma_0 \tag{5.2-15}$$

$$(-t)^n f(t)\leftrightarrow\frac{\mathrm{d}^n F(s)}{\mathrm{d}s^n},\quad \mathrm{Re}[s]>\sigma_0 \tag{5.2-16}$$

证明：由于
$$F(s)=\int_0^\infty f(t)\mathrm{e}^{-st}\,\mathrm{d}t$$

上式两端对 s 求导，并交换微积分次序，得
$$\frac{\mathrm{d}F(s)}{\mathrm{d}s}=\frac{\mathrm{d}}{\mathrm{d}s}\int_0^\infty f(t)\mathrm{e}^{-st}\,\mathrm{d}t=\int_0^\infty f(t)\frac{\mathrm{d}}{\mathrm{d}s}\mathrm{e}^{-st}\,\mathrm{d}t$$
$$=\int_0^\infty(-t)f(t)\mathrm{e}^{-st}\,\mathrm{d}t=L[(-t)f(t)],\quad \mathrm{Re}[s]>\sigma_0$$

重复应用上述结果可得式（5.2-16）。

s 域的微分特性表明，复频域中微分一次，相应于时域中乘以 $-t$。

（2） s 域的积分特性

若 $f(t)\leftrightarrow F(s)$，$\mathrm{Re}[s]>\sigma_0$，则有

$$\frac{f(t)}{t}\leftrightarrow\int_s^\infty F(\eta)\,\mathrm{d}\eta,\quad \mathrm{Re}[s]>\sigma_0 \tag{5.2-17}$$

证明：
$$\int_s^\infty F(\eta)\,\mathrm{d}\eta=\int_s^\infty\left[\int_0^\infty f(t)\mathrm{e}^{-\eta t}\,\mathrm{d}t\right]\mathrm{d}\eta=\int_0^\infty f(t)\left[\int_s^\infty \mathrm{e}^{-\eta t}\,\mathrm{d}\eta\right]\mathrm{d}t$$

由于
$$\int_s^\infty \mathrm{e}^{-\eta t}\,\mathrm{d}\eta=\frac{\mathrm{e}^{-st}}{t}$$

故可得
$$\int_s^\infty F(\eta)\,\mathrm{d}\eta=\int_0^\infty\frac{1}{t}f(t)\mathrm{e}^{-st}\,\mathrm{d}t=L\left[\frac{1}{t}f(t)\right],\quad \mathrm{Re}[s]>\sigma_0$$

s 域的积分特性表明，复频域中积分一次，相应于时域中除以 t。

【例 5-22】 求信号 $f(t)=t^2\mathrm{e}^{-\alpha t}\varepsilon(t)$ 的单边拉普拉斯变换。

【解】 对于形如 $t^n f(t)$ 的信号通常可应用 s 域微分特性。

由于
$$\mathrm{e}^{-\alpha t}\varepsilon(t)\leftrightarrow\frac{1}{s+\alpha}$$

应用 s 域的微分特性有

$$t^2 \mathrm{e}^{-\alpha t}\varepsilon(t)=(-t)^2\mathrm{e}^{-\alpha t}\varepsilon(t)\leftrightarrow \frac{\mathrm{d}^2}{\mathrm{d}s^2}\left(\frac{1}{s+\alpha}\right)=\frac{2}{(s+\alpha)^3}$$

【例 5-23】 求信号 $f(t)=\dfrac{\sin t}{t}\varepsilon(t)$ 的单边拉普拉斯变换。

【解】 对于形如 $f(t)/t$ 的信号通常可应用 s 域积分特性。

由于

$$\sin t\varepsilon(t)\leftrightarrow\frac{1}{s^2+1}$$

应用 s 域的积分特性有

$$\frac{\sin t}{t}\varepsilon(t)\leftrightarrow\int_s^{\infty}\frac{1}{\eta^2+1}\mathrm{d}\eta=\arctan\eta\Big|_s^{\infty}=\frac{\pi}{2}-\arctan s$$

【例 5-24】 已知信号 $f(t)$ 的单边拉普拉斯变换为 $F(s)$，求信号 $g(t)=t\mathrm{e}^{-4t}f(2t)$ 的单边拉普拉斯变换。

【解】 通过对信号表达式 $g(t)=t\mathrm{e}^{-4t}f(2t)$ 的分析可知，需要利用尺度变换特性、复频移特性和 s 域微分特性三个性质来求解。

由于

$$f(t)\leftrightarrow F(s)$$

尺度变换特性

$$f(2t)\leftrightarrow\frac{1}{2}F\left(\frac{s}{2}\right)$$

复频移特性

$$\mathrm{e}^{-4t}f(2t)\leftrightarrow\frac{1}{2}F\left(\frac{s+4}{2}\right)$$

微分特性

$$-t\mathrm{e}^{-4t}f(2t)\leftrightarrow\frac{1}{2}\cdot\frac{\mathrm{d}F\left[\dfrac{s+4}{2}\right]}{\mathrm{d}s}$$

线性特性

$$t\mathrm{e}^{-4t}f(2t)\leftrightarrow-\frac{1}{2}\cdot\frac{\mathrm{d}F\left[\dfrac{s+4}{2}\right]}{\mathrm{d}s}$$

9．初值和终值定理

（1）初值定理

若信号 $f(t)$ 不含冲激函数及其各阶导数（即 $F(s)$ 为真分式），且 $f(t)\leftrightarrow F(s)$，$\mathrm{Re}[s]>\sigma_0$，则有

$$f(0_+)=\lim_{t\to 0_+}f(t)=\lim_{s\to\infty}sF(s) \tag{5.2-18}$$

证明：由时域微分特性有

$$\frac{\mathrm{d}f(t)}{\mathrm{d}t}\leftrightarrow sF(s)-f(0_-) \tag{5.2-19}$$

另一方面，由拉氏变换的定义有

$$\frac{\mathrm{d}f(t)}{\mathrm{d}t}\leftrightarrow\int_{0_-}^{\infty}\frac{\mathrm{d}}{\mathrm{d}t}f(t)\mathrm{e}^{-st}\,\mathrm{d}t=\int_{0_-}^{0_+}\frac{\mathrm{d}}{\mathrm{d}t}f(t)\mathrm{e}^{-st}\,\mathrm{d}t+\int_{0_+}^{\infty}\frac{\mathrm{d}}{\mathrm{d}t}f(t)\mathrm{e}^{-st}\,\mathrm{d}t$$

考虑到在 $(0_-,0_+)$ 区间 $\mathrm{e}^{-st}=1$，故上式可写为

$$\frac{\mathrm{d}f(t)}{\mathrm{d}t}\leftrightarrow f(t)\Big|_{0_-}^{0_+}+\int_{0_+}^{\infty}\frac{\mathrm{d}}{\mathrm{d}t}f(t)\mathrm{e}^{-st}\,\mathrm{d}t=f(0_+)-f(0_-)+\int_{0_+}^{\infty}\frac{\mathrm{d}}{\mathrm{d}t}f(t)\mathrm{e}^{-st}\,\mathrm{d}t \tag{5.2-20}$$

比较式（5.2-19）和式（5.2-20）可得

$$sF(s)=f(0_+)+\int_{0_+}^{\infty}\frac{\mathrm{d}}{\mathrm{d}t}f(t)\mathrm{e}^{-st}\,\mathrm{d}t \tag{5.2-21}$$

对上式两端取 $s\to\infty$ 的极限，考虑到 $\lim\limits_{s\to\infty}\mathrm{e}^{-st}=0$，故可得

$$f(0_+)=\lim_{s\to\infty}sF(s)$$

初值定理表明，计算信号的初值时，可直接由象函数求出，而不必通过拉氏逆变换求其原信号 $f(t)$。需要注意的是，应用初值定理的条件是 $F(s)$ 为真分式。事实上，若 $F(s)$ 不是真分式，也就是 $f(t)$ 在 $t=0$ 时刻含有冲激及其导数，应将 $F(s)$ 先化为 s 多项式与真分式之和，将时域的冲激及其导数对应的 s 多项式去掉，再利用真分式求初值，因为初值位于 $t=0_+$ 时刻，而不是冲激及其导数出现的 $t=0$ 时刻。

（2）终值定理

设信号 $f(t)$ 及其一阶导数 $\mathrm{d}f(t)/\mathrm{d}t$ 的拉氏变换存在，且 $f(t)\leftrightarrow F(s)$，$\mathrm{Re}[s]>\sigma_0$，$\sigma_0<0$，若 $f(t)$ 的终值 $f(\infty)$ 存在，则

$$f(\infty)=\lim_{t\to\infty}f(t)=\lim_{s\to0}sF(s) \tag{5.2-22}$$

证明：利用式（5.2-21），取 $s\to0$ 的极限，有

$$\lim_{s\to0}sF(s)=f(0_+)+\lim_{s\to0}\int_{0_+}^{\infty}\frac{\mathrm{d}}{\mathrm{d}t}f(t)\mathrm{e}^{-st}\,\mathrm{d}t=f(0_+)+\lim_{t\to\infty}f(t)-f(0_+)$$

于是有

$$f(\infty)=\lim_{t\to\infty}f(t)=\lim_{s\to0}sF(s)$$

终值定理表明，计算信号的终值时，可直接由象函数求出，而不必通过拉氏逆变换求其原信号 $f(t)$。关于终值定理的应用，必须注意以下两点。

a．应用终值定理时，需要计算 $\lim\limits_{s\to0}sF(s)$，所以要求 $s=0$ 的点在 $sF(s)$ 的收敛域内；

b．终值定理要求信号 $f(t)$ 的终值必须存在。如果终值不存在终值定理将无法使用。

【例 5-25】 已知信号 $f(t)$ 的象函数为

$$F(s)=\frac{1}{s+\alpha}，\quad \mathrm{Re}[s]>-\alpha$$

求信号 $f(t)$ 的初值和终值。

【解】（1）求初值

象函数 $F(s)$ 为真分式，可以直接应用初值定理求初值。

由初值定理有

$$f(0_+)=\lim_{s\to\infty}sF(s)=\lim_{s\to\infty}\frac{s}{s+\alpha}=1$$

由 $F(s)$ 的原函数 $f(t)=\mathrm{e}^{-\alpha t}\varepsilon(t)$ 可知，上述结果无论 α 是正，是负还是零都是正确的。

（2）求终值

终值定理的应用条件是收敛边界 $\sigma_0<0$，题目中象函数的收敛域为 $\sigma>-\alpha$，又因为 α 不确定，所以不能直接应用终值定理求终值。

对象函数求逆变换得

$$f(t)=\mathrm{e}^{-\alpha t}\varepsilon(t)$$

所以

$$f(\infty)=\lim_{t\to\infty}f(t)=\lim_{t\to\infty}\mathrm{e}^{-\alpha t}\varepsilon(t)=\begin{cases}0, & \alpha>0\\ 1, & \alpha=0\\ \infty, & \alpha<0\end{cases}$$

【例 5-26】 已知信号 $f(t)$ 的象函数为 $F(s)=\dfrac{-s}{s+1}$，求信号 $f(t)$ 的初值和终值。

【解】（1）求初值

象函数 $F(s)$ 为假分式，不能直接应用初值定理求初值。应将 $F(s)$ 先化为 s 多项式与真分式之和，再利用真分式求初值。

因为
$$F(s)=\frac{-s}{s+1}=-1+\frac{1}{s+1}=-1+F_1(s)$$

所以
$$f(0_+)=\lim_{s\to\infty}sF_1(s)=\lim_{s\to\infty}\frac{s}{s+1}=1$$

（2）求终值

由象函数的表达式可知收敛域为 $\sigma>-1$，包含 $s=0$ 点，可以直接应用终值定理求终值。

$$f(\infty)=\lim_{s\to 0}sF(s)=\lim_{s\to 0}\frac{-s^2}{s+1}=0$$

【例 5-27】 已知因果信号 $f(t)$ 的拉普拉斯变换为 $F(s)=\dfrac{2s^3+6s^2+12s+20}{s^3+2s^2+3s}$，求信号的初值和终值，并确定信号在 $t=0$ 时刻的冲激强度。

【解】（1）求初值

象函数 $F(s)$ 为假分式，不能直接应用初值定理求初值。应将 $F(s)$ 先化为 s 多项式与真分式之和，再利用真分式求初值。

利用长除法可得
$$F(s)=\frac{2s^3+6s^2+12s+20}{s^3+2s^2+3s}=2+\frac{2s^2+6s+20}{s^3+2s^2+3s}=2+F_1(s)$$

所以
$$f(0_+)=\lim_{s\to\infty}sF_1(s)=\lim_{s\to\infty}\frac{2s^3+6s^2+20s}{s^3+2s^2+3s}=2$$

（2）求终值

由于 $sF(s)=\dfrac{2s^3+6s^2+12s+20}{s^2+2s+3}$，极点的实部为 -1，$sF(s)$ 的收敛域为 $\sigma>-1$，包含 $s=0$ 点，可以直接应用终值定理求终值。

$$f(\infty)=\lim_{s\to 0}sF(s)=\lim_{s\to 0}\frac{2s^3+6s^2+12s+20}{s^2+2s+3}=\frac{20}{3}$$

（3）确定 $t=0$ 时刻的冲激强度

由于 $t=0$ 时刻的冲激函数的象函数为常数，而 $F(s)$ 含常数项 2，其逆变换正好对应 $2\delta(t)$，故 $f(t)$ 在 $t=0$ 的冲激强度为 2。

为了便于查阅和应用，表 5-2 归纳总结了单边拉普拉斯变换的主要性质。

表 5-2　单边拉氏变换的主要性质

名　称	时域函数 $f(t)\varepsilon(t)$	复频域函数 $F(s)$
线性	$af_1(t)+bf_2(t)$	$aF_1(s)+bF_2(s)$
尺度变换	$f(at)$，$a>0$	$\frac{1}{a}F\left(\frac{s}{a}\right)$
时移	$f(t-t_0)\varepsilon(t-t_0)$，$t_0>0$	$e^{-st_0}F(s)$
复频移	$f(t)e^{s_0t}$，s_0 为复常数	$F(s-s_0)$
时域微分	$f^{(n)}(t)$	$f^{(n)}(t)\leftrightarrow s^nF(s)-s^{n-1}f(0_-)-s^{n-2}f^{(1)}(0_-)-\cdots-f^{(n-1)}(0_-)$
时域积分	$\int_{-\infty}^{t}f(x)\mathrm{d}x$	$\frac{F(s)}{s}+\frac{f^{(-1)}(0_-)}{s}$
	$\left(\int_{0_-}^{t}\right)^n f(x)\mathrm{d}x$	$\frac{F(s)}{s^n}$

续表

名　称	时域函数 $f(t)\varepsilon(t)$	复频域函数 $F(s)$
时域卷积	$f_1(t)\varepsilon(t)*f_2(t)\varepsilon(t)$	$F_1(s)F_2(s)$
复频域微分	$(-t)^n f(t)$	$\dfrac{\mathrm{d}^n F(s)}{\mathrm{d}s^n}$
复频域积分	$\dfrac{f(t)}{t}$	$\int_s^{\infty} f(\eta)\mathrm{d}\eta$
初值定理	$f(0_+)=\lim\limits_{s\to\infty} sF(s)$，　$F(s)$为真分式	
终值定理	$f(\infty)=\lim\limits_{s\to 0} sF(s)$，　$s=0$在$sF(s)$的收敛域内	

5.3　拉普拉斯逆变换

应用拉氏变换进行信号与系统分析时，最终要求出时域的解，因此需要由象函数$F(s)$求出原信号$f(t)$。拉普拉斯逆变换可根据定义式，应用复变函数理论中的围线积分和留数定理来求得。但当象函数$F(s)$为有理函数时，可将$F(s)$展开为部分分式，然后求得原函数，这种方法称为部分分式展开法，而当$F(s)$为无理函数时则必须使用留数法。又由于$F(s)$为无理函数时的原信号在实际情况中比较少见，故本节主要讨论部分分式展开法。

如果象函数$F(s)$为有理函数，它可由两个s的多项式之比来表示，即

$$F(s)=\frac{b_m s^m+b_{m-1}s^{m-1}+\cdots b_1 s+b_0}{a_n s^n+a_{n-1}s^{n-1}+\cdots a_1 s+a_0} \tag{5.3-1}$$

式中，各系数$a_i(i=0,1,\cdots,n)$，$b_i(i=0,1,\cdots,m)$都为实数，m和n为正整数。这里，为简便且不失其一般性，令$a_n=1$。如果$m\geqslant n$，即象函数$F(s)$为有理假分式，在将上式分解为部分分式之前，先用多项式除法将象函数$F(s)$分解为有理多项式$P(s)$与有理真分式之和，即

$$F(s)=P(s)+\frac{B(s)}{A(s)} \tag{5.3-2}$$

例如，

$$F(s)=\frac{s^3+5s^2+9s+7}{s^2+3s+2}=s+2+\frac{s+3}{s^2+3s+2}$$

由于$L^{-1}[1]=\delta(t)$，$L^{-1}[s]=\delta'(t)$，$L^{-1}[s^n]=\delta^{(n)}(t)$，故式（5.3-2）中多项式部分$P(s)$的拉普拉斯逆变换由冲激函数及其各阶导数组成，非常容易求得。因此下面主要讨论象函数为有理真分式时，原函数的求解方法——部分分式展开法。

部分分式展开法的实质是，若象函数$F(s)$为有理分式，则可将其展开为简单的部分分式之和，然后逐项求出它们的拉普拉斯逆变换。

现设$F(s)$为有理真分式，一般表示为

$$F(s)=\frac{B(s)}{A(s)}=\frac{b_m s^m+b_{m-1}s^{m-1}+\cdots b_1 s+b_0}{s^n+a_{n-1}s^{n-1}+\cdots a_1 s+a_0} \tag{5.3-3}$$

式中，$m<n$。$A(s)$为s的n次多项式，称为系统的特征多项式，方程$A(s)=0$称为特征方程，它的根称为$F(s)$的特征根，也称为$F(s)$的极点。为将$F(s)$展开为部分分式，要先求出它的n个极点，因此可将$A(s)$分解为n个因子的乘积，即

$$A(s)=(s-p_1)(s-p_2)\cdots(s-p_n)$$

令$A(s)=0$，可得n个极点$p_1,p_2,\cdots,p_n$。极点可能是实极点，也可能是复极点；可能是单极点，也可能是重极点。下面就根据极点的不同特点分三种情况来讨论。

1．F(s)有单阶实极点

5-9 拉氏逆变换 1

象函数 $F(s)$ 的 n 个极点 $p_1, p_2, \cdots, p_n$ 均为实数，且互不相等。此时，式（5.3-3）可以展开为 n 个简单的部分分式之和，每个部分分式分别以 $A(s)$ 的一个因子作为分母，即

$$F(s) = \frac{K_1}{s-p_1} + \frac{K_2}{s-p_2} + \cdots + \frac{K_i}{s-p_i} + \cdots + \frac{K_n}{s-p_n} = \sum_{i=1}^{n} \frac{K_i}{s-p_i} \qquad (5.3\text{-}4)$$

式中，$K_1, K_2, \cdots, K_n$ 为待定系数。

为确定待定系数 K_i，将式（5.3-4）等号两边同乘以因子 $(s-p_i)$，得

$$(s-p_i)F(s) = \frac{(s-p_i)K_1}{s-p_1} + \frac{(s-p_i)K_2}{s-p_2} + \cdots + K_i + \cdots + \frac{(s-p_i)K_n}{s-p_n}$$

再令 $s = p_i$，上式右边仅剩 K_i 项，其他各项均为零，所以

$$K_i = (s-p_i)F(s)\Big|_{s=p_i} = (s-p_i)\frac{B(s)}{A(s)}\Big|_{s=p_i} \qquad (5.3\text{-}5)$$

按照此方法，将所有的系数都确定出来。之后再逐项对每个部分分式求拉普拉斯逆变换。由 $L^{-1}\left[\frac{1}{s-p_i}\right] = \mathrm{e}^{p_i t}\varepsilon(t)$，并利用线性性质，可得式（5.3-4）的原函数为

$$f(t) = L^{-1}[F(s)] = L^{-1}\left[\sum_{i=1}^{n} \frac{K_i}{s-p_i}\right] = \sum_{i=1}^{n} K_i \mathrm{e}^{p_i t}\varepsilon(t) \qquad (5.3\text{-}6)$$

【例 5-28】 求 $F(s) = \frac{s+3}{s^2+3s+2}$ 的原函数 $f(t)$。

【解】 象函数 $F(s)$ 为有理真分式，将分母因式分解，并部分分式展开，得

$$F(s) = \frac{s+3}{(s+1)(s+2)} = \frac{K_1}{s+1} + \frac{K_2}{s+2}$$

求各部分分式的系数，由式（5.3-5）有

$$K_1 = (s+1)F(s)\Big|_{s=-1} = (s+1)\frac{s+3}{(s+1)(s+2)}\Big|_{s=-1} = 2$$

$$K_2 = (s+2)F(s)\Big|_{s=-2} = (s+2)\frac{s+3}{(s+1)(s+2)}\Big|_{s=-2} = -1$$

所以有

$$F(s) = \frac{2}{s+1} + \frac{-1}{s+2}$$

两边取其逆变换，得原信号为

$$f(t) = (2\mathrm{e}^{-t} - \mathrm{e}^{-2t})\varepsilon(t)$$

【例 5-29】 求 $F(s) = \frac{s^3+4s^2+5s}{s^2+3s+2}$ 的原函数 $f(t)$。

【解】 象函数 $F(s)$ 为假分式，首先将其化为真分式

$$F(s) = s+1 - \frac{2}{s^2+3s+2}$$

上式中最后一项为真分式，将其分母因式分解，并部分分式展开，得

$$F(s) = s+1 - \frac{2}{(s+1)(s+2)} = s+1 + \frac{K_1}{s+1} + \frac{K_2}{s+2}$$

求各部分分式的系数，由式（5.3-5）有

$$K_1=(s+1)\frac{-2}{(s+1)(s+2)}\bigg|_{s=-1}=-2$$

$$K_2=(s+2)\frac{-2}{(s+1)(s+2)}\bigg|_{s=-2}=2$$

所以有

$$F(s)=s+1+\frac{-2}{s+1}+\frac{2}{s+2}$$

两边取其逆变换，得原信号为

$$f(t)=\delta'(t)+\delta(t)-2(\mathrm{e}^{-t}-\mathrm{e}^{-2t})\varepsilon(t)$$

5-10 拉氏逆变换 2

2. F(s)有单阶共轭的复极点

象函数 $F(s)$ 的极点中有共轭复极点。对于这种情况，仍可采用上面单阶实极点的方法，但计算比较复杂。

设象函数 $F(s)$ 有一对共轭复极点 $p_{1,2}=-\alpha\pm\mathrm{j}\beta$，则 $F(s)$ 可分解为

$$F(s)=\frac{K_1}{s+\alpha-\mathrm{j}\beta}+\frac{K_2}{s+\alpha+\mathrm{j}\beta}+F_2(s)$$

式中，$F_2(s)$ 是除共轭复极点外的其余部分。令

$$F_1(s)=\frac{K_1}{s+\alpha-\mathrm{j}\beta}+\frac{K_2}{s+\alpha+\mathrm{j}\beta} \tag{5.3-7}$$

可以证明，K_1 与 K_2 成共轭关系，若令 $K_1=A+\mathrm{j}B$，则 $K_2=K_1^*=A-\mathrm{j}B$，式（5.3-7）可写为

$$F_1(s)=\frac{A+\mathrm{j}B}{s+\alpha-\mathrm{j}\beta}+\frac{A-\mathrm{j}B}{s+\alpha+\mathrm{j}\beta}$$

设 $F_1(s)$ 的原信号为 $f_1(t)$，对 $F_1(s)$ 取拉普拉斯逆变换后，得

$$f_1(t)=2\mathrm{e}^{-\alpha t}[A\cos(\beta t)-B\sin(\beta t)]\varepsilon(t) \tag{5.3-8}$$

若令 $K_1=|K_1|\mathrm{e}^{\mathrm{j}\theta}$，则 $K_2=K_1^*=|K_1|\mathrm{e}^{-\mathrm{j}\theta}$，式（5.3-7）可写为

$$F_1(s)=\frac{|K_1|\mathrm{e}^{\mathrm{j}\theta}}{s+\alpha-\mathrm{j}\beta}+\frac{|K_1|\mathrm{e}^{-\mathrm{j}\theta}}{s+\alpha+\mathrm{j}\beta}$$

取拉普拉斯逆变换后，得

$$f_1(t)=2|K_1|\mathrm{e}^{-\alpha t}\cos(\beta t+\theta)\varepsilon(t) \tag{5.3-9}$$

最后可得

$$f(t)=f_1(t)+L^{-1}[F_2(s)] \tag{5.3-10}$$

在求解 $F_1(s)$ 的逆变换时，根据共轭复极点的特点，还有较为简便的方法。将一对共轭复极点视作一个整体，利用配方法将分母配成二项式的平方，进一步将 $F_1(s)$ 表示成类似余弦函数和正弦函数的拉氏变换之和的形式，再应用拉氏变换对和性质分别求其逆变换即可。

譬如

$$F_1(s)=\frac{cs+d}{(s+\alpha)^2+\beta^2}=\frac{c(s+\alpha)}{(s+\alpha)^2+\beta^2}+\frac{d-c\alpha}{\beta}\cdot\frac{\beta}{(s+\alpha)^2+\beta^2}$$

两边取拉普拉斯逆变换，得

$$\begin{aligned}f(t)&=c\cdot\mathrm{e}^{-\alpha t}\cos\beta t\cdot\varepsilon(t)+\frac{d-c\alpha}{\beta}\cdot\mathrm{e}^{-\alpha t}\sin\beta t\cdot\varepsilon(t)\\&=\mathrm{e}^{-\alpha t}\left[c\cdot\cos\beta t+\frac{d-c\alpha}{\beta}\cdot\sin\beta t\right]\varepsilon(t)\end{aligned} \tag{5.3-11}$$

【例 5-30】 求 $F(s)=\dfrac{s+3}{s(s^2+2s+3)}$ 的原函数 $f(t)$。

【解】（方法一）将象函数 $F(s)$ 的分母分解因式，并部分分式展开，得

$$F(s)=\frac{s+3}{s(s+1+\sqrt{2}\mathrm{j})(s+1-\sqrt{2}\mathrm{j})}=\frac{K_1}{s}+\frac{K_2}{s+1+\sqrt{2}\mathrm{j}}+\frac{K_2^*}{s+1-\sqrt{2}\mathrm{j}}$$

一对共轭极点 $p_{1,2}=-1\pm\sqrt{2}\mathrm{j}=-\alpha\pm\mathrm{j}\beta$，所以 $\alpha=1$，$\beta=\sqrt{2}$，再求各部分分式的系数，

$$K_1=sF(s)\big|_{s=0}=s\cdot\frac{s+3}{s(s^2+2s+3)}\Big|_{s=0}=1$$

$$K_2=(s+1+\sqrt{2}\mathrm{j})F(s)\Big|_{s=-1-\sqrt{2}\mathrm{j}}=\frac{s+3}{s(s+1-\sqrt{2}\mathrm{j})}\Big|_{s=-1-\sqrt{2}\mathrm{j}}=-\frac{1}{2}$$

$$K_2^*=K_2=-\frac{1}{2}$$

即 $A=-\dfrac{1}{2}$，$B=0$，所以有

$$F(s)=\frac{1}{s}+\frac{-\frac{1}{2}}{s+1+\sqrt{2}\mathrm{j}}+\frac{-\frac{1}{2}}{s+1-\sqrt{2}\mathrm{j}}$$

借助式（5.3-8）两边取其逆变换，得原信号为

$$f(t)=[1-\mathrm{e}^{-t}\cos(\sqrt{2}t)]\varepsilon(t)$$

（方法二）象函数 $F(s)$ 具有一个单阶实极点，一对共轭复极点。一对复极点部分看作一个整体，不进行部分分式展开，将 $F(s)$ 改写为

$$F(s)=\frac{s+3}{s(s^2+2s+3)}=\frac{K_1}{s}+\frac{K_2s+K_3}{s^2+2s+3}$$

首先求 K_1，$K_1=sF(s)\big|_{s=0}=s\cdot\dfrac{s+3}{s(s^2+2s+3)}\Big|_{s=0}=1$

于是得 $$F(s)=\frac{s+3}{s(s^2+2s+3)}=\frac{1}{s}+\frac{K_2s+K_3}{s^2+2s+3}=\frac{(1+K_2)s^2+(2+K_3)s+3}{s(s^2+2s+3)}$$

所以 $$s+3=(1+K_2)s^2+(2+K_3)s+3$$

由系数平衡法可得 $$K_2=-1,\quad K_3=-1$$

故 $$F(s)=\frac{1}{s}+\frac{-(s+1)}{s^2+2s+3}=\frac{1}{s}-\frac{s+1}{(s+1)^2+2}$$

又 $$\varepsilon(t)\leftrightarrow\frac{1}{s},\quad \cos(\sqrt{2}t)\varepsilon(t)\leftrightarrow\frac{s}{s^2+2}$$

由复频移特性得 $$\mathrm{e}^{-t}\cos(\sqrt{2}t)\varepsilon(t)\leftrightarrow\frac{s+1}{(s+1)^2+2}$$

由线性性质得 $$f(t)=\varepsilon(t)-\mathrm{e}^{-t}\cos(\sqrt{2}t)\varepsilon(t)=[1-\mathrm{e}^{-t}\cos(\sqrt{2}t)]\varepsilon(t)$$

【例 5-31】 求象函数 $F(s)=\dfrac{2s}{(s-1)(s^2+1)}$ 的原函数 $f(t)$。

【解】 象函数 $F(s)$ 具有一个单阶实极点，一对共轭复极点，将 $F(s)$ 改写为

$$F(s)=\frac{1}{s-1}+\frac{-s+1}{s^2+1}=\frac{1}{s-1}+\frac{-s}{s^2+1}+\frac{1}{s^2+1}$$

其原函数为

$$f(t)=\mathrm{e}^{t}\varepsilon(t)+(-\cos t+\sin t)\varepsilon(t)$$

显然，采用配方法比共轭极点部分分式展开法简单。

5-11 拉氏逆变换 3

3. F(s)有重极点

设 $s=p_1$ 是象函数 $F(s)$ 的 r 阶极点，其余 $(n-r)$ 个极点均不等于 p_1，则 $F(s)$ 可展开为

$$F(s)=\frac{B(s)}{A(s)}=\underbrace{\frac{K_{11}}{(s-p_1)^r}+\frac{K_{12}}{(s-p_1)^{r-1}}+\cdots+\frac{K_{1r}}{s-p_1}}_{F_1(s)}+\underbrace{\frac{C(s)}{D(s)}}_{F_2(s)}$$

$$=F_1(s)+F_2(s)$$

式中，$F_2(s)=\dfrac{C(s)}{D(s)}$ 表示除重极点以外的部分，其部分分式系数可按照前面的方法来求，而系数 $K_{1i}(i=1,2,\cdots r)$ 按照下面的方法来求得。

令 $F_3(s)=(s-p_1)^r F(s)$，很显然

$$K_{11}=F_3(s)\big|_{s=p_1}=(s-p_1)^r F(s)\big|_{s=p_1} \tag{5.3-12}$$

于是，

$$F_3(s)=K_{11}+K_{12}(s-p_1)+\cdots+K_{1r}(s-p_1)^{r-1}+\frac{C(s)}{D(s)}(s-p_1)^r$$

上式对 s 求导，再取 $s=p_1$，可以得到

$$K_{12}=\frac{\mathrm{d}F_3(s)}{\mathrm{d}s}=\frac{\mathrm{d}}{\mathrm{d}s}[(s-p_1)^r F(s)]\big|_{s=p_1} \tag{5.3-13}$$

以此类推，可得一般形式

$$K_{1i}=\frac{1}{(i-1)!}\frac{\mathrm{d}^{i-1}}{\mathrm{d}s^{i-1}}[(s-p_1)^r F(s)]\big|_{s=p_1} \tag{5.3-14}$$

全部系数确定后，由常用变换对 $L[t^n\varepsilon(t)]=\dfrac{n!}{s^{n+1}}$，再利用复频域特性，可得

$$L^{-1}\left[\frac{1}{(s-p_1)^{n+1}}\right]=\frac{1}{n!}t^n\,\mathrm{e}^{p_1 t}\,\varepsilon(t)$$

于是，$F_1(s)$ 的原函数 $f_1(t)$ 为

$$f_1(t)=\left[\sum_{i=1}^{r}\frac{K_{1i}}{(r-i)!}t^{r-i}\right]\mathrm{e}^{p_1 t}\,\varepsilon(t) \tag{5.3-15}$$

进一步，可以得到 $F(s)$ 的原函数 $f(t)$ 为

$$f(t)=\left[\sum_{i=1}^{r}\frac{K_{1i}}{(r-i)!}t^{r-i}\right]\mathrm{e}^{p_1 t}\,\varepsilon(t)+L^{-1}[F_2(s)] \tag{5.3-16}$$

【例 5-32】 求象函数 $F(s)=\dfrac{s-2}{s(s+1)^3}$ 的原函数 $f(t)$。

【解】 象函数 $F(s)$ 具有一个单阶实极点和一个三阶重极点。将 $F(s)$ 部分分式展开为

$$F(s)=\frac{K_{11}}{(s+1)^3}+\frac{K_{12}}{(s+1)^2}+\frac{K_{13}}{s+1}+\frac{K_2}{s}$$

令 $F_1(s)=(s+1)^3F(s)=\dfrac{s-2}{s}$

根据式（5.3-14）和式（5.3-5）分别求系数，得

$$K_{11}=F_1(s)\big|_{s=-1}=\frac{s-2}{s}\big|_{s=-1}=3$$
$$K_{12}=\frac{\mathrm{d}}{\mathrm{d}s}F_1(s)\big|_{s=-1}=\frac{s-(s-2)}{s^2}\big|_{s=-1}=\frac{2}{s^2}\big|_{s=-1}=2$$
$$K_{13}=\frac{1}{2}\frac{\mathrm{d}^2}{\mathrm{d}s^2}F_1(s)\big|_{s=-1}=\frac{1}{2}\frac{-4s}{s^4}\big|_{s=-1}=2$$
$$K_2=sF(s)\big|_{s=0}=\frac{s-2}{(s+1)^3}\big|_{s=0}=-2$$

所以

$$F(s)=\frac{3}{(s+1)^3}+\frac{2}{(s+1)^2}+\frac{2}{s+1}+\frac{-2}{s}$$

取逆变换后得

$$f(t)=\left(\frac{3}{2}t^2\,\mathrm{e}^{-t}+2t\,\mathrm{e}^{-t}+2\,\mathrm{e}^{-t}-2\right)\varepsilon(t)$$

最后，特别需要强调的是，部分分式展开法不一定是求拉普拉斯逆变换的最简便方法，对一部分象函数，如果运用拉氏变换性质和数学技巧（譬如应用配方法），或者部分分式展开法与其他方法相结合，往往会更简便。

当象函数中含有因子 e^{-st_0} 项时，对应的原函数延时 t_0 个单位，因此 e^{-st_0} 项不参加部分分式运算，求解时应用时移性质。

【例 5-33】 求象函数 $F(s)=\dfrac{\mathrm{e}^{-2s}}{s^2+3s+2}$ 的原函数 $f(t)$。

【解】 $F(s)$ 中有 e^{-2s} 项，不参加部分分式运算，令

$$F_1(s)=\frac{1}{s^2+3s+2}=\frac{1}{s+1}+\frac{-1}{s+2}$$

取逆变换后，得到 $F_1(s)$ 的原函数 $f_1(t)$ 为

$$f_1(t)=(\mathrm{e}^{-t}-\mathrm{e}^{-2t})\varepsilon(t)$$

再应用时移特性，得原函数为

$$f(t)=[\mathrm{e}^{-(t-2)}-\mathrm{e}^{-2(t-2)}]\varepsilon(t-2)$$

【例 5-34】 已知象函数 $F(s)=\ln\left(\dfrac{s^2+1}{s-1}\right)$，试求其拉普拉斯逆变换 $f(t)$。

【解】 首先对象函数求微分

$$\frac{\mathrm{d}}{\mathrm{d}s}F(s)=\frac{s-1}{s^2+1}\cdot\frac{2s(s-1)-(s^2-1)}{(s-1)^2}=\frac{s^2-2s-1}{(s^2+1)(s-1)}=\frac{2s}{s^2+1}+\frac{-1}{s-1}$$

取逆变换后，得到 $\dfrac{\mathrm{d}}{\mathrm{d}s}F(s)$ 的原函数 $f_1(t)$ 为

$$f_1(t)=(2\cos t-\mathrm{e}^t)\varepsilon(t)$$

应用 s 域微分特性

$$-t\cdot f(t)\leftrightarrow\frac{\mathrm{d}}{\mathrm{d}s}F(s)$$

所以

$$f(t)=-\frac{1}{t}\cdot f_1(t)=\frac{1}{t}(\mathrm{e}^t-2\cos t)\varepsilon(t)$$

【例 5-35】 在给定的收敛域下，求解下列拉普拉斯变换代表的时间信号 $x(t)$。

（1）$X(s)=\dfrac{1}{s(\mathrm{e}^{s}-\mathrm{e}^{-s})}$，$\mathrm{Re}[s]>0$　　　　（2）$X(s)=\dfrac{2}{(s^2+1)^2}$，$\mathrm{Re}[s]>0$

【解】（1）对象函数 $X(s)$ 做适当的处理

$$X(s)=\frac{\mathrm{e}^{-s}}{s}\cdot\frac{1}{1-\mathrm{e}^{-2s}}$$

应用常用变换对及时移性质可得

$$\frac{\mathrm{e}^{-s}}{s}\leftrightarrow\varepsilon(t-1)$$

$$\frac{1}{1-\mathrm{e}^{-2s}}\leftrightarrow\sum_{n=0}^{\infty}\delta(t-2n)$$

应用时域卷积特性

$$x(t)=\varepsilon(t-1)*\sum_{n=0}^{\infty}\delta(t-2n)=\sum_{n=0}^{\infty}\varepsilon(t-2n-1)$$

（2）因为

$$\sin t\varepsilon(t)\leftrightarrow\frac{1}{s^2+1}$$

应用 s 域微分特性

$$-t\sin t\varepsilon(t)\leftrightarrow\frac{\mathrm{d}\dfrac{1}{s^2+1}}{\mathrm{d}s}=\frac{-2s}{(s^2+1)^2}$$

应用时域积分特性

$$\int_{-\infty}^{t}\tau\sin\tau\varepsilon(\tau)\ \mathrm{d}\tau\leftrightarrow\frac{2}{(s^2+1)^2}$$

所以

$$x(t)=\int_{-\infty}^{t}\tau\sin\tau\varepsilon(\tau)\ \mathrm{d}\tau=(\sin t-t\cos t)\varepsilon(t)$$

5.4 LTI 系统的复频域分析

本节讨论 LTI 连续系统的复频域分析方法。这种方法的特点是将描述系统的微分方程变换为复频域的代数方程，便于运算和求解，同时它把系统的初始状态可自动引入到 s 域的代数方程中，不仅可以求得系统的零状态响应，也可以求得系统的零输入响应和全响应。另外，在分析时域电路时，只要根据电路元件的 s 域模型，画出时域电路对应的 s 域电路模型，建立出系统的 s 域代数方程，便可进行求解，而不必再列出时域的微分方程，使得分析方法更简便。

5.4.1 拉普拉斯变换求解微分方程

5-12 系统 s 域分析

LTI 连续系统的数学模型是线性常系数的微分方程。在第 2 章我们已经讨论了微分方程的时域求解方法，求解过程比较繁琐。这里应用拉普拉斯变换求解微分方程，简单方便。

设 LTI 系统的激励为 $f(t)$，响应为 $y(t)$，描述 n 阶系统的微分方程的一般形式为

$$\begin{aligned}&y^{(n)}(t)+a_{n-1}y^{(n-1)}(t)+\cdots+a_1y^{(1)}(t)+a_0y(t)\\&=b_mf^{(m)}(t)+b_{m-1}f^{(m-1)}(t)+\cdots+b_1f^{(1)}(t)+b_0f(t)\end{aligned}\tag{5.4-1}$$

式中，系数 $a_i(i=0,1,\cdots,n)$，$b_j(j=0,1,\cdots,m)$ 均为实数，设系统的初始状态为 $y(0_-)$，$y^{(1)}(0_-)$，$\cdots$，$y^{(n-1)}(0_-)$。

设 $L[f(t)]=F(s)$，$L[y(t)]=Y(s)$。根据拉氏变换的时域微分性质，$y(t)$ 及其各阶导数的拉普拉斯变换为

$$y^{(i)}(t) \leftrightarrow s^i Y(s) - s^{i-1}y(0_-) - s^{i-2}y^{(1)}(0_-) - \cdots - y^{(i-1)}(0_-)$$
$$= s^i Y(s) - \sum_{p=0}^{i-1} s^{i-1-p} y^{(p)}(0_-) \qquad (i = 0,1,\cdots,n)$$

一般来说，激励 $f(t)$ 在 $t=0$ 时刻接入系统，即在 $t=0_-$ 时 $f(t)$ 及其各阶导数均为零，所以有

$$f^{(j)}(t) \leftrightarrow s^j F(s)$$

对式（5.4-1）两边取拉氏变换，得

$$\sum_{i=0}^{n} a_i \left[s^i Y(s) - \sum_{p=0}^{i-1} s^{i-1-p} y^{(p)}(0_-) \right] = \sum_{j=0}^{m} b_j s^j F(s)$$

进一步写为

$$\left[\sum_{i=0}^{n} a_i s^i \right] Y(s) - \sum_{i=0}^{n} a_i \left[\sum_{p=0}^{i-1} s^{i-1-p} y^{(p)}(0_-) \right] = \sum_{j=0}^{m} b_j s^j F(s)$$

移项后得

$$Y(s) = \underbrace{\frac{\sum_{i=0}^{n} a_i [\sum_{p=0}^{i-1} s^{i-1-p} y^{(p)}(0_-)]}{\sum_{i=0}^{n} a_i s^i}}_{Y_{zi}(s)} + \underbrace{\frac{\sum_{j=0}^{m} b_j s^j}{\sum_{i=0}^{n} a_i s^i} F(s)}_{Y_{zs}(s)}$$

由上式可以看出，右边第一项只与系统的初始状态有关而与激励信号无关，因而是零输入响应 $y_{zi}(t)$ 的象函数 $Y_{zi}(s)$，第二项只与激励信号有关而与系统的初始状态无关，因而是零状态响应 $y_{zs}(t)$ 的象函数 $Y_{zs}(s)$。令 $M(s) = \sum_{i=0}^{n} a_i [\sum_{p=0}^{i-1} s^{i-1-p} y^{(p)}(0_-)]$，$B(s) = \sum_{j=0}^{m} b_j s^j$，$A(s) = \sum_{i=0}^{n} a_i s^i$，于是可把上式写为

$$Y(s) = Y_{zi}(s) + Y_{zs}(s) = \frac{M(s)}{A(s)} + \frac{B(s)}{A(s)} F(s) \tag{5.4-2}$$

其中，$Y_{zi}(s) = \dfrac{M(s)}{A(s)}$，$Y_{zs}(s) = \dfrac{B(s)}{A(s)}$。

分别取 $Y_{zi}(s)$，$Y_{zs}(s)$，$Y(s)$ 的拉氏逆变换，得

$$Y_{zi}(s) \leftrightarrow y_{zi}(t)$$
$$Y_{zs}(s) \leftrightarrow y_{zs}(t)$$
$$Y(s) \leftrightarrow y(t) = y_{zi}(t) + y_{zs}(t) \tag{5.4-3}$$

与连续系统的时域分析类似，应用 s 域方法求解系统响应时，同样需要考虑响应的初始条件。使用时应注意区分给定的初始条件是 0_- 初始条件还是 0_+ 初始条件。

【例 5-36】 描述某 LTI 系统的微分方程为

$$y''(t) + 3y'(t) + 2y(t) = f'(t) + 4f(t)$$

已知输入信号 $f(t) = \varepsilon(t)$，初始状态 $y(0_-) = 0$，$y'(0_-) = 1$。求系统的零输入响应、零状态响应和全响应。

【解】 对微分方程两边取拉普拉斯变换，利用微分特性，得

$$s^2 Y(s) - sy(0_-) - y'(0_-) + 3sY(s) - 3y(0_-) + 2Y(s) = sF(s) + 4F(s)$$

解得

$$Y(s) = \frac{sy(0_-) + y'(0_-) + 3y(0_-)}{s^2 + 3s + 2} + \frac{(s+4)F(s)}{s^2 + 3s + 2}$$

则有

$$Y_{zi}(s)=\frac{sy(0_-)+y'(0_-)+3y(0_-)}{s^2+3s+2}$$

$$Y_{zs}(s)=\frac{(s+4)F(s)}{s^2+3s+2}$$

将 $y(0_-)=0$， $y'(0_-)=1$ 和 $F(s)=L[f(t)]=\dfrac{1}{s}$，代入以上两式，可得

$$Y_{zi}(s)=\frac{1}{s^2+3s+2}=\frac{1}{s+1}+\frac{-1}{s+2}$$

$$Y_{zs}(s)=\frac{(s+4)}{s^2+3s+2}\cdot\frac{1}{s}=\frac{2}{s}+\frac{-3}{s+1}+\frac{1}{s+2}$$

对以上两式分别取逆变换，得零输入响应和零状态响应分别为

$$y_{zi}(t)=(e^{-t}-e^{-2t})\varepsilon(t)，\quad y_{zs}(t)=(2-3e^{-t}+e^{-2t})\varepsilon(t)$$

全响应为

$$y(t)=y_{zi}(t)+y_{zs}(t)=(2-2e^{-t})\varepsilon(t)$$

需要注意的是，在系统分析中，有时已知的是 $t=0_+$ 时刻的初始值，这时应设法求得 0_- 时的初始状态 $y^{(i)}(0_-)$ $(i=0,1,\cdots,n-1)$。

由于关系 $y^{(i)}(t)=y_{zi}^{(i)}(t)+y_{zs}^{(i)}(t)$ 在任何时刻都成立，故有

$$y^{(i)}(0_+)=y_{zi}{}^{(i)}(0_+)+y_{zs}{}^{(i)}(0_+)$$

而在 0_- 时刻，显然有 $y_{zs}^{(i)}(0_-)=0$，因而 $y^{(i)}(0_-)=y_{zi}^{(i)}(0_-)$，又对于零输入响应有 $y_{zi}^{(i)}(0_-)=y_{zi}^{(i)}(0_+)$，所以

$$y^{(i)}(0_-)=y_{zi}^{(i)}(0_-)=y_{zi}^{(i)}(0_+)=y^{(i)}(0_+)-y_{zs}^{(i)}(0_+)$$

【例 5-37】 描述某 LTI 系统的微分方程为

$$y''(t)+3y'(t)+2y(t)=f'(t)+4f(t)$$

已知输入信号 $f(t)=e^{-2t}\varepsilon(t)$，初始状态 $y(0_+)=1$，$y'(0_+)=2$。求系统的零输入响应和零状态响应。

【解】 对微分方程两边取拉普拉斯变换，利用微分特性，得

$$s^2Y(s)-sy(0_-)-y'(0_-)+3sY(s)-3y(0_-)+2Y(s)=sF(s)+4F(s)$$

解得

$$Y(s)=\frac{sy(0_-)+y'(0_-)+3y(0_-)}{s^2+3s+2}+\frac{(s+4)F(s)}{s^2+3s+2}$$

则有

$$Y_{zi}(s)=\frac{sy(0_-)+y'(0_-)+3y(0_-)}{s^2+3s+2} \tag{5.4-4}$$

$$Y_{zs}(s)=\frac{(s+4)F(s)}{s^2+3s+2} \tag{5.4-5}$$

将 $F(s)=L[f(t)]=\dfrac{1}{s+2}$ 代入式（5.4-5），可得

$$Y_{zs}(s)=\frac{s+4}{s^2+3s+2}\cdot\frac{1}{s+2}=\frac{-3}{s+1}+\frac{-2}{(s+2)^2}+\frac{-3}{s+2}$$

对上式取逆变换，得零状态响应为

$$y_{zs}(t)=[3e^{-t}-(2t+3)e^{-2t}]\varepsilon(t)$$

由此可得，$y_{zs}(0_+)=0$，$y'_{zs}(0_+)=1$，则有

$$y(0_-)=y_{zi}(0_-)=y_{zi}(0_+)=y(0_+)-y_{zs}(0_+)=1$$

$$y'(0_-)=y'_{zi}(0_-)=y'_{zi}(0_+)=y'(0_+)-y'_{zs}(0_+)=1$$

将 $y(0_-)=1$， $y'(0_-)=1$ 代入式（5.4-4），可得

$$Y_{zi}(s)=\frac{s+4}{s^2+3s+2}=\frac{3}{s+1}+\frac{-2}{s+2}$$

对上式取逆变换，得零输入响应为

$$y_{zi}(t)=(3\mathrm{e}^{-t}-2\mathrm{e}^{-2t})\varepsilon(t)$$

在第 2 章连续系统的时域分析中，讨论了系统的自由响应与强迫响应、瞬态响应与稳态响应的概念，下面从 s 域角度研究这一问题。

【例 5-38】 描述某 LTI 系统的微分方程为

$$y''(t)+5y'(t)+6y(t)=2f(t)$$

已知激励 $f(t)=5\cos t\varepsilon(t)$，初始状态 $y(0_-)=1$， $y'(0_-)=-1$，求系统的全响应。

【解】 对方程两边进行拉普拉斯变换，

$$s^2Y(s)-sy(0_-)-y'(0_-)+5sY(s)-5y(0_-)+6Y(s)=2F(s)$$

整理求得全响应的象函数为

$$Y(s)=Y_{zi}(s)+Y_{zs}(s)=\frac{sy(0_-)+y'(0_-)+5y(0_-)}{s^2+5s+6}+\frac{2}{s^2+5s+6}F(s)$$

将 $F(s)=\dfrac{5s}{s^2+1}$ 和初始状态 $y(0_-)=1$， $y'(0_-)=-1$ 代入上式，得

$$Y(s)=Y_{zi}(s)+Y_{zs}(s)=\frac{s+4}{(s+2)(s+3)}+\frac{2}{(s+2)(s+3)}\cdot\frac{5s}{s^2+1}$$

$$=\overbrace{\frac{2}{s+2}+\frac{-1}{s+3}}^{Y_{zi}(s)}+\overbrace{\frac{-4}{s+2}+\frac{3}{s+3}+\frac{\frac{1}{\sqrt{2}}\mathrm{e}^{-\mathrm{j}\frac{\pi}{4}}}{s-\mathrm{j}}+\frac{\frac{1}{\sqrt{2}}\mathrm{e}^{\mathrm{j}\frac{\pi}{4}}}{s+\mathrm{j}}}^{Y_{zs}(s)} \tag{5.4-6}$$

$$=\underbrace{\frac{2}{s+2}+\frac{-1}{s+3}+\frac{-4}{s+2}+\frac{3}{s+3}}_{Y_{自由}(s)}+\underbrace{\frac{\frac{1}{\sqrt{2}}\mathrm{e}^{-\mathrm{j}\frac{\pi}{4}}}{s-\mathrm{j}}+\frac{\frac{1}{\sqrt{2}}\mathrm{e}^{\mathrm{j}\frac{\pi}{4}}}{s+\mathrm{j}}}_{Y_{强迫}(s)}$$

取逆变换，得

$$y(t)=[\underbrace{2\mathrm{e}^{-2t}-\mathrm{e}^{-3t}-4\mathrm{e}^{-2t}+3\mathrm{e}^{-3t}}_{y_{自由}(t)}+\underbrace{\sqrt{2}\cos\left(t-\frac{\pi}{4}\right)}_{y_{强迫}(t)}]\varepsilon(t) \tag{5.4-7}$$

由式（5.4-6）可见，$Y(s)$ 的极点由两部分组成，一部分是系统的特征根所形成的极点 -2 、-3，另一部分是激励信号象函数 $F(s)$ 的极点 j、$-$j。由式（5.4-6）可知，系统自由响应的象函数 $Y_{自由}(s)$ 的极点等于系统的特征根（固有频率），可以说，系统自由响应的函数形式由系统的固有频率确定。系统强迫响应的象函数 $Y_{强迫}(s)$ 的极点就是 $F(s)$ 的极点，因而系统强迫响应的函数形式由激励信号确定。

本例中，系统的特征根为负值，自由响应就是瞬态响应；激励象函数的极点实部为零，强迫响应就是稳态响应。

一般而言，若系统特征根的实部都小于零，那么自由响应函数都呈衰减形式，这时自由响应就是瞬态响应。若 $F(s)$ 极点的实部为零，则强迫响应函数都为等幅震荡（或阶跃函数）形式，这

时强迫响应就是稳态响应。如果激励信号本身是衰减函数（如 $e^{-\alpha t}$ ，$e^{-\alpha t}\cos\beta t$ ，$\alpha>0$），当 $t\to\infty$ 时，强迫响应也趋近于零，这时强迫响应与自由响应一起组成瞬态响应，而系统的稳态响应为零。如果系统有实部大于零的特征根，其响应函数随时间 t 的增大而增加，这时不能再分为瞬态响应和稳态响应。

5.4.2 系统函数

5-13 系统函数

描述 n 阶 LTI 系统的微分方程的一般形式为式（5.4-1）。写成求和的形式为

$$\sum_{i=0}^{n}a_i y^{(i)}(t)=\sum_{i=0}^{m}b_j f^{(j)}(t) \tag{5.4-8}$$

设 $f(t)$ 在 $t=0$ 时刻接入系统，在零状态条件下，对式（5.4-8）两边取拉氏变换，即得零状态响应的象函数

$$Y_{zs}(s)=\frac{B(s)}{A(s)}F(s) \tag{5.4-9}$$

其中，$F(s)$ 为 $f(t)$ 的象函数，$A(s)$ 、$B(s)$ 分别为

$$\begin{cases}A(s)=\sum_{i=0}^{n}a_i s^i\\ B(s)=\sum_{j=0}^{m}b_j s^j\end{cases} \tag{5.4-10}$$

系统函数定义为系统零状态响应的象函数 $Y_{zs}(s)$ 与激励信号的象函数 $F(s)$ 之比，用 $H(s)$ 表示，即

$$H(s)=\frac{Y_{zs}(s)}{F(s)}=\frac{B(s)}{A(s)} \tag{5.4-11}$$

由式（5.4-10）可知，根据系统的微分方程可以很容易地写出 $A(s)$ 和 $B(s)$，进一步求出系统的系统函数。称 $A(s)$ 为系统微分方程的特征多项式，方程 $A(s)=0$ 称为特征方程，它的根称为特征根（固有频率）。系统函数只取决于系统微分方程的系数 a_i 和 b_j，即只与系统的结构和元器件参数等有关，而与系统的激励、初始状态等外部因素无关，因此它在 s 域反映了系统的基本特性。

引入系统函数的概念后，系统零状态响应与激励之间的关系便可写为

$$Y_{zs}(s)=H(s)F(s) \tag{5.4-12}$$

当 $f(t)=\delta(t)$ 时，由于 $L[\delta(t)]=1$，根据式（5.4-12）可得系统的零状态响应象函数

$$Y_{zs}(s)=H(s)F(s)=H(s)$$

又由第 2 章可知，当激励为单位冲激函数 $\delta(t)$ 时，系统的零状态响应为系统的单位冲激响应 $h(t)$，便有

$$h(t)\leftrightarrow H(s)$$

即系统的单位冲激响应 $h(t)$ 与系统函数 $H(s)$ 互为一对拉氏变换。这对变换对十分有用，可以把求解 $h(t)$ 的问题转换为求解 $H(s)$，使系统分析的手段更加灵活，运算得到很大程度的简化。

【例 5-39】 某 LTI 连续系统的微分方程为 $y''(t)+4y'(t)+3y(t)=f'(t)-3f(t)$，求：（1）系统的单位冲激响应；（2）输入 $f(t)=\varepsilon(t)$ 时，系统的零状态响应；（3）初始状态 $y(0_-)=y'(0_-)=1$ 时系统的零输入响应。

【解】（1）求解思路：在零状态下对微分方程两边取拉氏变换→求出系统函数 $H(s)$ →求 $H(s)$ 的逆变换得到单位冲激响应。

在零状态下对微分方程两边取拉氏变换

$$s^2Y_{zs}(s)+4sY_{zs}(s)+3Y_{zs}(s)=sF(s)-3F(s)$$

解得

$$H(s)=\frac{Y_{zs}(s)}{F(s)}=\frac{s-3}{s^2+4s+3}=\frac{-2}{s+1}+\frac{3}{s+3}$$

取其逆变换，得

$$h(t)=(-2\mathrm{e}^{-t}+3\mathrm{e}^{-3t})\varepsilon(t)$$

（2）求解思路：求出 $f(t)$ 的拉氏变换 $F(s)$ →零状态响应的拉氏变换 $Y_{zs}(s)=H(s)F(s)$ →求 $Y_{zs}(s)$ 的逆变换即得零状态响应 $y_{zs}(t)$。

由于 $L[f(t)]=F(s)=\frac{1}{s}$，则有

$$Y_{zs}(s)=H(s)F(s)=\frac{s-3}{s^2+4s+3}\cdot\frac{1}{s}=\frac{-1}{s}+\frac{2}{s+1}+\frac{1}{s+3}$$

取其逆变换，得

$$y_{zs}(t)=(-1+2\mathrm{e}^{-t}+\mathrm{e}^{-3t})\varepsilon(t)$$

（3）求解思路：由系统函数 $H(s)$ 求出特征根→根据特征根写出时域的零输入响应 $y_{zi}(t)$ →把已知的初始条件代入 $y_{zi}(t)$ 确定系数后即得 $y_{zi}(t)$ 的具体形式。

因为

$$H(s)=\frac{s-3}{s^2+4s+3}=\frac{s-3}{(s+1)(s+3)}$$

可知系统方程的特征根 $p_1=-1$， $p_2=-3$，故系统的零输入响应为

$$y_{zi}(t)=C_1\mathrm{e}^{-t}+C_2\mathrm{e}^{-3t}$$

将 $y(0_-)=y'(0_-)=1$ 代入，可得

$$y(0_-)=C_1+C_2=1$$
$$y'(0_-)=-C_1-3C_2=1$$

解得 $C_1=2$， $C_2=-1$，因此得

$$y_{zi}(t)=2\mathrm{e}^{-t}-\mathrm{e}^{-3t}，\quad t\geqslant 0$$

【例 5-40】 已知某 LTI 连续系统的系统函数 $H(s)=\frac{s+6}{s^2+5s+6}$。（1）写出描述系统的微分方程；（2）求出系统的阶跃响应。

【解】（1）解法一：由式（5.4-10）可知，$H(s)$ 的分母、分子多项式的系数与系统微分方程的系数一一对应，故得描述该系统的微分方程为

$$y''(t)+5y'(t)+6y(t)=f'(t)+6f(t)$$

解法二：由式（5.4-11）可知 $H(s)=\frac{s+6}{s^2+5s+6}=\frac{Y_{zs}(s)}{F(s)}$

交叉相乘得 $(s^2+5s+6)Y_{zs}(s)=(s+6)F(s)$

即 $s^2Y_{zs}(s)+5sY_{zs}(s)+6Y_{zs}(s)=sF(s)+6F(s)$

逆变换得 $y''_{zs}(t)+5y'_{zs}(t)+6y_{zs}(t)=f'(t)+6f(t)$

进一步可得系统的微分方程 $y''(t)+5y'(t)+6y(t)=f'(t)+6f(t)$

（2）系统的阶跃响应 $g(t)$ 为输入 $f(t)=\varepsilon(t)$ 时的零状态响应，由于 $L[\varepsilon(t)]=\frac{1}{s}$，故有

$$G(s)=\frac{1}{s}H(s)=\frac{s+6}{s(s^2+5s+6)}=\frac{1}{s}+\frac{-2}{s+2}+\frac{1}{s+3}$$

取其逆变换，可得

$$g(t)=(1-2\mathrm{e}^{-2t}+\mathrm{e}^{-3t})\varepsilon(t)$$

【例 5-41】 某 LTI 连续系统，当初始状态 $y(0_-)=1$，激励信号 $f(t)=\varepsilon(t)$ 时，全响应为 $y(t)=2\mathrm{e}^{-2t}\varepsilon(t)$；当初始状态 $y(0_-)=2$，激励信号 $f(t)=\delta(t)$ 时，全响应为 $y(t)=\delta(t)$，求系统的微分方程。

【解】 设系统当初始状态 $y(0_-)=1$ 时的零输入响应象函数为 $Y_{\mathrm{zi1}}(s)$，则当初始状态 $y(0_-)=2$ 时的零输入响应象函数为 $2Y_{\mathrm{zi1}}(s)$。由于零状态响应的象函数

$$Y_{\mathrm{zs}}(s)=H(s)F(s)$$

又
$$f(t)=\varepsilon(t)\leftrightarrow F(s)=\frac{1}{s}\qquad f(t)=\delta(t)\leftrightarrow F(s)=1$$

故
$$Y_{\mathrm{zs1}}(s)=H(s)\cdot\frac{1}{s}\qquad Y_{\mathrm{zs2}}(s)=H(s)\cdot 1$$

根据题意列出方程组

$$\begin{cases}Y_1(s)=Y_{\mathrm{zi1}}(s)+H(s)\cdot\dfrac{1}{s}=\dfrac{2}{s+2}\\ Y_2(s)=2Y_{\mathrm{zi1}}(s)+H(s)\cdot 1=1\end{cases}$$

解方程组得

$$H(s)=\frac{s}{s+2}$$

系统的微分方程为

$$y'(t)+2y(t)=f'(t)$$

【例 5-42】 某 LTI 连续系统，初始状态一定，当输入 $f_1(t)=\delta(t)$ 时，系统全响应为 $y_1(t)=-3\mathrm{e}^{-t}\varepsilon(t)$；当输入 $f_2(t)=\varepsilon(t)$ 时，系统全响应为 $y_2(t)=\varepsilon(t)-5\mathrm{e}^{-t}\varepsilon(t)$。求当输入 $f_3(t)=5\mathrm{e}^{-2t}\varepsilon(t)$ 时系统的全响应 $y_3(t)$。

【解】 设初始状态一定时零输入响应象函数为 $Y_{\mathrm{zi}}(s)$，由于零状态响应的象函数

$$Y_{\mathrm{zs}}(s)=H(s)F(s)$$

又
$$f_1(t)=\delta(t)\leftrightarrow F_1(s)=1\qquad f_2(t)=\varepsilon(t)\leftrightarrow F_2(s)=\frac{1}{s}$$

故
$$Y_{\mathrm{zs1}}(s)=H(s)\cdot 1\qquad Y_{\mathrm{zs2}}(s)=H(s)\cdot\frac{1}{s}$$

根据题意列出方程组

$$\begin{cases}Y_1(s)=Y_{\mathrm{zi}}(s)+F_1(s)\cdot H(s)=Y_{\mathrm{zi}}(s)+1\cdot H(s)=\dfrac{-3}{s+1}\\ Y_2(s)=Y_{\mathrm{zi}}(s)+F_2(s)\cdot H(s)=Y_{\mathrm{zi}}(s)+\dfrac{1}{s}\cdot H(s)=\dfrac{1}{s}-\dfrac{5}{s+1}\end{cases}$$

解方程组得
$$Y_{\mathrm{zi}}(s)=\frac{-4}{s+1}\qquad H(s)=\frac{1}{s+1}$$

所以
$$y_{\mathrm{zi}}(t)=-4\mathrm{e}^{-t}\varepsilon(t)$$

又
$$f_3(t)=5\mathrm{e}^{-2t}\varepsilon(t)\leftrightarrow F_3(s)=\frac{5}{s+2}$$

进而 $$Y_{zs3}(s)=F_3(s)H(s)=\frac{5}{s+2}\cdot\frac{1}{s+1}=\frac{5}{s+1}+\frac{-5}{s+2}$$

逆变换得 $$y_{zs3}(t)=(5\mathrm{e}^{-t}-5\mathrm{e}^{-2t})\varepsilon(t)$$

全响应为 $$y_3(t)=y_{zi}(t)+y_{zs3}(t)=(\mathrm{e}^{-t}-5\mathrm{e}^{-2t})\varepsilon(t)$$

5.4.3 系统的 s 域框图

系统分析中常常会遇到用时域框图描述的系统，这里从 s 域的角度来研究求系统响应的方法。这个方法的基本思路是：（1）根据系统的时域框图画出相应的 s 域框图；（2）按照 s 域框图列写 s 域代数方程；（3）求出系统响应的象函数 $Y(s)$；（4）取其拉氏逆变换得到系统的时域响应 $y(t)$。但在画 s 域框图之前，必须对各个基本运算部件的输入、输出取拉氏变换，并利用拉氏变换的性质得到各个部件的 s 域模型。

例如，对积分器，当输入信号为 $f(t)$，输出为

$$y(t)=\int_{-\infty}^{t}f(\tau)\mathrm{d}\tau$$

5-14 系统框图

两边同时取拉氏变换，得

$$Y(s)=\frac{F(s)}{s}+\frac{f^{(-1)}(0_-)}{s}$$

所以，积分器在 s 域中可等效为两个部件（1/s 和加法器）的级联。表 5-3 给出了基本运算部件的 s 域模型。

表 5-3 基本运算部件的 s 域模型

	时域	s 域
数乘器	$f(t)$ → a → $af(t)$ 或 —a→	$F(s)$ → a → $aF(s)$ 或 —a→
加法器	$f_1(t)$ (+), $f_2(t)$ (−) → Σ → $f_1(t)-f_2(t)$	$F_1(s)$ (+), $F_2(s)$ (−) → Σ → $F_1(s)-F_2(s)$
积分器	$f(t)$ → ∫ → $\int_{-\infty}^{t}f(x)\mathrm{d}x$	$F(s)$ → $\frac{1}{s}$ → (+) Σ (+ $\frac{1}{s}f^{(-1)}(0_-)$) → $\frac{1}{s}F(s)+\frac{1}{s}f^{(-1)}(0_-)$
积分器（零状态）	$f(t)$ → ∫ → $\int_{0_-}^{t}f(x)\mathrm{d}x$	$F(s)$ → $\frac{1}{s}$ → $\frac{1}{s}F(s)$

由于含初始状态的框图比较复杂，而且通常最关心的是系统的零状态响应，因此实际情况中，常采用零状态的 s 域框图，它与时域框图具有相同的形式，所以使用方便。

【例 5-43】 某 LTI 系统的时域框图如图 5.8 所示，已知输入 $f(t)=\mathrm{e}^{-t}\varepsilon(t)$，求系统的零状态响应 $y_{zs}(t)$。

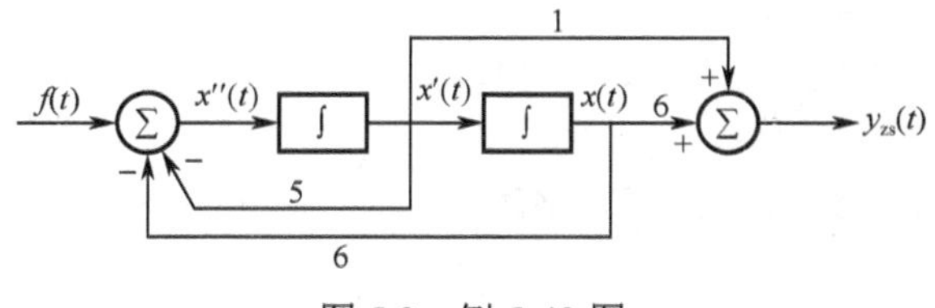

图 5.8 例 5-43 图

【解】 按照表 5-3，画出该系统零状态条件下的 s 域框图，如图 5.9 所示。

图 5.8 中最右端积分器的输出信号为中间变量 $x(t)$，对应到图 5.9 中，最右端积分器的输出信号 $X(s)$ 为 $x(t)$ 的拉氏变换。先根据左端的加法器列出其输出输入关系

$$s^2X(s)=-5sX(s)-6X(s)+F(s)$$

整理得到

$$X(s)=\frac{F(s)}{s^2+5s+6} \tag{5.4-13}$$

再根据右端的加法器列出其输出输入关系

$$Y_{zs}(s)=sX(s)+6X(s)=(s+6)X(s)$$

把式（5.4-13）代入上式得

$$Y_{zs}(s)=(s+6)X(s)=\frac{s+6}{s^2+5s+6}F(s)$$

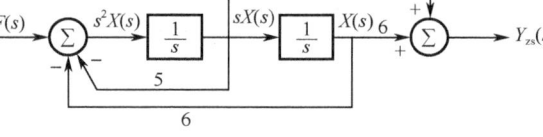

图 5.9 例 5-43 s 域框图

又因为 $f(t)=\mathrm{e}^{-t}\varepsilon(t)$，则 $F(s)=\dfrac{1}{s+1}$，代入上式得

$$Y_{zs}(s)=\frac{s+6}{s^2+5s+6}\cdot\frac{1}{s+1}=\frac{5/2}{s+1}+\frac{-4}{s+2}+\frac{3/2}{s+3}$$

两边取拉氏逆变换，得零状态响应

$$y_{zs}(t)=\left(\frac{5}{2}\mathrm{e}^{-t}-4\mathrm{e}^{-2t}+\frac{3}{2}\mathrm{e}^{-3t}\right)\varepsilon(t)$$

【例 5-44】 线性时不变连续系统框图如图 5.10 所示，已知当输入 $f(t)=3\varepsilon(t)$ 时系统的全响应 $y(t)=(1-8\mathrm{e}^{-2t}+12\mathrm{e}^{-3t})\varepsilon(t)$，（1）求 a、b、c；（2）求系统的 $h(t)$；（3）求零输入响应 $y_{zi}(t)$。

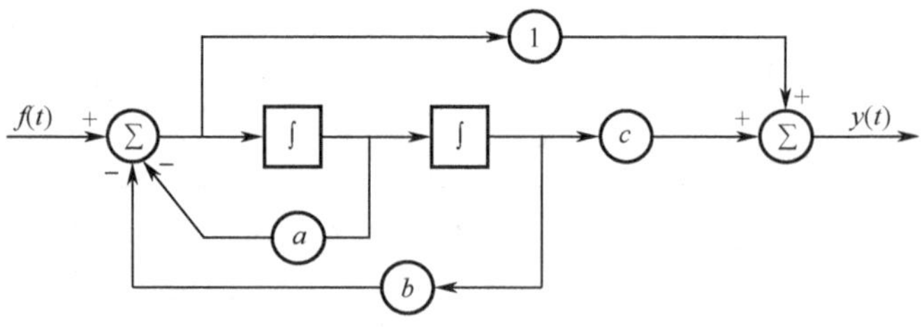

图 5.10 例 5-44 图

【解】（1）画出 s 域系统框图如图 5.11 所示。

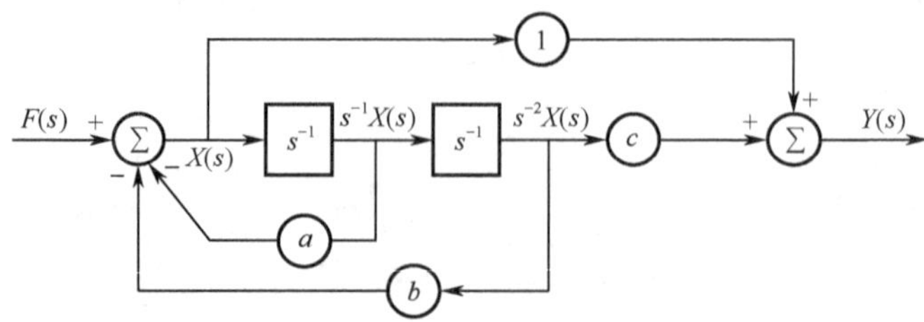

图 5.11 例 5-44 s 域框图

设左端加法器输出为 $X(s)$，先根据左端的加法器列出其输出输入关系

$$X(s)=F(s)-as^{-1}X(s)-bs^{-2}X(s)$$

整理可得

$$F(s)=\frac{1}{1+as^{-1}+bs^{-2}}X(s)$$

再根据右端的加法器列出其输出输入关系

$$Y(s)=X(s)+cs^{-2}X(s)=\frac{1+cs^{-2}}{1+as^{-1}+bs^{-2}}F(s)$$

所以

$$H(s)=\frac{Y_{zs}(s)}{F(s)}=\frac{1+cs^{-2}}{1+as^{-1}+bs^{-2}}=\frac{s^2+c}{s^2+as+b}$$

由全响应 $y(t)$ 和激励 $f(t)=3\varepsilon(t)$ 的表达式可知

$$y(t)=\underbrace{\varepsilon(t)}_{\text{强迫响应}}+\underbrace{[-8\mathrm{e}^{-2t}+12\mathrm{e}^{-3t}]\varepsilon(t)}_{\text{自由响应}}$$

系统的两个特征根为

$$\lambda_1=-2,\lambda_2=-3$$

故系统函数的极点为

$$\lambda_1=-2,\lambda_2=-3$$

所以

$$s^2+as+b=(s+2)(s+3)=s^2+5s+6$$

可得

$$a=5,b=6$$

系统函数为

$$H(s)=\frac{s^2+c}{s^2+5s+6}=\frac{s^2+c}{(s+2)(s+3)}$$

已知激励 $f(t)=3\varepsilon(t)$，则 $F(s)=\dfrac{3}{s}$，可求得系统的零状态响应为

$$Y_{zs}(s)=F(s)H(s)=\frac{3(s^2+c)}{s(s+2)(s+3)}=\frac{\frac{c}{2}}{s}+\frac{k_1}{s+2}+\frac{k_2}{s+3}$$

逆变换可得

$$y_{zs}(t)=\frac{c}{2}\varepsilon(t)+k_1\mathrm{e}^{-2t}\varepsilon(t)+k_2\mathrm{e}^{-3t}\varepsilon(t)$$

全响应中的特解即零状态响应中的特解，故 $\dfrac{c}{2}=1$，即 $c=2$

（2）系统函数

$$H(s)=\frac{s^2+2}{s^2+5s+6}=1+\frac{6}{s+2}-\frac{11}{s+3}$$

逆变换可得

$$h(t)=\delta(t)+(6\mathrm{e}^{-2t}-11\mathrm{e}^{-3t})\varepsilon(t)$$

（3）零状态响应的象函数

$$Y_{zs}(s)=\frac{3}{s}\cdot\frac{s^2+2}{(s+2)(s+3)}=\frac{1}{s}-\frac{9}{s+2}+\frac{11}{s+3}$$

逆变换可得

$$y_{zs}(t)=(1-9\mathrm{e}^{-2t}+11\mathrm{e}^{-3t})\varepsilon(t)$$

所以

$$y_{zi}(t)=y(t)-y_{zs}(t)=(\mathrm{e}^{-2t}+\mathrm{e}^{-3t})\varepsilon(t)$$

5.4.4 电路的 s 域模型

在分析具体的电路系统时，可以不必列出微分方程，也从 s 域的角度来分析。

基本分析思路是：（1）根据系统的时域电路模型画出相应的 s 域电路模型；（2）根据基尔霍夫电压或电流定律列出 s 域代数方程；（3）求出系统响应的象函数 $Y(s)$；（4）取其拉氏逆变换得到系统的时域响应 $y(t)$ 。因此必须得到电路中基本元件的 s 域模型，以及基尔霍夫电压或电流定律在 s 域的形式。

下面先讨论基尔霍夫定律在 s 域的形式。

时域基尔霍夫电流定律表述为：对于集中参数电路中的任一节点，在任意时刻，所有连接于该节点支路电流的代数和恒等于零，即对任一节点有 $\sum_{k=1}^{n} i_k(t)=0$ ，根据拉氏变换的线性性质有

$$\sum_{k=1}^{n} I_k(s)=0 \tag{5.4-14}$$

上式表明，对任一节点，所有连接于该节点的电流的象函数之和恒为零。式（5.4-14）也称为KCL 方程。

时域基尔霍夫电压定律表述为：在集中参数电路中，任意时刻，沿任一回路绕行，回路中所有支路电压的代数和恒为零，即对任一回路有 $\sum_{k=1}^{n} u_k(t)=0$，根据拉氏变换的线性性质有

$$\sum_{k=1}^{n} U_k(s)=0 \tag{5.4-15}$$

上式表明，对任一回路，回路中所有支路电压的象函数之和恒为零。式（5.4-15）也称为 KVL 方程。

对于线性时不变二端元件 R、C、L，若规定其端电压 $u(t)$ 与电流 $i(t)$ 为关联参考方向，相应的象函数分别为 $U(s)$ 和 $I(s)$，应用拉氏变换的线性性质及微分、积分特性，可以得它们的 s 域模型。

5-15 系统电路图

（1）电阻 R

电阻 R 的时域模型如图 5.12（a）所示。其时域的电压电流关系为 $u(t)=Ri(t)$，等式两边取拉普拉斯变换，得

$$U(s)=RI(s) \tag{5.4-16}$$

据此得到电阻 R 的 s 域模型如图 5.12（b）所示。

图 5.12 电阻的时域和 s 域模型

（2）电容 C

电容 C 的时域模型如图 5.13（a）所示。对于含有初始值 $u_C(0_-)$ 的电容 C，其时域的电压电流关系为 $i_C(t)=C\dfrac{du_C(t)}{dt}$，根据拉氏变换的时域微分特性，有

$$I_C(s)=sCU_C(s)-Cu_C(0_-)=\frac{U_C(s)}{1/sC}-Cu_C(0_-) \tag{5.4-17}$$

式（5.4-17）中，右边第一项中的因子 $1/sC$ 为电容的 s 域容抗，右边第二项 $Cu_C(0_-)$ 称之为内部象电流源，这样电容 C 的 s 域模型是由容抗 $1/sC$ 与内部象电流源 $Cu_C(0_-)$ 并联组成，为并联模型。如图 5.13（b）所示。

将式（5.4-17）两边同乘以 $1/sC$ 并移项，得

$$U_C(s)=\frac{1}{sC}I_C(s)+\frac{u_C(0_-)}{s} \tag{5.4-18}$$

式（5.4-18）中，右边第二项 $\dfrac{u_C(0_-)}{s}$ 相当于某电压源的象函数，称之为内部象电压源。这样电容 C 的 s 域模型是由容抗 $1/sC$ 与内部象电压源 $\dfrac{u_C(0_-)}{s}$ 串联组成，为串联模型。如图 5.13（c）所示。

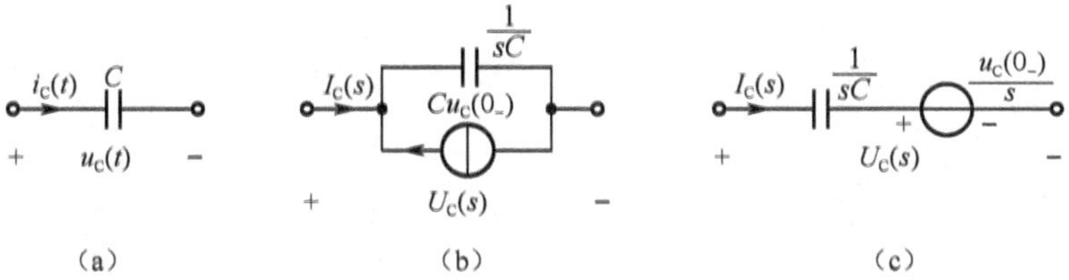

图 5.13　电容的时域和 s 域模型

（3）电感 L

电感 L 的时域模型如图 5.14（a）所示。对于含有初始值 $i_L(0_-)$ 的电感 L，其时域的电压电流关系为 $u_L(t) = L\dfrac{di_L(t)}{dt}$，根据拉氏变换的时域微分特性，有

$$U_L(s) = sLI(s) - Li_L(0_-) \tag{5.4-19}$$

式（5.4-19）中，右边第一项中的因子 sL 为电感的 s 域感抗，第二项 $Li_L(0_-)$ 相当于某电压源的象函数，称之为内部象电压源。这样电感 L 的 s 域模型是由感抗 sL 与内部象电压源 $Li_L(0_-)$ 串联组成，为串联模型。如图 5.14（b）所示。

将式（5.4-19）两边同除以 sL 并移项，得

$$I(s) = \frac{1}{sL}U_L(s) + \frac{i_L(0_-)}{s} \tag{5.4-20}$$

上式中右边第二项 $\dfrac{i_L(0_-)}{s}$ 称之为内部象电流源，这样电感 L 的 s 域模型是由感抗 sL 与内部象电流源 $\dfrac{i_L(0_-)}{s}$ 并联组成，为并联模型。如图 5.14（c）所示。

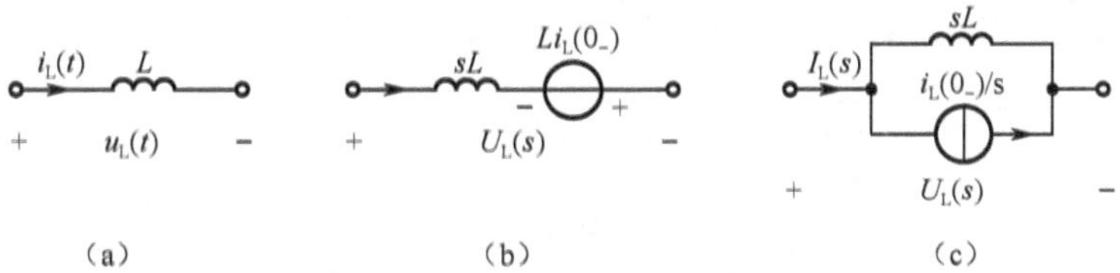

图 5.14　电感的时域和 s 域模型

电容元件和电感元件的 s 域模型都有串联和并联两种形式，两种形式的模型各有所用，串联模型多用于电路的回路分析法，并联模型多用于电路的节点分析法。

如果动态元件的初始储能为零，那么电路的 s 域模型就是将 R、L、C 元件分别看成具有 s 域阻抗 $Z_R = R$，$Z_L = sL$，$Z_C = \dfrac{1}{sC}$ 的电路，如图 5.15 所示。

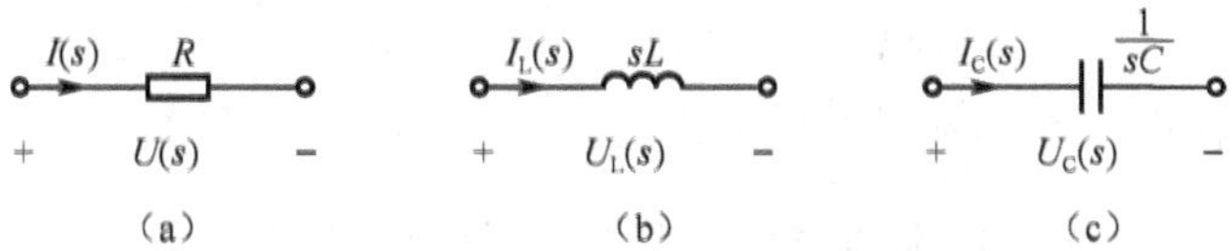

图 5.15　初始储能为零时元件的 s 域模型

【例 5-45】 如图 5.16 所示的电路，已知 $u_S(t) = \varepsilon(t)$，$i_S(t) = \delta(t)$，$L = 1\,\text{H}$，$C = 1\,\text{F}$，电阻 $R = 1\Omega$，起始状态 $u_C(0_-) = 1\text{V}$，$i_L(0_-) = 2\text{A}$，求电感两端电压的零输入响应 $u_{zi}(t)$，零状态响应 $u_{zs}(t)$ 以及全响应。

【解】 首先画出图 5.16 所示电路的 s 域模型，如图 5.17 所示。

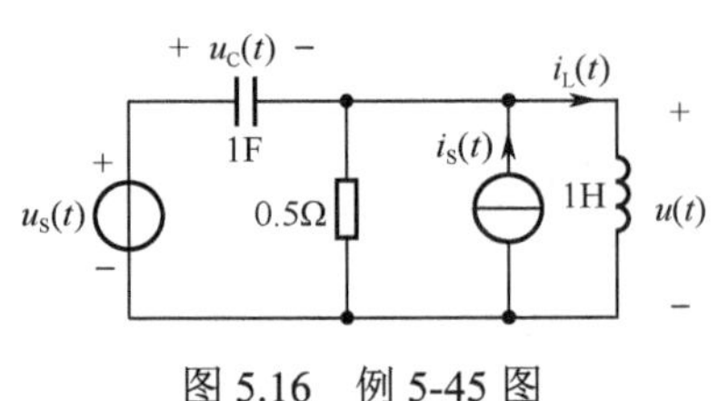

图 5.16　例 5-45 图

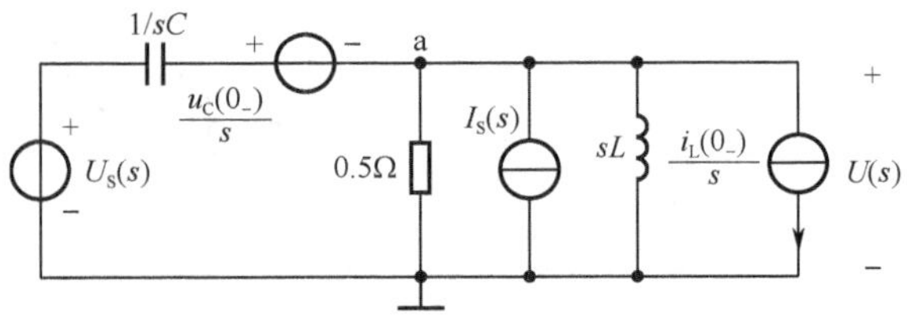

图 5.17　电路的 s 域模型

选定参考节点 a，列出节点 a 的 KCL 方程，有

$$s[U_S(s)-\frac{u_C(0_-)}{s}-U(s)]+I_S(s)=2U(s)+\frac{U(s)}{s}+\frac{i_L(0_-)}{s}$$

整理，得

$$\left(s+2+\frac{1}{s}\right)U(s)=-u_C(0_-)-\frac{i_L(0_-)}{s}+sU_S(s)+I_S(s)$$

由上式可解得

$$U(s)=\frac{-su_C(0_-)-i_L(0_-)}{s^2+2s+1}+\frac{s^2U_S(s)+sI_S(s)}{s^2+2s+1}$$

由上式可见，右边第一项仅与各初始值有关，因而是零输入响应的象函数 $Y_{zi}(s)$；第二项仅与输入的象函数 $U_S(s)$ 和 $I_S(s)$ 有关，因而是零状态响应的象函数 $Y_{zs}(s)$，即

$$Y_{zi}(s)=\frac{-su_C(0_-)-i_L(0_-)}{s^2+2s+1}\tag{5.4-21}$$

$$Y_{zs}(s)=\frac{s^2U_S(s)+sI_S(s)}{s^2+2s+1}\tag{5.4-22}$$

将 $u_C(0_-)=1\text{V}$，$i_L(0_-)=2\text{A}$，代入式（5.4-21），有

$$Y_{zi}(s)=\frac{-s-2}{s^2+2s+1}=\frac{-1}{(s+1)^2}+\frac{-1}{s+1}$$

又 $u_S(t)=\varepsilon(t)$，$i_S(t)=\delta(t)$，则 $U_S(s)=\frac{1}{s}$，$I_S(s)=1$，将其代入式（5.4-22），有

$$Y_{zs}(s)=\frac{2s}{s^2+2s+1}=\frac{-2}{(s+1)^2}+\frac{2}{s+1}$$

取其逆变换，得图 5.17 中电感两端电压的零输入响应为

$$u_{zi}(t)=(-t\mathrm{e}^{-t}-\mathrm{e}^{-t})\varepsilon(t)$$

$$u_{zs}(t)=(-2t\mathrm{e}^{-t}+2\mathrm{e}^{-t})\varepsilon(t)$$

全响应为

$$u(t)=u_{zi}(t)+u_{zs}(t)=(\mathrm{e}^{-t}-3t\mathrm{e}^{-t})\varepsilon(t)$$

【例 5-46】 如图 5.18（a）所示的电路，已知激励为 $u_1(t)$，响应为 $u_2(t)$，$R=5\Omega$，$L=1\text{H}$，$C=\frac{1}{6}\text{F}$，试求该电路系统的系统函数 $H(s)$ 和单位冲激响应 $h(t)$。

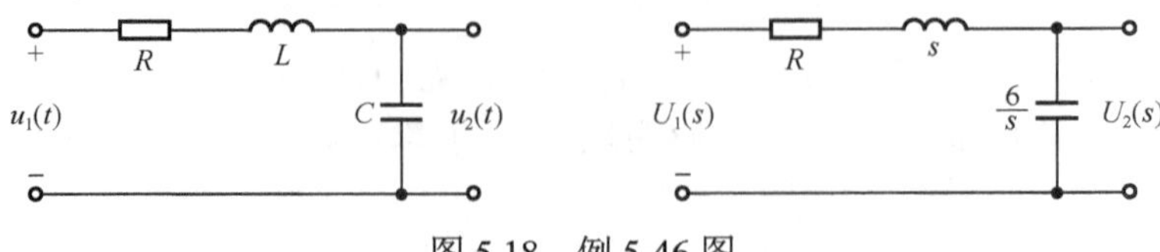

图 5.18　例 5-46 图

【解】 首先画出图 5.18（a）所示电路在零状态下的 s 域模型，如图 5.18（b）所示。设回路

上的电流为$I(s)$，根据该电路模型可得

$$H(s)=\frac{U_2(s)}{U_1(s)}=\frac{\frac{6}{s}\cdot I(s)}{\left(5+s+\frac{6}{s}\right)\cdot I(s)}=\frac{\frac{6}{s}}{5+s+\frac{6}{s}}=\frac{6}{s^2+5s+6}$$

$H(s)$部分分式展开，$H(s)=\frac{6}{s^2+5s+6}=\frac{6}{(s+2)(s+3)}=\frac{6}{s+2}-\frac{6}{s+3}$

逆变换得

$$h(t)=6(\mathrm{e}^{-2t}-\mathrm{e}^{-3t})\varepsilon(t)$$

【例 5-47】 某电路如图 5.19 所示，

（1）求系统的冲激响应$h(t)$。

（2）求系统的起始状态$i_{\mathrm{L}}(0_-)$、$u_{\mathrm{C}}(0_-)$，使系统的零输入响应等于冲激响应。

（3）求系统的起始状态$i_{\mathrm{L}}(0_-)$、$u_{\mathrm{C}}(0_-)$，使系统对$\varepsilon(t)$激励时的完全响应仍为$\varepsilon(t)$。

【解】 首先画出图 5.19 所示电路的 s 域模型，如图 5.20 所示。

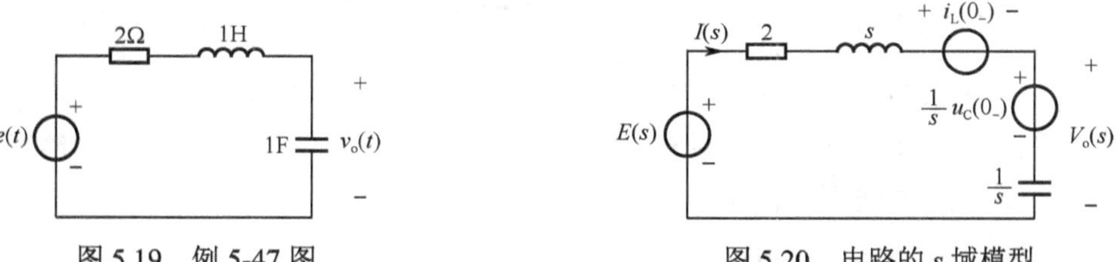

图 5.19 例 5-47 图　　　　图 5.20 电路的 s 域模型

（1）初始状态为零即$i_{\mathrm{L}}(0_-)=0$，$u_{\mathrm{C}}(0_-)=0$时系统函数

$$H(s)=\frac{V_{\mathrm{o}}(s)}{E(s)}=\frac{\frac{1}{sC}}{R+sL+\frac{1}{sC}}=\frac{1}{s^2+2s+1}=\frac{1}{(s+1)^2}$$

逆变换可得冲激响应

$$h(t)=t\,\mathrm{e}^{-t}\,\varepsilon(t)$$

（2）设电路s域模型中回路上的电流为$I(s)$，列写回路的 KVL 方程，有

$$E(s)=I(s)\left(2+s+\frac{1}{s}\right)-i_{\mathrm{L}}(0_-)+\frac{1}{s}u_{\mathrm{C}}(0_-)$$

可解得

$$I(s)=\frac{E(s)+i_{\mathrm{L}}(0_-)-\frac{1}{s}u_{\mathrm{C}}(0_-)}{2+s+\frac{1}{s}}$$

系统的s域输出

$$V_{\mathrm{o}}(s)=\frac{1}{s}u_{\mathrm{C}}(0_-)+I(s)\times\frac{1}{s}=\frac{1}{s}u_{\mathrm{C}}(0_-)+\frac{E(s)-\frac{1}{s}u_{\mathrm{C}}(0_-)+i_{\mathrm{L}}(0_-)}{2+s+\frac{1}{s}}\cdot\frac{1}{s}$$

$$=\frac{E(s)}{s^2+2s+1}+\frac{(s+2)u_{\mathrm{C}}(0_-)+i_{\mathrm{L}}(0_-)}{s^2+2s+1}$$

上式中第二项只和系统初始状态有关，因此该项是零输入响应的拉氏变换。依照题意零输入响应等于单位冲激响应，有

$$Y_{\mathrm{zi}}(s)=\frac{(s+2)u_{\mathrm{C}}(0_-)+i_{\mathrm{L}}(0_-)}{s^2+2s+1}=H(s)=\frac{1}{s^2+2s+1}$$

所以　　$(s+2)u_C(0_-)+i_L(0_-)=1$

故系统的初始状态为　　$i_L(0_-)=1 \qquad u_C(0_-)=0$

（3）当激励信号 $e(t)=\varepsilon(t)$ 时，$E(s)=\dfrac{1}{s}$，根据 $V_o(s)$ 的表达式求完全响应：

$$\begin{aligned}V_o(s)&=\frac{\frac{1}{s}}{s^2+2s+1}+\frac{(s+2)u_C(0_-)+i_L(0_-)}{s^2+2s+1}\\&=\frac{1}{s}+\frac{-s-2}{s^2+2s+1}+\frac{(s+2)u_C(0_-)+i_L(0_-)}{s^2+2s+1}\end{aligned}$$

要使完全响应 $v_o(t)=\varepsilon(t)$，应有：

$$(s+2)u_C(0_-)+i_L(0_-)-s-2=0$$

从而求得系统的起始状态为　　$i_L(0_-)=0 \qquad u_C(0_-)=1$

5.5　双边拉普拉斯变换

前面讨论的是单边拉普拉斯变换，适用于因果信号和因果系统。如果信号是双边信号，如周期信号、平稳随机过程等，或系统是非因果系统，这时就需要用双边拉普拉斯变换来分析。下面简单地对双边拉普拉斯变换作一讨论。

5.5.1　双边拉普拉斯变换的定义

在 5.1 节已经导出了双边拉普拉斯变换的定义为

$$F_b(s)=\int_{-\infty}^{\infty}f(t)e^{-st}dt \tag{5.5-1}$$

对于双边信号 $f(t)$，可将其分解为 $t\geqslant 0$ 时的因果信号部分 $f_1(t)$ 和 $t<0$ 时的反因果信号部分 $f_2(t)$ 之和，即

$$f(t)=\begin{cases}f_1(t), & t\geqslant 0\\ f_2(t), & t<0\end{cases} \tag{5.5-2}$$

或写为

$$f(t)=f_1(t)\varepsilon(t)+f_2(t)\varepsilon(-t) \tag{5.5-3}$$

假设 $f_1(t)$ 和 $f_2(t)$ 的双边拉普拉斯变换都存在，则有

$$F_b(s)=\int_{-\infty}^{0}f_2(t)e^{-st}\,dt+\int_0^{\infty}f_1(t)e^{-st}\,dt=F_2(s)+F_1(s) \tag{5.5-4}$$

上式表明，如果 $F_1(s)$ 和 $F_2(s)$ 同时存在，即二者有公共收敛域，则 $f(t)$ 的象函数为因果信号 $f_1(t)$ 的象函数 $F_1(s)$ 与反因果信号 $f_2(t)$ 的象函数 $F_2(s)$ 之和。如果二者没有公共收敛域，则 $f(t)$ 的象函数不存在。因果信号和反因果的收敛域 5.1 节已经做了分析，这里不再赘述。

【例 5-48】 求信号 $f(t)=e^{t}\varepsilon(-t)+e^{-2t}\varepsilon(t)$ 的双边拉普拉斯变换。

【解】 双边信号的因果信号部分为 $f_1(t)=e^{-2t}\varepsilon(t)$，其象函数为

$$F_1(s)=\frac{1}{s+2},\quad \sigma>-2$$

反因果信号部分为 $f_2(t)=e^{t}\varepsilon(-t)$，其象函数为

$$F_2(s)=-\frac{1}{s-1}=\frac{1}{-s+1},\quad \sigma<1$$

最终得双边信号 $f(t)$ 的双边拉普拉斯变换为

$$F_b(s)=F_1(s)+F_2(s)=\frac{1}{s+2}+\frac{1}{-s+1}=\frac{-3}{(s+2)(s-1)},\quad -2<\sigma<1$$

【例 5-49】 求双边指数函数 $f(t)=\mathrm{e}^{\alpha|t|}$，$\alpha<0$ 的双边拉普拉斯变换。

【解】 将双边指数函数分解为因果函数部分和反因果函数部分之和，有

$$f(t)=f_1(t)\varepsilon(t)+f_2(t)\varepsilon(-t)=\mathrm{e}^{\alpha t}\,\varepsilon(t)+\mathrm{e}^{-\alpha t}\,\varepsilon(-t)$$

因果函数部分为 $f_1(t)=\mathrm{e}^{\alpha t}\,\varepsilon(t)$，其象函数为

$$F_1(s)=\frac{1}{s-\alpha},\quad \sigma>\alpha$$

反因果函数部分为 $f_2(t)=\mathrm{e}^{-\alpha t}\,\varepsilon(-t)$，其象函数为

$$F_2(s)=-\frac{1}{s+\alpha},\quad \sigma<-\alpha$$

因为 $\alpha<0$，则 $-\alpha>\alpha$，所以 $F_1(s)$ 与 $F_2(s)$ 有公共收敛域，故 $f(t)$ 的象函数 $F_b(s)$ 存在并为

$$F_b(s)=F_1(s)+F_2(s)=\frac{1}{s-\alpha}-\frac{1}{s+\alpha}=\frac{2\alpha}{s^2-\alpha^2},\quad \alpha<\sigma<-\alpha$$

如果 $\alpha>0$，则因 $-\alpha<\alpha$，$F_1(s)$ 与 $F_2(s)$ 无公共收敛域，$f(t)$ 的象函数不存在。

5.5.2 双边拉普拉斯逆变换

在求双边拉普拉斯逆变换时，要注意根据收敛域区分象函数 $F_b(s)$ 的极点哪些属于因果信号部分 $f_1(t)$ 的象函数 $F_1(s)$，哪些属于反因果信号部分 $f_2(t)$ 的象函数 $F_2(s)$，并分别求得其原函数。

【例 5-50】 已知象函数

$$F_b(s)=\frac{2s+3}{(s+1)(s+2)}$$

试求出收敛域分别为（1）$\sigma>-1$；（2）$\sigma<-2$；（3）$-2<\sigma<-1$ 三种情况的原函数。

【解】 首先将象函数 $F_b(s)$ 部分分式展开，有

$$F_b(s)=\frac{2s+3}{(s+1)(s+2)}=\frac{1}{s+1}+\frac{1}{s+2}$$

（1）收敛域为 $\sigma>-1$，其原函数为因果信号，取逆变换有

$$f(t)=(\mathrm{e}^{-t}+\mathrm{e}^{-2t})\varepsilon(t)$$

（2）收敛域为 $\sigma<-2$，其原函数为反因果信号，取逆变换有

$$f(t)=-(\mathrm{e}^{-t}+\mathrm{e}^{-2t})\varepsilon(-t)$$

（3）收敛域为 $-2<\sigma<-1$，其原函数为双边信号，同时不难判断，极点 $s=-2$ 属于因果信号 $f_1(t)$ 的象函数 $F_1(s)$，极点 $s=-1$ 属于反因果信号 $f_2(t)$ 的象函数 $F_2(s)$。分别取它们的逆变换为

$$f_1(t)=\mathrm{e}^{-2t}\,\varepsilon(t)$$

$$f_2(t)=-\mathrm{e}^{-t}\,\varepsilon(-t)$$

于是原函数为

$$f(t)=f_1(t)+f_2(t)=\mathrm{e}^{-2t}\,\varepsilon(t)-\mathrm{e}^{-t}\,\varepsilon(-t)$$

双边拉普拉斯变换的性质与单边拉普拉斯变换的性质类似，这里不做详细讨论。

5.5.3 双边信号作用下线性系统的响应

设系统的激励信号为双边信号 $f(t)$，它存在双边拉普拉斯变换 $F_b(s)$，收敛域为 $\sigma_1<\sigma<\sigma_2$；系统为线性时不变因果系统，其单位冲激响应为 $h(t)$，系统函数 $H(s)$ 的收敛域为 $\sigma>\sigma_0$。因为

$y(t)=f(t)*h(t)$，则由卷积定理有

$$Y(s)=F_b(s)H(s) \tag{5.5-5}$$

显然如果响应存在，则 $F_b(s)$ 与 $H(s)$ 应有公共收敛域，$y(t)$ 即为 $Y(s)$ 的原函数；如果 $F_b(s)$ 与 $H(s)$ 无公共收敛域，则 $Y(s)$ 不存在。与傅里叶变换分析法类似，这里因为激励信号的时间是从负无穷到正无穷的整个时间区间，所以仅需要考虑零状态响应。

【例 5-51】 已知某线性时不变因果系统的单位冲激响应为 $h(t)=e^{-3t}\varepsilon(t)$，激励信号

$$f(t)=\begin{cases} e^{-2t}, & t<0 \\ e^{-4t}, & t>0 \end{cases}$$

求系统的零状态响应。

【解】 首先对激励信号 $f(t)$ 做双边拉普拉斯变换，有

$$F_b(s)=F_1(s)+F_2(s)=\frac{1}{s+4}-\frac{1}{s+2}, \quad -4<\sigma<-2$$

系统函数

$$H(s)=L[h(t)]=\frac{1}{s+3}, \quad \sigma>-3$$

由此可见 $F_b(s)$ 与 $H(s)$ 有公共收敛域 $-3<\sigma<-2$，故 $Y(s)$ 存在，并为

$$\begin{aligned} Y(s)=F_b(s)H(s)&=\frac{-2}{(s+2)(s+3)(s+4)} \\ &=\frac{-1}{s+2}+\frac{2}{s+3}+\frac{-1}{s+4}, \quad -3<\sigma<-2 \end{aligned}$$

由收敛域可判别，极点 $s=-3$ 和 $s=-4$ 属于因果信号 $y_1(t)$ 的象函数 $Y_1(s)$，取逆变换得

$$y_1(t)=(2e^{-3t}-e^{-4t})\varepsilon(t)$$

极点 $s=-2$ 属于反因果信号 $y_2(t)$ 的象函数 $Y_2(s)$，取逆变换得

$$y_2(t)=e^{-2t}\varepsilon(-t)$$

系统的零状态响应

$$y(t)=(2e^{-3t}-e^{-4t})\varepsilon(t)+e^{-2t}\varepsilon(-t)$$

从本例题的结果可以看出，在 $t<0$ 时激励信号强迫系统作出与激励信号同形式的响应。而在 $t>0$ 时响应则由激励和系统的特性共同确定。读者还可以自行证明，本例中如果 $h(t)$ 不变而 $f(t)$ 改为 $e^{-4t}\varepsilon(-t)+e^{-5t}\varepsilon(t)$，或 $f(t)$ 不变而 $h(t)$ 改为 $e^{-t}\varepsilon(t)$，则 $F_b(s)$ 与 $H(s)$ 无公共收敛域，$Y(s)$ 将不存在。这实际上意味着此时系统的响应不存在拉普拉斯变换，或者说，该问题不适合于用拉普拉斯变换求解。

习 题 五

5.1 求下列函数的单边拉普拉斯变换，并注明收敛域。

（1）$2-te^{-t}$　　（2）$2\delta(t)+\delta'(t)-e^{-t}$

5.2 求题 5.2 图所示信号的拉普拉斯变换，并注明收敛域。

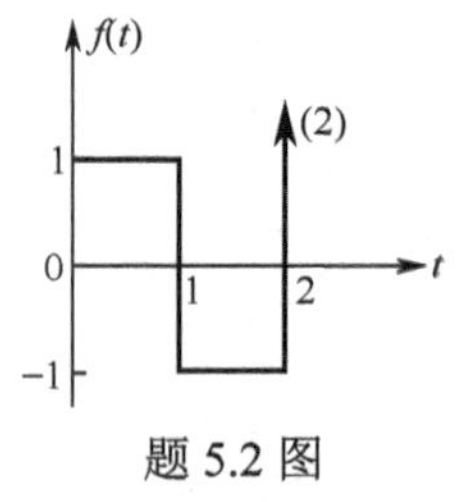

题 5.2 图

5.3 利用常用函数的象函数及拉普拉斯变换的性质，求下列函数的拉普拉斯变换。

（1）$e^{-t}\varepsilon(t)-e^{-t}\varepsilon(t-1)$　　（2）$\sin(2\pi t)[\varepsilon(t)-\varepsilon(t-1)]$

（3） $\delta(4t-2)+\delta'(t)$

（4） $\cos\left(2t-\frac{\pi}{4}\right)\varepsilon(t)+\sin\left(2t-\frac{\pi}{4}\right)\varepsilon\left(2t-\frac{\pi}{4}\right)$

（5） $\int_0^t \sin(\pi x)\mathrm{d}x+t\varepsilon(t)$

（6） $\frac{\mathrm{d}}{\mathrm{d}t}[\sin(\pi t)\varepsilon(t)]+\frac{\mathrm{d}}{\mathrm{d}t}[\cos(\pi t)]$

（7） $\varepsilon(t+2)-\varepsilon(t-1)$

（8） $t\mathrm{e}^{-(t-3)}\varepsilon(t-2)$

（9） $t\mathrm{e}^{-\alpha t}\cos(\beta t)\varepsilon(t)$

（10） $t^2\mathrm{e}^{-2t}\varepsilon(t)$

5.4 如已知因果函数 $f(t)\leftrightarrow F(s)$，求下列函数的象函数。

（1） $\mathrm{e}^{-3t}f(t-2)$

（2） $\frac{\mathrm{d}f\left(\frac{t}{2}-2\right)}{\mathrm{d}t}$

（3） $t\mathrm{e}^{-2t}f(3t)$

（4） $tf\left(\frac{t}{2}\right)*\mathrm{e}^{-t}f(2t)$

5.5 求下列象函数 $F(s)$ 原函数的初值 $f(0_+)$ 和终值 $f(\infty)$。

（1） $F(s)=\frac{3s+8}{s(s+3)}$

（2） $F(s)=\frac{s}{s+1}$

5.6 求题 5.6 图所示在 $t=0$ 时接入的有始周期信号 $f(t)$ 的象函数 $F(s)$。

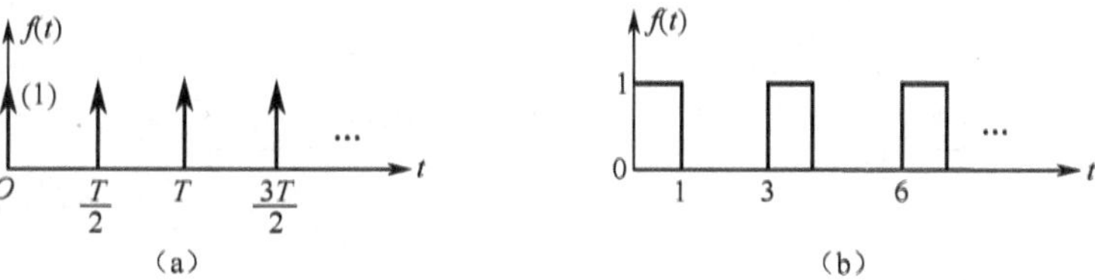

题 5.6 图

5.7 求下列各象函数的拉普拉斯逆变换。

（1） $\frac{1}{s(s+4)}$

（2） $\frac{s(s^2s^2 4s+5)}{s^2+3s+2}$

（3） $\frac{2s}{(s-1)(s^2+1)}$

（4） $\frac{1}{s^2(s-1)}$

（5） $\frac{s+3}{s(s^2+2s+3)}$

（6） $\frac{2s+1}{s^2}\mathrm{e}^{-2s}$

5.8 求下列各象函数的拉普拉斯逆变换。

（1） $\frac{2-\mathrm{e}^{-Ts}}{s+2}$

（2） $\frac{\mathrm{e}^{-2(s+4)}}{s+4}$

（3） $\frac{\pi(1+\mathrm{e}^{-s})}{s^2+\pi^2}+\frac{s(1+\mathrm{e}^{-2s})}{s^2+\pi^2}$

（4） $\frac{s+3}{(s^2+3s+2)\mathrm{e}^{4s}}$

5.9 因果信号 $f(t)$ 满足 $f(t)-\int_0^t \sin(t-\tau)\varepsilon(t-\tau)f(\tau)\mathrm{d}\tau=\sin t\varepsilon(t)$，求 $f(t)$。

5.10 象函数 $\frac{\mathrm{e}^{-s}}{1+\mathrm{e}^{-s}}$ 的原函数是在 $t=0$ 时接入的有始周期信号，求周期 T 并写出其第一个周期的时间表达式 $f_0(t)$。

5.11 描述某 LTI 系统的微分方程为 $y''(t)+3y'(t)+2y(t)=f'(t)+4f(t)$，已知 $f(t)=\delta'(t)$，$y(0_-)=0$，$y'(0_-)=1$，求该系统的零输入响应和零状态响应。

5.12 求微分方程 $y''(t)+5y'(t)+6y(t)=f'(t)-3f(t)$ 所描述的 LTI 系统的单位冲激响应 $h(t)$ 和

阶跃响应 $g(t)$。

5.13 描述某LTI系统的微分方程为 $y''(t)+3y'(t)+2y(t)=f'(t)+4f(t)$，已知系统的初始条件为 $y(0_+)=1$，$y'(0_+)=3$，输入信号 $f(t)=\mathrm{e}^{-2t}\varepsilon(t)$，求该系统的零输入响应和零状态响应。

5.14 已知系统函数 $H(s)=\dfrac{s+3}{s^2+3s+2}$，初始状态为 $y(0_-)=1$，$y'(0_-)=0$，求系统的零输入响应 $y_{\mathrm{zi}}(t)$。

5.15 已知某 LTI 系统的阶跃响应 $g(t)=(1-\mathrm{e}^{-t})\varepsilon(t)$，欲使系统的零状态响应 $y_{\mathrm{zs}}(t)=(\mathrm{e}^{-t}-\mathrm{e}^{-2t}+3\mathrm{e}^{-3t})\varepsilon(t)$，求系统的输入信号 $f(t)$。

5.16 描述某LTI连续系统的框图如题5.16图所示，已知当输入 $f(t)=3(1+\mathrm{e}^{-t})\varepsilon(t)$ 时，系统的全响应 $y(t)=(4\mathrm{e}^{-2t}+3\mathrm{e}^{-3t}+1)\varepsilon(t)$

（1）列写系统的输入输出方程。

（2）求系统的零输入响应。

5.17 如题5.17图所示复合系统，由3个子系统连接组成，若各子系统的系统函数或冲激响应分别为：$H_1(s)=\dfrac{1}{s+1}$，$H_2(s)=\dfrac{1}{s+2}$，$h_3(t)=\varepsilon(t)$，求复合系统的冲激响应 $h(t)$。

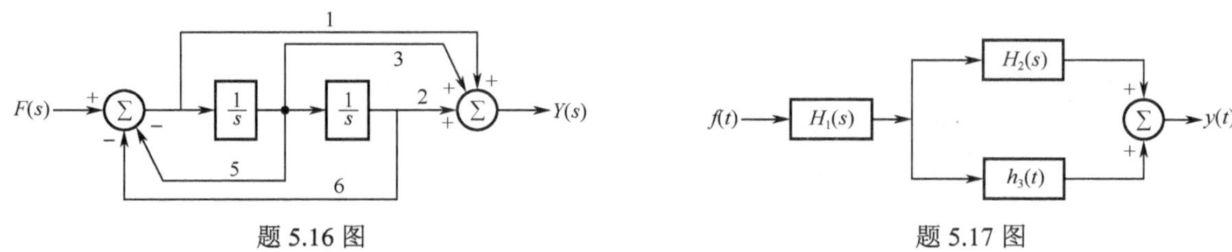

题5.16图　　　　题5.17图

5.18 如题 5.18 图所示系统框图，已知当 $f(t)=\mathrm{e}^{-t}\varepsilon(t)$ 时，系统的零状态响应 $y_{\mathrm{zs}}(t)=(1+\mathrm{e}^{-t}-\mathrm{e}^{-2t})\varepsilon(t)$，求系统框图中的a、b、c。

5.19 线性时不变连续系统框图如题 5.19 图所示，已知当输入 $f(t)=3\varepsilon(t)$ 时系统的全响应 $y(t)=(1-8\mathrm{e}^{-2t}+12\mathrm{e}^{-3t})\varepsilon(t)$，求系数 a、b、c 和系统的零输入响应 $y_{\mathrm{zi}}(t)$。

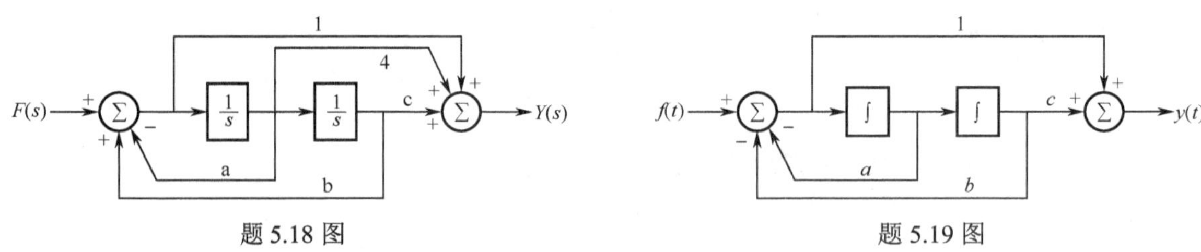

题5.18图　　　　题5.19图

题5.20图

5.20 如题5.20图所示的复合系统由2个子系统组成，子系统的系统函数或冲激响应如下，求复合系统的冲激响应。

（1）$H_1(s)=\dfrac{1}{s+1}$，$h_2(t)=2\mathrm{e}^{-2t}\varepsilon(t)$

（2）$H_1(s)=1$，$h_2(t)=\delta(t-T)$，T 为常数

5.21 根据函数 $f(t)=\mathrm{e}^{-2t}[\varepsilon(t)-\varepsilon(t-2)]$ 的象函数 $F(s)$，求 $f(t)$ 的傅里叶变换。

5.22 某因果信号的拉普拉斯变换为 $F(s)=\dfrac{2}{s(s+2)}$，求该信号的傅里叶变换。

5.23 设某LTI连续系统的初始状态一定。已知当激励 $f_1(t)=\delta(t)$ 时，其全响应 $y_1(t)=3\mathrm{e}^{-t}\varepsilon(t)$；当激励 $f_2(t)=\varepsilon(t)$ 时，其全响应 $y_2(t)=(1+\mathrm{e}^{-t})\varepsilon(t)$；求当 $f_3(t)=t\varepsilon(t)$ 时系统的全响应。

5.24　如题 5.24 图所示的系统，其单位阶跃响应 $g(t)$ 如图所示，系统的稳态误差 $e_{ss}(\infty)=0$，求 K、N、T 的值。

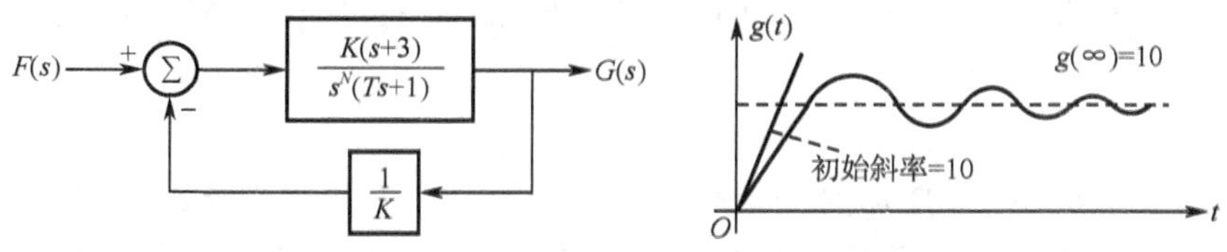

题 5.24 图

5.25　设线性时不变系统在零状态下，当输入为 $x(t)$ 时，输出为 $y(t)$，如题 5.25 图所示，试确定该系统的阶跃响应 $g(t)$，并画出波形图。

5.26　如题 5.26 图所示电路，其输入为单位阶跃函数 $\varepsilon(t)$，求电压 $u(t)$ 的零状态响应。

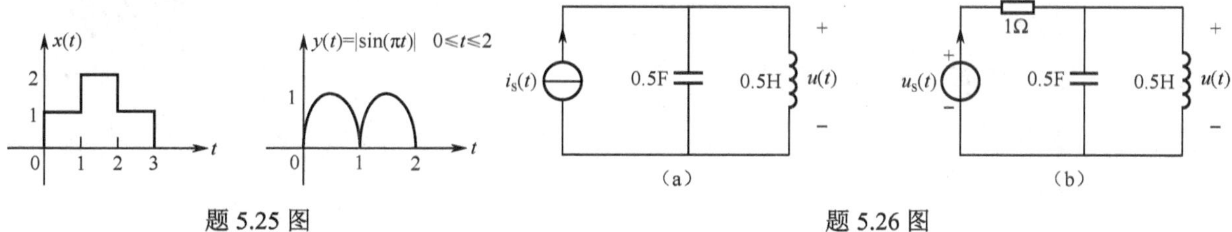

题 5.25 图　　题 5.26 图

5.27　如题 5.27 图所示电路，已知 $L_1=3\text{H}$，$L_2=6\text{H}$，$R=9\Omega$。若以 $i_S(t)$ 为输入，$u(t)$ 为输出，求其单位冲激响应 $h(t)$ 和阶跃响应 $g(t)$。

5.28　如题 5.28 图所示电路，已知 $u_C(0_-)=1\text{V}$，$i_L(0_-)=1\text{A}$，激励 $i_1(t)=\varepsilon(t)\text{A}$，$u_2(t)=\varepsilon(t)\text{V}$，求响应 $i_R(t)$。

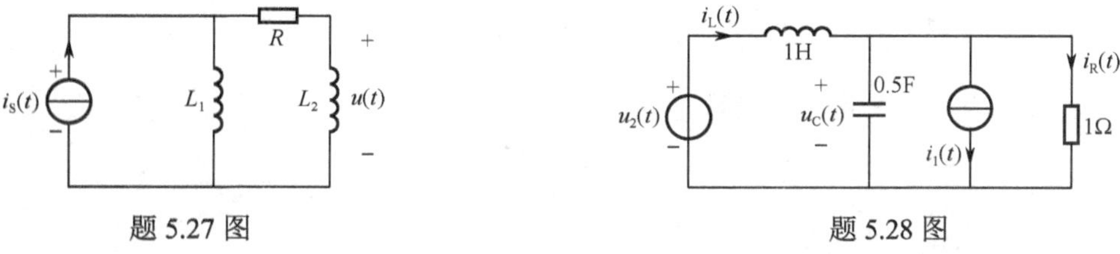

题 5.27 图　　题 5.28 图

5.29　如题 5.29 图所示电路，当 $t<0$ 时，开关 K 断开，电路已达到稳态，$t=0$ 时刻闭合开关 K，试求 $t>0$ 时的 $i(t)$。

5.30　电路如题 5.30 图所示，$R=1\Omega$，$C=0.5F$。若 $u_1(t)$ 为输入，$u_2(t)$ 为输出，求

（1）系统函数 $H(s)=\dfrac{U_2(s)}{U_1(s)}$

（2）冲激响应和阶跃响应。

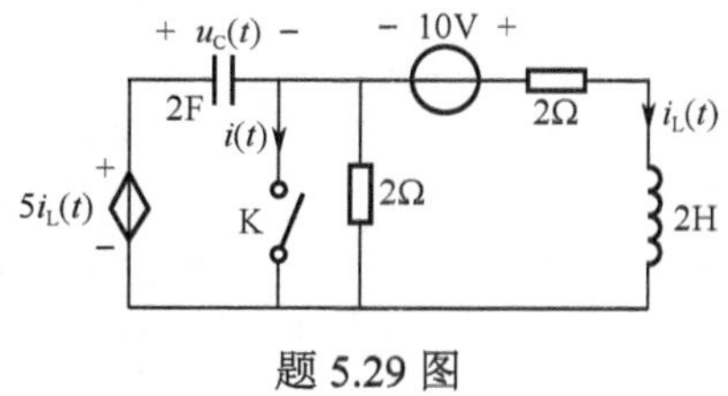

题 5.29 图

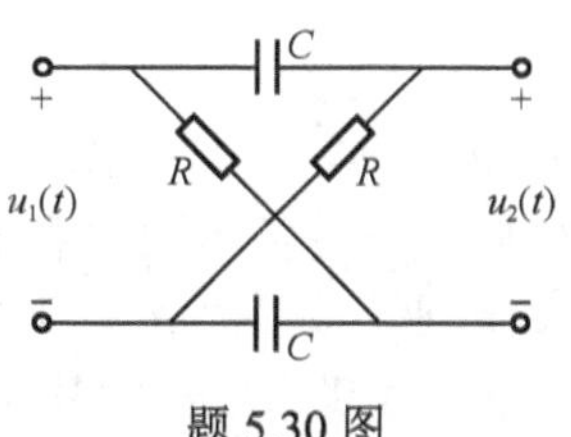

题 5.30 图

第 6 章　离散时间信号与系统的 z 域分析

z 变换是在变换域中研究离散时间信号与系统的重要工具，它在离散时间信号与系统分析中的作用和拉普拉斯变换在连续时间信号与系统中的作用相似，它将描述系统的差分方程变换为 z 域的代数方程，而且代数方程中包括了系统的初始状态，从而能求得系统的零输入响应和零状态响应以及全响应。这里用于分析的独立变量是复变量 z，故称为 z 域分析。

6.1　z 变换

6-1 z 变换定义 1

6.1.1　从拉普拉斯变换到 z 变换

由第 4 章可知，对连续时间信号进行均匀冲激取样后，可以得到离散时间信号。这里由该离散信号的双边拉普拉斯变换来引出 z 变换。

设有连续时间信号 $f(t)$，每隔时间 T 取样一次，这相当于连续时间信号 $f(t)$ 乘以冲激序列 $\delta_T(t)$。考虑到冲激函数的取样性质，取样信号 $f_s(t)$ 可写为

$$f_s(t)=f(t)\delta_T(t)=f(t)\sum_{k=-\infty}^{\infty}\delta(t-kT)=\sum_{k=-\infty}^{\infty}f(kT)\delta(t-kT) \tag{6.1-1}$$

对上式两边取双边拉普拉斯变换，可得取样信号 $f_s(t)$ 的双边拉普拉斯变换为

$$F_{sb}(s)=\sum_{k=-\infty}^{\infty}f(kT)\mathrm{e}^{-kTs} \tag{6.1-2}$$

令 $z=\mathrm{e}^{sT}$，上式将成为复变量 z 的函数，用 $F(z)$ 表示，为了简便将其中的 $f(kT)$ 记为 $f(k)$，则得

$$F(z)=\sum_{k=-\infty}^{\infty}f(k)z^{-k} \tag{6.1-3}$$

式（6.1-3）称为序列 $f(k)$ 的 z 变换。

比较式（6.1-2）和式（6.1-3）可知，当令 $z=\mathrm{e}^{sT}$ 时，序列 $f(k)$ 的 z 变换就等于取样信号 $f_s(t)$ 的拉普拉斯变换，即

$$F(z)\big|_{z=\mathrm{e}^{sT}}=F_{sb}(s) \tag{6.1-4}$$

复变量 z 与 s 的关系是

$$z=\mathrm{e}^{sT} \tag{6.1-5}$$

$$s=\frac{1}{T}\ln z \tag{6.1-6}$$

式（6.1-5）和式（6.1-6）反映了连续时间系统与离散时间系统以及 s 域与 z 域之间的重要关系。

正如拉普拉斯变换有双边和单边之分一样，z 变换也有双边和单边之分。式（6.1-3）所示变换不仅涉及序列 $f(k)$ 中 $k\geqslant 0$ 的部分，而且还涉及 $k<0$ 的部分，是双边 z 变换，而单边 z 变换仅仅涉及 $f(k)$ 中 $k\geqslant 0$ 的部分，其定义为

$$F(z)=\sum_{k=0}^{\infty}f(k)z^{-k} \tag{6.1-7}$$

对于当 $k<0$ 时 $f(k)=0$ 的因果序列，单边和双边的 z 变换相等；否则，两者就不相等。今后，

在不致混淆的情况下，统称它们为 z 变换。但是在求解系统对激励信号的响应的过程中，单边 z 变换用得较多，所以在无特别说明时，z 变换一般就是指单边 z 变换。

式（6.1-3）和式（6.1-7）中的 $F(z)$ 称为序列 $f(k)$ 的象函数，$f(k)$ 称为 $F(z)$ 的原序列。为书写方便，将 $f(k)$ 的 z 变换简记为 $Z[f(k)]$，象函数 $F(z)$ 的逆 z 变换简记为 $Z^{-1}[F(z)]$。$f(k)$ 与 $F(z)$ 之间的关系简记为

$$f(k) \leftrightarrow F(z) \tag{6.1-8}$$

6.1.2 收敛域

按照式（6.1-3）或式（6.1-7）所定义的 z 变换是 z 的无穷幂级数之和，显然仅当该幂级数收敛，即当

$$\sum_{k=-\infty}^{\infty}\left|f(k)z^{-k}\right| < \infty \tag{6.1-9}$$

时，序列 $f(k)$ 的 z 变换才存在。上式称为绝对可和条件，是序列 $f(k)$ 的 z 变换存在的充要条件。因此，对于序列 $f(k)$，满足式（6.1-9）这个绝对可和条件的所有 z 值组成的集合，称为 z 变换的收敛域，也常用 ROC 表示。下面，通过例子来研究 z 变换的收敛域。

1. 有限长序列

【例 6-1】 求下面有限长序列的 z 变换和收敛域：（1）$\delta(k)$；（2）$f(k)=\{1,2,\underline{2},3,1\}$。

【解】（1）单位样值序列的 z 变换为

$$F(z)=\sum_{k=-\infty}^{\infty}\delta(k)z^{-k}=\sum_{k=0}^{\infty}\delta(k)z^{-k}=1$$

可见，其单边、双边 z 变换相等。由于其 z 变换是常数 1，与 z 无关，收敛域为整个 z 平面。

（2）序列 $f(k)$ 的双边 z 变换为

$$F(z)=\sum_{k=-\infty}^{\infty}f(k)z^{-k}=z^2+2z+2+3z^{-1}+z^{-2}$$

单边 z 变换为

$$F(z)=\sum_{k=0}^{\infty}f(k)z^{-k}=2+3z^{-1}+z^{-2}$$

可见，单边与双边 z 变换不同。容易看出，对于双边 z 变换，除 $z=\infty$ 和 $z=0$ 外，$F(z)$ 在 z 平面上处处收敛，即收敛域为 $0<|z|<\infty$；对于单边 z 变换，收敛域为 $|z|>0$。

如果序列 $f(k)$ 是有限长的，即 $f(k)$ 在有限的区间（$k_1 \leqslant k \leqslant k_2$）内具有非零的有限值的序列，其 z 变换为

$$F(z)=\sum_{k=k_1}^{k_2}f(k)z^{-k}$$

上式是一个有限项级数的和。由该级数可以看出，当 $k_1<0$，$k_2>0$ 时，除 $z=\infty$ 和 $z=0$ 外，$F(z)$ 在 z 平面上处处收敛，即收敛域为 $0<|z|<\infty$；当 $k_1<0$，$k_2 \leqslant 0$ 时，$F(z)$ 的收敛域为 $|z|<\infty$；当 $k_1 \geq 0$，$k_2>0$ 时，$F(z)$ 的收敛域为 $|z|>0$。

因此，有限长序列的 z 变换收敛域至少为 $0<|z|<\infty$，且可能还包括 $z=\infty$ 和 $z=0$，具体由序列 $f(k)$ 的形式所决定。

2. 因果序列

6-2z 变换定义 2

【例 6-2】 求因果序列 $f(k)=a^k\varepsilon(k)$ 的 z 变换和收敛域（式中 a 为常数）。

【解】 因果序列 $f(k)$ 的 z 变换为

$$F(z)=\sum_{k=-\infty}^{\infty}a^k\varepsilon(k)z^{-k}=\sum_{k=0}^{\infty}(az^{-1})^k$$

为研究上式的收敛情况，利用等比级数求和公式，上式可写为

$$F(z)=\lim_{N\to\infty}\sum_{k=0}^{N}(az^{-1})^k=\lim_{N\to\infty}\frac{1-(az^{-1})^{N+1}}{1-az^{-1}}$$

$$=\begin{cases}\dfrac{z}{z-a}, & |az^{-1}|<1,\text{即}|z|>|a| \\ \text{不定}, & |az^{-1}|=1,\text{即}|z|=|a| \\ \text{无界}, & |az^{-1}|>1,\text{即}|z|<|a|\end{cases}$$

所以，对于因果序列 $f(k)$，仅当 $|z|>|a|$ 时，其 z 变换存在。收敛域 $|z|>|a|$ 是半径为 $|a|$ 的圆外区域，如图 6.1（a）所示。显然它也是单边 z 变换的收敛域。

这样，序列与其象函数的关系为

$$a^k\varepsilon(k)\leftrightarrow\frac{z}{z-a},\quad |z|>|a| \tag{6.1-10}$$

因此，因果序列的象函数的收敛域为 $|z|>|\alpha|$ 的圆外区域。$|\alpha|$ 称为收敛半径。

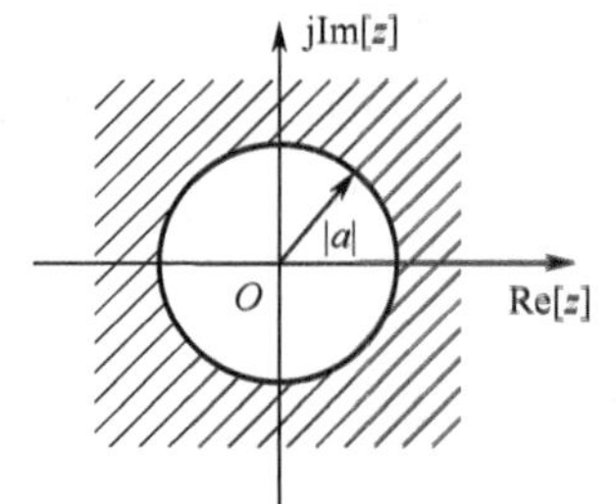

（a）因果序列的收敛域

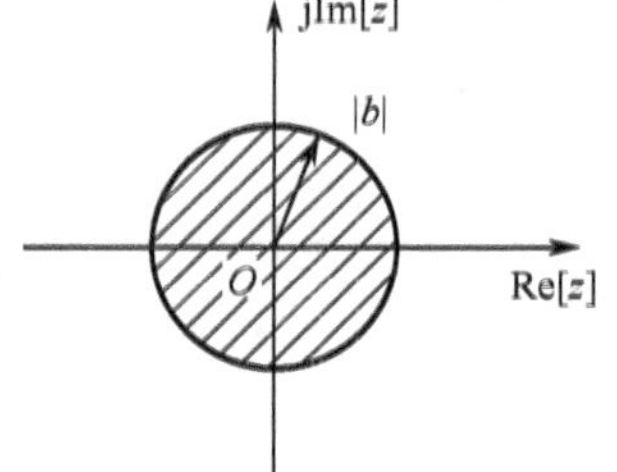

（b）反因果序列的收敛域

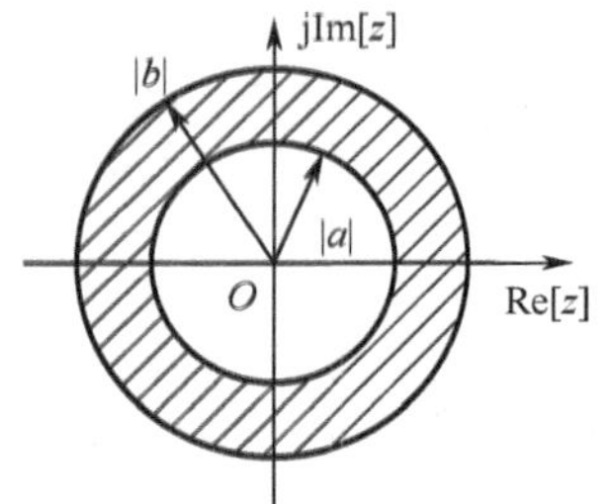

（c）双边序列的收敛域

图 6.1 双边 z 变换收敛域的三种情况

3. 反因果序列

【例 6-3】 求反因果序列 $f(k)=b^k\varepsilon(-k-1)$ 的 z 变换和收敛域（式中 b 为常数）。

【解】反因果序列 $f(k)$ 的双边 z 变换为

$$F(z)=\sum_{k=-\infty}^{\infty}b^k\varepsilon(-k-1)z^{-k}=\sum_{k=-\infty}^{-1}(bz^{-1})^k$$

令 $m=-k$，代入上式，得

$$F(z)=\sum_{m=1}^{\infty}(b^{-1}z)^m=\lim_{N\to\infty}\sum_{m=1}^{N}(b^{-1}z)^m=\lim_{N\to\infty}\frac{b^{-1}z-(b^{-1}z)^{N+1}}{1-b^{-1}z}$$

$$=\begin{cases}\dfrac{-z}{z-b}, & |z|<|b| \\ \text{不定}, & |z|=|b| \\ \text{无界}, & |z|>|b|\end{cases}$$

所以，对于反因果序列，仅当$|z|<|b|$时，其z变换存在。收敛域$|z|<|b|$是半径为$|b|$的圆内区域，如图 6.1（b）所示。

这样，序列与其象函数的关系为

$$b^k\varepsilon(-k-1)\leftrightarrow\frac{-z}{z-b}，\quad |z|<|b| \tag{6.1-11}$$

因此，反因果序列的象函数的收敛域为$|z|<|\beta|$的圆内区域。$|\beta|$称为收敛半径。

4．双边序列

【例 6-4】 求双边序列$f(k)=a^k\varepsilon(k)+b^k\varepsilon(-k-1)$的$z$变换和收敛域（式中$a$、$b$为常数）。

【解】双边序列$f(k)$的双边z变换为

$$F(z)=F_1(z)+F_2(z)=\frac{z}{z-a}+\frac{-z}{z-b} \tag{6.1-12}$$

收敛域为$|a|<|z|<|b|$，它是一个环状区域，如图 6.1（c）所示。很显然，当$|b|<|a|$时，$F_1(z)$与$F_2(z)$没有公共的收敛域部分，因而$f(k)$的双边z变换不存在。

因此，双边序列的象函数的收敛域为$\alpha<|z|<\beta$的环状区域。

还要指出，对于双边z变换必须标注其收敛域，否则其对应的序列将不是唯一的。

6.1.3　常用序列的 z 变换

下面给出几种常用序列的z变换，它们在离散信号与系统分析中经常会用到。

1．单位样值序列$\delta(k)$

$$\delta(k)\leftrightarrow 1，\quad |z|\geqslant 0 \tag{6.1-13}$$

2．单边指数序列

$$a^k\varepsilon(k)\leftrightarrow\frac{z}{z-a}，\quad |z|>|a| \tag{6.1-14}$$

$$b^k\varepsilon(-k-1)\leftrightarrow\frac{-z}{z-b}，\quad |z|<|b| \tag{6.1-15}$$

令式（6.1-14）的$a=\mathrm{e}^{\pm\mathrm{j}\beta}$，则有

$$\mathrm{e}^{\pm\mathrm{j}\beta k}\varepsilon(k)\leftrightarrow\frac{z}{z-\mathrm{e}^{\pm\mathrm{j}\beta}}，\quad |z|>1 \tag{6.1-16}$$

令式（6.1-15）中的$b=\mathrm{e}^{\pm\mathrm{j}\beta}$，则有

$$\mathrm{e}^{\pm\mathrm{j}\beta k}\varepsilon(-k-1)\leftrightarrow\frac{-z}{z-\mathrm{e}^{\pm\mathrm{j}\beta k}}，\quad |z|<1 \tag{6.1-17}$$

3．单位阶跃序列$\varepsilon(k)$

令式（6.1-14）中的$a=1$，则得单位阶跃序列的z变换为

$$\varepsilon(k)\leftrightarrow\frac{z}{z-1}，\quad |z|>1 \tag{6.1-18}$$

4．序列$\varepsilon(-k-1)$

令式（6.1-15）中的$b=1$，则得序列$\varepsilon(-k-1)$的双边z变换为

$$\varepsilon(-k-1)\leftrightarrow\frac{-z}{z-1}，\quad |z|<1 \tag{6.1-19}$$

5．单边正弦和余弦序列

根据复指数序列的 z 变换，可以得到单边正弦和余弦序列的 z 变换。

因为

$$\mathrm{e}^{\mathrm{j}\beta k}\varepsilon(k) \leftrightarrow \frac{z}{z-\mathrm{e}^{\mathrm{j}\beta}}，\quad |z|>1$$

$$\mathrm{e}^{-\mathrm{j}\beta k}\varepsilon(k) \leftrightarrow \frac{z}{z-\mathrm{e}^{-\mathrm{j}\beta}}，\quad |z|>1$$

将上两式相加，得

$$\mathrm{e}^{\mathrm{j}\beta k}\varepsilon(k)+\mathrm{e}^{-\mathrm{j}\beta k}\varepsilon(k) \leftrightarrow \frac{z}{z-\mathrm{e}^{\mathrm{j}\beta}}+\frac{z}{z-\mathrm{e}^{-\mathrm{j}\beta}}，\quad |z|>1$$

再根据欧拉公式，从上式可以直接得到单边余弦的 z 变换，即

$$\cos(\beta k)\varepsilon(k) \leftrightarrow \frac{1}{2}\left(\frac{z}{z-\mathrm{e}^{\mathrm{j}\beta}}+\frac{z}{z-\mathrm{e}^{-\mathrm{j}\beta}}\right)=\frac{z(z-\cos\beta)}{z^2-2z\cos\beta+1}，\quad |z|>1 \tag{6.1-20}$$

同理可得正弦序列的 z 变换

$$\sin(\beta k)\varepsilon(k) \leftrightarrow \frac{1}{2\mathrm{j}}\left(\frac{z}{z-\mathrm{e}^{\mathrm{j}\beta}}-\frac{z}{z-\mathrm{e}^{-\mathrm{j}\beta}}\right)=\frac{z\sin\beta}{z^2-2z\cos\beta+1}，\quad |z|>1 \tag{6.1-21}$$

6．单边指数衰减或增长的正弦和余弦序列

由式（6.1-14）可以得到

$$a^k\mathrm{e}^{\mathrm{j}\beta k}\varepsilon(k)=(a\mathrm{e}^{\mathrm{j}\beta})^k\varepsilon(k) \leftrightarrow \frac{z}{z-a\mathrm{e}^{\mathrm{j}\beta}}，\quad |z|>|a|$$

$$a^k\mathrm{e}^{-\mathrm{j}\beta k}\varepsilon(k)=(a\mathrm{e}^{-\mathrm{j}\beta})^k\varepsilon(k) \leftrightarrow \frac{z}{z-a\mathrm{e}^{-\mathrm{j}\beta}}，\quad |z|>|a|$$

将上两式相加，再借助欧拉公式，可以得到

$$a^k\cos(\beta k)\varepsilon(k) \leftrightarrow \frac{1}{2}\left(\frac{z}{z-a\mathrm{e}^{\mathrm{j}\beta}}+\frac{z}{z-a\mathrm{e}^{-\mathrm{j}\beta}}\right)=\frac{z(z-a\cos\beta)}{z^2-2az\cos\beta+a^2} \tag{6.1-22}$$

同理可得

$$a^k\sin(\beta k)\varepsilon(k) \leftrightarrow \frac{1}{2\mathrm{j}}\left(\frac{z}{z-a\mathrm{e}^{\mathrm{j}\beta}}-\frac{z}{z-a\mathrm{e}^{-\mathrm{j}\beta}}\right)=\frac{az\sin\beta}{z^2-2az\cos\beta+a^2} \tag{6.1-23}$$

式（6.1-22）和式（6.1-23）是单边增长（$a>1$）或衰减（$a<1$）的余弦、正弦序列的 z 变换。其收敛域为 $|z|>|a|$。

表 6-1 列出了常用序列单、双边 z 变换的形式及相应的收敛域。

表 6-1　常用序列单、双边 z 变换的形式及相应的收敛域

编　号	$f(k)$	单边 z 变换		双边 z 变换	
		象函数 $F(z)$	收敛域	象函数 $F_{\mathrm{b}}(z)$	收敛域
1	$\delta(k)$	1	全平面	1	全平面
2	$\varepsilon(k)$	$\frac{z}{z-1}$	$\|z\|>1$	$\frac{z}{z-1}$	$\|z\|>1$
3	$a^k\varepsilon(k)$	$\frac{z}{z-a}$	$\|z\|>\|a\|$	$\frac{z}{z-a}$	$\|z\|>\|a\|$

续表

编　号	$f(k)$	单边 z 变换		双边 z 变换	
		象函数 $F(z)$	收敛域	象函数 $F_b(z)$	收敛域
4	$-\varepsilon(-k-1)$	/	/	$\frac{z}{z-1}$	$\|z\|<1$
5	$b^k\varepsilon(-k-1)$	/	/	$\frac{-z}{z-b}$	$\|z\|<\|b\|$
6	$a^k\varepsilon(k)-b^k\varepsilon(-k-1)$	$\frac{z}{z-a}$	$\|z\|>\|a\|$	$\frac{z}{z-a}+\frac{z}{z-b}$	$\|a\|<\|z\|<\|b\|$
7	$a^k\cos(\beta k)\varepsilon(k)$	$\frac{z(z-a\cos\beta)}{z^2-2az\cos\beta+a^2}$	$\|z\|>\|a\|$	$\frac{z(z-a\cos\beta)}{z^2-2az\cos\beta+a^2}$	$\|z\|>\|a\|$
8	$a^k\sin(\beta k)\varepsilon(k)$	$\frac{az\sin\beta}{z^2-2az\cos\beta+a^2}$	$\|z\|>\|a\|$	$\frac{az\sin\beta}{z^2-2az\cos\beta+a^2}$	$\|z\|>\|a\|$

6.1.4　s 域与 z 域的关系

由 6.1.1 节我们知道，复变量 s 与 z 关系是

$$\begin{cases} z=\mathrm{e}^{sT} \\ s=\dfrac{1}{T}\ln z \end{cases} \tag{6.1-24}$$

所以有

$$F(z)=F(s)\Big|_{s=\frac{1}{T}\ln z} \tag{6.1-25}$$

$$F(s)=F(z)\Big|_{z=\mathrm{e}^{sT}} \tag{6.1-26}$$

式（6.1-25）和式（6.1-26）反映了 s 域与 z 域之间的关系，双边 z 变换是 $s=\dfrac{1}{T}\ln z$ 时的双边拉氏变换，而双边拉氏变换则是 $z=\mathrm{e}^{sT}$ 时的双边 z 变换。

进一步，设 $z=\rho\mathrm{e}^{\mathrm{j}\theta}$，则有

$$s=\frac{1}{T}(\ln\rho+\mathrm{j}\theta)=\sigma+\mathrm{j}\omega$$

将上式两边进行比较，可得

$$\begin{cases} \rho=\mathrm{e}^{\sigma T} \\ \theta=\omega T \end{cases} \tag{6.1-27}$$

由式（6.1-27）可以看出 s 平面与 z 平面之间的映射关系：

（1）当 $\sigma<0$ 时，$\rho=|z|<1$，说明 s 的左半平面映射到 z 平面是单位圆的圆内；

（2）当 $\sigma>0$ 时，$\rho=|z|>1$，说明 s 的右半平面映射到 z 平面是单位圆的圆外；

（3）当 $\sigma=0$ 时，$\rho=|z|=1$，说明 s 平面的 $\mathrm{j}\omega$ 虚轴映射到 z 平面是单位圆；

（4）当 $\omega=0$ 时，$\theta=0$，说明 s 平面上的 σ 轴映射到 z 平面是正实轴；

（5）当 $\sigma=0$，$\omega=0$ 时，$\rho=1$，$\theta=0$，说明 s 平面上的原点映射到 z 平面上 $z=1$ 的点。

（6）平面上任一点 s_0 映射到 z 平面上点为 $z=\mathrm{e}^{s_0T}$。

因此，s 平面与 z 平面的映射关系是单值映射，其映射关系如表 6-2 所示。

表 6-2　s 平面与 z 平面的映射关系

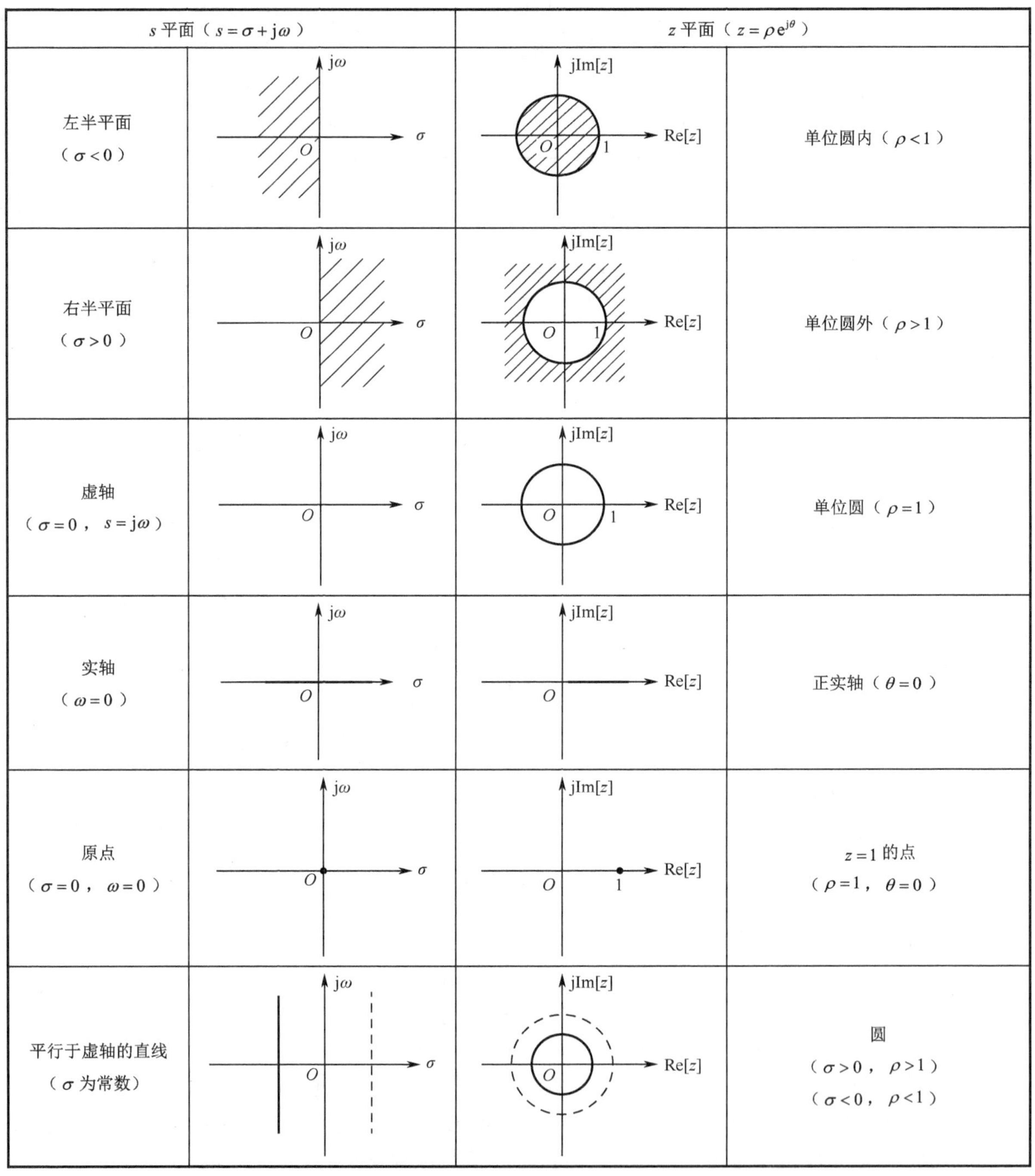

s 平面（$s=\sigma+\mathrm{j}\omega$）		z 平面（$z=\rho \mathrm{e}^{\mathrm{j}\theta}$）	
左半平面（$\sigma<0$）			单位圆内（$\rho<1$）
右半平面（$\sigma>0$）			单位圆外（$\rho>1$）
虚轴（$\sigma=0$， $s=\mathrm{j}\omega$）			单位圆（$\rho=1$）
实轴（$\omega=0$）			正实轴（$\theta=0$）
原点（$\sigma=0$， $\omega=0$）			$z=1$ 的点（$\rho=1$， $\theta=0$）
平行于虚轴的直线（σ 为常数）			圆（$\sigma>0$， $\rho>1$）（$\sigma<0$， $\rho<1$）

至于 z 平面与 s 平面的映射关系，则由于

$$s=\frac{1}{T}(\ln\rho+\mathrm{j}\theta)$$

而

$$\theta=\omega T+2n\pi，\quad n=0,\pm1,\pm2,\cdots$$

$$s=\frac{1}{T}\ln\rho+\mathrm{j}\frac{\omega T+2n\pi}{T}，\quad n=0,\pm1,\pm2,\cdots$$

表明从 z 平面与 s 平面的映射是一种多值性的映射。

在连续系统的复频域分析中，我们熟知利用系统函数 s 域零、极点分布特性研究系统特性的方法。掌握了上述 s 平面与 z 平面映射规律之后，容易利用类似的方法研究离散时间系统的系统函数 z 平面特性与系统时域响应、频率响应、因果性以及稳定性的关系。

6.2 z 变换的性质

本节研究 z 变换的性质，这些性质反映了离散时间信号时域特性与 z 域特性之间的关系，有助于加深对 z 变换概念的理解，同时可以利用性质求得一些复杂信号的 z 变换。下面的性质若无特别说明，对单边 z 变换和双边 z 变换都适用。

6-3 z 变换性质 1

1．线性性质

设 $f_1(k) \leftrightarrow F_1(z)$，$\alpha_1 < |z| < \beta_1$； $f_2(k) \leftrightarrow F_2(z)$，$\alpha_2 < |z| < \beta_2$

a，b 为任意常数，则

$$af_1(k) + bf_2(k) \leftrightarrow aF_1(z) + bF_2(z) \tag{6.2-1}$$

收敛域至少是 $F_1(z)$ 和 $F_2(z)$ 收敛域的公共部分。此性质由 z 变换的定义式极易证明。

线性性质表明，如果一个信号等于若干基本信号的线性组合，则该信号的 z 变换等于这些基本信号的 z 变换的线性组合。

【例 6-5】 求序列 $f(k) = \varepsilon(k) + 2\delta(k)$ 的 z 变换，并标注收敛域。

【解】 由于

$$\delta(k) \leftrightarrow 1，\ |z| \geqslant 0$$

$$\varepsilon(k) \leftrightarrow \frac{z}{z-1}，\ |z| > 1$$

根据线性性质可得

$$f(k) = \varepsilon(k) + 2\delta(k) \leftrightarrow \frac{z}{z-1} + 2，\ |z| > 1$$

【例 6-6】 求序列 $f(k) = \left(\frac{1}{2}\right)^{-k}\varepsilon(k) + \left(\frac{1}{3}\right)^{k}\varepsilon(k)$ 的 z 变换，并标明收敛域。

【解】 由于

$$\left(\frac{1}{2}\right)^{-k}\varepsilon(k) = 2^k\varepsilon(k) \leftrightarrow \frac{z}{z-2}，\ |z| > 2$$

$$\left(\frac{1}{3}\right)^{k}\varepsilon(k) \leftrightarrow \frac{z}{z-\frac{1}{3}}，\ |z| > \frac{1}{3}$$

根据线性性质可得

$$f(k) = \left(\frac{1}{2}\right)^{-k}\varepsilon(k) + \left(\frac{1}{3}\right)^{k}\varepsilon(k) \leftrightarrow \frac{z}{z-2} + \frac{z}{z-\frac{1}{3}}，\ |z| > 2$$

2．移位特性

移位特性反映序列在时域移位后 z 变换与原序列的 z 变换之间的关系。单边与双边 z 变换的移位特性有较大的差别，这是因为二者定义中求和下限不同。

（1）双边 z 变换的移位特性

设

$$f(k) \leftrightarrow F(z)，\ \alpha < |z| < \beta$$

且有整数 $m>0$，则

$$f(k\pm m)\leftrightarrow z^{\pm m}F(z)，\quad \alpha<|z|<\beta \tag{6.2-2}$$

证明：根据定义，有

$$f(k-m)\leftrightarrow \sum_{k=-\infty}^{\infty} f(k-m)z^{-k}$$

令 $n=k-m$，则上式右端可写为

$$\sum_{k=-\infty}^{\infty} f(k-m)z^{-k}=\sum_{n=-\infty}^{\infty} f(n)z^{-(n+m)}=z^{-m}\sum_{n=-\infty}^{\infty} f(n)z^{-n}=z^{-m}F(z)$$

即

$$f(k-m)\leftrightarrow z^{-m}F(z)$$

同理可证

$$f(k+m)\leftrightarrow z^{m}F(z)$$

对于双边序列，由于序列的移位不影响序列的绝对可和性，因此不改变序列的收敛域，即收敛域仍为 $\alpha<|z|<\beta$。但对其他序列，可能会增加或除去 $z=0$ 或 $z=\infty$ 的点。

双边 z 变换的移位特性表明，时域中序列左移或右移 m 位，相应于 z 域中乘以 z^m 或 z^{-m}。

（2）单边 z 变换的移位特性

对于双边 z 变换，移位后的序列不改变原序列的信息。但对单边 z 变换，移位后的序列的长度比原序列有所增减。

设

$$f(k)\leftrightarrow F(z)，\quad \alpha<|z|<\beta$$

且有整数 $m>0$，则

$$f(k+m)\leftrightarrow z^{m}F(z)-\sum_{k=0}^{m-1} f(k)z^{m-k}，\quad |z|>\alpha \tag{6.2-3}$$

$$f(k-m)\leftrightarrow z^{-m}F(z)+\sum_{k=0}^{m-1} f(k-m)z^{-k}，\quad |z|>\alpha \tag{6.2-4}$$

特殊情况：若 $f(k)$ 为因果序列，则

$$f(k-m)\leftrightarrow z^{-m}F(z) \tag{6.2-5}$$

证明：根据定义，有

$$f(k-m)\leftrightarrow \sum_{k=0}^{\infty} f(k-m)z^{-k}$$

把上式右端写为

$$\sum_{k=0}^{\infty} f(k-m)z^{-k}=\sum_{k=0}^{m-1} f(k-m)z^{-k}+\sum_{k=m}^{\infty} f(k-m)z^{-(k-m)}\cdot z^{-m}$$

令上式右端第二项中 $k-m=n$，则

$$\sum_{k=0}^{\infty} f(k-m)z^{-k}=\sum_{k=0}^{m-1} f(k-m)z^{-k}+z^{-m}\sum_{n=0}^{\infty} f(n)z^{-n}=\sum_{k=0}^{m-1} f(k-m)z^{-k}+z^{-m}F(z)$$

则式（6.2-4）得证。

同理可证式（6.2-3）。

在式（6.2-3）中，令 $m=1$ 或 $m=2$ 则有

$$f(k+1)\leftrightarrow zF(z)-f(0)z \tag{6.2-6}$$

$$f(k+2)\leftrightarrow z^{2}F(z)-f(0)z^{2}-f(1)z \tag{6.2-7}$$

在式（6.2-4）中，令 $m=1$ 或 $m=2$ 则有

$$f(k-1)\leftrightarrow z^{-1}F(z)+f(-1) \tag{6.2-8}$$

$$f(k-2)\leftrightarrow z^{-2}F(z)+f(-2)+f(-1)z^{-1} \tag{6.2-9}$$

【例 6-7】 求序列 a^{k+2} 和 a^{k-2}（a 为实数）的单边 z 变换。

【解】 序列 a^k 的单边 z 变换为

$$a^k \leftrightarrow \frac{z}{z-a},\quad |z|>a$$

根据单边 z 变换的移位性质，有

$$a^{k+2}\leftrightarrow z^2\cdot\frac{z}{z-a}-f(0)z^2-f(1)z=\frac{z^3}{z-a}-z^2-az=\frac{a^2z}{z-a},\quad |z|>a$$

$$\begin{aligned}a^{k-2}&\leftrightarrow z^{-2}\cdot\frac{z}{z-a}+f(-2)+f(-1)z^{-1}\\&=\frac{z^{-1}}{z-a}+a^{-2}+a^{-1}z^{-1}=\frac{z}{a^2(z-a)},\quad |z|>a\end{aligned}$$

即

$$a^{k+2}\leftrightarrow\frac{a^2z}{z-a},\quad |z|>a$$

$$a^{k-2}\leftrightarrow\frac{z}{a^2(z-a)},\quad |z|>a$$

或应用线性性质来分析

$$a^{k+2}=a^k\cdot a^2\leftrightarrow a^2\cdot\frac{z}{z-a}=\frac{a^2z}{z-a}$$

$$a^{k-2}=a^k\cdot a^{-2}\leftrightarrow a^{-2}\cdot\frac{z}{z-a}=\frac{z}{a^2(z-a)}$$

【例 6-8】 求 $\delta(k-m)$ 和 $\varepsilon(k-m)$（m 为正整数）的单边 z 变换。

【解】 由于 $\delta(k)$ 和 $\varepsilon(k)$ 是因果序列，并且

$$\delta(k)\leftrightarrow 1,\quad |z|\geqslant 0$$

$$\varepsilon(k)\leftrightarrow\frac{z}{z-1},\quad |z|>1$$

因此，根据式（6.2-5），则有

$$\delta(k-m)\leftrightarrow z^{-m},\quad |z|>0$$

$$\varepsilon(k-m)\leftrightarrow z^{-m}\cdot\frac{z}{z-1}=\frac{z^{1-m}}{z-1},\quad |z|>1$$

【例 6-9】 求周期为 N 的有始周期性单位序列 $\sum\limits_{m=0}^{\infty}\delta(k-mN)$ 的 z 变换。

【解】 由于

$$\delta(k)\leftrightarrow 1,\quad |z|\geqslant 0$$

根据单边 z 变换的移位性质，有 $\delta(k-mN)\leftrightarrow z^{-mN}$ 再利用线性性质可得

$$\sum_{m=0}^{\infty}\delta(k-mN)\leftrightarrow\sum_{m=0}^{\infty}z^{-mN}=\frac{1}{1-z^{-N}}=\frac{z^N}{z^N-1},\quad |z|>1$$

3. z 域尺度变换（序列乘 a^k）

设

$$f(k)\leftrightarrow F(z),\quad \alpha<|z|<\beta$$

且有常数 $a\neq 0$，则

6-4 z 变换性质 2

$$a^k f(k) \leftrightarrow F\left(\frac{z}{a}\right), \quad |a|\alpha < |z| < |a|\beta \tag{6.2-10}$$

证明：根据 z 变换的定义，有

$$a^k f(k) \leftrightarrow \sum_{k=-\infty}^{\infty} a^k f(k) z^{-k} = \sum_{k=-\infty}^{\infty} f(k)\left(\frac{z}{a}\right)^{-k} = F\left(\frac{z}{a}\right)$$

收敛域应为

$$\alpha < \left|\frac{z}{a}\right| < \beta$$

即

$$|a|\alpha < |z| < |a|\beta$$

该性质表明，时域中序列乘以指数序列 a^k，相应于 z 域中 z 变换的压缩或扩展（展缩）。

式（6.2-10）中若 a 换为 a^{-1}，得

$$a^{-k} f(k) \leftrightarrow F(az), \quad \frac{\alpha}{|a|} < |z| < \frac{\beta}{|a|} \tag{6.2-11}$$

式（6.2-10）中若 $a = -1$，则

$$(-1)^k f(k) \leftrightarrow F(-z), \quad \alpha < |z| < \beta \tag{6.2-12}$$

上式表明，序列乘以 $(-1)^k$，相应于 z 域中 z 变换的反转。

【例 6-10】 求单边指数序列 $f(k) = a^k \varepsilon(k)$ 的 z 变换。

【解】 由于

$$\varepsilon(k) \leftrightarrow \frac{z}{z-1}, \quad |z| > 1$$

根据 z 域的展缩性质，有

$$a^k \varepsilon(k) \leftrightarrow \frac{\frac{z}{a}}{\frac{z}{a} - 1} = \frac{z}{z-a}, \quad |z| > |a|$$

【例 6-11】 求指数衰减正弦序列 $f(k) = a^k \sin(\beta k)\varepsilon(k)$（$0 < a < 1$）的 z 变换。

【解】 由于

$$\sin(\beta k)\varepsilon(k) \leftrightarrow \frac{z\sin\beta}{z^2 - 2z\cos\beta + 1}, \quad |z| > 1$$

根据 z 域的展缩性质，有

$$a^k \sin(\beta k)\varepsilon(k) \leftrightarrow \frac{\frac{z}{a}\sin\beta}{\left(\frac{z}{a}\right)^2 - 2\frac{z}{a}\cos\beta + 1} = \frac{az\sin\beta}{z^2 - 2az\cos\beta + a^2}, \quad |z| > |a|$$

4．卷积定理

卷积定理包含 k 域卷积定理和 z 域卷积定理。由于 z 域卷积定理对收敛域和涉及的围线积分限制较大，应用较少。在这里只介绍 k 域卷积定理，它在系统分析中占有重要地位。

设 $f_1(k) \leftrightarrow F_1(z)$，$\alpha_1 < |z| < \beta_1$；$f_2(k) \leftrightarrow F_2(z)$，$\alpha_2 < |z| < \beta_2$

则

$$f_1(k) * f_2(k) \leftrightarrow F_1(z) \cdot F_2(z) \tag{6.2-13}$$

收敛域至少是 $F_1(z)$ 和 $F_2(z)$ 收敛域的公共部分。

证明：序列 $f_1(k)$ 和 $f_2(k)$ 的卷积和为

$$f_1(k)*f_2(k)=\sum_{i=-\infty}^{\infty}f_1(i)f_2(k-i)$$

根据 z 变换的定义，有

$$f_1(k)*f_2(k)\leftrightarrow\sum_{k=-\infty}^{\infty}\left[\sum_{i=-\infty}^{\infty}f_1(i)f_2(k-i)\right]z^{-k}$$

交换上式右端的求和次序，并利用移位特性，有

$$f_1(k)*f_2(k)\leftrightarrow\sum_{i=-\infty}^{\infty}f_1(i)\left[\sum_{k=-\infty}^{\infty}f_2(k-i)z^{-k}\right]=\sum_{i=-\infty}^{\infty}f_1(i)z^{-i}F_2(z)=F_1(z)F_2(z)$$

即

$$f_1(k)*f_2(k)\leftrightarrow F_1(z)\cdot F_2(z)$$

该性质对单边 z 变换也成立。

k 域卷积定理表明，两序列的卷积和的 z 变换等于该两序列的 z 变换的乘积。卷积性质将卷积和转化为乘法运算，因此给卷积和的计算提供了另一种简便的方法。若 $f(k)$ 与 $h(k)$ 分别为线性时不变离散系统的激励序列和单位序列响应，那么在求解系统的零状态响应 $y_{zs}(k)$ 时，可以避免卷积运算，而借助于式（6.2-13）通过 $F(z)H(z)$ 的逆变换求出 $y_{zs}(k)$。

【例 6-12】 求单边序列 $(k+1)\varepsilon(k)$ 和 $(k+1)a^k\varepsilon(k)$ 的 z 变换。

【解】 由于

$$a^k\varepsilon(k)*b^k\varepsilon(k)=\begin{cases}\dfrac{b^{k+1}-a^{k+1}}{b-a}\varepsilon(k), & a\neq b\\(k+1)a^k\varepsilon(k), & a=b\end{cases}$$

根据 k 域的卷积定理，以及 $a^k\varepsilon(k)\leftrightarrow\dfrac{z}{z-a}$，可得

$$(k+1)a^k\varepsilon(k)=a^k\varepsilon(k)*a^k\varepsilon(k)\leftrightarrow\left(\frac{z}{z-a}\right)^2$$

当 $a=1$ 时，则有

$$(k+1)\varepsilon(k)=\varepsilon(k)*\varepsilon(k)\leftrightarrow\left(\frac{z}{z-1}\right)^2$$

【例 6-13】 求序列 $a^k\varepsilon(k)$ 和 $b^k\varepsilon(k)$（$a\neq b$）的卷积和。

【解】 设

$$f(k)=a^k\varepsilon(k)*b^k\varepsilon(k)$$

由于

$$a^k\varepsilon(k)\leftrightarrow\frac{z}{z-a}，\quad |z|>|a|$$

$$b^k\varepsilon(k)\leftrightarrow\frac{z}{z-b}，\quad |z|>|b|$$

根据 k 域的卷积定理，可得

$$f(k)=a^k\varepsilon(k)*b^k\varepsilon(k)\leftrightarrow F(z)=\frac{z}{z-a}\cdot\frac{z}{z-b}$$

收敛域为 $|z|>|a|$ 与 $|z|>|b|$ 的公共部分。

把 $F(z)$ 展开成部分分式，得

$$F(z)=\frac{1}{a-b}\left(\frac{az}{z-a}-\frac{bz}{z-b}\right)$$

其逆变换为

$$f(k)=\frac{1}{a-b}(a^{k+1}-b^{k+1})\varepsilon(k)$$

【例 6-14】 求序列 $f(k)=\sum_{i=0}^{\infty}(-2)^{-i}\delta(k-i)$ 的单边 z 变换。

【解】 利用卷积和定义式 $f_1(k)*f_2(k)=\sum_{i=-\infty}^{\infty}f_1(i)f_2(k-i)$

可得 $$f(k)=\sum_{i=0}^{\infty}(-2)^{-i}\delta(k-i)=(-2)^{-k}\varepsilon(k)*\delta(k)=\left(-\frac{1}{2}\right)^k\varepsilon(k)*\delta(k)=\left(-\frac{1}{2}\right)^k\varepsilon(k)$$

根据 k 域的卷积定理得 $$F(z)=\frac{z}{z+\frac{1}{2}}=\frac{2z}{2z+1}$$

【例 6-15】 求序列 $2^k\sum_{i=0}^{k-1}(-1)^i\varepsilon(i)$ 的单边 z 变换。

【解】 利用卷积和定义式 $f_1(k)*f_2(k)=\sum_{i=-\infty}^{\infty}f_1(i)f_2(k-i)$

可得 $$2^k\sum_{i=0}^{k-1}(-1)^i\varepsilon(i)=2^k\sum_{i=0}^{\infty}(-1)^i\varepsilon(i)\varepsilon(k-i-1)=2^k[(-1)^k\varepsilon(k)*\varepsilon(k-1)]$$

根据 k 域的卷积定理得 $$(-1)^k\varepsilon(k)*\varepsilon(k-1)\leftrightarrow\frac{z}{z+1}\cdot\frac{z}{z-1}\cdot z^{-1}=\frac{z}{z^2-1}$$

利用 z 域尺度变换性质得 $$2^k[(-1)^k\varepsilon(k)*\varepsilon(k-1)]\leftrightarrow\frac{\frac{z}{2}}{\left(\frac{z}{2}\right)^2-1}=\frac{2z}{z^2-4}$$

【例 6-16】 某线性时不变离散系统的输入序列为 $f(k)=\varepsilon(k)$，系统的单位序列响应为 $h(k)=a^k\varepsilon(k)-a^{k-1}\varepsilon(k-1)$，求系统的零状态响应。

【解】 已知 $$F(z)=\frac{z}{z-1}，\ |z|>1$$

由移位特性，有

$$H(z)=\frac{z}{z-a}-\frac{z}{z-a}\cdot z^{-1}=\frac{z-1}{z-a}，\ |z|>|a|$$

根据 k 域的卷积定理，可得

$$y_{zs}(k)=f(k)*h(k)\leftrightarrow Y_{zs}(z)=\frac{z}{z-1}\cdot\frac{z-1}{z-a}=\frac{z}{z-a}，\ |z|>|a|$$

对 $Y_{zs}(z)$ 求逆变换得

$$y_{zs}(k)=a^k\varepsilon(k)$$

5．z 域微分（序列乘 k）

设 $$f(k)\leftrightarrow F(z)，\ \alpha<|z|<\beta$$

则

$$kf(k)\leftrightarrow -z\frac{\mathrm{d}}{\mathrm{d}z}F(z)$$

$$k^2f(k)\leftrightarrow -z\frac{\mathrm{d}}{\mathrm{d}z}\left[-z\frac{\mathrm{d}}{\mathrm{d}z}F(z)\right]$$

$$k^m f(k) \leftrightarrow \left(-z\frac{\mathrm{d}}{\mathrm{d}z}\right)^m F(z)\text{，}\quad \alpha<|z|<\beta \tag{6.2-14}$$

其中，$\left(-z\frac{\mathrm{d}}{\mathrm{d}z}\right)^m F(z)$表示$-z\frac{\mathrm{d}}{\mathrm{d}z}\left\{\cdots -z\frac{\mathrm{d}}{\mathrm{d}z}\left[-z\frac{\mathrm{d}}{\mathrm{d}z}F(z)\right]\right\}$共进行 m 次求导和乘以（$-z$）的运算。

证明：根据 z 变换的定义

$$F(z)=\sum_{k=-\infty}^{\infty} f(k)z^{-k}$$

两边对 z 求导，有

$$\frac{\mathrm{d}}{\mathrm{d}z}F(z)=\frac{\mathrm{d}}{\mathrm{d}z}\sum_{k=-\infty}^{\infty} f(k)z^{-k}$$

交换求导与求和次序，上式变为

$$\frac{\mathrm{d}}{\mathrm{d}z}F(z)=\sum_{k=-\infty}^{\infty} f(k)\frac{\mathrm{d}}{\mathrm{d}z}z^{-k}=-z^{-1}\sum_{k=-\infty}^{\infty} kf(k)z^{-k}$$

即

$$-z\frac{\mathrm{d}}{\mathrm{d}z}F(z)=\sum_{k=-\infty}^{\infty}[kf(k)]z^{-k}$$

因为

$$kf(k)\leftrightarrow \sum_{k=-\infty}^{\infty}[kf(k)]z^{-k}$$

所以得

$$kf(k)\leftrightarrow -z\frac{\mathrm{d}}{\mathrm{d}z}F(z)\text{，}\quad \alpha<|z|<\beta$$

该性质表明，序列乘以 k 相应于 z 域中的微分乘以（$-z$）的运算。

【例 6-17】 求以下两序列的 z 变换。

（1）$k\varepsilon(k)$ （2）$k^2\varepsilon(k)$ （3）$(-1)^k k\varepsilon(k)$

【解】（1）由于 $\varepsilon(k)\leftrightarrow \dfrac{z}{z-1}$，$|z|>1$

根据 z 域微分性质，有

$$k\varepsilon(k)\leftrightarrow -z\frac{\mathrm{d}}{\mathrm{d}z}\left(\frac{z}{z-1}\right)=\frac{z}{(z-1)^2}$$

（2）由（1）的结果可知 $k\varepsilon(k)\leftrightarrow \dfrac{z}{(z-1)^2}$

根据 z 域微分性质，有

$$k^2\varepsilon(k)\leftrightarrow (-z)\frac{\mathrm{d}}{\mathrm{d}z}\frac{z}{(z-1)^2}=\frac{z(z+1)}{(z-1)^3}$$

（3）由于 $(-1)^k\varepsilon(k)\leftrightarrow \dfrac{z}{z+1}$，$|z|>1$

根据 z 域微分性质，有

$$k(-1)^k\varepsilon(k)\leftrightarrow -z\frac{\mathrm{d}}{\mathrm{d}z}\left(\frac{z}{z+1}\right)=\frac{-z}{(z+1)^2}$$

6. z 域积分（序列除 $k+m$）

设
$$f(k) \leftrightarrow F(z)，\quad \alpha<|z|<\beta$$
有整数 m，且 $k+m>0$，则
$$\frac{f(k)}{k+m} \leftrightarrow z^m \int_z^{\infty} \frac{F(\eta)}{\eta^{m+1}} \mathrm{d}\eta，\quad \alpha<|z|<\beta \tag{6.2-15}$$
若 $m=0$ 且 $k>0$，则
$$\frac{f(k)}{k} \leftrightarrow \int_z^{\infty} \frac{F(\eta)}{\eta} \mathrm{d}\eta，\quad \alpha<|z|<\beta \tag{6.2-16}$$
证明：根据 z 变换的定义
$$\frac{f(k)}{k+m} \leftrightarrow \sum_{k=-\infty}^{\infty} \frac{f(k)}{k+m} z^{-k} = z^m \sum_{k=-\infty}^{\infty} f(k) \frac{z^{-(k+m)}}{k+m}$$
由于
$$\int_z^{\infty} \eta^{-(k+m+1)} \mathrm{d}\eta = \frac{z^{-(k+m)}}{k+m}$$
上式可变为
$$\begin{aligned}\frac{f(k)}{k+m} \leftrightarrow \sum_{k=-\infty}^{\infty} \frac{f(k)}{k+m} z^{-k} &= z^m \sum_{k=-\infty}^{\infty} f(k) \int_z^{\infty} \eta^{-(k+m+1)} \mathrm{d}\eta \\ &= z^m \int_z^{\infty} \eta^{-(m+1)} \sum_{k=-\infty}^{\infty} f(k)\eta^{-k} \mathrm{d}\eta = z^m \int_z^{\infty} \frac{F(\eta)}{\eta^{m+1}} \mathrm{d}\eta\end{aligned}$$
即
$$\frac{f(k)}{k+m} \leftrightarrow z^m \int_z^{\infty} \frac{F(\eta)}{\eta^{m+1}} \mathrm{d}\eta，\quad \alpha<|z|<\beta$$

【例 6-18】 求序列 $f(k)=\dfrac{a^k}{k+1}\varepsilon(k)$ 的 z 变换。

【解】 由于
$$a^k\varepsilon(k) \leftrightarrow \frac{z}{z-a}，\quad |z|>|a|$$
根据 z 域积分性质，有
$$\begin{aligned}\frac{a^k}{k+1}\varepsilon(k) \leftrightarrow z\int_z^{\infty} \frac{F_1(\eta)}{\eta^2} \mathrm{d}\eta &= z\int_z^{\infty} \frac{\eta}{\eta-a} \cdot \frac{1}{\eta^2} \mathrm{d}\eta \\ &= z\int_z^{\infty} \frac{1}{(\eta-a)\eta} \mathrm{d}\eta = \frac{z}{a}\int_z^{\infty} \left(\frac{1}{\eta-a}-\frac{1}{\eta}\right) \mathrm{d}\eta\end{aligned}$$
所以
$$f(k)=\frac{a^k}{k+1}\varepsilon(k) \leftrightarrow \frac{z}{a}\ln\left(\frac{z}{z-a}\right)，\quad |z|>|a|$$

7. k 域反转

6-5 z 变换性质 3

设
$$f(k) \leftrightarrow F(z)，\quad \alpha<|z|<\beta$$
则

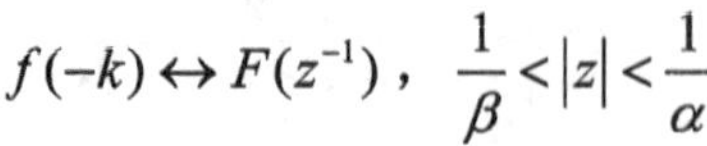

$$f(-k) \leftrightarrow F(z^{-1})，\quad \frac{1}{\beta}<|z|<\frac{1}{\alpha} \tag{6.2-17}$$
证明：根据 z 变换的定义

$$f(-k) \leftrightarrow \sum_{k=-\infty}^{\infty} f(-k)z^{-k} = \sum_{n=\infty}^{-\infty} f(n)z^{n} = \sum_{n=\infty}^{-\infty} f(n)(z^{-1})^{-n} = F(z^{-1})$$

其收敛域为$\alpha < \left|\frac{1}{z}\right| < \beta$，即$\frac{1}{\beta} < |z| < \frac{1}{\alpha}$，得式（6.2-17）。

该性质表明，序列k域反转，相应于z域中将变量z置换为z^{-1}。

【例 6-19】 求序列$a^{-k}\varepsilon(-k-1)$的z变换。

【解】 由于

$$a^{k}\varepsilon(k) \leftrightarrow \frac{z}{z-a}，\quad |z| > |a|$$

根据k域反转性质，有

$$a^{-k}\varepsilon(-k) \leftrightarrow \frac{\frac{1}{z}}{\frac{1}{z}-a} = \frac{1}{1-az}，\quad |z| < \frac{1}{|a|}$$

利用双边z变换的移位特性，得

$$a^{-k-1}\varepsilon(-k-1) \leftrightarrow \frac{z}{1-az} = \frac{-\frac{1}{a}z}{z-\frac{1}{a}}，\quad |z| < \frac{1}{|a|}$$

再利用线性性质，k域和z域同乘以a得

$$a^{-k}\varepsilon(-k-1) \leftrightarrow \frac{-z}{z-\frac{1}{a}}，\quad |z| < \frac{1}{|a|}$$

8．部分和

设

$$f(k) \leftrightarrow F(z)，\quad \alpha < |z| < \beta$$

则

$$\sum_{i=-\infty}^{k} f(i) \leftrightarrow \frac{z}{z-1}F(z)，\quad \max(\alpha,1) < |z| < \beta \qquad （6.2\text{-}18）$$

证明：由于

$$\sum_{i=-\infty}^{k} f(i) = \sum_{i=-\infty}^{\infty} f(i)\varepsilon(k-i) = f(k) * \varepsilon(k)$$

根据卷积定理，对上式两边同取z变换，即得式（6.2-18）。

【例 6-20】 求序列$\sum_{i=0}^{k} a^{i}$（a为实数）的z变换。

【解】 由于

$$\sum_{i=0}^{k} a^{i} = \sum_{i=-\infty}^{k} a^{i}\varepsilon(i)$$

又

$$a^{k}\varepsilon(k) \leftrightarrow \frac{z}{z-a}，\quad |z| > |a|$$

根据部分和性质，有

$$\sum_{i=0}^{k} a^{i} = \sum_{i=-\infty}^{k} a^{i}\varepsilon(i) \leftrightarrow \frac{z}{z-1}\cdot\frac{z}{z-a}，\quad |z| > \max(|a|,1)$$

9．初值和终值定理

初值定理：若$f(k)$是因果序列，已知$f(k) \leftrightarrow F(z)$

则

$$f(0)=\lim_{z\to\infty}F(z) \tag{6.2-19}$$

证明：因为

$$F(z)=\sum_{k=0}^{\infty}f(k)z^{-k}=f(0)+f(1)z^{-1}+f(2)z^{-2}+\cdots$$

当 $z\to\infty$，在上式的级数中除了第一项 $f(0)$ 外，其他各项都趋近于零，所以

$$\lim_{z\to\infty}F(z)=\lim_{z\to\infty}\sum_{k=0}^{\infty}f(k)z^{-k}=f(0)$$

另外，由 z 变换定义减去 $f(0)$ 并乘以 z，有

$$z[F(z)-f(0)]=f(1)+f(2)z^{-1}+f(3)z^{-2}+\cdots$$

可得

$$f(1)=\lim_{z\to\infty}z[F(z)-f(0)]$$

以此类推，有

$$f(2)=\lim_{z\to\infty}z^2[F(z)-f(0)-f(1)z^{-1}]$$

故

$$f(n)=\lim_{z\to\infty}z^n[F(z)-\sum_{k=0}^{n-1}f(k)z^{-k}]，\quad n\geqslant 1$$

终值定理：若 $f(k)$ 是因果序列，已知

$$f(k)\leftrightarrow F(z)$$

则

$$\lim_{k\to\infty}f(k)=\lim_{z\to 1}\left[\frac{z-1}{z}F(z)\right]=\lim_{z\to 1}[(z-1)F(z)] \tag{6.2-20}$$

上式中是取 $z\to 1$ 的极限，因此终值定理要求 $z=1$ 在收敛域内，这时 $\lim_{k\to\infty}f(k)$ 存在。

证明：因为

$$f(k+1)-f(k)\leftrightarrow zF(z)-zf(0)-F(z)=(z-1)F(z)-zf(0)$$

则有

$$(z-1)F(z)=zf(0)+\sum_{k=0}^{\infty}[f(k+1)-f(k)]z^{-k}$$

取极限 $z\to 1$ 得

$$\begin{aligned}\lim_{z\to 1}(z-1)F(z)&=f(0)+\lim_{z\to 1}\sum_{k=0}^{\infty}[f(k+1)-f(k)]z^{-k}\\&=f(0)+[f(1)-f(0)]+[f(2)-f(1)]+[f(3)-f(2)]+\cdots\\&=f(\infty)\end{aligned}$$

所以

$$\lim_{z\to 1}[(z-1)F(z)]=f(\infty)$$

从上面推导过程可以看出，由于终值定理需要求 $z\to 1$ 的极限，故要求 $z=1$ 在收敛域内，即 $F(z)$ 的收敛域为 $\alpha<|z|<\infty$（$0\leqslant\alpha<1$），以保证 $\lim_{k\to\infty}f(k)$ 存在。

该性质表明，如果已知序列 $f(k)$ 的 z 变换，那么在不求逆变换的情况下，可以利用这两个定理很方便地求出序列的初值 $f(0)$ 和终值 $f(\infty)$。

【例 6-21】 已知因果序列的象函数 $F(z)$，求序列的初值 $f(0)$ 和终值 $f(\infty)$。

（1） $F(z)=\dfrac{z^2+z+1}{(z-1)(z-2)}$ （2） $F(z)=\dfrac{z^2}{z^2-0.25}$

【解】（1）由初值定理，序列的初值为

$$f(0)=\lim_{z\to\infty}F(z)=\lim_{z\to\infty}\frac{z^2+z+1}{(z-1)(z-2)}=1$$

由于 $F(z)$ 有两个极点，$z_1=1$、$z_2=2$，$z=1$ 虽为一阶极点，但极点 $z_2=2$ 在单位圆外，故序列 $f(k)$ 发散，不存在终值 $f(\infty)$。

（2）由初值定理，序列的初值为

$$f(0)=\lim_{z\to\infty}F(z)=\lim_{z\to\infty}\frac{z^2}{z^2-0.25}=1$$

由象函数的表达式可知，收敛域为 $|z|>0.5$，$z=1$ 在收敛域内，所以序列的终值存在，为

$$f(\infty)=\lim_{z\to1}[(z-1)F(z)]=\lim\frac{(z-1)z^2}{z^2-0.25}=0$$

【例 6-22】某因果序列 $f(k)$ 的象函数为 $F(z)=\dfrac{z}{z-a}$，$|z|>|a|$（a 为实数），求序列的初值 $f(0)$ 和终值 $f(\infty)$。

【解】（1）由初值定理，序列的初值为

$$f(0)=\lim_{z\to\infty}F(z)=\lim_{z\to\infty}\frac{z}{z-a}=1$$

（2）终值：

当 $|a|<1$，$z=1$ 在收敛域内，终值定理成立，因而有

$$f(\infty)=\lim_{z\to1}[(z-1)F(z)]=\lim\frac{(z-1)z}{z-a}=0$$

当 $|a|=1$ 且 $a=1$ 时，原序列 $f(k)=\varepsilon(k)$，$f(\infty)=1$；

当 $|a|=1$ 且 $a=-1$ 时，原序列 $f(k)=(-1)^k\varepsilon(k)$，这时序列 $f(k)$ 不收敛，$f(\infty)$ 不存在；

当 $|a|>1$ 时，$z=1$ 不在收敛域内，终值定理不成立，$f(\infty)$ 不存在。

最后，表 6-3 列出了常用序列 z 变换的主要性质，若无特别说明，既适用于单边 z 变换也适用于双边 z 变换。

表 6-3　z 变换的主要性质

名　称		时域 $f(k)$	z 域 $F(z)$
线性		$af_1(k)+bf_2(k)$	$aF_1(z)+bF_2(z)$ $\max(\alpha_1,\alpha_2)<\|z\|<\max(\beta_1,\beta_2)$
移位	双边变换	$f(k\pm m)$	$z^{\pm m}F(z)$，$\alpha<\|z\|<\beta$
	单边变换	$f(k-m)$，$m>0$	$z^{-m}F(z)+\sum_{k=0}^{m-1}f(k-m)z^{-k}$，$\|z\|>\alpha$
		$f(k+m)$，$m>0$	$z^mF(z)-\sum_{k=0}^{m-1}f(k)z^{m-k}$，$\|z\|>\alpha$
z 域尺度变换		$a^kf(k)$，$a\neq0$	$F\left(\frac{z}{a}\right)$，$\alpha\|a\|<\|z\|<\beta\|a\|$
k 域卷积		$f_1(k)*f_2(k)$	$F_1(z)F_2(z)$，$\max(\alpha_1,\alpha_2)<\|z\|<\max(\beta_1,\beta_2)$
z 域微分		$k^mf(k)$，$m>0$	$\left[-z\frac{\mathrm{d}}{\mathrm{d}z}\right]^mF(z)$，$\alpha<\|z\|<\beta$

续表

名　　称		时域 $f(k)$	z 域 $F(z)$
z 域积分		$\dfrac{f(k)}{k+m}$，$k+m>0$	$z^m\int_z^{\infty}\dfrac{F(\eta)}{\eta^{m+1}}\mathrm{d}\eta$，$\alpha<\lvert z\rvert<\beta$
k 域反转		$f(-k)$	$F(z^{-1})$，$\dfrac{1}{\beta}<\lvert z\rvert<\dfrac{1}{\alpha}$
部分和		$\sum\limits_{i=-\infty}^{k}f(i)$	$\dfrac{z}{z-1}F(z)$，$\max(\alpha,1)<\lvert z\rvert<\beta$
初值定理	因果序列	$f(0)=\lim\limits_{z\to\infty}F(z)$	
终值定理		$f(\infty)=\lim\limits_{z\to 1}(z-1)F(z)$，$\lvert z\rvert>\alpha(0\leqslant\alpha<1)$	

6.3　逆 z 变换

本节研究 $F(z)$ 的逆 z 变换，即由象函数 $F(z)$ 求原序列 $f(k)$ 的问题。求逆 z 变换的方法有幂级数展开法、部分分式展开法和留数法（围线法）。本节重点介绍最常用的部分分式展开法。

6.1 节已经阐明，因果序列的收敛域是一个圆外区域，反因果序列的收敛域是圆内区域，而双边序列的收敛域是一个环状区域。同样地，可以根据给定象函数的收敛域来判断所对应的序列是因果序列、反因果序列还是双边序列。

一般而言，双边序列 $f(k)$ 可分为因果序列 $f_1(k)$ 和反因果序列 $f_2(k)$ 两部分，即

$$f(k)=f_1(k)+f_2(k)=f(k)\varepsilon(k)+f(k)\varepsilon(-k-1)$$

式中，因果序列和反因果序列分别为

$$f_1(k)=f(k)\varepsilon(k)$$
$$f_2(k)=f(k)\varepsilon(-k-1)$$

相应地，其 z 变换也分为两部分

$$F(z)=F_1(z)+F_2(z)\text{，}\quad \alpha<\lvert z\rvert<\beta$$

当已知象函数 $F(z)$ 时，根据给定的收敛域不难由 $F(z)$ 求得 $F_1(z)$ 和 $F_2(z)$，并分别求得它们所对应的原序列 $f_1(k)$ 和 $f_2(k)$，然后根据线性性质，将两者相加就得到 $F(z)$ 所对应的原序列 $f(k)$。

6.3.1　幂级数展开法

6-6 逆 z 变换 1

根据 z 变换的定义，z 变换式本身就是级数和的形式，所以在求逆 z 变换时，可根据收敛域情况将 $F(z)$ 展开为 z 的负幂次或 z 的正幂次或 z 的正、负幂次级数和的形式，对应写出各 z 幂次项前的系数，即得原序列在各个序号的值。

若 $F(z)$ 是有理分式，标注的收敛域为 $\lvert z\rvert>\alpha$，则可知原序列是因果序列，应用长除法将其展开为 z 的负幂次级数和的形式，对应写出各 z 负幂次项前的系数，即得因果的原序列 $f(k)$。若 $F(z)$ 的收敛域为 $\lvert z\rvert<\beta$，则可知原序列是反因果序列，应用长除法将其展开为 z 的正幂次级数和的形式，对应写出各 z 正幂次项前的系数，即得反因果的原序列 $f(k)$。若 $F(z)$ 的收敛域为 $\alpha<\lvert z\rvert<\beta$，则可知原序列应是双边序列，先应用部分分式展开为几个简单分式之和，再由收敛域判定哪些分式属于因果序列对应的象函数部分，哪些分式属于反因果序列对应的象函数部分，最后应用长除法分别展开为 z 负幂次、正幂次级数和的形式，对应写出双边序列 $f(k)$。

【例 6-23】　已知象函数

$$F(z)=\frac{z^2}{(z+1)(z-2)}=\frac{z^2}{z^2-z-2}$$

其收敛域如下，分别求其相对应的原序列 $f(k)$。

（1）$|z|>2$　　（2）$|z|<1$　　（3）$1<|z|<2$

【解】（1）由于 $F(z)$ 的收敛域为 $|z|>2$，即半径为 2 的圆外区域，故 $f(k)$ 为因果序列。应用长除法将 $F(z)$（其分子、分母按 z 的降幂排列）展开为 z^{-1} 的幂级数

$$F(z)=\frac{z^2}{z^2-z-2}=1+z^{-1}+3z^{-2}+5z^{-3}+\cdots$$

可得原序列

$$f(k)=\{1,1,3,5,\cdots\}$$
$$\uparrow k=0$$

（2）由于 $F(z)$ 的收敛域为 $|z|<1$，故 $f(k)$ 为反因果序列。应用长除法将 $F(z)$（其分子、分母按 z 的升幂排列）展开为 z 的幂级数

$$F(z)=\frac{z^2}{-2-z+z^2}=-\frac{1}{2}z^2+\frac{1}{4}z^3-\frac{3}{8}z^4+\frac{5}{16}z^5+\cdots$$

可得原序列

$$f(k)=\left\{\cdots,\frac{5}{16},-\frac{3}{8},\frac{1}{4},-\frac{1}{2},0\right\}$$
$$\uparrow k=-1$$

（3）由于 $F(z)$ 的收敛域为 $1<|z|<2$，故 $f(k)$ 为双边序列。将 $F(z)$ 展开为部分分式

$$F(z)=\frac{z^2}{(z+1)(z-2)}=\frac{\frac{1}{3}z}{z+1}+\frac{\frac{2}{3}z}{z-2}，\quad 1<|z|<2$$

根据给定的收敛域可知，上式第一项属于因果序列的象函数 $F_1(z)$，第二项属于反因果序列的象函数 $F_2(z)$，即

$$F_1(z)=\frac{\frac{1}{3}z}{z+1}，\quad |z|>1$$

$$F_1(z)=\frac{\frac{2}{3}z}{z-2}，\quad |z|<2$$

将它们分别展开为 z^{-1} 和 z 的幂级数，有

$$F_1(z)=\frac{\frac{1}{3}z}{z+1}=\frac{1}{3}-\frac{1}{3}z^{-1}+\frac{1}{3}z^{-2}-\frac{1}{3}z^{-3}+\cdots$$

$$F_2(z)=\frac{\frac{2}{3}z}{z-1}=\cdots-\frac{1}{12}z^3-\frac{1}{6}z^2-\frac{1}{3}z$$

于是，原序列为

$$f(k)=\left\{\cdots,-\frac{1}{12},-\frac{1}{6},-\frac{1}{3},\frac{1}{3},-\frac{1}{3},\frac{1}{3},-\frac{1}{3},\cdots\right\}$$
$$\uparrow k=0$$

用幂级数展开法求原序列，常常很难将 $f(k)$ 写成闭合形式。

6.3.2 部分分式展开法

在离散系统分析中，序列的象函数通常是 z 的有理分式，它可以写为

$$F(z)=\frac{B(z)}{A(z)}=\frac{b_m z^m+b_{m-1}z^{m-1}+\cdots+b_1 z+b_0}{z^n+a_{n-1}z^{n-1}+\cdots+a_1 z+a_0} \tag{6.3-1}$$

类似于拉氏逆变换中部分分式展开法，也可以先将 $F(z)$ 展开成一些简单而常见的部分分式之和，然后分别求出各部分分式的逆变换，把各逆变换相加即可得到 $f(k)$。但是，对于 $F(z)$ 分解为什么形式，则与拉氏变换有所不同，z 变换的基本形式为 $\frac{z}{z-z_m}$、$\frac{z}{(z-z_m)^2}$ 等，其分子上都有 z。为了保证分解后的部分分式一定得到这样的标准形式，通常先将 $\frac{F(z)}{z}$ 展开为部分分式，然后再乘以 z。

根据代数学，只有真分式（即 $m<n$）才能展开为部分分式。因此，该方法要求 $F(z)$ 为有理真分式。若 $F(z)$ 为假分式，应先利用多项式相除，把 $F(z)$ 表示成一个多项式加真分式的形式。对于多项式部分，对应的逆变换是容易求得的，它们是单位脉冲序列 $\delta(k)$ 及其左移序列。例如

$$3z^2+2z+1\leftrightarrow 3\delta(k+2)+2\delta(k+1)+\delta(k)$$

对于真分式部分，

$$F(z)=\frac{B(z)}{A(z)}\text{，设 }F(z)\text{ 有 }n\text{ 个极点}$$

通常先将 $\frac{F(z)}{z}$ 展开，然后再乘以 z。将 $\frac{F(z)}{z}$ 展开为部分分式的方法与第 5 章中 $F(s)$ 展开方法相同。下面根据极点情况分别讨论。

6-7 逆 z 变换 2

1．$F(z)$有单阶实极点

若 $F(z)$ 有 n 个互不相同的极点 z_1、z_2、…、z_n（$z_i\neq 0$），则 $\frac{F(z)}{z}$ 可展开为

$$\frac{F(z)}{z}=\frac{K_0}{z}+\frac{K_1}{z-z_1}+\cdots+\frac{K_n}{z-z_n}=\sum_{i=0}^{n}\frac{K_i}{z-z_i} \tag{6.3-2}$$

式中，$z_0=0$，系数 K_i 由下式确定

$$K_i=(z-z_i)\frac{F(z)}{z}\bigg|_{z=z_i}=\frac{(z-z_i)}{z}F(z)\bigg|_{z=z_i} \tag{6.3-3}$$

将求得的各系数 K_i 代入式（6.3-2）后，等号两端同乘以 z，得

$$F(z)=\sum_{i=0}^{n}\frac{K_i z}{z-z_i}=K_0+\sum_{i=1}^{n}\frac{K_i z}{z-z_i} \tag{6.3-4}$$

根据给定的收敛域及已知的变换对，便可求出原序列 $f(k)$。若 $F(z)$ 的收敛域标注的是 $|z|>\alpha$，则可由式（6.3-4）结合常用序列 z 变换对

$$\delta(k)\leftrightarrow 1$$

$$a^k\varepsilon(k)\leftrightarrow\frac{z}{z-a}$$

得原序列

$$f(k)=K_0\delta(k)+\left[\sum_{i=1}^{n}K_i z_i^k\right]\varepsilon(k) \tag{6.3-5}$$

若 $F(z)$ 的收敛域标注的是 $|z|<\beta$，则由式（6.3-4）结合常用序列 z 变换对

$$a^k\varepsilon(-k-1)\leftrightarrow-\frac{z}{z-a}$$

可写出反因果序列与$K_0\delta(k)$之和的原序列，即

$$f(k)=K_0\delta(k)-\left[\sum_{i=1}^{n}K_iz_i^k\right]\varepsilon(-k-1) \tag{6.3-6}$$

若$F(z)$的收敛域标注的是$\alpha<|z|<\beta$，则由式（6.3-4）可判定哪几个分式属于因果序列对应的象函数部分，哪几个分式属于反因果序列对应的象函数部分。

若设$\dfrac{K_1z}{z-z_1}$为对应的反因果序列象函数，$\dfrac{K_iz}{z-z_i}(i=2,3,\cdots,n)$为因果序列对应的象函数，则该双边序列之原序列为

$$f(k)=-K_1z_1^k\varepsilon(-k-1)+K_0\delta(k)+\left[\sum_{i=2}^{n}K_iz_i^k\right]\varepsilon(k) \tag{6.3-7}$$

【例 6-24】 已知象函数

$$F(z)=\frac{z^2}{(z+1)(z-2)}=\frac{z^2}{z^2-z-2}$$

其收敛域如下，分别求其相对应的原序列$f(k)$。

（1）$|z|>2$　　（2）$|z|<1$　　（3）$1<|z|<2$

【解】 由于

$$\frac{F(z)}{z}=\frac{z}{(z+1)(z-2)}=\frac{K_1}{z+1}+\frac{K_2}{z-2}$$

由式（6.3-3）可得

$$K_1=(z+1)\frac{F(z)}{z}\Big|_{z=-1}=\frac{1}{3}$$

$$K_2=(z-2)\frac{F(z)}{z}\Big|_{z=2}=\frac{2}{3}$$

于是得

$$\frac{F(z)}{z}=\frac{\frac{1}{3}}{z+1}+\frac{\frac{2}{3}}{z-2}$$

等号两端同乘以z，得

$$F(z)=\frac{\frac{1}{3}z}{z+1}+\frac{\frac{2}{3}z}{z-2}$$

（1）收敛域为$|z|>2$，故$f(k)$为因果序列，由式（6.3-5）即得

$$f(k)=\left[\frac{1}{3}(-1)^k+\frac{2}{3}(2)^k\right]\varepsilon(k)$$

（2）收敛域为$|z|<1$，故$f(k)$为反因果序列，由式（6.3-6）即得

$$f(k)=\left[-\frac{1}{3}(-1)^k-\frac{2}{3}(2)^k\right]\varepsilon(-k-1)$$

（3）收敛域为$1<|z|<2$，故$f(k)$为双边序列，且其第一项属于因果序列的象函数$F_1(z)$，第二项属于反因果序列的象函数$F_2(z)$，可分别求其逆变换，由式（6.3-7）即得

$$f(k)=-\frac{2}{3}(2)^k\varepsilon(-k-1)+\frac{1}{3}(-1)^k\varepsilon(k)$$

由这个例题可见，用部分分式展开法能得到原序列的闭合形式表达式。

【例 6-25】 已知象函数 $F(z)=\dfrac{2z^2-1.5z}{z^2-1.5z+0.5}$，收敛域 $|z|>1$，试求原序列 $f(k)$。

【解】 由于 $$\frac{F(z)}{z}=\frac{2z-1.5}{z^2-1.5z+0.5}=\frac{2z-1.5}{(z-0.5)(z-1)}=\frac{K_1}{z-0.5}+\frac{K_2}{z-1}$$

由式（6.3-3）可得

$$K_1=(z-0.5)\frac{F(z)}{z}\Big|_{z=0.5}=\frac{2z-1.5}{z-1}\Big|_{z=0.5}=1$$

$$K_2=(z-1)\frac{F(z)}{z}\Big|_{z=1}=\frac{2z-1.5}{z-0.5}\Big|_{z=1}=1$$

于是有 $$F(z)=\frac{z}{z-0.5}+\frac{z}{z-1}$$

因为收敛域为 $|z|>1$，所以原序列为因果序列，故

$$f(k)=[1+(0.5)^k]\varepsilon(k)$$

2．$F(z)$有单阶共轭极点

6-8 逆 z 变换 3

如果 $F(z)$ 有一对共轭单极点 $z_{1,2}=c\pm\mathrm{j}d$，则可将 $\dfrac{F(z)}{z}$ 展开为

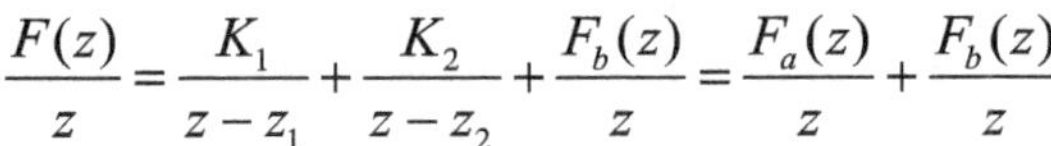

$$\frac{F(z)}{z}=\frac{K_1}{z-z_1}+\frac{K_2}{z-z_2}+\frac{F_b(z)}{z}=\frac{F_a(z)}{z}+\frac{F_b(z)}{z} \tag{6.3-8}$$

式中 $\dfrac{F_b(z)}{z}$ 是 $\dfrac{F(z)}{z}$ 除共轭极点所形成分式外的其余部分，而

$$\frac{F_a(z)}{z}=\frac{K_1}{z-c-\mathrm{j}d}+\frac{K_2}{z-c+\mathrm{j}d} \tag{6.3-9}$$

可以证明，如果式（6.3-1）中分母多项式 $A(z)$ 为实系数多项式，则 K_1 和 K_2 为互为共轭的复系数，即 $K_2=K_1^*$。

将 $F(z)$ 的极点写为指数形式，即令

$$z_{1,2}=c\pm\mathrm{j}d=\alpha\,\mathrm{e}^{\pm\mathrm{j}\beta}$$

并令 $K_1=|K_1|\mathrm{e}^{\mathrm{j}\theta}$，则 $K_2=|K_1|\mathrm{e}^{-\mathrm{j}\theta}$，式（6.3-9）可改写为

$$\frac{F_a(z)}{z}=\frac{|K_1|\mathrm{e}^{\mathrm{j}\theta}}{z-\alpha\,\mathrm{e}^{\mathrm{j}\beta}}+\frac{|K_1|\mathrm{e}^{-\mathrm{j}\theta}}{z-\alpha\,\mathrm{e}^{-\mathrm{j}\beta}} \tag{6.3-10}$$

等号两端同乘以 z，即得

$$F_a(z)=\frac{|K_1|\mathrm{e}^{\mathrm{j}\theta}z}{z-\alpha\,\mathrm{e}^{\mathrm{j}\beta}}+\frac{|K_1|\mathrm{e}^{-\mathrm{j}\theta}z}{z-\alpha\,\mathrm{e}^{-\mathrm{j}\beta}} \tag{6.3-11}$$

取上式逆变换，得

若 $|z|>\alpha$，
$$\begin{aligned}f_a(k)&=|K_1|\mathrm{e}^{\mathrm{j}\theta}(\alpha\,\mathrm{e}^{\mathrm{j}\beta})^k\varepsilon(k)+|K_1|\mathrm{e}^{-\mathrm{j}\theta}(\alpha\,\mathrm{e}^{-\mathrm{j}\beta})^k\varepsilon(k)\\&=|K_1|\alpha^k[\mathrm{e}^{\mathrm{j}(\beta k+\theta)}+\mathrm{e}^{-\mathrm{j}(\beta k+\theta)}]\varepsilon(k)\\&=2|K_1|\alpha^k\cos(\beta k+\theta)\varepsilon(k)\end{aligned} \tag{6.3-12}$$

若 $|z|<\alpha$，
$$f_a(k)=-2|K_1|\alpha^k\cos(\beta k+\theta)\varepsilon(-k-1) \tag{6.3-13}$$

【例 6-26】 求象函数

$$F(z)=\frac{z^3+6}{(z+1)(z^2+4)}\text{，}\quad |z|>2$$

的逆 z 变换。

【解】$F(z)$ 的极点为 $z_1=-1$，$z_{2,3}=\pm 2\,\mathrm{j}=2\mathrm{e}^{\pm \mathrm{j}\frac{\pi}{2}}$，$\frac{F(z)}{z}$ 可展开为

$$\frac{F(z)}{z}=\frac{z^3+6}{z(z+1)(z^2+4)}=\frac{K_0}{z}+\frac{K_1}{z+1}+\frac{K_2}{z-\mathrm{j}2}+\frac{K_2^*}{z+\mathrm{j}2}$$

由式（6.3-3）可得

$$K_0=z\frac{F(z)}{z}\Big|_{z=0}=1.5$$

$$K_1=(z+1)\frac{F(z)}{z}\Big|_{z=-1}=-1$$

$$K_2=(z-\mathrm{j}2)\frac{F(z)}{z}\Big|_{z=\mathrm{j}2}=\frac{1+\mathrm{j}2}{4}=\frac{\sqrt{5}}{4}\mathrm{e}^{\mathrm{j}63.4^\circ}$$

于是得

$$F(z)=1.5-\frac{z}{z+1}+\frac{\frac{\sqrt{5}}{4}\mathrm{e}^{\mathrm{j}63.4^\circ}z}{z-2\mathrm{e}^{\mathrm{j}\frac{\pi}{2}}}+\frac{\frac{\sqrt{5}}{4}\mathrm{e}^{-\mathrm{j}63.4^\circ}z}{z-2\mathrm{e}^{-\mathrm{j}\frac{\pi}{2}}}$$

收敛域 $|z|>2$，所以原序列为因果序列，取上式逆变换，得

$$\begin{aligned}f(k)&=1.5\delta(k)+\left[-(-1)^k+\frac{\sqrt{5}}{2}2^k\cos\left(\frac{k\pi}{2}+63.4^\circ\right)\right]\varepsilon(k)\\&=1.5\delta(k)+\left[-(-1)^k+\sqrt{5}2^{k-1}\cos\left(\frac{k\pi}{2}+63.4^\circ\right)\right]\varepsilon(k)\end{aligned}$$

3．F(z)有重极点

设 $z=z_1$ 为 $F(z)$ 的 r 重极点，其余极点为单阶极点，则对 $\frac{F(z)}{z}$ 展开为

$$\frac{F(z)}{z}=\frac{K_0}{z}+\frac{K_{11}}{z-z_1}+\frac{K_{12}}{(z-z_1)^2}+\cdots+\frac{K_{1r}}{(z-z_1)^r}+\sum_{i=r+1}^{n}\frac{K_i}{z-z_i}\tag{6.3-14}$$

式（6.3-14）中，系数 K_{1i} 可由下式确定

$$K_{1i}=\frac{1}{(r-i)!}\cdot\frac{\mathrm{d}^{r-i}}{\mathrm{d}z^{r-i}}\left[(z-z_1)^r\frac{F(z)}{z}\right]\Big|_{z=z_1}\tag{6.3-15}$$

K_i 可用与式（6.3-3）一样的方法确定。

将求得的系数 K_{1i} 和 K_i 代入式（6.3-14），等号两端同乘以 z，得

$$F(z)=K_0+\frac{K_{11}z}{z-z_1}+\frac{K_{12}z}{(z-z_1)^2}+\cdots+\frac{K_{1r}z}{(z-z_1)^r}+\sum_{i=r+1}^{n}\frac{K_iz}{z-z_i}\tag{6.3-16}$$

当 $F(z)$ 的收敛域为 $|z|>\alpha$ 时，应用常用 z 变换对，可写出式（6.3-16）所对应的原序列

$$\begin{aligned}f(k)=K_0\delta(k)+\Bigg[&K_{1r}\frac{k(k-1)\cdots(k-r)}{(r-1)!}z_1^{k-r+1}+\\&K_{1,r-1}\frac{k(k-1)\cdots(k-r+1)}{(r-2)!}z_1^{k-r+2}+\cdots+k_{11}z_1^k\Bigg]\varepsilon(k)+\left[\sum_{i=r+1}^{n}K_iz_i^k\right]\varepsilon(k)\end{aligned}\tag{6.3-17}$$

对于$F(z)$的收敛域为$|z|<\beta$或$\alpha<|z|<\beta$的情况，可用类似收敛域为$|z|>\alpha$的情况来求展开分式，写出相应的原序列，这里不再赘述。

【例 6-27】 求象函数

$$F(z)=\frac{z^3+z^2}{(z-1)^3}，\quad |z|>1$$

的逆z变换。

【解】 $z=1$是$F(z)$的三重极点，将$\frac{F(z)}{z}$展开为

$$\frac{F(z)}{z}=\frac{z^2+z}{(z-1)^3}=\frac{K_{11}}{z-1}+\frac{K_{12}}{(z-1)^2}+\frac{K_{13}}{(z-1)^3}$$

根据式（6.3-15）可求得

$$K_{11}=\frac{1}{2}\frac{\mathrm{d}^2}{\mathrm{d}z^2}\left[(z-1)^3\frac{F(z)}{z}\right]\bigg|_{z=1}=1$$

$$K_{12}=\frac{\mathrm{d}}{\mathrm{d}z}\left[(z-1)^3\frac{F(z)}{z}\right]\bigg|_{z=1}=3$$

$$K_{13}=(z-1)^3\frac{F(z)}{z}\bigg|_{z=1}=2$$

所以

$$\frac{F(z)}{z}=\frac{1}{z-1}+\frac{3}{(z-1)^2}+\frac{2}{(z-1)^3}$$

等号两端同乘以z，得

$$F(z)=\frac{z}{z-1}+\frac{3z}{(z-1)^2}+\frac{2z}{(z-1)^3}$$

由于收敛域$|z|>1$，可得$F(z)$的逆变换为

$$f(k)=[k(k-1)+3k+1]\varepsilon(k)=(k+1)^2\varepsilon(k)$$

【例 6-28】 求象函数

$$F(z)=\frac{2z^2}{(z-0.5)^2(z-1)}，\quad 0.5<|z|<1$$

的逆z变换。

【解】 $z=1$是$F(z)$的单阶实极点，$z=0.5$是$F(z)$的二重极点，将$\frac{F(z)}{z}$展开为

$$\frac{F(z)}{z}=\frac{2z}{(z-0.5)^2(z-1)}=\frac{K_1}{z-1}+\frac{K_{11}}{z-0.5}+\frac{K_{12}}{(z-0.5)^2}$$

由式（6.3-3）可得

$$K_1=(z-1)\frac{F(z)}{z}\bigg|_{z=1}=\frac{2z}{(z-0.5)^2}\bigg|_{z=1}=8$$

由式（6.3-15）可求得

$$K_{11}=\frac{\mathrm{d}}{\mathrm{d}z}\left[(z-0.5)^2\frac{F(z)}{z}\right]\bigg|_{z=0.5}=\frac{\mathrm{d}}{\mathrm{d}z}\left(\frac{2z}{z-1}\right)\bigg|_{z=0.5}=-8$$

$$K_{12}=(z-0.5)^2\frac{F(z)}{z}\bigg|_{z=0.5}=\frac{2z}{z-1}\bigg|_{z=0.5}=-4$$

所以

$$\frac{F(z)}{z}=\frac{8}{z-1}+\frac{-8}{z-0.5}+\frac{-4}{(z-0.5)^2}$$

等号两端同乘以 z，得

$$F(z)=\frac{8z}{z-1}+\frac{-8z}{z-0.5}+\frac{-4z}{(z-0.5)^2}$$

收敛域 $0.5<|z|<1$，所以原序列为双边序列，上式右边第一项为反因果序列的象函数，后面两项为因果序列的象函数，所以可得 $F(z)$ 的逆变换为

$$\begin{aligned}f(k)&=[-4k(0.5)^k-8(0.5)^k]\varepsilon(k)-8\varepsilon(-k-1)\\&=-4(k+2)(0.5)^k\varepsilon(k)-8\varepsilon(-k-1)\end{aligned}$$

6.4 LTI 系统的 z 域分析

本节讨论 LTI 离散系统的 z 域分析方法。与 LTI 连续系统的 s 域分析方法相对应，这种方法的特点是通过 z 变换将描述系统的差分方程变换为 z 域的代数方程，便于运算和求解，同时单边 z 变换可把系统的初始状态自动引入 z 域的代数方程中，不仅可以求得系统的零状态响应，也可以求得系统的零输入响应和全响应。

6.4.1 z 变换求解差分方程

6-9 系统 z 域分析 1

LTI 离散系统的数学模型是线性常系数的差分方程。在第 3 章我们已经讨论了差分方程的时域求解方法，求解过程比较繁琐。这里应用单边 z 变换求解差分方程，简单方便。

设 LTI 系统的激励为 $f(k)$，响应为 $y(k)$，描述 n 阶系统的后向差分方程的一般形式为

$$\sum_{i=0}^{n}a_{n-i}y(k-i)=\sum_{j=0}^{m}b_{m-j}f(k-j) \tag{6.4-1}$$

式中，系数 $a_i(i=0,1,\cdots,n)$，$b_j(j=0,1,\cdots,m)$ 均为实数，其中 $a_n=1$，设系统的初始状态为 $y(-1)$，$y(-2),\cdots,y(-n)$。

设 $f(k)\leftrightarrow F(z)$，$y(k)\leftrightarrow Y(z)$，根据单边 z 变换的移位特性，$y(k)$ 右移 i 个单位即 $y(k-i)$ 的单边 z 变换为

$$y(k-i)\leftrightarrow z^{-i}Y(z)+\sum_{k=0}^{i-1}y(k-i)z^{-k} \tag{6.4-2}$$

一般来说，激励 $f(k)$ 在 $k=0$ 时刻接入系统，那么在 $k<0$ 时 $f(k)=0$，即 $f(-1)=f(-2)=\cdots=f(-m)=0$，所以有

$$f(k-j)\leftrightarrow z^{-j}F(z)$$

对式（6.4-1）两边取单边 z 变换，得

$$\sum_{i=0}^{n}a_{n-i}\left[z^{-i}Y(z)+\sum_{k=0}^{i-1}y(k-i)z^{-k}\right]=\sum_{j=0}^{m}b_{m-j}\left[z^{-j}F(z)\right]$$

进一步写为

$$\left[\sum_{i=0}^{n}a_{n-i}z^{-i}\right]Y(z)+\sum_{i=0}^{n}a_{n-i}\left[\sum_{k=0}^{i-1}y(k-i)z^{-k}\right]=\left[\sum_{j=0}^{m}b_{m-j}z^{-j}\right]F(z)$$

移项后得

$$Y(z)=\underbrace{\frac{-\sum_{i=0}^{n}a_{n-i}\left[\sum_{k=0}^{i-1}y(k-i)z^{-k}\right]}{\sum_{i=0}^{n}a_{n-i}z^{-i}}}_{Y_{zi}(z)}+\underbrace{\frac{\sum_{j=0}^{m}b_{m-j}z^{-j}}{\sum_{i=0}^{n}a_{n-i}z^{-i}}F(z)}_{Y_{zs}(z)}$$

由上式可以看出，右边第一项只与系统的初始状态有关而与激励信号无关，因而是零输入响应 $y_{zi}(k)$ 的象函数 $Y_{zi}(z)$，第二项只与激励信号有关而与系统的初始状态无关，因而是零状态响应 $y_{zs}(k)$ 的象函数 $Y_{zs}(z)$。

令 $M(z)=-\sum_{i=0}^{n}a_{n-i}\left[\sum_{k=0}^{i-1}y(k-i)z^{-k}\right]$，$B(z)=\sum_{j=0}^{m}b_{m-j}z^{-j}$，$A(z)=\sum_{i=0}^{n}a_{n-i}z^{-i}$，

于是可把上式写为

$$Y(z)=Y_{zi}(z)+Y_{zs}(z)=\frac{M(z)}{A(z)}+\frac{B(z)}{A(z)}F(z) \tag{6.4-3}$$

其中，$Y_{zi}(z)=\dfrac{M(z)}{A(z)}$，$Y_{zs}(z)=\dfrac{B(z)}{A(z)}$。$A(z)$ 称为系统的特征多项式，$A(z)=0$ 称为系统的特征方程，其根称为特征根。

分别取 $Y_{zi}(z)$，$Y_{zs}(z)$，$Y(z)$ 的逆 z 变换，得

$$Y_{zi}(z)\leftrightarrow y_{zi}(k)$$

$$Y_{zs}(z)\leftrightarrow y_{zs}(k)$$

$$Y(z)\leftrightarrow y(k)=y_{zi}(k)+y_{zs}(k) \tag{6.4-4}$$

【例 6-29】 描述某 LTI 离散系统的差分方程为

$$y(k)-y(k-1)-2y(k-2)=f(k)$$

已知输入信号 $f(k)=\varepsilon(k)$，初始状态 $y(-1)=-1$，$y(-2)=\dfrac{1}{4}$。求系统的零输入响应和零状态响应及全响应。

【解】 设 $y(k)$ 的 z 变换为 $Y(z)$，$f(k)$ 的 z 变换为 $F(z)$。对差分方程两边取单边 z 变换，利用移位特性，得

$$Y(z)-[z^{-1}Y(z)+y(-1)]-2[z^{-2}Y(z)+z^{-1}y(-1)+y(-2)]=F(z)$$

整理移项后得

$$Y(z)=\frac{y(-1)+2y(-2)+2y(-1)z^{-1}}{1-z^{-1}-2z^{-2}}+\frac{1}{1-z^{-1}-2z^{-2}}F(z)=Y_{zi}(z)+Y_{zs}(z)$$

则有

$$Y_{zi}(z)=\frac{y(-1)+2y(-2)+2y(-1)z^{-1}}{1-z^{-1}-2z^{-2}}$$

$$Y_{zs}(z)=\frac{1}{1-z^{-1}-2z^{-2}}F(z)$$

将初始状态 $y(-1)=-1$，$y(-2)=\dfrac{1}{4}$ 和 $F(z)=Z[\varepsilon(k)]=\dfrac{z}{z-1}$，代入以上两式，并整理得

$$Y_{zi}(z)=\frac{-2z-\frac{1}{2}z^2}{z^2-z-2}=\frac{\frac{1}{2}z}{z+1}+\frac{-z}{z-2}$$

$$Y_{zs}(z)=\frac{z^3}{(z-1)(z^2-z-2)}=\frac{-\frac{1}{2}z}{z-1}+\frac{\frac{1}{6}z}{z+1}+\frac{\frac{4}{3}z}{z-2}$$

对以上两式分别取逆变换，得零输入响应和零状态响应分别为

$$y_{zi}(k)=\left[\frac{1}{2}(-1)^k-(2)^k\right]\varepsilon(k)$$

$$y_{zs}(k)=\left[-\frac{1}{2}+\frac{1}{6}(-1)^k+\frac{4}{3}(2)^k\right]\varepsilon(k)$$

全响应为

$$y(k)=\left[-\frac{1}{2}+\frac{2}{3}(-1)^k+\frac{1}{3}(2)^k\right]\varepsilon(k)$$

本例若只要求全响应 $y(k)$，则对差分方程求单边 z 变换后，可直接将激励的 z 变换 $F(z)$ 代入，经整理后得

$$Y(z)=\frac{\frac{1}{2}z^3-\frac{3}{2}z^2+2z}{(z+1)(z-2)(z-1)}$$

部分分式展开为

$$Y(z)=\frac{\frac{2}{3}z}{z+1}+\frac{\frac{1}{3}z}{z-2}+\frac{-\frac{1}{2}z}{z-1}$$

求逆变换，得

$$y(k)=\left[-\frac{1}{2}+\frac{2}{3}(-1)^k+\frac{1}{3}(2)^k\right]\varepsilon(k)$$

与上面的结果相同。

在系统分析中，有时已知初始值 $y(0), y(1), \cdots$，由于在 $k\geqslant 0$ 时激励已经接入，因而不易分辨零输入响应和零状态响应的初始值，也不便于求解零输入响应。初始值 $y(-1), y(-2), \cdots$ 和 $y(0)$，$y(1), \cdots$ 可根据系统的差分方程应用递推法相互转换。下面通过例子来说明求解方法。

【例 6-30】 描述某 LTI 离散系统的差分方程为

$$y(k)-y(k-1)-2y(k-2)=f(k)$$

已知输入信号 $f(k)=\varepsilon(k)$，初始状态为 $y(0)=0$， $y(1)=3$。求 $y(-1)$ 和 $y(-2)$。

【解】 初始状态 $y(-1)$ 和 $y(-2)$ 可根据差分方程递推求出。将系统的差分方程改写为

$$y(k-2)=\frac{1}{2}[y(k)-y(k-1)-f(k)] \tag{6.4-5}$$

令 $k=1$，并将 $y(0)$， $y(1)$ 和 $f(1)$ 代入式（6.4-5），得

$$y(-1)=\frac{1}{2}[y(1)-y(0)-f(1)]=1$$

令 $k=0$，并将 $y(0)$， $y(-1)$ 和 $f(0)$ 代入式（6.4-5），得

$$y(-2)=\frac{1}{2}[y(0)-y(-1)+f(0)]=0$$

如果本例中需要求解系统的响应，求解思路为：根据零状态响应的定义，它与初始状态无关，则有 $y_{zs}(-1)=y_{zs}(-2)=0$，首先应用 z 变换求出系统的零状态响应 $y_{zs}(k)$，进而求出 $y_{zs}(0)$，$y_{zs}(1)$。利用全响应

$$y(k)=y_{zi}(k)+y_{zs}(k)$$

将$k=0$、1代入后可求得

$$y_{zi}(0)=y(0)-y_{zs}(0)$$
$$y_{zi}(1)=y(1)-y_{zs}(1)$$

然后根据差分方程和$y_{zi}(0)$、$y_{zi}(1)$，采用时域求解方法解得零输入响应$y_{zi}(k)$。

【例 6-31】 描述某 LTI 离散系统的差分方程为

$$y(k)+4y(k-1)+3y(k-2)=4f(k)+2f(k-1)$$

已知输入信号$f(k)=(-2)^k\varepsilon(k)$，初始状态$y(0)=9$，$y(1)=-33$。求系统的零输入响应和零状态响应及全响应。

【解】（1）求解零状态响应

在零状态下对差分方程两边取z变换，有

$$Y_{zs}(z)+4z^{-1}Y_{zs}(z)+3z^{-2}Y_{zs}(z)=4F(z)+2z^{-1}F(z)$$

则

$$Y_{zs}(z)=\frac{4+2z^{-1}}{1+4z^{-1}+3z^{-2}}F(z)=\frac{4z^2+2z}{z^2+4z+3}F(z)$$

将$F(z)=Z[(-2)^k\varepsilon(k)]=\dfrac{z}{z+2}$代入上式，得

$$Y_{zs}(z)=\frac{4z^2+2z}{(z+1)(z+3)}\cdot\frac{z}{z+2}$$

部分分式展开为

$$Y_{zs}(z)=\frac{z}{z+1}+\frac{-12z}{z+2}+\frac{15z}{z+3}$$

取逆变换，得

$$y_{zs}(k)=[(-1)^k-12(-2)^k+15(-3)^k]\varepsilon(k) \tag{6.4-6}$$

（2）求解零输入响应

将$k=0$、1代入式（6.4-6），可求得

$$y_{zs}(0)=4，\quad y_{zs}(1)=-22$$

故得

$$y_{zi}(0)=y(0)-y_{zs}(0)=9-4=5$$
$$y_{zi}(1)=y(1)-y_{zs}(1)=-33-(-22)=-11$$

考虑到差分方程的特征根$\lambda_1=-1$，$\lambda_2=-3$，设零输入响应为

$$y_{zi}(k)=C_{x1}(-1)^k+C_{x2}(-3)^k$$

将$y_{zi}(0)=5$、$y_{zi}(1)=-11$代入上式，解得$C_{x1}=2$，$C_{x2}=3$，所以

$$y_{zi}(k)=[2(-1)^k+3(-3)^k]\varepsilon(k) \tag{6.4-7}$$

（3）全响应

将式（6.4-6）和式（6.4-7）相加，得全响应为

$$y(k)=y_{zi}(k)+y_{zs}(k)=[3(-1)^k-12(-2)^k+18(-3)^k]\varepsilon(k)$$

本例还可以先由$y(0)$，$y(1)$，递推出$y(-1)$和$y(-2)$，再按照例 6-29 的方法求解。

6.4.2 系统函数

6-10 系统z域分析 2

描述n阶 LTI 离散系统的差分方程的一般形式为

$$\sum_{i=0}^{n} a_{n-i} y(k-i) = \sum_{j=0}^{m} b_{m-j} f(k-j) \tag{6.4-8}$$

设 $f(k)$ 在 $k=0$ 时刻接入系统，在零状态条件下，对式（6.4-8）两边取 z 变换，即得零状态响应的象函数

$$Y_{zs}(z) = \frac{B(z)}{A(z)} F(z) \tag{6.4-9}$$

其中，$F(z)$ 为 $f(t)$ 的象函数，$A(z)$、$B(z)$ 分别为

$$\begin{cases} A(z) = \sum_{i=0}^{n} a_{n-i} z^{-i} \\ B(z) = \sum_{j=0}^{m} b_{m-j} z^{-j} \end{cases} \tag{6.4-10}$$

离散系统的系统函数定义为系统零状态响应的象函数 $Y_{zs}(z)$ 与激励信号的象函数 $F(z)$ 之比，用 $H(z)$ 表示，即

$$H(z) = \frac{Y_{zs}(z)}{F(z)} = \frac{B(z)}{A(z)} \tag{6.4-11}$$

由式（6.4-10）可知，根据系统的差分方程可以很容易地写出 $A(z)$ 和 $B(z)$，进一步求出系统的系统函数。系统函数只取决于系统差分方程的系数 a_{n-i} 和 b_{m-j}，即只取决于系统的结构和元器件参数等，而与系统的激励、初始状态等外部因素无关，因此它在 z 域反映了系统的基本特性。式（6.4-11）还表明，可以从差分方程求出系统函数，也可以由给定的系统函数得到系统的差分方程。

引入系统函数的概念后，系统零状态响应与激励之间的关系便可写为

$$Y_{zs}(z) = H(z)F(z) \tag{6.4-12}$$

当 $f(k)=\delta(k)$ 时，由于 $Z[\delta(k)]=1$，根据式（6.4-12）可得系统的零状态响应象函数

$$Y_{zs}(z) = H(z)F(z) = H(z)$$

又由第 3 章可知，当激励为单位序列 $\delta(k)$ 时，系统的零状态响应为系统的单位序列响应 $h(k)$，便有

$$h(k) \leftrightarrow H(z)$$

即系统的单位序列响应 $h(k)$ 与系统函数 $H(z)$ 组成一对 z 变换对。这个变换对是联系离散系统的 k 域分析与 z 域分析的重要纽带，可以把求解 $h(k)$ 的问题转换为求解 $H(z)$，还可以借助系统函数与输入序列象函数乘积之逆 z 变换求解系统的零状态响应，使系统分析的手段更加灵活，方法更加丰富，运算更加简便。

【例 6-32】 某 LTI 离散系统的差分方程为

$$y(k) - 0.7y(k-1) + 0.12y(k-2) = 2f(k) - f(k-1)$$

求：（1）系统函数；（2）系统的单位序列响应 $h(k)$。

【解】（1）在零状态下，对差分方程两边求 z 变换，得

$$Y_{zs}(z) - 0.7z^{-1}Y_{zs}(z) + 0.12z^{-2}Y_{zs}(z) = 2F(z) - z^{-1}F(z)$$

整理，并解得系统函数

$$H(z) = \frac{Y_{zs}(z)}{F(z)} = \frac{2-z^{-1}}{1-0.7z^{-1}+0.12z^{-2}} = \frac{2z^2 - z}{z^2 - 0.7z + 0.12}$$

（2）将 $H(z)$ 展开成部分分式，得

$$H(z) = \frac{4z}{z-0.3} - \frac{2z}{z-0.4}$$

取逆 z 变换，得系统的单位序列响应

$$h(k)=[4\times(0.3)^k-2\times(0.4)^k]\varepsilon(k)$$

【例 6-33】 当输入序列 $f(k)=\varepsilon(k)$ 时，某 LTI 离散系统的零状态响应

$$y_{zs}(k)=[2-(0.5)^k+(-1.5)^k]\varepsilon(k)$$

求：（1）系统函数；（2）阶跃响应；（3）描述该系统的后向差分方程。

【解】（1）由于

$$F(z)=Z[\varepsilon(k)]=\frac{z}{z-1}$$

$$Y_{zs}(z)=Z[y_{zs}(k)]=Z\{[2-(0.5)^k+(-1.5)^k]\varepsilon(k)\}$$
$$=\frac{2z}{z-1}-\frac{z}{z-0.5}+\frac{z}{z+1.5}=\frac{z(2z^2+0.5)}{(z-1)(z-0.5)(z+1.5)}$$

则根据系统函数的定义，得系统函数为

$$H(z)=\frac{Y_{zs}(z)}{F(z)}=\frac{2z^2+0.5}{(z-0.5)(z+1.5)}$$

（2）由于

$$g(k)=\sum_{i=-\infty}^{k}h(i)$$

根据 z 变换的部分和性质，有

$$G(z)=\frac{z}{z-1}H(z)=\frac{z}{z-1}\cdot\frac{2z^2+0.5}{(z-0.5)(z+1.5)}$$

将上式部分分式展开，得

$$G(z)=\frac{2z}{z-1}-\frac{z}{z-0.5}+\frac{z}{z+1.5}$$

取其逆变换，得

$$g(k)=[2-(0.5)^k+(-1.5)^k]\varepsilon(k)$$

（3）将 $H(z)$ 的分子分母同乘以 z^{-2}，得

$$H(z)=\frac{Y_{zs}(z)}{F(z)}=\frac{2z^2+0.5}{(z-0.5)(z+1.5)}=\frac{2z^2+0.5}{z^2+z-0.75}=\frac{2+0.5z^{-2}}{1+z^{-1}-0.75z^{-2}}$$

交叉相乘即得

$$Y_{zs}(z)+z^{-1}Y_{zs}(z)-0.75z^{-2}Y_{zs}(z)=2F(z)+0.5z^{-2}F(z)$$

取逆变换，得

$$y_{zs}(k)+y_{zs}(k-1)-0.75y_{zs}(k-2)=2f(k)+0.5f(k-2)$$

进一步可得系统的后向差分方程为

$$y(k)+y(k-1)-0.75y(k-2)=2f(k)+0.5f(k-2)$$

6.4.3 系统的 z 域框图

系统分析中常常会遇到用时域框图描述的系统，这里从 z 域的角度来研究求系统响应的方法。这个方法的基本思路是：（1）根据系统的时域框图画出相应的 z 域框图；（2）按照 z 域框图列写象函数的 z 域代数方程；（3）求出系统响应的象函数 $Y(z)$；（4）取其逆 z 变换得到系统的时域响应 $y(k)$。但在画 z 域框图之前，必须对各个基本运算部件的输入、输出取 z 变换，并利用 z 变换的性质得到各个部件的 z 域模型。

表 6-4 给出了基本运算部件的 k 域、z 域模型。

6-11 系统 z 域分析 3

表 6-4　基本运算部件的 k 域、z 域模型

名　　称	k 域模型	z 域模型
数乘器	$f(k)$ → a → $af(k)$ 或 $f(k)$ —a→ $af(k)$	$F(z)$ → a → $aF(z)$ 或 $F(z)$ —a→ $aF(z)$
加法器	$f_1(k)$ (+)、$f_2(k)$ (−) → Σ → $f_1(k)-f_2(k)$	$F_1(z)$ (+)、$F_2(z)$ (−) → Σ → $F_1(z)-F_2(z)$
延迟器	$f(k)$ → D → $f(k-1)$	$F(z)$ → $\frac{1}{z}$ → Σ (+)，$f(-1)$ (+) → Σ → $\frac{1}{z}F(z)+f(-1)$
延迟器 （零状态）	$f(k)$ → D → $f(k-1)$	$F(z)$ → $\frac{1}{z}$ → $\frac{1}{z}F(z)$

由于含初始状态的框图比较复杂，而通常最关心的是系统的零状态响应的 z 域框图，这时系统的 k 域框图与其 z 域框图形式上相同，因而使用简便，但又给零输入响应的求解带来不便。

【例 6-34】 某 LTI 离散系统的 k 域框图如图 6.2（a）所示。已知输入 $f(k)=\varepsilon(k)$，初始状态 $y(-1)=0$，$y(-2)=\dfrac{1}{2}$，求系统的零状态响应。

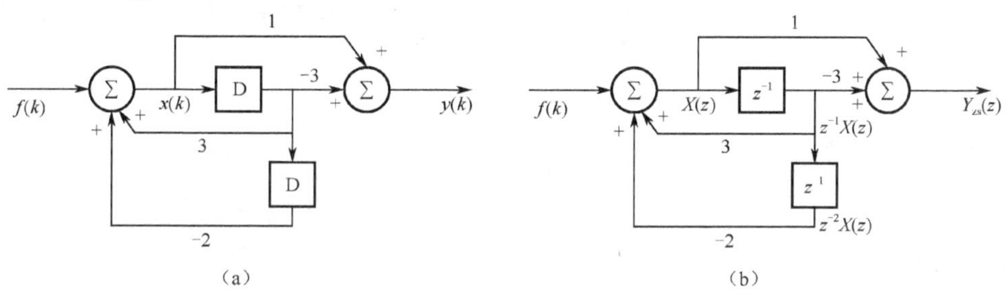

图 6.2　例 6-34 图

【解】 按照表 6-4 中各部件的 z 域框图画出系统在零状态下的 z 域框图，如图 6.2（b）所示。

在图 6.2（b）中，设左端延迟单元的输入信号为 $X(z)$，则相应的各延迟单元的输出信号为 $z^{-1}X(z)$、$z^{-2}X(z)$。列出左端加法器输出输入关系

$$X(z)=F(z)+3z^{-1}X(z)-2z^{-2}X(z)$$

整理得

$$X(z)=\frac{1}{1-3z^{-1}+2z^{-2}}F(z) \qquad (6.4\text{-}13)$$

列出右端加法器输出输入关系

$$Y_{zs}(z)=X(z)-3z^{-1}X(z)$$

将式（6.4-13）代入上式，得

$$Y_{zs}(z)=\frac{1-3z^{-1}}{1-3z^{-1}+2z^{-2}}F(z)$$

把 $F(z)=Z[\varepsilon(k)]=\dfrac{z}{z-1}$ 代入上式，有

$$Y_{zs}(z)=\frac{z^2-3z}{z^2-3z+2}\cdot\frac{z}{z-1}=\frac{z^2(z-3)}{(z-1)^2(z-2)}$$

展开为部分分式，有

$$Y_{zs}(z)=\frac{2z}{(z-1)^2}+\frac{3z}{z-1}+\frac{-2z}{z-2}$$

取其逆变换，得零状态响应为

$$y_{zs}(k)=[2k+3-2(2)^k]\varepsilon(k)$$

习　题　六

6.1　求序列 $f(k)=\left[\left(\frac{1}{5}\right)^k+\left(\frac{1}{3}\right)^{-k}\right]\varepsilon(k)$ 的 z 变换，并注明收敛域。

6.2　根据下列象函数及所标注的收敛域，求其所对应的原序列。

（1）$F(z)=\frac{z}{z-2}$，$|z|>2$

（2）$F(z)=\frac{-z}{z-3}$，$|z|<3$

（3）$F(z)=\frac{z}{z-3}+\frac{z}{z-2}$，$2<|z|<3$

6.3　已知 $\delta(k)\leftrightarrow 1$，$a^k\varepsilon(k)\leftrightarrow\frac{z}{z-a}$，$k\varepsilon(k)\leftrightarrow\frac{z}{(z-1)^2}$，试利用 z 变换的性质求下列序列的 z 变换并注明收敛域。

（1）$\frac{1}{2}[2+(-1)^k]\varepsilon(k)$

（2）$\frac{1}{3}(-1)^k k\varepsilon(k)$

（3）$k(k-1)\varepsilon(k)$

（4）$k[\varepsilon(k)-\varepsilon(k-2)]$

（5）$\left(\frac{1}{2}\right)^k\cos(k\pi)\varepsilon(k)$

（6）$(k-1)^2\varepsilon(k-1)$

6.4　利用 z 变换性质求下列序列的 z 变换。

（1）$\frac{1}{2}k\sin\left(\frac{k\pi}{2}\right)\varepsilon(k)$

（2）$\frac{1}{3}\sum_{i=0}^{k}(-1)^i$

6.5　因果序列的 z 变换为 $F(z)=\frac{2z^2}{(z-2)(z-1)}$，求 $f(0)$。

6.6　若因果序列的 z 变换为 $F(z)=\frac{2z^2+1}{\left(z-\frac{1}{2}\right)\left(z+\frac{1}{3}\right)}$，能否应用终值定理求其终值？若能，求出 $\lim_{k\to\infty}f(k)$。

6.7　求下列函数的逆 z 变换。

（1）$F(z)=\frac{z-\frac{1}{a}}{\frac{z}{a}-1}$，$|z|>|a|$

（2）$F(z)=\frac{-3z^2+z+3}{2z^2+2z-4}$，$|z|>2$

（3）$F(z)=\dfrac{3z+1}{z+\dfrac{1}{2}}$，$|z|>\dfrac{1}{2}$

（4）$F(z)=\dfrac{1}{z^2\left(z+\dfrac{1}{2}\right)}$，$|z|>\dfrac{1}{2}$

6.8　求下列象函数的双边逆 z 变换。

（1）$F(z)=\dfrac{2z^2}{\left(z-\dfrac{1}{2}\right)\left(z-\dfrac{1}{3}\right)}$，$|z|<\dfrac{1}{3}$

（2）$F(z)=\dfrac{2z^2-\dfrac{1}{2}z}{\left(z-\dfrac{1}{2}\right)\left(z-\dfrac{1}{3}\right)}$，$|z|>\dfrac{1}{2}$

（3）$F(z)=\dfrac{2z^2-\dfrac{1}{2}z}{\left(z-\dfrac{1}{2}\right)\left(z-\dfrac{1}{3}\right)}$，$\dfrac{1}{3}<|z|<\dfrac{1}{2}$

6.9　若因果序列 $f(k)\leftrightarrow F(z)$，求下列序列的 z 变换。

（1）$\sum_{i=0}^{k}a^i f(i)$

（2）$a^k\sum_{i=0}^{k}f(i)$

6.10　描述某 LTI 离散系统的差分方程为

$$y(k)-y(k-1)-2y(k-2)=f(k)$$

已知 $y(-1)=-1$，$y(-2)=\dfrac{1}{4}$，$f(k)=\varepsilon(k)$，求该系统的零输入响应 $y_{zi}(k)$，零状态响应 $y_{zs}(k)$ 及全响应 $y(k)$。

6.11　题 6.11 图为某 LTI 系统的框图，求系统的单位序列响应 $h(k)$ 和阶跃响应 $g(k)$。

6.12　如题 6.12 图所示系统。

（1）求该系统的单位序列响应 $h(k)$；

（2）如果 $f(k)=\varepsilon(k)$，求系统的零状态响应。

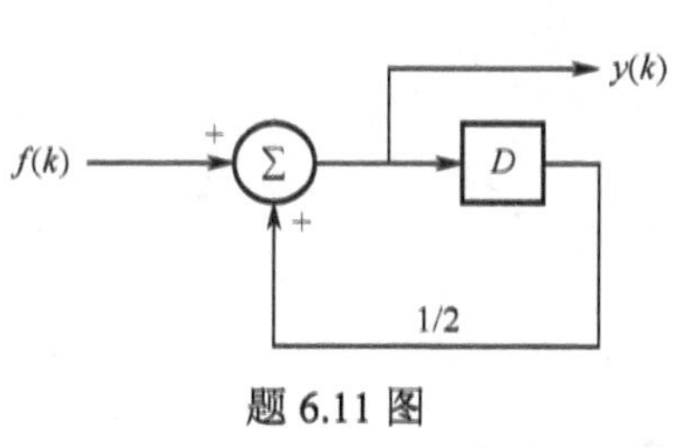

题 6.11 图

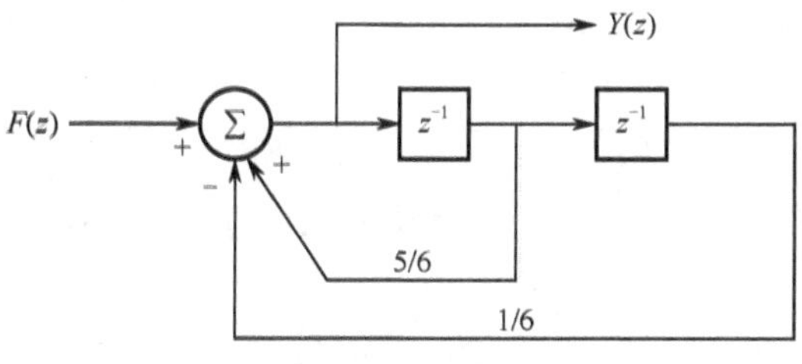

题 6.12 图

6.13　设某 LTI 离散因果系统的阶跃响应为 $g(k)$，已知当输入为因果序列 $f(k)$ 时，系统零状态响应为

$$y_{zs}(k)=\sum_{i=0}^{k}g(i)$$

求系统的输入 $f(k)$。

6.14　因果序列 $f(k)$ 满足方程

$$f(k)=k\varepsilon(k)+\sum_{i=0}^{k}f(i)$$

求序列 $f(k)$。

6.15　因果序列 $f(k)$ 满足方程

$$\sum_{i=0}^{k-1} f(i) = k\varepsilon(k) * \left(-\frac{1}{2}\right)^k \varepsilon(k)$$

求序列 $f(k)$。

6.16　某 LTI 离散系统，当输入 $f(k)=\varepsilon(k)$ 时，系统的零状态响应为

$$y_{zs}(k) = 2[1-(0.5)^k]\varepsilon(k)$$

求输入 $f(k)=\left(\frac{1}{2}\right)^k \varepsilon(k)$ 时系统的零状态响应。

6.17　某 LTI 离散系统，当输入 $f(k)=\varepsilon(k)$ 时，系统的零状态响应为

$$y_{zs}(k) = [2-(0.5)^k + (-1.5)^k]\varepsilon(k)$$

求该系统的系统函数和描述该系统的差分方程。

6.18　已知某一阶 LTI 离散系统，当初始状态 $y(-1)=1$，输入 $f_1(k)=\varepsilon(k)$ 时，其全响应为 $y_1(k)=2\varepsilon(k)$；当系统初始状态 $y(-1)=-1$，输入为 $f_2(k)=0.5k\varepsilon(k)$ 时，其全响应为 $y_2(k)=(k-1)\varepsilon(k)$。求输入 $f(k)=\left(\frac{1}{2}\right)^k \varepsilon(k)$ 时的零状态响应。

6.19　如题 6.19 图所示的复合系统由三个子系统组成，如已知各子系统的单位序列响应或系统函数分别为 $h_1(k)=\varepsilon(k)$，$H_2(z)=\frac{z}{z+1}$，$H_3(z)=\frac{1}{z}$，求输入 $f(k)=\frac{1}{3}[\varepsilon(k)-\varepsilon(k-2)]$ 时的零状态响应 $y_{zs}(k)$。

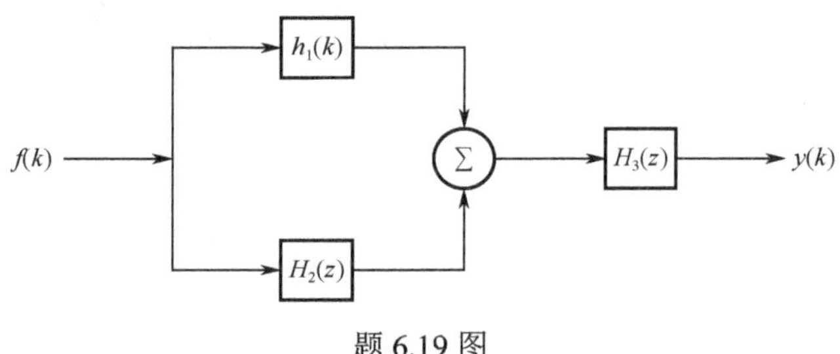

题 6.19 图

6.20　一 LTI 因果系统的系统函数为 $H(z)=\frac{z}{z+\frac{1}{2}}$，收敛域为 $|z|>\frac{1}{2}$。

（1）求系统的频率响应函数 $H(e^{j\theta})$；

（2）求输入序列 $f(k)=2\cos(\pi k)+6\cos(2\pi k)$ 时系统的稳态响应 $y_{ss}(k)$。

6.21　描述线性时不变因果离散系统的差分方程为

$$y(k)+y(k-1)+0.25y(k-2)=2f(k-1)+f(k-2)$$

（1）求系统函数 $H(z)$；

（2）求单位脉冲响应 $h(k)$；

（3）该系统的频率响应函数是否存在？并说明理由，若频率响应存在，求当输入 $f(k)=2\cos(\pi k-60^\circ)$ 的稳态响应 $y_{ss}(k)$。

6.22　如题 6.22 图 LTI 因果离散系统框图，已知当输入 $f(k)=\varepsilon(k)$ 时，系统的全响应 $y(k)$ 在 $k=2$ 时的值为 42。

（1）求系统函数 $H(z)$；

（2）求系统的零输入响应 $y_{zi}(k)$；

（3）该系统是否存在频率响应？若不存在，说明理由，若存在，请绘出幅频特性曲线。

6.23　某因果系统框图如题 6.23 图所示，

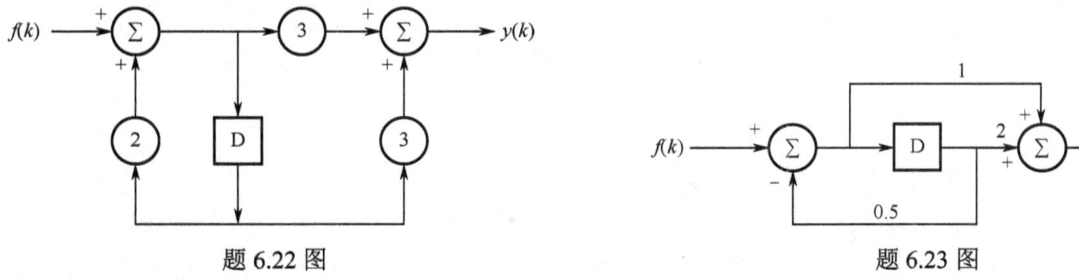

题 6.22 图　　　　题 6.23 图

（1）求系统函数 $H(z)$ 。

（2）当输入为 $f(k)=5+10\cos\left(\frac{\pi}{2}k+16.9^{\circ}\right)$ 时，求输出稳态响应。

第 7 章　系统函数

在LTI连续系统的 s 域分析和LTI离散系统的 z 域分析两章中，都引出了系统函数的重要概念，本章就这个问题展开来做比较详细的讨论。首先介绍系统函数 $H(s)$ 在 s 平面和 $H(z)$ 在 z 平面的零、极点分布，以及系统函数与时域特性和频域特性的关系；然后讨论系统函数与系统的因果性和稳定性之间的关系，介绍信号流图，并讨论系统的模拟问题。

7.1　连续系统函数与系统特性

7-1 零极点图

7.1.1　连续系统函数的零、极点

由 5.4.2 节可知，LTI 连续系统的系统函数是复变量 s 的有理分式，它是 s 的有理多项式 $B(s)$ 与 $A(s)$ 之比，即

$$H(s)=\frac{B(s)}{A(s)}=\frac{b_m s^m+b_{m-1}s^{m-1}+\cdots+b_1 s+b_0}{a_n s^n+a_{n-1}s^{n-1}+\cdots+a_1 s+a_0}$$

式中，系数 a_i（$i=0,1,2,\cdots,n$）、b_j（$j=0,1,2,\cdots,m$）都是实常数，其中 $a_n=1$。

分母多项式 $A(s)=0$ 的根 $p_1,p_2,\cdots,p_n$ 称为系统函数 $H(s)$ 的极点，分子多项式 $B(s)=0$ 的根 $\xi_1,\xi_2,\cdots,\xi_m$ 称为系统函数的零点。这样，将 $A(s)$ 和 $B(s)$ 分解因式后，系统函数进一步可写为

$$H(s)=\frac{B(s)}{A(s)}=\frac{b_m\prod_{j=1}^{m}(s-\xi_j)}{\prod_{i=1}^{n}(s-p_i)} \tag{7.1-1}$$

式（7.1-1）中，b_m 为系统增益因子。

在 s 平面上，将零点用符号“◦”表示，极点用符号“×”表示。若遇重零点或重极点，则在符号旁边用带括弧的数字注明阶数。这样得到的图形称为系统的零、极点分布图。

由于 $A(s)$ 和 $B(s)$ 的系数都是实数，所以系统函数 $H(s)$ 的零点和极点或者是实数而位于实轴上，或者是成共轭对的复数而位于与实轴对称的位置上。也就是说，系统函数的零点和极点的分布必定关于实轴呈镜像对称。

以上关于零、极点的分布规律，是从系统函数为实有理分式得到的。只要系统是线性时不变的系统，系统函数的零、极点分布都符合这个规律。如果对系统再加以某种条件限制，则零、极点的分布也将有相应的进一步的限制。例如在后面将要讨论的系统函数与系统稳定性中，稳定系统要求系统函数的极点只能出现在虚轴的左半平面。

【例 7-1】 已知某 LTI 系统的系统函数 $H(s)=\dfrac{s+2}{(s+1)^2(s^2+1)}$，请画出系统的零、极点分布图。

【解】 由于　　$H(s)=\dfrac{s+2}{(s+1)^2(s^2+1)}$

所以，它的零点位于　　$\xi_1=-2$　（一阶）

极点位于

$$p_1 = p_2 = -1 \qquad （二阶）$$

$$p_3 = +\mathrm{j} \qquad （一阶）$$

$$p_4 = -\mathrm{j} \qquad （一阶）$$

零、极点分布图如图 7.1 所示。

【例 7-2】 已知某 LTI 系统的零、极点分布图如图 7.2 所示，且有 $h(0_+) = 2$，求系统的系统函数 $H(s)$。

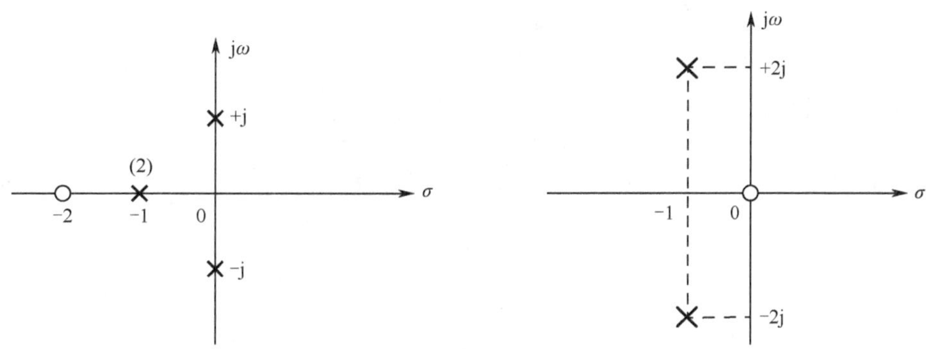

图 7.1　系统的零、极点分布图　　　　图 7.2　系统的零、极点分布图

【解】 设系统增益因子为K，由系统的零、极点分布图，可得

$$H(s) = \frac{Ks}{(s+1)^2+4} = \frac{Ks}{s^2+2s+5}$$

再根据初值定理

$$h(0+) = \lim_{s\to\infty} sH(s) = \lim_{s\to\infty} \frac{Ks^2}{s^2+2s+5} = K = 2$$

因此

$$H(s) = \frac{2s}{(s+1)^2+4}$$

【例 7-3】 某连续系统的系统函数$H(s)$的零、极点分布图如图 7.3 所示，且已知$H(\infty)=1$，求系统的阶跃响应$g(t)$。

【解】 设系统增益因子为K，由系统的零极点分布图，可得

$$H(s) = K \cdot \frac{s+2}{s}$$

因为

$$H(\infty) = \lim_{s\to\infty} K \cdot \frac{s+2}{s} = K = 1$$

所以

$$H(s) = \frac{s+2}{s}$$

根据阶跃响应和单位冲激响应的关系有

$$G(s) = \frac{H(s)}{s} = \frac{s+2}{s^2} = \frac{2}{s^2} + \frac{1}{s}$$

逆变换得

$$g(t) = (1+2t)\varepsilon(t)$$

【例 7-4】 已知线性时不变系统$H(s)$的零、极点分布图如图 7.4 所示，系统的激励$f(t) = \mathrm{e}^{3t}$，$t \in R$，响应$y(t) = \frac{3}{20}\mathrm{e}^{3t}$，$t \in R$，求系统函数$H(s)$。

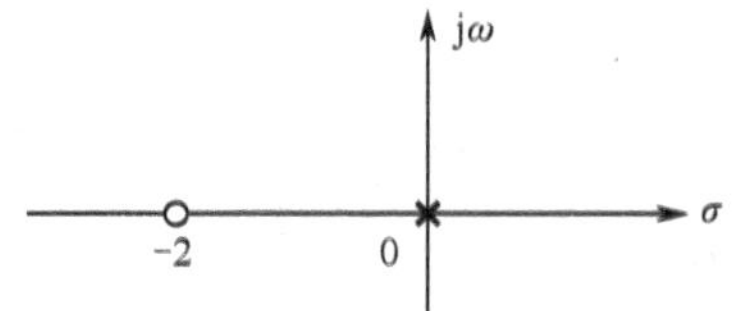

图 7.3　系统的零、极点分布图

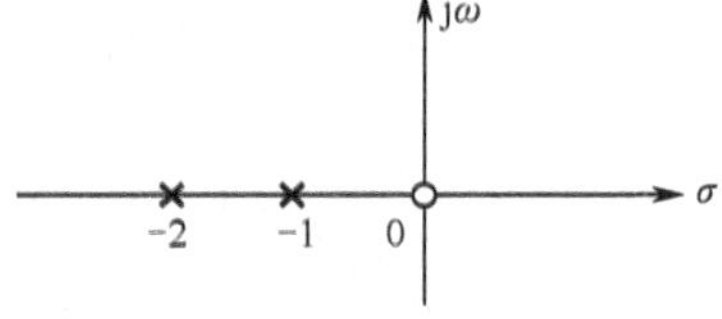

图 7.4　系统的零、极点分布图

【解】 设系统增益因子为K，由系统的零极点分布图，可得

$$H(s)=\frac{Ks}{(s+1)(s+2)}$$

依据激励$f(t)$和零状态响应$y(t)$的关系，可以确定$H(3)=\dfrac{3}{20}$。

或者对 LTI 连续系统有

$$y(t)=f(t)*h(t)=\mathrm{e}^{3t}*h(t)=\frac{3}{20}\mathrm{e}^{3t}$$

即

$$\frac{3}{20}\mathrm{e}^{3t}=\int_{-\infty}^{\infty}h(\tau)\mathrm{e}^{3(t-\tau)}\mathrm{d}\tau=\mathrm{e}^{3t}\int_{-\infty}^{\infty}h(\tau)\mathrm{e}^{-3\tau}\mathrm{d}\tau=\mathrm{e}^{3t}\cdot H(3)$$

同样可得

$$H(3)=\frac{3}{20}$$

由

$$H(3)=\frac{3K}{20}=\frac{3}{20}$$

求得

$$K=1$$

故

$$H(s)=\frac{s}{(s+1)(s+2)}$$

系统的许多特性都与系统函数的零、极点分布有关，下面着重讨论系统的时域特性，频域特性以及因果性，稳定性与零、极点分布的关系。

7.1.2　连续系统函数与时域响应

由于系统函数$H(s)$与冲激响应$h(t)$是一对拉普拉斯变换对，因此，只要知道$H(s)$在s平面上的零、极点分布情况，就可预言该系统在时域$h(t)$波形的特性。如果把$H(s)$展开成部分分式，那么，展开的每一项将决定该项对应的时间函数。

下面对连续因果系统按照$H(s)$的极点在s平面上的位置：左半开平面（不包含虚轴的左半平面）、虚轴和右半开平面（不包含虚轴的右半平面），来进行分析讨论。

7-2 系统特性 1

1. 极点位于左半开平面

（1）若极点是左半开平面的一阶实极点，则冲激响应具有指数函数形式。例如$H_i(s)=\dfrac{1}{s+\alpha}$，则有$h_i(t)=\mathrm{e}^{-\alpha t}\varepsilon(t)$，极点为$p=-\alpha$（$\alpha>0$），冲激响应具有指数衰减（单调减幅）形式，当$t\to\infty$时趋近于零。

（2）若极点是左半开平面的一阶共轭复极点，则冲激响应是按指数规律衰减的余弦振荡函数形式。例如$H_i(s)=\dfrac{\beta}{(s+\alpha)^2+\beta^2}$，则有$h_i(t)=\mathrm{e}^{-\alpha t}\sin(\beta t)\varepsilon(t)$，有两个极点$p_{1,2}=-\alpha\pm\mathrm{j}\beta$（$\alpha>0$），冲激响应对应于衰减振荡，当$t\to\infty$时趋近于零。

（3）若极点是位于左半开平面的r重极点，则$H(s)$的分母多项式$A(s)$中有因子$(s+\alpha)^r$或$[(s+\alpha)^2+\beta^2]^r$，它们所对应的响应函数分别为$A_jt^j\mathrm{e}^{-\alpha t}\varepsilon(t)$或$A_jt^j\mathrm{e}^{-\alpha t}\cos(\beta t+\theta_j)\varepsilon(t)$（$j=0,1,2,\cdots,r-1$），式中$A_j$、$\theta_j$为常数。用罗必塔法则不难证明，当$t\to\infty$时，它们趋近于零。

例如 $H_i(s)=\dfrac{1}{(s+\alpha)^2}$，则有 $h_i(t)=t\,\mathrm{e}^{-\alpha t}\,\varepsilon(t)$（$\alpha>0$），当 $t\to\infty$ 时趋近于零。

将以上的结果整理，如表 7-1 所示。

表 7-1　左半开平面的极点与原函数时域波形的对应

$H(s)$（$\alpha>0$）	s 平面的极点分布	原函数的时域波形	$h(t)$
$\dfrac{1}{s+\alpha}$	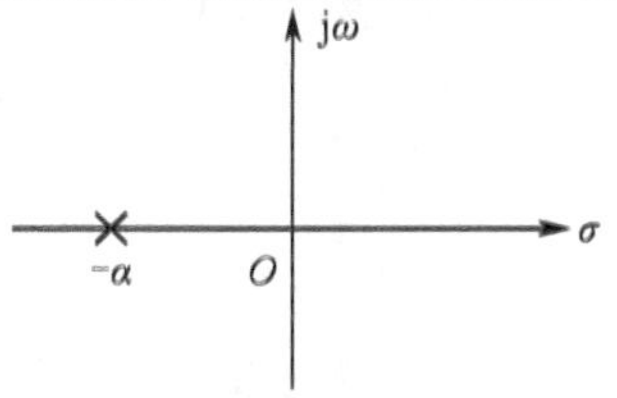 jω, σ, −α, O	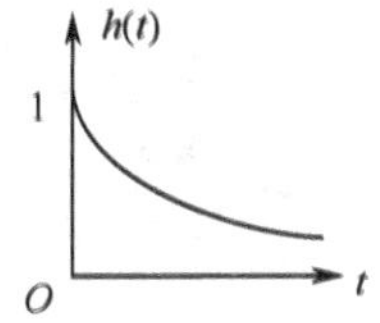 h(t), 1, O, t	$\mathrm{e}^{-\alpha t}\,\varepsilon(t)$
$\dfrac{\beta}{(s+\alpha)^2+\beta^2}$	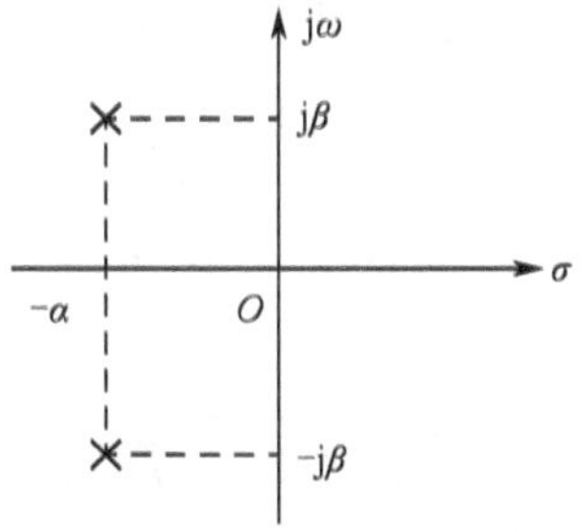 jω, jβ, σ, −α, O, −jβ	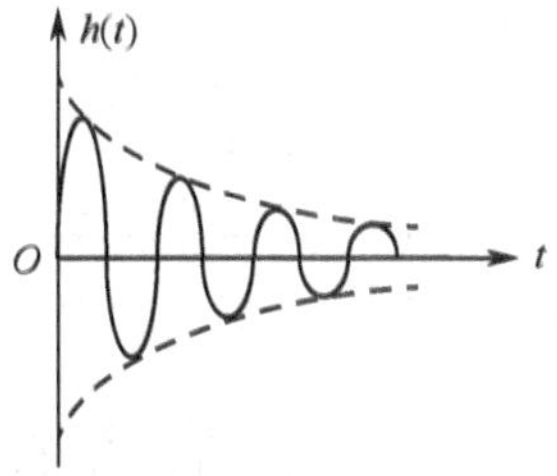 h(t), O, t	$\mathrm{e}^{-\alpha t}\sin(\beta t)\varepsilon(t)$
$\dfrac{1}{(s+\alpha)^2}$	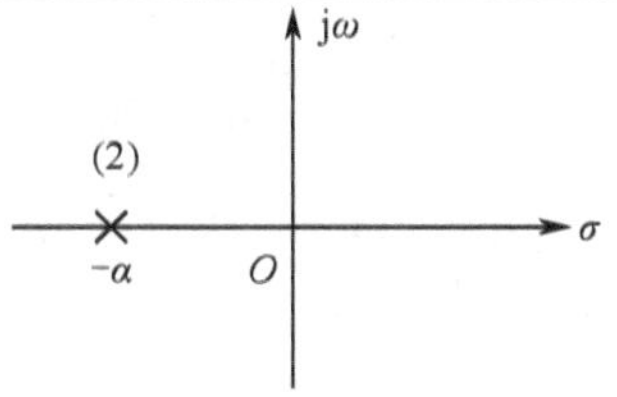 jω, (2), σ, −α, O	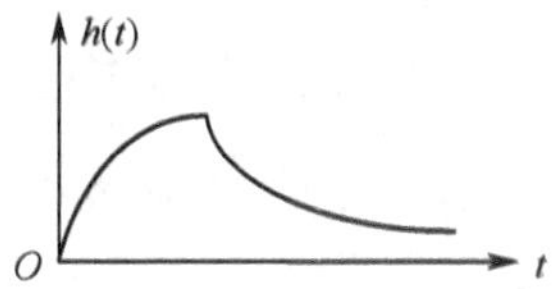 h(t), O, t	$t\,\mathrm{e}^{-\alpha t}\,\varepsilon(t)$

2．极点位于虚轴

（1）若极点是位于 s 平面坐标原点的一阶极点，例如 $H_i(s)=\dfrac{1}{s}$，那么 $h_i(t)=\varepsilon(t)$，即冲激响应为阶跃函数，其幅度不随时间变化。

（2）若极点是虚轴上的一阶共轭极点，例如 $H_i(s)=\dfrac{\beta}{s^2+\beta^2}$，那么 $h_i(t)=\sin(\beta t)\varepsilon(t)$，即冲激响应是角频率为 β 的等幅正弦振荡函数，其幅度不随时间变化。

（3）若极点是虚轴上的 r 重极点，相应与 $H(s)$ 的分母多项式 $A(s)$ 中有因子 s^r 或 $(s^2+\beta^2)^r$，其所对应的响应函数分别为 $A_j t^j\varepsilon(t)$ 或 $A_j t^j\cos(\beta t+\theta_j)\varepsilon(t)$，它们都随 t 的增大而增大。例如，$H_i(s)=\dfrac{2\beta s}{(s^2+\beta^2)^2}$，则有 $h_i(t)=t\sin(\beta t)\varepsilon(t)$，这是幅度按线性增长的正弦振荡函数。

将以上的结果整理，如表 7-2 所示。

表 7-2　虚轴上的极点与原函数时域波形的对应

$H(s)$	s 平面的极点分布	原函数的时域波形	$h(t)$
$\dfrac{1}{s}$	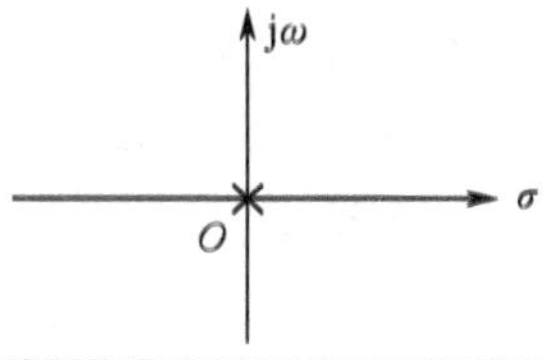 jω, σ, O	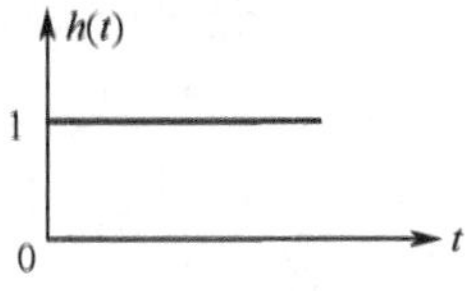 h(t), 1, 0, t	$\varepsilon(t)$

续表

$H(s)$	s 平面的极点分布	原函数的时域波形	$h(t)$
$\dfrac{\beta}{s^2+\beta^2}$			$\sin(\beta t)\varepsilon(t)$
$\dfrac{2\beta s}{(s^2+\beta^2)^2}$			$t\sin(\beta t)\varepsilon(t)$

3. 极点位于右半开平面

（1）若极点是右半开平面的一阶实极点，则冲激响应具有指数函数形式。例如 $H_i(s)=\dfrac{1}{s-\alpha}$，则有 $h_i(t)=\mathrm{e}^{\alpha t}\varepsilon(t)$，极点为 $p=\alpha$（$\alpha>0$），对应的冲激响应是指数增长（单调增幅）形式。

（2）若极点是右半开平面的一阶共轭复极点，则冲激响应是按指数规律增长的余弦振荡函数形式。例如 $H_i(s)=\dfrac{\beta}{(s-\alpha)^2+\beta^2}$，则有 $h_i(t)=\mathrm{e}^{\alpha t}\sin(\beta t)\varepsilon(t)$，有两个极点 $p_{1,2}=\alpha\pm\mathrm{j}\beta$（$\alpha>0$），冲激响应对应于增幅振荡。

（3）若极点是位于右半开平面的 r 重极点，其所对应的响应也随 t 的增大而增大。

将以上的结果整理，如表 7-3 所示。

表 7-3 右半开平面的极点与原函数时域波形的对应

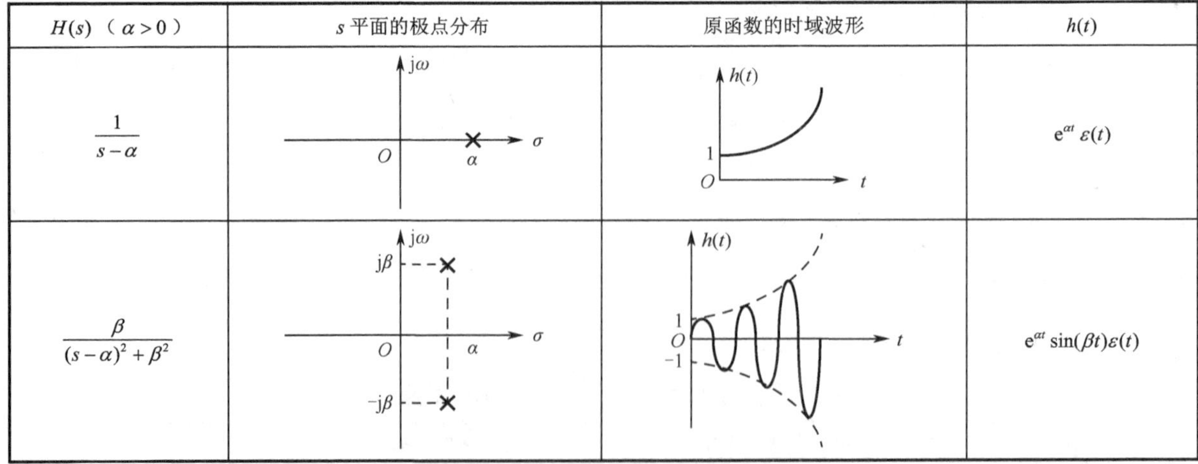

$H(s)$（$\alpha>0$）	s 平面的极点分布	原函数的时域波形	$h(t)$
$\dfrac{1}{s-\alpha}$			$\mathrm{e}^{\alpha t}\varepsilon(t)$
$\dfrac{\beta}{(s-\alpha)^2+\beta^2}$			$\mathrm{e}^{\alpha t}\sin(\beta t)\varepsilon(t)$

由表 7-1、表 7-2 与表 7-3 可以看出，LTI 连续系统的冲激响应取决于系统函数 $H(s)$ 的极点在 s 平面上的分布情况。对因果系统而言，若 $H(s)$ 极点位于左半开平面，则 $h(t)$ 波形呈衰减形式；若 $H(s)$ 极点位于右半开平面，则 $h(t)$ 波形呈增长形式；若 $H(s)$ 极点位于虚轴上的一阶极点，对应的 $h(t)$ 呈等幅振荡或为阶跃函数，而虚轴上的二阶极点将使 $h(t)$ 呈增长形式。在系统理论分析

中，按照 $h(t)$ 呈现衰减或增长的两种情况将系统划分为稳定系统和不稳定系统两大类型，显然，根据 $H(s)$ 极点出现于左半平面或右半平面即可判断 LTI 连续因果系统的稳定性。在 7.1.5 节将研究系统函数的极点与系统的稳定性的关系。

7.1.3 连续系统函数与频率响应

7-3 系统特性 2

系统函数 $H(s)$ 的零、极点与系统的频率响应也有直接关系。因此，根据零、极点分布，借助图解法可以获得系统的频响特性，包括幅频特性和相频特性的近似曲线。

对于连续因果系统，如果其系统函数 $H(s)$ 的极点均在左半开平面，那么它在虚轴上（$s=\mathrm{j}\omega$）也收敛，从而由式（5.1-27）可知，式（7.1-1）所示系统的频率响应为

$$H(\mathrm{j}\omega)=H(s)\big|_{s=\mathrm{j}\omega}=\frac{b_m\prod_{j=1}^{m}(\mathrm{j}\omega-\xi_j)}{\prod_{i=1}^{n}(\mathrm{j}\omega-p_i)} \tag{7.1-2}$$

在 s 平面上，任意复数（常数或变数）都可用有向线段表示，称它为矢量。例如，某极点 p_i 可看作是自原点指向该极点 p_i 的矢量，如图 7.5（a）所示。该复数的模 $|p_i|$ 是矢量的长度，其辐角是自实轴逆时针方向至该矢量的夹角。变量 $\mathrm{j}\omega$ 也可看作矢量。这样，复数量 $\mathrm{j}\omega-p_i$ 是矢量 $\mathrm{j}\omega$ 与矢量 p_i 的差矢量，如图 7.5（a）所示。当 ω 变化时，差矢量 $\mathrm{j}\omega-p_i$ 也将随之变化。

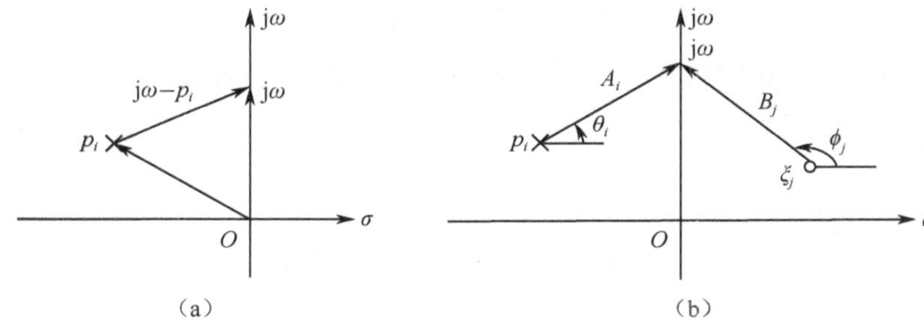

图 7.5 零、极点矢量图

对于任意极点 p_i 和零点 ξ_j，令

$$\left.\begin{aligned}\mathrm{j}\omega-p_i&=A_i\,\mathrm{e}^{\mathrm{j}\theta_i}\\ \mathrm{j}\omega-\xi_j&=B_j\,\mathrm{e}^{\mathrm{j}\phi_j}\end{aligned}\right\} \tag{7.1-3}$$

式中，A_i、B_j 分别是差矢量 $(\mathrm{j}\omega-p_i)$ 和 $(\mathrm{j}\omega-\xi_j)$ 的模，θ_i、ϕ_j 分别是它们的辐角，如图 7.5（b）所示。

于是式（7.1-2）可以写为

$$H(\mathrm{j}\omega)=\frac{b_mB_1B_2\cdots B_m\mathrm{e}^{\mathrm{j}(\phi_1+\phi_2+\cdots+\phi_m)}}{A_1A_2\cdots A_n\mathrm{e}^{\mathrm{j}(\theta_1+\theta_2+\cdots+\theta_n)}}=|H(\mathrm{j}\omega)|\mathrm{e}^{\mathrm{j}\varphi(\omega)} \tag{7.1-4}$$

式中，幅频响应为

$$|H(\mathrm{j}\omega)|=\frac{b_mB_1B_2\cdots B_m}{A_1A_2\cdots A_n} \tag{7.1-5}$$

相频响应为

$$\varphi(\omega)=(\phi_1+\phi_2+\cdots+\phi_m)-(\theta_1+\theta_2+\cdots+\theta_n) \tag{7.1-6}$$

当 ω 从 0（或 $-\infty$）变动时，各矢量的模和辐角都将随之变化，根据所有零点和极点矢量的模和相位随式（7.1-5）和式（7.1-6）的变化情况，就能得到其幅频特性曲线和相频特性曲线。

下面介绍常见的两种系统：全通系统和最小相移系统。

1．全通系统

如果系统的幅频响应$|H(\mathrm{j}\omega)|$对所有的ω均为常数，则称该系统为全通系统，其相应的系统函数称为全通函数。下面以二阶系统为例说明。

如果有二阶系统，其系统函数在左半开平面有一对共轭极点$p_1=-\alpha+\mathrm{j}\beta$，$p_2=-\alpha-\mathrm{j}\beta$，令$s_1=-p_2$、$s_2=-p_1$，它在右半平面有一对共轭零点$\xi_1=\alpha+\mathrm{j}\beta=s_1$，$\xi_2=\alpha-\mathrm{j}\beta=s_2$，那么系统函数的零点和极点关于j$\omega$轴是镜像对称的，如图 7.6（a）所示。其系统函数可写为

$$H(s)=\frac{(s-s_1)(s-s_2)}{(s+s_1)(s+s_2)}=\frac{(s-s_1)(s-s_1^*)}{(s+s_1)(s+s_1^*)}$$

其频率响应为

$$H(\mathrm{j}\omega)=\frac{(\mathrm{j}\omega-s_1)(\mathrm{j}\omega-s_2)}{(\mathrm{j}\omega+s_1)(\mathrm{j}\omega+s_2)}=\frac{B_1B_2}{A_1A_2}\mathrm{e}^{\mathrm{j}(\varphi_1+\varphi_2-\theta_1-\theta_2)}$$

由图 7.6（a）可见，对于所有的ω有$A_1=B_1$、$A_2=B_2$，所以幅频特性为

$$|H(\mathrm{j}\omega)|=1 \tag{7.1-7}$$

其相频特性为

$$\varphi(\omega)=\varphi_1+\varphi_2-\theta_1-\theta_2 \tag{7.1-8}$$

由图 7.6（a）可见，当$\omega=0$时，$\theta_1+\theta_2=0$，$\varphi_1+\varphi_2=2\pi$，故$\varphi(\omega)=2\pi$；当$\omega\to\infty$时，$\varphi_1=\varphi_2=\theta_1=\theta_2=\frac{\pi}{2}$，故$\varphi(\omega)=0$。其幅频特性和相频特性曲线如图 7.6（b）所示。

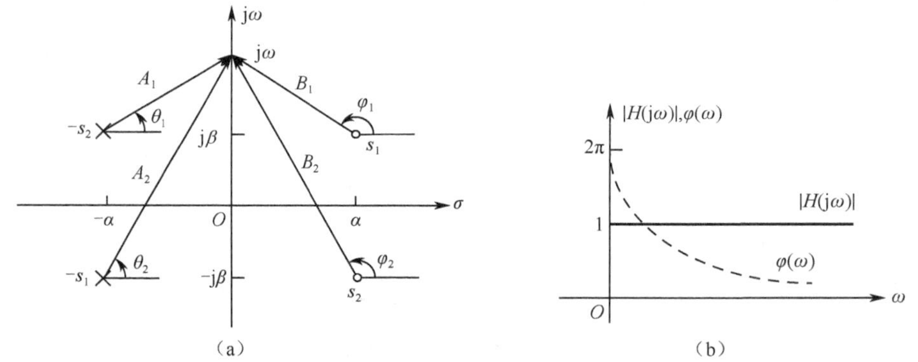

图 7.6　二阶全通系统的零、极点分布和频率响应

由以上讨论可知，凡极点位于左半开平面，零点位于右半开平面，且所有的零点与极点为一一镜像对称于jω轴的系统函数即为全通函数，相应的系统为全通系统。全通系统不影响待传送信号的幅频特性，只改变信号的相频特性，因而不存在幅频失真的问题。所以，全通系统特别适合于传输语音信号，以及对幅频失真要求严格但对相频特性要求不高的其他信号，除此之外在传输系统中全通系统也常用来进行相位校正，例如，做相位均衡器或移相器。

2．最小相移系统

如果有一系统函数$H_{\mathrm{a}}(s)$，它有两个极点$-s_1$和$-s_1^*$，两个零点$-s_2$和$-s_2^*$，它们都在左半开平面，其零、极点分布如图 7.7（a）所示。系统函数$H_{\mathrm{a}}(s)$可以写为

$$H_{\mathrm{a}}(s)=\frac{(s+s_2)(s+s_2^*)}{(s+s_1)(s+s_1^*)} \tag{7.1-9}$$

另一系统函数 $H_b(s)$，它的极点与 $H_a(s)$ 的极点相同，为 $-s_1$ 和 $-s_1^*$，它的零点在右半开平面为 s_2 和 s_2^*，其零、极点分布如图 7.7（b）所示。系统函数 $H_b(s)$ 可以写为

$$H_b(s)=\frac{(s-s_2)(s-s_2^*)}{(s+s_1)(s+s_1^*)} \tag{7.1-10}$$

由于 $H_a(s)$ 与 $H_b(s)$ 的极点相同，故它们在 s 平面上对应的矢量也相同，而由于它们的零点镜像对称于 $\mathrm{j}\omega$ 轴，故它们对应的矢量的模也相同，因此 $H_a(\mathrm{j}\omega)$ 与 $H_b(\mathrm{j}\omega)$ 的幅频特性完全相同。

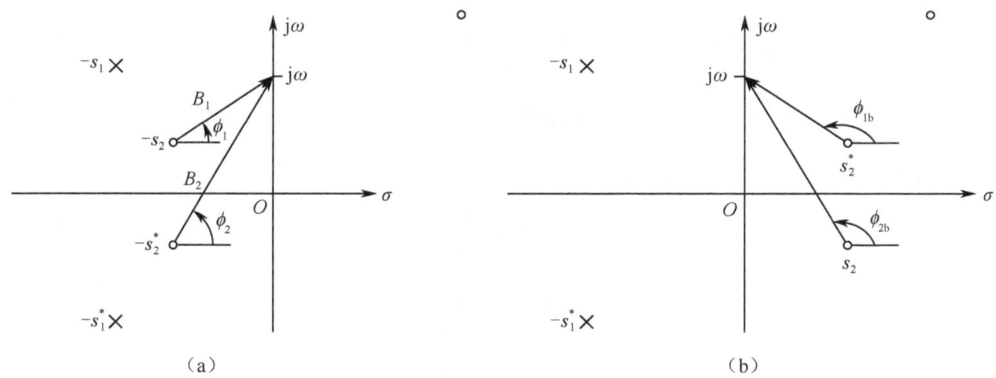

图 7.7　$H_a(s)$ 和 $H_b(s)$ 的零、极点分布

由图 7.7（a）和（b）可见，对于相同的 ω，$H_b(\mathrm{j}\omega)$ 零点矢量的相角为

$$\phi_{1b}=\pi-\phi_1$$

$$\phi_{2b}=\pi-\phi_2$$

式中，ϕ_1、ϕ_2 为 $H_a(\mathrm{j}\omega)$ 的零点矢量的相角。因此 $H_a(\mathrm{j}\omega)$ 和 $H_b(\mathrm{j}\omega)$ 的相频特性分别为

$$\varphi_a(\omega)=(\phi_1+\phi_2)-(\theta_1+\theta_2) \tag{7.1-11}$$

$$\varphi_b(\omega)=(\pi-\phi_1+\pi-\phi_2)-(\theta_1+\theta_2)=2\pi-(\phi_1+\phi_2)-(\theta_1+\theta_2) \tag{7.1-12}$$

二者的差为

$$\varphi_b(\omega)-\varphi_a(\omega)=2\pi-2(\phi_1+\phi_2)$$

由图 7.7（a）可见，当 ω 由 0 增加到 ∞ 时，$(\phi_1+\phi_2)$ 从 0 增加到 π，因此，$\phi_1+\phi_2\leqslant\pi$，所以对于任意角频率，有

$$\varphi_b(\omega)-\varphi_a(\omega)=2\pi-2(\phi_1+\phi_2)\geqslant 0$$

也就是说，对于任意角频率 $0\leqslant\omega<\infty$，有

$$\varphi_b(\omega)\geqslant\varphi_a(\omega) \tag{7.1-13}$$

式（7.1-13）表明，对于具有相同幅频特性的系统函数而言，零点位于左半开平面的系统函数，其相频特性 $\varphi(\omega)$ 最小，故称为最小相移函数。

顺便指出，考虑到纯电抗元件组成的电路，其网络函数的零点可能在虚轴上，故也可定义：右半开平面没有零点的系统函数称为最小相移函数，相应的系统称为最小相移系统。如果系统函数在右半开平面有零点，则称为非最小相移函数。

【例 7-5】 一线性时不变因果连续系统，起始状态一定，当输入 $f_1(t)=\delta(t)$ 时系统全响应 $y_1(t)=-3\mathrm{e}^{-t}$；当输入 $f_2(t)=t\varepsilon(t)$ 时系统全响应 $y_2(t)=(t-1-3\mathrm{e}^{-t})\varepsilon(t)$。

（1）求系统函数 $H(s)$。

（2）若系统输入 $f(t)=10\sqrt{2}\cos(t+30^\circ)$，求系统的稳态输出 $y_{ss}(t)$。

【解】（1）设初始状态一定时零输入响应象函数为 $Y_{zi}(s)$，由于零状态响应的象函数

$$Y_{zs}(s)=H(s)F(s)$$

又 $$f_1(t)=\delta(t)\leftrightarrow F_1(s)=1\text{，}\quad f_2(t)=t\varepsilon(t)\leftrightarrow F_2(s)=\frac{1}{s^2}$$

故 $$Y_{zs1}(s)=H(s)\cdot 1\text{，}\quad Y_{zs2}(s)=H(s)\cdot\frac{1}{s^2}$$

根据题意列出方程组

$$\begin{cases}Y_1(s)=\dfrac{-3}{s+1}=Y_{zi}(s)+H(s)\\ Y_2(s)=\dfrac{1}{s^2}-\dfrac{1}{s}-\dfrac{3}{s+1}=Y_{zi}(s)+H(s)\cdot\dfrac{1}{s^2}\end{cases}$$

求得 $$H(s)=\frac{1}{s+1}$$

（2）系统极点在 s 左半平面，故该因果系统稳定

系统频率响应为 $$H(\mathrm{j}\omega)=\frac{1}{\mathrm{j}\omega+1}$$

已知输入信号 $f(t)=10\sqrt{2}\cos(t+30^\circ)$，角频率为 $\omega=1$，

故 $$H(\mathrm{j}1)=\frac{\sqrt{2}}{2}\mathrm{e}^{-\mathrm{j}45^\circ}\text{，}\quad |H(\mathrm{j}1)|=\frac{\sqrt{2}}{2}\text{，}\quad \varphi(\mathrm{j}1)=-45^\circ$$

系统的稳态输出 $y_{ss}(t)$ 为

$$y_{ss}(t)=10\sqrt{2}\cdot\frac{\sqrt{2}}{2}\cos(t+30^\circ-45^\circ)=10\cos(t-15^\circ)$$

7.1.4 连续系统的因果性

7-4 系统特性 3

连续的因果系统指的是，系统的零状态响应 $y_{zs}(t)$ 不出现于激励 $f(t)$ 之前的系统。也就是说，对于 $t=0$ 时刻接入的任意激励 $f(t)$，即对于任意的

$$f(t)=0\text{，}\quad t<0 \tag{7.1-14}$$

如果系统的零状态响应

$$y_{zs}(t)=0\text{，}\quad t<0 \tag{7.1-15}$$

就称该系统为因果系统，否则称为非因果系统。

连续因果系统的充分必要条件是：冲激响应

$$h(t)=0\text{，}\quad t<0 \tag{7.1-16}$$

或者，系统函数 $H(s)$ 的收敛域为

$$\mathrm{Re}[s]>\sigma_0 \tag{7.1-17}$$

即其收敛域为收敛边界 σ_0 的右半平面，换言之，$H(s)$ 的极点都在收敛边界 σ_0 的左边。

下面证明连续因果系统的充要条件。

必要性：设系统的输入 $f(t)=\delta(t)$，显然在 $t<0$ 时 $f(t)=0$，这时的零状态响应为 $h(t)$，所以若系统是因果的，则必有 $h(t)=0$，$t<0$。因此，式（7.1-16）是必要的。

充分性：式（7.1-16）的条件能否保证对所有满足式（7.1-14）的激励 $f(t)$，都能满足式（7.1-15）呢？下面来证明其充分性。

对任意激励 $f(t)$，系统的零状态响应 $y_{zs}(t)$ 等于 $f(t)$ 与 $h(t)$ 的卷积，考虑到 $t<0$ 时 $f(t)=0$，有

$$y_{zs}(t)=\int_{-\infty}^{\infty}h(\tau)f(t-\tau)\mathrm{d}\tau=\int_{-\infty}^{t}h(\tau)f(t-\tau)\mathrm{d}\tau$$

如果 $h(t)$ 满足式（7.1-6），即有 $\tau<0$ 时，$h(\tau)=0$，那么当 $t<0$ 时，上式为零，当 $t>0$ 时，上式为

$$y_{zs}(t)=\int_0^t h(\tau)f(t-\tau)\mathrm{d}\tau$$

即$t<0$时，$y_{zs}(t)=0$。因而式（7.1-16）的条件也是充分的。

根据拉普拉斯变换的定义，如果$h(t)$满足式（7.1-16），则

$$H(s)=L[h(t)]，\quad \mathrm{Re}[s]>\sigma_0$$

即式（7.1-17）。

7.1.5 连续系统的稳定性

在研究和设计各类系统中，系统的稳定性十分重要。在实际应用中，系统的输出常常是一个物理量，一般都应该在一定的范围内。如果一个微分方程描述的系统可能产生无穷大的输出，那在实际系统中只能产生异常的结果，要么就是系统由于输出过大的信号而损坏，要么就是系统进入非线性工作状态，不再满足线性条件，原本的线性微分方程不再能够描述系统，系统就无法实现原定的工作目标。所以，在工程实际中，要求线性系统无论在什么情况下输出都不能超出一定的范围。这样的系统被称为稳定系统。

稳定性是系统自身的特性之一，系统是否稳定与激励信号的情况无关。系统的冲激响应$h(t)$与系统函数$H(s)$表征了系统的特性，当然，它们也反映了系统是否稳定。判断系统是否稳定，可从时域或s域两方面进行。

1. 稳定系统的定义

若系统对任意的有界输入其零状态响应也是有界的，则称此系统为稳定系统，也可称为有界输入有界输出（BIBO）稳定系统。也就是说，设M_f、M_y为正实常数，如果系统对于所有的激励

$$|f(t)|\leqslant M_f \tag{7.1-18}$$

其零状态响应为

$$|y_{zs}(t)|\leqslant M_y \tag{7.1-19}$$

则称该系统是稳定的。

2. 连续系统稳定的充要条件（时域）

连续系统是稳定系统的充分必要条件是

$$\int_{-\infty}^{\infty}|h(t)|\mathrm{d}t\leqslant M \tag{7.1-20}$$

式中，M为有界正常数。或者说，若系统的单位冲激响应$h(t)$绝对可积，则系统是稳定的。下面证明稳定连续系统的充要条件。

对于任意的有界输入$f(t)$，满足$|f(t)|\leqslant M_f$，系统的零状态响应为

$$y_{zs}(t)=\int_{-\infty}^{\infty}h(\tau)f(t-\tau)\mathrm{d}\tau$$

$$|y_{zs}(t)|=\left|\int_{-\infty}^{\infty}h(\tau)f(t-\tau)\mathrm{d}\tau\right|\leqslant\int_{-\infty}^{\infty}|h(\tau)|\cdot|f(t-\tau)|\mathrm{d}\tau$$

由式（7.1-18），有

$$|y_{zs}(t)|\leqslant M_f\cdot\int_{-\infty}^{\infty}|h(\tau)|\mathrm{d}\tau$$

如果$h(t)$满足式（7.1-20），也即$h(t)$绝对可积，则

$$|y_{zs}(t)|\leqslant M_f M$$

即对任意有界输入$f(t)$，系统的零状态响应均有界。因此，条件式（7.1-20）的充分性得到

证明。下面研究它的必要性。

如果 $\int_{-\infty}^{\infty}|h(t)|\mathrm{d}t$ 无界，则至少有一个有界的输入 $f(t)$ 将产生无界输出 $y_{zs}(t)$。选择具有如下特性的输入信号

$$f(-t)=\begin{cases}-1, & h(t)<0\\ 0, & h(t)=0\\ 1, & h(t)>0\end{cases}$$

于是有 $h(t)f(-t)=|h(t)|$。零状态响应为

$$y_{zs}(t)=\int_{-\infty}^{\infty}h(\tau)f(t-\tau)\mathrm{d}\tau$$

令 $t=0$，则有

$$y_{zs}(0)=\int_{-\infty}^{\infty}h(\tau)f(-\tau)\mathrm{d}\tau=\int_{-\infty}^{\infty}|h(\tau)|\mathrm{d}\tau$$

上式表明，如果 $\int_{-\infty}^{\infty}|h(\tau)|\mathrm{d}\tau$ 无界，则 $y_{zs}(0)$ 无界。因此式（7.1-20）的必要性得证。

3．连续因果系统稳定的充要条件（时域）

如果系统是因果的，显然稳定性的充要条件可简化为

$$\int_{0}^{\infty}|h(t)|\mathrm{d}t\leqslant M$$

【例 7-6】 已知一 LTI 系统，其零状态响应 $y_{zs}(t)$ 与输入 $f(t)$ 的关系为

$$y_{zs}(t)=\int_{t-1}^{\infty}\mathrm{e}^{2(t-\tau)}f(2-\tau)\mathrm{d}\tau$$

（1）求系统的单位冲激响应 $h(t)$，并判断该系统是否是因果系统。

（2）该系统是否稳定？写出判别过程。

【解】（1）根据单位冲激响应的定义，令 $f(t)=\delta(t)$，则 $y_{zs}(t)=h(t)$，

$$h(t)=\int_{t-1}^{\infty}\mathrm{e}^{2(t-\tau)}\delta(2-\tau)\mathrm{d}\tau=\int_{t-1}^{\infty}\mathrm{e}^{2(t-2)}\delta(\tau-2)\mathrm{d}\tau=\mathrm{e}^{2(t-2)}\varepsilon(3-t)$$

因为 $t<0$ 时，$h(t)\neq 0$，所以该系统为非因果系统。

（2）系统稳定的充要条件是 $\int_{-\infty}^{\infty}|h(t)|\mathrm{d}t<\infty$。

因为 $h(t)=\mathrm{e}^{2(t-2)}\varepsilon(3-t)$，即系统的 $h(t)$ 是非负的、实函数，所以

$$\int_{-\infty}^{\infty}|h(t)|\mathrm{d}t=\int_{-\infty}^{\infty}\mathrm{e}^{2(t-2)}\varepsilon(3-t)\mathrm{d}t=\int_{-\infty}^{3}\mathrm{e}^{2(t-2)}\mathrm{d}t=\frac{1}{2}\mathrm{e}^{2}<\infty$$

故该系统是稳定系统。

4．系统函数 $H(s)$ 与系统稳定性的关系

由 7.1.2 节可知，根据 $H(s)$ 的极点出现于左半平面或右半平面即可判断系统的稳定性。对于因果系统，当 $H(s)$ 的极点全部在 s 平面的左半开平面时，$h(t)$ 绝对可积，系统稳定；当 $H(s)$ 的极点位于虚轴且只有一阶时，按照式（7.1-20），系统不稳定。但在研究电网络时发现，无源的 LC 网络，其系统函数在虚轴上有一阶极点，而把无源网络看作是稳定系统较为方便。因此，有时也把在虚轴上的一阶极点的网络归入稳定网络类。这类系统可称为临界稳定系统。当 $H(s)$ 的极点落在 s 平面的右半开平面或在虚轴上有高阶极点时，$h(t)$ 不满足绝对可积条件，系统不稳定。对于非因果系统，当 $H(s)$ 的收敛域包含虚轴时，系统稳定；当 $H(s)$ 的收敛域不包含虚轴时，系统不稳定。

需要特别指出，用系统函数 $H(s)$ 的极点判断系统的稳定性时，对有些系统是失效的。研究表

明，如果系统既是可观测的又是可控制的，那么用描述输出与输入关系的系统函数研究系统的稳定性是有效的。下面简要介绍可观测性、可控制性的初步概念。

图 7.8（a）所示复合系统由两个子系统 $H_1(s)$、$H_2(s)$ 级联组成，复合系统的系统函数为

$$H(s)=H_1(s)H_2(s)=\frac{1}{s-2}\cdot\frac{s-2}{s+\alpha}=\frac{1}{s+\alpha}$$

如果 $\alpha>0$，按照上面的理论，那么图 7.8（a）所示复合系统是稳定的。但是，如果该复合系统接入有界的输入 $f(t)$，则子系统 $H_1(s)$ 的输出 $y_1(t)$ 将含有 e^{2t} 的项，因而 $y_1(t)$ 将随 t 的增长而无限增大，这将使该系统不能正常工作。这里的问题是，仅从复合系统的输出 $y_{zs}(t)$ 中观测不到固有响应分量 e^{2t} 项。这样的系统称为不可观测的。就是说，一个系统，如果在其输出端能观测到所有的固有响应分量，则称该系统为可观测的，否则，称为不可观测的。

图 7.8（b）所示复合系统，子系统 $H_1(s)$ 是不可观测的，$H_2(s)$ 和 $H_3(s)$ 是可观测的。但子系统 $H_3(s)$ 是不受输入 $f(t)$ 控制的，因而不能用输入 $f(t)$ 控制该子系统的输出 $y_3(t)$。这样的子系统会使整个系统不能正常工作，甚至损坏、烧毁。

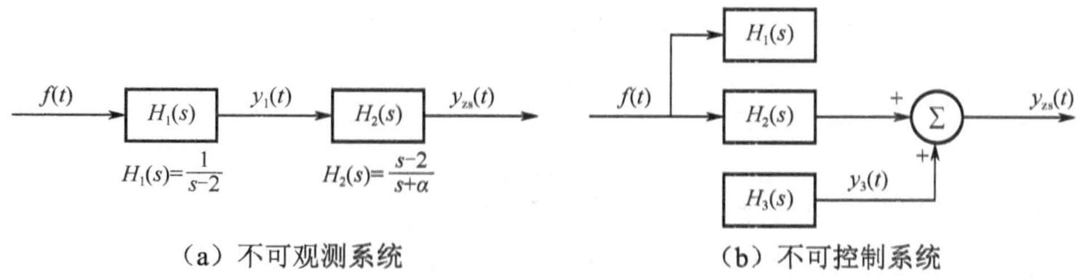

（a）不可观测系统　　（b）不可控制系统

图 7.8　复合系统

一个系统，如果能通过输入的控制作用从初始状态转移到所要求的状态，就称该系统是可控制的。

【例 7-7】 某线性时不变因果连续系统的系统函数 $H(s)=\dfrac{2s+8}{s^2+5s+6}$，判断系统的稳定性。

【解】 因为

$$H(s)=\frac{2s+8}{s^2+5s+6}=\frac{4}{s+2}+\frac{-2}{s+3}$$

$H(s)$ 的极点为

$$p_1=-2\,,\quad p_2=-3$$

两个极点均在 s 平面的左半开平面，故该因果连续系统稳定。

【例 7-8】 如图 7.9 所示反馈因果系统，已知 $G(s)=\dfrac{s}{s^2+4s+4}$，K 为常数。为使系统稳定，试确定 K 值的范围。

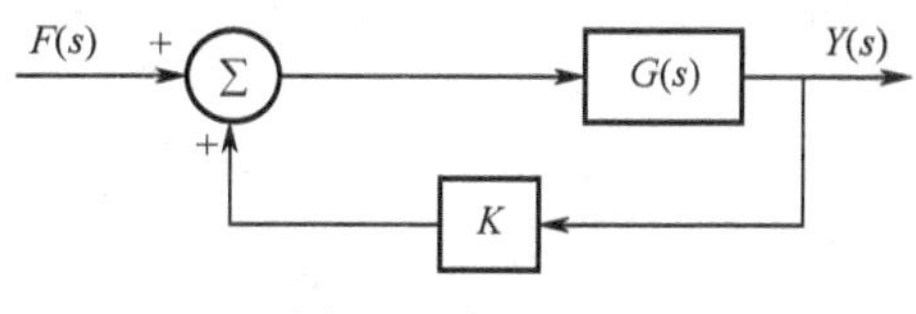

图 7.9　例 7-8 图

【解】 设加法器输出为 $X(s)$，则可列出方程为

$$X(s)=KY(s)+F(s)$$

于是输出信号

$$Y(s)=X(s)G(s)=KG(s)Y(s)+G(s)F(s)$$

可解得系统函数

$$H(s)=\frac{Y(s)}{F(s)}=\frac{G(s)}{1-KG(s)}=\frac{s}{s^2+(4-K)s+4}$$

其极点为

$$p_{1,2}=\frac{(k-4)\pm\sqrt{(k-4)^2-16}}{2}$$

为使极点均在左半开平面，将有两种情况：

① $\begin{cases}(k-4)^2-16>0\\ k-4+\sqrt{(k-4)^2-16}<0\end{cases}$， 解得 $K<0$；

② $\begin{cases}(k-4)^2-16\leqslant 0\\ k-4<0\end{cases}$， 解得 $0\leqslant K<4$

综合以上两者情况，为使系统稳定，K 值的取值范围应为 $K<4$。

【例 7-9】 因果信号 $f(t)$ 满足 $f(t)+\int_0^{\infty}f(\tau)\varepsilon(t-\tau)\mathrm{d}\tau=(1+t)\varepsilon(t)$，该信号输入一 LTI 因果连续系统，其零状态响应 $y_{zs}(t)=(2-3\mathrm{e}^{-t}+\mathrm{e}^{-3t})\varepsilon(t)$，求（1）输入信号 $f(t)$；（2）系统的单位冲激响应 $h(t)$；（3）判断系统是否稳定？并说明理由。

【解】（1）依据卷积的定义式： $f(t)*\varepsilon(t)=\int_{-\infty}^{\infty}f(\tau)\varepsilon(t-\tau)\mathrm{d}\tau$

已知 $f(t)$ 为因果信号，即在 $t<0$ 时，$f(t)=0$，

故 $$f(t)*\varepsilon(t)=\int_0^{\infty}f(\tau)\varepsilon(t-\tau)\mathrm{d}\tau$$

所以 $$f(t)+f(t)*\varepsilon(t)=(1+t)\varepsilon(t)$$

方程两边同时取拉氏变换得 $$F(s)+F(s)\cdot\frac{1}{s}=\frac{1}{s}+\frac{1}{s^2}$$

解得 $$F(s)=\frac{1}{s}$$

逆变换得 $$f(t)=\varepsilon(t)$$

（2）零状态响应 $y_{zs}(t)=(2-3\mathrm{e}^{-t}+\mathrm{e}^{-3t})\varepsilon(t)$ 的象函数为

$$Y_{zs}(s)=\frac{2}{s}-\frac{3}{s+1}+\frac{1}{s+3}=\frac{6}{s(s+1)(s+3)}$$

系统函数 $$H(s)=\frac{Y_{zs}(s)}{F(s)}=\frac{6}{(s+1)(s+3)}=\frac{3}{s+1}-\frac{3}{s+3}$$

故 $$h(t)=(3\mathrm{e}^{-t}-3\mathrm{e}^{-3t})\varepsilon(t)$$

（3）对于因果系统，$H(s)$ 的极点为 -1 和 -3，均在 s 平面的左半开平面，所以该因果连续系统是稳定系统。

5. 罗斯-霍尔维茨准则

由 5.4.2 节可知，系统函数的极点即是系统特征方程的根，所以稳定系统的极点或者特征方程的根必须在 s 平面的左半开平面，或者说必须全部具有负的实部。系统的特征方程形如

$$a_ns^n+a_{n-1}s^{n-1}+\cdots+a_1s+a_0=0 \tag{7.1-21}$$

对于 $n\geqslant 3$ 的高阶系统以及特征多项式 $A(s)$ 含有未定参数的系统，难以确定系统函数的极点，但实际上要判别特征方程有没有实部大于 0 的根，并不需要费力地把方程解出来，而只要根据方程的根与系数之间的关系，考察系数的一些特点，就可以解决。

设特征方程的根为 p_1、p_2、$\cdots$、p_n，则式（7.1-21）可写为

$$\begin{aligned}a_n(s-p_1)(s-p_2)\cdots(s-p_n)&=a_ns^n-a_n(p_1+p_2+\cdots p_n)s^{n-1}\\&+a_n(p_1p_2+p_2p_3+\cdots)s^{n-2}-a_n(p_1p_2p_3+p_2p_3p_4+\cdots)s^{n-3}\\&+\cdots+a_n(-1)^np_1p_2\cdots p_n=0\end{aligned} \tag{7.1-22}$$

令此式的各系数与式（7.1-21）各对应项的系数相等，并考虑 $a_n\neq 0$，可得

$$\frac{a_{n-1}}{a_n}=-(p_1+p_2+\cdots p_n)=-[\text{各根之和}]$$

$$\frac{a_{n-2}}{a_n}=p_1p_2+p_2p_3+\cdots=[\text{所有根两两相乘后各乘积之和}]$$

$$\frac{a_{n-3}}{a_n}=-(p_1p_2p_3+p_2p_3p_4+\cdots)=-[\text{所有根三三相乘后各乘积之和}]$$

……

$$\frac{a_0}{a_n}=(-1)^n p_1p_2\cdots p_n=(-1)^n[\text{所有根相乘之和}]$$

由这些式子，不难证明，如果所有各根的实部都是负的，则方程的所有系数均应同符号，而且不为零；当 $a_0=0$ 而其他系数均不为零时，表示有一零根，系统属于临界稳定；如果全部偶次幂项系数为零或全部奇次幂项系数为零，这时所有各根的实部均为零，即系统函数的所有极点都在虚轴上，如所有极点都是单阶的，系统也是临界稳定的。除这些少数特殊情况外，通常只要发现系统的特征方程最高次项系数为正，而其余项中有负系数或者有缺项，就可断定它有正实部的根，因而系统不稳定。但要注意，特征方程的全部系数为正（或全部为负）且无缺项，这仅是系统稳定的必要条件，而非充分条件。就是说，不满足这个条件的系统是不稳定的；反过来，满足了这个条件的系统却不能保证是稳定的。例如方程 $2s^3+s^2+s+6=0$ 符合上述条件但此方程的三个根为 $-\frac{3}{2}$、$\frac{1}{2}\pm\frac{\sqrt{7}}{2}\text{j}$，其中一对复数根实部为正。所以对于这样的方程，还要用别的方法来判别它是否具有实部为正的根。典型而常用的方法是罗斯–霍尔维茨准则，简称 R-H 准则。

设系统的特征方程如式（7.1-21）。首先，将特征多项式系数按如下顺序排成第一行和第二行，然后，以这两行为基础，计算下面各行，从而构成如下的一个数值表，此表称为罗斯–霍尔维茨阵列（R-H 阵列）或罗斯–霍尔维茨表，简称罗斯表。最后，根据罗斯–霍尔维茨准则来判定系统是否稳定。

行	R-H 阵列			
1	a_n	a_{n-2}	a_{n-4}	…
2	a_{n-1}	a_{n-3}	a_{n-5}	…
3	c_{n-1}	c_{n-3}	c_{n-5}	…
4	d_{n-1}	d_{n-3}	d_{n-5}	…
⋮	⋮	⋮	⋮	
$n+1$	x_{n-1}			

罗斯表中，第三行及以下各行的元素按下列规则计算：

$$c_{n-1}=-\frac{1}{a_{n-1}}\begin{vmatrix}a_n & a_{n-2}\\ a_{n-1} & a_{n-3}\end{vmatrix},\quad c_{n-3}=-\frac{1}{a_{n-1}}\begin{vmatrix}a_n & a_{n-4}\\ a_{n-1} & a_{n-5}\end{vmatrix},\quad\cdots$$

$$d_{n-1}=-\frac{1}{c_{n-1}}\begin{vmatrix}a_{n-1} & a_{n-3}\\ c_{n-1} & c_{n-3}\end{vmatrix},\quad d_{n-3}=-\frac{1}{c_{n-1}}\begin{vmatrix}a_{n-1} & a_{n-5}\\ c_{n-1} & c_{n-5}\end{vmatrix},\quad\cdots$$

以此类推，直到第 $n+1$ 行只有一个元素为止。

罗斯–霍尔维茨准则：（1）如果特征多项式缺项或其系数符号有正有负，则系统一定是不稳定的；如果特征多项式的系数皆为非零的正值，其系统也未必稳定，必须列出罗斯表来判断。（2）如果罗斯表的第一列元素符号全为正，则系统稳定；如果第一列元素的符号不完全相同，即有符号变化，则系统不稳定。而且符号改变的次数就是 $A(s)=0$ 在 s 平面右半开平面根的数目。

【例 7-10】 试判别特征方程为 $2s^3+s^2+s+6=0$ 的系统是否稳定。

【解】 显然，特征方程的系数全部为正且不为零，列罗斯表如下

$$\begin{matrix} 2 & 1 \\ 1 & 6 \\ -11 & 0 \\ 6 & \end{matrix}$$

其中 $c_2=-\dfrac{1}{1}\begin{vmatrix}2 & 1\\1 & 6\end{vmatrix}=-11 \qquad d_2=-\dfrac{1}{-11}\begin{vmatrix}1 & 6\\-11 & 0\end{vmatrix}=6$

由此得罗斯表的第一列元素的符号不完全相同，即有符号变化，则系统不稳定，而且该数列在 1 到-11 以及-11 到 6 两次变换符号，故知该特征方程有两个根的实部为正。

在计算罗斯表时，对两种特殊情况须做特殊处理。

（1）有时会遇到某行第一个元素 A_i 为零的情况。这时因为下一行的所有元素均以 A_i 为分母将无法进行计算，数列也就无法继续排下去。处理办法：一是可以将方程乘以（$s+1$）再重新排出阵列并进行判断。一般这时不会再出现首项为零的情况，这种方法实际是在原系统上增加了一个 $s=-1$ 的极点，因为这个极点位于 s 平面的左半开平面，对判定系统是否稳定不产生影响。二是用一个正无穷小量 ε 代替零继续排表，然后令 $\varepsilon\to 0$ 加以判定。三是将特征多项式系数颠倒排列，因为这样做并未增加特征多项式幂次，但在罗斯表某行首项则不为零。三种方法同样有效。

（2）如遇到连续两行数字相等或成比例，则下一行元素将全部为零，阵列也无法排下去。这种情况说明系统函数在虚轴上可能有极点。对此情况做如下处理：由全零行前一行的元素组成一个辅助多项式，用此多项式的导数的系数来代替全零行继续排表。因为这时辅助多项式必为原系统特征多项式的一个因式，令它等于零所求得的根必也是原系统函数的极点，故这时的判据，除要检查罗斯表的第一列元素是否改变符号外，还要审察虚轴上极点的阶数。罗斯表的第一列元素符号改变则系统不稳定，而在符号不变号的情况下，如果虚轴上极点均为单阶极点则系统临界稳定，如虚轴上有重极点则系统不稳定。

【例 7-11】 已知系统特征方程为 $s^4+s^3+2s^2+2s+3=0$，试判别系统的稳定性。

【解】 显然，特征方程的系数全部为正且不为零，列罗斯表如下，为清楚起见，表的左方标注该行首项的 s 幂次：

$$\begin{matrix} s^4 & 1 & 2 & 3 \\ s^3 & 1 & 2 & 0 \\ s^2 & 0 & 3 & \\ & \varepsilon & 3 & \\ s^1 & -\dfrac{1}{\varepsilon}\begin{vmatrix}1 & 2\\ \varepsilon & 3\end{vmatrix}=2-\dfrac{3}{\varepsilon} & 0 & \\ s^0 & 3 & & \end{matrix}$$

第三行首项为零，用 ε 代替。因为 $\varepsilon\to 0$ 时，$2-\dfrac{3}{\varepsilon}$ 为负值，罗斯表的第一列元素的符号改变两次，该系统有两个根的实部为正，系统不稳定。

【例 7-12】 已知系统特征方程为 $s^5+s^4+3s^3+3s^2+2s+2=0$，试判别系统的稳定性。

【解】 显然，特征方程的系数全部为正且不为零，列罗斯表如下：

$$
\begin{array}{llll}
s^5 & 1 & 3 & 2 \\
s^4 & 1 & 3 & 2 \\
s^3 & 0 & 0 & 0 \\
 & 4 & 6 & \\
s^2 & \frac{3}{2} & 2 & \\
s^1 & \frac{2}{3} & & \\
s^0 & 2 & &
\end{array}
$$

第三行出现全零行，由上一行的辅助多项式s^4+3s^2+2求导可得$4s^3+6s$，以 4，6 代替全零行系数。由罗斯表可见，第一列元素符号并不改变，说明s平面的右半开平面无极点。然后再判断虚轴上是否有重极点，由

$$s^4+3s^2+2=0$$

令$s^2=x$则有

$$x^2+3x+2=0$$

解得 $x=-1$，$x=-2$

相应地有 $s_{1,2}=\sqrt{-1}=\pm\mathrm{j}$ $\qquad s_{3,4}=\sqrt{-2}=\pm\sqrt{2}\,\mathrm{j}$

这说明该系统的系统函数在虚轴上有四个单极点，系统为临界稳定。

通过罗斯-霍尔维茨准则，不仅可以判断系统的稳定性，而且可以判定系统的参数与稳定性的关系，从而推算出未知参量的取值范围。

【例 7-13】 因果系统的特征方程如下，欲使系统稳定，求K的取值范围。

（1）$s^3+4s^2+4s+K=0$

（2）$s^3+5s^2+(K+8)s+10=0$

（3）$s^4+9s^3+20s^2+Ks+K=0$

【解】 利用罗斯-霍尔维茨准则来求解：特征多项式$A(s)$无缺项；$A(s)$各系数均大于零；R-H 阵列第一列元素均大于零。

（1）令$A(s)=s^3+4s^2+4s+K=0$，列罗斯-霍尔维茨表如下：

$$
\begin{array}{cc}
1 & 4 \\
4 & K \\
4-\frac{K}{4} &
\end{array}
$$

由罗斯-霍尔维茨准则可知 $K>0$且$4-\frac{K}{4}>0$

所以$0<K<16$。

（2）令$A(s)=s^3+5s^2+(K+8)s+10=0$，列罗斯-霍尔维茨表如下：

$$
\begin{array}{cc}
1 & K+8 \\
5 & 10 \\
k+6 &
\end{array}
$$

由罗斯-霍尔维茨准则可知 $K+8>0$且$K+6>0$

所以$K>-6$。

（3）令$A(s)=s^4+9s^3+20s^2+Ks+K=0$，列罗斯-霍尔维茨表如下：

$$\begin{array}{ccc} 1 & 20 & K \\ 9 & K & 0 \\ 20-\dfrac{K}{9} & K & 0 \\ \dfrac{K^2-99K}{K-180} & & \end{array}$$

由罗斯-霍尔维茨准则可知
$$\begin{cases} K>0 \\ 20-\dfrac{K}{9}>0 \\ \dfrac{K^2-99K}{K-180}>0 \end{cases}$$

所以 $0<K<99$。

7.2 离散系统函数与系统特性

7.2.1 离散系统函数的零、极点

由 6.4.2 节可知，LTI 离散系统的系统函数是复变量 z 的有理分式，它是 z 的有理多项式 $B(z)$ 与 $A(z)$ 之比，即

$$H(z)=\frac{B(z)}{A(z)}=\frac{b_m z^m+b_{m-1}z^{m-1}+\cdots+b_1 z+b_0}{a_n z^n+a_{n-1}z^{n-1}+\cdots+a_1 z+a_0}$$

式中，系数 a_i（$i=0,1,2,\cdots,n$）、b_j（$j=0,1,2,\cdots,m$）都是实常数，其中 $a_n=1$。分母多项式 $A(z)=0$ 的根 $p_1,p_2,\cdots,p_n$ 称为系统函数 $H(z)$ 的极点，分子多项式 $B(z)=0$ 的根 $\xi_1,\xi_2,\cdots,\xi_m$ 称为系统函数 $H(z)$ 的零点。这样，将 $A(z)$ 和 $B(z)$ 分解因式后，系统函数进一步可写为

$$H(z)=\frac{B(z)}{A(z)}=\frac{b_m\prod_{j=1}^{m}(z-\xi_j)}{\prod_{i=1}^{n}(z-p_i)} \tag{7.2-1}$$

类似于 7.1.1 节连续系统的系统函数的零、极点分析，LTI 离散系统的系统函数的零点和极点的分布在 z 平面必定关于实轴呈镜像对称。在 z 平面上，将零点用“∘”表示，极点用“×”表示，这样得到的图形称为离散系统的零、极点分布图。（视频见 7-1 零极点图）

【例 7-14】 已知某 LTI 离散系统的零、极点分布如图 7.10 所示，若 $H(\infty)=1$，求系统的系统函数 $H(z)$。

【解】 由系统的零、极点分布图，可得

$$H(z)=\frac{Kz(z-1)}{\left(z+\dfrac{1}{2}\right)\left(z-\dfrac{1}{3}\right)}$$

又 $H(\infty)=1$

$$H(\infty)=\lim_{z\to\infty}H(z)=\lim_{z\to\infty}\frac{Kz(z-1)}{\left(z+\dfrac{1}{2}\right)\left(z-\dfrac{1}{3}\right)}=K=1$$

因此

$$H(z)=\frac{z^2-z}{z^2+\frac{1}{6}z-\frac{1}{6}}$$

【例 7-15】 一个由差分方程所描述的 LTI 系统的零、极点分布图如图 7.11 所示，已知它对 $\cos(n\pi)$ 的响应为 $\cos(n\pi)$，试求系统函数 $H(z)$。

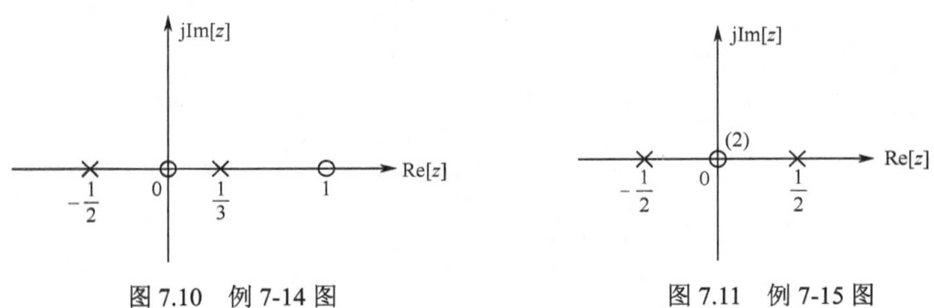

图 7.10　例 7-14 图　　　　图 7.11　例 7-15 图

【解】 由系统的零、极点分布图，可得

$$H(z)=\frac{kz^2}{\left(z+\frac{1}{2}\right)\left(z-\frac{1}{2}\right)}$$

已知

$$f(n)=y(n)=\cos(n\pi)=(-1)^n$$

对 LTI 离散系统有

$$y(n)=f(n)*h(n)$$

根据卷积和的定义有

$$(-1)^n=(-1)^n*h(n)=\sum_{i=-\infty}^{\infty}h(i)(-1)^{n-i}=(-1)^n\sum_{i=-\infty}^{\infty}h(i)(-1)^{-i}$$

可见

$$\sum_{i=-\infty}^{\infty}h(i)(-1)^{-i}=1$$

又根据 z 变换的定义式

$$H(z)=\sum_{k=-\infty}^{\infty}h(k)z^{-k}$$

可得

$$H(-1)=\sum_{i=-\infty}^{\infty}h(i)(-1)^{-i}=1$$

故

$$H(-1)=\frac{k}{\left(-1+\frac{1}{2}\right)\left(-1-\frac{1}{2}\right)}=1$$

可求得

$$k=\frac{3}{4}$$

系统函数

$$H(z)=\frac{\frac{3}{4}z^2}{\left(z+\frac{1}{2}\right)\left(z-\frac{1}{2}\right)}$$

7.2.2　系统函数与时域响应

在 6.1.4 节已经讨论了 s 域与 z 域之间的关系，因此在这里完全可以借助 s～z 平面的映射关系，将离散系统的系统函数 $H(z)$ 的极点，按其在 z 平面的位置可分为：单位圆内、单位圆上和单位圆外。z 平面上的单位圆、单位圆内和单位圆外三个区域，相应于 s 平面的虚轴、左半开平面和右半

开平面。可以预料，LTI 离散因果系统传输函数的零、极点分布与时域特性的关系，和 LTI 连续系统传输函数的零、极点分布与时域特性的关系必然有很大的相似之处。

7-5 系统特性 4

1．极点位于单位圆内

（1）若极点是单位圆内的一阶实极点 α，$|\alpha|<1$，$H(z)$ 的部分分式展开式中必含有分式 $H_i(z)=\dfrac{Kz}{z-\alpha}$，其中 K 为常数，则有 $h_i(k)=K\alpha^k\varepsilon(k)$。故单位序列响应是一指数衰减序列，当 $k\to\infty$ 时趋近于零，$|\alpha|$ 越小，衰减越快，当 $\alpha=0$ 时，$h_i(k)=K\delta(k)$。

（2）若极点是单位圆内的一阶共轭复极点 $\alpha\,\mathrm{e}^{\pm\mathrm{j}\beta}$，$|\alpha|<1$，则 $H(z)$ 的展开式中必含有

$$H_i(z)=\frac{Kz}{z-\alpha\,\mathrm{e}^{\mathrm{j}\beta}}+\frac{K^*z}{z-\alpha\,\mathrm{e}^{-\mathrm{j}\beta}}$$

其中，$K=|K|\mathrm{e}^{\mathrm{j}\varphi}$ 为复常数。则有单位序列响应分量为

$$h_i(k)=2|K|\alpha^k\cos(k\beta+\varphi)\varepsilon(k)$$

由于 $|\alpha|<1$，故该单位序列响应为指数衰减余弦振荡序列，当 $k\to\infty$ 时趋近于零，衰减的速率取决于 $|\alpha|$ 的大小，振荡频率取决于 β。

（3）若极点是位于单位圆内的二重实极点 α，则 $H(z)$ 的展开式中必含有

$$H_i(z)=\frac{K_1z}{z-\alpha}+\frac{K_2z}{(z-\alpha)^2}$$

式中 K_1、K_2 均为常数，其所对应的单位序列响应分量为

$$h_i(k)=K_1\alpha^k\varepsilon(k)+K_2k\alpha^k\varepsilon(k)$$

因为 $|\alpha|<1$，故单位序列响应为衰减序列，当 $k\to\infty$ 时趋近于零。同理可以得到，如果 $H(z)$ 在单位圆内有高于二重的实极点或共轭复极点，其对应的单位序列响应分量仍为衰减序列。

将以上的结果整理，如图 7.12 所示。

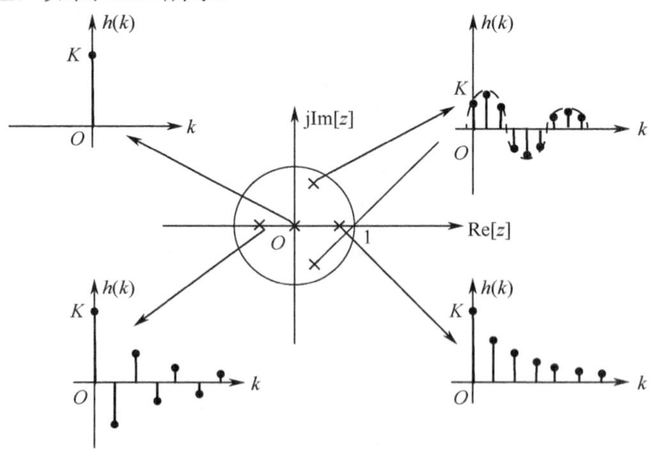

图 7.12 单位圆内的极点及其对应的序列

2．极点位于单位圆

（1）若极点是单位圆上的单阶实极点 1 或 −1，则在 $H(z)$ 的展开式中必含有

$$H_i(z)=\frac{Kz}{z-1}\qquad 或 \qquad H_i(z)=\frac{Kz}{z+1}$$

其中 K 为常数。相应的单位序列响应分量为

$$h_i(k)=K\varepsilon(k)\qquad 或 \qquad h_i(k)=K(-1)^k\varepsilon(k)$$

它们的幅度都不随 k 而改变。

（2）若极点是单位圆上的一阶共轭极点 $\mathrm{e}^{\pm\mathrm{j}\beta}$，则在 $H(z)$ 的展开式中必含有

$$H_i(z)=\frac{Kz}{z-\mathrm{e}^{\mathrm{j}\beta}}+\frac{K^*z}{z-\mathrm{e}^{-\mathrm{j}\beta}}$$

其中，$K=|K|\mathrm{e}^{\mathrm{j}\varphi}$ 为复常数。则有单位序列响应分量为

$$h_i(k)=2|K|\cos(k\beta+\varphi)\varepsilon(k)$$

可见，该响应分量为等幅余弦振荡序列。

（3）若极点是单位圆上的 r 重极点，它们所对应的单位序列响应分量包含具有如下形式的序列

$$2|K_i|k^i\varepsilon(k) \qquad 或 \qquad 2|K_i|k^i\cos(k\beta+\varphi)\varepsilon(k)$$

都是随 k 而增长的增幅序列。

将以上的结果整理，如图 7.13 所示。

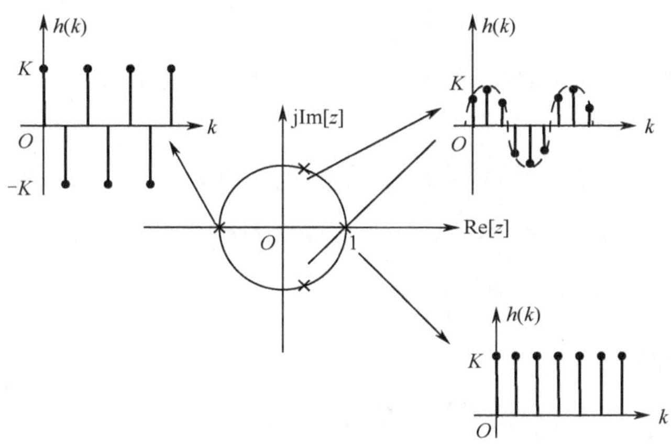

图 7.13　单位圆上的极点及其对应的序列

3．极点位于单位圆外

若极点是单位圆外的单阶实极点 $\pm\alpha$ 或一阶共轭极点 $\alpha\mathrm{e}^{\pm\mathrm{j}\beta}$，$|\alpha|>1$，它们所对应的单位序列响应分量分别为 $K\alpha^k\varepsilon(k)$、$K(-1)^k\alpha^k\varepsilon(k)$ 或 $K^k\alpha^k\cos(k\beta+\varphi)\varepsilon(k)$，也都是随 k 而按指数规律增大的增幅序列。若是单位圆外的重极点，所对应的响应分量也随 k 的增大而增大。

综上可得以下结论，LTI 离散系统的单位序列响应的函数形式取决于传输函数 $H(z)$ 的极点在 z 平面上的分布情况。对因果系统而言，在单位圆内的极点所对应的响应分量均为衰减序列，当 $k\to\infty$ 时，各分量均趋近于零。因此，所有极点都位于单位圆内的系统是稳定系统。$H(z)$ 在单位圆上的单极点所对应的响应分量为等幅序列，单位圆上的二重或二重以上的极点以及单位圆外的极点所对应的响应分量均为增幅序列，当 $k\to\infty$ 时，各分量趋近于无穷大，因此这些系统均为不稳定系统。

显然，根据 $H(z)$ 极点出现在单位圆内或单位圆外即可判断系统的稳定性。在 7.2.4 节将研究系统的稳定性。

7.2.3　离散系统函数与频率响应

现在我们来研究系统的传输函数 $H(z)$ 与系统的频率响应的关系，并在此基础上研究离散系统在正弦周期序列作用下的稳态响应。

1．频率响应

由第 5 章我们已经知道，对于连续因果系统，如果其系统函数 $H(s)$ 的极点均在左半开平面，

那么它在虚轴上（$s=\mathrm{j}\omega$）也收敛，从而得到连因果系统的频率响应为

$$H(\mathrm{j}\omega)=H(s)\Big|_{s=\mathrm{j}\omega} \tag{7.2-2}$$

另外，根据 s 域与 z 域的关系 $z=\mathrm{e}^{sT}$ 和 $s=\sigma+\mathrm{j}\omega$，如果 $s=\mathrm{j}\omega$，则 $z=\mathrm{e}^{\mathrm{j}\omega T}$，$|z|=1$。说明在离散因果系统中，若传输函数 $H(z)$ 的收敛域包含单位圆 $|z|=1$，则 $H(z)$ 在单位圆上的函数就是系统的频率响应。即离散因果系统的频率响应为

$$H(\mathrm{e}^{\mathrm{j}\omega T})=H(z)\Big|_{z=\mathrm{e}^{\mathrm{j}\omega T}}\text{，}\quad |z|>\alpha \tag{7.2-3}$$

其中，收敛半径应满足条件 $0<\alpha<1$。

引入 $\theta=\omega T$，T 为取样周期，则式（7.2-3）可写为

$$H(\mathrm{e}^{\mathrm{j}\theta})=H(z)\Big|_{z=\mathrm{e}^{\mathrm{j}\theta}} \tag{7.2-4}$$

一般来说，$H(\mathrm{e}^{\mathrm{j}\theta})$ 为复函数，因此也可以将频率响应写为

$$H(\mathrm{e}^{\mathrm{j}\theta})=\left|H(\mathrm{e}^{\mathrm{j}\theta})\right|\mathrm{e}^{\mathrm{j}\varphi(\theta)} \tag{7.2-5}$$

其中，$\left|H(\mathrm{e}^{\mathrm{j}\theta})\right|$ 称为离散系统的幅频特性，$\varphi(\theta)$ 称为离散系统的相频特性。幅频特性 $\left|H(\mathrm{e}^{\mathrm{j}\theta})\right|$ 是 θ 的偶函数，相频特性 $\varphi(\theta)$ 是 θ 的奇函数。

由于 $\mathrm{e}^{\mathrm{j}\theta}$ 是周期为 2π 的函数，所以系统的频率响应 $H(\mathrm{e}^{\mathrm{j}\theta})$ 也是周期为 2π 的周期函数。对 ω 而言，$H(\mathrm{e}^{\mathrm{j}\theta})$ 是以 $\omega=\dfrac{2\pi}{T}$（取样角频率）为周期的周期函数。离散系统频响特性的周期性，是区别于连续系统频响特性的非周期性的一个突出的特点。

2．零、极点分布与频率特性

类似于连续时间系统，也可以用系统函数 $H(z)$ 在 z 平面上的零、极点分布，通过几何方法简便而直观地求出离散系统的频率响应，并常用于定性绘出频响特性曲线。（视频见 7-3 系统特性 2）

如果系统函数 $H(z)$ 的极点均在单位圆内，则式（7.2-1）所示系统的频率响应为

$$H(\mathrm{e}^{\mathrm{j}\theta})=H(z)\Big|_{z=\mathrm{e}^{\mathrm{j}\theta}}=\frac{b_m\prod\limits_{j=1}^{m}(\mathrm{e}^{\mathrm{j}\theta}-\xi_j)}{\prod\limits_{i=1}^{n}(\mathrm{e}^{\mathrm{j}\theta}-p_i)} \tag{7.2-6}$$

z 平面上任意复数也可用矢量表示，令

$$\begin{cases}\mathrm{e}^{\mathrm{j}\theta}-\xi_j=B_j\,\mathrm{e}^{\mathrm{j}\phi_j}\\ \mathrm{e}^{\mathrm{j}\theta}-p_i=A_i\,\mathrm{e}^{\mathrm{j}\theta_i}\end{cases} \tag{7.2-7}$$

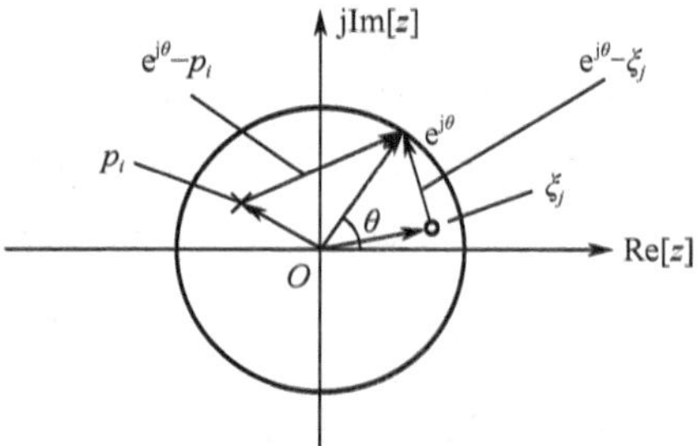

图 7.14　零、极点矢量图

式中，A_i 和 θ_i 分别代表单位圆上的矢量 $\mathrm{e}^{\mathrm{j}\theta}$ 与极点矢量 p_i 的差矢量的模和辐角，B_j 和 ϕ_j 分别代表单位圆上的矢量 $\mathrm{e}^{\mathrm{j}\theta}$ 与零点矢量 ξ_j 的差矢量的模和辐角，如图 7.14 所示。

于是式（7.2-6）可以写为

$$H(\mathrm{e}^{\mathrm{j}\theta})=\frac{b_mB_1B_2\cdots B_m\,\mathrm{e}^{\mathrm{j}(\phi_1+\phi_2+\cdots+\phi_m)}}{A_1A_2\cdots A_n\,\mathrm{e}^{\mathrm{j}(\theta_1+\theta_2+\cdots+\theta_n)}}=\left|H(\mathrm{e}^{\mathrm{j}\theta})\right|\mathrm{e}^{\mathrm{j}\varphi(\theta)} \tag{7.2-8}$$

式中，幅频响应为

$$\left|H(\mathrm{e}^{\mathrm{j}\theta})\right|=\frac{b_mB_1B_2\cdots B_m}{A_1A_2\cdots A_n} \tag{7.2-9}$$

相频响应为

$$\varphi(\theta)=(\phi_1+\phi_2+\cdots+\phi_m)-(\theta_1+\theta_2+\cdots+\theta_n) \tag{7.2-10}$$

当 ω 从 0 变化到 $\dfrac{\pi}{T}$ 时，$\theta=\omega T$ 从 0 变化到 π，复变量 $z=\mathrm{e}^{\mathrm{j}\theta}$ 从 $z=1$ 沿单位圆逆时针方向旋转半周，这时，各差矢量的模和辐角也将随之变化。根据幅频特性 $\left|H(\mathrm{e}^{\mathrm{j}\theta})\right|$ 是 θ 的偶函数，相频响应 $\varphi(\theta)$ 是 θ 的奇函数的对称特点，就能定性地绘出系统在 $-\pi\leqslant\theta\leqslant\pi$ 内的幅频特性曲线和相频特性曲线。

3．离散系统在正弦周期序列作用下的稳态响应

首先研究输入信号为复指数序列时系统的响应。设离散系统的单位序列响应为 $h(k)$，系统函数为 $H(z)$，当输入为复指数序列 $f(k)=\mathrm{e}^{\mathrm{j}\theta k}$ 时，系统的零状态响应为

$$\begin{aligned}y_{zs}(k)=f(k)*h(k)&=\sum_{i=-\infty}^{\infty}h(i)\mathrm{e}^{\mathrm{j}(k-i)\theta}\\&=\mathrm{e}^{\mathrm{j}\theta k}\sum_{i=-\infty}^{\infty}h(i)(\mathrm{e}^{\mathrm{j}\theta})^{-k}\\&=H(\mathrm{e}^{\mathrm{j}\theta})\mathrm{e}^{\mathrm{j}\theta k}\end{aligned} \tag{7.2-11}$$

若输入正弦周期序列 $f(k)=A\cos(\theta k+\varphi)$，利用欧拉公式可以把 $f(k)$ 表示为

$$f(k)=A\cos(\theta k+\varphi)=0.5A\mathrm{e}^{\mathrm{j}\theta k}\,\mathrm{e}^{\mathrm{j}\varphi}+0.5A\mathrm{e}^{-\mathrm{j}\theta k}\,\mathrm{e}^{-\mathrm{j}\varphi}$$

则离散系统的稳态响应为

$$\begin{aligned}y_{ss}(k)&=0.5A\mathrm{e}^{\mathrm{j}\varphi}\,\mathrm{e}^{\mathrm{j}\theta k}\,H(\mathrm{e}^{\mathrm{j}\theta})+0.5A\mathrm{e}^{-\mathrm{j}\varphi}\,\mathrm{e}^{-\mathrm{j}\theta k}\,H(\mathrm{e}^{-\mathrm{j}\theta})\\&=0.5A\mathrm{e}^{\mathrm{j}\varphi}\,\mathrm{e}^{\mathrm{j}\theta k}\left|H(\mathrm{e}^{\mathrm{j}\theta})\right|\mathrm{e}^{\mathrm{j}\varphi(\theta)}+0.5A\mathrm{e}^{-\mathrm{j}\varphi}\,\mathrm{e}^{-\mathrm{j}\theta k}\left|H(\mathrm{e}^{-\mathrm{j}\theta})\right|\mathrm{e}^{-\mathrm{j}\varphi(\theta)}\\&=A\left|H(\mathrm{e}^{\mathrm{j}\theta})\right|\cos[\theta k+\varphi+\varphi(\theta)]\end{aligned} \tag{7.2-12}$$

由式（7.2-12）可见，正弦周期序列作用的 LTI 渐进稳定的离散系统（或者说存在频响函数的系统），当达到稳态时，其输出稳态响应的幅值等于输入正弦序列的幅值乘上系统的频率响应在该输入角频率时的模值；输出稳态响应的初相位等于输入正弦序列的初相位，附加上系统频率响应在该输入角频率时的相位角；输出稳态响应的角频率等于正弦周期序列的角频率。

顺便指出，如果系统不存在频率响应，即 $H(\mathrm{e}^{\mathrm{j}\theta})$ 不存在，即使输入周期正弦序列，系统也无稳态响应。

【例 7-16】 已知某 LTI 离散因果系统的差分方程为 $y(k)-0.5y(k-1)=f(k)$，若系统的激励 $f(k)=(-1)^k\varepsilon(k)$，求系统的稳态响应。

7-6 系统特性 5

【解】 对系统的差分方程在零状态下做 z 变换，得系统的传输函数

$$H(z)=\frac{1}{1-0.5z^{-1}}=\frac{z}{z-0.5}$$

很显然，收敛域为 $|z|>0.5$，包含单位圆，系统的频率响应存在，系统稳定。则系统的频率响应为

$$H(\mathrm{e}^{\mathrm{j}\theta})=H(z)\Big|_{z=\mathrm{e}^{\mathrm{j}\theta}}=\frac{\mathrm{e}^{\mathrm{j}\theta}}{\mathrm{e}^{\mathrm{j}\theta}-0.5}$$

又 $f(k)=(-1)^k\varepsilon(k)=\mathrm{e}^{\mathrm{j}\pi k}\varepsilon(k)$，系统的稳态响应为

$$y_{ss}(k)=H(\mathrm{e}^{\mathrm{j}\theta})\cdot\mathrm{e}^{\mathrm{j}\pi k}\,\varepsilon(k)\Big|_{\theta=\pi}=\frac{\mathrm{e}^{\mathrm{j}\pi}}{\mathrm{e}^{\mathrm{j}\pi}-0.5}\cdot(-1)^k\varepsilon(k)=\frac{2}{3}(-1)^k\varepsilon(k)$$

【例 7-17】 已知某 LTI 因果离散系统的初始状态 $y(-1)=-2$，当输入 $f(k)=0.5^k\varepsilon(k)$ 时的全响应为 $y(k)=\left[2\left(-\dfrac{1}{2}\right)^k+\left(\dfrac{1}{2}\right)^k\right]\varepsilon(k)$。

（1）求系统的系统函数 $H(z)$ 和频响函数 $H(e^{j\theta})$；

（2）若输入为 $f(k)=3+5\cos\left(\frac{\pi}{2}k\right)$，求系统的稳态响应 $y_{ss}(k)$。

【解】 由系统的激励 $f(k)$ 和全响应 $y(k)$ 的表达式可知：

$2\left(-\frac{1}{2}\right)^k\varepsilon(k)$ 是方程的齐次解，系统的特征根为 $\lambda=-\frac{1}{2}$。

则零输入响应为
$$y_{zi}(k)=c\left(-\frac{1}{2}\right)^k$$
因为
$$y_{zi}(-1)=y(-1)=-2$$
可得
$$c=1$$
系统的零状态响应
$$y_{zs}(k)=y(k)-y_{zi}(k)=\left[\left(-\frac{1}{2}\right)^k+\left(\frac{1}{2}\right)^k\right]\varepsilon(k)$$
（1）已知
$$f(k)=0.5^k\varepsilon(k)$$
输入序列的象函数
$$F(z)=\frac{z}{z-0.5}$$
零状态响应的象函数
$$Y_{zs}(z)=\frac{z}{z+0.5}+\frac{z}{z-0.5}$$
系统函数
$$H(z)=\frac{Y_{zs}(z)}{F(z)}=\frac{2z}{z+0.5}$$
其收敛域为 $|z|>0.5$，包含单位圆，故系统的频率响应存在，频响函数为
$$H(e^{j\theta})=H(z)\big|_{z=e^{j\theta}}=\frac{2e^{j\theta}}{e^{j\theta}+0.5}$$
（2）已知输入为 $f(k)=3+5\cos\left(\frac{\pi}{2}k\right)$，分别令 $\theta_1=0$，$\theta_2=\frac{\pi}{2}$，
$$H(e^{j\theta_1})=H(e^{j0})=\frac{4}{3}$$
$$H(e^{j\theta_2})=H\left(e^{j\frac{\pi}{2}}\right)=\frac{2j}{j+0.5}=\frac{4\sqrt{5}}{5}\angle\left(\frac{\pi}{2}-\arctan 2\right)$$
系统的稳态响应为
$$y_{ss}(k)=3\cdot\frac{4}{3}+5\cdot\frac{4\sqrt{5}}{5}\cos\left(\frac{\pi}{2}k+\frac{\pi}{2}-\arctan 2\right)$$
$$=4+4\sqrt{5}\cos\left(\frac{\pi}{2}k+\frac{\pi}{2}-\arctan 2\right)$$

【例 7-18】 图 7.15（a）为一个横向数字滤波器。（1）求滤波器的频率响应；（2）若输入信号为连续信号 $f(t)=1+2\cos(\omega_0 t)+3\cos(2\omega_0 t)$ 经取样得到的离散序列 $f(k)$，已知信号频率 $f_0=100\text{ Hz}$，取样频率 $f_s=600\text{ Hz}$，求滤波器的稳态响应 $y_{ss}(k)$。

【解】（1）首先求出系统函数。由图 7.15（a）所示的系统 z 域框图，加法器的输入输出关系为
$$Y(z)=F(z)+2z^{-1}F(z)+2z^{-2}F(z)+z^{-3}F(z)$$
故得系统函数
$$H(z)=1+2z^{-1}+2z^{-2}+z^{-3}$$
其收敛域为 $|z|>0$，显然收敛域包含单位圆。令 $\theta=\omega T_s$，由上式可得滤波器的频率响应为

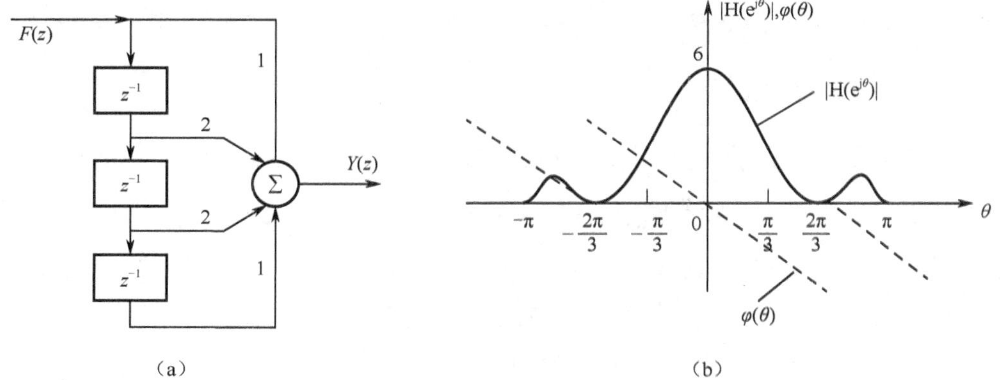

图 7.15　例 7-18 图

$$
\begin{aligned}
H(\mathrm{e}^{\mathrm{j}\theta}) = H(z)\Big|_{z=\mathrm{e}^{\mathrm{j}\theta}} &= 1+2\mathrm{e}^{-\mathrm{j}\theta}+2\mathrm{e}^{-2\mathrm{j}\theta}+\mathrm{e}^{-3\mathrm{j}\theta} \\
&= \mathrm{e}^{-\mathrm{j}\frac{3}{2}\theta}\left(\mathrm{e}^{\mathrm{j}\frac{3}{2}\theta}+2\mathrm{e}^{\mathrm{j}\frac{1}{2}\theta}+2\mathrm{e}^{-\frac{1}{2}\mathrm{j}\theta}+\mathrm{e}^{-\frac{3}{2}\mathrm{j}\theta}\right) \\
&= \mathrm{e}^{-\mathrm{j}\frac{3}{2}\theta}\left[2\cos\left(\frac{3}{2}\theta\right)+4\cos\left(\frac{1}{2}\theta\right)\right]
\end{aligned}
$$

由于 $\cos(3x) = 4\cos^3 x - 3\cos x$，上式进一步可写为

$$
H(\mathrm{e}^{\mathrm{j}\theta}) = 2\cos\left(\frac{\theta}{2}\right)\left[4\cos^2\left(\frac{\theta}{2}\right)-1\right]\mathrm{e}^{-\mathrm{j}\frac{3}{2}\theta} \tag{7.2-13}
$$

滤波器的幅频特性和相频特性分别为

$$
\left|H(\mathrm{e}^{\mathrm{j}\theta})\right| = \left|2\cos\left(\frac{\theta}{2}\right)\left[4\cos^2\left(\frac{\theta}{2}\right)-1\right]\right|
$$

$$
\varphi(\theta)\begin{cases} -\dfrac{3}{2}\theta, & \cos\left(\dfrac{\theta}{2}\right)\left[4\cos^2\left(\dfrac{\theta}{2}\right)-1\right]>0 \\ -\dfrac{3}{2}\theta+\pi, & \cos\left(\dfrac{\theta}{2}\right)\left[4\cos^2\left(\dfrac{\theta}{2}\right)-1\right]<0 \end{cases}
$$

图 7.15（b）绘出了滤波器的幅频和相频特性曲线。由图可见，它是低通滤波器，在通带内，其相频响应是通过原点的直线 $\varphi(\theta) = -\dfrac{3}{2}\theta = -\dfrac{3}{2}\omega T_{\mathrm{s}}$，即其相位特性与角频率呈线性关系，故称线性相位滤波器。

（2）连续信号 $f(t) = 1+2\cos(\omega_0 t)+3\cos(2\omega_0 t)$，它包含直流分量和角频率为 ω_0、$2\omega_0$ 的两个余弦信号。经取样（令 $t = nT_{\mathrm{s}}$）后的离散信号为

$$
f(k) = f(kT_{\mathrm{s}}) = 1+2\cos(\omega_0 kT_{\mathrm{s}})+3\cos(k2\omega_0 T_{\mathrm{s}})
$$

又 $f_0 = 100\ \mathrm{Hz}$，$f_{\mathrm{s}} = 600\ \mathrm{Hz}$，分别令

$$
\theta_1 = 0,\quad \theta_2 = \omega_0 T_{\mathrm{s}} = \frac{2\pi f_0}{f_{\mathrm{s}}} = \frac{\pi}{3},\quad \theta_3 = 2\omega_0 T_{\mathrm{s}} = \frac{2\pi}{3}
$$

将它们分别代入到式（7.2-13），得

$$
H(\mathrm{e}^{\mathrm{j}\theta_1}) = 6,\quad H(\mathrm{e}^{\mathrm{j}\theta_2}) = 3.46\mathrm{e}^{-\mathrm{j}\frac{\pi}{2}},\quad H(\mathrm{e}^{\mathrm{j}\theta_3}) = 0
$$

最后得滤波器的稳态响应为

$$
\begin{aligned}
y_{ss}(k) &= H(e^{j\theta_1}) + 2\left|H(e^{j\theta_2})\right|\cos[k\omega_0 T_s + \varphi(\theta_2)] + 3\left|H(e^{j\theta_3})\right|\cos[2k\omega_0 T_s + \varphi(\theta_3)] \\
&= 6 + 6.92\cos\left(\frac{k\pi}{3} - \frac{\pi}{2}\right)
\end{aligned}
$$

可见，信号经滤波器后，滤除了其二次谐波分量。

【例 7-19】 离散系统的差分方程为 $y(k)-y(k-1)-\frac{3}{4}y(k-2)=f(k-1)$。求（1）系统函数 $H(z)$；（2）单位序列响应 $h(k)$ 的三种可能选择；对于每一种 $h(k)$，讨论系统是否稳定，是否为因果系统；（3）该系统的频率响应在什么情况下存在，并写出其表达式。

【解】 在零状态下对差分方程两边同时进行单边 z 变换，得

$$Y_{zs}(z) - Y_{zs}(z)z^{-1} - \frac{3}{4}Y_{zs}(z)z^{-2} = F(z)z^{-1}$$

（1）系统函数 $H(z)=\dfrac{Y_{zs}(z)}{F(z)}=\dfrac{z}{z^2-z-\frac{3}{4}}=\dfrac{z}{\left(z+\frac{1}{2}\right)\left(z-\frac{3}{2}\right)}=\dfrac{-\frac{1}{2}z}{z+\frac{1}{2}}+\dfrac{\frac{1}{2}z}{z-\frac{3}{2}}$

（2）当收敛域为 $|z|>\frac{3}{2}$ 时，对系统函数逆变换可得 $h(k)=-\frac{1}{2}\left(-\frac{1}{2}\right)^k\varepsilon(k)+\frac{1}{2}\left(\frac{3}{2}\right)^k\varepsilon(k)$，该系统为因果系统，但对于因果离散系统有一个极点在单位圆外，系统不稳定。

当收敛域为 $\frac{1}{2}<|z|<\frac{3}{2}$ 时，对系统函数逆变换可得 $h(k)=-\frac{1}{2}\left(-\frac{1}{2}\right)^k\varepsilon(k)-\frac{1}{2}\left(\frac{3}{2}\right)^k\varepsilon(-k-1)$，该系统为非因果系统，但是收敛域包含单位圆，所以是稳定系统。

当收敛域为 $|z|<\frac{1}{2}$ 时，对系统函数逆变换可得 $h(k)=\frac{1}{2}\left(-\frac{1}{2}\right)^k\varepsilon(-k-1)-\frac{1}{2}\left(\frac{3}{2}\right)^k\varepsilon(-k-1)$，该系统为非因果系统，收敛域不包含单位圆，所以是不稳定系统。

（3）当 $H(z)$ 的收敛域为 $\frac{1}{2}<|z|<\frac{3}{2}$ 时，收敛域包含单位圆，其频率响应存在。

$$H(e^{j\theta}) = H(z)\big|_{z=e^{j\theta}} = \frac{e^{j\theta}}{e^{j2\theta}-e^{j\theta}-\frac{3}{4}}$$

7.2.4 离散系统的因果性、稳定性

1. 离散系统的因果性

离散的因果系统指的是，系统的零状态响应 $y_{zs}(k)$ 不出现于激励 $f(k)$ 之前的系统。也就是说，对于 $k=0$ 时刻接入的任意激励 $f(k)$，即对于任意的

$$f(k)=0,\quad k<0 \tag{7.2-14}$$

如果系统的零状态响应

$$y_{zs}(k)=0,\quad k<0 \tag{7.2-15}$$

就称该系统为因果系统，否则称为非因果系统。（视频见 7-4 系统特性 3）

2. 离散因果系统的充分必要条件

离散系统是因果系统的充分必要条件是：单位序列响应

$$h(k)=0\,,\quad k<0 \tag{7.2-16}$$

或者，系统函数 $H(z)$ 的收敛域为

$$|z|>\alpha \tag{7.2-17}$$

即其收敛域为半径等于 α 的圆外区域，换言之，$H(z)$ 的极点都在收敛圆 $|z|=\alpha$ 的内部。充要条件的证明与连续因果系统类似，故从略。

3．离散系统的稳定性

类似于连续系统稳定性的分析，离散系统稳定的充要条件（时域）是

$$\sum_{k=-\infty}^{\infty}|h(k)|\leqslant M \tag{7.2-18}$$

式中，M 为有界正常数。或者说，若系统的单位序列响应 $h(k)$ 绝对可和，则系统是稳定的。离散系统稳定的 z 域条件是系统函数 $H(z)$ 的收敛域包含单位圆，如果收敛域不包含单位圆，系统不稳定。

4．离散因果系统稳定的充要条件

如果系统是因果的，则离散因果系统稳定的充要条件（时域）是

$$\sum_{k=0}^{\infty}|h(k)|\leqslant M \tag{7.2-19}$$

充要条件的证明与连续系统类似，这里不再赘述。

对于因果的稳定的离散系统，其系统函数 $H(z)$ 的极点都在 z 平面的单位圆内，反之也成立，即若 $H(z)$ 的极点都在单位圆内，则该系统必然是稳定的因果系统。

【例 7-20】 某离散因果系统的差分方程为

$$y(k)+6y(k-1)+8y(k-2)=f(k)+5f(k-1)+12f(k-2)$$

判断系统的稳定性。

【解】 在零状态下对方程两边取单边 z 变换，得

$$(1+6z^{-1}+8z^{-2})Y_{zs}(z)=(1+5z^{-1}+12z^{-2})F(z)$$

系统传输函数为

$$H(z)=\frac{Y_{zs}(z)}{F(z)}=\frac{1+5z^{-1}+12z^{-2}}{1+6z^{-1}+8z^{-2}}=\frac{z^2+5z+12}{(z+2)(z+4)}$$

$H(z)$ 的极点为 $\quad z_1=-2\,,\ z_2=-4$

两个极点均在 z 平面的单位圆外，故该因果离散系统不稳定。

5．朱里准则

由 7.2.2 节可知，根据 $H(z)$ 极点出现于单位圆内或单位圆外即可判断系统的稳定性。对于因果系统，（1）当 $H(z)$ 极点全部在 z 平面的单位圆内时，$h(k)$ 绝对可和，系统稳定；（2）当 $H(z)$ 极点位于单位圆上且只有一阶时，系统临界稳定；（3）当 $H(z)$ 极点落在 z 平面的单位圆外或在单位圆上有高阶极点时，$h(k)$ 不满足绝对可和条件，系统不稳定。此方法判断一、二阶系统的稳定性较方便，但对三阶及其以上的系统，因求极点困难而不便使用。

朱里首先提出了一种通过系统函数 $H(z)$ 的特征多项式 $A(z)$ 为基础并做简单计算，然后用列朱里列表的方法来判断离散系统是否稳定，该判定方法称为朱里准则，它是判定离散系统稳定性的一般准则。对特征多项式

$$A(z)=a_n z^n+a_{n-1}z^{n-1}+\cdots+a_1 z+a_0 \tag{7.2-20}$$

朱里根据 $A(z)$ 的系数排列并做计算排列出朱里阵列表如下：

行	朱里阵列						
1	a_n	a_{n-1}	a_{n-2}	$\cdots$	a_2	a_1	a_0
2	a_0	a_1	a_2	$\cdots$	a_{n-2}	a_{n-1}	a_n
3	b_{n-1}	b_{n-2}	b_{n-3}	$\cdots$	b_1	b_0	
4	b_0	b_1	b_2	$\cdots$	b_{n-2}	b_{n-1}	
5	c_{n-2}	c_{n-3}	$\cdots$	c_1	c_0		
6	c_0	c_1	$\cdots$	c_{n-3}	c_{n-2}		
$\cdots$	$\vdots$	$\vdots$	$\vdots$	$\vdots$	$\vdots$		
$2n-3$	x_2	x_1	x_0				

朱里阵列表中第 1 行把 $A(z)$ 的系数按顺序排列，第 2 行把 $A(z)$ 的系数按反序排列。第 3 行元素由第 1、2 两行元素按下来规则计算

$$b_{n-1}=\begin{vmatrix}a_n & a_0\\ a_0 & a_n\end{vmatrix},\quad b_{n-2}=\begin{vmatrix}a_n & a_1\\ a_0 & a_{n-1}\end{vmatrix},\quad b_{n-3}=\begin{vmatrix}a_n & a_2\\ a_0 & a_{n-2}\end{vmatrix},\quad \cdots \tag{7.2-21}$$

第 4 行将第 3 行的各元素按反序排列。根据第 3、4 两行的元素再用以上规则求得第 5 行的元素为

$$c_{n-2}=\begin{vmatrix}b_{n-1} & b_0\\ b_0 & b_{n-1}\end{vmatrix},\quad c_{n-3}=\begin{vmatrix}b_{n-1} & b_1\\ b_0 & b_{n-2}\end{vmatrix},\quad \cdots \tag{7.2-22}$$

以此类推，一直排到第 $2n-3$ 行为止。

朱里准则：系统函数 $H(z)$ 的所有极点都在单位圆内的充要条件是

$$\begin{cases}A(1)>0\\ (-1)^n A(-1)>0\end{cases} \tag{7.2-23}$$

以及朱里表中所有奇数行的第一个元素大于最后一个元素的绝对值，即

$$\begin{cases}a_n>|a_0|\\ b_{n-1}>|b_0|\\ c_{n-2}>|c_0|\\ \quad\vdots\\ x_2>|x_0|\end{cases} \tag{7.2-24}$$

满足式（7.2-23）及式（7.2-24）的全部条件，则系统稳定；否则不稳定。对于二阶系统，$A(z)=a_2z^2+a_1z+a_0$，容易导出系统函数 $H(z)$ 的极点都在单位圆内的条件是

$$\begin{cases}A(1)>0\\ A(-1)>0\\ a_2>|a_0|\end{cases} \tag{7.2-25}$$

【例 7-21】 某离散系统的系统函数 $H(z)=\dfrac{z^2+z}{z^2+0.2z-0.24}$，试判断系统的稳定性。

【解】 根据特征多项式 $A(z)=z^2+0.2z-0.24$，得

$$A(1)=1+0.2-0.24=0.96>0$$
$$(-1)^2A(-1)=1-0.2-0.24=0.56>0$$
$$a_2=1>|a_0|=0.24$$

所以该系统是稳定的。

【例 7-22】 某离散系统的特征多项式 $A(z)=4z^4-4z^3+2z-1$，试判断系统的稳定性。

【解】 根据特征多项式 $A(z)=4z^4-4z^3+2z-1$，得

$$A(1)=4-4+1=1>0$$
$$(-1)^4A(-1)=4+4-2-1=5>0$$

列朱里表格：

$$\begin{array}{ccccc}
4 & -4 & 0 & 2 & -1 \\
-1 & 2 & 0 & -4 & 4 \\
\begin{vmatrix}4 & -1\\ -1 & 4\end{vmatrix}=15 & \begin{vmatrix}4 & 2\\ -1 & -4\end{vmatrix}=-14 & \begin{vmatrix}4 & 0\\ -1 & 0\end{vmatrix}=0 & \begin{vmatrix}4 & -4\\ -1 & 2\end{vmatrix}=4 & \\
4 & 0 & -14 & 15 & \\
\begin{vmatrix}15 & 4\\ 4 & 15\end{vmatrix}=209 & \begin{vmatrix}15 & 0\\ 4 & -14\end{vmatrix}=-210 & \begin{vmatrix}15 & -14\\ 4 & 0\end{vmatrix}=56 & &
\end{array}$$

由上表可知 $a_4=4>|a_0|=1$，$b_3=15>|b_0|=4$，$c_2=209>|c_0|=56$

所以该系统是稳定的。

【例 7-23】 某离散系统的系统函数 $H(z)=\dfrac{z+1}{z^2+(2+k)z+0.5}$，欲使系统稳定，$k$ 应如何取值。

【解】 特征多项式 $A(z)=z^2+(2+k)z+0.5$

根据朱里准则

$$\begin{cases}A(1)=1+(2+k)+0.5>0\\ (-1)^2A(-1)=1-(2+k)+0.5>0\\ a_2=1>|a_0|=0.5\end{cases}$$

解得 $-3.5<k<-0.5$ 。

由此可见，当 $-3.5<k<-0.5$ 时系统稳定。

7.3 信号流图

信号流图是用有向的线图描述线性方程组变量间因果关系的一种图，用它来描述系统较方框图更为简便，而且可以通过梅森公式将系统函数与相应的信号流图联系起来。信号流图简明地沟通了描述系统的方程、系统函数以及框图等之间的联系，这不仅有利于系统分析，也便于系统模拟。无论是连续系统还是离散系统，如果撇开二者的物理实质，仅从信号流图的角度而言，它们分析的方法相同，因此这里一并讨论。

用框图描述系统（连续的或离散的）的功能比用微分或差分方程更为直观。而且对于零状态系统，其时域框图与变化域框图有相同的形式（仅是积分器对应于 s^{-1}，迟延单元对应于 z^{-1}）。并且在变化域中，方框图除了表示 s^{-1}（积分器）或 z^{-1}（延迟单元）的意义，还可表示一般的系统函数（传递函数、转移函数等），如图 7.16（a）所示。系统的信号流图，就是用一些点和线来描述系统。如图 7.16（a）所示的方框图，可用一个由输入指向输出的有向线段表示，如图 7.16（b）所示。可见，用系统的流图表示系统将更为简单和直观。

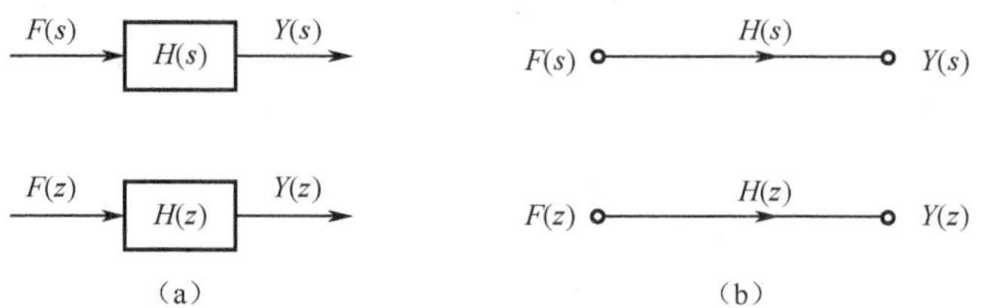

图 7.16　系统的信号流图表示

7.3.1　信号流图中相关术语的定义

7-7 信号流图 1

一般而言，信号流图是一种赋权的有向图。它由连接在结点的有向支路构成。它的一些术语定义如下。

（1）结点

信号流图中的每个结点对应于一个变量或信号，结点用“◦”表示。

（2）支路

连接相邻两结点间的有向线段为支路。它描述变量或信号之间的相互关系。箭头方向代表支路方向即信号的流向。

（3）支路增益

支路是赋有权值的，每条支路的增益（支路权值）就是该两结点间的系统函数（转移函数），即用一条有向线段表示一个子系统，所以每一条支路相当于标量乘法器，其输出为 $Y(\bullet)=H(\bullet)F(\bullet)$。

（4）源点、汇点和混合结点

仅有出支路（离开该结点的支路）的结点称为源点（或输入结点），源点是系统的输入信号，如图 7.17 中的 x_1。仅有入支路（进入该结点的支路）的结点称为汇点或阱点（或输出结点），汇点是系统的输出信号，如图 7.17 中的 x_5。既有入支路又有出支路的节点称为混合结点，如图 7.17 中的 x_2、x_3 和 x_4。

（5）通路、开通路和闭通路（回路）

从任一结点出发沿着支路箭头方向连续经过各相连的不同的支路和结点到达另一结点的路径称为通路。如果通路与任一结点相遇不多于一次，则称为开通路。如图 7.17 中的 $x_1 \xrightarrow{1} x_2 \xrightarrow{a} x_3 \xrightarrow{b} x_4 \xrightarrow{c} x_5$、$x_4 \xrightarrow{f} x_2 \xrightarrow{a} x_3$ 等都是开通路。如果通路的终点就是通路的起点（与其余结点相遇不多于一次），则称为闭通路或回路（或环）。如图 7.17 中的 $x_2 \xrightarrow{a} x_3 \xrightarrow{e} x_2$、$x_2 \xrightarrow{a} x_3 \xrightarrow{b} x_4 \xrightarrow{f} x_2$ 等都是回路。相互没有公共结点的回路称为不接触回路。如图 7.17 中的 $x_2 \xrightarrow{a} x_3 \xrightarrow{e} x_2$ 与 $x_4 \xrightarrow{g} x_4$ 是不接触回路。只有一个结点和一条支路的回路，称为自回路（或自环）。如图 7.17 中的 $x_4 \xrightarrow{g} x_4$ 是自回路。

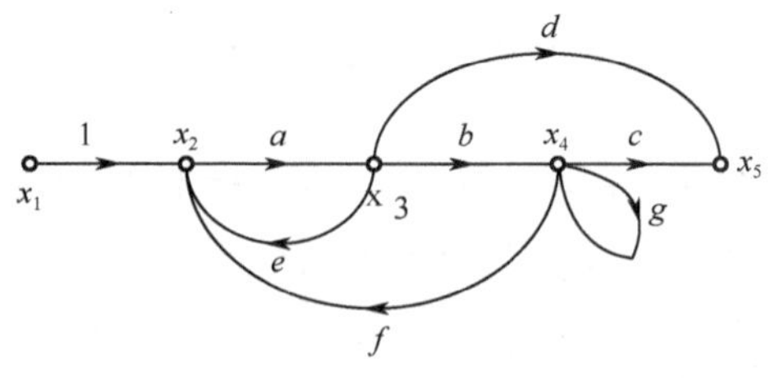

图 7.17　信号流图示意图

（6）前向通路

从源点到汇点的开通路称为前向通路，图 7.17 中有两条前向通路，$x_1 \xrightarrow{1} x_2 \xrightarrow{a} x_3 \xrightarrow{b} x_4 \xrightarrow{c} x_5$ 和 $x_1 \xrightarrow{1} x_2 \xrightarrow{a} x_3 \xrightarrow{d} x_5$。

（7）前向通路增益与回路增益

前向通路中各支路增益的乘积称为前向通路增益。回路中各支路增益的乘积称为回路增益。图 7.17 中前向通路 $x_1 \xrightarrow{1} x_2 \xrightarrow{a} x_3 \xrightarrow{b} x_4 \xrightarrow{c} x_5$ 的增益为 $1\cdot a\cdot b\cdot c=abc$，回路 $x_2 \xrightarrow{a} x_3 \xrightarrow{b} x_4 \xrightarrow{f} x_2$ 的增益为 abf。

7.3.2 信号流图的基本性质

（1）信号只能沿支路箭头方向传输，支路的输出是该支路输入与支路增益的乘积。

（2）当结点有多个输入时，该结点将所有输入支路的信号相加，并将和信号传输给所有与该结点相连的输出支路。如图 7.18 中，

$$x_4 = ax_1 + bx_2 + cx_3$$

且有

$$x_5 = dx_4, \quad x_6 = ex_4$$

图 7.18　信号流图中的结点

如前所述，信号流图的结点表示变量，因而以上两条基本性质实质上表征了信号流图的线性性质。描述 LTI 系统的微分（或差分）方程，经拉普拉斯变换（或 z 变换）后是线性方程代数组，而信号流图所描述的正是这类线性方程或方程组。

（3）信号流图所描述的是代数方程或方程组，因而信号流图能按代数规则进行化简。流图化简的基本规则是：

① 两条增益分别为 a 和 b 的支路相串联，可以合并为一条增益为 $a \cdot b$ 的支路，同时消去中间的结点，如图 7.19（a）所示。这是因为 $x_2 = ax_1$，$x_3 = bx_2$，所以 $x_3 = abx_1$。

② 两条增益分别为 a 和 b 的支路并联，可以合并为一条增益为 $(a+b)$ 的支路，如图 7.19（b）所示，有 $x_2 = (a+b)x_1$

③ 支路并联和串联混联的通路，可以消除中间的混合结点，如图 7.19（c）所示。这是因为 $x_4 = cx_3 = c(ax_1 + bx_2) = cax_1 + cbx_2$。

④ 自环的消除。一条支路相串联 $x_1x_2x_3$ 的通路，如果 x_1x_2 支路的增益为 a，x_2x_3 的增益为 c，在 x_2 处有增益为 b 的自环，则可化简成增益为 $\dfrac{ac}{1-b}$ 的支路，同时消去结点 x_2。如图 7.19（d）所示。这是由于 $x_2 = ax_1 + bx_2$，$x_3 = cx_2$，可解得 $x_3 = \dfrac{ac}{1-b}x_1$。

利用以上基本规则，对于一个复杂的流图，可以通过将串联支路合并从而减少结点，将并联支路合并从而减少支路，消除中间的混合结点和自环。反复运用以上步骤，可将复杂的信号流图简化为只有一个源点和一个汇点的信号流图，从而得到系统函数。

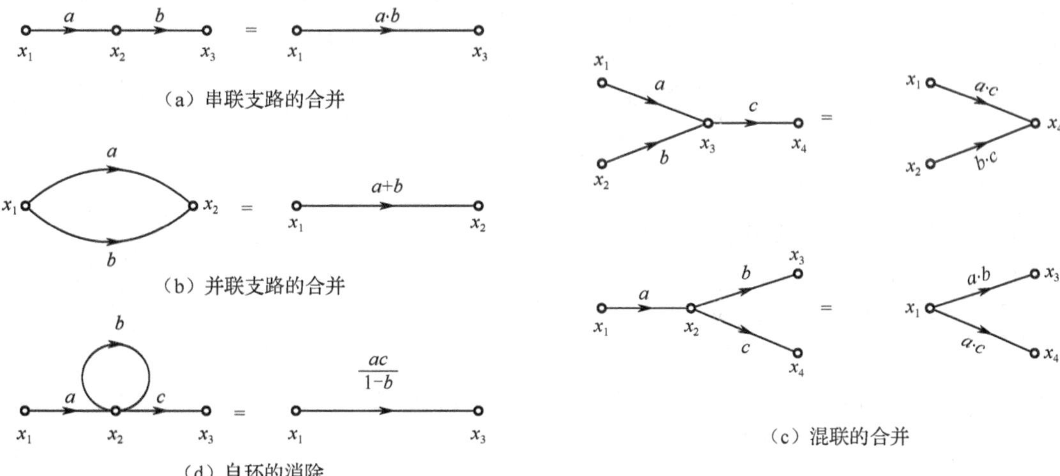

（a）串联支路的合并

（b）并联支路的合并

（c）混联的合并

（d）自环的消除

图 7.19　信号流图简化的基本规则

【例 7-24】 求图 7.20（a）所示信号流图的系统函数。

【解】 根据串联支路合并规则，将图 7.20（a）中回路 $x_1 \longrightarrow x_2 \longrightarrow x_1$ 和 $x_1 \longrightarrow x_2 \longrightarrow x_3 \longrightarrow x_1$ 化简为自环，如图 7.20（b），将 x_1 到 $Y(s)$ 之间各串、并联支路合并，得图 7.20（c）。利用并联支路合并规则，将 x_1 处两个自环合并，然后消除自环，得图 7.20（d）。于是得到系统函数为

$$H(s)=\frac{Y(s)}{F(s)}=\frac{b_2+b_1s^{-1}+b_0s^{-2}}{1+a_1s^{-1}+a_0s^{-2}}=\frac{b_2s^2+b_1s+b_0}{s^2+a_1s+a_0}$$

这正是二阶微分方程

$$y''(t)+a_1y'(t)+a_0y(t)=b_2f''(t)+b_1f'(t)+b_0f(t)$$

的系统函数。

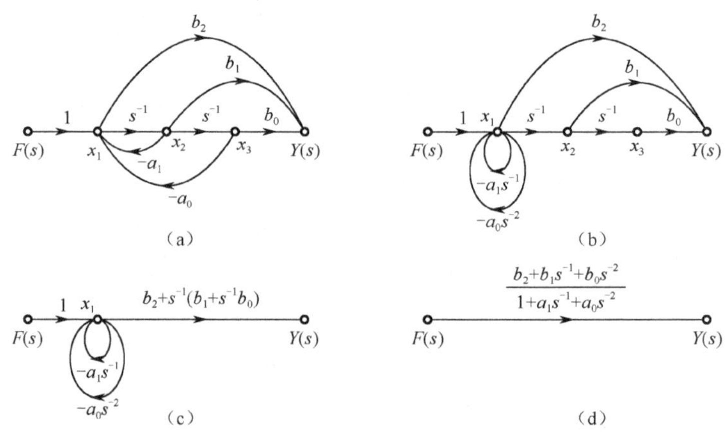

图 7.20　例 7-24 图

7.3.3　梅森公式

用上述化简信号流图的方法求输入输出间的系统函数比较复杂。利用梅森公式可以根据信号流图很方便地求得输入输出间的系统函数。

梅森公式为

$$H=\frac{1}{\Delta}\sum_i P_i\Delta_i \tag{7.3-1}$$

式中，

$$\Delta=1-\sum_j L_j+\sum_{m,n}L_mL_n-\sum_{q,p,r}L_qL_pL_r+\cdots \tag{7.3-2}$$

Δ 称为信号流图的特征行列式，其中：

- $\sum\limits_j L_j$ 是所有不同回路的增益之和；
- $\sum\limits_{m,n} L_mL_n$ 是所有两两不接触回路的增益乘积之和；
- $\sum\limits_{q,p,r} L_qL_pL_r$ 是所有三个都互不接触回路的增益乘积之和；

……

式（7.3-1）中，

- i 表示由源点到汇点的第 i 条前向通路的标号；

● P_i 是由源点到汇点的第 i 条前向通路增益；

● Δ_i 称为第 i 条前向通路特征行列式的余子式，它是与第 i 条前向通路不接触的子图的特征行列式。

7-8 信号流图 2

梅森公式的证明请参看有关书刊，这里只举例说明它的应用。

【例 7-25】 求图 7.21 所示信号流图的系统函数。

【解】 为了求出特征行列式 Δ，应先求出有关参数。图 7.21 的流图共有 4 个回路，各回路增益为

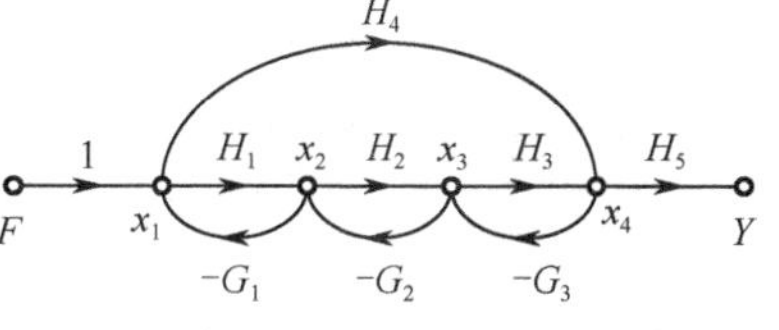

图 7.21　例 7-25 图

$x_1 \to x_2 \to x_1$ 回路：$L_1 = -G_1 H_1$

$x_2 \to x_3 \to x_2$ 回路：$L_2 = -G_2 H_2$

$x_3 \to x_4 \to x_3$ 回路：$L_3 = -G_3 H_3$

$x_1 \to x_4 \to x_3 \to x_2 \to x_1$ 回路：$L_4 = -G_1 G_2 G_3 H_4$

它只有一对两两互不接触的回路 $x_1 \to x_2 \to x_1$ 与 $x_3 \to x_4 \to x_3$，其回路增益乘积为

$$L_1 L_3 = G_1 G_3 H_1 H_3$$

没有三个以上的互不接触回路。所以按式（7.3-2）得

$$\begin{aligned}\Delta &= 1 - \sum_j L_j + \sum_{m,n} L_m L_n \\ &= 1 + (G_1 H_1 + G_2 H_2 + G_3 H_3 + G_1 G_2 H_3 H_4) + G_1 G_3 H_1 H_3\end{aligned}$$

再求其他函数。图 7.21 有两条前向通路，对于前向通路 $F \to x_1 \to x_2 \to x_3 \to x_4 \to Y$，其增益为

$$P_1 = H_1 H_2 H_3 H_5$$

由于各回路都与该通路相接触，故

$$\Delta_1 = 1$$

对于前向通路 $F \to x_1 \to x_4 \to Y$，其增益为

$$P_2 = H_4 H_5$$

不与 P_2 接触的回路有 $x_2 \to x_3 \to x_2$，所以

$$\Delta_2 = 1 - \sum_j L_j = 1 + G_2 H_2$$

最后，按式（7.3-1）得

$$H = \frac{Y}{F} = \frac{H_1 H_2 H_3 H_5 + H_4 H_5 (1 + G_2 H_2)}{1 + G_1 H_1 + G_2 H_2 + G_3 H_3 + G_1 G_2 G_3 H_4 + G_1 G_3 H_1 H_3}$$

【例 7-26】 某 LTI 连续因果系统的信号流图如图 7.22 所示，求

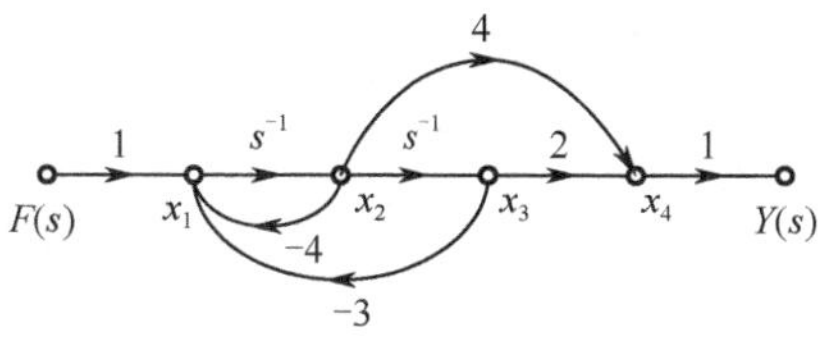

图 7.22　例 7-26 图

（1）系统函数；

（2）列写出系统的微分方程；

（3）判断该系统是否稳定。

【解】（1）图 7.22 的流图共有 2 个回路，各回路增益为

$x_1 \to x_2 \to x_1$ 回路：$L_1 = -4s^{-1}$

$x_1 \to x_2 \to x_3 \to x_1$ 回路：$L_2 = -3s^{-2}$

没有两两以上的互不接触回路，则 $\Delta = 1 - (L_1 + L_2) = 1 + 4s^{-1} + 3s^{-2}$。

前向通路 $F(s) \to x_1 \to x_2 \to x_3 \to x_4 \to Y(s)$：$P_1 = 2s^{-2}$，$\Delta_1 = 1$

前向通路 $F(s) \to x_1 \to x_2 \to x_4 \to Y(s)$：$P_2 = 4s^{-1}$，$\Delta_2 = 1$，得

$$H(s) = \frac{2 + 4s}{s^2 + 4s + 3}$$

（2）由系统函数可得该系统的微分方程为

$$y''(t)+4y'(t)+3y(t)=4f'(t)+2f(t)$$

（3）该系统的极点分别为：-1 和 -3，均在 s 平面的左半开平面，故该系统稳定。

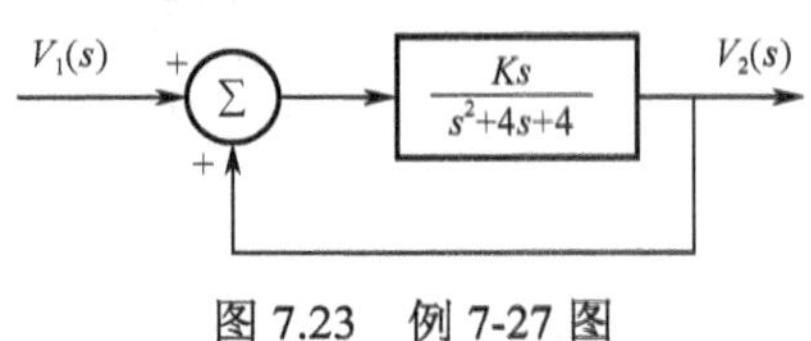

图 7.23　例 7-27 图

【例 7-27】 如图 7.23 所示反馈因果系统，（1）求系统函数 $H(s)$；（2）为使系统临界稳定，试确定 K 的取值范围。

【解】 利用梅森公式求出系统函数

$$H(s)=\frac{\dfrac{Ks}{s^2+4s+4}}{1-\dfrac{Ks}{s^2+4s+4}}=\frac{Ks}{s^2+(4-K)s+4}$$

要使系统临界稳定，系统函数在 $\mathrm{j}\omega$ 轴上有一阶极点，即 $4-K=0$

所以　　$K=4$

7.3.4　梅森公式与系统模拟

对于同样的系统函数 $H(s)$ 或 $H(z)$ 往往有多种不同的实现方法，根据梅森公式我们可以构造出合适的系统结构，常用的有直接形式、级联形式和并联形式，由于连续系统和离散系统的实现方法相同，这里一并讨论。

7-9 系统模拟

1. 直接实现

设二阶系统的系统函数为

$$H(s)=\frac{b_2s^2+b_1s+b_0}{s^2+a_1s+a_0}$$

将分子、分母同乘以 s^{-2}，得到

$$H(s)=\frac{b_2+b_1s^{-1}+b_0s^{-2}}{1+a_1s^{-1}+a_0s^{-2}}=\frac{b_2+b_1s^{-1}+b_0s^{-2}}{1-(-a_1s^{-1}-a_0s^{-2})} \tag{7.3-3}$$

根据梅森公式，式（7.3-3）的分母可看作是特征行列式 Δ，括号内表示有两个互相接触的回路，其增益分别为 $-a_1s^{-1}$ 和 $-a_0s^{-2}$；分子表示三条前向通路，其增益分别为 b_2、b_1s^{-1}、和 b_0s^{-2}，并且不与各前向通路相接触的子图的特征行列式 $\Delta_i(i=1,2,3)$ 均为 1，也就是说，信号流图中的两个回路都与前向通路相接触。这样就可得到如图 7.24（a）和（c）的两种信号流图，其相应的 s 域框图如图 7.24（b）和（d）所示。以上的分析方法可以很容易地推广至高阶系统，这里不再赘述。

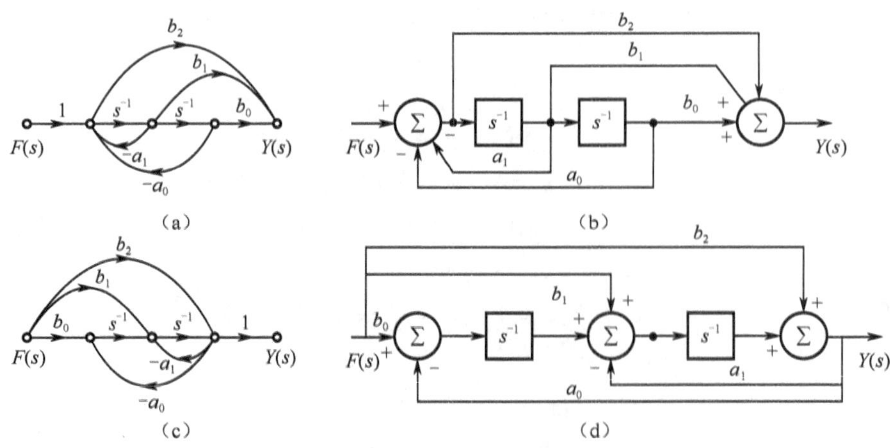

图 7.24　二阶系统的信号流图

仔细观察图 7.24（a）和（c）可以发现，如果把图 7.24（a）中所有支路的信号传输方向都反转，并且把源点与汇点对调，就得到图 7.24（c）。信号流图的这种变换可称之为转置。于是可以得出结论：信号流图转置以后，其转移函数即系统函数保持不变。

【例 7-28】 某连续系统的系统函数为

$$H(s)=\frac{2s+4}{s^3+3s^2+5s+3}$$

用直接形式模拟此系统。

【解】 将 $H(s)$ 改写为

$$H(s)=\frac{2s^{-2}+4s^{-3}}{1-(-3s^{-1}-5s^{-2}-3s^{-3})}$$

根据梅森公式，可以画出上式的信号流图如图 7.25（a）所示。将图 7.25（a）转置得到另一种直接形式的信号流图，如图 7.25（c）所示。其相应的方框图如图 7.25（b）和（d）所示。

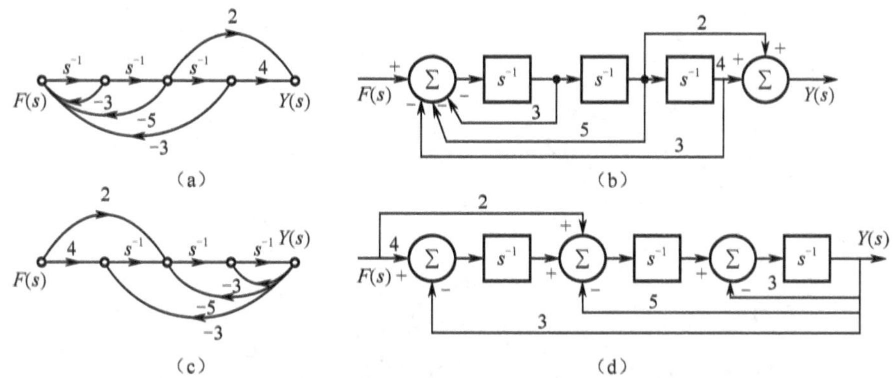

图 7.25　例 7-28 图

在以上的讨论中，若将复变量 s 换成 z，则以上论述对离散系统函数 $H(z)$ 也适用，这里不再重复。

2. 级联和并联实现

级联形式是将系统函数 $H(z)$［或 $H(s)$］分解为几个较简单的子系统函数的乘积，即

$$H(z)=H_1(z)H_2(z)\cdots H_l(z)=\prod_{i=1}^{l}H_i(z) \tag{7.3-4}$$

其框图形式如图 7.26（a）所示，其中每一个子系统 $H_i(z)$ 可以用直接形式实现。并联形式是将 $H(z)$［或 $H(s)$］分解为几个较简单的子系统函数之和，即

$$H(z)=H_1(z)+H_2(z)+\cdots+H_l(z)=\sum_{i=1}^{l}H_i(z) \tag{7.3-5}$$

其框图形式如图 7.26（b）所示。其中各子系统 $H_i(z)$ 可以用直接形式实现。

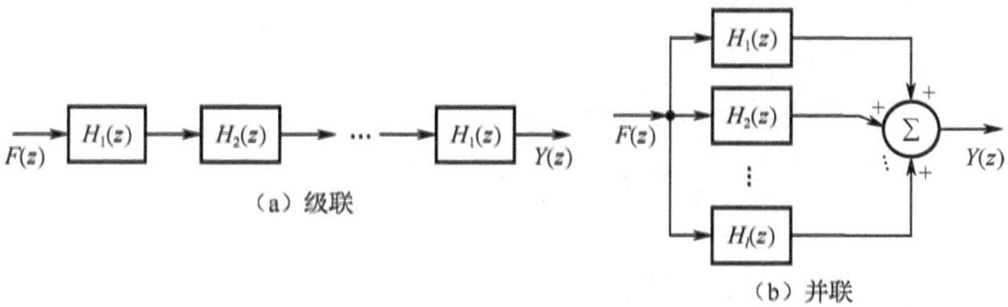

图 7.26　级联和并联形式

通常各子系统选用一阶函数和二阶函数，分别称为一阶节和二阶节。其函数形式分别为

$$H_i(z)=\frac{b_{1i}+b_{0i}z^{-1}}{1+a_{0i}z^{-1}} \tag{7.3-6}$$

$$H_i(z)=\frac{b_{2i}+b_{1i}z^{-1}+b_{0i}z^{-2}}{1+a_{1i}z^{-1}+a_{0i}z^{-2}} \tag{7.3-7}$$

一阶和二阶子系统的信号流图和相应的框图如图 7.27 所示。

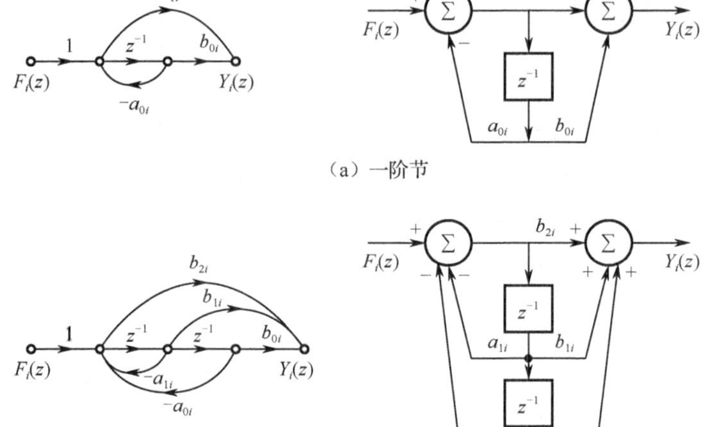

（a）一阶节

（b）二阶节

图 7.27　子系统的结构

需要指出，无论是级联实现还是并联实现，都需要将 $H(z)$ ［或 $H(s)$ ］的分母多项式（对于级联还有分子多项式）分解为一次因式 $(z+a_{0i})$ 与二次因式 $(z^2+a_{1i}z+a_{0i})$ 的乘积，这些因式的系数必须是实数。就是说，$H(z)$ 的实极点可构成一阶节的分母，也可组合成二阶节的分母，而一对共轭复极点可构成二阶节的分母。

级联和并联的实现调试较为方便，当调试某子系统的参数时，只改变该子系统的零点或极点位置，对其余子系统的极点位置没有影响；而对于直接形式实现，当调节某个参数时，所有的零点、极点位置都将变动。

【例 7-29】 某离散系统的差分方程为

$$y(k)-\frac{1}{2}y(k-1)+\frac{1}{4}y(k-2)-\frac{1}{8}y(k-3)=2f(k)-2f(k-2) \tag{7.3-8}$$

分别用级联和并联形式模拟该系统。

【解】 根据式（7.3-3）不难求得该系统的系统函数为

$$H(z)=\frac{2z^3-2z}{z^3-\frac{1}{2}z^2+\frac{1}{4}z-\frac{1}{8}} \tag{7.3-9}$$

（1）级联实现

首先将 $H(z)$ 的分子、分母多项式分解为一次因式与二次因式的乘积。于是式（7.3-9）可写为

$$H(z)=H_1(z)H_2(z)=\frac{2z(z^2-1)}{\left(z-\frac{1}{2}\right)\left(z^2+\frac{1}{4}\right)} \tag{7.3-10}$$

将上式分解为一阶节与二阶节的级联，例如，令

$$H_1(z)=\frac{2z}{z-\dfrac{1}{2}}=\frac{2}{1-0.5z^{-1}}$$

$$H_2(z)=\frac{z^2-1}{z^2+\dfrac{1}{4}}=\frac{1-z^{-2}}{1+0.25z^{-2}}$$

上式中一阶节与二阶节的信号流图如图 7.28（a）所示，将二者级联后，其相应的方框图如图 7.28（b）所示。

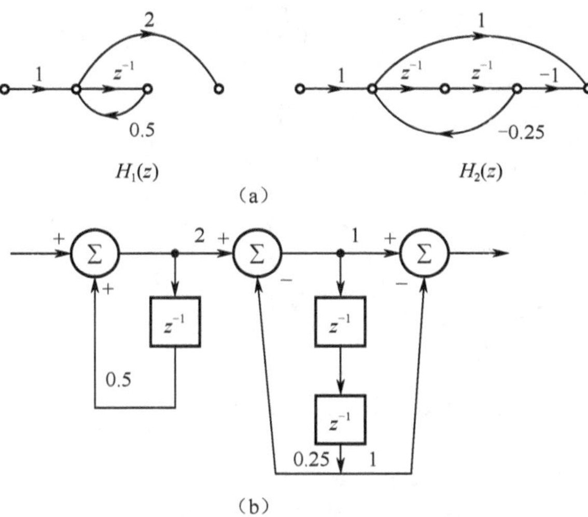

图 7.28　例 7-29 的级联实现

（2）并联实现

式（7.3-10）的极点为 $p_1=-0.5$、$p_{2,3}=\pm \mathrm{j}0.5$，将 $\dfrac{H(z)}{z}$ 展开为部分分式

$$\frac{H(z)}{z}=\frac{2(z^2-1)}{\left(z-\dfrac{1}{2}\right)\left(z^2+\dfrac{1}{4}\right)}=\frac{K_1}{z-\dfrac{1}{2}}+\frac{K_2}{z-\mathrm{j}0.5}+\frac{K_3}{z+\mathrm{j}0.5} \qquad (7.3\text{-}11)$$

式中，

$$K_1=(z-0.5)\frac{H(z)}{z}\bigg|_{z=0.5}=-3$$

$$K_2=(z-\mathrm{j}0.5)\frac{H(z)}{z}\bigg|_{z=\mathrm{j}0.5}=2.5(1-\mathrm{j})$$

$$K_2=K_3^{*}=2.5(1+\mathrm{j})$$

于是式（7.3-10）可写为

$$H(z)=\frac{-3z}{z-0.5}+\frac{5z^2+2.5z}{z^2+0.25}$$

令

$$H_1(z)=\frac{-3z}{z-0.5}=\frac{-3}{1-0.5z^{-1}}$$

$$H_2(z)=\frac{5z^2+2.5z}{z^2+0.25}=\frac{5+2.5z^{-1}}{1+0.25z^{-2}}$$

分别画出 $H_1(z)$ 和 $H_2(z)$ 的信号流图，将二者并联即得 $H(z)$ 的信号流图，其相应的框图如图 7.29 所示。

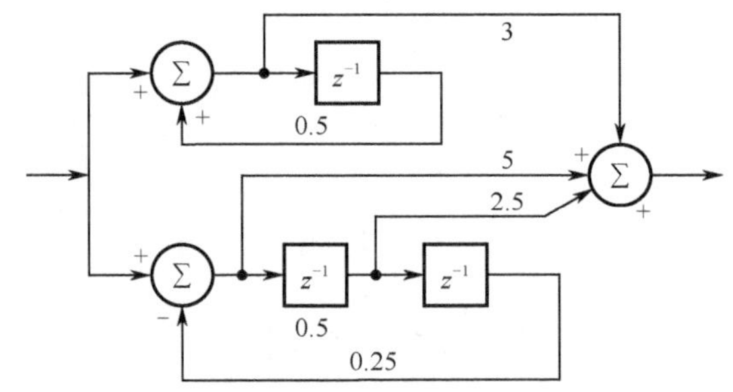

图 7.29　例 7-29 的并联实现

习　题　七

7.1　某离散系统差分方程为 $y(k)+\dfrac{3}{4}y(k-1)+\dfrac{1}{8}y(k-2)=f(k)-\dfrac{1}{3}f(k-1)$，求其系统函数 $H(z)$ 及其零、极点。

7.2　某连续系统微分方程为 $y''(t)+6y'(t)+8y(t)=f''(t)-f'(t)-2f(t)$，求其系统函数 $H(s)$ 及其零、极点。

7.3　某连续系统的系统函数 $H(s)$ 的零、极点分布如题 7.3 图所示，且已知当 $s\to\infty$ 时，$H(\infty)=\dfrac{1}{3}$。

（1）求出系统函数 $H(s)$ 的表达式。

（2）写出幅频响应 $|H(\mathrm{j}\omega)|$ 的表示式。

7.4　系统函数 $H(s)$ 的零点为 $1\pm\mathrm{j}1$，极点为 $-1\pm\mathrm{j}1$，且 $H(0)=3$，求 $H(s)$。

7.5　离散系统 $H(z)$ 的零、极点分布图如题 7.5 图所示，且已知单位序列响应 $h(k)$ 的初值 $h(0)=1$，求 $h(k)$。

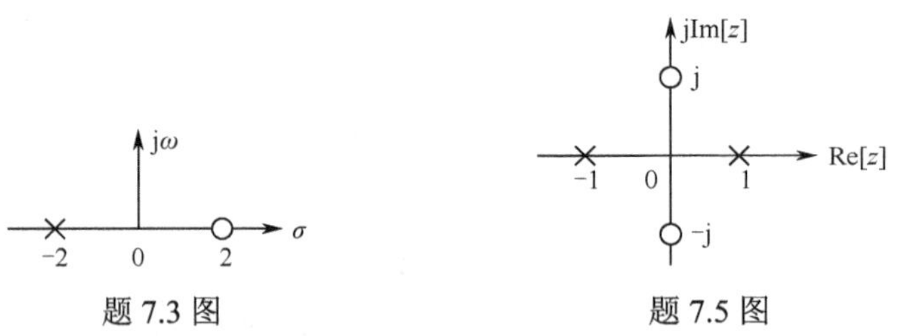

题 7.3 图　　　　题 7.5 图

7.6　已知某 LTI 因果连续系统的传输函数为 $H(s)=\dfrac{13}{(s+1)(s^2+4s+5)}$，求当激励 $f(t)=\cos(2t)\varepsilon(t)$ 时系统的稳态响应。

7.7　描述离散系统的差分方程为 $y(k)-\dfrac{3}{2}y(k-1)-y(k-2)=3f(k)-f(k-1)$。

（1）求系统函数 $H(z)$。

（2）求单位序列响应 $h(k)$ 的三种可能形式，对于每种 $h(k)$，讨论系统稳定性和因果性。

（3）该系统的频率响应在什么情况下存在，并写出其表达式。

7.8　描述连续时间 LTI 系统微分方程为 $y''(t)-y'(t)-2y(t)=f(t)$。

（1）求系统函数 $H(s)$；

（2）对于所有可能的收敛域情况，求满足以下各条件的每个系统的冲激响应 $h(t)$。

① 系统是稳定的；

② 系统是因果的；

③ 系统既不稳定也不是因果的。

7.9　某离散因果系统的系统函数为$H(z)=\dfrac{z^2+3z+2}{2z^2-(k-1)z+1}$，为使系统稳定，$k$应满足什么条件？

7.10　某离散因果系统的系统函数为$H(z)=\dfrac{z^2-1}{z^2+0.5z+(k+1)}$，为使系统稳定，$k$应满足什么条件？

7.11　如题 7.11 图所示连续因果系统的系数为$a_0=1$，$a_1=2$，判断该系统是否稳定。

7.12　如题 7.12 图所示离散因果系统的系数为$a_0=\dfrac{1}{4}$，$a_1=-1$，判断该系统是否稳定。

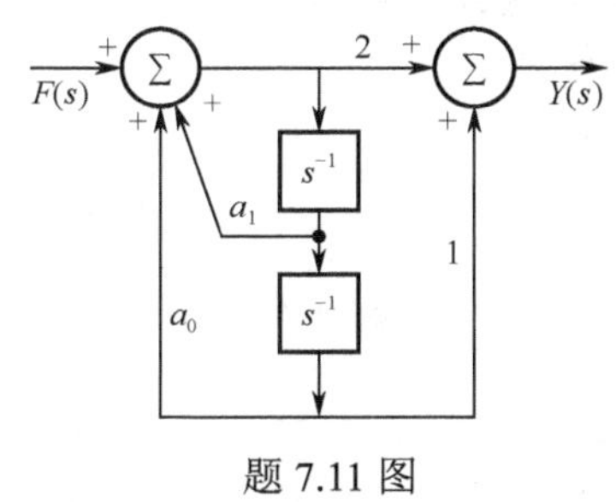

题 7.11 图

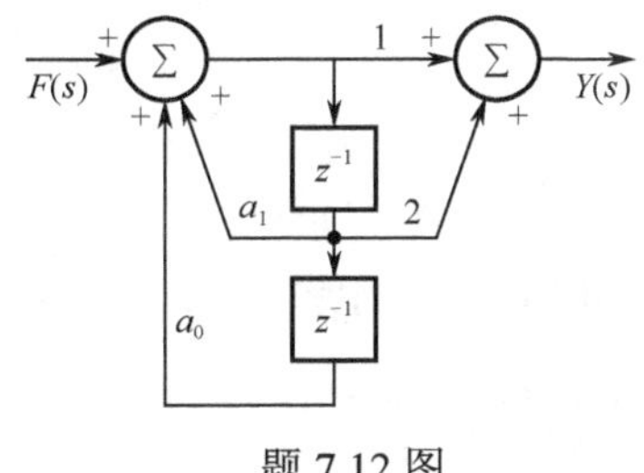

题 7.12 图

7.13　求题 7.13 图所示系统的系统函数$H(s)$。

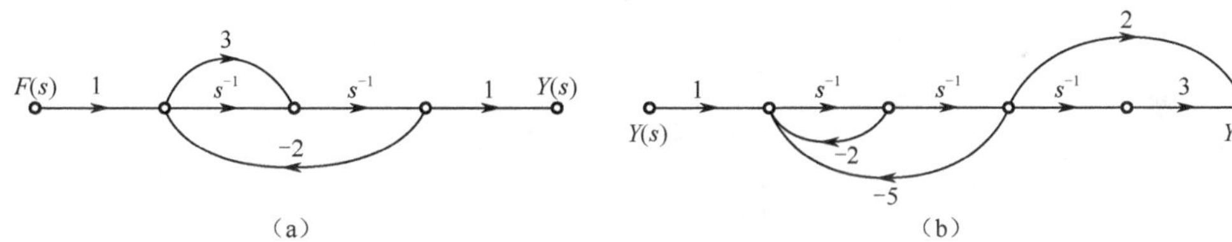

题 7.13 图

7.14　求如题 7.14 图所示系统的系统函数$H(s)$，并画出信号流图。

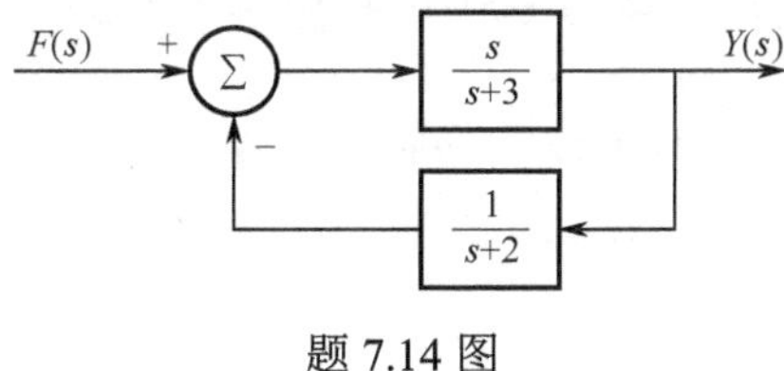

题 7.14 图

7.15　若连续系统的系统函数$H(s)=\dfrac{s-3}{(s+1)(s+2)(s+3)}$，画出直接形式、级联形式、并联形式的信号流图。

7.16　若离散系统的系统函数$H(z)=\dfrac{z(z+0.8)}{(z-0.2)(z-0.4)(z+0.6)}$，画出直接形式、级联形式、并联形式的信号流图。

7.17　某 LTI 因果离散系统的信号流图如题 7.17 图所示，求系统函数$H(z)$，并判断该系统是否稳定？

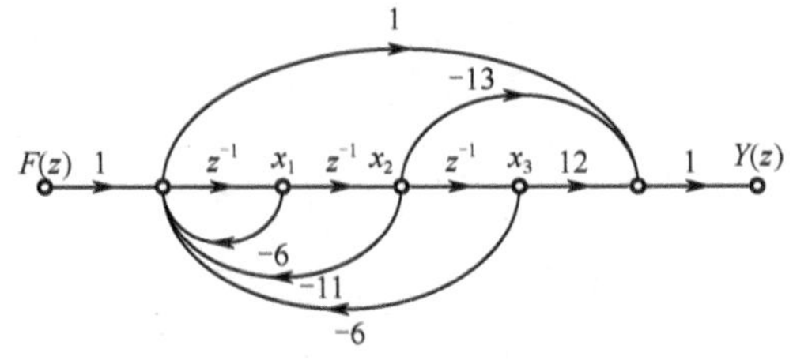

题 7.17 图

7.18　某 LTI 因果离散系统的信号流图如题 7.18 图所示，求系统函数 $H(z)$，并判断该系统是否稳定？

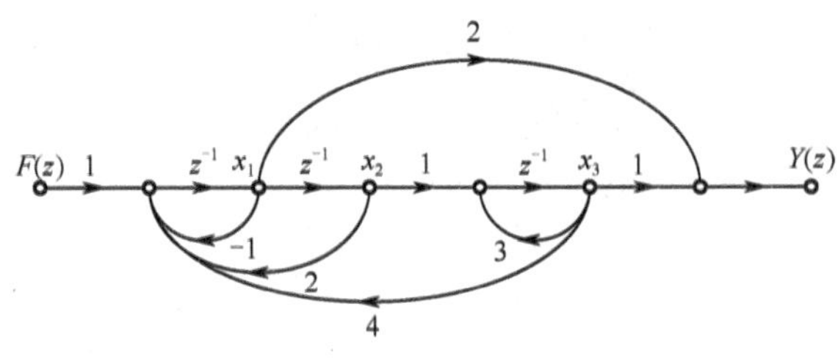

题 7.18 图

7.19　如题 7.19 图所示电路，$e(t)$ 为输入电压源，$v_o(t)$ 为输出电压。

（1）求系统的冲激响应。

（2）求该电路的传输函数 $H(s)$，并写出微分方程。

（3）通过变换得到 $Y(s)=H\left(\frac{1}{s}\right)$，指出 $Y(s)$ 为何种类型滤波器的传递函数？（低通、高通、带通、带阻或全通）。

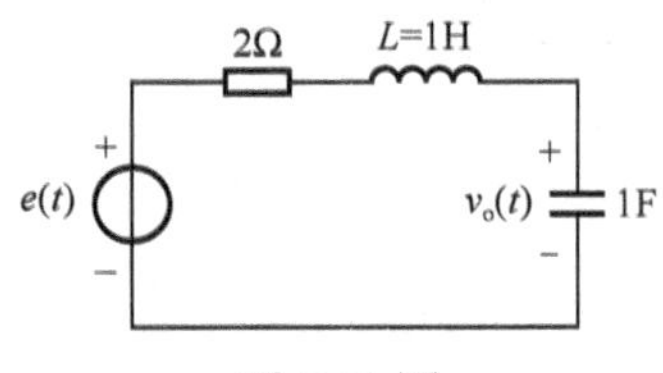

题 7.19 图

7.20　已知某二阶线性时不变离散因果系统的单位序列响应 $h(k)$ 满足差分方程 $h(k)+\frac{1}{2}h(k-1)=B\left(-\frac{1}{4}\right)^k\varepsilon(k)$，$B$ 为常数。当输入激励为 $f(k)=\left(\frac{1}{3}\right)^k$，$-\infty<k<\infty$ 时，其零状态响应为 $y(k)=\frac{16}{35}\left(\frac{1}{3}\right)^k$，$-\infty<k<\infty$。

（1）求常数 B。

（2）求系统的输入输出差分方程。

（3）画出直接形式框图，并判定系统的稳定性。

第 8 章　系统的状态变量分析

8.1　状态变量与状态方程

20 世纪 50 年代，经典的线性系统理论已经发展成熟，并在各种工程技术领域中得到广泛应用。按照经典理论，线性系统的基本模型以系统函数（或称转移函数、传递函数）描述，分析过程中着重运用频率响应特性的概念。通过本书前面章节的学习，读者已经熟悉了这些方法，然而，经典的线性系统分析理论具有明显的局限性，这种理论未能全面揭示系统的内部特性，也不容易有效地处理多输入-多输出系统，仅在着眼于系统外部特性并且研究单输入-单输出系统时，才显示其优点。

随着科学技术的进一步发展，迫切需要突破经典线性系统理论的上述局限性。到 20 世纪 50 年代至 60 年代，宇宙航行技术蓬勃兴起，在此背景的推动下，线性系统理论逐步从经典阶段过渡到现代阶段。现代系统与控制理论形成的重要标志之一是卡尔曼（R.E.Kalman）把状态空间方法引入这一领域。此方法的主要特点是利用描述系统内部特性的状态变量取代仅描述系统外部特性的系统函数，并且将这种描述十分便捷地运用到多输入-多输出系统。在状态空间理论的基础上，卡尔曼进一步提出了系统的"可观测性"与"可控制性"两个重要概念，完整地揭示了系统的内部特性，从而促使控制系统分析与设计的指导原则产生了根本性的变革。此外，状态空间方法也成功地用来描述非线性系统或时变系统，并且易于借助计算机求解。

8.1.1　状态和状态变量

8-1 状态与状态变量

首先，从一个简单的电路系统实例给出状态和状态变量的概念。如图 8.1 所示是一个三阶电路系统，电压源 $u_{S1}(t)$ 和 $u_{S2}(t)$ 是系统的激励，指定 $u(t)$ 和 $i_C(t)$ 为输出。除这两个输出外，如果还想了解电路内部的三个变量：电容上的电压 $u_C(t)$ 和电感上的电流 $i_{L1}(t)$、$i_{L2}(t)$ 在激励作用下的变化情况，首先要找出这三个内部变量与激励之间的关系。根据元件的伏安特性和 KCL、KVL，由结点 a 及两个网孔可列出方程

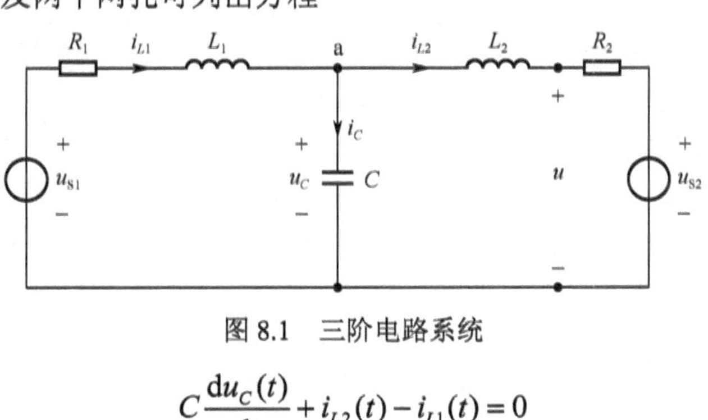

图 8.1　三阶电路系统

$$C\frac{\mathrm{d}u_C(t)}{\mathrm{d}t}+i_{L2}(t)-i_{L1}(t)=0$$

$$R_1 i_{L1}(t)+L_1\frac{\mathrm{d}i_{L1}(t)}{\mathrm{d}t}+u_C(t)-u_{S1}(t)=0$$

$$R_2 i_{L2}(t)+L_2\frac{\mathrm{d}i_{L2}(t)}{\mathrm{d}t}-u_C(t)+u_{S2}(t)=0$$

上述三式整理可得

$$\left.\begin{aligned}\frac{\mathrm{d}u_C(t)}{\mathrm{d}t}&=\frac{1}{C}i_{L2}(t)-\frac{1}{C}i_{L1}(t)\\\frac{\mathrm{d}i_{L1}(t)}{\mathrm{d}t}&=-\frac{1}{L_1}u_C(t)-\frac{R_1}{L_1}i_{L1}(t)+\frac{1}{L_1}u_{S1}(t)\\\frac{\mathrm{d}i_{L2}(t)}{\mathrm{d}t}&=\frac{1}{L_2}u_C(t)-\frac{R_2}{L_2}i_{L2}(t)-\frac{1}{L_2}u_{S2}(t)\end{aligned}\right\}\tag{8.1-1}$$

式（8.1-1）是由三个内部变量$u_C(t)$、$i_{L1}(t)$和$i_{L2}(t)$构成的一阶微分联立方程组。由微分方程理论可知，如果这三个变量在初始时刻$t=t_0$的值$u_C(t_0)$、$i_{L1}(t_0)$和$i_{L2}(t_0)$已知，则根据$t\geqslant t_0$时的给定激励$u_{S1}(t)$和$u_{S2}(t)$就可唯一地确定该一阶微分方程组在$t\geqslant t_0$时的解$u_C(t)$、$i_{L1}(t)$和$i_{L2}(t)$。这样，系统的输出就可很容易地通过这三个内部变量和系统的激励求出，由电路可得

$$\left.\begin{aligned}u(t)&=R_2i_{L2}(t)+u_{S2}(t)\\i_C(t)&=i_{L1}(t)-i_{L2}(t)\end{aligned}\right\}\tag{8.1-2}$$

这是一组代数方程。通过上述分析可见，上面三个内部变量的初始值提供了确定系统全部情况的必不可少的信息。或者说，只要知道$t=t_0$时这些变量的值和$t\geqslant t_0$时系统的激励，就能完全确定系统在任何时间$t\geqslant t_0$的全部行为。这里，将$u_C(t_0)$、$i_{L1}(t_0)$和$i_{L2}(t_0)$称为系统在$t=t_0$时刻的状态；描述该状态随时间t变化的变量$u_C(t)$、$i_{L1}(t)$和$i_{L2}(t)$，称为状态变量。下面给出系统状态变量分析法中的几个名词定义。

状态：一个动态系统在某一时刻t_0的状态是表示该系统所必需的最少的一组数值，已知这组数值和$t\geqslant t_0$时系统的激励，就能完全确定$t\geqslant t_0$时系统的全部工作情况。

状态变量：是描述状态随时间t变化的一组变量，它们在某时刻的值就组成了系统在该时刻的状态。对n阶动态系统需有n个独立的状态变量，通常用$x_1(t)$、$x_2(t)$、…、$x_n(t)$表示。

状态矢量：若系统有n个状态变量$x_i(t)(i=1,2,\cdots,n)$，用这n个状态变量作为分量构成的矢量（或向量）$\boldsymbol{x}(t)$，就称之为该系统的状态矢量（或向量）。

状态空间：状态矢量所有可能值的集合称为状态空间。或者说，由x_i所组成的n维空间就称为状态空间。

状态轨迹：系统在任意时刻的状态都可用状态空间的一点来表示。当t变动时，它所描绘出的曲线称为状态轨迹。

下面就状态变量作几点说明。

① 系统中任何响应均可表示成状态变量及输入的线性组合；

② 状态变量应线性独立；

③ 状态变量的选择并不是唯一的。比如，对图 8.1 所示的电路系统，状态变量并不一定要取两个电感上的电流和电容的电压，也可以取$i_C(t)$、$u_{L1}(t)$和$u_{L2}(t)$作为状态变量。事实上，对于三阶系统，如果它的状态变量用x_1、x_2、x_3来表示，则这组变量的各种线性组合

$$\left.\begin{aligned}g_1&=a_{11}x_1+a_{12}x_2+a_{13}x_3\\g_2&=a_{21}x_1+a_{22}x_2+a_{23}x_3\\g_3&=a_{31}x_1+a_{32}x_2+a_{33}x_3\end{aligned}\right\}\tag{8.1-3}$$

在其系数行列式不等于零的情况下，也同样可以表示该系统的状态。这是因为g_1、g_2、g_3与x_1、x_2、x_3存在唯一的对应关系。

上述定义及分析主要针对连续系统，若将连续时间变量t换为离散变量k（相应的t_0换为k_0），则以上论述也适用于离散系统。

8.1.2　状态方程和输出方程

8-2 状态方程

在给定系统和激励信号并选定状态变量的情况下，用状态变量来分析系统时，一般分两步进行。

第一步：根据系统的初始状态和$t \geqslant t_0$（或$k \geqslant k_0$）时的激励求出状态变量；

第二步：用这些状态变量来确定初始时刻以后的系统输出。

状态变量通过联立求解由状态变量构成的一阶微分方程组来得到，这组一阶微分方程称为状态方程，它描述了状态变量的一阶导数与状态变量和激励之间的关系，式（8.1-1）就是状态方程。而系统的输出可以用状态变量和激励组成的一组代数方程表示，称为输出方程，它描述了输出与状态变量和激励之间的关系，式（8.1-2）即为输出方程。通常将状态方程和输出方程总称为动态方程或系统方程。

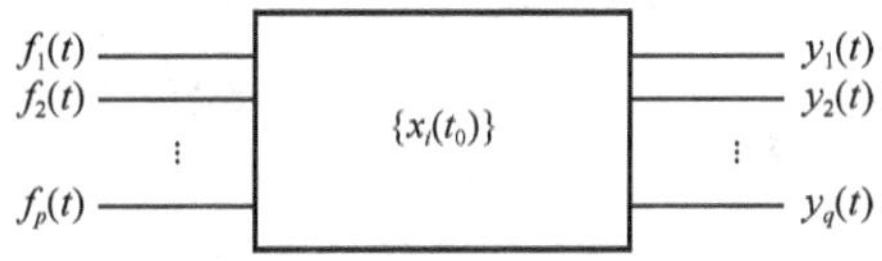

图 8.2　多输入–多输出系统

对于一般的n阶多输入–多输出 **LTI** 连续系统，如图 8.2 所示，其状态方程和输出方程为［为了简便，变量中的(t)省略］

$$\left.\begin{aligned}\dot{x}_1 &= a_{11}x_1 + a_{12}x_2 + \cdots + a_{1n}x_n + b_{11}f_1 + b_{12}f_2 + \cdots + b_{1p}f_p\\ \dot{x}_2 &= a_{21}x_1 + a_{22}x_2 + \cdots + a_{2n}x_n + b_{21}f_1 + b_{22}f_2 + \cdots + b_{p}f_p\\ &\cdots\\ \dot{x}_n &= a_{n1}x_1 + a_{n2}x_2 + \cdots + a_{nn}x_n + b_{n1}f_1 + b_{n2}f_2 + \cdots + b_{np}f_p\end{aligned}\right\}\text{状态方程}$$

$$\left.\begin{aligned}y_1 &= c_{11}x_1 + c_{12}x_2 + \cdots + c_{1n}x_n + d_{11}f_1 + d_{12}f_2 + \cdots + d_{1p}f_p\\ y_2 &= c_{21}x_1 + c_{22}x_2 + \cdots + c_{2n}x_n + d_{21}f_1 + d_{22}f_2 + \cdots + d_{2p}f_p\\ &\cdots\\ y_q &= c_{q1}x_1 + c_{q2}x_2 + \cdots + c_{qn}x_n + d_{q1}f_1 + d_{q2}f_2 + \cdots + d_{qp}f_p\end{aligned}\right\}\text{输出方程}$$

式中，x_1、x_2、…、x_n为系统的n个状态变量，其上加点“·”表示取一阶导数；f_1、f_2、…、f_p为系统的p个输入信号；y_1、y_2、…、y_q为系统的q个输出。如果用矢量、矩阵形式可表示为

状态方程：

$$\dot{\boldsymbol{x}}(t) = \boldsymbol{A}\boldsymbol{x}(t) + \boldsymbol{B}\boldsymbol{f}(t) \tag{8.1-4}$$

输出方程：

$$\boldsymbol{y}(t) = \boldsymbol{C}\boldsymbol{x}(t) + \boldsymbol{D}\boldsymbol{f}(t) \tag{8.1-5}$$

式中，

$$\begin{aligned}\boldsymbol{x}(t) &= [x_1(t) \quad x_2(t) \quad \ldots \quad x_n(t)]^{\mathrm{T}}\\ \dot{\boldsymbol{x}}(t) &= [\dot{x}_1(t) \quad \dot{x}_2(t) \quad \ldots \quad \dot{x}_n(t)]^{\mathrm{T}}\\ \boldsymbol{f}(t) &= [f_1(t) \quad f_2(t) \quad \ldots \quad f_p(t)]^{\mathrm{T}}\\ \boldsymbol{y}(t) &= [y_1(t) \quad y_2(t) \quad \ldots \quad y_q(t)]^{\mathrm{T}}\end{aligned}$$

分别为状态矢量、状态矢量的一阶导数，输入矢量和输出矢量。其中上标 T 表示转置运算。

$$\boldsymbol{A} = \begin{pmatrix} a_{11} & \cdots & a_{1n}\\ \vdots & \ddots & \vdots\\ a_{n1} & \cdots & a_{nn}\end{pmatrix} \qquad \boldsymbol{B} = \begin{pmatrix} b_{11} & \cdots & b_{1p}\\ \vdots & \ddots & \vdots\\ b_{n1} & \cdots & b_{np}\end{pmatrix}$$

$$\boldsymbol{C} = \begin{pmatrix} c_{11} & \cdots & c_{1n}\\ \vdots & \ddots & \vdots\\ c_{q1} & \cdots & c_{qn}\end{pmatrix} \qquad \boldsymbol{D} = \begin{pmatrix} d_{11} & \cdots & d_{1p}\\ \vdots & \ddots & \vdots\\ d_{q1} & \cdots & d_{qp}\end{pmatrix}$$

分别为系数矩阵，由系统的参数确定，对 **LTI** 系统，它们都是常熟矩阵，其中 $\boldsymbol{A}$ 为 $n\times n$ 方阵，称为系统矩阵；$\boldsymbol{B}$ 为 $n\times p$ 矩阵，称为控制矩阵；$\boldsymbol{C}$ 为 $q\times n$ 矩阵，称为输出矩阵；$\boldsymbol{D}$ 为 $q\times p$ 矩阵。

式（8.1-4）和式（8.1-5）是 **LTI** 连续系统状态方程和输出方程的标准形式。上述状态变量和状态方程的概念都是通过连续系统引入的，对于离散系统，情况类似，只是状态变量都是序列，因而离散系统的状态方程表现为一阶前向差分方程组。

对于 n 阶多输入−多输出 **LTI** 离散系统，其状态方程和输出方程可写为

状态方程：

$$\boldsymbol{x}(k+1)=\boldsymbol{A}\boldsymbol{x}(k)+\boldsymbol{B}\boldsymbol{f}(k) \tag{8.1-6}$$

输出方程：

$$\boldsymbol{y}(k)=\boldsymbol{C}\boldsymbol{x}(k)+\boldsymbol{D}\boldsymbol{f}(k) \tag{8.1-7}$$

式中，

$$\boldsymbol{x}(k)=[x_1(k)\quad x_2(k)\quad \ldots\quad x_n(k)]^{\mathrm{T}}$$
$$\boldsymbol{f}(k)=[f_1(k)\quad f_2(k)\quad \ldots\quad f_p(k)]^{\mathrm{T}}$$
$$\boldsymbol{y}(k)=[y_1(k)\quad y_2(k)\quad \ldots\quad y_q(k)]^{\mathrm{T}}$$

分别为状态矢量、输入矢量和输出矢量。$\boldsymbol{A}$、$\boldsymbol{B}$、$\boldsymbol{C}$ 和 $\boldsymbol{D}$ 为常系数矩阵，其形式与连续系统相同。如果已知 $k=k_0$ 时离散系统的初始状态 $x(k_0)$ 和 $k\geqslant k_0$ 时的输入矢量，就可以完全确定出 $k\geqslant k_0$ 时的状态矢量 $\boldsymbol{x}(k)$ 和输出矢量 $\boldsymbol{y}(k)$。

按式（8.1-4）、式（8.1-5）或式（8.1-6）、式（8.1-7）可画出根据状态变量分析多输入−多输出系统的矩阵框图，如图 8.3 所示。连续系统和离散系统的矩阵框图形式相同，只是对于连续系统（用积分器 $\int$ ），积分器输出端的信号为状态矢量 $\boldsymbol{x}(k)$，输入端信号为其一阶导数 $\dot{\boldsymbol{x}}(t)$；而对于离散系统（用迟延单元 D），迟延单元的输出信号为状态矢量 $\boldsymbol{x}(k)$，输入端信号为 $\boldsymbol{x}(k+1)$。

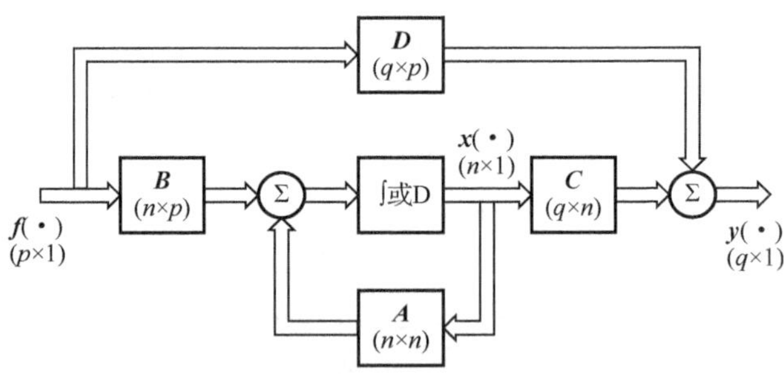

图 8.3　系统的矩阵框图

通过前面的讨论可知，用状态变量法分析系统时，系统的输出很容易由状态变量和输入激励求得，因此，分析系统的关键在于状态方程的建立和求解。本章以后各节将分别讨论状态方程的建立和求解方法。由于连续系统和离散系统的状态变量分析是相似的，本章所有问题的讨论都将先从连续系统开始，然后推及离散系统。

8.2　连续系统状态方程的建立和求解

建立给定系统状态方程的方法有很多，大体可分为两大类：直接法与间接法。其中直接法是根据给定的系统结构直接列写系统状态方程，特别适用于电路系统的分析；而间接法可根据描述系统的输入−输出方程、系统函数、系统的框图或信号流图等来建立状态方程，常用来研究控制系统。

8.2.1 由电路图直接建立连续系统状态方程

为了建立电路系统的状态方程，先要选定状态变量。对于 LTI 系统，通常选电容电压和电感电流为状态变量。这是因为电容和电感的伏安特性中包含了状态变量的一阶导数，便于用 KCL、KVL 列写状态方程。对于 n 阶系统，所选状态变量的个数应为 n，并且必须保证这 n 个状态变量相互独立。对于电路系统而言，必须保证所选状态变量为独立的电容电压和电感电流。图 8.4 给出电路中可能出现的四种非独立电容电压和非独立电感电流的电路结构。根据 KCL 和 KVL，可以明显看出它们的非独立性。如果出现上述情况，只需任意去掉其中的一个电容电压［图 8.4（a）和（b）所示情况］或电感电流［图 8.4（c）和（d）所示情况］，就可以保证剩余的电容电压和电感电流是独立的。

8-3 连续状态方程建立 1

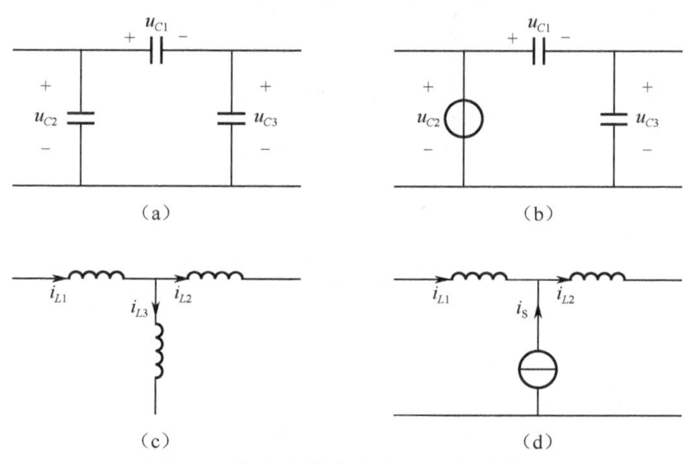

图 8.4 非独立的电容电压和电感电流

状态方程的建立，需要根据电路列出各状态变量的一阶微分方程。由于 $i_C = C\dfrac{\mathrm{d}u_C}{\mathrm{d}t}$ 和 $u_L = L\dfrac{\mathrm{d}i_L}{\mathrm{d}t}$，为使方程中含有状态变量 u_C 的一阶导数，可对接有该电容的独立结点列写 KCL 电流方程；为使方程中含有状态变量 i_L 的一阶导数，可对含有该电感的独立回路列写 KVL 电压方程。对列出的方程，只保留状态变量和输入激励，设法消去其他中间变量，经整理即可给出标准的状态方程。对于输出方程，通常可用观察法由电路直接列出。

综上所述，由电路图直接列写状态方程和输出方程的步骤为

① 选电路中所有独立的电容电压和电感电流作为状态变量；

② 对接有所选电容的独立结点列出 KCL 电流方程，对含有所选电感的独立回路列写 KVL 电压方程；

③ 若上一步所列的方程中含有除激励以外的非状态变量，则利用适当的 KCL、KVL 方程将它们消去，然后整理给出标准的状态方程形式；

④ 用观察法由电路或前面已推导出的一些关系直接列写输出方程，并整理成标准形式。

【例 8-1】 给定电路系统如图 8.5 所示。列写电路系统的状态方程，若输出信号为电压 $u(t)$，列写输出方程。

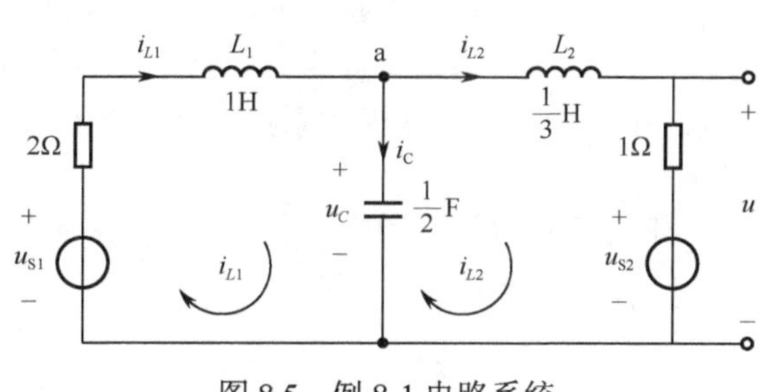

图 8.5 例 8-1 电路系统

【解】 选电感中电流和电容两端电压作为状态变量，即有

$$\begin{aligned} x_1(t) &= i_{L1}(t) \\ x_2(t) &= i_{L2}(t) \\ x_3(t) &= u_C(t) \end{aligned} \tag{8.2-1}$$

列写两个网孔的 KVL 方程，有

$$\begin{cases} 2i_{L1}(t) + \dfrac{\mathrm{d}}{\mathrm{d}t}i_{L1}(t) + u_C(t) = u_{S1}(t) \\ i_{L2}(t) + \dfrac{1}{3}\dfrac{\mathrm{d}}{\mathrm{d}t}i_{L2}(t) - u_C(t) = -u_{S2}(t) \end{cases} \tag{8.2-2}$$

结合电容的伏安特性，列写结点 a 的 KCL 方程，有

$$C\frac{\mathrm{d}}{\mathrm{d}t}u_C(t) = i_C(t) = i_{L1}(t) - i_{L2}(t) \tag{8.2-3}$$

省略状态变量中的符号 (t)，即有

$$\begin{cases} \dot{x}_1 = -2x_1 - x_3 + u_{S1} \\ \dot{x}_2 = -3x_2 + 3x_3 - 3u_{S2} \\ \dot{x}_3 = 2x_1 - 2x_2 \end{cases} \tag{8.2-4}$$

表示成矩阵形式为

$$\begin{bmatrix} \dot{x}_1 \\ \dot{x}_2 \\ \dot{x}_3 \end{bmatrix} = \begin{bmatrix} -2 & 0 & -1 \\ 0 & -3 & 3 \\ 2 & -2 & 0 \end{bmatrix} \begin{bmatrix} x_1 \\ x_2 \\ x_3 \end{bmatrix} + \begin{bmatrix} 1 & 0 \\ 0 & -3 \\ 0 & 0 \end{bmatrix} \begin{bmatrix} u_{S1} \\ u_{S2} \end{bmatrix} \tag{8.2-5}$$

容易写出输出电压 $u(t)$ 表达式为

$$y = u = x_2 + u_{S1} \tag{8.2-6}$$

表示成矩阵形式，即输出方程为

$$[y] = [0 \quad 1 \quad 0] \begin{bmatrix} x_1 \\ x_2 \\ x_3 \end{bmatrix} + [0 \quad 1] \begin{bmatrix} u_{S1} \\ u_{S2} \end{bmatrix} \tag{8.2-7}$$

对于比较简单的电路，用上述直观的方法容易列写状态方程。当电路系统结构相对复杂时，需要利用其他的方法，这些方法往往要借助计算机辅助设计（CAD）技术，详细、深入的研究可参看电路计算机辅助设计方面的教材或专著。必须指出，连续时间系统状态方程的建立不仅应用于电路分析或设计，在许多科学技术领域之中都已得到广泛应用，这里不再进一步赘述。

8.2.2 由输入−输出方程建立连续系统状态方程

8-4 连续状态方程建立 2

输入−输出方程与状态方程是描述系统的两种不同方法。根据需要，常要求将这两种描述方法进行相互转换。由于输入−输出方程、系统函数、模拟框图、信号流图等都是同一种系统描述方法的不同表现形式，相互之间的转换十分方便，其中以信号流图最为简练、直观，因而通过信号流图建立状态方程和输出方程最方便。因此，如果已知系统的输入−输出方程或系统函数，通常首先将其转换为信号流图，然后由信号流图再列出系统的状态方程。

在系统的信号流图中，其基本的动态部件是积分器，而积分器的输出 $y(t)$ 与输入 $f(t)$ 之间满足一阶微分方程

$$\dot{y}(t) = f(t)$$

因此，可选各积分器的输出作为状态变量 $x_i(t)$，这样该积分器的输入信号就可以表示为状态

变量的一阶导数 $\dot{x}_i(t)$。根据流图的连接关系，对该积分器的输出端列出 $\dot{x}_i(t)$ 的方程，就可得到与状态变量 $x_i(t)$ 有关的状态方程。下面举例说明具体建立过程。

【例 8-2】 已知描述某连续的微分方程为

$$y^{(3)}(t)+a_2y^{(2)}(t)+a_1y^{(1)}(t)+a_0y(t)=b_2f^{(2)}(t)+b_1f^{(1)}(t)+b_0f(t)$$

列写该系统的状态方程和输出方程。

【解】 由微分方程不难写出其系统函数为

$$H(s)=\frac{b_2s^2+b_1s+b_0}{s^3+a_2s^2+a_1s+a_0}=\frac{b_2s^{-1}+b_1s^{-2}+b_0s^{-3}}{1-(-a_2s^{-1}-a_1s^{-2}-a_0s^{-3})}$$

由系统函数可画出其信号流图，如图 8.6 所示。

选各积分器（相应流图中增益为 s^{-1} 的支路）的输出端信号作为状态变量，输入端信号就是相应状态变量的一阶导数，它们已标于图中。在各积分器的输入端即可列出状态方程。

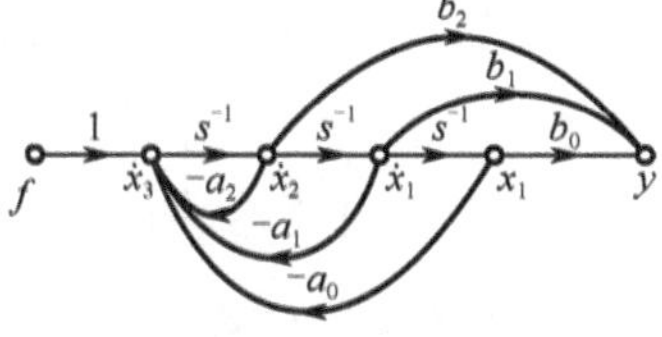

图 8.6　例 8-2 的信号流图

$$\dot{x}_1=x_2$$

$$\dot{x}_2=x_3$$

$$\dot{x}_3=-a_0x_1-a_1x_2-a_2x_3+f$$

写成矩阵形式为

$$\begin{bmatrix}\dot{x}_1\\ \dot{x}_2\\ \dot{x}_3\end{bmatrix}=\begin{bmatrix}0&1&0\\0&0&1\\-a_0&-a_1&-a_2\end{bmatrix}\begin{bmatrix}x_1\\x_2\\x_3\end{bmatrix}+\begin{bmatrix}0\\0\\1\end{bmatrix}[f]$$

在系统的输出端可列出输出方程为

$$y=b_0x_1+b_1x_2+b_2x_3$$

写成矩阵形式为

$$[y]=[b_0\quad b_1\quad b_2]\begin{bmatrix}x_1\\x_2\\x_3\end{bmatrix}$$

对于同一个微分方程，采用不同的模拟实现方法可以得到不同形式信号流图，从而列出的状态方程和输出方程也不相同。

【例 8-3】 如图 8.7（a）所示由两个一阶子系统连接而成的连续系统，其子系统的系统函数分别为 $H_1(s)=\dfrac{2}{s+3}$、$H_2(s)=\dfrac{s+4}{s+1}$，写出其状态方程和输出方程。

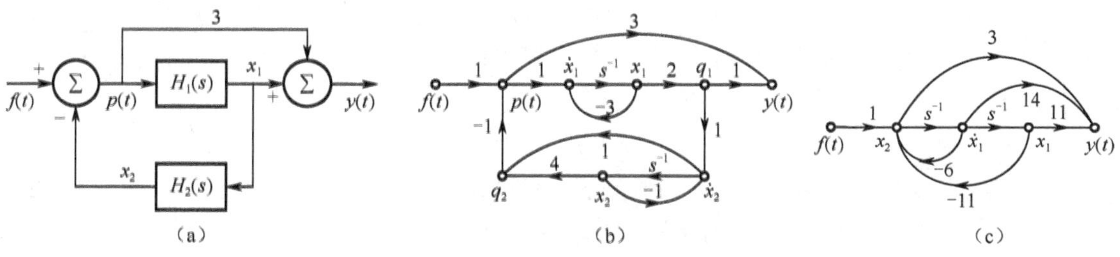

图 8.7　例 8-3 的框图和信号流图

解法一

直接选择一阶子系统输出端的信号作为状态变量 $x_1(t)$、$x_2(t)$，并标于图 8.7（a）中。设左边加法器的输出为 $p(t)$，则有

$$p(t)=f(t)-x_2(t) \tag{8.2-8}$$

对系统函数为 $H_1(s)$ 子系统，其输入为 $p(t)$，输出为 $x_1(t)$，其拉普拉斯变换为 $P(s)$ 和 $X_1(s)$，根据系统函数的定义，有

$$\frac{X_1(s)}{P(s)}=H_1(s)=\frac{2}{s+3}$$

可写为

$$(s+3)X_1(s)=2P(s)$$

取逆变换，得

$$\dot{x}_1(t)+3x_1(t)=2p(t)$$

将式（8.2-8）代入上式，消去多余变量 $p(t)$，并整理可得

$$\dot{x}_1(t)=-3x_1(t)-2x_2(t)+2f(t) \tag{8.2-9}$$

同理，对系统函数为 $H_2(s)$ 的子系统，其输入为 $x_1(t)$，输出为 $x_2(t)$，其拉普拉斯变换为 $X_1(s)$ 和 $X_2(s)$，根据系统函数的定义，有

$$\frac{X_2(s)}{X_1(s)}=H_2(s)=\frac{s+4}{s+1}$$

可写为

$$(s+1)X_2(s)=(s+4)X_1(s)$$

取逆变换，得

$$\dot{x}_2(t)+x_2(t)=\dot{x}_1(t)+4x_1(t)$$

将式（8.2-9）代入上式，并整理可得

$$\dot{x}_2(t)=-3x_2(t)+x_1(t)+2f(t) \tag{8.2-10}$$

式（8.2-9）和式（8.2-10）就是系统的状态方程。在系统的输出端可列出输出方程为

$$y(t)=x_1(t)+3p(t)=x_1(t)-3x_2(t)+3f(t)$$

将状态方程和输出方程写成矩阵形式，得

$$\begin{bmatrix}\dot{x}_1\\ \dot{x}_2\end{bmatrix}=\begin{bmatrix}-3 & -2\\ 1 & -3\end{bmatrix}\begin{bmatrix}x_1\\ x_2\end{bmatrix}+\begin{bmatrix}2\\ 2\end{bmatrix}[f]$$

$$[y]=[1\quad -3]\begin{bmatrix}x_1\\ x_2\end{bmatrix}+3[f]$$

解法二

分别画出两个子系统的信号流图，并将它们放入系统中，将整个系统框图转换为信号流图，如图 8.7（b）所示，选积分器（对应 s^{-1}）的输出为状态变量 x_1、x_2，注意，此处 x_1、x_2 已不同于解法一中的 x_1、x_2。为便于列写方程，设左边加法器的输出为 $p(t)$，两个子系统的输出分别为 $q_1(t)$ 和 $q_2(t)$。根据图 8.7（b）所示的信号流图，有

$$q_1(t)=2x_1(t) \tag{8.2-11}$$

$$q_2(t)=\dot{x}_2(t)+4x_2(t) \tag{8.2-12}$$

$$p(t)=-q_2(t)+f(t)=-\dot{x}_2(t)-4x_2(t)+f(t) \tag{8.2-13}$$

在两个积分器的输入段列写方程

$$\dot{x}_1(t)=p(t)-3x_1(t) \tag{8.2-14}$$

$$\dot{x}_2(t)=q_1(t)-x_2(t) \tag{8.2-15}$$

将式（8.2-11）和式（8.2-13）分别代入式（8.2-15）和式（8.2-14），消去多余变量 $q_1(t)$、$p(t)$ 并整理可得状态方程为

$$\begin{bmatrix}\dot{x}_1\\\dot{x}_2\end{bmatrix}=\begin{bmatrix}-5&-3\\2&-1\end{bmatrix}\begin{bmatrix}x_1\\x_2\end{bmatrix}+\begin{bmatrix}1\\0\end{bmatrix}[f]$$

在系统的输出端列方程

$$y(t)=3p(t)+q_1(t)=-4x_1(t)-9x_2(t)+3f(t)$$

解法三

由梅森公式首先求出系统的系统函数为

$$H(s)=\frac{3+\dfrac{2}{s+3}}{1-\left(-\dfrac{2}{s+3}\dfrac{s+4}{s+1}\right)}=\frac{3s^2+14s+11}{s^2+6s+11}$$

根据该系统函数 $H(s)$ 画出其直接形式的信号流图，如图 8.7（c）所示。然后选积分器（对应 s^{-1}）的输出信号为状态变量 x_1、x_2 如图 8.7（c）所示。在积分器的输入端列写输出方程，并整理可得

$$\begin{bmatrix}\dot{x}_1\\\dot{x}_2\end{bmatrix}=\begin{bmatrix}0&1\\-11&-6\end{bmatrix}\begin{bmatrix}x_1\\x_2\end{bmatrix}+\begin{bmatrix}0\\1\end{bmatrix}[f]$$

$$[y]=[-22\quad -4]\begin{bmatrix}x_1\\x_2\end{bmatrix}+3[f]$$

通过上述几种方法的比较可见，同一个系统，状态变量的选取不是唯一的。其状态方程和输出方程随状态变量选取的不同而不同。

8.2.3 用拉普拉斯变换法求解连续系统状态方程

8-5 连续状态方程求解

前面已讨论状态方程和输出方程的列写方法。对连续系统，状态方程和输出方程的一般形式为

$$\dot{\boldsymbol{x}}(t)=\boldsymbol{A}\boldsymbol{x}(t)+\boldsymbol{B}\boldsymbol{f}(t) \tag{8.2-16}$$

$$\boldsymbol{y}(t)=\boldsymbol{C}\boldsymbol{x}(t)+\boldsymbol{D}\boldsymbol{f}(t) \tag{8.2-17}$$

下面进一步讨论如何求解这些方程。解输出方程只是简单的代数运算，不需要做专门讨论；关键问题是求解状态方程。状态方程常用的求解方法有时域法和拉普拉斯变换法，解析式求解一般用拉普拉斯变换比较简单。所以下面主要介绍拉普拉斯变换法。

设状态矢量 $x(t)$ 的分量 $x_i(t)$（i=1,2，⋯，n）的拉普拉斯变换为 $X_i(s)$，即

$$X_i(s)=\mathcal{L}[x_i(t)]$$

由矩阵积分运算的定义可知状态矢量 $\boldsymbol{x}(t)$ 的拉普拉斯变换 $\boldsymbol{X}(s)$ 为

$$\boldsymbol{X}(s)=\mathcal{L}[\boldsymbol{x}(t)]=[\mathcal{L}[x_1(t)]\mathcal{L}[x_2(t)]\cdots\mathcal{L}[x_n(t)]]^{\mathrm{T}}$$

它也是 n 维矢量。同理，输入、输出矢量的拉普拉斯变换为

$$\boldsymbol{F}(s)=\mathcal{L}[\boldsymbol{f}(t)]=[\mathcal{L}[f_1(t)]\mathcal{L}[f_2(t)]...\mathcal{L}f[f_p(t)]]^{\mathrm{T}}$$

$$\boldsymbol{Y}(s)=\mathcal{L}[\boldsymbol{y}(t)]=[\mathcal{L}[y_1(t)]\mathcal{L}[y_2(t)]...\mathcal{L}[y_q(t)]]^{\mathrm{T}}$$

分别为 p 维和 q 维矢量。根据单边拉普拉斯变换的微分性质，有

$$\mathcal{L}[\boldsymbol{x}(t)]=s\boldsymbol{X}(s)-\boldsymbol{x}(0_-)$$

式中 $\boldsymbol{x}(0_-)$ 为初始状态矢量。根据矩阵特性和拉普拉斯变换线性特征，对常量矩阵 $\boldsymbol{A}$。有

$$\mathcal{L}[\boldsymbol{A}\boldsymbol{x}(t)]=\boldsymbol{A}\boldsymbol{X}(s)$$

利用以上关系，对状态方程式（8.2-16）取单边拉普拉斯变换，得

$$s\boldsymbol{X}(s)-\boldsymbol{x}(0_-)=\boldsymbol{A}\boldsymbol{X}(s)+\boldsymbol{B}\boldsymbol{F}(s)$$

移项可写为

$$(s\boldsymbol{I}-\boldsymbol{A})\boldsymbol{X}(s)=\boldsymbol{x}(0_{-})+\boldsymbol{B}\boldsymbol{F}(s)$$

上式左乘矩阵 $(s\boldsymbol{I}-\boldsymbol{A})$ 的逆 $(s\boldsymbol{I}-\boldsymbol{A})^{-1}$，得

$$\begin{aligned}\boldsymbol{X}(s)&=(s\boldsymbol{I}-\boldsymbol{A})^{-1}\boldsymbol{x}(0_{-})+(s\boldsymbol{I}-\boldsymbol{A})^{-1}\boldsymbol{B}\boldsymbol{F}(s)\\&=\boldsymbol{\Phi}(s)\boldsymbol{x}(0_{-})+\boldsymbol{\Phi}(s)\boldsymbol{B}\boldsymbol{F}(s)\end{aligned}\tag{8.2-18}$$

式中，

$$\boldsymbol{\Phi}(s)=(s\boldsymbol{I}-\boldsymbol{A})^{-1}$$

常称为预解矩阵。对式（8.2-18）取拉普拉斯变换，得状态矢量的解为

$$\begin{aligned}\boldsymbol{x}(t)&=\mathcal{L}^{-1}[\boldsymbol{\Phi}(s)\boldsymbol{x}(0_{-})]+\mathcal{L}^{-1}[\boldsymbol{\Phi}(s)\boldsymbol{B}\boldsymbol{F}(s)]\\&=\boldsymbol{x}_{\text{zi}}(t)+\boldsymbol{x}_{\text{zs}}(t)\end{aligned}$$

式中，

$$\boldsymbol{x}_{\text{zi}}(t)=\mathcal{L}^{-1}[\boldsymbol{\Phi}(s)\boldsymbol{x}(0_{-})]$$

$$\boldsymbol{x}_{\text{zs}}(t)=\mathcal{L}^{-1}[\boldsymbol{\Phi}(s)\boldsymbol{B}\boldsymbol{F}(s)]$$

分别是状态矢量的零输入解和零状态解。对输出方程式（8.2-17）取拉普拉斯变换，可得

$$\boldsymbol{Y}(s)=\boldsymbol{C}\boldsymbol{X}(s)+\boldsymbol{D}\boldsymbol{F}(s)$$

将式（8.2-18）代入上式，得

$$\boldsymbol{Y}(s)=\boldsymbol{C}\boldsymbol{\Phi}(s)\boldsymbol{x}(0_{-})+[\boldsymbol{C}\boldsymbol{\Phi}(s)\boldsymbol{B}+\boldsymbol{D}]\boldsymbol{F}(s)$$

对上式取拉普拉斯变换，可求出系统的响应为

$$\boldsymbol{y}(t)=[\boldsymbol{C}\boldsymbol{\Phi}(s)\boldsymbol{x}(0_{-})]+\{[\boldsymbol{C}\boldsymbol{\Phi}(s)\boldsymbol{B}+\boldsymbol{D}]\boldsymbol{F}(s)\}$$

容易看出，上式第一项是系统的零输入响应矢量 $\boldsymbol{y}_{\text{zi}}(t)$，第二项是系统的零状态响应矢量 $\boldsymbol{y}_{\text{zs}}(t)$，即

$$\boldsymbol{y}_{\text{zi}}(t)=\mathcal{L}^{-1}[\boldsymbol{C}\boldsymbol{\Phi}(s)\boldsymbol{x}(0_{-})]$$

$$\boldsymbol{y}_{\text{zs}}(t)=\mathcal{L}^{-1}\{[\boldsymbol{C}\boldsymbol{\Phi}(s)\boldsymbol{B}+\boldsymbol{D}]\boldsymbol{F}(s)\}$$

通过以上讨论可看出，求解过程中最关键的问题是求预解矩阵 $\boldsymbol{\Phi}(s)$，其逆变换的意义将在时域法中进一步讨论。

【例 8-4】 描述 LTI 系统的状态方程和输出方程为

$$\begin{bmatrix}\dot{x}_1(t)\\\dot{x}_2(t)\end{bmatrix}=\begin{bmatrix}-1&2\\-1&-4\end{bmatrix}\begin{bmatrix}x_1(t)\\x_2(t)\end{bmatrix}+\begin{bmatrix}0\\1\end{bmatrix}[f(t)]$$

$$[y(t)]=[1\quad 1]\begin{bmatrix}x_1\\x_2\end{bmatrix}+[1][f(t)]$$

初始状态 $x_1(0_{-})=3, x_2(0_{-})=2$，输入 $f(t)=\delta(t)$。试求系统的状态变量和输出。

【解】 矩阵

$$(s\boldsymbol{I}-\boldsymbol{A})=s\begin{bmatrix}1&0\\0&1\end{bmatrix}-\begin{bmatrix}-1&2\\-1&4\end{bmatrix}=\begin{bmatrix}s+1&-2\\1&s+4\end{bmatrix}$$

由此求预解矩阵 $\boldsymbol{\Phi}(s)$，这时需要用到伴随矩阵 adj 和行列式 det 的概念：

$$\begin{aligned}\boldsymbol{\Phi}(s)=(s\boldsymbol{I}-\boldsymbol{A})^{-1}&=\frac{\text{adj}(s\boldsymbol{I}-\boldsymbol{A})}{\det(s\boldsymbol{I}-\boldsymbol{A})}\\&=\frac{1}{(s+2)(s+3)}\begin{bmatrix}s+4&2\\-1&s+1\end{bmatrix}\end{aligned}$$

将此结果代入式（8.2-18）得

$$
\begin{aligned}
\boldsymbol{X}(s) &= \boldsymbol{\Phi}(s)[\boldsymbol{x}(0_-)+\boldsymbol{BF}(s)] \\
&= \frac{1}{(s+2)(s+3)}\begin{bmatrix} s+4 & 2 \\ -1 & s+1 \end{bmatrix}\left[\begin{bmatrix} 3 \\ 2 \end{bmatrix}+\begin{bmatrix} 0 \\ 1 \end{bmatrix}[1]\right] \\
&= \frac{1}{(s+2)(s+3)}\begin{bmatrix} s+4 & 2 \\ -1 & s+1 \end{bmatrix}\begin{bmatrix} 3 \\ 3 \end{bmatrix} \\
&= \begin{bmatrix} \dfrac{3(s+6)}{(s+2)(s+3)} \\ \dfrac{3s}{(s+2)(s+3)} \end{bmatrix} = \begin{bmatrix} \dfrac{12}{s+2}-\dfrac{9}{s+3} \\ -\dfrac{6}{s+2}+\dfrac{9}{s+3} \end{bmatrix}
\end{aligned}
$$

求逆变换，得

$$
\boldsymbol{x}(t)=\begin{bmatrix} 12\mathrm{e}^{-2t}-9\mathrm{e}^{-3t} \\ 6\mathrm{e}^{-2t}+9\mathrm{e}^{-3t} \end{bmatrix}\boldsymbol{\varepsilon}(t)
$$

由于输出方程比较简单，当状态矢量求得之后，直接将状态矢量代入输出方程即可求出系统的输出

$$
\begin{aligned}
y(t) &= [1 \quad 1]\boldsymbol{x}(t)+f(t)=[1 \quad 1]\begin{bmatrix} 12\mathrm{e}^{-2t}-9\mathrm{e}^{-3t} \\ 6\mathrm{e}^{-2t}+9\mathrm{e}^{-3t} \end{bmatrix}\varepsilon(t)+\delta(t) \\
&= \delta(t)+6\mathrm{e}^{-2t}\varepsilon(t)
\end{aligned}
$$

8.3 离散系统状态方程的建立和求解

8-6 离散状态方程建立及求解

8.3.1 由输入-输出方程建立离散系统状态方程

列写离散系统状态方程的方法与连续系统类似，也是利用信号流图列写最方便。所以已知差分方程或系统函数 $H(s)$ 一般是先画出系统的信号流图，然后再建立相应的状态方程。

由于离散系统状态方程描述了状态变量的前向一阶移位 $x_i(k+1)$ 与各状态变量和输入之间的关系，因此选各迟延单元 D（它对应于流图中增益为 z^{-1} 的支路）的输出端信号作为状态变量 $x_i(k)$，那么其输入端信号就是 $x_i(k+1)$。这样，在迟延单元的输入端就可列出状态方程。在系统的输出端列出输出方程。

推广至系统函数形式如 $\dfrac{1}{z+a}$ 的一阶子系统。如果选一阶子系统输出端的信号为状态变量 $x(k)$，设其输入信号为 $f(k)$，它们的 z 变换分别为 $X(z)$ 和 $F(z)$，根据系统函数的定义，有

$$
\frac{X(z)}{F(z)}=H(z)=\frac{1}{z+a}
$$

交叉相乘，得

$$
zX(z)+aX(z)=F(z)
$$

取逆 z 变换，可得该一阶子系统的输入端信号与状态变量的关系为

$$
x(k+1)+ax(k)=f(k)
$$

同样可在一阶子系统的输入端列出状态方程。迟延单元是一阶子系统 $a=0$ 时的特例。

【例 8-5】 描述某离散系统的差分方程为

$$
y(k)+2y(k-1)+3y(k-2)+4y(k-3)=f(k)+3f(k-1)+5f(k-2)
$$

写出其状态方程和输出方程。

【解】 根据差分方程可直接写出该系统的系统函数为

$$H(z)\frac{1+3z^{-1}+5z^{-2}}{1+2z^{-1}+3z^{-3}+4z^{-3}}$$

由 $H(s)$ 画出其信号流图，如图 8.8 所示。选迟延单元（对应于流图中增益为 z^{-1} 的支路）的输出端信号作为状态变量，分别为 $x_1(k)$、$x_2(k)$ 和 $x_3(k)$，可列为状态方程和输出方程为

$$x_1(k+1)=x_2(k)$$

$$x_2(k+1)=x_3(k)$$

$$x_3(k+1)=-4x_1(k)-3x_2(k)-2x_3(k)+f(k)$$

$$y(k)=x_3(k+1)+3x_3(k)+5x_2(k)=-4x_1(k)+2x_2(k)+x_3(k)+f(k)$$

将它们写为矩阵形式，有

$$\begin{bmatrix}x_1(k+1)\\x_2(k+1)\\x_3(k+1)\end{bmatrix}=\begin{bmatrix}0&1&0\\0&0&1\\-4&-3&-2\end{bmatrix}\begin{bmatrix}x_1(k)\\x_2(k)\\x_3(k)\end{bmatrix}+\begin{bmatrix}0\\0\\1\end{bmatrix}[f(k)]$$

$$[y(k)]=[-4\quad 2\quad 1]\begin{bmatrix}x_1(k)\\x_2(k)\\x_3(k)\end{bmatrix}+[1][f(k)]$$

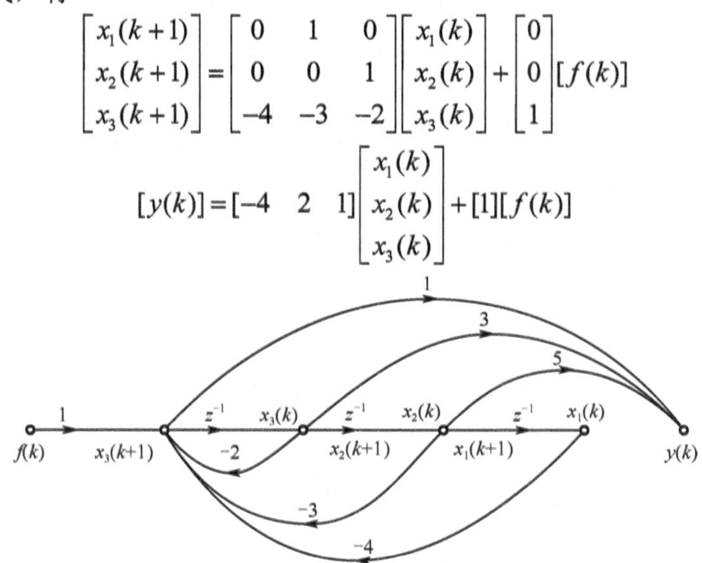

图 8.8　例 8-5 的信号流图

【例 8-6】 某离散系统有两个输入 $f_1(k)$、$f_2(k)$ 和两个输出 $y_1(k)$、$y_2(k)$，其信号流图如图 8.9 所示。列写该系统的状态方程和输出方程。

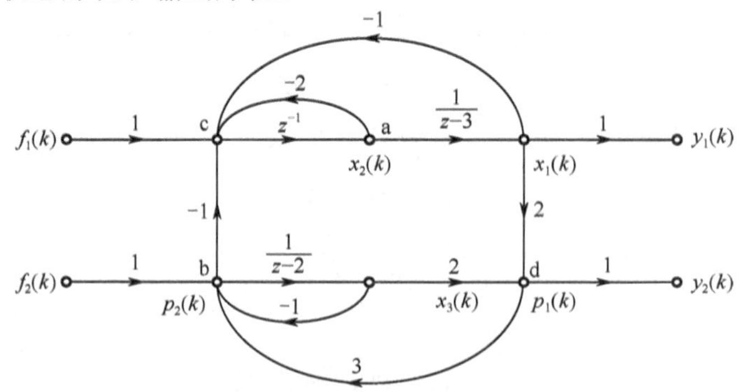

图 8.9　例 8-6 的信号流图

【解】 选迟延单元或一阶子系统的输出端信号作为状态变量 $x_1(k)$、$x_2(k)$、$x_3(k)$，如图 8.9 所示。对较复杂的信号流图，可在具有多个信号输入的结点设置中间变量，以便于方程的列写。这里，将结点 d 和 b 的信号分别设为 $p_1(k)$ 和 $p_2(k)$。根据信号流图容易得

$$p_1(k)=2x_1(k)+2x_3(k)$$

$$p_2(k)=3p_1(k)-x_3(k)+f_2(k)=6x_1(k)+5x_3(k)+f_2(k)$$

在两个一阶子系统的输入端点 a 和 b 可分别写出

$$x_1(k+1)-3x_1(k)=x_2(k) \tag{8.3-1}$$

$$x_3(k+1)-2x_3(k)=p_2(k)=6x_1(k)+5x_3(k)+f_2(k) \tag{8.3-2}$$

在迟延单元的输入端点 c 可写出

$$\begin{aligned} x_2(k+1)&=-2x_2(k)-x_1(k)-p_2(k)+f_1(k) \\ &=-7x_1(k)-2x_2(k)-5x_3(k)+f_1(k)-f_2(k) \end{aligned} \tag{8.3-3}$$

在系统的两个输出端可列写输出方程为

$$y_1(k)=x_1(k) \tag{8.3-4}$$

$$y_2(k)=p_1(k)=2x_1(k)+2x_3(k) \tag{8.3-5}$$

将式（8.3-1）、式（8.3-2）、式（8.3-3）、式（8.3-4）和式（8.3-5）整理成矩阵形式为

$$\begin{bmatrix} x_1(k+1) \\ x_2(k+1) \\ x_3(k+1) \end{bmatrix}=\begin{bmatrix} 3 & 1 & 0 \\ -7 & -2 & -5 \\ 6 & 0 & 5 \end{bmatrix}\begin{bmatrix} x_1(k) \\ x_2(k) \\ x_3(k) \end{bmatrix}+\begin{bmatrix} 0 & 0 \\ 1 & -1 \\ 0 & 1 \end{bmatrix}\begin{bmatrix} f_1(k) \\ f_2(k) \end{bmatrix}$$

$$\begin{bmatrix} y_1(k) \\ y_2(k) \end{bmatrix}=\begin{bmatrix} 1 & 0 & 0 \\ 2 & 0 & 2 \end{bmatrix}\begin{bmatrix} x_1(k) \\ x_2(k) \\ x_3(k) \end{bmatrix}$$

8.3.2 用 z 变换求解离散系统的状态方程

离散系统状态方程和输出方程的矩阵形式分别为

$$\boldsymbol{x}(k+1)=\boldsymbol{A}\boldsymbol{x}(k)+\boldsymbol{B}\boldsymbol{f}(k) \tag{8.3-6}$$

$$\boldsymbol{y}(k)=\boldsymbol{C}\boldsymbol{x}(k)+\boldsymbol{D}\boldsymbol{f}(k) \tag{8.3-7}$$

与连续系统的拉普拉斯变换法类似，对离散系统用单边 z 变换求解状态方程也比较简便。考虑初始状态矢量为 $\boldsymbol{x}(0)$，$k=0$ 接入激励的因果系统，对其状态方程式（8.3-6）和输出方程式（8.3-7）分别取单边 z 变换，有

$$z\boldsymbol{X}(z)-z\boldsymbol{x}(0)=\boldsymbol{A}\boldsymbol{X}(z)+\boldsymbol{B}\boldsymbol{F}(z) \tag{8.3-8}$$

$$\boldsymbol{Y}(z)=\boldsymbol{C}\boldsymbol{X}(z)+\boldsymbol{D}\boldsymbol{F}(z) \tag{8.3-9}$$

式中 $\boldsymbol{X}(z)$、$\boldsymbol{F}(z)$、$\boldsymbol{Y}(z)$ 分别为 $\boldsymbol{x}(k)$、$\boldsymbol{f}(k)$、$\boldsymbol{y}(k)$ 的单边 z 变换。

对式（8.3-8）移项得

$$(z\boldsymbol{I}-\boldsymbol{A})\boldsymbol{X}(z)=z\boldsymbol{x}(0)+\boldsymbol{B}\boldsymbol{F}(z)$$

等号两边左乘 $(z\boldsymbol{I}-\boldsymbol{A})^{-1}$，得

$$\boldsymbol{X}(z)=(z\boldsymbol{I}-\boldsymbol{A})^{-1}z\boldsymbol{x}(0)+(z\boldsymbol{I}-\boldsymbol{A})^{-1}\boldsymbol{B}\boldsymbol{F}(z) \tag{8.3-10}$$

为了方便，定义

$$\boldsymbol{\Phi}(z)\triangleq(z\boldsymbol{I}-\boldsymbol{A})^{-1}z$$

为预解矩阵［注意与连续系统中的预解矩阵 $\boldsymbol{\Phi}(s)$ 的区别］。于是可以将式（8.3-10）简写为

$$\boldsymbol{X}(z)=\boldsymbol{\Phi}(z)\boldsymbol{x}(0)+z^{-1}\boldsymbol{\Phi}(z)\boldsymbol{B}\boldsymbol{F}(z) \tag{8.3-11}$$

对式（8.3-11）取逆 z 变换，得状态矢量的解为

$$\begin{aligned} \boldsymbol{x}(k)&=\mathcal{Z}^{-1}[\boldsymbol{\Phi}(z)\boldsymbol{x}(0)]+\mathcal{Z}^{-1}[z^{-1}\boldsymbol{\Phi}(z)\boldsymbol{B}\boldsymbol{F}(z)] \\ &=\boldsymbol{x}_{\text{zi}}(k)+\boldsymbol{x}_{\text{zs}}(k) \end{aligned} \tag{8.3-12}$$

式中，

$$\boldsymbol{x}_{\text{zi}}(k)=\mathcal{Z}^{-1}[\boldsymbol{\Phi}(z)\boldsymbol{x}(0)] \tag{8.3-13}$$

$$\boldsymbol{x}_{\text{zs}}(k)=\mathcal{Z}^{-1}[z^{-1}\boldsymbol{\Phi}(z)\boldsymbol{B}\boldsymbol{F}(z)] \tag{8.3-14}$$

分别是状态矢量的零输入解和零状态解。考虑到 $\boldsymbol{x}(0)$ 为常量矩阵，得

$$\boldsymbol{\varphi}(k)\boldsymbol{x}(0)\varepsilon(k)=\mathcal{Z}^{-1}[\boldsymbol{\Phi}(z)\boldsymbol{x}(0)]=\mathcal{Z}^{-1}[\boldsymbol{\Phi}(z)]\boldsymbol{x}(0)$$

可见状态转移矩阵 $\boldsymbol{\varphi}(k)$ 与预解矩阵 $\boldsymbol{\Phi}(z)$ 是一个单边 z 变换对，即

$$\boldsymbol{\varphi}(k)\leftrightarrow\boldsymbol{\Phi}(z)$$

这也为求解状态转移矩阵 $\boldsymbol{\varphi}(k)=\boldsymbol{A}^k$ 提供另外一种途径。将式（8.3-11）代入式（8.3-7）可得输出的象函数为

$$\boldsymbol{Y}(z)=\boldsymbol{C\Phi}(z)\boldsymbol{x}(0)+\boldsymbol{C}z^{-1}\boldsymbol{\Phi}(z)\boldsymbol{BF}(z)+\boldsymbol{DF}(z)$$

对上式取逆 z 变换，可求出系统的响应为

$$\boldsymbol{y}(k)=\mathcal{Z}^{-1}[\boldsymbol{C\Phi}(z)\boldsymbol{x}(0)]+\mathcal{Z}^{-1}\{[\boldsymbol{C}z^{-1}\boldsymbol{\Phi}(z)\boldsymbol{B}+\boldsymbol{D}]\boldsymbol{F}(z)\}$$

容易看出，上式第一项是系统的零输入响应矢量 $\boldsymbol{y}_{\text{zi}}(k)$，第二项是系统的零状态响应矢量 $\boldsymbol{y}_{\text{zs}}(k)$，即

$$\boldsymbol{y}_{\text{zi}}(k)=\mathcal{Z}^{-1}[\boldsymbol{C\Phi}(z)\boldsymbol{x}(0)]$$

$$\boldsymbol{y}_{\text{zs}}(k)=\mathcal{Z}^{-1}\{[\boldsymbol{C}z^{-1}\boldsymbol{\Phi}(z)\boldsymbol{B}+\boldsymbol{D}]\boldsymbol{F}(z)\}$$

【例 8-7】 已知某离散因果系统的状态方程和输出方程分别为

$$\begin{bmatrix}x_1(k+1)\\x_2(k+1)\end{bmatrix}=\begin{bmatrix}0&1\\-6&5\end{bmatrix}\begin{bmatrix}x_1(k)\\x_2(k)\end{bmatrix}+\begin{bmatrix}0\\1\end{bmatrix}f(k)$$

$$\begin{bmatrix}y_1(k)\\y_2(k)\end{bmatrix}=\begin{bmatrix}1&1\\2&-1\end{bmatrix}\begin{bmatrix}x_1(k)\\x_2(k)\end{bmatrix}$$

初始状态为 $\begin{bmatrix}x_1(0)\\x_2(0)\end{bmatrix}=\begin{bmatrix}0\\1\end{bmatrix}$，激励 $f(k)=\varepsilon(k)$。求状态方程的解和系统的输出。

【解】 $\boldsymbol{\Phi}(z)=[z\boldsymbol{I}-\boldsymbol{A}]^{-1}z=\begin{bmatrix}\dfrac{z^2-5z}{(z-2)(z-3)}&\dfrac{z}{(z-2)(z-3)}\\\dfrac{-6z}{(z-2)(z-3)}&\dfrac{z^2}{(z-2)(z-3)}\end{bmatrix}$

$$\begin{aligned}\boldsymbol{X}(z)&=\boldsymbol{\Phi}(z)[\boldsymbol{x}(0)+z^{-1}\boldsymbol{BF}(z)]\\&=\begin{bmatrix}\dfrac{z^2-5z}{(z-2)(z-3)}&\dfrac{z}{(z-2)(z-3)}\\\dfrac{-6z}{(z-2)(z-3)}&\dfrac{z^2}{(z-2)(z-3)}\end{bmatrix}\left[\begin{bmatrix}1\\2\end{bmatrix}+z^{-1}\begin{bmatrix}0\\1\end{bmatrix}\dfrac{z}{z-1}\right]\\&=\begin{bmatrix}\dfrac{z^2-5z}{(z-2)(z-3)}&\dfrac{z}{(z-2)(z-3)}\\\dfrac{-6z}{(z-2)(z-3)}&\dfrac{z^2}{(z-2)(z-3)}\end{bmatrix}\begin{bmatrix}1\\\dfrac{2z-1}{z-1}\end{bmatrix}\\&=\begin{bmatrix}\dfrac{z(z-2)}{(z-1)(z-3)}\\\dfrac{z(2z-3)}{(z-1)(z-3)}\end{bmatrix}=\begin{bmatrix}\dfrac{\frac{1}{2}z}{z-1}+\dfrac{\frac{1}{2}z}{z-3}\\\dfrac{\frac{1}{2}z}{z-1}+\dfrac{\frac{3}{2}z}{z-3}\end{bmatrix}\end{aligned}$$

故

$$\boldsymbol{x}(k)=\begin{bmatrix}\frac{1}{2}[1+(3)^k]\\ \frac{1}{2}[1+3(3)^k]\end{bmatrix}\varepsilon(k)$$

由于输出方程比较简单，当状态矢量求得之后，直接将状态矢量代入输出方程即可求出系统的输出。

$$\begin{bmatrix}y_1(k)\\ y_2(k)\end{bmatrix}=\begin{bmatrix}1 & 1\\ 2 & -1\end{bmatrix}\begin{bmatrix}x_1(k)\\ x_2(k)\end{bmatrix}=\begin{bmatrix}1 & 1\\ 2 & -1\end{bmatrix}\begin{bmatrix}\frac{1}{2}[1+(3)^k]\\ \frac{1}{2}[1+3(3)^k]\end{bmatrix}\varepsilon(k)$$

$$=\begin{bmatrix}1+2(3)^k\\ \frac{1}{2}[1-(3)^k]\end{bmatrix}\varepsilon(k)$$

8.4 系统的可控制性和可观测性

8.4.1 状态矢量的线性变换

在建立系统的状态方程时同一系统可以选择不同的状态矢量，列出不同的状态方程。显然，这些不同的状态方程既然描述的是同一系统，那么，这些不同的状态矢量之间应有一定的关系。实际上，对同一系统而言，不同的状态矢量之间存在着线性变换关系。这种线性变换对于简化系统分析是非常有用的。

【例 8-8】 描述线性时不变系统的动态方程为

$$\begin{bmatrix}\dot{x}_1\\ \dot{x}_2\end{bmatrix}=\begin{bmatrix}-1 & 2\\ -1 & -4\end{bmatrix}\begin{bmatrix}x_1\\ x_2\end{bmatrix}+\begin{bmatrix}0\\ 1\end{bmatrix}[f] \tag{8.4-1}$$

$$[y]=[1\quad 1]\begin{bmatrix}x_1\\ x_2\end{bmatrix}+[1][f] \tag{8.4-2}$$

若另选一组状态变量 g_1 和 g_2，它与原状态变量满足下列线性变换关系

$$\begin{bmatrix}g_1\\ g_2\end{bmatrix}=\begin{bmatrix}1 & 1\\ 1 & 2\end{bmatrix}\begin{bmatrix}x_1\\ x_2\end{bmatrix}$$

求出用 g_1 和 g_2 表示的动态方程。

【解】 由于

$$g(t)=\begin{bmatrix}g_1\\ g_2\end{bmatrix}=\begin{bmatrix}1 & 1\\ 1 & 2\end{bmatrix}\begin{bmatrix}x_1\\ x_2\end{bmatrix}=\begin{bmatrix}1 & 1\\ 1 & 2\end{bmatrix}x(t) \tag{8.4-3}$$

因此有

$$x(t)=\begin{bmatrix}1 & 1\\ 1 & 2\end{bmatrix}^{-1}g(t)=\begin{bmatrix}2 & -1\\ -1 & 1\end{bmatrix}g(t) \tag{8.4-4}$$

对式（8.4-3）求导，并将式（8.4-1）代入，可得

$$\dot{g}(t)=\begin{bmatrix}1 & 1\\ 1 & 2\end{bmatrix}\dot{x}(t)=\begin{bmatrix}1 & 1\\ 1 & 2\end{bmatrix}\left[\begin{bmatrix}-1 & 2\\ -1 & -4\end{bmatrix}x(t)+\begin{bmatrix}0\\ 1\end{bmatrix}f(t)\right]$$

将式（8.4-4）代入上式和式（8.4-2）可得以 $g(t)$ 为状态矢量的状态方程和输出方程

$$\dot{g}(t)=\begin{bmatrix}1 & 1\\1 & 2\end{bmatrix}\begin{bmatrix}-1 & 2\\-1 & -4\end{bmatrix}\begin{bmatrix}2 & -1\\-1 & 1\end{bmatrix}g(t)+\begin{bmatrix}1 & 1\\1 & 2\end{bmatrix}\begin{bmatrix}0\\1\end{bmatrix}f(t)$$
$$=\begin{bmatrix}-2 & 0\\0 & -3\end{bmatrix}g(t)+\begin{bmatrix}1\\2\end{bmatrix}f(t)$$

和

$$[y]=[1\quad 1]\begin{bmatrix}2 & -1\\-1 & 1\end{bmatrix}g(t)+[1][f]=[1\quad 0]g(t)+[1][f]$$

可见联系两组状态矢量的矩阵$\begin{bmatrix}1 & 1\\1 & 2\end{bmatrix}$必须为非奇异矩阵。

一般而言，对于动态方程

$$\dot{\boldsymbol{x}}(t)=\boldsymbol{A}\boldsymbol{x}(t)+\boldsymbol{B}\boldsymbol{f}(t) \tag{8.4-5}$$
$$\boldsymbol{y}(t)=\boldsymbol{C}\boldsymbol{x}(t)+\boldsymbol{D}\boldsymbol{f}(t) \tag{8.4-6}$$

有非奇异矩阵 $\boldsymbol{P}$（称为模态矩阵或变换矩阵），使状态矢量 $x(t)$ 经线性变换成为新状态矢量 $\boldsymbol{g}(t)$。

$$\boldsymbol{g}(t)=\boldsymbol{P}^{-1}\boldsymbol{x}(t) \tag{8.4-7}$$

显然有

$$\boldsymbol{x}(t)=\boldsymbol{P}\boldsymbol{g}(t) \tag{8.4-8}$$

对式（8.4-7）求导，并将式（8.4-5）代入，可得

$$\dot{\boldsymbol{g}}(t)=\boldsymbol{P}^{-1}\dot{\boldsymbol{x}}(t)=\boldsymbol{P}^{-1}\boldsymbol{A}x(t)+\boldsymbol{P}^{-1}\boldsymbol{B}\boldsymbol{f}(t)$$

将式（8.4-8）代入上式和式（8.4-6）可得用状态矢量 $\boldsymbol{g}(t)$ 表示的状态方程和输出方程为

$$\dot{\boldsymbol{g}}(t)=\boldsymbol{P}^{-1}\boldsymbol{A}\boldsymbol{P}g(t)+\boldsymbol{P}^{-1}\boldsymbol{B}\boldsymbol{f}(t)=\boldsymbol{A}_g\boldsymbol{g}(t)+\boldsymbol{B}_g\boldsymbol{f}(t) \tag{8.4-9}$$
$$\boldsymbol{y}(t)=\boldsymbol{C}\boldsymbol{P}g(t)+\boldsymbol{D}\boldsymbol{f}(t)=\boldsymbol{C}_g\boldsymbol{g}(t)+\boldsymbol{D}_g\boldsymbol{f}(t) \tag{8.4-10}$$

由此可见在新状态矢量下，状态方程和输出方程中的系数矩阵 $\boldsymbol{A}_g$、$\boldsymbol{B}_g$、$\boldsymbol{C}_g$、$\boldsymbol{D}_g$ 与原方程的 $\boldsymbol{A}$、$\boldsymbol{B}$、$\boldsymbol{C}$、$\boldsymbol{D}$ 之间满足

$$\begin{cases}\boldsymbol{A}_g=\boldsymbol{P}^{-1}\boldsymbol{A}\boldsymbol{P}\\ \boldsymbol{B}_g=\boldsymbol{P}^{-1}\boldsymbol{B}\\ \boldsymbol{C}_g=\boldsymbol{C}\boldsymbol{P}\\ \boldsymbol{D}_g=\boldsymbol{D}\end{cases} \tag{8.4-11}$$

由式（8.4-11）可见，新状态矢量下的系统矩阵 $\boldsymbol{A}_g$ 与原系统矩阵 $\boldsymbol{A}$ 为相似矩阵。由于相似矩阵不改变矩阵的特征值，故作为表征系统特性的特征值不因选择不同的状态矢量而改变。

系统的转移函数描述系统输入与输出之间的关系,与状态矢量的选择无关。因此对同一系统选择不同的状态矢量描述时，其系统转移函数应是相同的。也可证明如下：

用状态矢量 $\boldsymbol{g}(t)$ 描述系统时，系统的转移函数为

$$\boldsymbol{H}_g(s)=\boldsymbol{C}_g[s\boldsymbol{I}-\boldsymbol{A}_g]^{-1}\boldsymbol{B}_g+\boldsymbol{D}_g$$

将式（8.4-11）的关系代入到上式，有

$$\begin{aligned}\boldsymbol{H}_g(s)&=\boldsymbol{C}\boldsymbol{P}(s\boldsymbol{I}-\boldsymbol{P}^{-1}\boldsymbol{A}\boldsymbol{P})^{-1}\boldsymbol{P}^{-1}\boldsymbol{B}+\boldsymbol{D}\\&=\boldsymbol{C}(\boldsymbol{P}^{-1})^{-1}(s\boldsymbol{I}-\boldsymbol{P}^{-1}\boldsymbol{A}\boldsymbol{P})^{-1}\boldsymbol{P}^{-1}\boldsymbol{B}+\boldsymbol{D}\\&=\boldsymbol{C}[\boldsymbol{P}(s\boldsymbol{I}-\boldsymbol{P}^{-1}\boldsymbol{A}\boldsymbol{P})\boldsymbol{P}^{-1}]^{-1}\boldsymbol{B}+\boldsymbol{D}\\&=\boldsymbol{C}[s\boldsymbol{P}\boldsymbol{I}\boldsymbol{P}^{-1}-\boldsymbol{P}\boldsymbol{P}^{-1}\boldsymbol{A}\boldsymbol{P}\boldsymbol{P}^{-1}]^{-1}\boldsymbol{B}+\boldsymbol{D}\\&=\boldsymbol{C}[s\boldsymbol{I}-\boldsymbol{A}]^{-1}\boldsymbol{B}+\boldsymbol{D}\\&=\boldsymbol{H}(s)\end{aligned} \tag{8.4-12}$$

以上是以连续系统为例说明状态矢量的线性变换特性，其方法和结论同样适用于离散系统。

当系统的特征根均为单根时，常用的线性变换是将系统矩阵 $\boldsymbol{A}$ 变换为对角阵。下面举例说明具体变换方法。

【例 8-9】 已知描述某系统的系统矩阵为

$$\boldsymbol{A}=\begin{bmatrix}5 & 6\\ -2 & -2\end{bmatrix}$$

试将其变换为对角阵。

【解】 系统的特征多项式为

$$\det(\lambda\boldsymbol{I}-\boldsymbol{A})=\det\begin{bmatrix}\lambda-5 & -6\\ 2 & \lambda+2\end{bmatrix}=(\lambda-1)(\lambda-2)$$

$\boldsymbol{A}$ 的特征根为 $\lambda_1=1$，$\lambda_2=2$。

对应于 $\lambda_1=1$ 的特征矢量 $[\xi_{11},\xi_{21}]^{\mathrm{T}}$ 满足方程

$$(\lambda_1\boldsymbol{I}-\boldsymbol{A})\begin{bmatrix}\xi_{11}\\ \xi_{21}\end{bmatrix}=\boldsymbol{0}$$

即

$$\begin{bmatrix}1-5 & -6\\ 2 & 1+2\end{bmatrix}\begin{bmatrix}\xi_{11}\\ \xi_{21}\end{bmatrix}=\begin{bmatrix}0\\ 0\end{bmatrix}$$

于是有

$$-4\xi_{11}-6\xi_{21}=0$$
$$2\xi_{11}+3\xi_{21}=0$$

可见，属于 $\lambda_1=1$ 的特征矢量是多解的，选 $\xi_{11}=3$，则 $\xi_{21}=-2$。

对应于 $\lambda_2=2$ 的特征矢量 $[\xi_{12},\xi_{22}]^{\mathrm{T}}$ 满足方程

$$(\lambda_2\boldsymbol{I}-\boldsymbol{A})\begin{bmatrix}\xi_{12}\\ \xi_{22}\end{bmatrix}=\boldsymbol{0}$$

即

$$\begin{bmatrix}2-5 & -6\\ 2 & 2+2\end{bmatrix}\begin{bmatrix}\xi_{12}\\ \xi_{22}\end{bmatrix}=\begin{bmatrix}0\\ 0\end{bmatrix}$$

于是有

$$-3\xi_{12}-6\xi_{22}=0$$
$$2\xi_{12}+4\xi_{22}=0$$

可见，属于 $\lambda_2=2$ 的特征矢量也是多解的，选 $\xi_{12}=2$，则 $\xi_{22}=-1$。

由此构成的模态矩阵

$$\boldsymbol{P}=\begin{bmatrix}\xi_{11} & \xi_{12}\\ \xi_{21} & \xi_{22}\end{bmatrix}=\begin{bmatrix}3 & 2\\ -2 & -1\end{bmatrix}$$

$$\boldsymbol{p}^{-1}=\begin{bmatrix}-1 & -2\\ 2 & 3\end{bmatrix}$$

所以有

$$\boldsymbol{A}_g=\boldsymbol{P}^{-1}\boldsymbol{A}\boldsymbol{P}=\begin{bmatrix}-1 & -2\\ 2 & 3\end{bmatrix}\begin{bmatrix}5 & 6\\ -2 & -2\end{bmatrix}\begin{bmatrix}3 & 2\\ -2 & -1\end{bmatrix}=\begin{bmatrix}1 & 0\\ 0 & 2\end{bmatrix}$$

可见，对角阵 $\boldsymbol{A}_g$ 中对角线上的值就是系统的特征根。

8.4.2 系统的可控制性和可观测性

可控制性和可观测性是现代控制理论中两个很重要的基本概念。用状态方程和输出方程描述系统时,将着重考虑系统内部各状态变化的情况。其中，状态方程描述了输入作用所引起系统状态的变化情况，这就存在一个问题，系统的全部状态是否都能由输入来控制，即系统能否在有限时间内，在输入的作用下从某一状态转移到另一指定状态，这就是可控制性问题。输出方程描述了输出随状态变化的情况，那么，能否通过观测有限时间内的输出值来确定出系统的状态,这就是可观测性问题。

下面先从一个典型实例来直观认识可控制性和可观测性，然后再给出严格定义和判断方法。

1. 可控制性和可观测性的直观认识

【例 8-10】 某离散系统的状态方程和输出方程为

$$\begin{bmatrix} x_1(k+1) \\ x_2(k+1) \end{bmatrix} = \begin{bmatrix} -1 & 0 \\ 0 & -2 \end{bmatrix} \begin{bmatrix} x_1(k) \\ x_2(k) \end{bmatrix} + \begin{bmatrix} 1 & 1 \\ 0 & 0 \end{bmatrix} \begin{bmatrix} f_1(k) \\ f_2(k) \end{bmatrix}$$

$$[y(k)] = [1 \quad 0] \begin{bmatrix} x_1(k) \\ x_2(k) \end{bmatrix} + [1 \quad 0] \begin{bmatrix} f_1(k) \\ f_2(k) \end{bmatrix}$$

讨论输入对各状态变量的控制情况和通过观测输出 $y(k)$ 了解系统内部状态的情况。

【解】 由状态方程

$$x_1(k+1) = -x_1(k) + f_1(k) + f_2(k)$$

$$x_2(k+1) = -2x_2(k)$$

容易看出，状态变量直接受输入 $f_1(k)$ 和 $f_2(k)$ 的控制，因此从某一状态开始，选择适当的输入，经过有限的迭代即可转移到所指定的状态。而 $x_2(k)$ 不受输入的控制，并且与 $x_1(k)$ 无关，因此不能通过输入的控制作用使它转移到某个指定状态。故可以说，状态变量 $x_1(k)$ 是可控制的，而 $x_2(k)$ 是不可控制的。

由输出方程

$$y(k) = x_1(k) + f_1(k)$$

可看出，在已知输入的情况下，可从输出 $y(k)$ 中观测到 $x_1(k)$ 的变化情况，但想了解 $x_2(k)$ 的变化情况是不可能的。因此，可以说 $x_1(k)$ 是可观测的， $x_2(k)$ 是不可观测的。

由上例讨论可见，当系统矩阵 $\boldsymbol{A}$ 为对角阵时，由于各状态变量之间没有联系，因此可以直接从控制矩阵 $\boldsymbol{B}$ 中的 0 元素来判断对应状态变量的可控制性，如果 $\boldsymbol{B}$ 第 i 行的元素都为 0，则第 i 个状态变量是不可控制的；而可以直接从输出矩阵 $\boldsymbol{C}$ 中 0 元素来判断对应状态变量的可观测性，如果 $\boldsymbol{C}$ 中第 i 列的元素都为 0，则第 i 个状态变量是不可测的。

2. 系统的可控制性定义及其判别方法

系统的可控制性也称为能控制性，简称可控性或能控性。可定义为：当系统用状态方程描述时，给定系统的任意初始状态，如果存在一个输入矢量 $f(\cdot)$，在有限时间内把系统的全部状态引向状态空间的原点［即零状态 $x(\cdot)=0$］，则称系统是完全可控的，简称系统可控。如果只对部分状态变量能做到这一点，则称系统是不完全可控的。如何判断一个系统是否可控？

前面的实例实际上已经给出了一种判别方法。如果系统矩阵 $\boldsymbol{A}$ 为对角阵，则系统可控的充分必要条件是其相应的控制矩阵 $\boldsymbol{B}$ 中没有任何一行元素全部为零，如果系统矩阵 $\boldsymbol{A}$ 不是对角阵，并且其特征值互不相同，则可通过非奇异阵 $\boldsymbol{P}$ 将它化为对角阵 $\boldsymbol{A}_g$，这时控制矩阵 $\boldsymbol{B}$ 化为 $\boldsymbol{B}_g = \boldsymbol{P}^{-1}\boldsymbol{B}$，从而得到系统可控的充分必要条件是 $\boldsymbol{P}^{-1}\boldsymbol{B}$ 中没有任何一行元素全部为零。

更为一般的，为判别任意 n 阶系统是否可控，将矩阵 $\boldsymbol{A}$、$\boldsymbol{B}$ 组成可控性判别矩阵

$$\boldsymbol{M}_{\mathrm{c}}=[\boldsymbol{B}\ \ \boldsymbol{AB}\ \ \boldsymbol{A}^2\boldsymbol{B}\ \ \cdots\ \ \boldsymbol{A}^{n-1}\boldsymbol{B}] \tag{8.4-13}$$

系统可控的充分必要条件是 $\boldsymbol{M}_{\mathrm{c}}$ 满秩，即

$$\operatorname{rank}\boldsymbol{M}_{\mathrm{c}}=\operatorname{rank}[\boldsymbol{B}\ \ \boldsymbol{AB}\ \ \boldsymbol{A}^2\boldsymbol{B}\ \ \cdots\ \ \boldsymbol{A}^{n-1}\boldsymbol{B}]=n \tag{8.4-14}$$

该结论的证明可参阅有关现代控制理论方面的书籍。

【例 8-11】 给定下面两个连续系统

$$\text{(a)}\ \dot{x}(t)=\begin{bmatrix}2&1\\0&3\end{bmatrix}x(t)+\begin{bmatrix}1\\0\end{bmatrix}[f(t)]$$

$$\text{(b)}\ \dot{x}(t)=\begin{bmatrix}2&1\\0&3\end{bmatrix}x(t)+\begin{bmatrix}0\\1\end{bmatrix}[f(t)]$$

试判别这两个系统是否可控。

【解法一】 利用对角化。

由于这两个系统的系统矩阵 $\boldsymbol{A}$ 相同，故将它们对角化时所需的变换矩阵 $\boldsymbol{P}$ 相同。下面首先求矩阵 $\boldsymbol{P}$。

系统矩阵 $\boldsymbol{A}$ 的特征多项式为

$$\det(\lambda\boldsymbol{I}-\boldsymbol{A})=\det\begin{bmatrix}\lambda-2&-1\\0&\lambda-3\end{bmatrix}=(\lambda-2)(\lambda-3)$$

其特征根 $\lambda_1=2$、$\lambda_2=3$。

对于 $\lambda_1=2$，特征矢量 $[\xi_{11},\xi_{21}]^{\mathrm{T}}$ 满足方程

$$(\lambda_1\boldsymbol{I}-\boldsymbol{A})\begin{bmatrix}\xi_{11}\\\xi_{21}\end{bmatrix}=\boldsymbol{0}$$

即

$$\begin{bmatrix}2-2&-1\\0&2-3\end{bmatrix}\begin{bmatrix}\xi_{11}\\\xi_{21}\end{bmatrix}=\begin{bmatrix}0\\0\end{bmatrix}$$

于是有 $\xi_{21}=0$，ξ_{11} 可以任意，选 $\xi_{11}=1$。

对应于 $\lambda_2=3$ 的特征矢量 $[\xi_{12},\xi_{22}]^{\mathrm{T}}$ 满足方程

$$(\lambda_2\boldsymbol{I}-\boldsymbol{A})\begin{bmatrix}\xi_{12}\\\xi_{22}\end{bmatrix}=\boldsymbol{0}$$

即

$$\begin{bmatrix}3-2&-1\\0&3-3\end{bmatrix}\begin{bmatrix}\xi_{12}\\\xi_{22}\end{bmatrix}=\begin{bmatrix}0\\0\end{bmatrix}$$

于是有

$$\xi_{12}-\xi_{22}=0$$

选 $\xi_{12}=1$、$\xi_{22}=1$。于是得变换矩阵

$$\boldsymbol{P}=\begin{bmatrix}1&1\\0&1\end{bmatrix},\ \boldsymbol{P}^{-1}=\begin{bmatrix}1&-1\\0&1\end{bmatrix}$$

对（a）系统，有

$$\boldsymbol{P}^{-1}\boldsymbol{B}_{\mathrm{a}}=\begin{bmatrix}1&-1\\0&1\end{bmatrix}\begin{bmatrix}1\\0\end{bmatrix}=\begin{bmatrix}1\\0\end{bmatrix}$$

它有一行元素为零，故系统（a）不完全可控。其中，状态变量 $x_1(t)$ 可控， $x_2(t)$ 不可控。

对（b）系统，有

$$\boldsymbol{P}^{-1}\boldsymbol{B}_{\mathrm{b}}=\begin{bmatrix}1 & -1\\0 & 1\end{bmatrix}\begin{bmatrix}0\\1\end{bmatrix}=\begin{bmatrix}-1\\1\end{bmatrix}$$

它没有全为零的行，故系统（b）可控。

【解法二】 利用可控性判别矩阵。对系统（a），根据式（8.4-13）建立可控性判别矩阵

$$\boldsymbol{M}_{\mathrm{cs}}=[\boldsymbol{B}_{\mathrm{a}}\quad \boldsymbol{AB}_{\mathrm{a}}]=\left[\begin{bmatrix}1\\0\end{bmatrix}\begin{bmatrix}2 & 1\\0 & 3\end{bmatrix}\begin{bmatrix}1\\0\end{bmatrix}\right]=\begin{bmatrix}1 & 2\\0 & 0\end{bmatrix}$$

显然矩阵 $\boldsymbol{M}_{\mathrm{ca}}$ 不满秩，故系统（a）不完全可控。

对系统（b），根据式（8.4-13）建立可控性判别矩阵

$$\boldsymbol{M}_{\mathrm{cb}}=\left[\boldsymbol{B}_{\mathrm{b}}\quad \boldsymbol{AB}_{\mathrm{b}}\right]=\left[\begin{bmatrix}0\\1\end{bmatrix}\begin{bmatrix}2 & 1\\0 & 3\end{bmatrix}\begin{bmatrix}0\\1\end{bmatrix}\right]=\begin{bmatrix}0 & 1\\1 & 3\end{bmatrix}$$

由于 $\operatorname{rank}\boldsymbol{M}_{\mathrm{cb}}=2$，矩阵 $\boldsymbol{M}_{\mathrm{cb}}$ 满秩，故系统（b）可控。

3．系统的可观测性定义及其判别方法

系统的可观测性也称为能观测性，简称可观性或能观性。可定义为：当系统用状态方程描述时，给定输入（控制），若能在有限时间间隔内根据系统的输出唯一地确定系统的所有初始状态，则称系统是完全可观测的，简称系统可观。若只能确定部分初始状态，则称系统是不完全可观测的。

同样，根据例 8-10 的讨论也可以得到一种判别系统是否可观的方法。如果系统矩阵 $\boldsymbol{A}$ 为对角阵，则系统可观的充分必要条件是其相应的输出矩阵 $\boldsymbol{C}$ 中没有任何一列元素全部为零。如果系统矩阵 $\boldsymbol{A}$ 不是对角阵，并且其特征值互不相同，则可通过模态矩阵 $\boldsymbol{P}$ 将它化为对角阵 $\boldsymbol{A}_g$，这时输出矩阵 $\boldsymbol{C}$ 化为 $\boldsymbol{C}_g=\boldsymbol{CP}$，从而得到系统可观的充分必要条件是 $\boldsymbol{CA}$ 中没有任何一列元素全部为零。

更一般地，为判别任意 n 阶系统是否可观，将矩阵 $\boldsymbol{A}$、$\boldsymbol{C}$ 组成可观性判别矩阵

$$\boldsymbol{M}_{\mathrm{o}}=\begin{bmatrix}\boldsymbol{C}\\\boldsymbol{CA}\\\boldsymbol{CA}^2\\\vdots\\\boldsymbol{CA}^{n-1}\end{bmatrix}\tag{8.4-15}$$

系统可控的充分必要条件是 $\boldsymbol{M}_{\mathrm{a}}$ 满秩，即

$$\operatorname{rank}\boldsymbol{M}_o=n\tag{8.4-16}$$

该结论的证明可参阅有关现代控制理论方面的书籍。

【例 8-12】 如果有两个离散系统，它们的状态方程相同，为

$$\boldsymbol{x}(k+1)=\begin{bmatrix}2 & 1\\0 & 3\end{bmatrix}\begin{bmatrix}x_1(k)\\x_2(k)\end{bmatrix}+\begin{bmatrix}1\\0\end{bmatrix}[f(k)]$$

其输出方程为

$$y_{\mathrm{a}}(k)=[1\quad -1]\begin{bmatrix}x_1(k)\\x_2(k)\end{bmatrix}$$

$$y_{\mathrm{b}}(k)=[1\quad 0]\begin{bmatrix}x_1(k)\\x_2(k)\end{bmatrix}+f(k)$$

试判别系统 a 和 b 是否可观。

【解法一】 利用对角化矩阵

这里系统矩阵 $\boldsymbol{A}$ 与例 8-11 相同，故其对角化时所需的变换矩阵 $\boldsymbol{P}$ 相同，即

$$\boldsymbol{P}=\begin{bmatrix}1 & 1\\ 0 & 1\end{bmatrix}$$

对系统 a，有

$$\boldsymbol{C}_{\mathrm{a}}\boldsymbol{P}=[1\quad -1]\begin{bmatrix}1 & 1\\ 0 & 1\end{bmatrix}=[1\quad 0]$$

矩阵 $\boldsymbol{C}_{\mathrm{a}}\boldsymbol{P}$ 中有全零元素的列，故系统 a 不完全可观。其中，状态变量 $x_1(k)$ 可观，$x_2(k)$ 不可观。

对系统 b，有

$$\boldsymbol{C}_{\mathrm{b}}\boldsymbol{P}=[1\quad 0]\begin{bmatrix}1 & 1\\ 0 & 1\end{bmatrix}=[1\quad 1]$$

矩阵 $\boldsymbol{C}_{\mathrm{b}}\boldsymbol{P}$ 中没有零元素的列，故系统 b 可观。

【解法二】 利用可观性判别矩阵。

对系统 a，根据式（8.4-15）建立可观性判别矩阵

$$\boldsymbol{M}_{\mathrm{oa}}=\begin{bmatrix}\boldsymbol{C}_{\mathrm{a}}\\ \boldsymbol{C}_{\mathrm{a}}\boldsymbol{A}\end{bmatrix}=\begin{bmatrix}[1\ \text{-}\ 1]\\ [1\ \text{-}\ 1]\begin{bmatrix}2 & 1\\ 0 & 3\end{bmatrix}\end{bmatrix}=\begin{bmatrix}1 & -1\\ 2 & -2\end{bmatrix}$$

由于 $\operatorname{rank}\boldsymbol{M}_{\mathrm{oa}}=1\neq 2$，所以矩阵 $\boldsymbol{M}_{\mathrm{oa}}$ 不是满秩，故系统 a 不完全可观。

对于系统 b，根据式（8.4-15）建立可观性判别矩阵

$$\boldsymbol{M}_{\mathrm{ob}}=\begin{bmatrix}\boldsymbol{C}_{\mathrm{b}}\\ \boldsymbol{C}_{\mathrm{b}}\boldsymbol{A}\end{bmatrix}=\begin{bmatrix}[1\ \text{-}\ 0]\\ [1\ \text{-}\ 0]\begin{bmatrix}2 & 1\\ 0 & 3\end{bmatrix}\end{bmatrix}=\begin{bmatrix}1 & 0\\ 2 & -1\end{bmatrix}$$

由于 $\operatorname{rank}\boldsymbol{M}_{\mathrm{ob}}=2$，所以矩阵 $\boldsymbol{M}_{\mathrm{ob}}$ 满秩，故系统 b 可观。

4．可控性、可观性与系统转移函数之间的关系

在描述一个给定的系统时，现代控制理论使用状态方程，而经典控制理论使用传递函数（转移函数）。过去人们一直认为这两种方法本质上是一样的，应该得出相同的结果。直到 1960 年 R.E.卡尔曼（R.E.Kalman）第一个证实了这种等价是有条件的。这里只通过一个例题说明其中的问题，而不去详细地论证。

【例 8-13】 若 LTI 系统的状态方程和输出方程为

$$\begin{bmatrix}\dot{x}_1(t)\\ \dot{x}_2(t)\\ \dot{x}_3(t)\end{bmatrix}=\begin{bmatrix}-1 & -2 & -1\\ 0 & 3 & 0\\ 0 & 0 & -2\end{bmatrix}\begin{bmatrix}x_1(t)\\ x_2(t)\\ x_3(t)\end{bmatrix}+\begin{bmatrix}2\\ -2\\ 1\end{bmatrix}[f(t)] \tag{8.4-17}$$

$$y(t)=[2\quad 1\quad -1]\begin{bmatrix}x_1(t)\\ x_2(t)\\ x_3(t)\end{bmatrix} \tag{8.4-18}$$

（1）检查系统的可控性和可观性；

（2）求系统的转移函数 $H(s)$。

【解】（1）为将系统矩阵 $\boldsymbol{A}$ 化为对角阵，先求模态矩阵 $\boldsymbol{P}$。

$\boldsymbol{A}$ 的特征多项式

$$\det(\lambda \boldsymbol{I}-\boldsymbol{A})=\det\begin{bmatrix}\lambda+1 & 2 & 1\\ 0 & \lambda-3 & 0\\ 0 & 0 & \lambda+2\end{bmatrix}=(\lambda+1)(\lambda+2)(\lambda-3)$$

其特征根为 $\lambda_1=-1$、$\lambda_2=-2$、$\lambda_3=3$。

对于各 λ_i(i=1,2,3)，有特征矢量 $\boldsymbol{\xi}_i$ 满足方程

$$(\lambda_1 \boldsymbol{I}-\boldsymbol{A})\begin{bmatrix}\xi_{1i}\\ \xi_{2i}\\ \xi_{3i}\end{bmatrix}=\boldsymbol{0}$$

对于 $\lambda_1=-1$，有

$$\begin{bmatrix}0 & 2 & 1\\ 0 & -4 & 0\\ 0 & 0 & 1\end{bmatrix}\begin{bmatrix}\xi_{11}\\ \xi_{21}\\ \xi_{31}\end{bmatrix}=\begin{bmatrix}0\\ 0\\ 0\end{bmatrix}$$

于是有 $\xi_{21}=\xi_{31}=0$，选 $\xi_{11}=1$。

对于 $\lambda_2=-2$，有

$$\begin{bmatrix}-1 & 2 & 1\\ 0 & -5 & 0\\ 0 & 0 & 0\end{bmatrix}\begin{bmatrix}\xi_{12}\\ \xi_{22}\\ \xi_{32}\end{bmatrix}=\begin{bmatrix}0\\ 0\\ 0\end{bmatrix}$$

故有 $\xi_{22}=0$ 和 $-\xi_{12}+\xi_{32}=0$，选 $\xi_{12}=\xi_{32}=1$。

对于 $\lambda_3=3$，有

$$\begin{bmatrix}4 & 2 & 1\\ 0 & 0 & 0\\ 0 & 0 & 5\end{bmatrix}\begin{bmatrix}\xi_{13}\\ \xi_{23}\\ \xi_{33}\end{bmatrix}=\begin{bmatrix}0\\ 0\\ 0\end{bmatrix}$$

故有 $\xi_{33}=0$ 和 $4\xi_{13}+2\xi_{23}=0$，选 $\xi_{13}=1$，则 $\xi_{23}=-2$。所以得到模态矩阵

$$\boldsymbol{P}=\begin{bmatrix}\xi_{11} & \xi_{12} & \xi_{13}\\ \xi_{21} & \xi_{22} & \xi_{23}\\ \xi_{31} & \xi_{32} & \xi_{33}\end{bmatrix}=\begin{bmatrix}1 & 1 & 1\\ 0 & 0 & -2\\ 0 & 1 & 0\end{bmatrix}$$

其逆为

$$\boldsymbol{P}^{-1}=\begin{bmatrix}1 & 0.5 & 1\\ 0 & 0 & 1\\ 0 & -0.5 & 0\end{bmatrix}$$

对状态方程式（8.4-17）和输出方程式（8.4-18）进行线性变换。根据式（8.4-9）和式（8.4-10）得变换后的状态方程和输出方程为

$$\dot{\boldsymbol{g}}(t)=\boldsymbol{P}^{-1}\boldsymbol{A}\boldsymbol{P}\boldsymbol{g}(t)+\boldsymbol{P}^{-1}\boldsymbol{B}\boldsymbol{f}(t)=\boldsymbol{A}_g\boldsymbol{g}(t)+\boldsymbol{B}_g\boldsymbol{f}(t)$$

$$\boldsymbol{y}(t)=\boldsymbol{C}\boldsymbol{P}\boldsymbol{g}(t)=\boldsymbol{C}_g\boldsymbol{g}(t)$$

将有关矩阵代入后，得

$$\begin{bmatrix}\dot{g}_1(t)\\ \dot{g}_2(t)\\ \dot{g}_3(t)\end{bmatrix}=\begin{bmatrix}-1 & 0 & 0\\ 0 & -2 & 0\\ 0 & 0 & 3\end{bmatrix}\begin{bmatrix}g_1(t)\\ g_2(t)\\ g_3(t)\end{bmatrix}+\begin{bmatrix}0\\ 1\\ 1\end{bmatrix}[f(t)] \tag{8.4-19}$$

$$y(t)=[2\quad 1\quad 0]\begin{bmatrix} g_1(t) \\ g_2(t) \\ g_3(t) \end{bmatrix} \tag{8.4-20}$$

由式（8.4-19）可见，控制矩阵 $\boldsymbol{B}_g$（即 $\boldsymbol{P}^{-1}\boldsymbol{B}$）有零元素，故系统不完全可控。由式（8.4-20）可见，输出矩阵 $\boldsymbol{C}_g$（即 $\boldsymbol{CP}$）有零元素，故系统不完全可观。

按式（8.4-19）和式（8.4-20）画出的系统框图如图 8.10 所示。由系统框图能直观地了解系统可控性和可观性的含义。图中状态变量为 $g_1(t)$ 的子系统是不可控的，而 $g_3(t)$ 的子系统是不可观的。

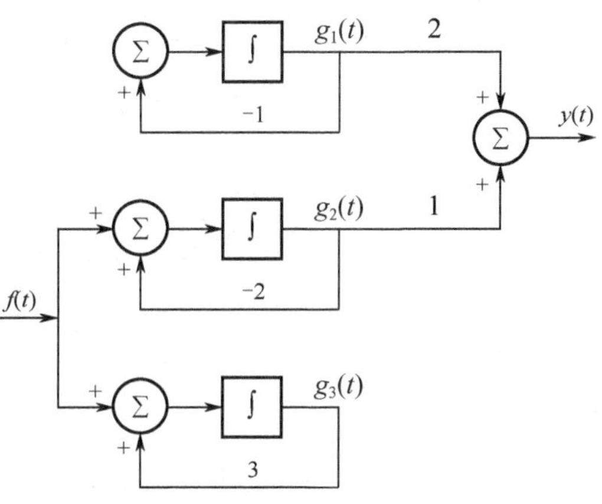

图 8.10　例 8-13 的图

（2）求系统的转移函数。

由式（8.4-12）知，系统的转移函数（本例 $\boldsymbol{D}=0$）为

$$\boldsymbol{H}(s)=\boldsymbol{H}_g(s)=\boldsymbol{C}_g[s\boldsymbol{I}-\boldsymbol{A}]^{-1}\boldsymbol{B}_g$$

将有关矩阵代入上式，得

$$\begin{aligned} H(s)&=[2\quad 1\quad 0]\begin{bmatrix} s+1 & 0 & 0 \\ 0 & s+2 & 0 \\ 0 & 0 & s-3 \end{bmatrix}^{-1}\begin{bmatrix} 0 \\ 1 \\ 1 \end{bmatrix} \\ &=\frac{[2\quad 1\quad 0]\begin{bmatrix} (s+2)(s-3) & 0 & 0 \\ 0 & (s+1)(s-3) & 0 \\ 0 & 0 & (s+1)(s+2) \end{bmatrix}\begin{bmatrix} 0 \\ 1 \\ 1 \end{bmatrix}}{(s+1)(s+2)(s-3)} \\ &=\frac{(s+1)(s-3)}{(s+1)(s+2)(s-3)}=\frac{1}{s+2} \end{aligned} \tag{8.4-21}$$

由系统函数（转移函数）$H(s)$ 的最后结果看，系统有唯一的极点 $s=-2$，这表明系统是稳定的。但在计算 $H(s)$ 的过程中有一个在右半平面的极点 $s=3$ 与零点相互抵消了。实际上，在系统内部“潜藏”着不稳定因素，而这种情况仅从输出是观测不到的。因此，系统的转移函数（系统函数或称传递函数）不能完全地把系统的状态表示出来。

分析表明，系统可分为四类子系统；

（1）既可控又可观的子系统（如图 8.10 中子系统 g_2）。

（2）不可控但可观的子系统（如图 8.10 中子系统 g_1）。

（3）可控但不可观的子系统（如图 8.10 中子系统 g_3）。

（4）既不可控又不可观的子系统。

卡尔曼–吉伯特定理指出：系统的转移函数所表示的是系统中既可控又可观的那一部分子系统。

由此可得出一个重要结论：一个线性系统，若系统的系统函数（转移函数）$H(s)$ 没有极点、零点相抵消的现象，则系统是既可控又可观的；如果有极点、零点互消现象，则它将是不完全可控或不完全可观的。零极点相消部分必定是不可控或不可观部分，而留下的是可控或可观的。

因而可得系统函数描述系统只能反映系统中可控和可观部分的运动规律，而用状态方程和输出方程来描述系统比系统函数描述更全面、更详尽。

习 题 八

8.1　某连续因果系统的信号流图如题 8.1 图所示，

（1）利用梅森公式求系统函数 $H(s)$，并判断系统的稳定性；

（2）若选 x_1、x_2 为状态变量，试列出系统的状态方程和输出方程。

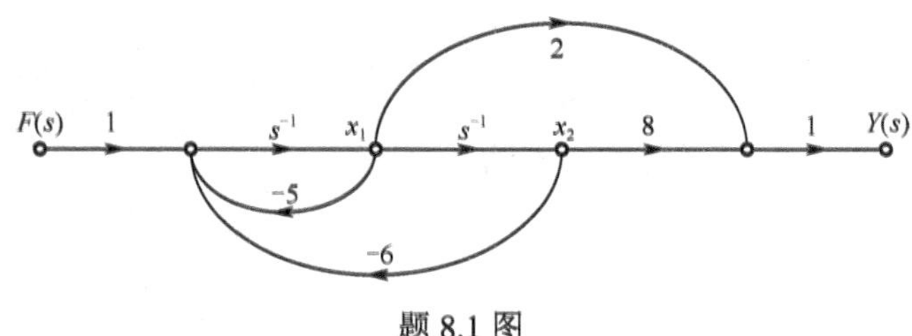

题 8.1 图

8.2　描述某 LTI 连续系统的微分方程为

$$y'''(t)+5y''(t)+y'(t)+2y(t)=f'(t)+2f(t)$$

列写该系统的状态方程和输出方程。

8.3　描述某连续系统的系统函数为

$$H(s)=\frac{2s^2+9s}{s^2+4s+12}$$

画出其直接形式的信号流图，写出相应的状态方程和输出方程。

8.4　某 LTI 因果离散系统的信号流图如题 8.4 图所示，状态变量 x_1、x_2、x_3 如图中所标，列写该离散系统的状态方程与输出方程。

8.5　某 LTI 因果离散系统的信号流图如题 8.5 图所示，状态变量 x_1、x_2、x_3 如图中所标，列写该离散系统的状态方程与输出方程。

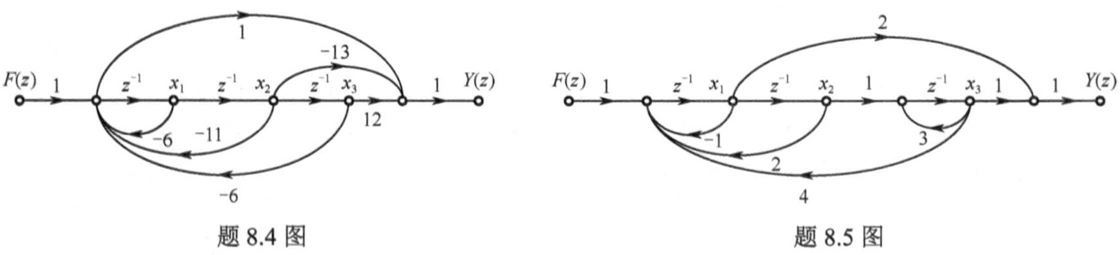

题 8.4 图　　题 8.5 图

8.6　已知连续系统状态方程中的系统矩阵 $\boldsymbol{A}=\begin{bmatrix}-1 & 2\\ -1 & -4\end{bmatrix}$，求其预解矩阵 $\boldsymbol{\Phi}(s)$。

8.7　描述某离散系统的差分方程为

$$y(k)+4y(k-1)+3y(k-2)=f(k-1)+2f(k-2)$$

已知当 $f(k)=0$ 时，其初始值 $y(0)=0$，$y(1)=1$。

（1）写出该系统的状态方程和输出方程。

（2）求出初始状态 $x_1(0)$ 和 $x_2(0)$。

8.8　某离散系统的状态方程和输出方程为

$$x(k+1)=\begin{bmatrix}-2 & -3\\ 2 & 1\end{bmatrix}x(k)+\begin{bmatrix}1\\ 0\end{bmatrix}f(k)$$

$$y(k)=[3\quad 2]x(k)$$

（1）试画出该系统的信号流图，并在图上标出状态变量；

（2）利用梅森公式求其系统函数 $H(z)$。

8.9　已知系统的状态方程和输出方程为

$$\begin{bmatrix}\dot{x}_1(t)\\ \dot{x}_2(t)\end{bmatrix}=\begin{bmatrix}-1 & 0\\ 1 & -3\end{bmatrix}\begin{bmatrix}x_1(t)\\ x_2(t)\end{bmatrix}+\begin{bmatrix}1\\ 0\end{bmatrix}[f(t)]$$

$$y(t)=[-0.5\quad 1]\begin{bmatrix}x_1(t)\\ x_2(t)\end{bmatrix}+[1]f(t)$$

系统的输入 $f(t)=\varepsilon(t)$，初始状态 $x_1(0_-)=1$，$x_2(0_-)=2$。求

（1）系统函数 $H(s)$ 和冲激响应 $h(t)$；

（2）状态变量 $x(t)$；

（3）系统的输出 $y(t)$。

8.10　已知某连续因果系统的系统矩阵 $A=\begin{bmatrix}4 & 3\\ -3 & 4\end{bmatrix}$，判断该系统是否稳定？

8.11　某连续系统的状态方程和输出方程为

$$\begin{bmatrix}\dot{x}_1(t)\\ \dot{x}_2(t)\end{bmatrix}=\begin{bmatrix}-4 & 1\\ -3 & 0\end{bmatrix}\begin{bmatrix}x_1(t)\\ x_2(t)\end{bmatrix}+\begin{bmatrix}1\\ 1\end{bmatrix}[f(t)]$$

$$y(t)=[1\quad 0]\begin{bmatrix}x_1(t)\\ x_2(t)\end{bmatrix}$$

（1）求系统函数 $H(s)$ 及系统的微分方程；

（2）系统在 $f(t)=\varepsilon(t)$ 的作用下的全响应为 $y(t)=\left(\frac{1}{3}+\frac{1}{2}e^{-t}-\frac{5}{6}e^{-3t}\right)\varepsilon(t)$，求系统的初始状态 $x_1(0_-)$、$x_2(0_-)$。

8.12　对题 8.12 图所示电路，以 $u_C(t)$、$i_L(t)$ 为状态变量，以 $y_1(t)$、$y_2(t)$ 为输出，列写该电路的状态方程和输出方程。

8.13　如题 8.13 图所示因果连续系统的框图，

（1）写出以 $x_1(t)$、$x_2(t)$ 为状态变量的状态方程和输出方程；

（2）为使该系统稳定，常数 a、b 应满足什么条件？

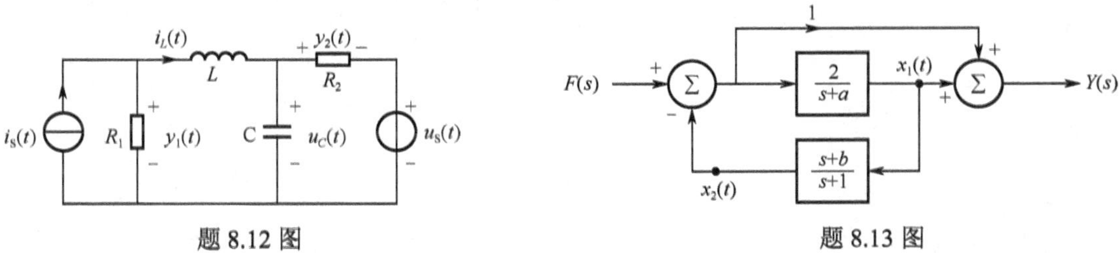

题 8.12 图　　　　题 8.13 图

8.14　某因果离散系统状态方程的系统矩阵 $\boldsymbol{A}=\begin{bmatrix}1 & b\\ 2 & 0.5\end{bmatrix}$，当 b 为何值时系统稳定？

8.15　已知离散因果系统的动态方程为

$$\begin{bmatrix}x_1(k+1)\\ x_2(k+1)\end{bmatrix}=\begin{bmatrix}0 & 1\\ -6 & 5\end{bmatrix}\begin{bmatrix}x_1(k)\\ x_2(k)\end{bmatrix}+\begin{bmatrix}0\\ 1\end{bmatrix}[f(k)]$$

$$\begin{bmatrix}y_1(k)\\ y_2(k)\end{bmatrix}=\begin{bmatrix}1 & 1\\ 2 & -1\end{bmatrix}\begin{bmatrix}x_1(k)\\ x_2(k)\end{bmatrix}$$

初始状态为$\begin{bmatrix} x_1(0) \\ x_2(0) \end{bmatrix} = \begin{bmatrix} 1 \\ 2 \end{bmatrix}$，激励 $f(k) = \varepsilon(k)$。

（1）求状态方程的解和系统的输出。

（2）求系统函数 $H(z)$ 和系统的单位序列响应 $h(k)$。

8.16　某离散系统的状态方程和输出方程为

$$\begin{bmatrix} x_1(k+1) \\ x_2(k+1) \end{bmatrix} = \begin{bmatrix} 0 & 1 \\ a & b \end{bmatrix} \begin{bmatrix} x_1(k) \\ x_2(k) \end{bmatrix} + \begin{bmatrix} 1 \\ 0 \end{bmatrix} [f(k)]$$

$$\begin{bmatrix} y_1(k) \\ y_2(k) \end{bmatrix} = [3 \quad 1] \begin{bmatrix} x_1(k) \\ x_2(k) \end{bmatrix}$$

系统的零输入响应为 $y_{zi}(k) = (-1)^k + 3 \cdot 3^k$，$k \geqslant 0$。

（1）求常数 a 和 b。

（2）求$\begin{bmatrix} x_1(k) \\ x_2(k) \end{bmatrix}$。

8.17　某离散系统的状态方程和输出方程为

$$\begin{bmatrix} x_1(k+1) \\ x_2(k+1) \end{bmatrix} = \begin{bmatrix} 0 & 1 \\ 2 & -1 \end{bmatrix} \begin{bmatrix} x_1(k) \\ x_2(k) \end{bmatrix} + \begin{bmatrix} 0 \\ 1 \end{bmatrix} [f(k)]$$

$$\begin{bmatrix} y_1(k) \\ y_2(k) \end{bmatrix} = [0 \quad 1] \begin{bmatrix} x_1(k) \\ x_2(k) \end{bmatrix}$$

（1）判断系统的可观测性。

（2）已知输入 $f(0) = 0$、$f(1) = 1$，观测值为 $y(1) = 1$、$y(2) = 6$，试确定初始状态 $x_1(0)$ 和 $x_2(0)$。

8.18　某连续系统的状态方程和输出方程为

$$\begin{bmatrix} \dot{x}_1(t) \\ \dot{x}_2(t) \end{bmatrix} = \begin{bmatrix} 1 & 1 \\ 2 & -1 \end{bmatrix} \begin{bmatrix} x_1(t) \\ x_2(t) \end{bmatrix} + \begin{bmatrix} 0 \\ 1 \end{bmatrix} [f(t)]$$

$$y(t) = [1 \quad 0] \begin{bmatrix} x_1(t) \\ x_2(t) \end{bmatrix}$$

判断该系统的可控制性和可观测性。

第 9 章　信号与系统的 MATLAB 实现

9.1　信号基本运算的 MATLAB 实现

9.1.1　利用 MATLAB 实现常用的连续信号波形

严格地说，MATLAB 不能处理连续信号，它是用连续信号在等间隔点的样值来近似表示连续信号的。当采样间隔足够小时，这些样值就能较好地近似表示连续信号。

MATLAB 提供了大量的内部函数，用于生成常用的信号波形，如单位阶跃信号、指数信号、正弦信号、周期矩形脉冲信号、三角波等。

1．阶跃信号

阶跃信号用 heaviside(　)产生，其调用格式为 heaviside(x)；

表示当 x<0 时，返回 0；当 x=0 时，返回 NaN；当 x>0 时，返回 1。

【例 9-1】 编写 MATLAB 程序产生单位阶跃信号。

【解】 调用 heaviside (　)函数实现单位阶跃信号仿真，MATLAB 源程序如下：

```
%产生单位阶跃信号，并利用 plot 命令绘制波形
clear all;close all; clc;
t=-1:0.01:3;
f=heaviside(t);
plot(t,f);
axis([-1,3,-0.2,1.2]);
set(gcf,'color','w');
title('单位阶跃信号');
xlabel('时间 t');
ylabel('幅度');
```

绘制的单位阶跃信号的波形如图 9.1 所示。

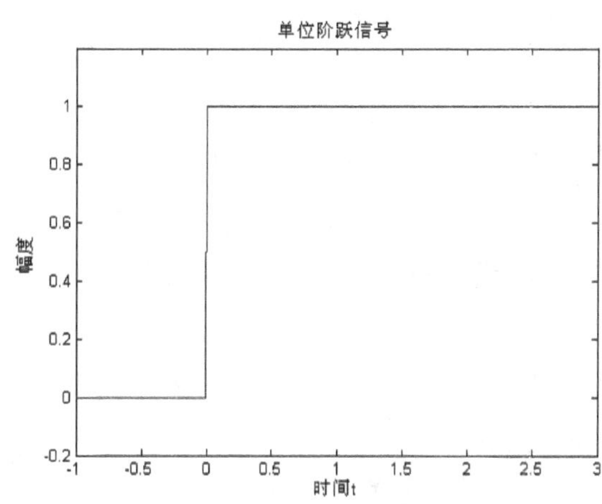

图 9.1　单位阶跃信号的波形

2．指数信号

指数信号的数学模型为 $f(t)=\mathrm{e}^{(\alpha+\mathrm{j}\omega)t}$，若 $\omega=0$，为实指数信号；若 $\alpha=0$，则为虚指数函数，其实部为余弦函数，虚部为正弦函数；若 $\alpha\neq0$，$\omega\neq0$，则为复指数函数。

指数信号用 exp( )函数产生，其调用格式为 exp(x)，表示信号 e^x。

【例 9-2】 编写 MATLAB 程序产生下列实指数信号

（1）$f_1(t)=\mathrm{e}^{(-0.5)t}$　　（2）$f_2(t)=\mathrm{e}^{0.5t}$　　（3）$f_3(t)=\mathrm{e}^{-t}\varepsilon(t)$

【解】 调用 exp ( )函数实现指数信号仿真，MATLAB 源程序如下：

```
clear all;close all; clc;
syms   a   t;
f=sym('exp(a*t)');                        %产生指数衰减信号
f1=subs(f,'a','-0.5');                    %变量替换
subplot(1,3,1);
ezplot(f1,[-4,4]);                        %绘制波形
f2=subs(f,'a','0.5');                     %产生指数增长信号
subplot(1,3,2);
ezplot(f2,[-4,4]);                        %绘制波形
f3=exp(-1*t).*Heaviside(t);               %产生单边指数衰减信号
subplot(1,3,3);
ezplot(f3,[-1,5]);                        %绘制波形
title('单边指数信号 exp(-t)');
```

绘制的三个信号的波形如图 9.2 所示。

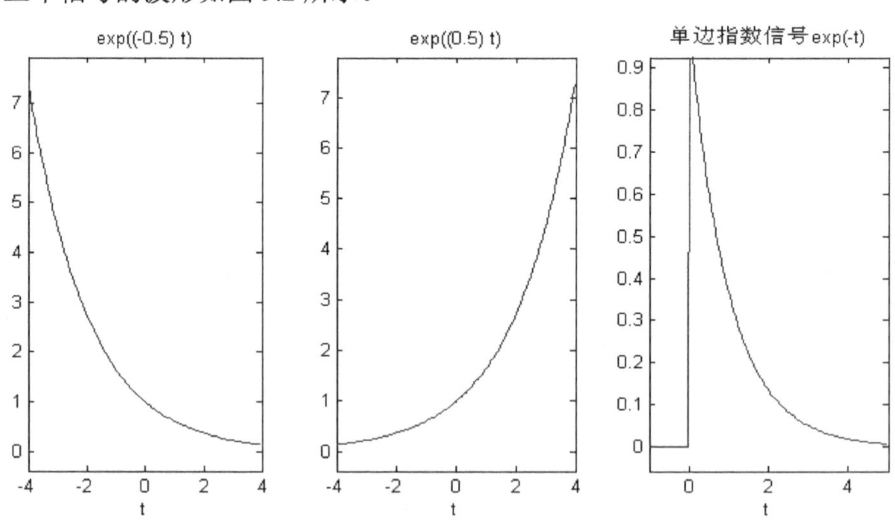

图 9.2　实指数信号的波形

【例 9-3】 编写 MATLAB 程序产生复指数信号 $f(t)=\mathrm{e}^{(-0.5+\mathrm{j}10)t}$。

【解】 调用 exp ( )函数实现复指数信号仿真，MATLAB 源程序如下：

```
clear all;close all; clc;
t0=0;tf=6;dt=0.05;
t=[t0:dt:tf];
alpha=-0.5;w=10;
f=exp((alpha+j*w)*t);                     %产生复指数信号
subplot(1,2,1);
```

```
plot(t,real(f));                              %求出复指数信号的实部，并绘制图形
xlabel('t');
grid;
subplot(1,2,2);
plot(t,imag(f));                              %求出复指数信号的虚部，并绘制图形
xlabel('t');
grid;
```

所绘制的复指数信号的实部和虚部如图 9.3 所示。

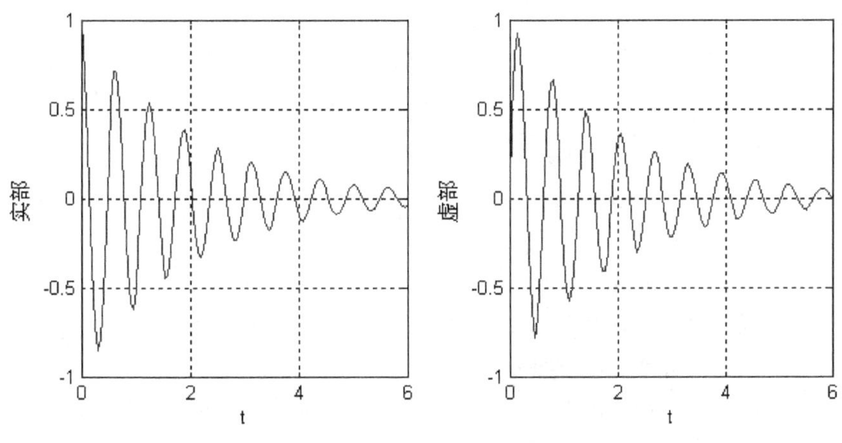

图 9.3　复指数信号的实部和虚部波形

3. 正（余）弦信号

正弦信号用 sin(　)函数产生，其调用格式为 sin(x)，表示正弦信号 $\sin x$；余弦信号用 cos(　)函数产生，其调用格式为 cos(x)，表示余弦信号 $\cos x$。

【例 9-4】 编写 MATLAB 程序产生信号 $f_1(t)=1+\cos t$ 和 $f_2(t)=3\sin\left(\dfrac{\pi}{2}t\right)$。

【解】 调用 cos (　)函数和 sin(　)函数实现信号仿真，MATLAB 源程序如下：

```
clear all;close all; clc;
p=0.001;
t=-pi:p:pi;
f=1+cos(t);                                   %产生信号
plot(t,f) ;                                   %绘制波形
title('f(t)=1+cos(t)') ;
xlabel('t') ;
axis([-pi,pi,-0.2,2.4]) ;
pause;
syms   w   t;
f=sym('3*sin((w)*t)')                         %定义符号表达式
f1=subs(f,'w','pi/2')                         %变量替换
ezplot(f1,[0,4*pi])                           %绘制波形
```

所绘制的信号波形如图 9.4 所示。

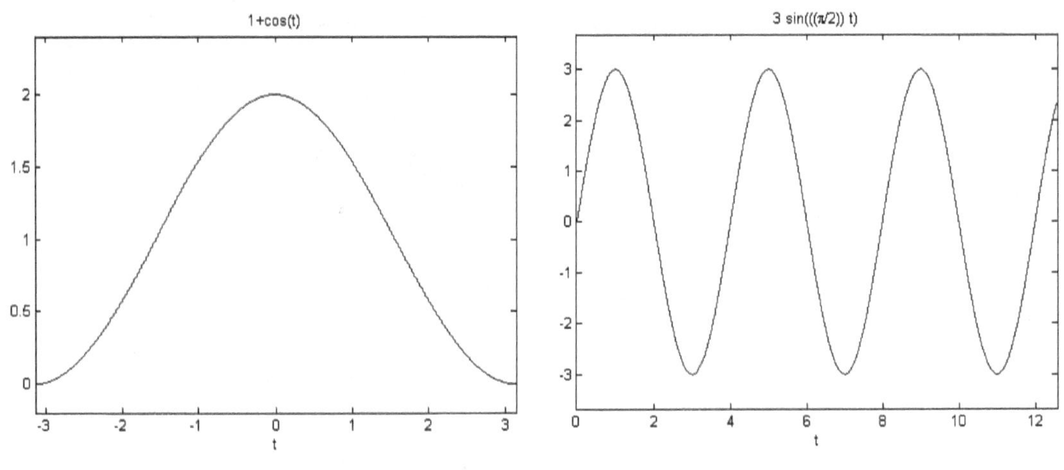

图 9.4 正（余）弦信号波形

4．三角脉冲信号

三角脉冲信号用 tripuls( )函数产生，其调用格式有三种：

（1）tripuls (x)，表示产生一个幅度为 1，宽度为 1，且以 x＝0 为中心左右展开 1/2 的三角波；

（2）tripuls (x,width)，表示产生一个幅度为 1，宽度为 width 的三角波；

（3）tripuls (x,width,rake)，表示可产生一个幅度为 1，宽度为 width，斜度为 rake（$-1\leqslant \text{rake}\leqslant 1$）的三角波。

【例 9-5】 编写 MATLAB 程序产生下列三角信号

（1）$f_1(t)=\begin{cases}1-2|t|, & |t|<\dfrac{1}{2}\\ 0, & |t|>\dfrac{1}{2}\end{cases}$ （2）$f_2(t)=\begin{cases}1-\dfrac{1}{2}|t|, & |t|<2\\ 0, & |t|>2\end{cases}$ （3）$f_3(t)=\begin{cases}\dfrac{1}{4}t+\dfrac{1}{2}, & |t|<2\\ 0, & |t|>2\end{cases}$

【解】 调用 tripuls ( )函数实现信号仿真，MATLAB 源程序如下：

```
clear all;close all; clc;
t=-3:0.01:3;
f1=tripuls(t);                    %产生幅度为 1，宽度为 1 的三角信号
subplot(1,3,1) ;
plot(t,f1) ;                      %绘制波形
xlabel('t') ;
axis([-3,3,-0.2,1.2]) ;
set(gcf,'color','w') ;
f2=tripuls(t,4);                  %产生幅度为 1，宽度为 4 的三角信号
subplot(1,3,2) ;
plot(t,f2) ;                      %绘制波形
xlabel('t') ;
axis([-3,3,-0.2,1.2]) ;
f3=tripuls(t,4,1);                %产生幅度为 1，宽度为 4，斜度为 1 的三角信号
subplot(1,3,3) ;
plot(t,f3) ;
xlabel('t') ;
axis([-3,3,-0.2,1.2]) ;
```

所绘制的信号波形如图 9.5 所示。

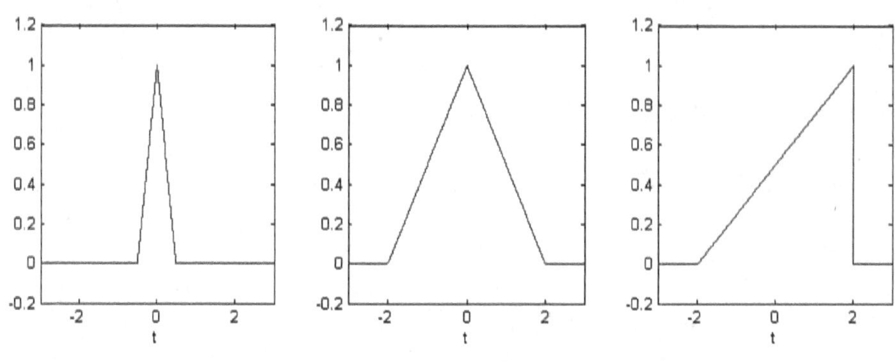

图 9.5　三角脉冲信号波形

5．矩形脉冲信号

矩形脉冲信号用 rectpuls(　)函数产生，其调用格式有两种：

（1）rectpuls(x)，表示产生以 x=0 为对称轴，幅度为 1，宽度为 1 的矩形脉冲信号；

（2）rectpuls(x,width)，表示产生以 x=0 为对称轴，宽度为 width 的矩形脉冲信号。

【例 9-6】 编写 MATLAB 程序产生矩形脉冲信号

（1）$g_1(t)=\begin{cases}1, & |t|<\dfrac{1}{2}\\ 0, & |t|>\dfrac{1}{2}\end{cases}$　　　　（2）$g_2(t)=\begin{cases}1, & |t|<1\\ 0, & |t|>1\end{cases}$

【解】 调用 rectpuls (　)函数实现信号仿真，MATLAB 源程序如下：

```
clear all;close all; clc;
t=-3:0.01:3;
f1=rectpuls(t);                    %产生幅度为 1，宽度为 1 的矩形脉冲信号
subplot(1,2,1);
plot(t,f1);                        %绘制波形
xlabel('t');
axis([-3,3,-0.2,1.2]);
set(gcf,'color','w');
f2=rectpuls(t,2);                  %产生幅度为 1，宽度为 2 的矩形脉冲信号
subplot(1,2,2);
plot(t,f2);                        %绘制波形
xlabel('t');
axis([-3,3,-0.2,1.2]);
```

所绘制的信号波形如图 9.6 所示。

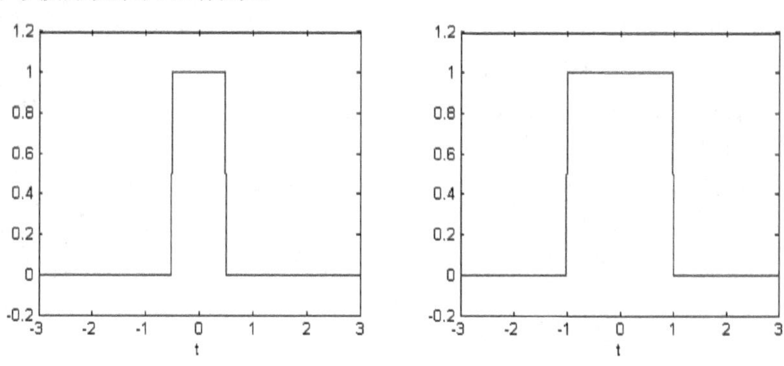

图 9.6　矩形脉冲信号波形

6．采样信号

采样信号用 sinc( )函数产生，其调用格式为 sinc(t)，表示产生 $\sin c(t)=\dfrac{\sin(\pi t)}{\pi t}$ 的采样信号。

【例 9-7】 编写 MATLAB 程序产生采样信号 $\sin c(t)=\dfrac{\sin(\pi t)}{\pi t}$。

【解】 调用 sinc ( )函数实现信号仿真，MATLAB 源程序如下：

```
clear all;close all; clc;
t=-10:0.01:10;
f=sinc(t);                    %产生采样信号
plot(t,f);                    %绘制波形
xlabel('t');
axis(-10,10,-0.5,1.2)
```

所绘制的信号波形如图 9.7 所示。

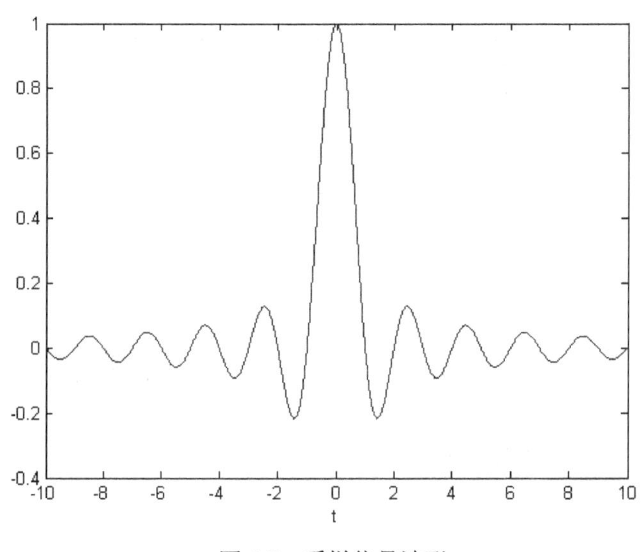

图 9.7 采样信号波形

7．周期矩形脉冲信号

周期矩形脉冲信号用 square( )函数产生，其调用格式有两种：

（1）f=square(a*t)，产生指定周期，峰值为±1 的周期方波，常数 a 为信号时域尺度因子，用于调整信号周期。当 a=1 时，产生周期为 2π，峰值为±1 的周期方波。

（2）f=square(a*t,duty)，产生指定周期，峰值为±1 的周期方波，duty 为信号占空比，即一个周期内信号为正的部分所占的比例。

【例 9-8】 编写 MATLAB 程序产生周期为 2π 的方波，周期为 1 的方波，以及周期为 1、占空比为 80%的矩形脉冲信号。

【解】 调用 square ( )函数实现信号仿真，MATLAB 源程序如下：

```
clear all;close all; clc;
t=0:0.01:10;
subplot(3,1,1);
f1=square(t);                           %产生周期为 2π 的方波
plot(t,f1);
```

```
xlabel('t');
axis([0,10,-1.2,1.2]);
set(gcf,'color','w');
subplot(3,1,2);
f1=square(2*pi*t);                    %产生周期为 1 的方波
plot(t,f1);
xlabel('t');
axis([0,10,-1.2,1.2]);
subplot(3,1,3);
f1=square(2*pi*t,80);                 %周期为 1，占空比为 80%的矩形脉冲信号
plot(t,f1);
xlabel('t');
axis([0,10,-1.2,1.2]);
```

所绘制的信号波形如图 9.8 所示。

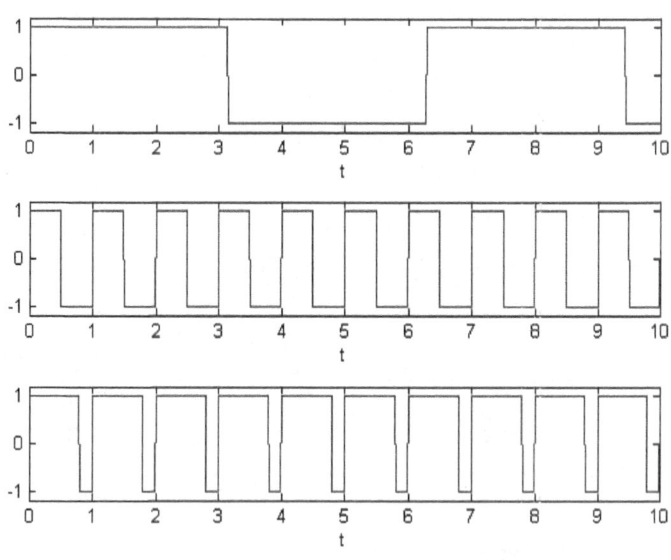

图 9.8　方波和周期矩形脉冲信号

8. 周期锯齿波或三角波

周期锯齿波或三角波用 sawtooth(　)函数产生，其调用格式有两种：

（1）f=sawtooth (a*t)，产生指定周期，峰值为±1 的周期锯齿波，常数 a 为信号时域尺度因子，用于调整信号周期。当 a=1 时，产生周期为 2π，峰值为±1 的周期锯齿波。

（2）f= sawtooth (a*t,width)，产生指定周期，峰值为±1 的周期三角波，width 是值为 0 到周期之间的常数，用于指定在一个周期内，三角波最大值出现的位置。当 width=0.5 时，该函数产生标准的对称三角波。

【例 9-9】 编写 MATLAB 程序产生周期为 2π 的锯齿波，周期为 2 的锯齿波，以及周期为 1 的对称三角波。

【解】 调用 sawtooth (　)函数实现信号仿真，MATLAB 源程序如下：

```
clear all;close all; clc;
t=0:0.01:15;
subplot(3,1,1);
f1=sawtooth(t);                       %产生周期为 2π 的锯齿波
```

```
plot(t,f1);
xlabel('t');
axis([0,15,-1.2,1.2]);
set(gcf,'color','w');
subplot(3,1,2);
f1=sawtooth(pi*t);                    %产生周期为 2 的锯齿波
plot(t,f1);
xlabel('t');
axis([0,15,-1.2,1.2]);
subplot(3,1,3);
f1=sawtooth(2*pi*t,0.5);              %产生周期为 1 的对称三角波
plot(t,f1);
xlabel('t');
axis([0,15,-1.2,1.2]);
```

所绘制的信号波形如图 9.9 所示。

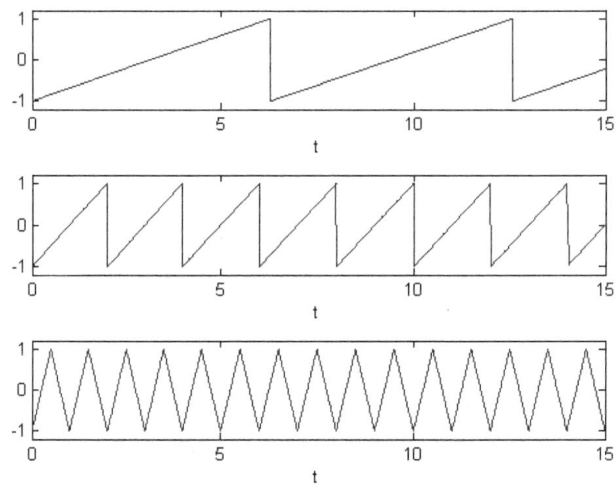

图 9.9　锯齿波和对称三角波波形

9.1.2　利用 MATLAB 实现常用的离散信号波形

在对信号进行二维可视化绘图时，对于连续信号一般用 plot(　)进行绘图。离散信号的表示与连续信号类似。如正弦、余弦信号，其表示方法也采用 sin(　)、cos(　)函数，只不过用 stem(　)代替 plot(　)绘制离散序列波形；指数信号 a^k 可以用数组幂运算 $a.\wedge k$ 表示；单位序列和阶跃序列则可以用一些自带的特殊阵 zeros(m,n)、ones(m,n)及关系运算符等表示。

【例 9-10】 编写 MATLAB 程序产生单位序列 $\delta(k)$。

【解】 调用 stem (　)函数实现信号仿真，MATLAB 源程序如下：

```
clear all;close all;clc;
n1=-6; n2=6; n0=0;              %显示从 n1 到 n2 之间的序列值，n0 为脉冲所在位置
n=n1:n2;
f=[n==n0];
stem(n,f,'filled');
title('单位序列');
xlabel('时间 n');
ylabel('序列值 f(n)');
```

所绘制的信号波形如图 9.10 所示。

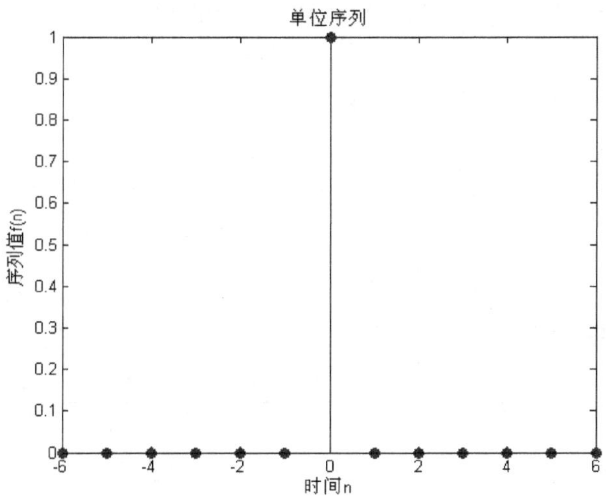

图 9.10　单位序列波形

【例 9-11】 编写 MATLAB 程序产生单位阶跃序列 $\varepsilon(k)$。

【解】 调用 zeros(　)函数和 ones(　)函数实现信号仿真，MATLAB 源程序如下：

```
clear all;close all;clc;
n1=-3;
n2=8;
n0=0;
n=n1:n2;
f=[zeros(1,n0-n1),ones(1,n2-n0+1)];
stem(n,f,'filled');
title('单位阶跃序列');
xlabel('时间 n');
ylabel('序列值 f(n)');
```

所绘制的信号波形如图 9.11 所示。

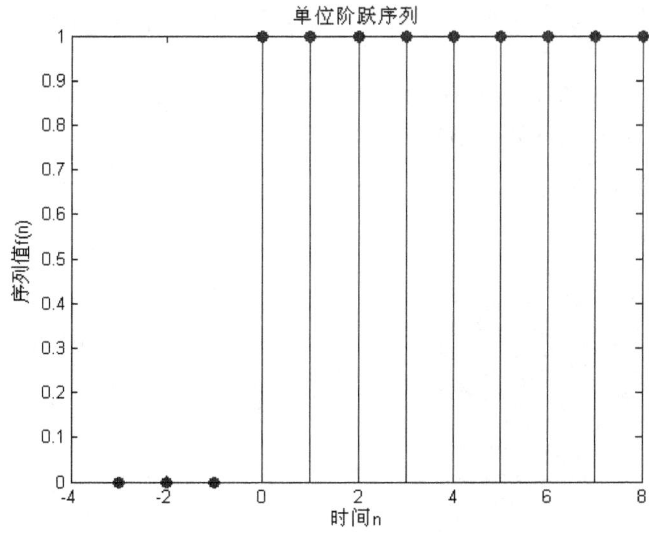

图 9.11　单位阶跃序列

【例 9-12】 编写 MATLAB 程序产生序列 $f(k)=\{-3,2,-1,\underline{3},1,-2,1\}$ 。

【解】 调用 stem( )函数实现信号仿真，MATLAB 源程序如下：

```
clear all;close all;clc;
n=[-3,-2,-1,0,1,2,3];
x=[-3,2,-1,3,1,-2,1];
stem(n,x,'filled')
title('序列 f(n)')
xlabel('时间 n')
ylabel('序列值 f(n)');
```

所绘制的信号波形如图 9.12 所示。

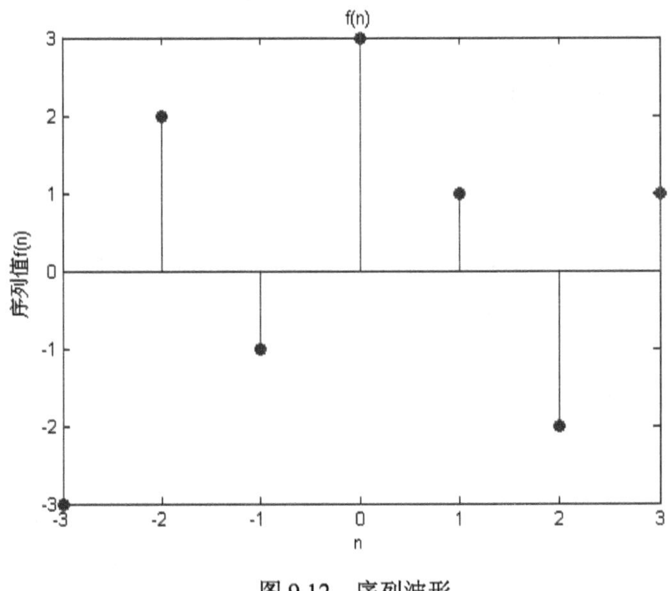

图 9.12 序列波形

9.1.3 利用 MATLAB 实现信号的基本运算

利用 MATLAB 可以方便地实现信号的时域运算并可视化地观察信号时域运算的结果。下面通过举例说明其实现方法和过程。

【例 9-13】 已知信号 $f_1(t)=\varepsilon(t+2)-\varepsilon(t-2)$ 和 $f_2(t)=\cos(2\pi t)$ ，试用 MATLAB 绘出 $f_1(t)$ 、$f_2(t)$ 、 $f_1(t)+f_2(t)$ 和 $f_1(t)\times f_2(t)$ 的时域波形。

【解】 MATLAB 源程序如下：

```
clear all;close all;clc;
syms t
f1=sym('Heaviside(t+2)-Heaviside(t-2)');
f2=sym('cos(2*pi*t)');
f3=f1+f2;                                    %两信号相加
f4=f1*f2;                                    %两信号相乘
subplot(2,2,1);
ezplot(f1,-5,5);
title('f1(t)=u(t+2)-u(t-2)');
axis([-5,5,-0.2,1.2]);
subplot(2,2,2);
```

```
ezplot(f2);
title('f2(t)=cos(2*pi*t)');
subplot(2,2,3);
ezplot(f3);
title('f1(t)+f2(t)');
subplot(2,2,4);
ezplot(f4,-5,5);
title('f1(t)*f2(t)');
set(gcf,'color','w');
```

所绘制的信号波形如图 9.13 所示。

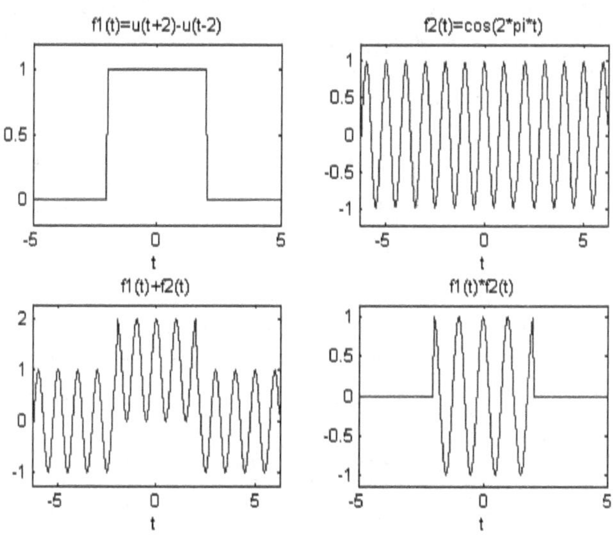

图 9.13　连续信号的时域运算波形

【例 9-14】 已知连续信号 $f(t)$ 的时域波形如图 9.14（a）所示。试用 MATLAB 绘出 $f(t)$ 及其时域变换信号 $f(-t)$、$f(t+1.5)$、$f(t-1.5)$、$f(0.5t)$ 和 $f(2t)$ 的时域波形。

【解】 MATLAB 源程序如下：

```
clear all;close all;clc;
syms t;
f=sym('(t+1)*(heaviside(t+1)-heaviside(t))');
f=f+sym('(heaviside(t)-heaviside(t-1))');                 %定义信号符号表达式
subplot(3,2,1);
ezplot(f,[-3,3]);                                          %绘制信号 f(t) 波形
%axis([-3,3,-1.2,1.2]);
set(gcf,'color','w');
title('f(t)');
f2=subs(f,t,-t);                                           %变量替换
subplot(3,2,2);
ezplot(f2,[-3,3]);                                         %绘制信号 f(-t) 波形
title('f(-t)');
f3=subs(f,t,t+1.5);                                        %变量替换
subplot(3,2,3);
ezplot(f3,[-3,3]);                                         %绘制信号 f(t+1.5) 波形
title('f(t+1.5)');
```

```
f4=subs(f,t,t-1.5);                        %变量替换
subplot(3,2,4);
ezplot(f4,[-3,3]);                         %绘制信号 f(t-1.5) 波形
title('f(t-1.5)');
f5=subs(f,t,(1/2)*t);                      %变量替换
subplot(3,2,5);
ezplot(f5,[-3,3]);                         %绘制信号 f(0.5t) 波形
title('f(0.5t)');
f6=subs(f,t,2*t);                          %变量替换
subplot(3,2,6);
ezplot(f6,[-3,3]);                         %绘制信号 f(2t) 波形
axis([-3,3,-0.2,1.1]);
title('f(2t)');
```

所绘制的信号波形如图 9.14（b）所示。

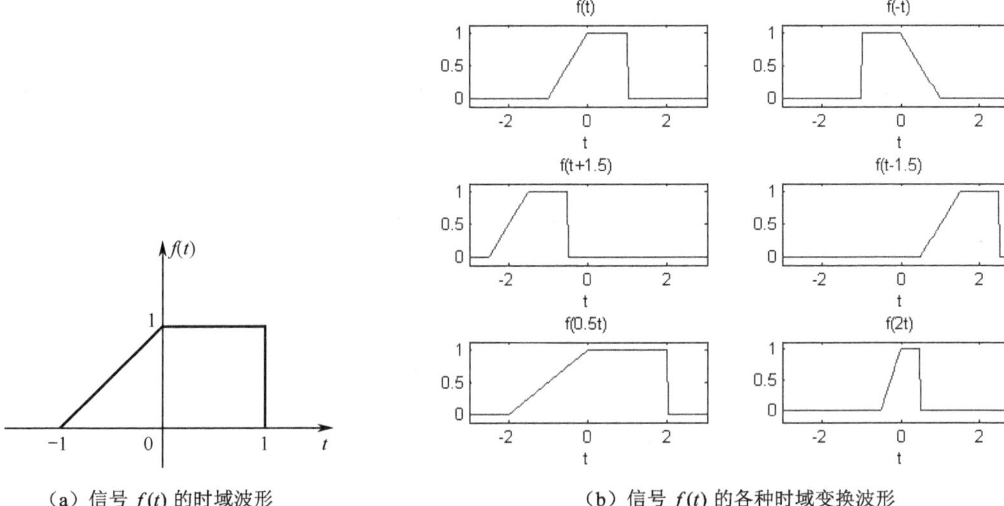

（a）信号 $f(t)$ 的时域波形　　（b）信号 $f(t)$ 的各种时域变换波形

图 9.14　信号 $f(t)$ 的时域波形和变换波形

【例 9-15】 已知序列 $f_1(k)=\{2,1,\underline{0},1,2\}$ 和 $f_2(k)=\{\underline{1},2,3,4,5,6\}$，试用 MATLAB 绘出 $f_1(k)$、$f_2(k)$、$f_1(k)+f_2(k)$ 和 $f_1(k)\times f_2(k)$ 的时域波形。

【解】 MATLAB 源程序如下：

（1）序列相加运算子程序

```
function [x,n]=jxl(x1,x2,n1,n2)
n=min(min(n1),min(n2)):max(max(n1),max(n2));    %构造和序列的长度
s1=zeros(1,length(n));s2=s1;                    %初始化新向量
s1(find((n>=min(n1))&(n<=max(n1))==1))=x1;      %将 x1 中在和序列范围内但无定义的点赋值为零
s2(find((n>=min(n2))&(n<=max(n2))==1))=x2;      %将 x2 中在和序列范围内但无定义的点赋值为零
x=s1+s2;                                        %两长度相等序列求和
axis([(min(min(n1),min(n2))-1),(max(max(n1),max(n2))+1),(min(x)-0.5),(max(x)+0.5)]);
                                                %设置坐标轴显示范围
```

（2）序列相乘运算子程序

```
function[x,n]=cxl(x1,x2,n1,n2)
n=min(min(n1),min(n2)):max(max(n1),max(n2));
s1=zeros(1,length(n));s2=s1;
```

```
s1(find((n>=min(n1))&(n<=max(n1))==1))=x1;
s2(find((n>=min(n2))&(n<=max(n2))==1))=x2;
x=s1.*s2;                                          %两长度相等序列求积
axis([(min(min(n1),min(n2))-1),(max(max(n1),max(n2))+1),(min(x)-0.5),(max(x)+0.5)]);
```

（3）主程序

```
clear all;close all;clc;
f1=[2,1,0,1,2];
n1=-2:2;
f2=1:6;
n2=0:5;
[f3,n3]=jxl(f1,f2,n1,n2);          %两序列相加
[f4,n4]=cxl(f1,f2,n1,n2);          %两序列相乘
subplot(2,2,1)
stem(n1,f1,'filled')
title('f1(n)')
xlabel('n')
subplot(2,2,2)
stem(n2,f2,'filled');
title('f2(n)')
xlabel('n')
subplot(2,2,3)
stem(n3,f3,'filled')
title('f1(n)+f2(n)')
xlabel('n')
subplot(2,2,4)
stem(n4,f4,'filled')
title('f1(n)*f2(n)')
xlabel('n')
set(gcf,'color','w')
```

所绘制的信号波形如图 9.15 所示。

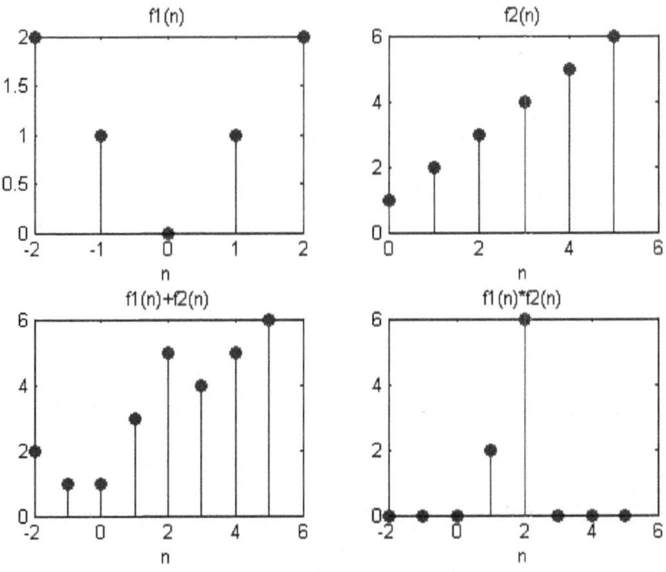

图 9.15　离散信号的时域运算波形

【例 9-16】 已知序列 $f(k)=\{0,1,2,3,\underline{4},4,4,4\}$，试用 MATLAB 绘出 $f(k)$ 和 $f(-k)$ 的时域波形。

【解】 MATLAB 源程序如下：

（1）序列反转子程序

```
function [x,n]=xlfz(x1,n1);                %绘制离散序列反转信号波形
x=fliplr(x1);n=-fliplr(n1);                %调用 fliplr 函数实现反转
stem(n,x,'filled');
axis([min(n)-1,max(n)+1, min(x)-0.5,max(x)+0.5]);
```

（2）主程序

```
clear all;close all;clc;
f1=[0,1,2,3,4,4,4,4];
n1=-4:3;
subplot(1,2,1);                            %绘制序列 f(k) 波形
stem(n1,f1,'filled');
axis([-5,4,-0.5,4.5]);
title('f(n)');
xlabel('n');
set(gcf,'color','w');
pause;
subplot(1,2,2);
[x,n]=xlfz(f1,n1) ;                        %绘制反转序列 f(-k) 波形
title('f(-n)');
xlabel('n');
```

所绘制的信号波形如图 9.16 所示。

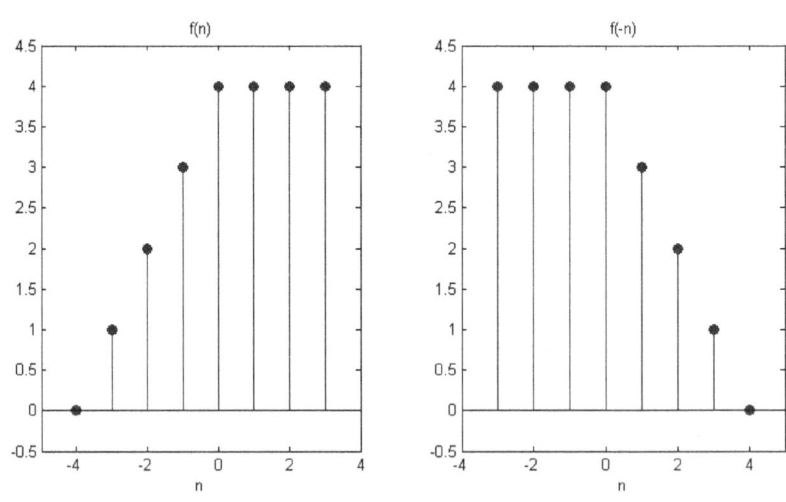

图 9.16　离散信号的时域反转波形

9.2　LTI 连续系统时域分析的 MATLAB 实现

9.2.1　利用 MATLAB 实现 LTI 连续系统的时域分析仿真

MATLAB 提供的 lsim 函数不仅能绘制连续系统在指定的任意时间范围内系统响应的时域波

形及输入信号的时域波形，还能求出连续系统在指定的任意时间范围内系统响应的数值解。Lsim 函数有两种调用格式，下面分别介绍其使用方法及实现过程。

（1）lsim(sys, f, t)

该调用格式对向量 t 定义的时间范围内的系统响应进行仿真，即绘制 LTI 连续系统响应的时域波形，同时还绘出系统的激励信号对应的时域波形。在该调用格式中，输入参量 f 和 t 是两个表示输入信号的行向量，其中 t 表示输入信号时间范围的向量，f 则表示输入信号在向量 t 定义的时间点上的采样值。例如，如下命令：

```
t = 0 : 0.01 : 5;
f = cos(2* t);
```

定义了 0～5s 时间范围内的余弦输入信号 cos(2* t)(采样时间间隔为 0.01s)。当采样间隔足够小时，向量 f 和 t 所定义的离散信号就是连续信号 cos(2* t)较好的近似。

输入参量 sys 是由 MATLAB 的 tf 函数根据描述系统的微分方程的系数生成的系统函数对象（TF 对象）。Tf 函数的调用格式如下：

```
sys = tf (b, a)
```

上述 tf 函数的调用格式中，输入参量 b 为描述系统的微分方程右边多项式系数 b_j $(j=0,1,2,\cdots,m)$ 构成的行向量，a 为微分方程左边多项式系数 $a_i(i=0,1,2,\cdots,n)$ 构成的行向量，输出参量 sys 为返回 MATLAB 定义的系统函数对象（包含微分方程描述的系统的符号对象）。

例如，对如下微分方程描述的系统：

$$y''(t)+3y'(t)+2y(t)=-f'(t)+2f(t)$$

由 tf 函数生成其系统函数对象 sys 的命令为：

```
a = [1 3 2];
b = [-1 2];
sys = tf (b, a)                         %调用 tf 函数生成系统函数对象 sys
```

上述命令运行结果为：

```
-s + 2
s^2 + 3s + 2
```

调用 tf 函数生成系统函数对象 sys，并用向量 f 和 t 定义了系统激励信号后，即可调用 lsim 函数对连续系统的响应进行仿真。

【例 9-17】 已知描述某连续系统的微分方程为

$$y''(t)+2y'(t)+y(t)=f'(t)+2f(t)$$

试用 MATLAB 对该系统当输入信号为 $f(t)=\mathrm{e}^{-2t}\varepsilon(t)$ 时的系统响应进行仿真，并绘出系统响应及输入信号的时域波形。

调用 lsim 函数来实现仿真，MATLAB 源程序如下：

```
%绘制连续系统响应波形
a = [1 2 1];
b = [1 2];
sys = tf (b,a);                         %定义系统函数对象
p = 0.01;                               %定义采样时间间隔
t = 0:p:5;                              %定义时间范围向量
f = exp(-2*t);                          %定义输入信号
```

```
lsim(sys,f,t);                              %对系统输出信号进行仿真
title('连续系统的时域响应');
text(0.4,0.5,'\leftarrow  系统激励');       %图形曲线标注
text(2,0.3,'\leftarrow  系统响应');
```

绘制的系统时域响应波形如图 9.17 所示。

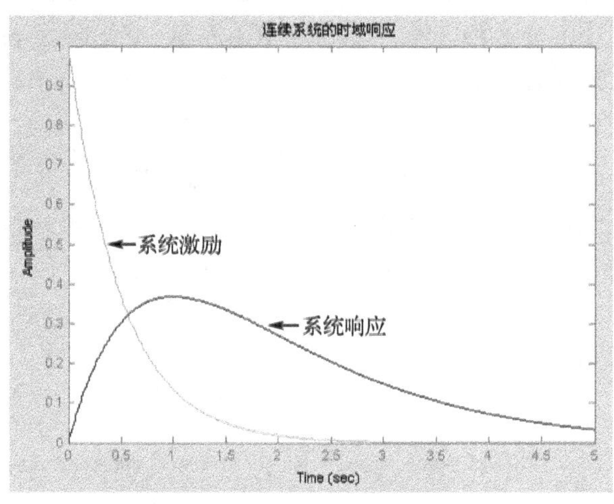

图 9.17　连续系统时域响应波形

（2）y = lsim(sys, f, t)

该调用格式中的输入参量 sys、f 和 t 的作用与（1）完全相同。所不同的是，该调用格式并不绘出系统响应和激励的时域波形，而是由输出参量 y 返回由输入参量 sys、f 和 t 所定义的时间范围内（与向量 t 定义的时间范围相一致）的系统响应的数值解。例如，对例 9-17 所示系统运行如下命令：

```
%求 LTI 连续系统响应的数值解
a = [1 2 1];
b = [1 2];
sys = tf (b,a);                     %定义系统函数对象
p = 0.5;                            %定义采样时间间隔
t = 0:p:5;                          %定义时间范围向量
f = exp(-2*t);                      %定义输入信号
y = lsim(sys,f,t)                   %求出系统响应数值解
```

程序运行结果为：

```
y =
        0
   0.3284
   0.3984
   0.3626
   0.2933
   0.2224
   0.1619
   0.1145
   0.0794
   0.0542
   0.0365
```

9.2.2 利用 MATLAB 实现 LTI 连续系统的冲激响应

求解系统的冲激响应 $h(t)$ 对连续系统的时域分析具有非常重要的意义。MATLAB 中提供了专门用于求连续系统冲激响应并绘制其时域波形的 impulse 函数。impulse 函数有四种调用格式，下面分别介绍它们的使用方法及调用过程。

（1）impulse (b, a)

该调用格式将以默认方式绘出由向量 a 和 b 定义的 LTI 连续系统的冲激响应时域波形，并提供交互式功能查看任意时刻冲激响应的信号样值。其中输入参量 a 和 b 分别是描述系统的微分方程左边和右边系数构成的行向量。例如，对如下微分方程描述的系统：

$$y'''(t)+2y'(t)+4y(t)=-f'(t)+6f(t)$$

则定义该系统的向量 a 和 b 应使用如下命令：

```
a = [1 0 2 4];
b = [-1 6];
```

注意，在用向量 a 和 b 来表示微分方程描述的连续系统时，向量的元素要以微分方程时间求导的降幂次序来排列，且缺项要用 0 来补齐。

【例 9-18】 已知描述某连续系统的微分方程为

$$y''(t)+y'(t)+y(t)=f''(t)+f(t)$$

试用 MATLAB 绘出该系统冲激响应的时域波形。

调用 impulse 函数来实现仿真，MATLAB 源程序如下：

```
a = [1 1 1];
b = [1 1];
impulse(b,a);
title('系统冲激响应');
```

绘制的系统冲激响应波形如图 9.18（a）所示。

（2）impulse (b, a, t)

该调用格式将绘制由向量 a 和 b 定义的 LTI 连续系统在时间参数 t 所指定的 0～t 时间范围内系统冲激响应的时域波形。例如，对例 9-18 运行如下命令，将绘制出系统在 0～6s 时间范围内的冲激响应波形，如图 9.19 所示。

```
a = [1 1 1];
b = [1 1];
impulse(b,a,6);
title('系统冲激响应');
```

绘制出系统在 0～6s 时间范围内的冲激响应波形，如图 9.18（b）所示。

（3）impulse (b, a, t1 :ts :t2)

该调用格式将绘制由向量 a 和 b 定义的 LTI 连续系统在 $t1$～$t2$ 时间范围内，且以时间间隔 ts 均匀采样的系统冲激响应的时域波形。仍以例 9-18 为例，运行如下命令：

```
a = [1 1 1];
b = [1 1];
impulse(b,a,2 :0.1 :5);
title('系统冲激响应');
```

绘制出系统在 2～5s 时间范围内以时间间隔 0.1s 均匀采样的冲激响应波形，如图 9.18（c）所示。

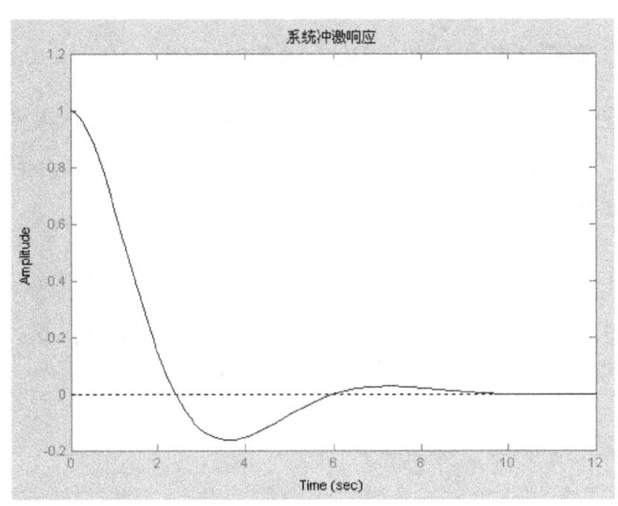

（a）连续系统冲激响应波形一

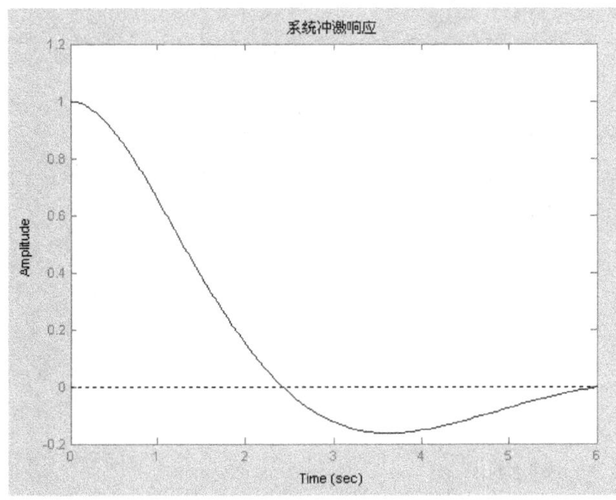

（b）连续系统冲激响应波形二

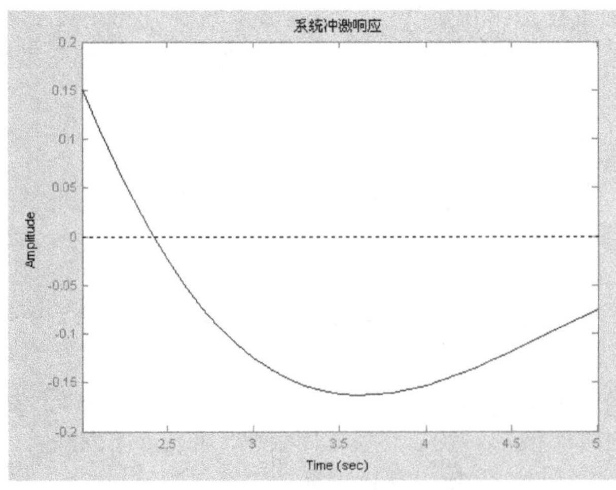

（c）连续系统冲激响应波形三

图 9.18　连续系统冲激响应波形

（4）y = impulse (b, a, t1 :ts :t2)

该调用格式并不绘制 LTI 连续系统冲激响应的波形，而是求出向量 a 和 b 定义的 LTI 连续系

统在 $t1$～$t2$ 时间范围内以时间间隔 ts 均匀采样的系统冲激响应的数值解。仍以例 9-18 为例，运行如下命令：

```
a = [1 1 1];
b = [1 1];
y = impulse(b,a,2 :0.1 :3);
```

程序运行结果为：

```
y =
     0.1506
     0.1100
     0.0723
     0.0374
     0.0055
    -0.0234
    -0.0493
    -0.0723
    -0.0924
    -0.1097
    -0.1244
```

9.2.3 利用 MATLAB 实现 LTI 连续系统的单位阶跃响应

阶跃响应 $g(t)$ 和冲激响应 $h(t)$ 具有微积分的关系，即

$$h(t) = g'(t)$$

MATLAB 提供了专门用于求连续系统阶跃响应并绘制其时域波形的 step 函数。Step 函数有以下四种调用格式：

（1）step(b, a)；

（2）step(b, a, t)；

（3）step(b, a, t1: ts : t2)；

（4）y = step(b, a, t1: ts : t2)。

上述四种调用格式的使用方法和调用过程与 impulse 函数完全相同，只是该函数绘制的是系统阶跃响应的时域波形而不是冲激响应波形。

【例 9-19】 已知描述某连续系统的微分方程为

$$y''(t) + y'(t) + 6y(t) = f(t)$$

试用 MATLAB 绘出该系统冲激响应和阶跃响应的时域波形。

调用 impulse 函数和 step 函数来实现仿真，MATLAB 源程序如下：

```
a = [1 1 6];
b = [1];
subplot(2,1,1)
impulse(b,a);
title('系统冲激响应');
subplot(2,1,2)
step(b,a);
title('系统阶跃响应');
```

绘制的系统冲激响应和阶跃响应波形如图 9.19 所示。

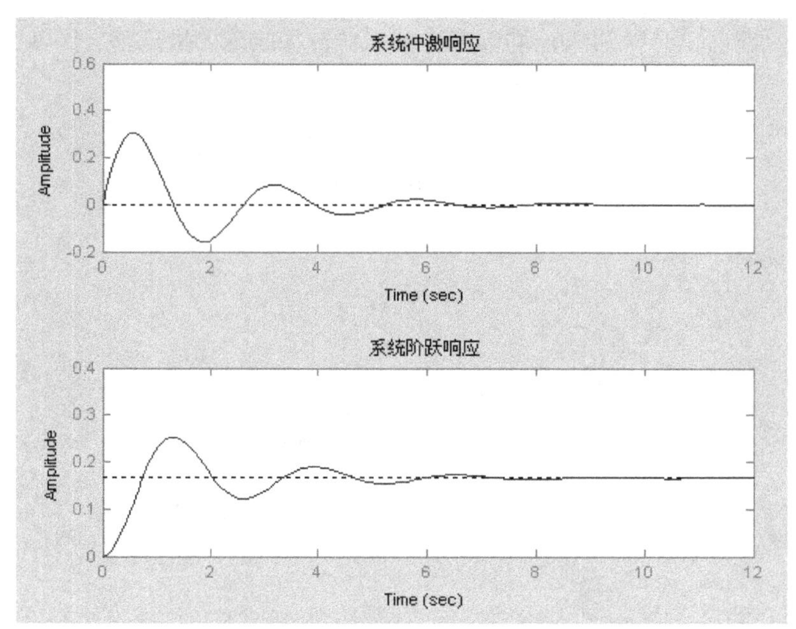

图 9.19　连续系统冲激响应和阶跃响应波形

9.2.4　利用 MATLAB 实现卷积积分

对于简单的信号，卷积积分可以运用解析法或图解法来完成计算，但对于复杂信号，上述计算过程将非常繁琐和困难，且很难快速、准确地绘制出卷积积分信号的时域波形。利用 MATLAB 可以实现信号的卷积积分的快速计算，并绘制出卷积积分信号的时域波形。下面介绍利用 MATLAB 实现连续信号卷积积分的方法及过程。

MATLAB 提供的实现连续信号卷积积分运算的函数是 gggfconv 函数，该函数不仅可以快速计算连续信号的卷积积分，还可绘制卷积积分信号的时域波形。该函数调用如下：

```
[t , f ] = gggfconv( f1, f2, t1, t2 )
```

在该函数中，输入参量 f1 为参与卷积积分运算的连续信号 $x_1(t)$ 以等时间间隔 d 采样的非零样值向量，t1 为其对应的时间向量，f2 为参与卷积积分运算的连续信号 $x_2(t)$ 以等时间间隔 d 采样的非零样值向量，t2 为其对应的时间向量，输出参量 f 为返回卷积积分结果信号 $x(t) = x_1(t) * x_2(t)$ 以等时间间隔 d 采样的非零样值向量，t 为返回 $x(t)$ 对应的时间向量。

下面举例说明 gggfconv 函数的使用方法和过程。

【例 9-20】 已知信号 $f_1(t)$ 和 $f_2(t)$ 的时域波形如图 9.20（a）所示，试用 MATLAB 计算卷积积分 $f(t) = f_1(t) * f_2(t)$，并绘制出 $f_1(t)$、$f_2(t)$ 及 $f(t)$ 的时域波形。

调用 gggfconv 函数来计算卷积，MATLAB 源程序如下：

```
t1=-1:0.01:3;
f1=Heaviside(t1)-Heaviside(t1-2);                %定义信号
t2=t1;
f2=0.5*t2.*(Heaviside(t2)-Heaviside(t2-2));      %定义信号
[t,f]=gggfconv(f1,f2,t1,t2);                     %计算卷积积分并绘出时域波形
```

执行上述命令后，屏幕提示"请输入采样时间间隔 d: "，从键盘输入信号采样时间间隔 0.01 并回车，则绘制的信号 $f_1(t)$、$f_2(t)$ 及 $f(t)$ 的时域波形如图 9.20（b）所示。

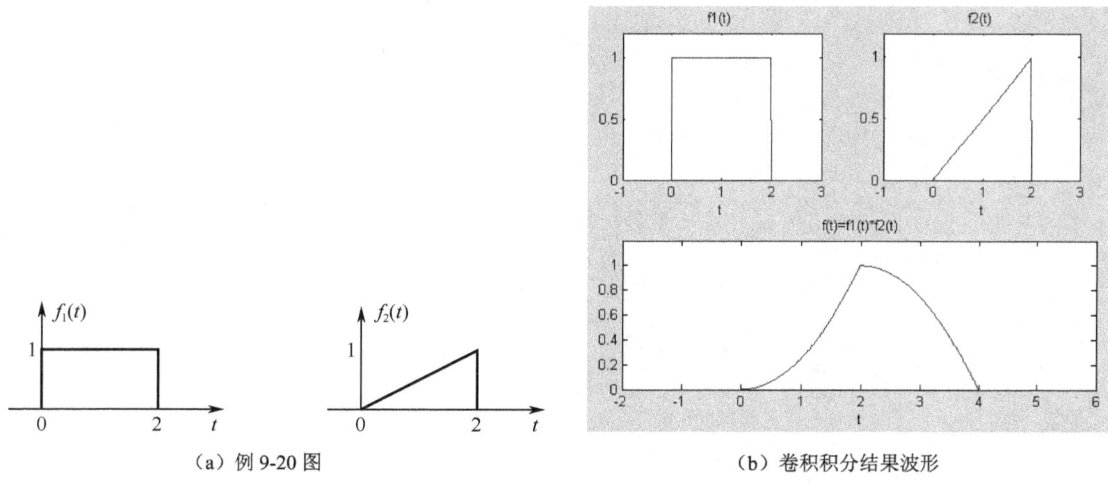

（a）例 9-20 图　　　　（b）卷积积分结果波形

图 9.20　信号波形及卷积积分结果波形

9.3　LTI 离散系统时域分析的 MATLAB 实现

9.3.1　利用 MATLAB 实现 LTI 离散时间系统的时域分析仿真

LTI 离散系统可以用线性常系数差分方程来描述：

$$\sum_{i=0}^{n} a_i y(k-i) = \sum_{j=0}^{m} b_j f(k-j)$$

MATLAB 工具箱提供了一个 filter 函数，用来计算在零初始状态下，由差分方程描述的系统响应，其调用格式为：

```
y = filter( b, a, f )
```

式中，b = [b0, b1, b2,⋯, bm]，a = [a0, a1, a2,⋯, an]分别是差分方程左右两端的系数向量，f 表示输入序列，y 表示输出序列。在调用时要注意输出序列和输入序列的长度应相同。

MATLAB 工具箱提供了一个 impz 函数，用来求解离散系统的单位脉冲响应，其调用格式为：

```
h = impz ( b, a, k )
```

式中，b = [b0, b1, b2,⋯, bm]，a = [a0, a1, a2,⋯, an]分别是差分方程左右两端的系数向量，k 表示输出序列的取值范围，h 就是系统的单位脉冲响应。

下面举例说明 filter 函数和 impz 函数的使用方法。

【例 9-21】 某离散系统的差分方程为 $6y(n)-5y(n-1)+y(n-2)=x(n)$，初始条件为 $y(0)=0$，$y(1)=1$，激励信号 $x(n)=\cos\left(\frac{n\pi}{2}\right)\varepsilon(n)$，求其单位脉冲响应 $h(n)$、单位阶跃响应 $g(n)$、零状态响应 $y_{zs}(n)$ 和全响应 $y(n)$。

```
%利用 impz 函数求单位脉冲响应
n = -10:20;
a = [6 -5 1];
b = [1];
figure(1); subplot(211);
impz(b,a,n);
title('单位脉冲响应 h(n)'); xlabel('n');
%利用 filter 函数求单位阶跃响应
```

```
k = 0:30;
un = ones(1,length(k));
gn = filter(b,a,un);
subplot(212);
stem(k,gn,'filled'); title('单位阶跃响应 g(n)'); xlabel('n');
%零状态响应
xn = cos(k*pi/2);
y1 = filter(b,a,xn);
figure(2); subplot(211);
stem(k,xn,'filled'); title('激励信号 x(n)=cos(n*pi/2'); xlabel('n');
subplot(212);
stem(k,y1,'filled'); title('零状态响应'); xlabel('n');
%全响应，利用迭代法求解
y(1) = 0; y(2) = 1;
for m = 3:length(k)
    y(m) = (1/6)*(5*y(m-1)-y(m-2)+xn(m));
end
figure(3);
stem(k,y,'filled'); title('全响应 y(n)'); xlabel('n');
```

绘制的单位脉冲响应与单位阶跃响应波形如图 9.21（a）所示。

绘制的激励信号与零状态响应波形如图 9.21（b）所示。

绘制的系统全响应波形如图 9.21（c）所示。

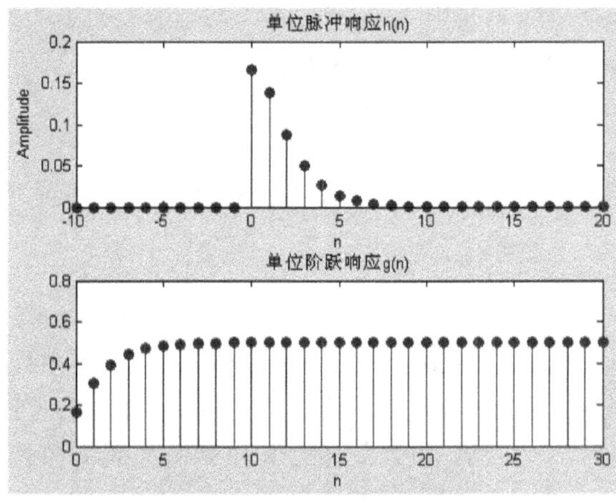

（a）单位脉冲响应与单位阶跃响应波形

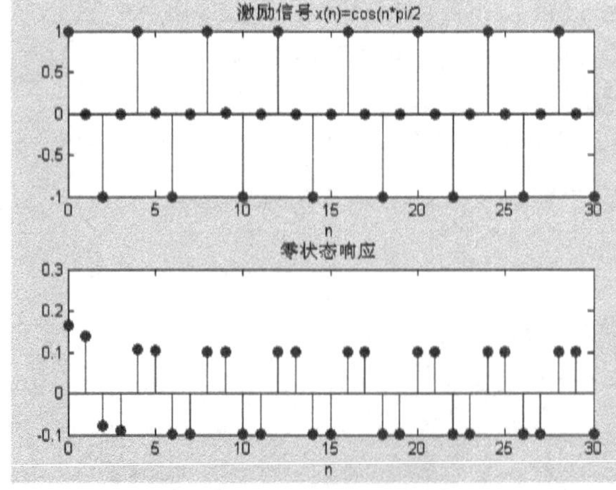

（b）激励信号与零状态响应波形

图 9.21　系统响应波形

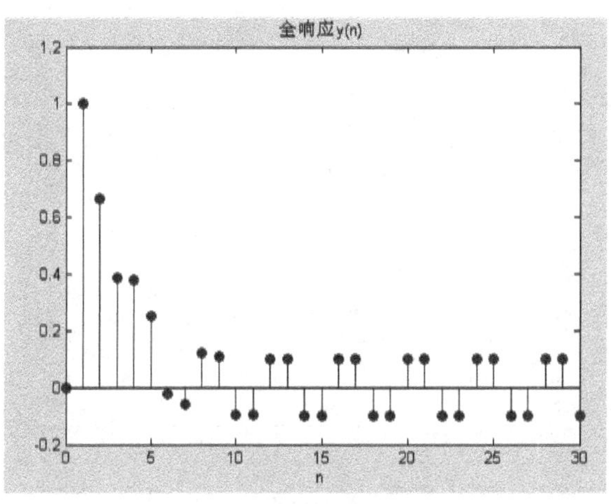

（c）系统全响应波形

图 9.21　系统响应波形（续）

9.3.2　利用 MATLAB 实现卷积和

卷积和是用来计算离散系统零状态响应的有力工具。MATLAB 工具箱提供了一个计算两个离散序列卷积和的函数 conv，其调用格式为

```
c = conv( a, b )
```

式中，a、b 为待做卷积和运算的两序列的向量表示，c 是卷积结果。向量 c 的长度为 a、b 长度之和减 1，即 length(c) = length(a) + length(b)-1。

【例 9-22】 已知序列

$$x[k]=\{1,1,1,1,1;k=-2,-1,0,1,2\}$$

$$y[k]=\{1,2,1;k=-1,0,1\}$$

画出 $x[k]*y[k]$ 的图形。

```
%利用 conv 函数求卷积和
x1=ones(1,5);
x2=[1 2 1];
x=conv(x1,x2);
n1=-2:2;
n2=-1:1;
n=(n1(1)+n2(1)): (n1(1)+n2(1)+length(n1)+length(n2)-2);
subplot(311);
stem(n1,x1,'filled');
title('x1(n)')
xlabel('n')
subplot(312);
stem(n2,x2,'filled');
title('x2(n)')
xlabel('n')
subplot(313);
stem(n,x,'filled');
title('x(n)=x1(n)*x2(n)');
xlabel('n');
```

绘制的卷积和结果波形如图 9.22 所示。

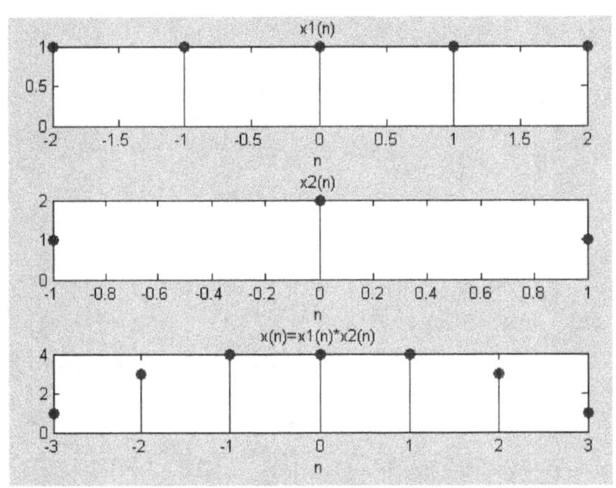

图 9.22　卷积和结果波形

9.4　连续时间信号与系统频域分析的 MATLAB 分析

9.4.1　利用 MATLAB 实现周期信号的分解与合成

【例 9-23】 将图 9.23 所示周期方波信号分解为多次正弦波之和。

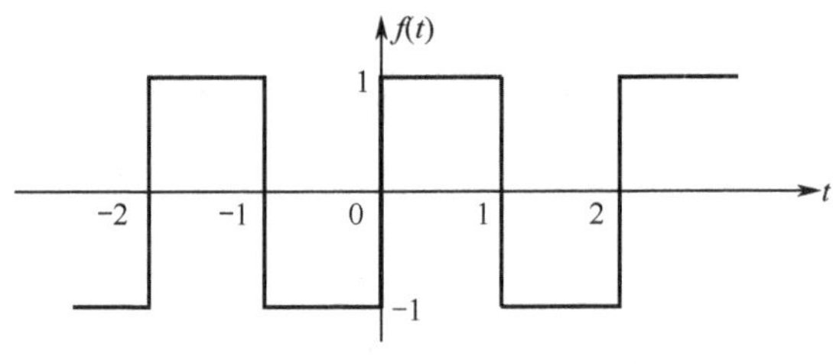

图 9.23　周期方波信号

MATLAB 源程序如下：

```
%观察周期方波信号的分解与合成
% m:傅里叶级数展开的项数
display('Please input the value of m (傅里叶级数展开的项数)');        %在命令窗口显示提示信息
m = input('m = ');                                                   %键盘输入傅里叶级数展开的项数
t = -2*pi:0.01:2*pi;                       %时域波形的时间范围 –2π～2π，采样间隔为 0.01s
n = round(length(t)/4);                    %根据周期方波信号的周期，计算 1/2 周期的数据点数
f = [ones(n,1);-1*ones(n,1);ones(n,1);-1*ones(n+1,1)];               %构造周期方波信号
y = zeros(m+1,max(size(t)));
y(m+1,:) = f ';
figure(1);
plot(t/pi,y(m+1,:));                                                 %绘制方波信号
grid;                                                                %在图形中加入网格
axis([-2 2 -1.5 1.5]);                     %指定图形显示的横坐标范围和纵坐标范围
title('周期方波');                          %给显示的图形加上标题
xlabel('单位 pi','Fontsize', 8);                                     %显示横坐标单位
x = zeros(size(t));
kk = '1';
for k=1:2:2*m-1                                                      %循环显示谐波叠加图形
    pause;
```

```
        x = x+sin(k*t)/k;
        y((k+1)/2,:) = 4/pi*x;                                  %计算各次谐波叠加的和
        plot(t/pi,y(m+1,:));
        hold on;
        plot(t/pi,y((k+1)/2,:));                                %绘制谐波叠加信号
        hold off;
        grid;
        axis([-2 2 -1.5 1.5]);
        title(strcat('第',kk,'次谐波叠加'));
        xlabel('单位 pi','Fontsize', 8);
        kk = strcat(kk,'、 ',num2str(k+2));
    end
    pause;
    plot(t/pi,y(1:m+1,:));
    grid;
    axis([-2 2 -1.5 1.5]);
    title('各次谐波叠加波形');
    xlabel('单位 pi','Fontsize', 8);
    %End
```

在 MATLAB 命令窗口输入傅里叶级数展开的项数 m=“8”，并不断按回车键，即可绘制出周期方波的各次谐波合成波形，如图 9.24 所示。

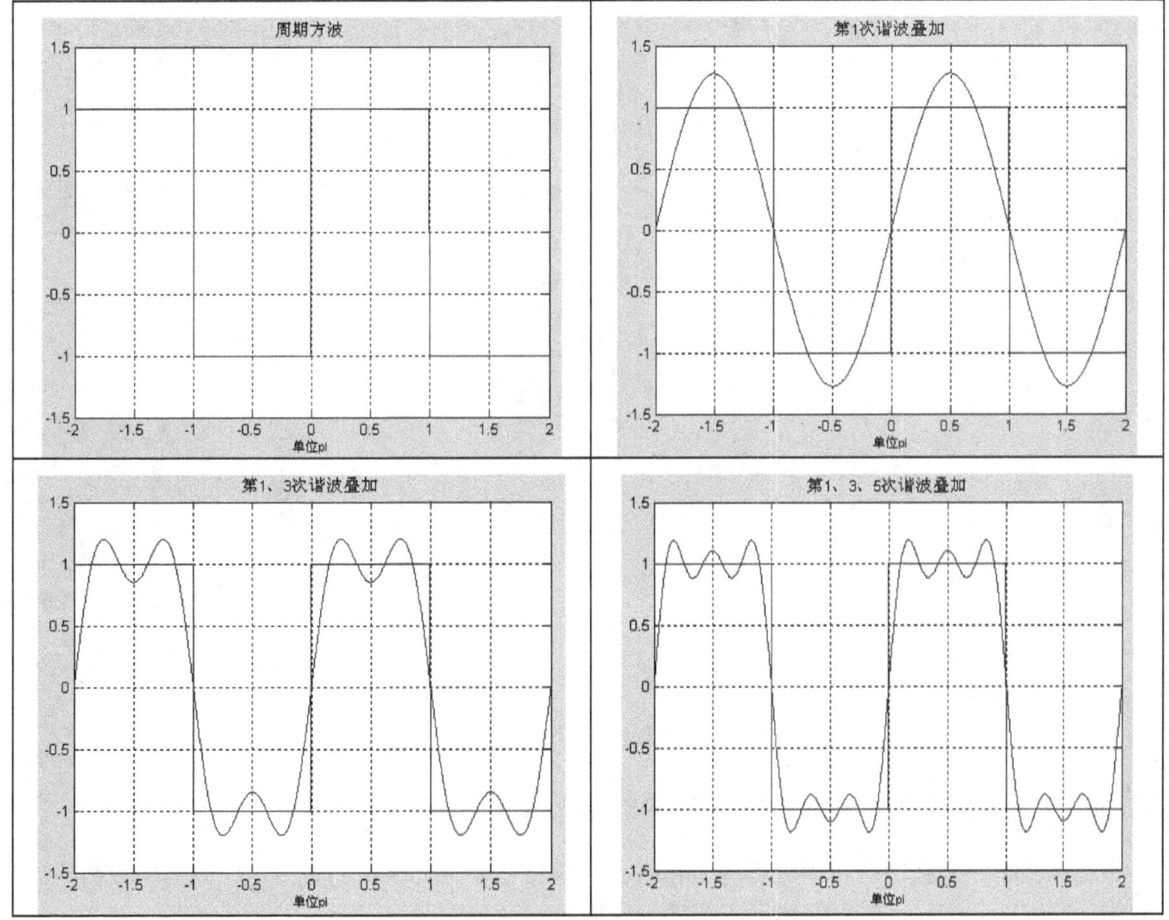

图 9.24　周期方波信号的分解与合成

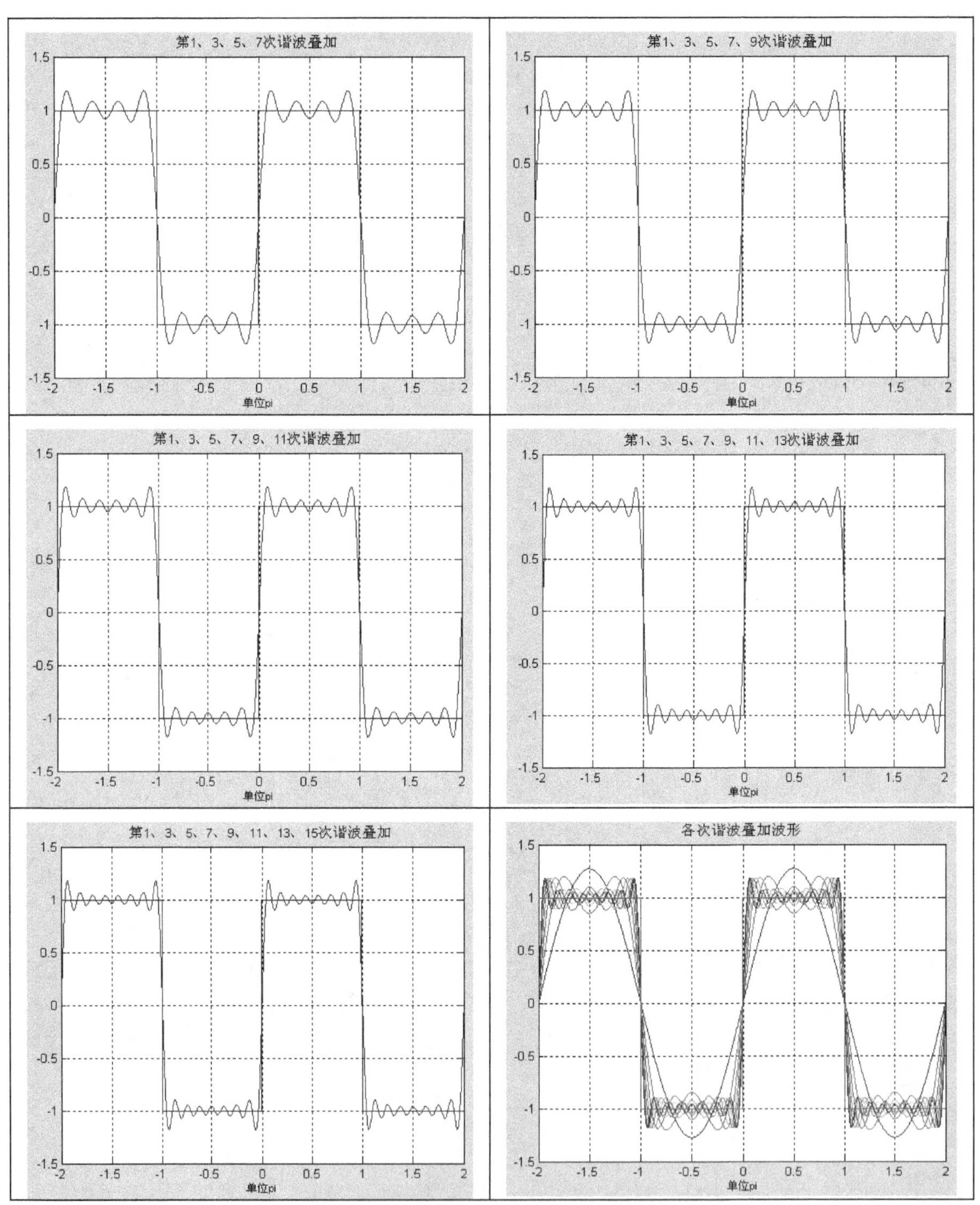

图 9.24　周期方波信号的分解与合成（续）

9.4.2　利用 MATLAB 实现周期信号的频谱分析

MATLAB 中提供的符号积分指令 int，其调用格式为 int(f,t,a,b)。其中，f 为被积函数表达式；t 为积分变量；a 和 b 分别为积分下限和积分上限。

下面利用指令 int 求周期信号的频谱。

【例 9-24】 周期矩形脉冲信号如图 9.25 所示，试求其频谱。

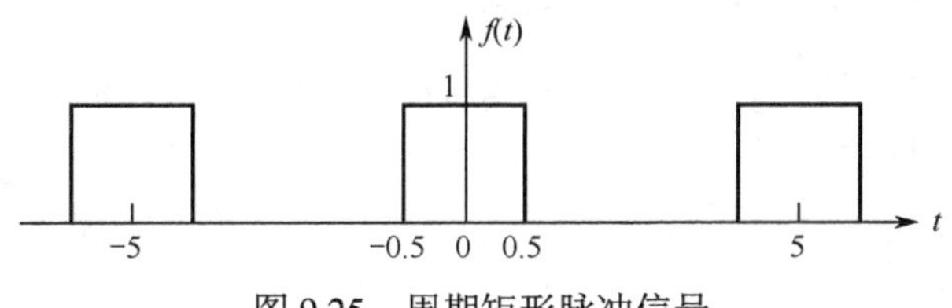

图 9.25 周期矩形脉冲信号

MATLAB 源程序如下：

```
clear all
syms t n T tao A;                              %定义符号变量
T=5;                                           %信号的周期
A=1;                                           %矩形脉冲的幅度
tao=1;                                         %脉冲宽度τ
f=A*exp(-j*n*2*pi/T*t);                        %定义被积函数表达式
Fn=int(f,t,-tao/2,tao/2)/T;                    %定义傅里叶级数的系数 Fn 的计算表达式
n=[-20:-1,eps,1:20];
Fnn=subs(Fn,n,'n');                            %计算傅里叶系数对应各 n 的取值
subplot(2,1,1);
stem(n,Fnn);                                   %绘制信号的频谱
hold on; plot(n,Fnn);                          %绘制频谱的包络
grid on;
axis([-20 20 -0.1 0.3]);                       %定义坐标范围
title('周期矩形脉冲信号的频谱');
subplot(2,1,2);
stem(n,abs(Fnn));                              %绘制信号的幅度谱
hold on;
plot(n,abs(Fnn));                              %绘制幅度谱的包络
grid on;
axis([-20 20 -0.1 0.3]);
title('周期矩形脉冲信号的幅度谱');
%End
```

绘制的频谱如图 9.26 所示。

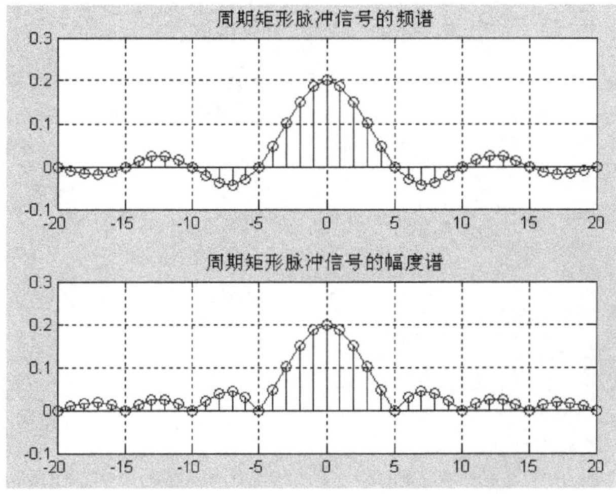

图 9.26 周期矩形脉冲信号的频谱

9.4.3 利用 MATLAB 实现非周期信号的频谱分析

如果已知连续时间信号的表达式，则可利用 MATLAB 提供的 fourier 函数直接求出其傅里叶变换。该函数常用的调用格式有以下 3 种：

（1）F = fourier(f)；输入参量 f 是时间信号的表达式，输出参量 F 为返回表达式 f 的关于 w 的傅里叶变换表达式，即 $X(\omega)=\int_{-\infty}^{\infty}x(t)\mathrm{e}^{-\mathrm{j}\omega t}\mathrm{d}t$ 。

（2）F = fourier(f, v)；输入参量 f 是时间信号的表达式，输出参量 F 为返回表达式 f 的关于 v 的傅里叶变换表达式，v 是符号变量，即 $X(v)=\int_{-\infty}^{\infty}x(t)\mathrm{e}^{-\mathrm{j}vt}\mathrm{d}t$ 。

（3）F = fourier(f, u, v)；输入参量 f 是关于符号变量 u 的表达式，输出参量 F 为返回表达式 f 的关于 v 的傅里叶变换表达式，v 是符号变量，即 $X(v)=\int_{-\infty}^{\infty}x(u)\mathrm{e}^{-\mathrm{j}vu}\mathrm{d}u$ 。

注意：在调用 fourier 函数之前，要用 syms 命令对所用到的变量，如 t、u、v、w 等变量进行说明，即将这些变量定义成符号变量。

【例 9-25】 求图 9.27 所示门函数的频谱。

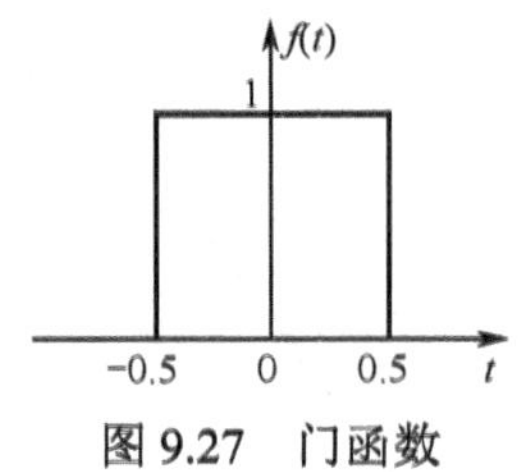

图 9.27 门函数

MATLAB 源程序如下：

```
%门函数的傅里叶变换
syms t w ;                                          %定义符号变量
ut = sym('Heaviside(t+0.5)-Heaviside(t-0.5)');      %借助阶跃函数定义门函数
subplot(311);
ezplot(ut);                                         %绘制门信号
hold on;grid on;
axis([-1 1 0 1.1]);                                 %定义坐标范围
plot([-0.5 -0.5], [0 1]);                           %绘制左跳变沿
plot([0.5 0.5], [0 1]);                             %绘制右跳变沿
title('门函数的时域波形')
Fw = fourier(ut,t,w);                               %用 fourier 函数求门函数的傅里叶变换
FFw = maple('convert',Fw,'piecewise');              %将傅里叶变换的符号表达式转换为样条曲线
subplot(312);
ezplot(FFw,[-10*pi 10*pi]);                         %绘制门函数的频谱
grid on; axis([-10*pi 10*pi -0.3 1.1]);
title('门函数的频谱')
FFP = abs(FFw);                                     %求门函数的幅度谱
subplot(313);
ezplot(FFP,[-10*pi 10*pi]);                         %绘制幅度谱
grid on; axis([-10*pi 10*pi -0.3 1.1]);
title('门函数的幅度频谱')
%End
```

绘制的频谱如图 9.28 所示。

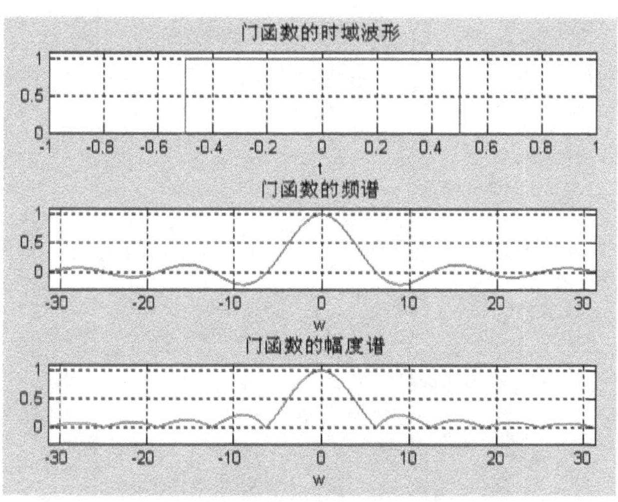

图 9.28 门函数的时域波形、频谱及幅度谱

9.4.4 利用 MATLAB 分析连续时间系统的频域特性

MATLAB 中提供的专用函数 freqs 可用来实现连续时间系统频率响应的分析。该函数可以求出系统频率响应的数值解，并可绘出系统的幅频及相频响应曲线。Freqs 函数常用的调用方式有以下 4 种。

（1）H = freqs(B, A, w)；输入参量 B 为系统频率响应分子多项式系数，对应于向量 $[b_m, b_{m-1}, \cdots, b_0]$，A 为系统频率响应分母多项式系数，对应于向量 $[a_m, a_{m-1}, \cdots, a_0]$，w 为形如 w1:P:w2 的冒号运算定义的系统频率响应的频率范围，w1 为频率起始值，w2 为频率终止值，P 为频率采样间隔。输出参量 H 为返回在 w 所定义的频率点上，系统频率响应的样值。

（2）[H，w] = freqs(B，A)；该调用格式输出从计算出的频率响应中自动选出 200 个频率点的频率响应的样值。其中输入参量 A、B 与（1）相同，输出参量 H 保存 200 个频率点的系统频率响应的样值，w 保存 200 个频率点的位置。

（3）[H，w] = freqs(B，A，N)；该调用格式输出从计算出的频率响应中选出 N 个频率点上的频率响应的样值。其中输入参量 A、B 与（1）相同，N 为输出频率点的个数，输出参量 H 保存 N 个频率点的频率响应的样值，w 保存 N 个频率点的位置。

（4）freqs(B，A)；该调用格式并不返回系统频率响应的样值，而是以波特图的方式绘出系统的幅度响应和相位响应曲线，输入参量 A、B 与（1）相同。

【例 9-26】 二阶高通滤波器的频率响应为 $H(\mathrm{j}\omega)=\dfrac{0.04(\mathrm{j}\omega)^2}{0.04(\mathrm{j}\omega)^2+0.4\mathrm{j}\omega+2}$，试画出系统的幅频响应和相频响应曲线。

MATLAB 源程序如下：

```
%二阶高通滤波器的频率响应
b=[0.04 0 0];                         %生成向量 b
a=[0.04 0.4 2];                       %生成向量 a
[h,w]=freqs(b,a,100);                 %求频率响应函数 H(jω)，设定 100 个频率点
h1=abs(h);                            %求幅频响应
h2=angle(h);                          %求相频响应
subplot(211);
plot(w,h1);
hold on
```

```
plot([7.0711 7.0711],[0 0.707],':');                    %截止频率的位置
plot([0 7.0711],[0.707 0.707],':');
axis([0 40 0 1.1]);
grid
xlabel('角频率(w)');
ylabel('幅度');
title('H(jw)的幅频响应');
subplot(212);
plot(w,h2*180/pi);
axis([0 40 0 200]);
grid
xlabel('角频率(w)');
ylabel('相位(度)');
title('H(jw)的相频响应');
%End
```

幅频响应和相频响应的曲线如图 9.29 所示。

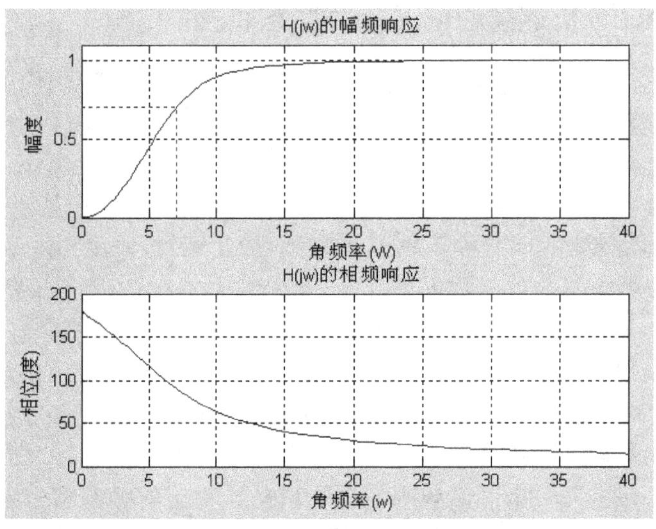

图 9.29　二阶高通滤波器的幅频、相频响应

9.4.5　利用 MATLAB 实现信号的时域抽样

【例 9-27】 已知信号 $f(t)=\cos\left(\frac{2}{3}\pi t\right)$，利用 MATLAB 实现抽样间隔 $T_s=0.5\text{s}$，$T_s=1.5\text{s}$ 和 $T_s=2\text{s}$ 时的时域抽样。

MATLAB 源程序如下：

```
%时域抽样定理
display('奈奎斯特抽样间隔 1.5 秒，Ts<1.5，过采样，Ts>1.5，欠采样');
display('Please input the value of sample period');
Ts = input('Ts = ');
%绘制有限长余弦信号 y = cos(2/3*pi*t)
t = 0:0.01:40;
y = cos(2/3*pi*t);
subplot(221);
plot(t,y);
```

```
axis([0 6 -1.1 1.1]);
xlabel('t    单位 :s','Fontsize',8);
title('f(t)');
line([0 6],[0 0],'color',[0 0 0]);
%数值求解余弦信号的频谱
N = 300;
W = 2*pi*5;
k = -N:N;
w = k*W/N;
Y = 0.01*y*exp(-j*t'*w);                                    %求 f(t) 的傅里叶变换 F(jω)
Y = abs(Y);
subplot(222);
plot(w/pi,Y)
axis([-2,2,0,pi*7+0.2]);
title('F(j\omega)');
xlabel('\omega    单位:pi');
%抽样后的余弦信号
subplot(223);
plot(t,y,'b:');                                             %绘制包络
hold on
t2=0:Ts:40;
y2=cos(2/3*pi*t2);
stem(t2,y2);
axis([0 6 -1.1 1.1]);
xlabel('t    单位:s','Fontsize',8);
title('fs(t)');
hold off
%抽样后余弦信号的频谱
Y2 = Ts*y2*exp(-j*t2'*w);
Y2 = abs(Y2);
subplot(224);
plot(w/pi,Y,'b')                                            %蓝色绘制原信号频谱
xlabel('\omega    单位:pi');
title('Fs(j\omega)');
hold on
plot(w/pi,Y2,'r');                                          %红色绘制抽样信号频谱
axis([-2,2,0,pi*10]);
hold off
%end
```

绘制的余弦信号 $f(t)$ 的时域波形及其频谱如图 9.30 所示。

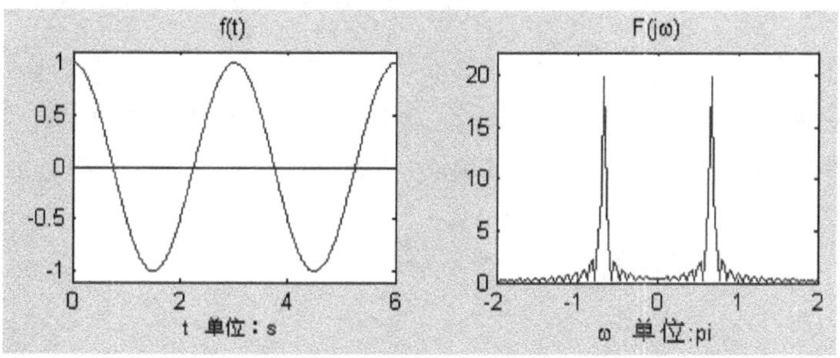

图 9.30　余弦信号的时域波形及频谱

绘制的已抽样信号 $f_s(t)$ 的时域波形及其频谱如图 9.31（a）（b）（c）所示。

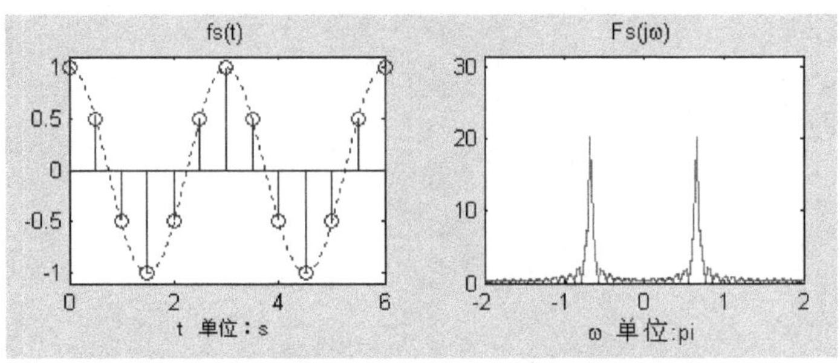

（a）抽样间隔 $T_s = 0.5\text{s}$ 时已抽样信号 $f_s(t)$ 的时域波形及频谱

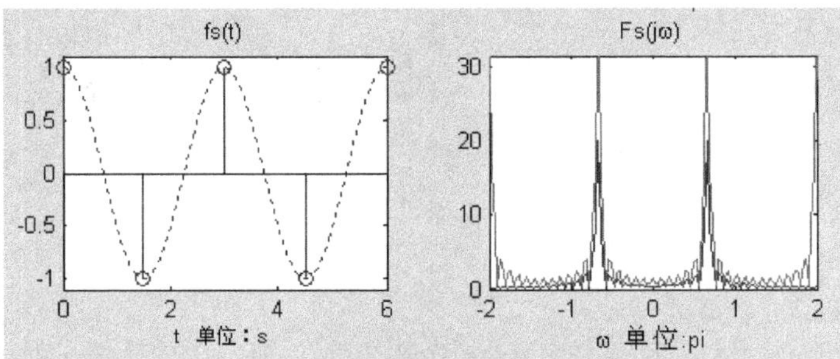

（b）抽样间隔 $T_s = 1.5\text{s}$ 时已抽样信号 $f_s(t)$ 的时域波形及频谱

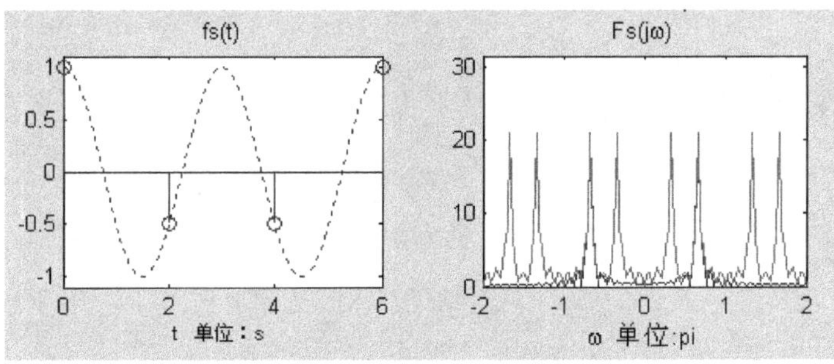

（c）抽样间隔 $T_s = 2\text{s}$ 时已抽样信号 $f_s(t)$ 的时域波形及频谱

图 9.31　不同抽样间隔时已抽样信号的时域波形及频谱

9.5　连续系统 *s* 域分析的 MATLAB 实现

9.5.1　利用 MATLAB 实现拉普拉斯变换

在 MATLAB 信号处理工具箱中提供了计算拉普拉斯变换的函数 laplace(　)，其调用格式为

```
fs = laplace(ft, t, s)
```

其中，ft 为 $f(t)$ 的表达式，t 为积分变量，s 为复频率，fs 为 $f(t)$ 的拉普拉斯变换 $F(s)$。

计算拉普拉斯变换的函数 laplace(　)是基于符号运算的，计算之前需要对涉及的表达式进行符号的定义。

【例 9-28】 求下列函数的拉普拉斯变换。

（1）阶跃函数 $f(t) = \varepsilon(t-1)$；

（2）指数函数 $f(t) = \mathrm{e}^{-t}\varepsilon(t)$；

（3）函数 $f(t)=\mathrm{e}^{-t}\sin(at)\varepsilon(t)$。

【解】 调用 laplace( )函数来实现仿真，MATLAB 源程序如下：

```
（1）clear all;   close all;   clc;
syms t s;
ft = heaviside(t-1);              %定义输入信号
fs = laplace(ft,t,s)              %求信号的拉普拉斯变换
```

程序运行结果为：

```
fs =
exp(-s)/s
```

```
（2）clear all;   close all;   clc;
syms t s;
     ft = exp(-1*t).*heaviside(t);          %定义输入信号
fs = laplace(ft,t,s)                        %求信号的拉普拉斯变换
```

程序运行结果为：

```
fs =
1 /(1+s)
```

```
（3）clear all;   close all;   clc;
syms t s;
ft =exp(-t)*sin(a*t);                       %定义输入信号
fs = laplace(ft,t,s)                        %求信号的拉普拉斯变换
```

程序运行结果为：

```
fs =
a/(s^2+2*s+1+a^2)
```

可以看到，求解的结果与理论上是一致的。

9.5.2 利用 MATLAB 实现部分分式展开

MATLAB 信号处理工具箱提供的 residue( )函数可以对复杂的 s 域表达式 $F(s)$ 进行部分分式展开，其调用格式为

```
[r,p,k] =residue(B, A)
```

其中，B、A 分别为 $F(s)$ 的分子多项式和分母多项式的系数向量，r 为所得部分分式展开式的系数向量，p 为极点，k 为分式的直流分量，若 $F(s)$ 为真分式，则 k 为空。

函数 residue( )也可将部分分式转化为两个多项式之比的形式，其调用格式为

```
[B, A] =residue(r,p,k)
```

【例 9-29】 已知象函数 $F(s)=\dfrac{s^2}{s^2+6s+8}$，用 MATLAB 对其部分分式展开。

【解】 调用 residue( )函数来实现仿真，MATLAB 源程序如下：

```
clear all; close all;clc;
num=[1 0 0];                      %定义 F(s) 的分子多项式系数向量
den=[1 6 8];                      %定义 F(s) 的分母多项式系数向量
[r,p,k]=residue(num,den)          %对 F(s) 部分分式展开
```

程序运行结果为：

```
r =
      -8
      2
p =
     -4
     -2
k =
      1
```

由运行结果可知，$F(s)$ 有两个极点，分别是 $p=-4$，$p=-2$，所对应的系数向量分别是 $r=-8$，$r=2$，直流分量 $K=1$，因此可得 $F(s)$ 的展开式为

$$F(s)=1+\frac{-8}{s+4}+\frac{2}{s+2}$$

有时 $F(s)$ 表达式中分子多项式 $B(s)$ 和分母多项式 $A(s)$ 是以因子相乘的情况出现的，这时可用 conv 函数将因子相乘的形式转换成多项式的形式，其调用格式为

```
C=conv(A,B)
```

其中，A 和 B 是两因子多项式的系数向量，C 是因子相乘所得多项式的系数向量。

【例 9-30】 已知象函数 $F(s)=\dfrac{s+3}{(s+1)(s+2)}$，用 MATLAB 对其部分分式展开。

【解】 调用 conv( )函数和 residue( )函数来实现仿真，MATLAB 源程序如下：

```
clear all; close all;clc;
num=[1 3];
den=conv([1 1],[1 2]);                    %定义 F(s) 的分母多项式系数向量
[r,p,k]=residue(num,den)
```

程序运行结果为：

```
r =
      -1
      2
p =
     -2
     -1
k =
      []
```

由运行结果可知，$F(s)$ 有两个极点，分别是 $p=-2$，$p=-1$，所对应的系数向量分别是 $r=-1$，$r=2$，直流分量 $K=0$，因此可得 $F(s)$ 的展开式为

$$F(s)=\frac{-1}{s+2}+\frac{2}{s+1}$$

9.5.3 利用 MATLAB 实现拉普拉斯逆变换

1. ilaplace 函数

与 laplace 函数对应，在 MATLAB 信号处理工具箱中提供了计算拉普拉斯逆变换的函数

ilaplace( )，其调用格式为

```
ft = ilaplace(fs, s, t)
```

其中，fs 为 $f(t)$ 的拉普拉斯变换，t 为积分变量，s 为复频率，ft 为 $F(s)$ 的拉普拉斯逆变换 $f(t)$。与函数 laplace( )一样，函数 ilaplace( )也是基于符号运算的，计算之前也需要对涉及的表达式进行符号的定义。

【例 9-31】 已知象函数 $F(s)=\dfrac{s+3}{s^2+3s+2}$，用 MATLAB 求解其原函数。

【解】 调用 ilaplace ( )函数来实现仿真，MATLAB 源程序如下：

```
clear all; close all; clc;
syms t s;
fs=sym('(s+3)/(s*s*s+2*s*s+3*s)');                %定义符号变量 fs
ft=ilaplace(fs,s,t)                               %求解 fs 的原函数 ft
```

程序运行结果为：

```
ft =
2*exp(-t)-exp(-2*t)
```

则可知 $f(t)=(2\mathrm{e}^{-t}-\mathrm{e}^{-2t})\varepsilon(t)$。

2．residue 函数

由 9.5.2 节可知，利用 MATLAB 提供的 residue 函数可以得到 $F(s)$ 的部分分式展开形式，再利用常用信号的拉普拉斯变换求出其逆变换。

【例 9-32】 调用 residue 函数求象函数 $F(s)=\dfrac{s+3}{s^2+3s+2}$ 的原函数。

【解】 调用 residue( )函数来实现仿真，MATLAB 源程序如下：

```
clear all; close all;clc;
num=[1 3];                       %定义 F(s) 的分子多项式系数向量
den=[1 3 2];                     %定义 F(s) 的分母多项式系数向量
[r,p,k]=residue(num,den) ;       %对 F(s) 部分分式展开
```

程序运行结果为：

```
r =
    -1
     2
p =
    -2
    -1
k =
     []
```

由运行结果可知，$F(s)$ 有两个极点，分别是 $p=-2$，$p=-1$，所对应的系数向量分别是 $r=-1$，$r=2$，直流分量 $K=0$，因此可得 $F(s)$ 的展开式为

$$F(s)=\frac{-1}{s+2}+\frac{2}{s+1}$$

再由基本的拉普拉斯变换可知，$F(s)$ 的拉普拉斯逆变换为 $f(t)=(-\mathrm{e}^{-2t}+2\mathrm{e}^{-t})\varepsilon(t)$，可以看出与用 ilaplace( )函数编程生成的结果是相同的。

9.5.4 利用 MATLAB 求解系统的零极点并绘制零极点分布图

系统函数 $H(s)$ 通常是一个有理真分式，其分子分母均为多项式。MATLAB 中提供了一个计算分子多项式和分母多项式根的函数 roots( )。例如多项式 $N(s)=s^3+2s^2+3s$ 的根，可由如下语句求出：

```
N=[1 2 3 0];
r=roots(N) ;
```

运行结果为

```
r =
           0
  -1.0000 + 1.4142i
  -1.0000 - 1.4142i
```

求出零极点后，可以调用函数 plot( )来画出系统的零极点分布图。

【例 9-33】 试用 MATLAB 求解系统函数 $H(s)=\dfrac{s+1}{s^2+4s+5}$ 的零极点并绘制分布图，并判断该系统是否稳定。

【解】 调用 roots( )和 plot ( )函数来实现仿真，MATLAB 源程序如下：

```
clear all; close all; clc;
num=[1 1];
den=[1 4 5];
zs=roots(num);                    %求出系统的零点
ps=roots(den);                    %求出系统的极点
plot(real(zs),imag(zs),'o',real(ps),imag(ps),'x','markersize',12);
                                  %求出零极点的实部和虚部，并绘图
axis([-4 2 -2 2]);grid;
legend('零点','极点') ;
```

程序运行结果如图 9.32 所示。

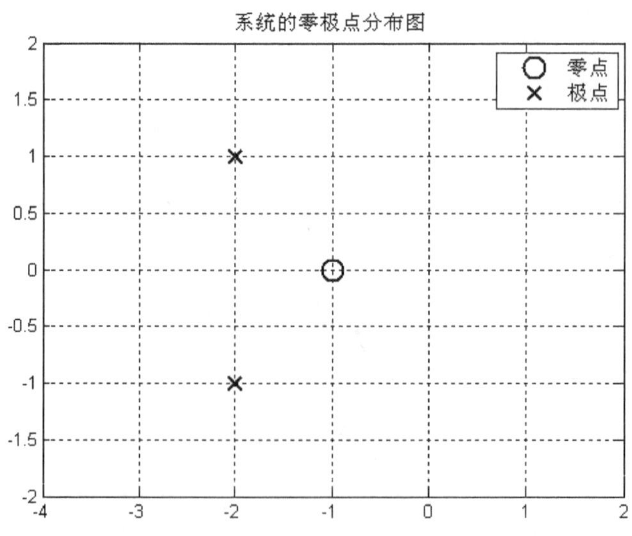

图 9.32 系统的零极点分布图

由图 9.28 可知，两个极点均位于 s 平面的左半开平面上，故该系统是稳定系统。

MATLAB 中还提供了一种更简便的画出系统零极点分布图的方法，即直接应用 pzmap( )函数画图，其调用格式为

```
Pzmap(sys) ;
```

表示画出 sys 所描述系统的零极点分布图。LTI 系统模型 sys 要借助 tf 函数获得，其调用格式为

```
sys=tf(num,den);
```

式中，num 和 den 分别为系统函数 $H(s)$ 分子多项式和分母多项式的系数向量。因此，例 9-33 还可用下述程序实现：

```
num=[1 1];
den=[1 4 5];
sys=tf(num,den);            %求出系统函数
pzmap(sys);                 %画零极点分布图
```

得到的零极点分布图如图 9.33 所示。

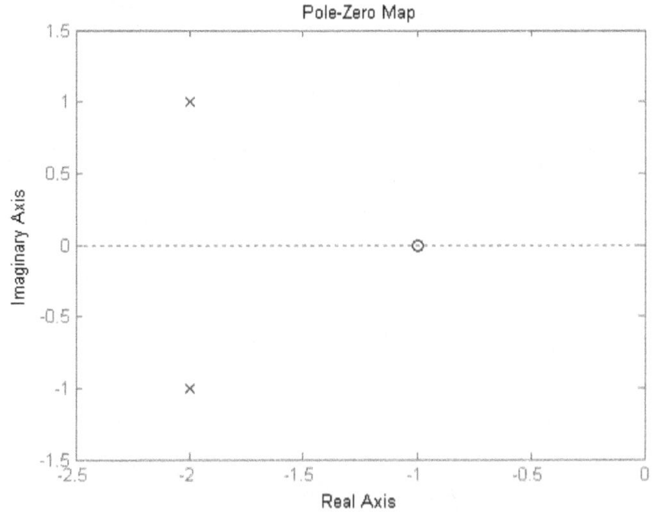

图 9.33　系统函数的零极点分布图

9.5.5　利用 MATLAB 实现 LTI 系统单位冲激响应和频率响应

MATLAB 提供的 impulse( )和 freqs( )函数，用于求解连续系统的单位冲激响应和频率响应，其调用格式为

```
Impulse(num,den);
freqs(num,den )
```

其中，num 和 den 分别为系统函数 $H(s)$ 分子多项式和分母多项式的系数向量。

【例 9-34】 已知某 LTI 系统的系统函数 $H(s)=\dfrac{s-3}{s^2+s+1}$，试用 MATLAB 绘出系统的单位冲激响应与频率响应曲线。

【解】 调用 impulse ( )和 freqs ( )函数来实现仿真，MATLAB 源程序如下：

```
clear all; close all; clc;
num=[1 -3];
den=[1 1 1];
figure(1);
impulse(num,den);                          %求出系统的单位冲激响应
title('系统的单位冲激响应');
[H w]=freqs(num,den);                      %求出系统的频率响应
figure(2);
plot(w,abs(H));                            %求出系统的幅频响应，并绘制图形
xlabel('角频率(rad/s) ');
ylabel('幅度');
title('系统的幅频响应');
figure(3);
plot(w,angle(H));                          %求出系统的相频响应，并绘制图形
xlabel('角频率(rad/s)');
ylabel('幅度');
title('系统的相频响应');
```

绘制的系统单位冲激响应、幅频响应和相频响应曲线如图 9.34、图 9.35 和图 9.36 所示。

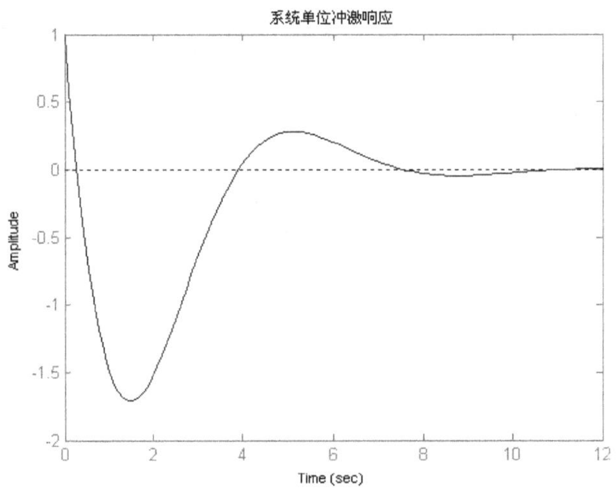

图 9.34　系统的单位冲激响应

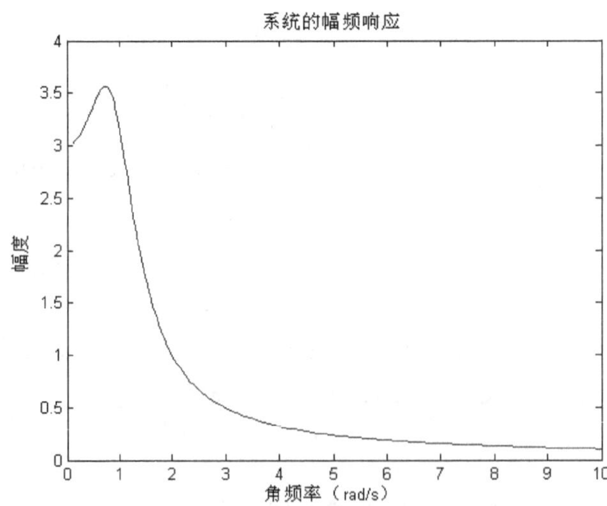

图 9.35　系统的幅频响应

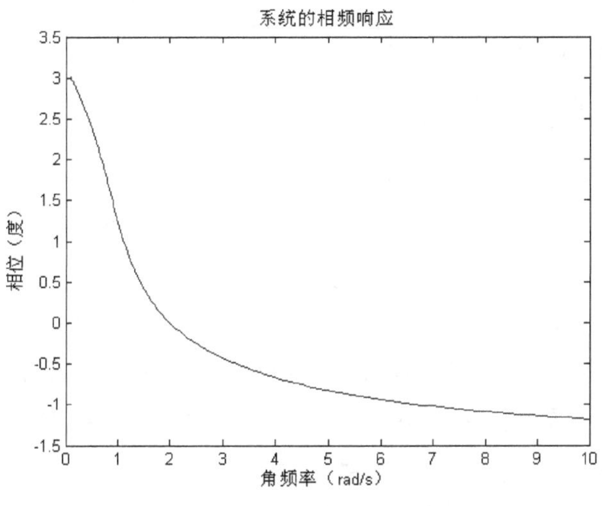

图 9.36　系统的相频响应

9.6　离散系统 z 域分析的 MATLAB 实现

9.6.1　利用 MATLAB 实现 z 变换

在 MATLAB 信号处理工具箱中提供了计算 z 变换的函数 ztrans(　)，其调用格式为

```
fz =ztrans(fk, k, z)
```

其中，fk 为 $f(k)$ 的表达式，k 为序号，z 为复频率，fz 为 $f(k)$ 的 z 变换 $F(z)$。

计算 z 变换的函数 ztrans (　)是基于符号运算的，计算之前需要对涉及的表达式进行符号的定义。

【例 9-35】 计算下列序列的 z 变换

（1）单边指数序列 $f(k)=\left(\frac{1}{2}\right)^k\varepsilon(k)$；

（2）余弦序列 $f(k)=\cos(ak)\varepsilon(k)$。

【解】 调用 ztrans (　)函数来实现仿真，MATLAB 源程序如下：

```
(1) clear all;   close all;   clc;
syms k;                          %定义时间符号变量
fk=(1/2)^k;                      %定义连续时间信号符号表达式
Z=ztrans(fk)                     %计算 z 变换的符号表达式
```

程序运行结果为：

```
z =
2*z/(2*z-1)
```

```
(2) clear all;   close all;   clc;
syms k a;
fk=cos(a*k);
z=ztrans(fk);
```

程序运行结果为：

```
z =
(z-cos(a))*z/(z^2-2*z*cos(a)+1)
```

可以看到，求解的结果与理论上是一致的。

9.6.2 利用 MATLAB 实现部分分式展开

MATLAB 信号处理工具箱提供了一个对 $F(z)$ 进行部分分式展开的函数 residuez( )，其调用格式为

```
[r,p,k] =residuez(num, den)
```

其中，num、den 分别为 $F(z)$（z 的负幂次表示）的分子多项式和分母多项式的系数向量，r 为所得部分分式展开式的系数向量，p 为极点，k 为多项式的系数，若 $F(z)$ 为真分式，则 k 为空。

【例 9-36】 已知象函数 $F(z)=\dfrac{2z^{-1}}{1-z^{-2}}$，用 MATLAB 对其部分分式展开。

【解】 调用 residuez( )函数来实现仿真，MATLAB 源程序如下：

```
clear all; close all;clc;
num=[0 2];                          %定义 F(s) 的分子多项式系数向量，缺项补零
den=[1 0 -1];                       %定义 F(s) 的分母多项式系数向量，缺项补零
[r,p,k]=residuez(num,den)           %对 F(s) 部分分式展开
```

程序运行结果为：

```
r =
    -1
     1
p =
    -1
     1
k =
     []
```

由运行结果可知，$F(z)$ 有两个极点，分别是 $p=-1$，$p=1$，所对应的系数向量分别是 $r=-1$，$r=1$，直流分量 $K=0$，因此可得 $F(z)$ 的展开式为

$$F(z)=\frac{-1}{1+z^{-1}}+\frac{1}{1-z^{-1}}=\frac{-z}{z+1}+\frac{z}{z-1}$$

有时 $F(z)$ 表达式中分子多项式 $B(z)$ 和分母多项式 $A(z)$ 是以因子相乘的情况出现的，这时可用 conv 函数将因子相乘的形式转换成多项式的形式，其调用格式为

```
C=conv(A,B)
```

其中，A 和 B 是两因子多项式的系数向量，C 是因子相乘所得多项式的系数向量。

【例 9-37】 已知象函数 $F(z)=\dfrac{z+3}{(z+1)(z+2)}$，用 MATLAB 对其部分分式展开。

【解】 利用 residuez 函数对 $F(z)$ 部分分式展开时，需要将 $F(z)$ 改写成

$$F(z)=\frac{z^{-1}+3z^{-2}}{(1+z^{-1})(1+2z^{-1})}$$

调用 conv( )函数和 residuez( )函数来实现仿真，MATLAB 源程序如下：

```
clear all;close all;clc;
b=[0 1 3];
```

```
a=conv([1 1],[1 2]);
[r,p,k]=residuez(b,a)
```

程序运行结果为：

```
r =
     0.5000
     -2.0000
p =
     -2
     -1
k =
     1.5000
```

由运行结果可知，$F(z)$ 有两个极点，分别是 $p=-2$，$p=-1$，所对应的系数向量分别是 $r=0.5$，$r=-2$，直流分量 $K=1.5$，因此可得 $F(z)$ 的展开式为

$$F(z)=1.5+\frac{0.5}{1+2z^{-1}}+\frac{-2}{1+z^{-1}}=1.5+\frac{0.5z}{z+2}+\frac{-2z}{z+1}$$

展开的结果和理论上一致。

9.6.3 利用 MATLAB 实现逆 z 变换

1．iztrans 函数

在 MATLAB 信号处理工具箱中提供了计算逆 z 变换的函数 iztrans( )，其调用格式为

```
fn = iztrans (fz, z, n)
```

其中，fz 为 $f(k)$ 的 z 变换，n 为序号，z 为复频率，fn 为 $F(z)$ 的逆 z 变换。与函数 ztrans( )一样，函数 iztrans ( )也是基于符号运算的，计算之前也需要对涉及的表达式进行符号的定义。

【例 9-38】 已知象函数 $F(z)=\dfrac{z^2}{(z+1)(z-2)}$，用 MATLAB 求 $F(z)$ 的逆 z 变换。

【解】 调用 iztrans ( )函数来实现仿真，MATLAB 源程序如下：

```
clear all; close all; clc;
syms   n z;                      %定义符号变量 z，n
fz=(z^2)/((z+1)*(z-2));          %定义 z 变换符号表达式
fn=iztrans(fz,z,n)               %计算 fz 的逆 z 变换
```

程序运行结果为：

```
fn =
2/3*2^n+1/3*(-1)^n
```

则可知

$$f(n)=\left[\frac{2}{3}\times 2^n+\frac{1}{3}(-1)^n\right]\varepsilon(n)$$

2．residuez 函数

由 9.6.2 节可知，利用 MATLAB 提供的 residuez 函数可以得到 $F(z)$ 的部分分式展开形式，再利用常用序列的 z 变换求出其逆变换。

【例 9-39】 用部分分式展开法求 $F(z)=\dfrac{1+6z^{-1}-11z^{-2}}{1-3z^{-1}+2z^{-2}}$ 的逆 z 变换。

【解】 调用 residuez( )函数来实现仿真，MATLAB 源程序如下：

```
clear all; close all;clc;
num=[1 6 -11];                          %定义 F(s) 的分子多项式系数向量
den=[1 -3 2];                           %定义 F(s) 的分母多项式系数向量
[r,p,k]=residuez(num,den) ;             %对 F(s) 部分分式展开
```

程序运行结果为：

```
r =
     2.5000
     4.0000
p =
     2
     1
k =
     -5.5000
```

由运行结果可知，$F(z)$ 有两个极点，分别是 $p=2$，$p=1$，所对应的系数向量分别是 $r=2.5$，$r=4$，直流分量 $K=-5.5$，因此可得 $F(z)$ 的展开式为

$$F(z)=-5.5+\frac{2.5}{1-2z^{-1}}+\frac{4}{1-z^{-1}}=-5.5+\frac{2.5z}{z-2}+\frac{4z}{z-1}$$

再由常用序列的 z 变换可知，$F(z)$ 的拉普拉斯逆变换为

$$f(n)=-5.5\delta(n)+[2.5\times 2^{n}+4]\varepsilon(n)$$

9.6.4 利用 MATLAB 求解系统的零极点并绘制零极点分布图

如果系统函数 $H(z)$ 的有理函数表示形式为

$$H(z)=\frac{b_1z^{m}+b_2z^{m-1}+\cdots+b_{m+1}}{a_1z^{n}+a_2z^{n-1}+\cdots+a_{n+1}}$$

那么系统函数的零点和极点可以通过 MATLAB 函数 roots 得到，也可用函数 tf2zp 得到，tf2zp 的调用格式为

```
[r p k]=tf2zp(num,den)
```

其中，num 和 den 分别为 $H(z)$（z 的正幂次表示）的分子多项式和分母多项式的系数向量，它的作用是将 $H(z)$ 的有理函数表示式转换为零点、极点和增益常数的表达式，即

$$H(z)=k\frac{(z-z_1)(z-z_2)\cdots(z-z_m)}{(z-p_1)(z-p_2)\cdots(z-p_n)}$$

如果要获得系统函数 $H(z)$ 的零极点分布图，可直接调用 zplane 函数，其调用格式为

```
zplane (num,den)
```

其中，num 和 den 分别为 $H(z)$（z 的负幂次表示）的分子多项式和分母多项式的系数向量。它的作用是在 z 平面画出单位圆、零点和极点。

【例 9-40】 已知某 LTI 离散因果系统的系统函数为

$$H(z)=\frac{z^{-1}-13z^{-2}+12z^{-3}}{1+6z^{-1}+11z^{-2}+6z^{-3}}$$

求该系统的零极点，并画出零极点分布图。

【解】 将系统函数改写为

$$H(z)=\frac{z^2-13z+12}{z^3+6z^2+11z+6}$$

调用 tf2zp( )函数求出系统的零极点，MATLAB 源程序如下：

```
clear all;close all;clc;
num=[1 -13 12];
den=[1 6 11 6];
[r,p,k]=tf2zp(num,den)                    %求出系统函数的零极点
```

程序运行结果如下：

```
r =
     12
      1
p =
    -3.0000
    -2.0000
    -1.0000
k =
      1
```

由运行结果可知，$H(z)$ 有三个极点，分别是 $p=-3$ ， $p=-2$ ， $p=-1$，有两个零点，分别为 $r=12$ ， $r=1$，增益系数 $K=1$。

调用 zplane( )函数绘制出零极点分布图，MATLAB 源程序如下：

```
clear all;close all;clc;
num=[0 1 -13 12];
den=[1 6 11 6];
zplane(num,den)                           %绘制零极点分布图
```

得到的零极点分布图如图 9.37 所示。

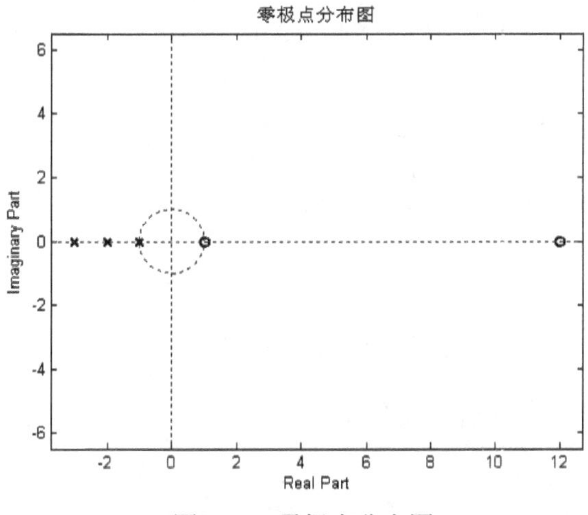

图 9.37 零极点分布图

9.6.5 利用 MATLAB 实现 LTI 离散系统单位序列响应和频率响应

MATLAB 提供的 impz( )函数，用于求解离散系统的单位序列响应，其调用格式为

```
h=impz(num,den);
```

式中 num 和 den 分别为系统函数 $H(z)$（z 的负幂次表示）分子多项式和分母多项式的系数向量。

MATLAB 提供的 freqz( )函数，用于求解离散系统的频率响应，freqz 函数常用的调用方式主要有以下 4 种：

（1）H = freqz(B,A,w)；表示计算由向量 w 指定的数字频率点上数字系统的频率响应函数 $H(\mathrm{e}^{\mathrm{j}\omega})$，结果存于向量 H 中。B 和 A 为系统的系统函数 $H(z)$（z 的负幂次表示）的分子多项式和分母多项式的系数向量。

（2）[H,w] = freqz(B,A,M)；表示计算出 M 个频率点上的频率响应，存放于向量 H 中，M 个频率点存放于向量 w 中。freqz 函数自动将这 M 个频率点均匀设置在频率范围 $[0,\pi]$ 上。

（3）[H,w] = freqz(B,A,M, 'whole')；表示自动将这 M 个频率点均匀设置在频率范围 $[0,2\pi]$ 上。

当然，还可以由频率响应向量 H 得到各采样频率点上的幅频响应函数和相频响应函数，再调用 plot 绘制其曲线图。

$$\left|H(\mathrm{e}^{\mathrm{j}\Omega})\right| = \mathrm{abs}(H)$$

$$\varphi(\Omega) = \mathrm{angle}(H)$$

其中，abs 函数的功能是对复数求模，对实数求绝对值；angle 函数的功能是求复数的相角。

（4）freqz(B,A)；表示自动选取 512 个频率点计算。不带输出向量的 freqz 函数将自动绘出固定格式的幅频响应和相频响应曲线。所谓固定格式，是指频率范围为 $[0,\pi]$，频率和相位是线性坐标，幅频响应为对数坐标。

还有其余几种格式，可用 help 命令查阅。

【例 9-41】 已知某 LTI 离散系统的系统函数 $H(z)=\dfrac{0.25z+0.25}{z^2-0.5z}$，试用 MATLAB 绘出系统的单位序列响应、幅频响应和相频响应曲线。

【解】 调用 impz 函数和 freqz 函数求系统的单位序列响应和频率响应时，需要将 $H(z)$ 改写成

$$H(z)=\frac{0.25z^{-1}+0.25z^{-2}}{1-0.5z^{-1}}$$

调用 impz ( )和 freqz ( )函数来实现仿真，MATLAB 源程序如下：

```
clear all;close all;clc;
num=[0.25 10.25];
den=[1 -0.5];
h=impz(num,den);                    %求出系统的单位序列响应
figure(1);
stem(h,'.');                        %绘制单位序列响应曲线
xlabel('k');
title('单位序列响应');
[H,w]=freqz(num,den);
 Hm=abs(H);                         %求出系统的幅频响应
 figure(2)
 plot(w,Hm);                        %绘制系统的幅频响应曲线
 xlabel('角频率(w)');
 ylabel('幅度');
 title('幅频响应')
 Hp=angle(H);                       %求出系统的相频响应
 figure(3);
 plot(w,Hp);                        %绘制系统的相频响应曲线
 xlabel('角频率(w)');
```

```
ylabel('相位');
title('相频响应')
```

绘制的系统单位序列响应、幅频响应和相频响应曲线分别如图 9.38、图 9.39 和图 9.40 所示。

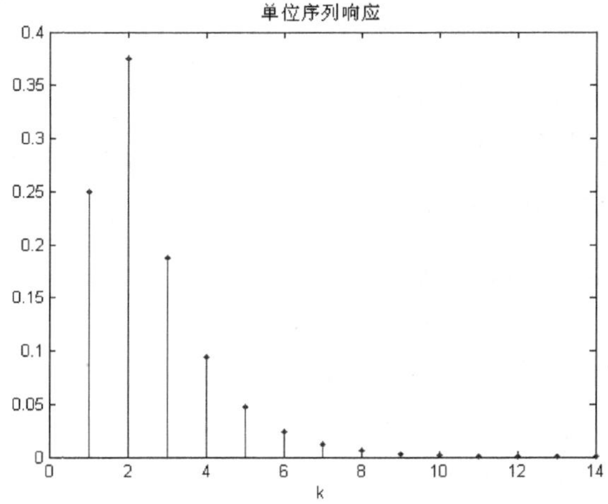

图 9.38　系统的单位序列响应

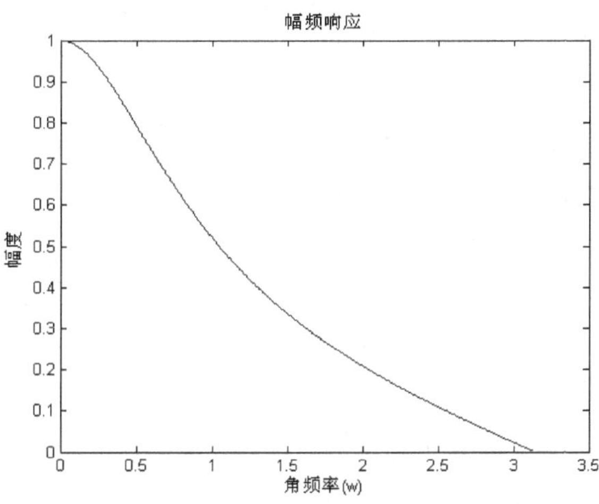

图 9.39　系统的幅频响应

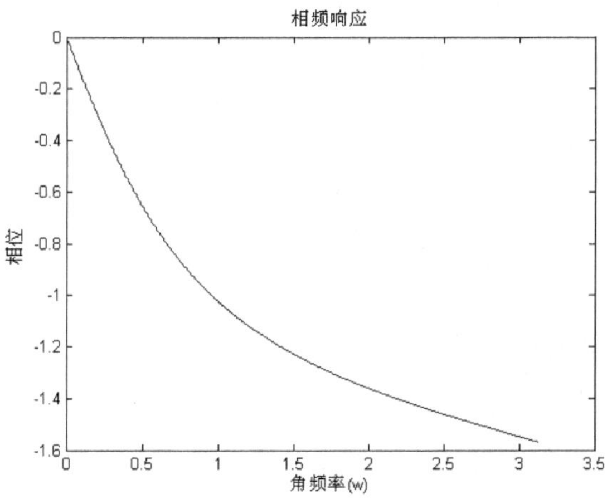

图 9.40　系统的相频响应

附录 A　常用三角函数公式

（1）$\sin(\alpha \pm \beta) = \sin\alpha\cos\beta \pm \cos\alpha\sin\beta$

（2）$\cos(\alpha \pm \beta) = \cos\alpha\cos\beta \mp \sin\alpha\sin\beta$

（3）$\sin\alpha\cos\beta = \frac{1}{2}[\sin(\alpha+\beta) + \sin(\alpha-\beta)]$

（4）$\sin\alpha\sin\beta = -\frac{1}{2}[\cos(\alpha+\beta) - \cos(\alpha-\beta)]$

（5）$\cos\alpha\cos\beta = \frac{1}{2}[\cos(\alpha+\beta) + \cos(\alpha-\beta)]$

（6）$\sin(2\alpha) = 2\sin\alpha\cos\beta$

（7）$\cos(2\alpha) = 2\cos^2\alpha - 1 = 1 - 2\sin^2\alpha$

（8）$A\cos(x) + B\sin(x) = \sqrt{A^2+B^2}\cos\left(x - \arctan\frac{B}{A}\right)$

（9）$-\cos\alpha = \cos(\alpha + \pi)$

（10）$\sin\alpha = \cos\left(\alpha - \frac{\pi}{2}\right)$

（11）$-\sin\alpha = \cos\left(\alpha + \frac{\pi}{2}\right)$

附录 B　常用几种数列的求和公式

序　号	公　式	说　明
1	$\sum_{j=0}^{k} a^j = \begin{cases} \dfrac{1-a^{k+1}}{1-a}, & a \neq 1 \\ k+1, & a=1 \end{cases}$	$k \geqslant 0$
2	$\sum_{j=k_1}^{k_2} a^j = \begin{cases} \dfrac{a^{k_1}-a^{k_2+1}}{1-a}, & a \neq 1 \\ k_2-k_1+1, & a=1 \end{cases}$	k_1、k_2 可为正或负整数，但 $k_2 \geqslant k_1$
3	$\sum_{j=0}^{\infty} a^j = \dfrac{1}{1-a}, \quad \lvert a\rvert < 1$	
4	$\sum_{j=k_1}^{\infty} a^j = \dfrac{a^{k_1}}{1-a}, \quad \lvert a\rvert < 1$	k_1 可为正或负整数
5	$\sum_{j=0}^{k} j = \dfrac{k(k+1)}{2}$	$k \geqslant 0$
6	$\sum_{j=k_1}^{k_2} j = \dfrac{(k_1+k_2)(k_2-k_1+1)}{2}$	k_1、k_2 可为正或负整数，但 $k_2 \geqslant k_1$
7	$\sum_{j=0}^{k} j^2 = \dfrac{k(k+1)(2k+1)}{6}$	$k \geqslant 0$

附录 C　卷积积分表

序　号	$f_1(t)$	$f_2(t)$	$f_1(t)*f_2(t)$
1	$f(t)$	$\delta'(t)$	$f'(t)$
2	$f(t)$	$\delta(t)$	$f(t)$
3	$f(t)$	$\varepsilon(t)$	$\int_{-\infty}^{t} f(\tau)\mathrm{d}\tau$
4	$\varepsilon(t)$	$\varepsilon(t)$	$t\varepsilon(t)$
5	$t\varepsilon(t)$	$\varepsilon(t)$	$\frac{1}{2}t^2\varepsilon(t)$
6	$\mathrm{e}^{-\alpha t}\varepsilon(t)$	$\varepsilon(t)$	$\frac{1}{\alpha}(1-\mathrm{e}^{-\alpha t})\varepsilon(t)$
7	$\mathrm{e}^{-\alpha_1 t}\varepsilon(t)$	$\mathrm{e}^{-\alpha_2 t}\varepsilon(t)$	$\frac{1}{\alpha_2-\alpha_1}(\mathrm{e}^{\alpha_1 t}-\mathrm{e}^{-\alpha_2 t})\varepsilon(t)$，$\alpha_1 \neq \alpha_2$
8	$\mathrm{e}^{-\alpha t}\varepsilon(t)$	$\mathrm{e}^{-\alpha t}\varepsilon(t)$	$t\mathrm{e}^{-\alpha t}\varepsilon(t)$
9	$t\varepsilon(t)$	$\mathrm{e}^{-\alpha t}\varepsilon(t)$	$\left(\frac{\alpha t-1}{\alpha^2}+\frac{1}{\alpha^2}\mathrm{e}^{-\alpha t}\right)\varepsilon(t)$
10	$t\mathrm{e}^{-\alpha_1 t}\varepsilon(t)$	$\mathrm{e}^{-\alpha_2 t}\varepsilon(t)$	$\left(\frac{(\alpha_2-\alpha_1)t-1}{(\alpha_2-\alpha_1)^2}\mathrm{e}^{-\alpha_1 t}+\frac{1}{(\alpha_2-\alpha_1)^2}\mathrm{e}^{-\alpha_2 t}\right)\varepsilon(t)$， $\alpha_1 \neq \alpha_2$
11	$t\mathrm{e}^{-\alpha t}\varepsilon(t)$	$\mathrm{e}^{-\alpha t}\varepsilon(t)$	$\frac{1}{2}t^2\mathrm{e}^{-\alpha t}\varepsilon(t)$
12	$\mathrm{e}^{-\alpha_1 t}\cos(\beta t+\theta)\varepsilon(t)$	$\mathrm{e}^{-\alpha_2 t}\varepsilon(t)$	$\left[\frac{\mathrm{e}^{-\alpha_1 t}\cos(\beta t+\theta-\varphi)}{\sqrt{(\alpha_2-\alpha_1)^2+\beta^2}}-\frac{\mathrm{e}^{-\alpha_2 t}\cos(\theta-\varphi)}{\sqrt{(\alpha_2-\alpha_1)^2+\beta^2}}\right]$， 其中 $\varphi=\arctan\left(\frac{\beta}{\alpha_2-\alpha_1}\right)$

附录D　卷积和表

序　号	$f_1(k)$	$f_2(k)$	$f_1(k)*f_2(k)$
1	$f(k)$	$\delta(k)$	$f(k)$
2	$f(k)$	$\varepsilon(k)$	$\sum_{i=-\infty}^{k} f(i)$
3	$\varepsilon(k)$	$\varepsilon(k)$	$(k+1)\varepsilon(k)$
4	$k\varepsilon(k)$	$\varepsilon(k)$	$\frac{1}{2}(k+1)k\varepsilon(k)$
5	$a^k\varepsilon(k)$	$\varepsilon(k)$	$\frac{1-a^{k+1}}{1-a}\varepsilon(k),\quad a\neq 0$
6	$a_1{}^k\varepsilon(k)$	$a_2{}^k\varepsilon(k)$	$\frac{a_1{}^{k+1}-a_2{}^{k+1}}{a_1-a_2}\varepsilon(k),\ a_1\neq a_2$
7	$a^k\varepsilon(k)$	$a^k\varepsilon(k)$	$(k+1)a^k\varepsilon(k)$
8	$k\varepsilon(k)$	$a^k\varepsilon(k)$	$\frac{k}{1-a}\varepsilon(k)+\frac{a(a^k-1)}{(1-a)^2}\varepsilon(k)$
9	$k\varepsilon(k)$	$k\varepsilon(k)$	$\frac{1}{6}(k+1)k(k-1)\varepsilon(k)$
10	$a_1{}^k\cos(\beta k+\theta)\varepsilon(k)$	$a_2{}^k\varepsilon(k)$	$\frac{a_1{}^{k+1}\cos[\beta(k+1)+\theta-\varphi]-a_2{}^{k+1}\cos(\theta-\varphi)}{\sqrt{a_1{}^2+a_2{}^2-2a_1a_2\cos\beta}}\varepsilon(k)$ $\varphi=\arctan\left[\frac{a_1\sin\beta}{a_1\cos\beta-a_2}\right]$

附录 E 序列的 z 变换表

序 号	$f(k)$， $k \geqslant 0$	$F(z)$
1	$\delta(k)$	1
2	$\delta(k-m)$， $m \geqslant 0$	z^{-m}
3	$\varepsilon(k)$	$\dfrac{z}{z-1}$
4	$\varepsilon(k-m)$， $m \geqslant 0$	$\dfrac{z}{z-1} \cdot z^{-m}$
5	k	$\dfrac{z}{(z-1)^2}$
6	k^2	$\dfrac{z^2+z}{(z-1)^3}$
7	k^3	$\dfrac{z^3+4z^2+z}{(z-1)^4}$
8	a^k	$\dfrac{z}{z-a}$
9	$\dfrac{a^k-(-a)^k}{2a}$	$\dfrac{z}{z^2-a^2}$
10	$\dfrac{a^k+(-a)^k}{2}$	$\dfrac{z^2}{z^2-a^2}$
11	ka^k	$\dfrac{az}{(z-a)^2}$
12	k^2a^k	$\dfrac{az^2+a^2z}{(z-a)^3}$
13	k^3a^k	$\dfrac{az^3+4a^2z^2+a^3z}{(z-a)^4}$
14	$\dfrac{k(k-1)}{2}$	$\dfrac{z}{(z-1)^3}$
15	$\dfrac{k(k+1)}{2}$	$\dfrac{z^2}{(z-1)^3}$
16	$\dfrac{(k+2)(k+1)}{2}$	$\dfrac{z^3}{(z-1)^3}$
17	ka^{k-1}	$\dfrac{z}{(z-a)^2}$
18	$(k+1)a^k$	$\dfrac{z^2}{(z-a)^2}$
19	$\dfrac{k(k-1)\cdots(k-m+1)}{m!}$	$\dfrac{z}{(z-1)^{m+1}}$
20	$\dfrac{(k+1)\cdots(k+m)a^k}{m!}$， $m \geqslant 1$	$\dfrac{z^{m+1}}{(z-a)^{m+1}}$
21	$\dfrac{a^k-b^k}{a-b}$	$\dfrac{z}{(z-a)(z-b)}$
22	$\dfrac{a^{k+1}-b^{k+1}}{a-b}$	$\dfrac{z^2}{(z-a)(z-b)}$
23	$\mathrm{e}^{\alpha k}$	$\dfrac{z}{z-\mathrm{e}^{\alpha}}$
24	$\mathrm{e}^{\mathrm{j}\beta k}$	$\dfrac{z}{z-\mathrm{e}^{\mathrm{j}\beta}}$

续表

序　号	$f(k)$，$k \geqslant 0$	$F(z)$
25	$\cos(\beta k)$	$\dfrac{z(z-\cos\beta)}{z^2-2z\cos\beta+1}$
26	$\sin(\beta k)$	$\dfrac{z\sin\beta}{z^2-2z\cos\beta+1}$
27	$\cos(\beta k+\theta)$	$\dfrac{z^2\cos\theta-z\cos(\beta-\theta)}{z^2-2z\cos\beta+1}$
28	$\sin(\beta k+\theta)$	$\dfrac{z^2\sin\theta+z\sin(\beta-\theta)}{z^2-2z\cos\beta+1}$
29	$a^k\cos(\beta k)$	$\dfrac{z(z-a\cos\beta)}{z^2-2az\cos\beta+a^2}$
30	$a^k\sin(\beta k)$	$\dfrac{az\sin\beta}{z^2-2az\cos\beta+a^2}$
31	$ka^k\cos(\beta k)$	$\dfrac{az(z^2+a^2)\cos\beta-2a^2z^2}{(z^2-2az\cos\beta+a^2)^2}$
32	$ka^k\sin(\beta k)$	$\dfrac{az(z^2-a^2)\sin\beta}{(z^2-2az\cos\beta+a^2)^2}$
33	$a^k\cosh(\beta k)$	$\dfrac{z(z-a\cosh\beta)}{z^2-2az\cosh\beta+a^2}$
34	$a^k\sinh(\beta k)$	$\dfrac{az\sinh\beta}{z^2-2az\cosh\beta+a^2}$
35	$\dfrac{1}{k}a^k$，$k>0$	$\ln\left(\dfrac{z}{z-a}\right)$
36	$\dfrac{1}{k!}a^k$	$\mathrm{e}^{\frac{a}{z}}$
37	$\dfrac{1}{(2k)!}$	$\cosh\sqrt{\dfrac{1}{z}}$
38	$\dfrac{1}{k+1}$	$z\ln\left(\dfrac{z}{z-1}\right)$

参考文献

[1] 吴大正，杨林耀. 信号与线性系统分析[M]. 第 5 版. 北京：高等教育出版社，2019.

[2] 陈后金，胡健. 信号与系统[M]. 第 3 版. 北京：高等教育出版社，2020.

[3] 郑君里，应启珩. 信号与系统（上、下册）[M]. 第 3 版. 北京：高等教育出版社，2011.

[4] 杨晓非，李强，李文娟. 信号与系统[M]. 第 3 版. 北京：科学出版社，2020.

[5] 陈生潭，郭宝龙. 信号与系统[M]. 第 4 版. 西安：西安电子科技大学出版社，2014.

[6] 许淑芳. 信号与系统[M]. 北京：清华大学出版社，2017.

[7] Luis F.Chaparro. 信号与系统使用 MATLAB 分析与实现[M]. 宋琪，译. 北京：清华大学出版社，2017.

[8] 邢丽东，潘双来. 信号与线性系统[M]. 第 2 版. 北京：清华大学出版社，2012.

[9] 张小虹. 信号与系统[M]. 第 3 版. 西安：西安电子科技大学出版社，2014.

[10] 宋家友. 信号与系统[M]. 北京：国防工业出版社，2013.

[11] 林秩盛. 信号与线性系统[M]. 北京：清华大学出版社，2008.

[12] 管致中，夏恭恪，梦桥，等. 信号与线性系统[M]. 北京：高等教育出版社，2011.

[13] 袁文燕，王旭智. 信号与系统的 MATLAB 实现[M]. 北京：清华大学出版社，2011.

[14] 梁虹，普圆媛，梁洁. 信号与系统分析一基于 MATLAB 的方法与实现[M]. 北京：高等教育出版社，2006.

[15] 聂祥飞，王海宝. MATLAB 程序设计及其在信号处理中的应用[M]. 西安：西安交通大学出版社，2005.

[16] 奥本海姆. 信号与系统[M]. 第 2 版. 刘树棠，译 西安：西安交通大学出版社，2002.

[17] 王松林，张永瑞. 信号与线性系统分析教学指导书[M]. 北京：高等教育出版社，2006.

[18] 沈元隆，周井泉. 信号与系统[M]. 北京：人民邮电出版社，2007.

[19] 楼顺天，陈生潭. MATLAB 5.x 程序设计语言[M]. 西安：西安电子科技大学出版社，2000.

[20] 周建华，游佰强. 信号与系统[M]. 北京：清华大学出版社，2009.

[21] 芮坤生. 信号分析与处理[M]. 北京：高等教育出版社，2003.